中国(陕西)自由贸易试验区 创新案例精编

西安交通大学"一带一路"自由贸易试验区研究院 编

中国社会出版社

国家一级出版社·全国百佳图书出版单位

图书在版编目（CIP）数据

中国（陕西）自由贸易试验区创新案例精编／西安
交通大学"一带一路"自由贸易试验区研究院编．－－北
京：中国社会出版社，2019.12
ISBN 978－7－5087－6315－6

Ⅰ.①中… Ⅱ.①西… Ⅲ.①自由贸易区—经济发展
—研究—陕西 Ⅳ.①F752.841

中国版本图书馆 CIP 数据核字（2020）第 016802 号

书　　名：中国（陕西）自由贸易试验区创新案例精编
编　　者：西安交通大学"一带一路"自由贸易试验区研究院编

出 版 人：浦善新
终 审 人：尤永弘
责任编辑：陈贵红

出版发行：中国社会出版社　　　　　邮政编码：100032
通联方式：北京市西城区二龙路甲 33 号
电　　话：编辑部：（010）58124828
　　　　　邮购部：（010）58124848
　　　　　销售部：（010）58124845
　　　　　传　真：（010）58124856
网　　址：www.shcbs.com.cm
　　　　　shcbs.mca.gov.cn
经　　销：各地新华书店

印刷装订：三河市华东印刷有限公司
开　　本：170mm×240mm　1/16
印　　张：37.5
字　　数：653 千字
版　　次：2020 年 3 月第 1 版
印　　次：2020 年 3 月第 1 次印刷
定　　价：98.00 元

中国社会出版社天猫旗舰店

中国社会出版社微信公众号

中国（陕西）自由贸易试验区创新探索系列丛书

编委会成员

主　任　王树国　席　光

成　员　贾毅华　冯宗宪　朱正威　单文华　梅　红

前　言

中国（陕西）自由贸易试验区是党中央、国务院 2016 年 8 月 31 日批准设立的我国第三批自由贸易试验区，是西北地区唯一的自由贸易试验区。中国（陕西）自由贸易试验区自成立以来紧紧围绕战略定位，以制度创新为核心，以可复制可推广为基本要求，全面落实党中央、国务院关于更好发挥"一带一路"建设对西部大开发带动作用、加大西部地区门户城市开放力度的要求，努力将自贸试验区建设成为全面改革开放试验田、内陆型改革开放新高地、"一带一路"经济合作和人文交流重要支点，取得了全面发展，形成了一批具有特色的创新案例。总结这些案例，目的并不仅仅在于彰显工作实绩，更重要的是在于，通过案例总结对陕西自贸试验区成立以来的改革成果进行全面梳理、深度挖掘和提炼，以利于总结工作经验、推广创新经验、放大改革效应。同时，自贸区的设立是顺应全球经贸发展的新趋势，实现政府职能转变，深化改革的一项重大举措，是中国新一轮改革开放的"试验田"。案例总结与汇编，正是这一改革进程的实验记录，具有重要的现实价值与深远的历史意义。

西安交通大学"一带一路"自由贸易试验区研究院策划和整合梳理近 300 项创新案例，并委托西安交通大学杨琳教授及其团队对精选案例进行完善和丰富，以期全方位展示陕西自贸试验区改革创新的成果。全书所涉及的陕西自贸试验区创新案例，涵盖政府职能转变、投资贸易、金融创新、人文交流、现代农业、军民融合和多元创新等领域，每项案例包含背景、主要做法及成效、政策启示、下一步工作思路、实践者说以及案例点评六个方面。

通过对陕西自贸试验区总体工作的全面总结与分析，尤其是通过诸多实践者和专家学者对案例的分析研讨，可以看到，通过改革探索，中国（陕西）自由贸易试验区正在形成与国际投资贸易通行规则相衔接的制度创新体系，正在不断营造与完善法治化、国际化、便利化的营商环境，努力建成投资贸易便利、高端产业聚集、金融服务完善、人文交流深入、监管高效便捷、法治环境规范的高水平高标准自由贸易园区，推动"一带一路"建设和西部大开发战略的深入实施。期望本书的出版，能够让更多的人了解陕西经济社会发展的创新氛围与大好局面，让更多的投资者关注陕西、看好陕西，和陕西发展的步伐同频共振。也期待通过本书搭建学术研究桥梁，给研究者提供一份研究标本，期待更多的国内外学者关注陕西，研究陕西，为陕西的经济社会发展出谋划策。

目　录

CONTENTS

健全信用查询网点建设　提升征信服务便利化

为了切实贯彻落实征信支持地方经济尤其是自贸区发展的战略，提升陕西省征信查询便民服务水平，打通征信查询"最后一公里"，近年来，人民银行西安分行本着征信为民、征信便民、征信惠民的理念，结合陕西省及各自贸区实际情况，持续推动征信报告查询服务体系建设，优化网点布局，提升服务质量，不断提高信用报告查询便利化水平，为社会信用体系建设提供强大助力。

一、提升征信服务便利化的背景

近年来，党中央国务院对征信工作高度重视。习近平总书记作出"抓紧建立覆盖全社会的征信系统""推进数据资源整合和开发共享"等重要指示，同时社会各界对征信的关注度日益高涨，政府部门、企事业单位、人民群众在行政、经济、社会活动中对征信服务的内在需求大幅增长，征信有效供给明显不足。

随着辖区金融信贷业务规模持续增长、社会信用体系建设工作逐步深化，全省信用产品应用的深度和广度也随之增加，直接表现为征信信息查询量的爆发式增长。数据统计显示，2012 年至 2018 年，陕西省个人信用报告查询量逐年递增，查询量分别为 8 万次、12.8 万次、22.1 万次、49.1 万次、78.3 万次、115.7 万次和 201.47 万次，年增长率在 48% 至 122% 之间。但与此同时，征信信息查询基础服务设施建设仍有待提升，在一定程度上存在着群众日益增长的征信服务需求与征信服务有效供给之间的不平衡。2016 年以前，群众查询个人和企业信用报告业务只能通过当地人民银行征信服务大厅办理，各自贸区、经济开发区没有设置征信查询网点，信用报告查询业务办理较为不便。为了满足人民群众对征信报告查询服务便捷化的要求，提升自贸区营商环境，2018 年人民银行西安分行立足征信为民，采取多种措施，大力推进信用报告查询服务体系建设工作，并取得了良好的社会效果。

信用报告查询便利化水平的提升，对支持自贸区发展，提升地方营商环境具有重大的意义。近年来，人民银行西安分行先后在高新区、沣东新城、杨凌示范区设立征信查询服务网点，随着企业征信报告查询柜台、个人征信报告自助查询设备进驻各自贸区，"一站式"的政务服务体系得到了进一步完善，进一步降低了企业运营成本。人民银行西安分行领导高度重视征信信息查询便利化水平提升工作，将其列为 2018 年分行重点督查督办工作项目，将相关工作任务分解到各分支机构，将工作责任落实到人。在工作开展过程中，要求各责任单位定期汇报工作完成进展，及时分析查找原因，确保相关工作任务按时、保质保量完成。信用报告查询业务的便捷化为群众节约了时间、简化了手续，给大家带来了实实在在的好处，提升了人民群众享受征信服务的获得感，是执政为民、简政放权的具体实践；征信查询服务基础设施，是建立健全社会信用体系的基本保障之一，优越的征信服务环境，有助于提升全社会对征信产品的接受度和认可度，营造人人守信的信用环境；征信查询服务水平的提升，有助于优化自贸区营商环境。

二、提升征信服务便利化的主要做法及成效

（一）主要做法

1. 深入调研，科学制订查询网点建设计划。为了提升查询网点建设工作的科学性，确保工作计划的可行性，人民银行西安分行于 2018 年初对全省自助查询机布放情况进行了深入的调查研究，通过分析统计数据、向有关机构征求意见、深入服务场所实地查看等方式开展调研，综合考量各地市信用报告查询量变化、自助查询设备保有量、人口及经济发展等情况，从各地信用报告查询量、自助查询设备人均保有量、自助查询设备区域分布 3 个维度进行测算，制订了全省及各自贸区查询网点建设工作计划，有效提升了查询网点建设工作的科学性和有效性。

2. 狠抓落实，圆满完成查询网点建设任务。在自助查询网点建设工作中，人民银行西安分行坚持"一个主导、两个结合"，圆满完成了年初制定的工作目标，截至 2018 年底，共建成征信查询网点 234 个、配备自助查询机 264 台，

榆林市

查询网点27个
查询机30台

延安市

查询网点27个
查询机29台

杨凌区

查询网点3个
查询机3台

铜川市

查询网点7个
查询机7台

渭南市

查询网点26个
查询机29台

咸阳市

查询网点28个
查询机30台

宝鸡市

查询网点24个
查询机27台

西安市

查询网点36个
查询机51台

商洛市

查询网点17个
查询机18台

汉中市

查询网点23个
查询机24台

安康市

查询网点16个
查询机16台

陕西省个人信用报告查询服务网点分布情况（截至 2018 年底）

自助查询机保有量较 2017 年末同比增长 108%，实现了查询网点数量"翻一番"的目标。

一是坚持人民银行主导。印发文件对全省查询网点建设工作作出统一安排部署，加强对人民银行各地市中支、各金融机构计划完成情况的督导力度。二是网点选址方面，坚持人民银行服务大厅与金融机构网点结合。全年人民银行各分支机构征信服务大厅共新增设备 35 台，有效缓解了征信服务大厅查询压力，同时依托金融机构网点阵地，充分发挥其点多面广的优势，在政府政务大厅、自由贸易区、人口密集区建设自助查询网点，全年共新建查询网点 114 个，优化了查询网点布局，方便了公众就近查询。三是在优化布局方面，坚持重点地区高密度和行政区划全覆盖结合。在查询网点建设工作中坚持效率与公平相结合的原则，一方面大力增加经济发达、人口集中区域、各自贸区、政务大厅自助查询网点数量，增加设备密度，缓解高人流量地区查询压力，另一方面积极向偏远、落后地区倾斜，实现了查询网点在全省县级行政区划及重要镇点的全覆盖。

3. 技防先行，严格确保自助查询网点信息安全。人民银行西安分行高度重视征信信息安全工作，一是实现对用户查询行为实时监控。自主开发了陕西省征信查询监测系统，能够对用户异常查询行为作出实时预警，人民银行及相关接入机构管理员能够实时掌握预警信息，并作出合理处置。二是实现对自助查询设备的全面远程管理。自主开发了陕西省征信业务综合管理系统并在西安市投入试运行，通过该系统实现了包括自助机查询信息管理、自助机远程管理、自助查询视频存储、统计分析、展示等功能，完善了自助查询机系统管理体系。同时，为所有自助设备单独设置 IP 地址，并与自助机使用的网络端口及自身 MAC 地址绑定，实现了自助查询机信息安全"双保险"。

4. 创新思路，全面提升自助查询网点建设质量。一是推出陕西省征信查询网点导航程序。该程序依托于微信平台，实现了全省查询网点网上信息公开、网点地址导航链接等功能，使公众能够更加便捷地掌握全省个人征信报告查询网点信息。该系统于 2018 年 9 月 1 日起，正式向社会发布，随后，人民银行西安分行又于 2019 年 1 月 1 日，根据查询网点新建情况，向社会发布了更新版本。截至 2019 年 3 月 20 日，该程序访问量已达 134655 次，平均日访问量近 800 次，被网络分享共计 7147 次。二是提升征信查询服务对提升营商环境的贡献度。为了支持地方经济建设，实现一站式政务服务，人民银行西安分行依托人民银行柜台、金融机构网点两种形式，将自助查询设备送进各自贸区、政府政务大厅，在陕西自贸试验区设立 9 个征信查询网点，布放自助查询机 13 台，为自贸区企业、个人等经济主体和政府部门提供高效、便捷的征信查询服务。在西安市高新区政务大厅设立了征信服务窗口，实现了征信查询与政务服务事项"一站式办公"，延长了征信服务时间。

（二）主要成效

一是自助查询设备保有量提高。2018 年，陕西省共增加自助查询机 137 台，较年初增加 107.87%，人均自助查询机保有量位居全国前列，实现了自助查询网点在全省县级行政区划及重要镇点的全覆盖。二是征信服务公众满意度提升。人民银行西安分行在营业管理部服务大厅进行了抽样调查，调查结论显示，2017 年该服务大厅个人信用报告查询平均等待时间 2 分钟，2018 年实现了非高峰期群众随到随查。人民银行西安分行相关工作成效被陕西省各新闻媒体广泛宣传，取得了良好的社会反响。三是个人信用报告查询业务风险得到有效防范。2018 年公众通过自助查询渠道办理业务占个人信用报告查询总量的 99.83%，柜面查询笔数显著减少，有效降低了人工查询风险。

三、提升征信服务便利化的政策启示

人民银行西安分行在推动征信信息查询便利化水平提升的具体实践中，采取以下 3 项措施提升工作成效：

首先是采取有效措施确保征信信息安全。信息安全是征信工作的生命线、是它的核心价值之一，人民银行西安分行从技术防范、制度建设、从业人员管理 3 个层面采取有效措施加强征信信息安全保护，维护公众合法权益。目前陕西省建立了全国领先的征信查询前置系统、监测系统及综合管理系统，从技术层面上实现了对全省所有征信查询行为的全过程、实时监控；建立完善了征信信息安全内部控制制度，并不断提升制度执行力；加强从业人员培训教育和用户备案，防范人为风险。陕西省已连续多年实现征信信息安全案件"零发生"。

其次是提升查询服务网点布局的合理性。在总体布局上兼顾效率与公平，一方面在经济发达区域、自由贸易区增加查询服务网点密度，缓解查询压力；另一方面实现了个人信用报告查询服务网点在县级行政区域的全覆盖，全省任何地方的群众不离开本县即可查询个人信用报告。在具体选择网点的过程中，综合考虑交通便利度、服务辐射范围以及代理金融机构网点资质、软硬件环境等因素进行筛选，最大化发挥查询网点作用。

最后是提升群众享受征信服务的体验。开展征信查询服务网点标准化建

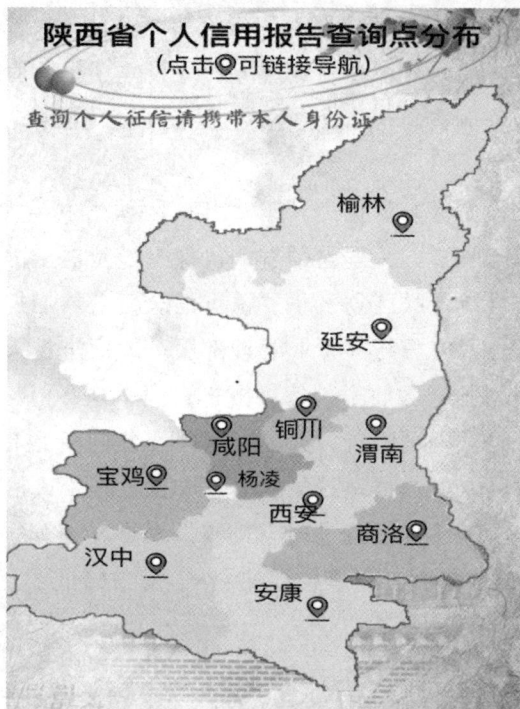

人民银行西安分行自主开发的陕西省个人信用
报告查询网点导航程序

设，实现了服务设施、服务体系、内部控制的标准化，持续改善窗口服务人员工作作风，杜绝"门难进、脸难看、事难办"的现象，实现了"最多跑一次"的服务目标。利用互联网平台，推出征信查询导航系统，群众利用手机就可浏览全省所有征信查询服务网点，畅通了信息公开渠道，达到让群众"少跑路、不跑冤枉路"的目标。

四、提升征信服务便利化的下一步工作思路

根据人民银行西安分行统一规划，目前查询网点建设阶段的工作目标已经基本实现，下阶段工作重点将转移到网点标准化建设上来，将工作重心从"铺摊子"转向"提质量"。一是提升查询网点服务品质。树立查询网点窗口服务的良好形象；在全省范围内逐步推广征信查询综合管理系统，对所有自助查询机在线情况进行实时监控，加强对自助查询网点的监督管理力度，切实为群众提供满意的查询服务。二是加大对征信为民服务渠道的宣传力度。

目前我省群众获取信用报告查询方式、网点等相关信息的渠道还有待进一步拓宽，下一阶段人民银行西安分行将充分利用营业网点、互联网、新媒体等方式，加强对陕西省征信为民服务工作的宣传力度。

【实践者说】

中国人民银行西安分行征信管理处处长马小明表示：为了贯彻落实征信为民服务理念，更好地发挥征信业在支持地方经济尤其是自贸区发展中的作用，人民银行西安分行提出了通过提升征信信息查询便利化水平，支持地方发展的工作思路。

从主要成效来看，经过近年来的努力，陕西省信用报告查询网点达到了县级行政区划的全覆盖、个人信用报告查询设备数量超额完成了"翻一番"的工作目标、个人信用报告查询"排长队"的现象基本消失、信用信息安全管理水平也不断提升。从全国范围看，陕西省信用报告查询便利化水平在全国排在前列。

【案例点评】

近年来，人民银行西安分行结合陕西省及各自贸区实际情况，持续推动征信报告查询服务体系建设，优化网点布局，提升服务质量，不断提高信用报告查询便利化水平，为社会信用体系建设提供了强大助力。人民银行西安分行的系列举措对于提升征信信息查询便利化水平，切实贯彻落实征信支持地方经济尤其是自贸区的发展战略，提升陕西省征信查询便民服务水平，打通征信查询"最后一公里"具有重要意义。

打造"政采贷"线上全流程审批系统

——扶持小微企业供应商

为深入推进金融领域创新，帮助列入沣东新城及西咸新区政府采购供应商库的中小微企业实现高质量发展，沣东新城财政局依托自贸区金融创新的制度优势，与人民银行、招商银行等金融机构密切合作，以企业信用为核心，在全省推出了首个"政采贷"线上全流程审批系统，让信用良好的小微企业实现申请银行贷款秒批秒贷，有效解决了企业融资难、融资贵问题。

一、线上全流程审批系统背景

中小微企业是我国数量最庞大、创新最活跃、吸纳就业能力最强的企业群体，也是激励创新、带动投资和促进消费的主力军，金融则是中小企业持续发展的血脉。促进中小微企业持续健康发展，对国民经济和社会发展具有重要的战略意义。沣东新城财政局主动落实国家、省市、新区决策部署，以政府采购合同资金的支付能力为"信用"，探索创新服务模式，力保政府采购贷款业务在沣东新城遍地开花，切实解决中小微企业融资难、融资贵、融资慢的问题。

政采贷业务，是银行机构以政府采购诚信考核和信用审查为基础，凭借中小企业取得并提供的政府采购合同，按优于一般中小企业贷款的利率直接向申请贷款的中小企业发放贷款的一种新融资方式。在传统政采贷线下业务模式基础上，沣东新城财政局充分运用政府采购大数据，采用平台化数据直连的合作模式，在全省推出了首个"政采贷"线上全流程审批系统，让参与政府采购的小微企业足不出户便可享受到利率优惠、操作便捷的信用融资服务。

"政采贷"即政府采购供应商信用融资，是指银行以政府采购供应商信用审查和政府采购信誉为基础，依托政府采购合同，按优于一般企业的贷款程序和利率,直接向申请贷款的供应商发放无财产抵押贷款的一种融资模式。为充分发挥政府采购扶持中小微企业发展的政策优势,沣东新城智慧化政府让更多的中小微企业能通过采购服务平台的"政采贷"功能,获得质优、价廉、较高的贷款资金,切实解决企业融资困境。

沣东新城推出了陕西省首个"政采贷"线上全流程审批系统

二、线上全流程审批系统主要做法及成效

(一)主要做法

1. 建设一站式中小微企业金融服务平台

按照"市场主导、财政引导、自愿选择、自主决策"的原则,沣东财政局对沣东新城智慧化政府采购服务系统实施改造,开发以信用为主体的"政采贷"功能模块,构建一站式中小微企业金融服务平台。平台集合招商银行等多家金融机构,对列入政府采购供应商的企业实施信用融资贷款,政府采购中标企业则凭签订的政府采购合同直接向招商银行线上申请无抵押信用贷款,金融机构通过平台实现企业资质、信息自动核查,并安排专属客户经理提供一对一服务,在客户取得正式采购合同的当天就可以取得贷款,实现企业融资秒批秒贷。

2. 突出金融产品个性化定制

一方面,沣东财政局结合中小微企业业务范围、经营业绩、信用状况,设定企业最高贷款额度,在贷款额度范围内推出多阶梯、低利率的短期金融产品,满足企业"自由贷、随时贷、随时还"的融资需求。另一方面,沣东财政局针对纳入其他区县(开发区)及市级以上的政府采购供应库中小微企业及未纳入政府采购供应库的中小微企业也可通过线下流程申请,享受"政采贷"模式红利。

3. 设立贷款资金专用账户，降低金融机构风险

沣东财政局严格设定中小微企业贷款用途，按合同业务实施专款专用，杜绝出现企业将贷款用至非合同标的业务。同时，在政府采购合同实施完成后，沣东财政局将合同金额汇至企业在银行设立的专项账户，由银行自动划转结算，优先用于偿还中小企业所贷款项，实现回款账户锁定，极大降低了银行贷款资金风险。

（二）主要成效

1. 提高业务办理效率，降低企业融资成本

企业在互联网端登录发送融资需求，授权银行查看历史交易数据，银行通过自身信贷业务系统验证政府采购合同真实性并受理业务，省去了企业频繁找政府采购部门盖章确认相关资料的麻烦，"政采贷"放款时限由原先30多天缩短至3个工作日内完成审批、1天放款，与其他贷款产品相比，"政采贷"产品可以为企业节约40%左右的融资成本，缩短了小微企业融资路径，极大满足了中小微企业信贷需求。截至目前，"政采贷"已为区内中小微企业共计发放贷款1000万元，有力支撑了区内中小微企业的发展。

2. 优化了中小微企业金融服务环境

自"政采贷"金融服务平台推出以来，受到了区内外中小微企业的热烈欢迎，目前区内外列入政府采购供应商的企业都在积极了解、申请沣东自贸区推出的"政采贷"业务。招商银行等金融机构也积极优化审批流程，创新丰富"政采贷"金融产品，并在全省范围内推广，全方位助力中小微企业发展。

3. 打破企业信用"信息孤岛"

沣东新城智慧化政府采购服务平台的"政采贷"业务模块，与人民银行征信系统达成对接，加强信息互通，成为全国首个区级政府采购服务平台与中征系统对接试点，有效缓解了政府采购融资业务中金融机构对采购合同真实性验证难、及时获得相关信息难、保障资金回到监管账户难的业务痛点，为中标政府采购的中小微企业提供便捷高效的一站式金融服务。

三、线上全流程审批系统政策启示

沣东功能区"政采贷"线上全流程审批系统是对《中国（陕西）自由贸易试验区总体方案》中"鼓励金融机构创新金融产品和服务，为'轻资产'

服务贸易企业提供融资便利"以及"鼓励各类金融机构创新供应链融资、贸易融资等业务"等工作要求的积极回应。

四、线上全流程审批系统下一步工作思路

下一步，沣东财政局将依托自贸区金融创新优势，与招商银行等金融机构密切合作，不断优化审核流程与信用评价机制，推出更多金融产品。同时，与省、市政府采购管理部门对接，实现政府采购数据信息对接匹配，更好地完善"政采贷"产品及其服务，持续为列入政府采购供应商的中小微企业提供便捷、优惠的融资服务，有效解决企业融资难、融资贵问题。

沣东功能区"政采贷"线上全流程审批系统以"市场主导、财政引导、资源选择、自主决策"为基本原则，为中小微企业提供"私人定制"式的"政采贷"产品，满足企业多样化的资金需求。沣东新城财政局（政府采购中心）以当好中小微企业服务"店小二"为己任，不断优化创新服务模式，力求通过一系列务实高效的"实招"，达到企业、银行、政府三方共赢的"实效"，为切实解决中小微企业"融资难、融资贵"促进中小微企业持续健康发展，全面优化提升沣东新城营商环境而不懈努力。

【实践者说】

2019年4月10日上午，沣东新城召开"政府采购贷款推介会"。沣东新城党委委员、管委会副主任寻心乐在大会致辞中表示：中小微企业是我国数量最庞大、创新最活跃、吸纳就业能力最强的企业群体，也是激励创新、带动投资和促进消费的主力军，促进中小微企业持续健康发展对国民经济和社会发展具有重要的战略意义。沣东新城财政局主动落实国家、省市、新区决策部署，以政府采购合同资金的支付能力为"信用"，探索创新服务模式。以一个目标，三大原则，五项措施为行动总纲领，依托沣东新城智慧化政府采购服务平台，为中小微企业提供"私人定制"式的"政采贷"产品，切实解决企业融资难、融资贵、融资慢问题，力保政府采购贷款业务在沣东新城遍地开花。

【案例点评】

沣东功能区"政采贷"线上全流程审批系统以"市场主导、财政引导、资源选择、自主决策"为基本原则，为中小微企业提供"私人定制"式的"政采贷"产品，满足了企业多样化的资金需求。

"科技金融点亮梦想"

——招商银行"高新贷"助航高新技术企业

"建设科技强国，是新时代实现中华民族伟大复兴中国梦的必然选择"。为解决科技型企业融资难的问题，招商银行以"提供创新的债权融资系列产品"和"打造股权投融资服务合作平台"为依托，落实高新助航计划，全面助力科技成长型企业快速发展并成功登陆资本市场；为加深招商银行与西安高新技术企业的紧密合作，招商银行也同步推出了为高新技术企业量身定做的"高新贷+知识产权质押"产品，招商银行向科技企业提供最高500万元信用贷款的同时，贷款企业可将知识产权质押给西安科技金融服务中心，并通过贴息和免评估大幅降低科技企业贷款成本。招商银行西安分行在落户西安22年（截至2018年）的时间当中，为服务地方经济发展作出了不懈努力。

一、招商银行"高新贷"背景

建设科技强国，是新时代促进国家建设的新要求。截至2017年末，全国拥有国家高新技术资质的企业为136289家，陕西省国家高新技术企业2214家（西安市有1815家）。伴随着企业的高速成长，企业在全生命周期中的金融需求不断显现。但科技型企业在初创期多数存在受产品市场培育、自身轻资产等问题影响，在银行获得资金支持的难度较大的困扰。

近年来，西安市将以建设西安丝路国际金融中心为目标，努力打造西部领先、全国一流、国际有影响的科技金融创新中心，构建实体经济、科技创新、现代金融、人力资源协同发展的产业体系。

二、招商银行"高新贷"主要做法及成效

（一）主要做法

1. 提供"一站式"综合金融服务，落实高新助航计划

为解决科技型企业融资难的问题，招商银行以"提供创新的债权融资系

列产品"和"打造股权投融资服务合作平台"为依托，形成直接融资与间接融资相匹配的金融服务体系，契合企业全生命周期各阶段特征，提供"一站式"综合金融服务，落实高新助航计划，全面助力科技成长型企业快速发展并成功登陆资本市场。高新助航计划主要包括：债权融资、股权投资、交易结算、综合服务。其中，债权融资包括创新迭代高新贷、三板贷等特色产品，具有担保灵活、全方位覆盖企业成长周期的特点；股权投资立足于创新小额股权直投服务，拥有专业总分行投资团队，能与众多知名 PE/VC 实现战略合作；交易结算涵盖移动支票、票据大管家等便捷、灵活的线上交易结算服务；综合服务涵盖公司理财、现金管理、私人银行、个人零售信贷等配套一体化服务。

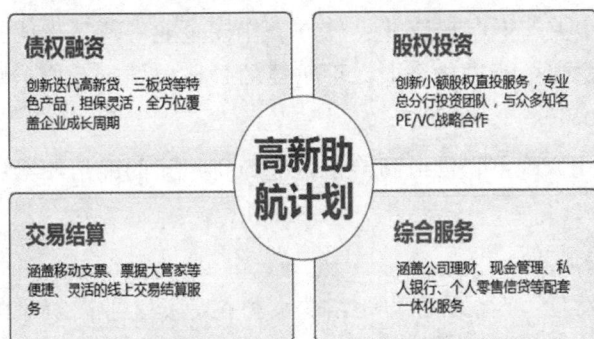

2. 全面推出了"高新贷"产品

目前，招商银行全面推出了"高新贷"产品，高新贷是招商银行针对具有一定经营规模、研发投入稳定的高新技术企业，根据企业实际经营、纳税情况，结合企业和实际控制人的偿债能力，给予企业核定一定额度的流动资金贷款业务。

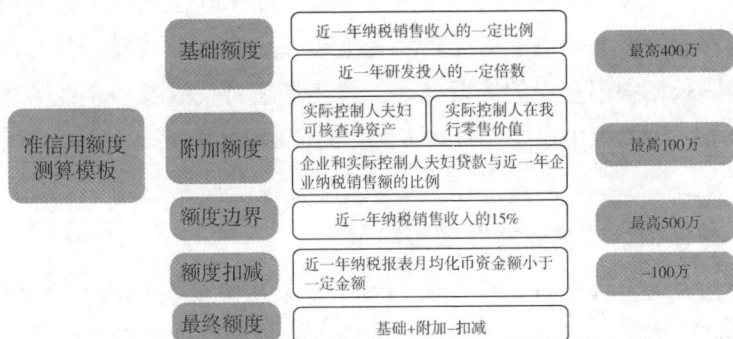

（1）标准化准入与额度测算，围绕高新技术企业特征设计。

（2）担保灵活，个人或组合担保。"高新贷"的担保方式较为灵活，包括：

①采取实际控制人提供连带责任担保，还可增加企业股东、高管等进行担保；

②通过招商银行准入的担保公司提供部分或全部担保；

③通过招商银行准入的保险公司等进行风险共担方式来为业务提供担保；

④通过设定风险补偿基金、财政补贴和退税等方式为业务提供担保。

（3）与政府补贴、风险补偿等优惠政策相结合。"高新贷"优先支持企业，不仅包括在招商银行开户并结算稳定的企业、PE/VC机构已投资或拟投资企业、拥有Ⅰ类知识产权或Ⅱ类软件著作权企业、新三板或主板拟上市企业、为央企等龙头企业供货企业，更重要的是还包括有政府补贴、税收减免记录的企业。

（4）准信用方式下，可最高给予企业500万元的准信用额度，并可自主支付。

（二）主要成效

通过"高新贷"产品，较好地解决了科技成长企业融资难的问题。截至目前，共计55538家拥有国家高新技术资质的企业在招行银行开户，开户率40%；招行银行已为其中7980家企业提供授信，授信金额11241亿元，贷款余额1167亿元；日均存款2865亿元，其中：西安分行已与其中1231家企业开展合作，为144家企业提供授信，授信总额153.74亿元；日均存款60.67亿元。

招商银行西安分行在落户西安22年的时间当中，为服务地方经济发展作出了不懈努力。在1474家西安高新技术企业中，456家选择了招商银行西安分行，逾百家企业共获得了招行合计超过20亿元的授信支持。招行西安始终聚焦科技成长型中小企业的经营发展，始终专注科技成长型企业的综合化特色金融服务，着力为中小企业打造多元化的金融创新服务。

三、招商银行"高新贷"政策启示

高新区关于金融支持产业发展的若干政策从降低企业债务性融资成本、鼓励企业借助多层次资本市场发展、鼓励企业投保降低经营风险等多个方面展现了优惠政策在加速资本要素聚集、优化产业发展环境方面的成效，体现了对高新企业成长周期融资需求的全覆盖。企业和金融机构充分了解并运用政策，助力企业发展，降低融资风险。

作为为高新技术企业量身定做的"高新贷＋知识产权质押"融资产品，其最大亮点是：在招商银行向科技企业提供最高 500 万元信用贷款的同时，贷款企业可将知识产权质押给西安科技金融服务中心，从而简化了知识产权质押的贷款流程，缩短了企业获得贷款的时间，并通过贴息和免评估大幅降低了科技企业的贷款成本。该产品不仅通过招商银行小企业信贷产品与西安市科技局扶持政策的有机结合，充分解决了科技型企业轻资产，无实物抵押的融资难题，最大限度地降低了企业融资成本，而且充分体现了金融机构和政府合力支持当地实体经济发展的力度和决心。

四、招商银行"高新贷"下一步工作思路

西安高新区金融办始终把支持科技创新型企业作为服务小企业的重要发展方向，进一步深化与金融机构、企业合作，深度沟通对接，为构建创新发展新高地作出更大贡献。

未来西安将以高新区为核心承载区，建立金融机构聚集、金融产品丰富、金融市场活跃、金融人才聚集、金融服务完备、金融生态良好、辐射功能突出的科技金融创新中心，引领全市科技金融工作。下一步的工作计划主要包括：

第一，优化科技金融生态环境和人才环境。完善科技金融投融资机制，形成创新发展合力。创新"政银保担投"多种合作形式，积极推动投贷联动、投保联动等新模式，提升银行、保险公司、融资担保公司、金融租赁公司、证券公司、投资公司等服务科技企业创新的能力。创新政府与社会资本的共赢机制，建立覆盖科技企业全生命周期的种子、天使、创投、产业引导和并购基金，支持科技企业创新和科技产业发展。依托西安光电芯片、信息技术、生物技术、人工智能、智能制造、航空航天、新材料、新能源硬科技产业优势，着力推进西安高新区科技金融示范区引领，经开区、航空基地、航天基地、曲江新区、浐灞生态区科技金融特色产业能级提升，西咸新区、国际港务区科技金融融合发展，各区县科技金融联动的科技金融产业布局。西安高新区要在聚集各类金融要素，引导设立天使投资、战略性新兴产业基金，开展投贷联动试点、科技保险创新试点，吸引和聚集金融科技企业，实施"龙门跃升百千工程"，加强信用体系建设等方面积极探索创新、"先行先试"，着

力提升科技金融的辐射能力，优化科技金融生态环境和人才环境，引领支撑中西部科技金融创新中心建设。

第二，争取在有限的时间内聚集更多创投机构。通过政策吸引、创新资源供给和高效服务保障，争取更多创投机构、天使基金落户西安，鼓励合格投资者发起设立天使投资、风险投资、产业并购基金等各类股权投资基金，支持光电芯片、信息技术、人工智能、智能制造、航空航天等西安硬科技产业发展。争取三年内聚集更多创投机构。把天使投资、创投机构引进作为招商引资的重点，围绕发展"五大经济"，留住一批创业人才和团队，培育一批科技企业和发展壮大科技产业。遴选和吸引一批优秀普通合伙人管理团队，以投资能力和募资能力为导向，带动西安科技金融市场化、专业化、规范化发展。

第三，建立覆盖全市的科技金融服务体系。构建"一站式"科技金融服务平台，开展科技融资、投资服务，解决企业融资、政策资源利用、公共服务对接等信息不对称难题。建立科技企业、高新技术企业、小巨人企业、独角兽企业培育库，为企业提供免费辅导、培育和融资服务。分类建立及完善上市上柜挂牌企业储备库和上市上柜挂牌企业培育库。支持各区县、开发区配套建立分支机构，建立覆盖全市的科技金融服务体系。对各类机构开办的"众创空间""瞪羚咖啡""创客空间"等开放式创业服务平台给予补助。提升创新创业服务新模式，对参加硬科技大赛、创业大赛、创业英雄汇等团队和人员提供导师咨询和投融资对接。筛选优秀项目与企业，吸引入驻众创空间、孵化基地，挖掘项目与产业链之间互动关系，有效回归服务科技产业本质，聚集"硬科技"创新创业要素，加速创业项目孵化成长。

"科技金融点亮梦想"招商银行小企业金融＋西安高新助航计划对接会

此外，招商银行在高新区提供的全面向好的环境中将深化同西安市科技金融中心、高新区创业园、软件园的交流合作，充分对接企业需求，为初创期科型技企业提供全周期金融支持。继续做好科创企业金融服务模式和产品创新，拓宽科技金融合作桥梁推动科技金融融合发展、引导银行业推出覆盖科创企业全生命周期金融服务模式的有关政策措施。

【实践者说】

招商银行西安分行副行长胡永安在西安市科技局、西安高新区管委会与招商银行西安分行联合举办的"科技金融 点亮梦想"招商银行小企业金融＋西安高新助航计划对接会致辞中从客户结构转型、千鹰展翼、高新助航计划三个维度分别展示了招商银行西安分行在科技金融发展方面的探索和实践。

西安高新区金融办副主任张婷认为："从降低企业债务性融资成本、鼓励企业借助多层次资本市场发展、鼓励企业投保降低经营风险等多个方面支持了高新产业发展。金融相关政策的实施情况展现了优惠政策在加速资本要素聚集、优化产业发展环境方面的成效。企业和金融机构应充分了解并运用政策，助力企业发展，降低融资风险。"

【案例点评】

招商银行以"提供创新的债权融资系列产品"和"打造股权投融资服务合作平台"为依托，形成直接融资与间接融资相匹配的金融服务体系，提供"一站式"综合金融服务，全面助力科技成长型企业快速发展并成功登陆资本市场，帮助科技型企业有效破解了在初创期面临的受产品市场培育、自身轻资产等问题困扰的局面，有利于有效解决企业融资难的难题。

"内保外贷" 金融创新

——助力企业步入金融服务"绿色通道"

2016年底，国家发改委等四部委联合发文加强对外投资监管，密切关注房地产、酒店、影城、娱乐业、体育俱乐部等领域非理性投资，杜绝大额非主业、有限合伙企业、"母小子大""快设快出"等对外投资。"控流出"宏观环境下，资金出境难度加大。办理内保外贷对于企业、银行以及外汇监管都具有积极意义。对企业而言，尤为可贵的是能够实现企业的跨境"增信"。内保外贷帮助国内企业"走出去"的过程中，在"国内企业—国内银行—国外银行—国外企业"之间建立信用链条，使其境外分公司获得海外融资，从而达到为境外公司获得融资支持的目的。

一、"内保外贷"背景

开拓海外市场、参与国际竞争，是企业扩张的必经之路。当高新区企业迈上全球的舞台，与境外企业贸易竞争、海外市场整合、谋求更大发展时，身后有高新区的强力支持。在自贸区挂牌后，高新功能区借助政策红利和创新优势，努力提升跨境贸易投融资自由化便利化水平。

招商银行在自贸区核心区域设立了招商银行陕西自贸试验区西安高新科技支行，深入企业了解其跨境业务发展难点，针对客户需求设计适合的金融创新产品，为区内企业的跨境业务提供多渠道全方位的金融服务：股权方面，招商银行通过境外平台可为客户提供从财务顾问到上市保荐、资金配资等全方位的服务；在投资方面，可借助境外多家联动平台定期向区内企业推送境外适合的投资标的项目，并提供配套的并购金融服务等。

陕西自贸试验区内企业陕西 JRWN 股份有限公司在谋求海外发展中计划与澳大利亚公司签订认购与合作协议，旨在通过发行股票的形式增资并购。申请人计划通过其在香港设立的 SPV 公司（即全资子公司：FR 控股有限公司）完成此次并购交易，通过 SPV 持股标的公司增发股份。但因境外新设公司在成立之初，业务尚未开展，现金流不足，难以从国外银行获得融资，境内中资企业的主要合作银行一般又都在国内（除非是大型跨国公司），这个时候就需要境内母公司的流动性支持。

二、"内保外贷"主要做法及成效

（一）主要做法

由于受到外汇管理局"控流出"窗口指导的监管要求，陕西 JRWN 股份有限公司该笔对外投资在商务备案及监管沟通并行的状态下，无法及时完成境外股权交割。通过与外管局沟通，企业通过内保外贷的形式，在境内招商银行存入覆盖交割本金及境外行部利息、费用等对应的人民币自有资金（合计约 2424 万澳元，汇率按照业务当天操作时为准），申请由境内招商银行向招商银行股份有限公司香港分行出具相对应金额的融资性对外担保保函。由香港分行为其发放用于股权交易的并购贷款，业务到期前由境内招商银行实施资金封闭管理操作，该笔保证金释放换汇后汇出，用于偿还香港分行到期本息。

（二）主要成效

内保外贷业务在目前资金出境较困难的情况下使用范围较广。办理内保外贷对于企业、银行以及外汇监管都具有积极意义。

1. 跨境的"增信"。从内保外贷的初衷来看，内保外贷可以帮助国内企业"走出去"，帮助国内企业走向国际市场，使其境外分公司获得海外融资。因境外新设公司在成立之初，业务尚未开展，现金流不足，也难以从国外银行获得融资，这个时候就需要境内母公司的流动性支持。而境内中资企业的主要合作银行一般又都在国内（除非是大型跨国公司），这个时候就可以通过内保外贷的形式，在"国内企业—国内银行—国外银行—国外企业"之间建立信用链条，最终达到为境外公司获得融资支持的目的。

2. 实现资金或者资产的"间接出境"。在监管趋严、ODI 受阻的情况下，国内企业用国内的资产或者存款在银行获得授信，通过境内银行开立保函至境外银行，由境外银行将资金输送给境外企业，以此达到间接出境的目的。

3. 内保外贷因贷款主体在境外，对境内银行来讲仅仅是一笔表外的或有负债，还能够一定程度上规避境内贷款规模、贷款用途等问题。而内保外贷业务中境内的保函申请人一般会采用全额或者部分保证金质押的形式给银行，满足银行存款考核要求。

4. 从"控流出"外汇监管的角度看，内保外贷可延缓资金出境的时间，该企业内保外贷到期的一年后，凭借外管局 ODI 批文办理全额质押项下购汇资金出境，对缓和人民币贬值压力、缓解跨境收付汇逆差具有积极作用。

三、"内保外贷"政策启示

现阶段在办理内保外贷业务时，尤其要关注境外企业的第一还款来源，重点关注履约倾向性。主要困难是银行展业尽职调查的时候，需要从主体资格合法性、商业合理性、主债务资金用途、履约倾向性和是否存在潜在冲突等多个维度进行真实性、合规性和合理性审核等以避免出现恶意违约造成监管风险。另一方面，境内银行对于境外借款人的尽职调查确实也存在一定困难，由于地域、环境、规则的不同，客户经理即使去国外实地调查也未必就能够搞清项目的真实情况。

【实践者说】

招商银行西安分行交易银行部副总经理钱芳做客凤凰网陕西《企业零距离》栏目，阐述了"内保外贷"等金融创新服务。钱芳介绍，"在市场经济因素更为复杂、跨境融资需求更趋旺盛的新时代，陕西自贸试验区内企业普遍具有很强劲的走出去的需求。"招商银行深入企业了解其跨境业务发展难点，针对客户需求设计适合的金融创新产品，通过"内保外贷"这一创新结构性融资方案，积极服务"走出去"企业拓展海外市场，推进"一带一路"建设和金融创新。

【案例点评】

和以往的融资型担保相比，"内保外贷"（由境内银行为境内企业在境外注册的附属企业或参股投资企业提供担保，由境外银行给境外投资企业发放相应贷款）大大缩短了业务流程、锁定汇率成本，降低了企业融资成本，实现企业在境内外、全球领域人民币资金的有效汇集和灵活配置使用，减少外部融资成本，提升盈余资金收益水平。这一金融创新为高新区内跨国企业开通金融服务的"绿色通道"，具有复制推广价值。

"投保联动" 完善中小微企业融资渠道

——西安高新区鼓励相关机构开展投保联动业务

为了贯彻落实《西安市落实系统推进全面创新改革试验国务院 17 项授权事项三年工作计划》（市政发〔2017〕1 号）文件精神，加快实施创新驱动发展战略，完善科技金融服务模式，推动各金融机构、类金融机构加大对中小微企业发展的支持力度。高新区大力宣传并鼓励相关机构开展中小微企业投保联动业务发展。投保联动，就是在担保客户中挖掘有投资价值的企业，签订期权投资协议，一般设定 2 年观察期，在观察期末对发展良好、符合投资标准的企业进行期权行权的股权投资。

一、"投保联动" 背景

长期以来，党中央、国务院都十分重视中小微企业和"三农"的发展，发展融资担保作为破解中小微企业和"三农"融资难融资贵的重要手段和关键环节，如何借助投保联动的融资服务模式，提升信贷投向与产业政策的契合度，更好地服务于具有"轻资产、少信用"的科技型、创新型中小企业，一直是行业共议的话题。当下我国宏观经济增速延续放缓的态势，融资担保行业增速放缓叠加代偿风险上升，担保机构主业盈利压力普遍加大，行业亟须探索新的盈利模式。传统融资担保机构以担保业务为主，收益难以完全覆盖风险。通过"担保＋投资"的模式，对各方资源进行有效整合与高效利用，最终实现"投资收益覆盖担保风险"，是担保公司创新业务模式、打破传统业务，将股权投资、债权融资和融资担保等相关业务有机结合的前瞻性尝试。

"双创"的持续升温是西安市以统筹科技资源改革为抓手，系统推进全面创新改革试验的缩影。2016 年 6 月，西安被确定为全国系统推进全面创新改革试验区之一，成为这场"国家试验"的重要参与者。西安加快实施创新驱动发展战略，完善科技金融服务模式，推动各金融机构、类金融机构加大对中小微企业发展的支持力度。高新区大力宣传并鼓励相关机构开展中小微企业投保联动业务发展。

二、"投保联动"主要做法及实施成效

（一）主要做法

中小微企业投保联动试点业务是指合作银行业金融机构、投资机构和融资担保机构等发挥各自优势，进行客户筛选互荐和资质审核，并通过相关制度安排，对符合条件的融资需求企业施行业务联动、风险共担、互相补充，提供包括股权、债权等综合资金支持，满足中小微企业在发展期不同资金规模、不同时段、不同方式的融资需求。高新区金融办依据《西安市关于鼓励开展中小微企业投保联动试点业务的实施意见》大力宣传区内各融资担保公司开展中小微企业投保联动业务。安排专人通过实地走访、电话询问等方式对本辖区内投保联动业务开展情况进行全面摸底；走访中再次加强对投保联动业务的宣传力度，鼓励辖区内银行业金融机构、投资机构和融资担保机构等积极开展合作联动；将区内涉及投保联动业务的担保公司相关业务的开展情况进行了全面统计并汇报至市金融办。

（二）主要成效

投保联动业务的开展，能够从一定程度上帮助企业缓解融资难题。目前，银行贷款仍是企业的主要融资来源，而初创期、成长期的中小企业由于面临固定资产少、缺少可抵押资产、经营发展前景不明等不利条件，使得在金融分业经营环境下，商业银行在中小企业贷款业务方面难以取得与高风险相匹配的高收益，因此企业通过银行融资的门槛较高。

"投保联动"业务跨越了金融机构与中小企业的鸿沟，将债权融资与股权投资相结合，既有效地增加金融供给总量，优化金融供给结构，又解决了初创型科技企业融资需求与银行信贷业务的不相容这一难题。"投保联动"充分发挥担保公司增信作用，体现金融服务实体经济、支持创新创业功能的有益创新，也是破解中小微企业融资难、融资贵问题的重要探索。

对于担保公司而言，"投保联动"在一定程度上为担保公司解决了传统业务风险收益不对等的问题，有助于推动担保公司综合化、市场化经营水平。随着直接融资市场的快速发展和利率市场化的加速推进，"投保联动"业务模式将成为担保公司未来利润增长的重要业务板块。

三、"投保联动"政策启示

科技型、创新型企业大多是中小企业，普遍具有"轻资产、少信用"的特点，经营风险高、有效抵押物不足，极易陷入融资难的窘境。在"投保联动"模式下，中小企业和担保机构从产业导向、企业征信、融资需求等维度，共同筛选符合条件的企业。"投保联动"模式实现企业债权向股权的平稳转移，避免短期资金周转困难对企业经营发展的冲击及影响。同时，探索出一条精准、定向支持高新技术企业发展的路子，提升了信贷投向与产业政策的契合度，推动了金融创新和企业转型。

西安加快实施创新驱动发展战略，完善科技金融服务模式，推动各金融机构、类金融机构加大对中小微企业发展的支持力度。高新区大力宣传并鼓励相关机构开展中小微企业投保联动业务发展，为区内中小微企业解决了融资难、融资贵的问题，为中小企业的发展扫除资金障碍，助力区内经济发展，是完善中小微企业融资渠道的有益尝试。

四、"投保联动"下一步工作思路

下一步，高新区将进一步加大力度对区内企业与担保公司宣传"投保联动"业务，收集并协助解决业务开展中存在的相关问题。力争利用业务创新，更大程度降低担保公司业务风险，有效解决中小企业融资难等问题，全面推动各金融机构、类金融机构加大对中小微企业发展的支持力度。

西安高新区大力宣传并鼓励相关机构开展中小微企业投保联动业务

【实践者说】

在"投保联动"创新融资渠道方面，上海市走在全国的前列，西安高新区为缓解中小微企业的融资难问题与上海市的做法异曲同工。上海市的浦东担保董事长兼总经理董勤发在接受《第一财经日报》记者采访时表示："所谓的'投保联动'就是在担保客户中挖掘有投资价值的企业，签订期权投资协议，一般设定2年观察期，在观察期末对发展良好、符合投资标准的企业进行期权行权的股权投资。"

梯石创投是浦东担保的全资子公司，开展"担保＋期权＋股权＋财务顾问"的综合金融服务和以"期权＋股权"为特色的投资服务。梯石创投副总经理周佐益解释说："行权的方式主要有两种，一是对于有创新能力，未来发展前景可期的科技中小微企业，浦东担保为其承担还本付息担保职责的同时，最终'债转股'；二是科技型中小微企业到期还本付息，梯石投资出资入股。"

【案例点评】

高新区大力宣传并鼓励相关机构开展中小微企业投保联动业务发展，是贯彻落实《西安市落实系统推进全面创新改革试验国务院17项授权事项三年工作计划》（市政发〔2017〕1号）文件精神，加快实施创新驱动发展战略，完善科技金融服务模式，推动各金融机构、类金融机构加大对中小微企业发展的支持力度的有力举措，能够有效解决中小企业融资难、融资贵的问题，进一步提升了自贸试验区的营商环境建设。

"投贷联动"助力小微企业发展

——西安高新区成为西部唯一获批的首批投贷联动试点地区

投贷联动是银行业金融机构以"信贷投放"与本集团设立的具有投资功能的子公司"股权投资"相结合的方式，通过相关制度安排，由投资收益抵补信贷风险，实现科创企业信贷风险和收益的匹配，为科创企业提供持续资金支持的融资模式。

高新区现已建立股权交易中心、产权交易中心、科技企业信用服务平台等科技金融服务平台，成为陕西乃至西部地区科技金融资源最密集的区域。此次，作为投贷联动试点地区之一，西安高新区与西安银行将在科创企业成长、企业转型升级等方面进行深入探索创新，对缓解科技型中小企业融资困难，改善区内金融服务环境，具有深远意义。

一、"投贷联动"背景

当前，我国进入了依靠科技创新发展"新经济"的时代，富有活力的科技创新型企业正在成为产业结构调整和升级的主角。2016年4月，银监会、科技部、央行联合印发了《关于支持银行业金融机构加大创新力度开展科创企业投贷联动试点的指导意见》（以下简称《指导意见》），投贷联动模式的起航，为科创类企业的未来打开了一扇新窗。在首批5个试点地区中，西安高新区是西部唯一一个试点地区。

《指导意见》明确了西安银行在内的首批10家试点银行在西安国家自主创新示范区等5个国家自主创新示范区开展投贷联动试点，并要求试点银行向区域中的科创企业提供种子期、初创期和成长期的资金支持，有效增加科创企业金融供给总量，优化金融供给结构，探索推动银行业金融机构业务创新发展。

2016年4月以来，西安银行积极响应投贷联动试点政策，持续推进科技金融服务创新，努力打造科技金融特色支行，在战略规划、组织架构、机制建设、保障体系等方面积极推进投贷联动试点工作，未来将按照专项资源、专门制度、专业团队、专属流程等一系列战略规划，逐步打造起西安银行具有本地特色的创新链条和科技金融生态体系，努力培育符合本地经济需要的产业发展金融驱动力。

2016 年 12 月 30 日，西安银行与高新区的投贷联动合作协议签字仪式举行。西安银行分别与市科技局、高新区签署了《投贷联动合作框架协议》；与西安睿控创合电子科技有限公司、西安磐石信息科技有限公司、陕西派诚科技有限公司、西安华诺环保股份有限公司、陕西万方节能科技股份有限公司 5 家企业签署了投贷联动《认股选择权协议》，标志着西安银行的投贷联动业务正式启动。

二、"投贷联动"主要做法及成效

（一）主要做法

1. 国开行陕西分行与国开科技创业投资有限责任公司为西安达盛隔震技术有限公司完成 1300 万元的投贷联动业务，国开行陕西分行发放贷款 800 万元，国开科创投资不超过 500 万元。通过总分行联动、母子公司协同，由国开科创以"认股期权"和陕西分行"信贷投放"相结合的方式，为长期的科创型企业提供资金支持。

2017 年 3 月，国开行陕西分行成立科技金融处，专门开展科创企业投贷联动业务。该行积极理顺开发机制，大力储备项目，与省内科技主管部门加强沟通，建立 1000 家科创企业及项目储备库；依托政府组织优势，做好顶层设计，与西安高新区签署投贷联动合作框架协议；成立国开科创投资公司在陕分支机构，与分行联合开发、分别评审，协调推进投贷联动工作。

2. 中行陕西分行与西安投资控股有限公司为西安西测电子技术服务有限公司完成了 3000 万元的投贷联动业务，中行陕西分行发放短期流动资金贷款 1000 万元，西安投资控股有限公司投资 2000 万元优先股，通过金融机构与投资机构强强联合，为科创型中小企业提供多元化的融资渠道。

3. 西安睿控创合电子科技有限公司是西安银行高新科技支行成立后在高新区第一批支持的科技型小企业。2014 年，在公司成立不满 2 年，销售规模只有 800 万元的情况下，高新科技支行就为公司发放 300 万元的科技金融流动资金贷款。经过三年的贷款扶持，该企业从最初的几百万元销售收入，到现在年销售规模达到 3000 万元，销售渠道遍布西南、华北、西北等区域。2016 年西安银行科技支行将睿控公司推荐给陕西西科天使合伙企业，西科天使在经过近 3 个月的充分调研后，出资 600 万元入股该公司，占股 10%。

此外，西安银行作为国内首批投贷联动试点银行，还与西安华诺环保股份有限公司、西安磐石信息科技有限公司、陕西派诚科技有限公司、陕西万方节能科技股份有限公司等小微企业签订投贷联动《入股选择权协议书》。

（二）主要成效

投贷联动业务跨越了商业银行与科技型中小企业的鸿沟，将债务融资与股权投资相结合，既有效地增加金融供给总量，优化金融供给结构，又能解决初创型科技企业融资需求与商业银行信贷业务的不相容这一难题，为初创期的小微企业提供了稳定的融资信贷渠道。

截至目前，国开行陕西分行已经成功实现全省首单"投 + 贷 + 保"联动新模式落地，带动社会投资机构和担保公司投资 3330.6 万元；完成了西安万德能源化学股份有限公司、西安全谱红外技术有限公司等 4 家初创期和成长期科创型企业的投贷联动工作，涉及治污减霾、环境治理、新型材料等行业，实现投资 4500 万元和贷款 3600 万元人民币、276 万美元。另据了解，在陕西省内投贷联动试点银行中，国开行陕西分行是率先实现投贷联动产品落地的金融机构，走在了全省同业的前列。

2016 年 4 月，西安高新区成为西部唯一获批的首批投贷联动试点地区。目前，西安高新区已与西安银行、国开行陕西省分行和中行陕西省分行等试点银行签订了投贷联动合作协议。截至今年 4 月末，各试点银行已累计为区内 17 家企业提供了投贷联动服务，贷款总额 2.11 亿元，投资总额 1.32 亿元。

2016 年 12 月 30 日，西安银行与高新区的投贷联动合作协议签字仪式举行。西安银行分别与市科技局、高新区签署了《投贷联动合作框架协议》；与西安睿控创合电子科技有限公司、西安磐石信息科技有限公司、陕西派诚科技有限公司、西安华诺环保股份有限公司、陕西万方节能科技股份有限公司等 5 家企业签署了投贷联动《认股选择权协议》，标志着西安银行的投贷联动业务正式启动。

三、"投贷联动"政策启示

2016 年 2 月 3 日，国务院常务会议决定选择金融机构试点开展投贷联动融资服务。4 月 21 日，银监会、科技部、人民银行联合下发《指导意见》，确定在北京中关村、武汉东湖、上海张江、天津滨海和西安等5个国家自主创新示范区开展投贷联动业务试点，批准中行、国开行、北京银行、上海华瑞银行等10家银行在上述地区开展投贷联动业务试点。

截至2016年12月，西安高新区已与可在区内开展业务的5家试点银行之中的4家，制订了实施方案，筛选了试点企业，建立了投贷联动项目储备库，并制定了支持投贷联动试点的扶持政策，将从风险补偿、投资补贴、业务奖励等方面，对试点银行给予大力支持。

西安高新区结合辖区小微科创企业融资现状和特点，出台了《西安国家自主创新示范区关于支持金融机构开展投贷联动试点的实施办法》。该办法从贷款补偿风险、投资风险补贴、业务增量奖励三方面支持试点金融机构在区内开展投贷联动业务。具体规定是，在贷款风险补偿方面，试点银行开展的投贷联动业务中的贷款如发生风险，可以按照实际坏账金额给予30%风险补偿，单户企业风险补偿金额最高不超过300万元；通过信用贷款、知识产权质押等无实物资产抵押方式开展的投贷联动业务中的贷款如发生风险，单户企业风险补偿金可提高至500万元。

在投资风险补贴方面，对当年投资10家以上示范区科创企业的试点银行投资子公司，按照实际投资额的10%给予风险补贴，同一投资子公司对单户企业的补贴额累计不超过100万元，对单家子公司每年的补贴金额不超过500万元。

在业务增量奖励方面，对试点银行和在投贷联动业务中发挥市场风险分担作用的融资性担保公司或保险公司，每年新增投贷联动业务达到一定规模的，分别按照业务增量给予一定比例的奖励，每家机构每年累计最高奖励100万元。除此之外，高新区还将利用信用金融服务平台，为试点银行提供科创企业信用信息查询、在线信用评估、推荐储备企业等服务，对试点银行基于信用大数据开发的金融产品提供线索技术支持和推广应用服务。

四、"投贷联动"下一步工作思路

1. 优先支持政府鼓励、园区支柱行业和产业调整密切相关的行业，关注已有重点产业集群，以重大项目带动产业链上下游客户，循序渐进推进园区客户开发。

2. 通过与政府、园区、股权投资机构、创业投资机构等合作，建立新型合作平台，进而以风险共摊、信息共享、利益互补等手段，获取企业信息，提高对企业行为的监控，并以此作为拓展科创型中小企业的有效渠道，实现批量开发。

3. 探索以大数据为基础的新型信贷与监管模式，一方面是基于企业，另一方面是基于行业和专业研究结果，从而拓展银行信贷评估的新方法，提升监管的科学性。

《西安国家自主创新示范区关于支持金融机构开展投贷联动试点的实施办法》的出台，为区内投贷联动业务的开展提供了新的激励机制，有利于调动金融机构参与试点工作的积极性。今后，高新区还将与试点机构在企业推荐、信息共享和业务交流等方面展开全面合作，明确"政银联动、合力推动投贷联动业务"的合作模式。

西安高新区积极改善区域金融服务环境，成为投贷联动试点地区之一

【实践者说】

西安全谱红外技术有限公司创始人闫兴隆说道："回国创业初期，我们掌握着国际领先的技术，有着一流的研发水平，但却被资金、场地难倒了，由于我们是初创型企业，没有符合要求的抵押物，银行都不愿意给我们贷款。当时国开行正在推广针对科创型企业的投贷联动业务，非常适合我们这种初创企业。光机所和国开行看中了公司的技术优势和发展前景，从大局把握住风险，创新突破了很多原有贷款政策，为我们企业发放贷款276万美元用于购买设备，并承诺1000万元人民币的认股期权，可谓雪中送炭。"

【案例点评】

在"投贷联动"模式起航的首批 5 个试点地区中，西安高新区是西部唯一一个试点地区；2016 年 12 月 30 日，西安银行与高新区的投贷联动合作协议签字仪式举行，标志着西安银行的投贷联动业务正式启动。西安高新区与西安银行等银行在科创企业成长、企业转型升级等方面进行深入探索创新，对缓解科技型中小企业融资困难，改善区内金融服务环境，具有深远意义。

搭建人民币网上丝绸之路

——"通丝路"陕西跨境电子商务人民币结算平台建设

"通丝路"跨境电子商务人民币结算服务平台是通过"互联网+跨境人民币"搭建的一条"人民币网上丝绸之路",被毕马威会计师事务所评估为"具有鲜明陕西特色和自贸试验区金融开发属性,全国首创型创新举措"。"通丝路"是在中国人民银行西安分行倡导推动下,由西安金融控股有限公司运营管理,中国银行作为首批银行业金融机构提供跨境人民币结算服务的 B2B 综合性服务平台。

"通丝路"陕西跨境电子商务人民币结算服务平台是一条"人民币网上丝绸之路"

"通丝路"电商平台使用人民币结算,是"一带一路"国家战略、有序推进人民币国际化的具体实践;重点帮助陕西企业出口特色产品并提供出口代理、融资担保、保险投保等服务,是金融支持民营和小微企业发展的切实举措;每个县域设立企业站点,通过企业收购产品、提供就业等方式带动农户及贫困户发展,是金融精准扶贫的有益尝试;银行、税务、海关等多部门联动简化业务流程、提供一站式服务,是落实"放管服"改革的有力行动。

一、"通丝路"陕西跨境电子商务人民币结算平台背景

2013 年，习近平总书记提出建设"新丝绸之路经济带"和"21 世纪海上丝绸之路"的合作倡议，积极发展与沿线国家的经济合作关系。2015 年 1 月 20 日，人民银行在官网发布了"积极对接'一带一路'等国家战略实施，不断拓展跨境人民币业务发展空间，深化货币合作，积极有序推进人民币国际化"等内容。2016 年 8 月 31 日，中国（陕西）自由贸易试验区获批，是西北地区唯一的自由贸易试验区。《"十三五"规划纲要》明确提出："有序实现人民币资本项目可兑换，提高可兑换、可自由使用程度，稳步推进人民币国际化，推进人民币资本走出去。"李克强总理提出大力推动"互联网＋"。

为深入贯彻落实"一带一路"国家战略和人民币国际化发展战略，更是为使陕西自贸区工作推动有载体、有抓手，推出了"通丝路"跨境电子商务人民币结算服务平台。

二、"通丝路"陕西跨境电子商务人民币结算平台主要做法及成效

（一）主要做法

"通丝路"平台不仅是交易的平台，更是"本币结算"的平台、"精准扶贫"的平台、"资金融通"的平台、"支持小微"的平台，通过一个平台做多项工作，具体做法如下：

2018 年 4 月 16 日"通丝路"陕西跨境电子商务人民币结算服务平台上线仪式

1. "本币结算"，落实贸易便利化。一是采用人民币结算，发挥本币结算

减少汇兑环节、节省汇兑成本、规避汇率风险等优势；二是货物贸易人民币结算可采用简化业务流程，银行线上核实企业相关资料办理 RCPMIS 激活并根据"展业三原则"为企业简化业务流程，根据企业指令先行办理入账，再进行贸易真实性审核；三是全程线上操作，平台提供在线报关、报检、投保申请、预退税、人民币结算和国际收支申报等一条龙服务，从下单到结算均可实现线上提交，企业"跑网路、不跑马路"。

2. "一县一站一品"布点，践行"精准扶贫"。"通丝路"创新"特色产品出口站点＋农户"模式，每个县区设立一个出口企业站点，每个站点主推一类县域特色产品，站点企业为有出口需求但缺乏出口资质和经验的农户（特别是贫困户）提供产品的质量检查、技术指导、统一包装、报关报检等服务，并可通过收购产品、吸收就业、出口培训等方式帮助农民足不出户就将"山里货"卖到国际市场，从而助力扶贫增收。

3. 运用货币政策工具，解决小微企业"融资贵"问题。人民银行西安分行将再贷款与精准扶贫相结合，使用支农、支小、扶贫再贷款加大对带动贫困户出口特色产品的"通丝路"站点企业给予信贷额度支持及优惠利率支持。人民银行延安中支指导延川县农村信用合作联社使用再贷款为企业发放涉农贷款，金额 800 万元，期限 3 年，较该社同期正常贷款利率优惠 5.8 个百分点，为该企业节省贷款利息约 139 万元，有效降低了企业经营成本，助力小微企业发展。

4. 创新金融产品与服务，解决小微企业"融资难"问题。人民银行西安分行鼓励金融机构创新贸易融资产品，在"通丝路"平台为小微企业定制供应链融资等金融服务。"通丝路"平台专设了金融产品窗口，为小微企业提供出口贴现、打包贷款、出口双保理等十余种贸易融资产品和全产业链融资解决方案，小微企业可在线提交贸易融资申请，银行业务专员提供在线解答，及时高效地为小微企业解决融资难题。

5. "小微企业信保易"为"走出去"提供防风险保障。人民银行西安分行与中国出口信保陕西分公司合作，在"通丝路"平台为小微企业提供专属出口收款风险保障方案——"小微企业信保易"保险服务，为小微企业拓市场、接订单、防风险提供有力保障。"通丝路"平台专设了在线投保窗口，小微企业可实现在线投保咨询与申请，符合相关补贴政策的小微企业还可以享受免费投保。

（二）主要成效

1. 扩大人民币跨境使用，助力人民币国际化。拓展跨境电子商务人民币结算业务，扩大人民币在跨境贸易、融资领域中的使用，为跨境电子商务人民币结算业务的规范发展提供实践案例，夯实人民币国际化的业务基础。基于"通丝路"平台运作模式，可实现十大功能：企业宣传推广、产品信息发布、贸易合同撮合、交易订单生成、在线人民币结算、信用担保服务、贸易融资服务、在线报关、在线报检、跨境人民币及国际收支申报等。

2. 服务实体经济，助推"一带一路"建设。通过实实在在的产品"走出去"，将为陕西与"一带一路"国家和地区国际贸易搭建起一条便捷的"人民币网上丝绸之路"，有助于陕西深度融入"一带一路"建设。目前，入驻平台企业已有140家，上千种陕西特色产品在线展示，已实现延安森海农产品有限责任公司的"梁家河"小米出口美国21.92万元、渭南白水县润泉现代农业科技开发公司的酥梨出口缅甸211万元、渭南蒲城毅力金属铸造材料公司的金属铸造孕育剂出口印度44.98万元，并积极推进"泾阳茯茶"承载"长安号"出口俄罗斯、商洛柞水中药材出口韩国等。

3. 助力小微企业和农户使用人民币"走出去"。金融精准扶贫是助推脱贫攻坚的重要手段，"通丝路"平台落实普惠金融理念，使用人民币支持小微企业和农户走出去，支持实体经济发展、帮助贫困山区脱贫致富。特色产品出口站点按照"一县一站一品"布点，目前，已有站点企业81家，覆盖陕西60%的县域地区，其中集中连片特殊困难县（区）32个；出口产品达200余种，帮扶农户3000余家，其中建档立卡贫困户200余家，以期实现全省"百县百站百品"开花的可喜局面。以"梁家河"小米出口企业——延安延川县森海农产品有限责任公司为例，该企业收购当地农户种植的谷子、红枣等用来出口，仅小米一项帮扶当地近200家农户，户均年增加收入约2200元。

4. 构建贸易金融生态圈，促进产业繁荣。"单一窗口"一站式服务，实现跨境电子商务及配套的物流通关、检验检疫、出口信保、金融服务等多维度、全方位的互联互通，形成贸易金融生态圈，推动商贸、物流、金融、文化等产业繁荣发展。

5. 优化营商环境，促进贸易便利化。借助"通丝路"平台"全线上"操作，银行可以在线了解贸易全流程，提高对贸易真实性的把握，便于其有效落实"展业三原则"，为企业提供更优的简化业务流程。

6. 增强部门间数据信息共享，加强金融监管。利用大数据分析，推进"通丝路"平台交易结算数据信息共享，加强跨境人民币、海关、质检、税务以及反洗钱、征信等部门对跨境资金流动风险监管合作。探索"穿透式"监管新模式，丰富监管手段、提高监管绩效。

三、"通丝路"陕西跨境电子商务人民币结算平台政策启示

"通丝路"跨境电子商务人民币结算服务平台深入贯彻落实中国（陕西）自由贸易试验区"进一步解放思想、先行先试，以开放促改革、促发展，立足于推进'一带一路'建设和西部大开发，为全面深化改革和扩大开放探索新途径、积累新经验，发挥示范带动、服务全国的积极作用"的指导思想，打破跨境电商偏进口、民营为主、第三方支付为结算方式的思维局限。解放思想——以人民银行指导、国有银行结算、国有企业运营的方式推动跨境电商人民币结算平台的建立；先行先试——以推动陕西小微企业特色产品出口为突破口、推进"一带一路"建设和西部大开发；探索新途径、积累新经验——以人民币作为结算币种、联合多部门统一推进，努力实现"单一窗口"一站式服务。

目前，由于海关、税务、银行间系统的要求及兼容问题，尚未实现所有系统接入"通丝路"平台，尚未完全实现在线报关、报检、投保申请、预退税、人民币结算和国际收支申报等一条龙服务，仍需自贸区及各部门互相协调推进。

四、"通丝路"陕西跨境电子商务人民币结算平台下一步工作思路

"通丝路"这条"人民币网上丝绸之路"为古老的丝绸之路注入新的时代内涵。下一步，仍需从以下五方面继续努力，将"通丝路"打造成以"扩大人民币跨境使用"为一个核心，重点完善"单一窗口报关报检机制、跨境人民币贸易结算机制"两项机制，着力构建"跨境电商交易系统、线下配套信息管理系统、投融资金融服务系统"三大系统，实现联通"卖方、买方、监管方、服务方"四方主体的平台。

（一）扩大开放之路。"通丝路"平台为陕西企业和产品走进"一带一路"搭建桥梁、开辟通途。将"通丝路"平台打造成"陕西名片"，让陕西拥抱世界、世界了解陕西，实现互利共赢，助力陕西打造内陆改革开放新高地、推动形成全面开放新格局。

（二）资金融通之路。充分发挥人民币跨境结算的优势、借助中国银行在全球 52 个国家和地区设立 600 多家分支机构，以及与"一带一路"沿线 500余家金融机构建立代理行关系的布局，着力打造"一带一路"区域金融中心。支持贸易融资金融产品和全流程金融服务创新，大力发展供应链金融、互联

网金融，让"人民币网上丝绸之路"的创新活力持续迸发，资本源泉充分涌动。

（三）产业繁荣之路。扩出口、促发展，支持更多企业走出去，带动当地涉外经济发展。"单一窗口"、一站式服务，通过整合政府资源，实现跨境电子商务及配套的物流通关、检验检疫、出口信保、金融服务等方面开展多维度、全方位的互联互通。切实服务实体经济，推动商贸、物流、金融、文化等产业繁荣发展。

（四）脱贫致富之路。助力脱贫攻坚，为小微企业和农户特别是贫困户，提供出口代理和融资担保等服务，让农户足不出户就将"山里货"卖到国际市场。将逐步扩大"站点企业＋农户"模式在陕西县域的覆盖范围，并积极鼓励法人金融机构使用支农、支小、扶贫再贷款，给予信贷额度及优惠利率支持。

（五）技术合作之路。利用大数据、云计算等先进技术，推进"通丝路"平台交易结算数据信息共享。建立"通丝路"跨境资金流动风险监管机制，加强跨境人民币、海关、质检、税务以及反洗钱、征信等部门对跨境资金流动风险监管合作。实现"穿透式"监管，通力合作、共同确保"人民币网上丝绸之路"不仅是繁荣发展的路，更是安全有序之路。

【实践者说】

平台首单交易企业负责人说："'通丝路'平台让我们搭上'互联网＋'的快车，可以帮我们把这些纯天然、无污染的农村特产卖到国外，这带给我们全新的思考。借助通丝路'站点企业＋农户'的发展模式，一是有利于小微企业发展。通过申请成为'通丝路'站点企业，为达到出口标准，小微企业会以更高的标准、更严的要求指导农户生产，参与跨境电商不仅打破了传统的销售模式，大大提升村办企业竞争意识和产品质量，站点企业还可以享受金融优惠政策。二是带动农民脱贫致富。企业与农户签订协议，开展技术指导、统一包装、集中销售，通过'通丝路'平台出口报关、商检、投保、结算的'一站式'服务，解决了农产品销量低、销售难的问题，调动了乡亲们种植农作物的积极性，让农民足不出户就将'山里货'卖到全球，走上脱贫致富路。三是拓宽了视野。让我们这些土生土长的农民接触到最前沿的国际贸易，意识到我们黄土坡的果树上结出的果实可以通过'通丝路'走向全世界，外国人也能通过网络线上购买我们陕北农产品，直接收到人民币既方便又划算。"

【案例点评】

与其他跨境电商平台相比,"通丝路"平台主要有以下几方面的创新之处:一是在跨境电商平台以进口为主的大背景下,"通丝路"以帮助中小微企业出口为主,推动国内产品走向世界;二是在跨境电商结算以第三方支付平台为主的情况下,"通丝路"直接通过银行实现跨境电子商务人民币结算,结算效率和安全性更高;三是在企业跨境交易手续审核较为审慎的政策下,"通丝路"通过各部门联动,实现全程线上提交资料,简化流程。

经开功能区创新"银—税—企"合作机制

——以诚信纳税"贷"动企业未来

为适应市场需求变化，营造自贸区良好营商环境，扩大小微企业融资渠道，助力小微企业发展，西安经开区税务局与中国建设银行陕西省分行营业部进一步深化合作，破除壁垒、搭建桥梁，将企业涉税信息纳入"小微企业快贷"大数据体系，实现"银—税—企"共享信用信息，推出"云税贷"产品，创新普惠金融服务模式，破解小微企业"融资难、融资贵、融资慢"的难题。同时激励诚信纳税企业，使企业合法经营、依法纳税的意识得到有效提高。

一、创新"银—税—企"合作机制的背景

小微企业是我国经济和社会发展中的一支重要支撑力量，在确保国民经济稳定增长、缓解社会就业压力、拉动民间投资、优化经济结构、促进市场竞争、推进技术创新、保持社会稳定等方面具有不可替代的重要作用。在自贸区内注册的小微企业数量众多，但如何帮助小微企业发展、激发辖区内小微企业活力是一个亟待解决的问题。小微企业在融资渠道、融资成本等方面都存在劣势，"融资难、融资贵"问题逐渐成为小微企业发展过程中的共性问题。

2018年11月1日，习近平总书记在民营企业座谈会上指出，"要优先解决民营企业特别是中小企业融资难甚至融不到资的问题，同时逐步降低融资成本"。中小企业在当前经济环境中面临融资困境是一个普遍情况，主要体现为以下三个方面。首先，融资门槛高。从以往来看，绝大部分银行的信贷偏好都倾向于经营良好、发展成熟的大中型国有企业，各种贷款条件和要求都是基于上述企业而建立的，而小微民营企业由于普遍存在经营不规范、财务不透明、信用记录缺失等问题，同时也没有充足的抵押物，导致其很难从银

行获得融资。其次，融资流程长。小微企业的融资需求对时效性要求较高，但传统贷款产品所需要提供的资料复杂、流程漫长，无法匹配小微企业的实际需求。最后，信息不对称。小微企业和银行之间缺乏桥梁和有效的沟通联系，因而很多小微企业主并不了解银行的相关信贷产品，在有融资需求的时候主要通过小贷公司、网络借贷（P2P）等贷款利率较高的机构实现，无形中增加了企业的融资成本。

优化营商环境，破解民营企业融资难、融资贵问题，为民营企业解困，是自贸区激发市场活力、促进创新创业、推动高质量发展的重要举措。面临新情况、新问题，需要敢为人先，改革创新。

二、创新"银—税—企"合作机制的主要做法及成效

（一）主要做法

1. 搭建银税共享信息平台

建行陕西省分行营业部"携手"经开区国税局，借助大数据和"互联网＋金融"新技术手段，搭建信息共享平台，将企业涉税信息纳入"小微企业快贷"大数据体系，以小微企业纳税情况为重要参考数据，结合税务部门的纳税信用等级信息，根据企业及企业负责人征信情况，为小微企业的经营和信用状况进行精准画像。通过抽取企业纳税数据进行模型运算，为企业核定信用额度。

共享信用信息这一开放性、创造性的举措，建立了小微企业信用评价体系，使金融机构能及时获取企业的真实信息，破解了银企信息不对称的难题，解决了银行获取和验证小微企业相关信息成本较高的问题。企业进入"云税贷"产品界面之后，可根据自身纳税情况，自主办理最高200万元的纯信用贷款，满足小微企业的融资需求。

2. 简化线上申请贷款流程

建行"云税贷"产品实现7×24小时自助全流程线上操作，小微企业贷款不再受到时间与空间的限制，其高效率、高优惠、高额度的特点更好地适应了小微企业融资即时性、突发性的需求。开通网银的企业可直接在线开通"信贷融资"业务功能，选择"信用快贷"业务模块，点击授权后，由企业主通过个人网银或手机银行在线办理贷款。申请成功后，系统显示企业贷款额度，点击"支用贷款"，贷款金额随即打入企业银行账户。

3. 探索路径深化银税合作

为了切实解决小微企业融资问题，经开功能区与建行陕西省分行营业部率先探索多样化的银税合作路径，以"云税贷"产品为切入点，面向小微企业开展丰富有效的宣传推广活动。

（1）举行大型产品推介会

经开区税务局联合建行陕西省分行营业部多次举行大型产品推介会。通过前期精准筛选参会企业、逐一联系企业关键人并反复确认到会信息，会议取得了良好的效果，彻底打破了之前因为信息不对称所带来的融资盲区，让大量小微企业了解并现场体验了"云税贷"产品，真正感受到了银行"有温度的服务"。

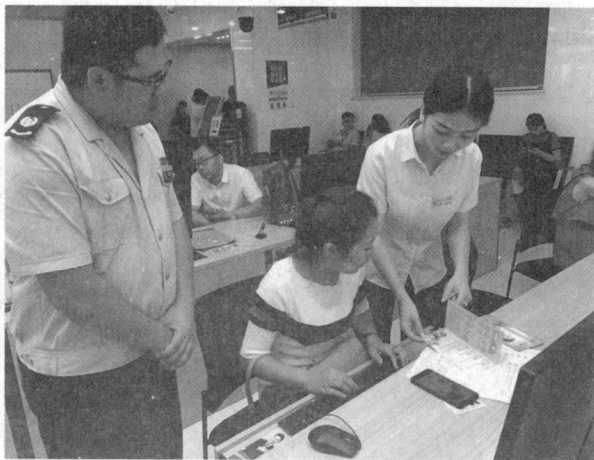

建行陕西分行营业部普惠金融专员及税务工作人员现场指导企业主申请"云税贷"

（2）持续开展"微沙龙"活动

在大型推荐会的基础上，建行陕西省分行营业部与经开区国税局进一步深度合作，积极探索服务小微企业的新模式。以该行下属西安长庆支行为主要场所，定期举办普惠金融专题"微沙龙"，通过税务系统筛选并邀请优质纳税小微企业主参与，利用基层网点将普惠金融的利好政策辐射至辖区内的各个角落，让区内优质小微企业真正感受到普惠金融的支持，得到切实的实惠。多方联动，营造自贸区内良好的营商环境。

建行西安长庆支行开展"云税贷"产品沙龙活动现场

（3）税务大厅常态化驻点

建行陕西省分行营业部下辖西安长庆支行在经开区国税局办税大厅进行常态化驻点，搭建场景宣传"云税贷"产品。通过常态化驻点，银行工作人员能够第一时间接触到来大厅办理业务的企业，主动向其介绍"云税贷"产品，将宣传的触角延伸到最前沿。目前，通过大厅驻点宣传，已解决了上百个小微企业的融资需求。这一系列加强服务意识、提高服务质量的举措提升了区内企业的体验感和满意度。

（二）主要成效

目前，"银—税—企"深化合作的创新举措共为202户小微企业提供了总金额1.4亿元的纯信用贷款，有效地解决了区域内纳税小微企业融资难、融资贵、融资慢的问题，提升了经开功能区的营商环境，助力了地方经济的发展。

1. 解企业燃眉之急，创区内良好环境

小微企业在区内经济中占据着重要的地位，在促进经济增长、增加就业、科技创新和维护区内社会稳定方面具有重要作用。只有让更多的小微企业真正活下来、发展起来，才能更好地激发市场活力和社会创造力。经开功能区通过深化银税合作的种种举措，切实解决了小微企业经营痛点难点，破除融资难、融资贵、融资慢的难题，急企业所急，想企业所想，为区内小微企业的发展开辟了一条通畅的道路。

营商环境是一个城市经济软实力和竞争力的重要体现，经开功能区深化银税合作、开创普惠金融服务新模式，起到了优化区内营商环境的作用，将吸引更多有创造性、创新性的小微企业入驻区内。

2. 提高诚信纳税意识，构建诚信社会体系

经开功能区通过银税互动引导企业诚信纳税、依法经营。越来越多纳税情况良好的企业得到融资的便利和实惠，可以说纳税信用成为企业发展的一张名片，这一事实显著提高了区内小微企业及企业主诚信纳税、重视信用的意识。"云税贷"产品紧密银税之间的联系，促进银税互动全面深化，引导企业诚信经营、重视纳税、健康发展，让"纳税信用"与"银行信用"有机结合，助力构建全社会信用体系。

三、创新"银—税—企"合作机制的政策启示

经开功能区创新"银—税—企"合作机制，不仅解决了小微企业融资和发展的相关问题，还创新了区内银行普惠金融发展和服务的模式，更提升了企业诚信纳税、合法经营的意识，一箭三雕，实现三方互利共赢。这一举措紧跟国家扶持民营企业尤其是小微企业发展的趋势，贯彻落实改革创新、优化营商环境的要求。这一模式在经开功能区取得成功并不具有偶然性，其相关举措和做法都具有普遍性和可复制性、可操作性。

此次创新合作通过延伸服务触角，借助大数据和金融科技手段不断创新产品、技术、模式。"云税贷"产品针对小微企业融资"短、频、快"的特点和"缺信息、缺信用"的弱点，在数据挖掘、信用评价、担保方式等方面开展创新，特别是在解决银企信息不对称上取得了突破。

"银—税—企"三方深化合作，将企业纳税信用情况、企业主个人征信与企业融资难易程度直接挂钩，让广大小微企业强烈地意识到珍惜信誉、合法经营、依法纳税的重要性。"以税促信、以信申贷"，这是完善授信褒奖机制、构建社会诚信体系的有益尝试。

四、创新"银—税—企"合作机制的下一步工作思路

（一）加强业务宣传工作。将持续推进建设银行与经开区国税局的合作，加强宣传，共同助力小微企业快速发展。一是在经开区税务局大厅设立"银税驿站"集中宣传区，安排专人进行宣传并接受咨询；二是定期在税务大厅进行"纳税服务小讲堂"之"云税贷"的集中推荐和讲解。

（二）总结推广成功经验。总结推广"云税贷"案例经验，细化和完善操作流程，不断优化升级合作模式，争取区内更多的小微企业通过"云税贷"

降低融资成本，提高融资效率。

【实践者说】

西安奥宏石化安装工程有限责任公司负责人说："我们是一家专门从事石油化工设备、石油工程及技术服务的小微企业，前不久连续接到了3笔大订单，原本订单增加是件好事情，可是公司账面资金仅够生产两笔订单，如果不能在短时间内筹到资，就得忍痛推掉一笔订单。就在我们焦虑万分的时候，通过微沙龙活动了解了'云税贷'产品，最终企业通过'云税贷'，用时3分钟就成功申请了170万元的贷款额度，解决了企业的燃眉之急。过去咱们小企业哪敢在银行贷款啊，门槛高、手续复杂、流程长。现在这'云税贷'太方便太简单了，真是没想到！"

陕西艾柯特工程技术有限公司负责人介绍说："我们本身就有银行贷款100万元，利率8%，还抵押了名下房产，目前还想增加贷款额度，但苦于没有多余的房产抵押，听园区内别的企业说建行有款产品是纯信用而且比较优惠，所以前来咨询。建行驻点人员随即向企业详细介绍了'云税贷'产品和配套的抵押快贷产品，很快为企业设计了'云税贷＋抵押快贷'组合方案，总金额220万元，综合利率低于5%。最终贷款投放后，企业置换了原有的高利率贷款，同时也解决了增加融资的问题。"

【案例点评】

经开功能区创新"银—税—企"合作机制，将企业涉税信息纳入"小微企业快贷"大数据体系，实现了"银—税—企"共享信用信息，破解了小微企业"融资难、融资贵、融资慢"的难题。同时，该举措能有效激励企业诚信纳税，使企业合法经营、依法纳税的意识得到普遍提高。

率先试点网银在线开通单证业务

——企业开立进口信用证提速增效

2017年4月1日，中国（陕西）自由贸易试验区正式挂牌成立。中国（陕西）自由贸易试验区的发展目标是：经过三五年的改革探索，形成与国际投资贸易通行规则相衔接的制度创新，营造法治化、国际化、便利化的营商环境，努力建成投资贸易便利、高端产业聚集、金融服务完善、人文交流深入、监管高效便捷、法治环境规范的高水平高标准自由贸易园区，推动"一带一路"建设和西部大开发战略的深入实施。

随着时间的推进，经开功能区内注册的具有进出口业务的企业实体日益增多，为了满足进口企业开立进口信用证在时效性、降低成本、手续简便方面的需求，浙商银行总行运用互联网思维，通过搭建线上开立进口信用证平台满足企业开立进口信用证时的更高要求。旨在帮助区内企业解决其开证前期复杂烦琐的纸质材料准备问题，解决银行层层审批的效率问题。加速企业整体业务进展，加强企业在竞争激烈的市场中保持充分的快速反应能力。

一、网银在线开通单证业务的背景

进口信用证是指开证行根据进口商的申请向受益人（国外出口商）开具的，保证在一定期限内，凭议付行/寄单行寄来的符合信用证规定的全套单据，按照信用证条款对外付款的书面承诺。国际商会（International Chamber of Commerce）的《商业跟单信用证统一惯例》——UCP600 关于信用证的定义为：信用证是指一项不可撤销的安排，无论其名称或描述如何，该项安排构成开证行对相符交单予以承付的确切承诺。

原先商业银行在开立进口信用证时，需要很多纸质的申请表和申请文件，增加了企业开立进口信用证的负担，而且银行内部层层审批流程时间长，既浪费了资源也影响了企业进口业务开证的效率。

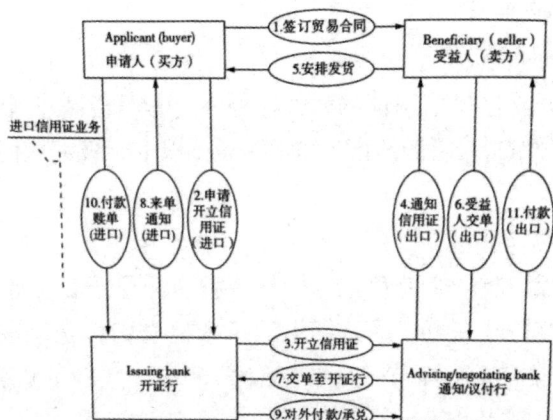

信用证操作程序

二、网银在线开通单证业务的主要做法及成效

（一）主要做法

目前区内浙商银行通过顶层设计，为企业提高了进口开证业务处理效率，进一步提升了场景体验。浙商银行率先设计并投产了企业网银申请进口开证功能，并对业务流程进行了优化，该优化业务流程节约了资源，同时提高企业办理进口开证业务效率50%以上。

已开通网银的企业可直接在线开通单证业务功能，自主灵活选择一项或多项服务项目，业务进展情况实时短信、邮件通知，信用证成功开立后，后续需办理信用证修改时，按现行相关规定要求办理。

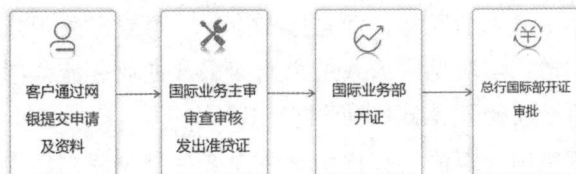

企业网银开证业务流程

（二）主要成效

1. 缩短开证时间

缩短了企业开立进口信用证的时间。原本一般开立需 5 个工作日，现在仅需 0.5—1 个工作日，压缩企业开立时间 80% 以上，极大地便利了企业进口业务的开展。

2. 减轻企业繁杂手续

优化业务流程，减轻企业负担。操作流程全程电子化，原来需将资料准备齐后提交待审核，现在可以通过网上预录入提交资料先审核，原来开立需 10 个环节，现仅需 4 个环节，环节压缩了 60%，减轻了财务人员的压力，简便了企业办事程序。

3. 降低企业时间和财务成本

便利企业在线办理关联业务，降低企业成本。企业可在线发起承兑、拒付、付款申请，在线实时查询业务状态及单据信息，以及在线完成国际收支申报、跨境人民币等数据报送，实现了企业无纸化业务办理，提高了办事效率，大幅降低了企业时间成本和资金成本。

三、网银在线开通单证业务的政策启示

网银在线极速开证一改"企业跑银行递交纸质资料"的传统进口开证方式，支持客户 7×24 小时通过网上银行以影像方式提交开证申请，业务效率大幅提升，正式推出后已服务上千家企业。

四、网银在线开通单证业务的下一步工作思路

首先，总结经验，优化服务。在后续工作中，搜集企业的应用感受，积极解决实际操作中遇到的问题，优化操作流程。争取把关于开立进口信用证的所有涉及的事情，模块化后加载到企业网银开证业务流程中，例如进行外汇保值操作。后续还要开展敞口项下进口开证业务。

其次，结合中国（陕西）自由贸易试验区金融制度创新要求，平移复制网银在线开通单证业务。随着企业网银开证业务的不断开展，总结企业网银开证业务的经验，细化和完善操作流程，争取企业网银开证业务的网上操作流程移植到企业其他进出口业务上。

【实践者说】

经开区某进出口企业负责人表示：由于实现了网上银行、手机银行、手机

App、智能柜员机等渠道的跨境业务全覆盖，为人民币跨境结算提供了诸多方便。我们实实在在享受了浙商交易宝、涌金全球汇、在线单证、在线融资等线上服务。以网银在线极速开证为例，一改"企业跑银行递交纸质资料"的传统进口开证方式，支持客户 7×24 小时通过网上银行以影像方式提交开证申请，业务效率大幅提升，体现了自贸区效率。

【案例点评】

浙商银行通过为区内企业提供与国际贸易规则相衔接的金融服务，不断营造国际化和便利化的营商环境，将国际商会的相关国际惯例化作创新的金融服务，帮助企业经营更加国际化，提高企业经营效率，减少企业经营成本，满足企业不同的融资需求，运用互联网思维不断搭建服务于"一带一路"建设的金融平台。

区块链技术跨境直联支付业务

——提高跨境支付效率 降低跨境支付风险

正值全球 Fintech、区块链技术如火如荼之际，2017 年 11 月 3 日，招商银行西安高新科技支行通过其总行自主研发的区块链直联跨境支付应用技术，叙做一笔美元跨境支付业务，标志着在陕西自贸区内首单应用区块链技术跨境直联支付业务成功落地。在总行日趋完善的区块链技术体系和在外管局陕西省分局的倡议下，经过一段时间的积极筹备，从 2018 年 6 月初开始，招商银行西安分行将区块链技术跨境直联支付业务继续复制推广，从自贸区内推广至全省范围内，已实现辖内所有网点对陆港两地跨境支付全部通过区块链平台完成。招商银行借助陕西自贸区改革创新的东风，深入实践，通过持续提升企业结算效率、提高汇兑便利、降低融资成本等方式，以优化营商环境为抓手进一步服务实体经济发展。

自陕西自贸区挂牌成立后，招商银行西安分行深入领悟《国务院关于印发中国（陕西）自由贸易试验区总体方案的通知》（国发〔2017〕21 号）、《关于印发〈金融服务中国（陕西）自由贸易试验区建设的意见〉的通知》（陕自贸办发〔2017〕3 号）等相关文件精神，始终以金融服务创新为己任、以服务实体经济作为出发点和落脚点，借鉴各地先进经验做法，积极拓展符合区域经济和业务需求的产品。招商银行西安分行区块链技术跨境支付的成功复制和推广，不仅成为我省自贸金融创新的经典案例，也为陕西自贸区挂牌成立两年来临之际献上一份厚礼。

一、跨境直联支付业务背景

区块链技术起源于一种世界范围内的去中心化运作的数字货币系统，而区块链技术正是帮助该系统建立全新的信任机制、去中心化和去信任基础上实现点对点价值转移的核心技术所在。区块链并非是单一的一项创新技术，而是将许多跨领域技术集结在一起，包括密码学、数学、演算法与经济模型，并结合点对点网络关系，利用数学基础就能建立信任效果，成为一个不需基于彼此信任基础、也不需依赖单一中心化机构就能够实现价值传递转移的分散式系统。

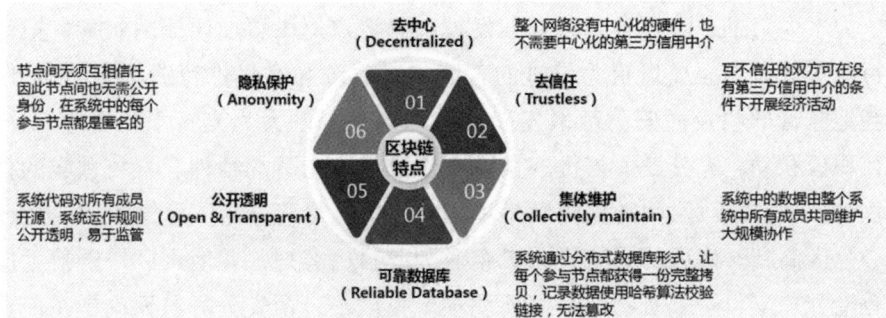

区块链（Blockchain）是指通过去中心化和去信任方式集体维护一个可靠数据库的技术方案

招商银行在区块链金融方面不断探索创新，目前处于行业领先地位，通过投产多个区块链＋金融应用场景，积累了丰富的经验。其中，银行的直联支付场景非常契合区块链技术理念。通过分布式区块链节点，替代传统的星型结构中心点，构建参与者间平等、快捷、安全的报文（指令）交换平台，以承载包括直联支付在内的银行业务场景。

当前的跨境支付结算时间长、费用高，又必须通过多重中间环节。拥有一个可信任的中介角色在现今的跨境交易中非常重要，当跨境汇款与结算的方式日趋复杂，付款人与收款人之间所仰赖的第三方中介角色更显得极其重要。每一笔汇款所需的中间环节不但费时，而且需要支付大量的手续费，其成本和效率成为跨境汇款的瓶颈所在。如因每个国家的清算程序不同，可能导致一笔汇款需要 2 至 3 天才能到账，效率极低，在途资金占用量极大。

区块链的应用将可摒弃中转银行的角色，实现点对点快速且成本低廉的跨境支付。通过区块链的平台，不但可以绕过中转银行，减少中转费用，还因为区块链安全、透明、低风险的特性，提高了跨境汇款的安全性，以及加快结算与清算速度，大大提高资金利用率。未来，银行与银行之间可以不再通过第三方，而是通过区块链技术打造点对点的支付方式。省去第三方金融机构的中间环节，不但可以全天候支付、实时到账、提现简便且没有隐性成本，也有助于降低跨境电商资金风险及满足跨境电商对支付清算服务的及时性、便捷性需求。

二、跨境直联支付业务主要做法及成效

（一）主要做法

为了大力推进陕西自贸区业务发展、向客户提供更加便捷的服务，招商银行西安分行决心要以更为先进的直联支付系统为客户进行跨境结算服务。在当地监管部门及西安高新区发展改革和商务局的大力支持下，招总、分、支行积极联动，充分发挥招行一直以来"敢为人先"的精神和科技领先的技术优势，通过一段时间的积极营销和统筹安排，最终选定了位于陕西自贸区中心片区高新开发区的一家进出口企业为此目标客户，并使用区块链技术向其香港客户支付一笔货物贸易美元款项。招商银行西安分行，无论是在前期的业务推动和准备，还是从客户的准入和筛选，以及全流程业务的跟进方面都做了大量行之有效的工作。2017 年 11 月 3 日一早，在接到招总行指令后，总、分、支行正式启动首单区块链跨境支付业务，最终顺利落地，当天汇出并到账对方银行。至此，招行通过区块链技术成功地完成"跨境高速公路"工程建设，跨境外币资金可通过该高速通道享受"秒级"传输待遇。

自首单区块链跨境支付业务顺利落地后，从 2018 年 6 月开始，招商银行西安分行将区块链技术跨境直联支付业务继续复制推广，已从自贸区内推广至全省范围内。截至 2019 年 4 月 30 日，招商银行西安分行共发生区块链跨境支付 1640 笔，全折美元 4514 万美元。其中港币 719 笔，金额合计 4915 万港币；美元 856 笔，金额合计 3469 万美元；欧元 65 笔，金额合计 233 万欧元。业务类型为经常项目项下的货物贸易和服务贸易。其中货物贸易 162 笔，合计折美元 1293 万美元；服务贸易 1478 笔，合计折美元 3221 万美元。

（二）主要成效

1. 创新推进自贸区金融发展

自贸区区块链跨境支付项目的成功落地及复制推广，既是招行拥抱金融科技的创新成果，也是我省自贸金融创新区块链技术应用的成功案例。自贸区已然成为全国金融创新的前沿阵地、先行先试的"试验田"，招商银行西安分行身处自贸金改的主战场，将紧跟国家发展战略导向和本行"轻型银行"的转型步伐，在监管部门及招总行的指导和支持下，积极运用自贸政策红利及专业化服务能力深化客户经营，让区块链技术成为本行金融科技创新的"先行者"和"排头兵"。

2. 借助金融科技提质增效

（1）提高跨境支付效率

在传统电汇支付中，进口商的电汇最终都是由银行完成的，银行间支付又由中央交易方完成。在这种具有中间参与方的交易中，必然经过两个复杂的业务处理：第一，所有参与支付的银行，必须对交易信息进行对账，并将所有交易信息同步到中间结算方。第二，中央交易方要在抵消不同账户的借贷后，才执行最终的支付。因此，在传统跨境支付中，需要非常复杂的交易处理。采用区块链跨境支付的话，由于区块链网络中所有参与节点共同维护验证信息，保证了信息的一致性，因此，在区块链支付中无须复杂的信息同步和对账，大大提高了跨境支付的效率。

（2）节省银行业务资源

在区块链跨境支付体系中，不同银行之间可以基于联盟链实现，这样在不同货币之间进行汇兑支付时，可以摆脱中间关联银行的参与，直接进行实时支付；在基于区块链的支付平台中，每家银行只需一个储备金账户，本来要存储在中间交易方的备用资本金就节省下来了，能分配给自身银行业务的资源就增多了。当大量银行参与到这个网络中时，该解决方案就显得更加有吸引力。因此，基于区块链技术的跨境支付可以大大节省银行的资源。

（3）降低跨境支付风险

在基于区块链技术的跨境支付中，通过区块链技术将所有参与支付结算的节点，包括进口商和出口商等各类机构连接起来，共同维护支付交易信息，共同参与一致性校验。当进口商在通过区块链支付之后，如果未能收到真实有效的出口商发货信息，那么在一致性校验环节，进口商将否认该笔支付信息，出口商将无法收到该笔汇款。因此，通过区块链支付，所有交易相关方共同维护交易记录，共同参与验证交易信息，大大降低国际贸易中的支付风险。

三、跨境直联支付业务政策启示

区块链技术凭借对中介机构的剔除提高了交易效率，但同时也就使得交易者的进入没有统一标准，整个交易体系完全开放，参与者多种多样，交易需求也不尽相同。尤其是在跨境交易中，各国对于区块链的态度不尽相同，因而很难形成一致的行业标准。跨境贸易中，各国除态度不一致外，对金融机构的监管也存在差异，加之区块链去中心化的特点，通过区块链进行的跨境交易监管的难度增大。这些都是未来需要解决的问题。

四、跨境直联支付业务下一步工作思路

立志欲坚不欲锐，成功在久不在速。区块链跨境支付首笔业务落地已标志着0到1的突破，但发展"Fintech"之路仍然任重而道远。随着招商银行在区块链等金融科技技术的不断投入，招商银行西安分行在我省金融科技领域的领先优势将更加明显，随着2019年4月29日国家外汇管理局批准陕西省为全国第六个跨境业务区块链服务平台试点地区后，招商银行西安分行积极响应，并即刻投入到试点前的各项准备工作。一周之后的5月8日，自贸区首单区块链服务平台出口应收账款融资业务成功落地招商银行西安分行，标志着平台在陕试水成功开启。

未来，招商银行西安分行将立足新起点，继续秉承"因您而变"的经营理念，以区块链平台为切入点，借助金融科技创新有效防范跨境金融风险，不断优化跨境业务金融服务流程，提高业务办理效率，进一步发挥在岸、离岸、自贸、境外和全资专营子公司"五位一体"的平台优势，根据客户实际需求提供涵盖"本外币、离在岸、区内外、境内外、投商行"多维度的特色服务方案，不断提升企业服务体验，为涉外企业创造优良的营商环境，助推陕西省外向型经济稳健发展。招商银行西安分行也将以此为契机，紧跟自贸区纵深改革的指引，积极探索跨境业务和自贸业务创新，以实际行动服务地方实体经济。

【实践者说】

中国人民银行西安分行相关负责人表示："任何时候技术创新都是推动行业改革和进步的重要力量，比如银行卡代替存折成为客户的主要资金凭证、人民银行支付清算系统的上线大大提高了清算效率、VTM可视柜台的出现使银行的营业时间和资源分配更加灵活等。

"区块链技术在金融领域的应用前景被广泛看好，尤其是在跨境支付清算领域的实用性和适配度上都堪称最优。经过区块链技术'分布式记账'优化后的跨境汇款方案，资金清算信息在'链上'同步抵达、全体共享、实时更新，整个清算流程安全、高效、快速，可以大幅提升客户体验，被誉为'最完美的跨境支付解决方案'。

"招商银行跨境直联清算区块链项目在国内率先实现了将区块链技术应用于全球现金管理领域的跨境直联清算场景，利用区块链的特性解决了当前跨

境直联清算系统中存在的问题，对于区块链的应用探索有着重要的现实意义。"

【案例点评】

陕西自贸区内首单应用区块链技术跨境直联支付业务的成功落地，既是招行拥抱金融科技的创新成果，也是我省自贸金融创新区块链技术应用的成功案例。区块链技术在跨境直联支付业务上的应用，大大提高了跨境支付的效率，节省了银行的资源。同时，通过区块链支付，所有交易相关方共同维护交易记录，共同参与验证交易信息，有效地降低了国际贸易中的支付风险。

全国首单备案制 ABS "宝信一期"

——宝信国际融资租赁有限公司案例

为鼓励融资租赁行业稳定健康发展，国家政策法规密集出台，市场主体规模随之壮大，专业化、创新型的融资租赁公司如雨后春笋般不断涌现。西安高新区的宝信国际融资租赁有限公司（以下简称：宝信）便在融资租赁行业中进行了创新与探索，并取得了引人注目的成绩。宝信是陕西省成立较早的外商融资租赁公司，成立于 2011 年 4 月 26 日，公司注册资本 5 亿元人民币，由西安投资控股有限公司、西安陕鼓动力股份有限公司、宝信国际金融控股有限公司共同出资成立。公司目前总资产超过 30 亿元，累计实现税后利润超过 1 亿元。同时，它也是第一家在资产证券化新规下发行 ABS、公司债的融资租赁公司。宝信拥有很高的市场认可度，不管是资产投放、融资创新还是风险管控等方面，都走在了同行业前列。坚持支持制造业领域民营经济，宝信七年间投放近 170 亿元融资金额，其中 80% 投向民营经济制造业，目前已与环保、纺织、陶瓷、电子、机床等领域开展产融合作，为企业提供设备更新改造、转型升级、环保优化等方面的融资租赁服务。

一、全国首单备案制 ABS "宝信一期" 背景

近年来，我国相继颁布了多部行业政策法规《关于从事融资租赁业务有关问题的通知》《外商投资租赁业管理办法》《金融租赁公司管理办法》等，进一步规范了融资租赁设立经营规则，加快了融资租赁在国内的发展进程。面对"常态化"经济形势，综观行业发展现状，对比武汉、杭州、天津等城市，陕西省还存在一定差距，陕西省金融基因较弱，融资租赁业相对国内经济发达地区，规模小，资金少，底子薄，营商环境有待进一步提升。若能补齐这些短板，陕西省融资租赁行业将会实现突破式发展。

2018 年是陕西省营商环境的优化提升年，企业的发展壮大，创业创新都

离不开良好的营商环境。"十大行动"的出台，预示着软环境会越来越好。"一带一路"建设，更是企业了解市场、摸清方向、迎接挑战、把握机遇的一个不可多得的契机，它为我国融资租赁行业加快"走出去"和转型升级提供了多重选择，同时也为我国加强与周边国家的产能合作提供了广阔空间，有利于促进形成中国租赁、中国制造与中国服务"走出去"的协同效应。通过加强与发达国家高水平融资租赁企业或行业巨头的密切合作，有利于促进我国租赁企业向业务高端化方向发展，提升国际竞争能力。通过加强与沿线融资租赁产业发达国家的融资合作，有利于拓宽境外低成本资金利用渠道，缓解资本压力。

作为"一带一路"沿线国家，融资租赁行业有着广阔的发展前景，"一带一路"建设有利于消化国内成熟甚至过剩的产能，比如钢铁、煤炭、焦化、能源，甚至传统的第二产业制造业，比如陶瓷、建材。如能把握好这一良机，对于融资租赁企业而言，那将是真正意义上的"走出去"。

宝信致力于服务销售额超过一定规模的民营经济实体，行业投向为有刚性需求的传统制造业和契合经济发展特征的现代服务业。自成立以来，始终坚持完善各项制度体系的建立，发展新的利润中心，形成以租赁业务为核心，投资咨询、风险管理产品设计、风险资产处置以及租后管理等服务为辅助的综合性商业化金融服务实体，成为行业内立足实体经济，贴近客户需求，提供专业综合融资租赁服务的规模型融资租赁公司。公司立足西安，业务范围覆盖全国。公司的设立填补了陕西乃至西北地区的市场空白，有利于促进本地装备制造业及基础设施建设水平的提升，直接或间接促进专业设备融资服务业的发展，缓解中小企业融资难题。

二、全国首单备案制 ABS "宝信一期"主要做法及成效

（一）主要做法

1. 融资租赁，推进产融结合

融资租赁是集融资与融物、贸易与技术更新于一体的新型金融产业，是推进产融结合的有效工具。运作模式以直接租赁、转租赁、售后回租、杠杆租赁和风险租赁等类型为主。通过实现融资、促销、投资、资产管理等功能将工业、贸易、金融紧密结合起来的方式，达到引导资本有序流动的目的。作为产融结合的最佳纽带，融资租赁以灵活的交易结构、相对较低的综合成本和较长的期限优势，不仅受到了中小企业的青睐，而且也是制造业升级的

有力推手。融资租赁行业其实就是以"融物为表象，达到融资的目的"。通过把物借给企业，将资金给供应商，实际上限定了承租人的资金使用用途，以此减少融资被挪用的风险。

从社会价值和行业价值来看，融资租赁在服务实体经济方面发挥着积极的促进作用。从社会价值出发，融资租赁作为横跨金融和产业之间的行业，首先解决了当前一个钱落不到实体经济上的问题，其实质就是支持实体经济。

从行业价值来看，融资租赁企业虽然规模小，比不上银行和大型金融机构的实力，但它补充了主流金融机构未覆盖的部分。融资租赁的主要客户是民营企业，这些客户从主流金融机构融资非常困难，对于这部分实体经济，融资租赁起着资金补充的关键作用。

对于宝信而言，要做的就是通过融资租赁业务帮助企业创造更好的销售利润和价值。

2. 创新商业模式，国内首单 ABS 融资模式

融资行业本身具有较高的市场风险，融资租赁企业也不可避免，若依靠单一的融资渠道或产品可能会使整个资产负债表面临流动性的风险，且金融企业都存在一定程度上的错配管理，如果融资手段、工具不丰富的话，可能会面临安全性的问题。为了让公司有更好的发展空间，公司总经理王晓翔带领公司投行部不断创新。为了搭建立体、安全的融资架构，基于对融资理念和市场的创新，ABS 新规 2014 年 11 月刚一发布，宝信同年 12 月便发行了第一单，这在国内属于首创。ABS 融资模式是以项目所属的资产为支撑的证券化融资方式，即以项目所拥有的资产为基础，以项目资产可以带来的预期收益为保证，通过在资本市场发行债券来募集资金的一种项目融资方式。除此之外，宝信还是西北第一家跟信托合作推出融资租赁收益权产品的融资租赁公司，第一家发行公司债的融资租赁公司，以及与银行合作直销银行、发行私募债，都是金融业务的创新。

好的商业模式，其价值不仅在于能够解决市场需求，更在于它可以整合资源，拓宽市场，创造更多的价值。在商业模式方面，宝信以直租业务模式和供应商模式为主。直租是按照客户的需求，向供应商购买设备，并租赁给设备需求者。供应商模式则是除了帮助设备购买方，还帮助设备销售方扩大销售，在供应商模式中，分享供应商对行业、对客户的了解，可以帮助融资租赁企业在行业及客户选择和投放判断时尽量保持信息对称。基于对融资理念和市场的创新，ABS 新规发布后，宝信便发行了国内第一单 ABS。

3. 混合所有制股权结构,提高决策效率

在股权架构方面,宝信含国有、外资、上市公司三种成分,西投占比 36.2%,外资占比 36.2%,陕鼓占比 27.6%,是混合型多种经济成分共存的架构,这种股权结构的优势保证了业务层决策主要从经济和商业的角度出发。

4. 经验丰富的专业团队,为企业带来财富累积

宝信具有经验丰富的高效管理团队,他们对融资租赁,甚至整个金融行业都比较了解,专业的团队、优秀的人才能为企业带来源源不断的财富累积。正是有了人才这一核心竞争力,宝信从成立至今,得以完成税后利润超过 5.4 亿元,净资产收益率一度超过 20%。

(二)主要成效

首单 ABS 的发行对融资租赁业金融创新起到了示范引领作用,在发行了第一单 ABS 之后,宝信陆续又发行了六期 ABS,规模总额约 30 个亿,目前,ABS 已成为行业内主要的融资渠道之一。

同时,宝信还是西北第一家跟信托合作推出融资租赁收益权产品的融资租赁公司,第一家发行公司债的融资租赁公司,以及与银行合作直销银行、发行私募债。

宝信在成立以来获得诸多行业殊荣。"2012 年中国融资租赁新生力量奖""高新区 2012 年度科技金融创新企业"称号、"2013 中国融资租赁开拓创新奖""2014 中国融资租赁开拓奖""西安市 2014 年度外商投资企业利润前五强",2015 年、2016 年"中国融资租赁年度公司"奖,"西安市 2015 年度外商投资企业利润前五强""西安市 2016 年度外商投资企业卓越运营奖""西安市 2017 年度外商投资企业卓越运营奖"……这些荣誉是宝信业界良好口碑的呈现,是社会责任的表现,更是业内对宝信租赁商业模式、业绩高度认可的体现。

三、全国首单备案制 ABS "宝信一期" 政策启示

企业的发展壮大,创业创新都离不开良好的营商环境。"十大行动"的出台,预示着软环境会越来越好。本土融资租赁业在发展过程中,应多学习借鉴外地先进经验,找到解决痛点的方法。例如,一直走在全国融资租赁业前列的天津,其行业的迅速发展,很大程度上得益于当地政府的大力支持。这其中包括政策上的鼓励支持、税法解读、建立完善融资租赁登记系统、征信系统、加大金融支持力度等软环境支持,从根本上助力企业成长。

中国（陕西）自由贸易试验区的战略定位是：以制度创新为核心，以可复制可推广为基本要求，全面落实党中央、国务院关于更好发挥"一带一路"建设对西部大开发带动作用、加大西部地区门户城市开放力度的要求，努力将自贸试验区建设成为全面改革开放试验田、内陆型改革开放新高地、"一带一路"经济合作和人文交流重要支点。

"一带一路"建设是一个不可多得的契机，它为我国融资租赁行业加快"走出去"和转型升级提供了多重选择，同时也为我国加强与周边国家的产能合作提供了广阔空间，有利于促进中国租赁、中国制造与中国服务"走出去"形成协同效应。通过加强与发达国家高水平融资租赁企业或行业巨头的密切合作，有利于促进我国租赁企业向业务高端化方向发展，提升国际竞争能力。通过加强与沿线融资租赁产业发达国家的融资合作，有利于拓宽境外低成本资金利用渠道，缓解资本压力。

四、全国首单备案制 ABS"宝信一期"下一步工作思路

下一步，宝信将以融资租赁为主体开拓金融平台、开展保理业务等多元化的金融服务，争取早日实现红筹上市。

同时，把握"一带一路"发展机遇，加强与"一带一路"沿线融资租赁产业发达国家的融资合作，加快融资租赁行业"走出去"，拓宽境外低成本资金利用渠道，缓解资本压力，与中国租赁、中国制造与中国服务"走出去"形成协同效应，实现企业转型升级。

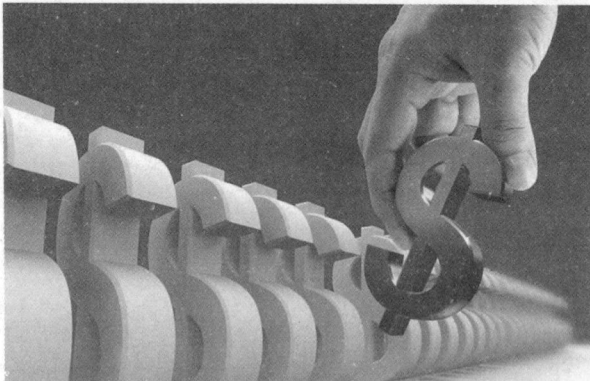

ABS 融资模式是以项目所属的资产为支撑的证券化融资方式

【实践者说】

宝信公司总经理王晓翔在接受采访时表示："一家与我们合作的西安本土企业，在三四年时间里，营业额从 1 亿元增长到 30 亿元，这样的增速是非常可观的。对于宝信而言，我们要做的就是帮助企业创造更好的销售利润和价值。"

宝信始终坚持完善各项制度体系的建立，发展新的利润中心，形成以租赁业务为核心，投资咨询、风险管理产品设计、风险资产处置以及租后管理等服务为辅助的综合性商业化金融服务实体，成为行业内提供专业综合融资租赁服务，立足实体经济，贴近客户需求的规模型融资租赁公司。

【案例点评】

宝信致力于服务销售额超过一定规模的民营经济实体，行业投向为有刚性需求的传统制造业和契合经济发展特征的现代服务业。宝信拥有很高的市场认可度，不管是资产投放、融资创新或是风险管控等方面，都走在了同行业前列。公司的设立填补了陕西乃至西北地区的市场空白，有利于促进本地装备制造业及基础设施建设水平的提升，直接或间接地促进专业设备融资服务业的发展，缓解了中小企业融资难题。

陕西首个基于区块链的集团
应收款链平台业务完成

——助力企业降杠杆、降成本、增效益

区块链技术通过分布式区块链节点，替代传统的星型结构中心点，构建参与者间平等、快捷、安全的报文（指令）交换平台，在金融领域具有巨大的潜在应用价值，集团内企业之间的应收账款场景非常契合区块链的技术理念。

西安经开功能区内浙商银行通过使用浙商总行开发的创新金融工具——应用区块链技术开发的应收款链平台，将企业应收账款转化为电子支付结算和融资工具，完成区块链应收款的签发、承兑、保兑、支付、转让、质押、兑付等业务。盘活企业应收、应付账款，加快资金周转，为企业降杠杆、降成本、增效益。

一、应收款链平台背景

西安经开功能区内有很多企业集团，尤其是形成产业链上下游的企业集团，集团内的子公司或控股子公司分布在产业链的各个环节。集团公司中的公司与公司之间存在产业链上下游关联关系。上下游如果不结算，互相挂应收账款和应付账款；如果结算，各公司间结算主要是现金和银承，不仅财务成本高，也提升了总公司的管理成本。

企业应收账款沉淀较多，占压资金，难以变现或支付，资金周转缓慢，影响流动性和效益。企业对外采购，现金流出或产生应付款，形成新的负债，负债率上升，融资难融资贵问题突出。企业之间相互拖欠，债务链加长加粗，商业信用弱化，严重依赖银行信用，增加负债和融资成本。

由于信用环境较差，应收账款融资一般只做一些反向保理和明保理业务，要求作为应付款人的核心企业进行核保核签、见证确认等，并需要办理应收

账款质押登记手续，不仅手续繁琐、增加成本、流转困难，而且难以防范操作风险和欺诈风险，容易形成坏账，这些问题严重制约了应收账款融资业务发展。银行承兑汇票只解决了部分结算和融资需求，但企业和银行的成本双高。

区块链技术是一种分布式账本技术，具有去中心化、不可篡改、高安全性和智能合约等技术特征，保证信息的完整与可靠，能够有效解决交易过程中的信任和安全问题。

二、应收款链平台主要做法及成效

（一）主要做法

以经开功能区企业隆基乐叶为例，该公司主营业务为光伏组件生产，在全国拥有 17 家全资子公司或控股子公司，分布在光伏产业链的各环节。隆基乐叶和其母公司及子公司存在产业链上下游关联关系，各子公司间结算主要是现金和银承，不仅财务成本高，也提升了总公司的管理成本。银行通过与隆基乐叶母公司及子公司合作，将隆基乐叶母公司及子公司纳入应收款链平台，在隆基乐叶内部将各公司间原有的银承结算、长账期结算转换为应收款链平台上的支付、转让和质押，降低企业的财务成本，盘活集团应收应付款。

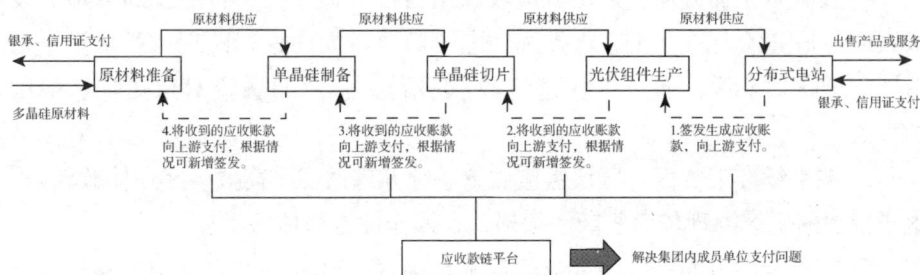

应收款链平台集团内部运作图

集团核心企业可以向上游供应商签发区块链应收款，方便供应商获得融资或进行对外支付；

集团核心企业可以将收到的下游企业签发承兑的区块链应收款，直接支付给供应商；

集团核心企业可以回购其签发的未到期应收款，获得收益或继续用于对外支付；

集团核心企业可以签发付款人为下游企业的应收款，或要求下游企业签发应收款，激活账面沉淀应收款，用于对外支付结算或帮助上游供应商融资。

在此过程中可由银行提供流动性支持，应收账款的实际融资利率一般低于贷款利率。所以应用应收款链平台签发区块链应收款不仅增加支付结算和融资工具，而且降低融资成本，短期持有还可以增加收益，一举多得。

通过应收款链平台，可以帮助集团内部核心企业减少应付款、激活应收款，实现"降杠杆、降成本"，有利于企业应收款融资模式创新，缓解集团内中小企业融资难和融资贵问题。

区块链应收款与电子商票的比较：

1. 在支付、转让方面：区块链应收款具有可随时转让、可任意拆分的特点；而电子商票则是背书转让，不可拆分的。区块链应收款具有明显的支付、转让灵活性。

2. 在持有人方面：区块链应收款为免追索，例如：A付款给B，到期B未收到款项，则由银行先行垫付给B，再由银行向A追索；而电子商票为可追索，例如：A付款给B，如到期B未收到款项，则由B向A追索。

3. 在流动性方面：区块链应收款有银行作为信用支持，具有流动性高的特性；而电子商票则由于信用低，流动困难。

4. 在融资主体方面：区块链应收款平台可以通过在平台上找到合格的投资人或者是链条上的企业进行投资，电子商票只能向银行贴现进行融资，相对于电子商票来说，通过区块链应收款平台，企业的融资对象更广、范围更大。

5. 在手续办理方面：区块链应收款手续办理透明、高效，客户体验较好；电子商票的手续办理较为复杂和烦琐，在操作性方面体验不佳。

6. 在安全性方面：区块链应收款平台为银行开发，安全级别足够；电子商票由于在人民银行电子系统上开立，安全级别较高。

7. 在场景体验方面：区块链应收款平台可通过电脑或手机操作，且网页界面更加优化、干净、美观，操作简便、快捷；电子商票只能通过电脑操作，网页界面较为普通，客户在流畅性方面的体验一般。

（二）主要成效

1. 降低财务成本

通过应用区块链技术，企业应用应收款链平台，大幅降低了企业集团内各子公司间票据结算量，有效降低财务成本1%—3%。

2. 节约操作时间，减轻工作人员工作量

基于区块链技术的全程电子化操作流程，易于操作，提高财务人员办事效率，相对于其他票据支付手段减少30%的操作时间，降低企业往返银行的交通成本15%。

3. 增加财务收入

企业可用临时性资金买入、持有自己签发承兑的应收款，随时可以卖出，获得持有期间的贴现收入和利差，增加收益。

4. 降低负债率

企业通过减少账面应收账款的方式对外进行支付结算，可以减少新的负债形成，达到降低负债率、降杠杆目的，帮助企业实现在线应收账款转让、支付、承兑和投资等功能，增强企业资产流动性，优化资产负债表结构，减少企业应收科目和应付科目数额在50%以上。

5. 减少现金流出

企业使用区块链应收款对外进行支付结算，减少现金流出；或者通过应收款链平台向供应商签发应收款，方便供应商融资，则可要求适当延长账期，延后现金流出。

三、应收款链平台政策启示

浙商银行运用区块链技术，开发建设了应收款链平台，通过应收款链平台可以办理区块链应收款的签发、承兑、保兑、支付、转让、质押、兑付等业务。企业通过应收款链平台办理业务，将应收账款转化为电子支付结算和融资工具，低成本、强安全、高效率在线办理结算、融资业务，盘活沉淀的应收账款，减少外部融资、降低融资成本。

四、应收款链平台下一步工作思路

（一）隆基乐叶公司内部各子公司之间的票据结算，通过深化应收款链平台应用，降低子公司间票据等应用。在隆基集团内部应用成熟的基础上扩大应收款链平台的应用，逐步延伸到总公司和各子公司的外部供应链客户，通过应收款链平台应用，增加银行授信做保兑，实现应收账款对外支付、转让。

（二）总结隆基乐叶公司应用应收款链平台的经验，细化和完善操作流程，争取向区内类似企业集团进行复制推广，为企业降杠杆、降成本、增效益作出贡献。

（三）根据不同企业的经营特点，开发出符合具有经营特点的企业的专用应收款链平台，如现已开发成型的应收款链平台项下"四通"（订单通、仓单通、分期通及物业通）、应收款链平台 A + B 模式和应收款链平台 H + M 模式。

【实践者说】

西安管委会经开功能区相关负责人表示："经开区自贸区自成立以来，全力推进自贸区建设，始终以制度创新为核心，积极鼓励企业创新发展；坚持以提升营商环境为导向，汇聚优秀企业落户；坚持以创新精神为引领，以创新理念优化服务，不断加快改革创新步伐。

"区内企业隆基乐叶光伏科技有限公司是全球市值最大的光伏企业、全球规模最大的单晶硅光伏产品制造商——隆基绿能科技股份有限公司的全资子公司。公司注册资本 10 亿元，以工业 4.0 和中国制造 2025 为基准，建设西部地区最大的高效单晶硅光伏电池与组件生产基地。2017 年组件出货量位列全国第一，工业总产值 123 亿元，业务覆盖了单晶硅棒、单晶硅片、电池、组件制造及光伏电站建造全产业链。在马来西亚投资 3 亿美元建设了海外生产基地，现已投产。

"未来，经开区自贸区将加快改革创新步伐，全力推进区域营商环境提升，激发市场活力，将自贸区打造成为创新的先行区、创业者的集聚区，让更多的创新创业成果在经开区自贸区落地生花。"

【案例点评】

区内浙商银行通过为区内企业提供完善的银行流动性产品服务，将企业应收账款转化为电子支付结算和融资工具，完成区块链应收款的签发、承兑、保兑、支付、转让、质押、兑付等业务，有效降低了企业财务成本和操作时间、减轻了工作人员工作量，为企业增加了财务收入的同时，大幅降低了企业负债率以及总公司的管理成本。

探索资产证券化拓宽融资渠道

——西安迈科金属国际集团有限公司案例

迈科集团创立于 1993 年，是一家融商品贸易、供应链金融服务、期货经纪、资产管理、对外投资与现代物流于一体的综合型商品金融服务商。总部设立于西安，在中国大陆及香港地区、新加坡、英国伦敦等地设有 20 多家经营机构和办事处，直接雇员超过 1000 名。迈科集团自成立以来，一直专注于大宗商品贸易，尤其是有色金属领域，二十多年深耕行业，稳健发展，形成了以西安、上海、深圳为中心，覆盖全国，延伸至香港、新加坡及东南亚等区域的市场营销网络，涵盖世界主要有色金属生产商、贸易商的国际资源供应网络，以及以中国主要有色金属生产企业和大型贸易商为主的国内资源销售网络。

迈科大厦进行资产证券化，能够使企业由过去的重资产运营转变为轻资产运营，为未来迈科商业中心、中西部陆港金融小镇等商业地产的轻资产运营奠定了基础，释放了更多的精力以保障商业地产的运营效率和品质，在西安打造地标性的商业地产，树立良好的企业形象。

一、资产证券化的背景

长期以来，民营企业都面临着融资难的问题。从融资成本来看，民营企业无论是通过银行贷款、还是发债融资或股权融资，成本均高于国有企业。过去迈科的融资渠道几乎全部集中在银行，融资结构过于单一。资产证券化作为一种金融创新，发行规模不受净资产 40% 的限制，且与传统债券融资工具互不占用额度，为迈科提供了新的融资渠道。

2018 年高新区以"大干 123，建好首善区"为战略指引，以"五城一体一根本"为路径，全面推进高新首善区的建设工作。西安市在城市建设以及金融板块的扶持处于一个领先地位。同时，高新区在扶持本土企业方面狠下大力，让企业家们感受到高新区的优惠扶持和高新区力争建设城市高新技术、金融核心区的决心。高新区的一系列政策，是民营企业和民营企业家的定心丸，让其安心谋发展、争进步，为城市发展作出贡献。

二、资产证券化的主要做法及成效

（一）主要做法

资产证券化的基本过程包括资产池的组建，交易结构的安排，证券的发行，以及发行后的管理等环节。

交易结构如下：

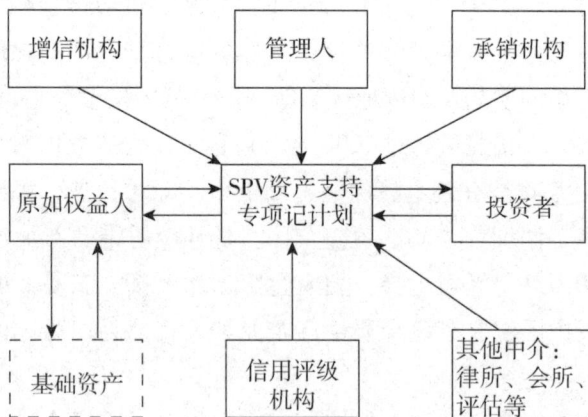

具体流程如下：

1. 组建资产池

资产证券化的发起人根据自身的融资要求、资产情况和市场条件（包括证券需求、定价和其他融资选择等），对资产证券化的目标资产和规模进行规划。迈科选定高新区一期的总部大楼作为底层资产，该资产运营已经非常成熟，出租率及现金流稳定。而且产权清晰，由迈科单独持有，满足证券交易所的资产准入要求。

2. 设立特殊目的实体（SPV）

特殊目的实体是资产证券化运作的关键主体，其目的是为了实现发行人（或原始权益人）和入池资产之间的资产隔离。

迈科大厦项目由计划管理人设立"西安迈科大厦资产支持专项计划"，由信托公司设立信托产品，形成双SPV的结构。首先由迈科认购信托产品的受益权，使得信托产品能够完成设立及审批工作，待成功募集资金后将受益权转让至资产专项计划。最终形成资产支持专项计划持有信托产品的受益权，而信托公司代信托产品受让项目公司100%股权并由信托产品对项目公司发放贷款的架构，同时信托公司成为迈科大厦的抵押权人，有效做到资产隔离。

3. 信用增级根据市场条件和信用评级机构的意见，对资产池及其现金流进行预测分析和结构重组，以实现最优化的分割和证券设计。

迈科大厦类REITs项目采用了超额抵押、结构分层、迈科集团提供差额补足双重增信措施。其中超额抵押是指发行类REITs产品的优先级规模小于资产的估值，迈科大厦资产估值为6亿元，而优先级规模为5亿元，抵押率为80%，保证在极端情况下资产支持证券的本息依然能够通过处置资产而得到偿还。结构分层是指将迈科大厦类REITs项目划分为优先A、优先B和次级三个档位的产品，本息的偿付顺利按照以上顺序进行排列，即每年项目公司资金归集后，在扣除专项计划管理费用和相关税费后，最优先偿还优先A投资人的收益以及部分本金，然后将剩余的资金优先偿还优先B投资人的收益及部分本金，若还有剩余资金，将所有剩余资金偿还次级投资人的收益。若项目公司运营资产产生的净现金流无法足额偿还优先级投资人的收益及本金，迈科将利用自有资金对投资人进行差额补足。

4. 信用评级机构对迈科大厦类REITs项目进行分析和评级，为投资者提供证券选择和定价的依据。

5. 证券发售由承销商向投资者销售证券。资产支持专项计划从承销商处获得证券发行收入后，按约定的价格向迈科偿付购买基础资产的资金。

6. 后期管理资产证券化交易的具体工作并没有因为证券的出售而全部完成，计划管理人仍须做好专项计划存续管理工作，包括现金流的收集，账户的管理，收益及本金的偿付，交易的监督和报告。项目公司则需做好运营商业地产的工作，并定期向监管账户归集相应的收益及本金。

当全部证券被偿付完毕或资产池里的资产全部被处理后，资产证券化的交易过程才真正结束。

（二）主要成效

迈科大厦进行资产证券化，能够使迈科由过去的重资产运营转变为轻资产运营，为未来迈科商业中心、中西部陆港金融小镇等商业地产的轻资产运营奠定基础，释放更多的精力以保障商业地产的运营效率和品质，在西安打造地标性的商业地产，树立良好的企业形象。

1. 提前变现，盘活资产

商业地产为重资产，变现非常慢，但将该处资产通过一定的结构安排，增强资产的信用，转化成由资产产生的现金流担保的可自由流通的证券，销售给金融市场上的投资者，达到盘活资产的效果。

2. 优化资产负债结构，降低资产负债率

迈科作为国内有色金属贸易龙头企业，每年的贸易量达到 200 万吨左右，收入达到 900 亿元左右。负债结构中大部分为贸易项下的短期负债，因此短期负债比例较其他行业而言处在较高的水平。而 ABS 产品期限较长，最长可达 20 年左右，能够降低迈科短期负债在负债总额中的比例。

3. 加强与资本市场的连接，逐渐提升在公开市场中的信用等级

迈科是中国最大的电解铜进口贸易商，在国际金融市场中的认可度非常高，而在国内仅和银行进行合作，与资本市场进行对接较少。因此，迈科将运营已经非常成熟的总部大楼用来试验，先发行资产证券化产品，作为进入资本市场的破冰尝试。

三、资产证券化的政策启示

当前，传统的融资方式已经不能满足广大中小企业的融资需求，迫切需要开辟新的融资渠道来缓解中小企业融资难的状况。引入资产证券化这一新的融资方式来研究中小企业融资创新问题，对帮助我国中小企业拓宽融资渠道，最终突破中小企业融资难这一"瓶颈"。

资产证券化融资对中小企业融资具有重要作用，带来诸多启示：

1. 有效地提高了中小企业资信等级，避免因资本抵押担保的问题融资难

企业传统的融资方式，主要基于企业自身的信用等级，但对于中小企业是很难达到标准的。而资产证券化则把优质的资产用于证券化并由专门的运行机构 SPV 管理以解决这一问题。SPV 主要功能是在资产证券化业务的过程中，证券化资产的采购，包装，并管理证券投资者购买的产品。具体操作流程以证券化产品效益循环生成资产池，整个过程规避企业自身信用情况，较好地回避中小企业资信等级相比大型企业资信等级较低的情况。而中小企业因为没有足够的抵押担保有形资产和无法从银行获得贷款的问题可以由资产证券化顺利解决。由于贷款偿还担保直接基于预期现金流的资产池，所以不需要额外的抵押有形资产。

2. 提高了资产的标准性和流通性，有助于中小企业筹集资金

企业资产证券化与传统的融资方式如借款、债券等区别在于它是一种资产型的融资形式。它是唯一能够确认可用现金的增加、证券化资产的减少和所有证券相关的收益或亏损，但不去确认负债。所以公司在资产证券化融资

期间并没有扩大现有公司债务比率和财务风险。在融入所需资本的同时,将融资方流动性缓慢且较弱的资产转变为流动性积极并较强的资产,使资产的流动性和偿还能力得到有效提高。

3. 降低了融资过程中的成本

构建稳定交易结构和资产信用增强技术使得资产证券化的资产基础得到改善,优化发行的证券化产品的条件。使得证券可以用大于等于其面值的价格发行,而且与支付债券融资的利息相比,支付给投资者的利息要低得多。由于资产证券化相关制度要求 SPV 组织结构简单,业务规模小,专注于资产证券化,所以 SPV 几乎没有破产损失的任何风险。因此在融资过程中也就不需要支付其他可能的风险补偿,从而进一步降低融资成本。

4. 降低中小企业在融资过程中可能承受的损失

企业资产证券化融资使得证券化的资产相对隔离,有效避免投资者和企业之间严重的信息不对称问题,减小融资时的系统风险。同时,增加了公司的自由现金流证券化,可以通过优化资产管理实现资本收益。

迈科集团通过资产证券化进行融资,解决自身融资问题的同时,其成功经验也为西安高新区的中小企业融资带来启示,有利于区内经济发展。

四、资产证券化的下一步工作思路

下一步,迈科将加强与资本市场的对接,积极探索其他创新类金融工具,打破传统融资渠道。

(一)迈科拟将新总部大楼发行类 REITs 产品,在资产证券化道路上再次探索新的结构和模式。

(二)迈科在有色金属贸易领域深耕 20 多年,积累了大量的优质客户,迈科将以此为基础,积极探索供应链上能够与公开市场合作的机会。

【实践者说】

迈科集团董事局主席何金碧在公司寄语中谈道:"未来十年,应当是金融、商品、市场、交易高度融合与高度智慧的十年,交易平台化、金融服务化与资产证券化将是迈科集团未来十年的发展方向。我们希望通过十年的努力,把迈科集团发展成为中国市场最大、最具影响力的综合型商品金融服务商。同时,我们也希望每一位迈科的员工都能以全球化的视野来看待我们的客户,认真聆听、感受客户的需求,体会时代的进步,充分理解迈科的社会责任、永远点亮属于自己的不灭心火。"

【案例点评】

迈科集团是一家融商品贸易、供应链金融服务、期货经纪、资产管理、对外投资与现代物流于一体的综合型商品金融服务商。迈科大厦进行资产证券化的探索使迈科由过去的重资产运营转变为轻资产运营，树立了良好的企业形象，有利于在西安打造地标性的商业地产，为未来迈科商业中心、中西部陆港金融小镇等商业地产的轻资产运营奠定了基础。

资产证券化使迈科集团由过去的重资产运营转变为轻资产运营

创新征信服务新模式

——高新区与中国人民银行西安分行合力推进征信服务

中国人民银行西安分行营业管理部设立了西北首家与政府合作的征信服务窗口。近年来，人民银行西安分行从解决信息不对称入手，加快推进征信体系建设，建立健全小微企业信息征集、信用评价、应用机制，在提高小微与民营企业融资可得性，缓解小微与民营企业融资难、融资贵问题上积极探索，取得了积极成效。征信服务窗口在高新区的设立，进一步丰富了高新区小微企业信用体系建设，是探索银行为企业和个人提供征信服务的有效方式和途径，为下一步区域征信体系建设和征信业发展奠定了坚实基础。截至2017年末，高新征信服务窗口为区内提供企业查询服务2790次，个人查询服务3.56万人次。同时，为了确保企业主体的征信信息安全，人民银行西安分行在全国率先开发并建成陕西省征信查询前置系统和征信查询监测系统，实现对全省人民银行分支机构和54家金融机构每年1000多万次查询的有效监管，使非法查询征信信息由"不敢"向"不能"转变。

一、创新征信服务背景

近年来，随着国家《社会信用体系建设规划纲要》（2014—2020）的公布实施，政府机构和经济管理机构对信用体系建设和诚信教育的重视程度不断提高，纷纷将信用报告等信用服务产品纳入政务、商务等活动的参考范围之中。随着征信系统应用范围的逐步扩大，企业和个人信用报告需求量呈现迅猛增长态势，人民银行西安分行营业管理部个人信用报告查询量从2007年的658人次快速增长到2015年的20.7万人次，企业信用报告查询量也由2010年的45次增加到2015年的5200余次，占全省查询量的60%左右。

为进一步方便企业和个人及时了解自己的信用状况，提升人民银行征信服务的效率，经中国人民银行西安分行营业管理部和西安高新技术产业开发区管理委员会共同努力，2016 年 6 月 14 日，中国人民银行西安分行营业管理部信用报告查询窗口正式入驻西安高新区政务大厅，开始为企业和个人提供信用报告查询服务。该窗口是西北地区首家人行与政府部门合作设立的信用报告查询窗口。

二、创新征信服务主要做法及成效

（一）主要做法

1. 拓宽征信查询途径，优化服务网络

经与高新区管委会协商，分行营管部信用报告查询窗口入驻高新区政务大厅，与政府相关部门实现了征信查询和政务服务事项"一厅式办公"，直接为高新区及周边的企业及个人提供便捷的征信查询服务。该信用报告查询窗口的设立，为企业和个人开展经济活动和及时了解自身信用状况提供了便利，初步形成了人民银行柜台查询、商业银行征信自助查询点以及政务大厅征信服务窗口多渠道为群众服务的格局，进一步完善了征信查询服务网络。

2. 加强征信产品的应用，提升政府的履职效能

信用报告查询窗口入驻高新区政务大厅后，实现征信查询与政务服务事项的联动，能实时为自贸试验区企业、个人等经济主体和政府部门提供动态的信用信息服务，消除了双方信息不对称的现象。同时，信用报告查询窗口入驻高新区政务大厅，从客观上完善了政府决策效率和日常管理方式，使政府决策和服务更科学、更公平。如高新区管委会在落实企业奖励、贴息和评优选优等政策时，将查询和使用信用报告作为一个重要环节，对守信企业第一时间兑现政策，加大扶持力度，对不守信的企业和个人实行限制或惩戒，进一步提升了政府决策和管理的科学性和公平性。

（二）主要成效

1. 优化了区域信用环境

高新区信用报告查询窗口的设立，极大地方便了中小（微）企业及个人查询和使用信用报告，将社会公众信用意识提升工作与信用报告查询和普及工作有效进行结合，及时传播了信用理念，促进了区域信用环境的改善和优化。

2. 强化了信用约束机制

高新区管委会将信用记录作为企业和个人享受企业奖励、贴息和评优选优等政策的重要参考，对不守信的企业和个人实行限制或惩戒，初步在区内

形成了守信激励机制和失信惩戒机制，为各信息使用方及时建立信用约束机制发挥了示范和引领作用。

三、创新征信服务政策启示

信用报告查询窗口入驻高新区政务大厅，将主要为高新区及周边的企业及个人提供便捷的征信查询服务，为经济主体和政府部门政务、商务等活动提供信用支持。该信用报告查询窗口是人民银行西安分行营业管理部依托政府部门设立的第一个征信查询窗口，是探索拓展信用报告查询方式、渠道的有益尝试，也是开展诚信文化宣传教育的一个重要平台。它将为企业和个人开展经济活动和及时了解自身信用状况提供又一个便民服务窗口，也将进一步丰富高新区小微企业信用体系试验区建设内容，不断推进科技与金融有机结合，促进小微企业融资服务便利化，为下一步区域征信体系建设和征信业发展奠定坚实基础。

小微与民营企业信用体系建设是人民银行推动地方信用体系建设中长期抓的一项重点工程。其主要内容是，人民银行借助信用体系建设工作机制，推动地方政府牵头，地方政府相关部门参与，督促辖内金融机构参加，为尚未获得银行贷款支持的小微与民营企业建立信用档案。通过解决信息不对称问题，指导金融机构对各方认同的信用企业有针对性地发放免抵押、免担保的小额信用贷款，依次将信用建设、信用意识、信用支持有机结合，让社会信用体系建设的大政方针落地。

为了有效解决小微与民营企业融资难、融资贵问题，人民银行西安分行从解决信息不对称问题入手，围绕信息征集、信用评价、信息应用、信用奖惩、信用服务等内容，深入开展小微企业体系建设。截至 2019 年 5 月底，全省建成及正在建立的市级小微与民营企业信用信息平台 4 个，分布在延安市、西安市高新区、宝鸡市高新区和杨凌区，成果应用范围不断扩大；累计为 7.7 万户尚未与商业银行发生信贷关系的小微企业建立了信用档案，引导金融机构依托信用信息，创新金融产品，加大信贷支持力度，有效缓解了小微企业融资难、融资贵问题，为实体经济发展提供坚实的信用基础。

四、创新征信服务下一步工作思路

依据征信查询窗口标准化工作要求，进一步满足企业和个人在开展经济活动过程中的信用报告查询需求。同时，以征信查询服务窗口和自助查询机为依托，开展征信宣传活动，不断提升园区市场主体诚信意识，为推动守信联合激励、失信联合惩戒营造良好的信用氛围。

【实践者说】

2019 年 7 月 12 日，《金融时报》记者就征信如何助力小微与民营企业融资采访了人民银行西安分行党委书记、行长魏革军。魏革军在采访中表示："人民银行组织建立了覆盖全国、集中统一的企业金融信用信息基础数据库，帮助企业建立和完善信用档案，提高征信服务企业融资发展的能力与水平。截至 2019 年 5 月底，企业征信系统收录陕西省 25.6 万户企业的信息，录入信贷余额 3.2 万亿元，在全省各项贷款余额中的占比超过 90%。全省 50 多家银行业金融机构及部分符合条件的村镇银行、小额贷款公司等 170 家机构已接入企业征信系统，2019 年各类机构月均查询企业征信系统 1.42 万余次。企业征信系统的建成和联网运行，有效解决了银企信息不对称问题，在提高审贷效率、扩展信贷业务、防范信贷风险、防止金融诈骗等方面发挥了重要作用。系统也向政府、司法和金融监管部门提供了大量信息支持，有效地改善了融资环境，增强了企业信用意识，优化了信用环境。"

中国人民银行西安分行巡视员郑锋介绍道："小微与民营企业是国民经济和社会发展的重要基础，在扩大就业、增长收入、改善民生、促进稳定等方面具有举足轻重的作用。陕西各级金融机构要做好'征信助力小微与民营企业融资发展专题宣传活动'的一系列工作，想企业之所想，急企业之所急，为企业融资发展提供更加优质的服务，不断创新信用产品，加大对小微和民营企业融资发展的支持；各征信机构和信用评级机构要发挥市场化第三方机构优势，积极探索自身业务开展的特色模式，充分发挥信用信息'服务政府，辅助银行，普惠小微'的作用。中国人民银行西安分行将立足陕西实际，组织省内各分支机构、金融机构、征信和评级机构大力开展'征信助力小微与民营企业融资发展'专题宣传活动，助力实体经济发展。"

【案例点评】

征信服务窗口在高新区的设立，进一步丰富了高新区小微企业信用体系建设，是探索银行为企业和个人提供征信服务的有效方式和途径，为下一步区域征信体系建设和征信业发展奠定了坚实基础；极大地方便了中小（微）企业及个人查询和使用信用报告，将社会公众信用意识提升工作与信用报告查询和普及工作有效进行结合，及时传播了信用理念；对不守信用的企业和个人实行限制或惩戒，初步在区内形成了守信激励机制和失信惩戒机制，为各信息使用方及时建立信用约束机制发挥了示范和引领作用。

中国人民银行征信中心

西咸新区空港新城打造"文勘前置"新模式

——助推项目快速落地

为全面落实省市关于优化提升营商环境工作部署，结合新区、新城关于提升营商环境的工作要求，空港新城功能区国土房管局立足职能、多措并举、真抓实干，以"3450"作为深化行政效能革命的突破口，不断深化"放管服"改革，推动政府职能转变，遵循"以敬民之心，行简政之道"原则，树立"简字当头，服务当先，放管结合"的工作思路，通过去枝强干、调整时序、简化内容、优化流程、厘清新区、新城职权，明晰责任，实现了国土资源管理工作办理材料简化、时间缩短、难度降低、亲商便民的目标，尤其是在国土资源保障工作中取得明显成效，为空港新城提升优化营商环境提供了国土资源保障。

一、"文勘前置"新模式背景

西安、咸阳中国两大历史文化名城建成区之间的西咸新区，地处中国古代优秀传统文化和盛世文化中心区域，在882平方公里的范围内分布着350多处各类不可移动文物，其中全国重点文物保护单位14处20个点、省级重点文物保护单位15处，是全国文化遗产分布最密集的区域，文物藏量丰富、等级高、分布广，位居全国之冠。

西咸新区是中国第七个国家级新区，空港新城作为西咸新区的组团之一，发展是新城的第一要务，城市发展与文物保护的矛盾在新区表现得比较突出。特别是由西安代管以前，新城拥有土地、规划、财政等方面的自主权，但区域内的文物保护管理职责却由地方政府负责，属于典型的管、建分离体制，新城只管建设，不承担社会事务，地方上承担文物保护管理职责却又管不住，导致文物密集区一度出现多个文物违建项目。

为处理好文物保护与新城发展的关系，推进空港新城项目开工建设，提升服务水平，解决文物勘探和文物遗存发掘制约项目开工建设的实际问题，空港新城国土房管局以土地供应为核心，专题研究并首次在大西安地区实施项目用地"文勘前置"创新模式，针对国土资源管理各环节工作，简化程序、提质增效，把文勘工作前置于项目入区前，建立文物勘探技术单位库、文物发掘保护技术单位库及土方服务单位库，对区内已储备土地全面实施项目用地集中"文勘前置"制度，并于项目开工建设前完成文物遗址考古发掘，为新城土地"净地"供应提供坚实保障，为企业项目快速落地和尽快开工建设扫清障碍，确保项目按时供地、按期建设，为新城优化营商环境提供基础。

二、"文勘前置"新模式主要做法及成效

（一）主要做法

1. 工作模式

（1）土地储备中心牵头负责项目用地集中文物勘探、发掘工作。

（2）规划建设局（文物局）负责与省、西咸新区文物部门对接以及文物勘探、发掘审批报批工作。

（3）城统局负责集中文物勘探进地施工与当地街办、村组的对接协调工作。

（4）土地储备中心牵头，招商中心、城统局、空港市政公司配合，按照适度集中连片的原则，形成项目用地集中文物勘探工作方案，并组织实施。

（5）由城市管理局牵头，空港公安分局协助负责集中征用和流转土地文物勘探后至文物发掘结束前的文物保护工作。

（6）文物勘探中，如果发现文物遗存需要进行考古发掘的，由土地储备中心负责协调开展发掘工作。文物勘探和考古发掘费用，计入项目区域土地成本，在土地供应时一并收回，其中涉及入区企业的，由招商中心在入区洽谈对接时沟通落实。

（7）在文勘实施过程中，如发现文物遗址，文勘公司出具文勘报告并将文物遗址情况报至西咸文物局；土地储备中心拟定申请宗地文物发掘的函，由规划建设局报送至西咸文物局，西咸文物局审批并出具宗地文物保护工作批复。

（8）土地储备中心根据宗地文物保护工作批复在空港新城文物发掘保护技术单位库和文物发掘保护土方服务单位库中抽取公司并签订合同，并组织进场实施。

2. 工作机制

针对"文勘前置"模式实施过程中遇到的一系列难题，积极对接协调，并制定了4项工作机制，确保"文勘前置"模式保质、保量、安全、高效。一是文勘监管报备机制。形成由西咸文物局、新城文物局、基层文管所三级监管的文勘监管报备程序，深入文物勘探、考古发掘的报批、备案、监管等多个环节，避免出现误探、恶意漏探等行为发生。二是文物安全联防机制。联合空港新城城统局、城市管理局、公安分局，重点巡查考古发掘工地及省、市考古院工作站，严厉打击文物犯罪行为发生。三是建立考古发掘工作站机制。为快速推进项目工期，按时供应土地，与省、市考古院创新工作模式，建立省、市考古发掘工作站，针对新城文物发掘特点，组织专家技术人员，片区化、规模化、标准化地开展文物遗址考古发掘工作，既节省了工期，又保障了文物安全。四是建立"退出机制"。每半年对各文勘单位开展考核工作，排名末尾列入黑名单，剔除出文勘单位库。对工作不负责任，工程质量把关不严，漏探、误探现象严重，导致地下文物遭到破坏，对新区营商环境造成严重影响的，由考古勘探单位与验收业务单位共同承担责任，根据情节轻重和责任大小将被不定期限制或取消其在新城范围内从事考古调查、勘探工作的资格。

3. "文勘前置"工作流程

（1）土地预审

建设项目用地预审实行分级预审，在资料完整、符合用地定额标准、符合相关政策的情况下，办理时限从20个工作日缩短到2个工作日办结，办结审批时间压缩90%。

（2）土地报批

积极对接省、市、西咸新区国土资源管理部门，夯实职责、规范格式，实现用地批次报件材料一次性组卷成型，并在2个工作日内通过审核，上报省级国土部门审批。

（3）土地征收

优化征地流程，细化赔付标准，下沉责任主体，预付征地资金，压缩征地任务完成的时间。坚持"文勘前置"创新模式，实施提前介入机制，有计划、按时序地开展文物发掘工作，为"净地"供应提供有力支撑。

（4）土地供应

主动对接上级国土资源管理职能部门，合理划分事权，压缩供地时间；同时，积极对接用地意向企业，在挂牌公告、企业报名、缴纳保证金、签订成交确认书、签订出让合同、缴纳剩余土地出让金、下发用地批文、向摘牌企业交地等各个环节，做到主动服务，提前告知提示，为企业顺利摘牌做好各项服务工作，真正做到让企业少跑路、好办事、不添堵。在"3450"综合行政审批效能体系改革提出后，空港新城国土房管局全面优化土地供应流程，按照"3450"的时间要求完成土地供应方案拟订工作。

坚持"文勘前置"创新模式，实施提前介入机制，有计划、按时序地开展文物发掘工作

（二）主要成效

有效节约时间：按照传统模式，企业在取得土地使用权后才可联系文勘单位实施文勘及考古发掘工作，因陕西是文物大省，出土文物品类丰富且数量大、种类多、等级高，因此文物勘探和考古发掘至少需要半年至 1 年时间，大型墓葬遗址发掘甚至需要两年以上时间，如遇重大遗址发现甚至造成土地无法使用。空港新城"文勘前置"新模式在企业签订成交确认书后进行权籍现场踏勘和测量工作，在签订出让合同后完成权籍系统录入，由测量单位和登记人员完成，企业和办事群众无须到场，节省 10 个工作日的时间。目前，权籍前置工作上海、北京等地需 5 个工作日，空港新城不超过 3 个工作日。该模式将文物勘探及考古发掘前置于土地出让前，不仅保护了出土文物，更为企业节省了项目开发建设时间。

统筹降低成本：按照传统模式，企业自行开展文物勘探及考古发掘工作，由于新城范围内文物分布密度不同，有的地块考古发掘费用高达几十万元一亩，空港新城采用将文物勘探和考古发掘费用计入项目区域土地成本，在土地供应时一并收回，为企业减轻了负担，解决了部分企业由于地块内文物分布密集需承担高额文物勘探及考古发掘费用的情况。

截至目前，空港新城共完成 15820 亩储备及流转用地文物勘探工作，完成 4720 亩文物遗址考古发掘工作，为宝能、川航、京东、绿地会展、世茂、海航长安物流、梅里亚等重点项目按期开工建设提供保障。

三、"文勘前置"新模式政策启示

优化流程。按照两个"凡是"的原则，即凡是合情、合理、合法的必须即办，凡是法律法规未明确的申请材料一律省略，着力对主体资格审核、权属来源文件和权籍调查三大部分资料进行精简。目前，上海申请材料数达 8 件，空港新城申请材料数已减少至 3 件；合并审批。空港新城从 5 月 1 日起，将权籍调查成果初审与不动产登记初审合并同步进行，可节约审批时间 0.5 个工作日；容缺办理。根据西咸新区不动产工作实际，企业只需要提供承诺书，就可办理变更、抵押和转移登记等登记种类；窗口建设。合理配置服务大厅业务，争取做到"一窗受理，集成服务"。严格实行一次性告知制度，让企业和群众少跑路。开展提前服务和上门服务，建立企业回访制度，当好金牌"店小二"，争做大西安不动产登记排头兵。

四、"文勘前置"新模式下一步工作思路

（一）建立畅通的沟通协调机制

积极与新区、新城文物局、省、市考古院对接，建立快速合作反应机制，探索创新，快速推进新城"文勘前置"工作，保障新城土地供应。

（二）完善落实"退出机制"

根据勘探结果准确性、工作效率、进场协调能力等综合因素考量对各方面不达标、排名末尾的单位实施退出机制，使各文勘、考古发掘库内单位运转始终保持高效、精准的状态。

（三）进一步加强文物保护

根据近年新城考古工作结果分析，新城范围内地下文物遗存数量、种类非常丰富，极具科考价值。按照"文物属地管理"原则与文物局沟通加快空

港新城文物考古工作站的建立，使新城范围内出土文物原则上保留在新城，日后待具有馆藏条件的单位建立后可将文物进行展览，对新城的发展、文化宣传具有重要意义。

【实践者说】

西咸新区管委会空管新城功能区相关负责人表示："打造'文勘'新模式的种种举措，最终是为了优化营商环境这一个结果而服务的。具体表现为：在工作的过程中，让服务精准到位，立见实效；在登记资料齐全的情况下，查封登记、异议登记、档案查询及时办结；国有建设用地及房屋产权注销登记1个工作日办结；国有土地使用权首次登记、变更登记、转移登记5个工作日办结；抵押登记3个工作日办结；企业申请房屋所有权首次登记（大宗批量）10个工作日办结。"

入区项目负责人表示："空港新城国土房管局以崭新的姿态、扎实的作风，充分发挥职能优势，深化改革，创新举措，为优化营商环境，服务经济发展而不懈努力，让企业和群众分享更多改革红利。"

【案例点评】

空港新城国土房管局以土地供应为核心，专题研究并首次在大西安地区实施项目用地"文勘前置"创新模式，针对"文勘前置"模式实施过程中遇到的一系列难题，积极对接协调，并制定了4项工作机制，确保"文勘前置"模式保质、保量、安全、高效的同时，主动对接上级国土资源管理职能部门，合理划分事权，压缩供地时间，有效节约了企业成本，为企业减轻了负担。

建设西咸云端自贸产业园

——探索打造"云端自贸区"新模式

中国（陕西）自由贸易试验区 2017 年挂牌运营以来，西咸新区能源金融贸易区积极贯彻《工商总局关于支持中国（陕西）自由贸易试验区建设的若干意见》中"支持实行'工位注册''集群注册'"的相关要求，创新思维、积极探索打造"云端自贸区"新模式。通过创新建设了我国西部首家"集群注册"产业服务平台，为中小企业降低注册门槛，节约时间与空间成本，成为激活市场主体创新创业活力的助推器。"云端自贸区"的搭建，减少了市场主体创业时间与空间成本，发挥网络经济效能，搭建中小企业融资、市场信息、项目合作等服务平台，使得企业真正享受到自贸试验区更大、更广阔的发展空间，对西咸新区创新政府服务方式和深化商事制度改革具有实践意义。

一、"云端自贸区"新模式背景

2018 年是中国改革开放 40 周年，也是习近平主席提出"一带一路"倡议 5 周年。站在古丝绸之路的起点，西咸新区在围绕打造"放管服"改革先行区、示范区的基础上，探索构建符合市场经济规律、适应现代治理体系要求，对标国际高标准贸易投资规则的管理模式，依托大数据、云计算等前沿技术，深入推进云端自贸区"集群注册＋远程注册"便利化工商注册登记模式，实现了线下窗口融合和线上互联网服务的有机结合。2018 年 3 月"云端自贸区"新模式，入选陕西自贸试验区内首批改革创新成果并在全省进行复制推广。目前西咸新区正在全力推进数字经济建设，打造新区经济社会发展新引擎。

二、"云端自贸区"新模式主要做法及成效

（一）主要做法

1. 搭建数字云端自贸新型管理系统

云端自贸产业园初期投资 500 万元建设云端自贸新型管理系统，运用大数据运营支持，开发金融云、测试云、贸易云等专业软件云服务。并与华为云联合，免费为初创企业提供云端办公系统，降低企业运营成本，打造便利化的特色"云端自贸区"综合服务体系。

2. 推进"集群注册 + 远程注册"新模式

西咸新区以云端自贸产业园为试点，突破传统登记体制。将云端自贸管理系统与西咸新区政务服务勾连对接，创新"集群注册 + 远程注册"登记模式。实现异地快速注册，入园企业无须再提供传统注册审批等资料，直接通过园区平台即可完成"一址多照、集群注册"，享受园区托管服务。有效缩短了企业注册时间，减少了企业初创时的难题。

3. 融合八项服务，构建"互联网 +"生态

以西咸新区云端自贸产业园官网和微信公众号为载体，为集群企业提供工商注册、财税服务、法律服务、知识产权、人才服务、金融服务、品牌推广及运营服务的八项"一站式"在线综合服务体系，构建互联网生态圈集群效应，为入园企业打造"一网通管理、一站式服务"的综合服务平台体系。

4. 创新云端服务监管体系

一是规划建设集"集群注册与信用服务平台、众包协同平台、全渠道供货平台和专线物流仓储网络"为一体的"四位一体综合服务平台"，汇集商业流量和交易数据，为西部产业链升级提供大数据运用，助力我省电商与全国各大网商平台有效合作；二是整合人脸比对认证系统、华为云等技术，为工商、税务、海关、质检等监管部门的主体认证、信用监管、商品溯源、商品质量、交易行为监管、消费者权益保护等提供大数据支撑。

5. 实现全维度产业发展生态体系

通过园区运营方、合作伙伴及西咸新区管委会共同打造云端"研究院 + 孵化器 + 基金"三大协同创新模式，整合多渠道产业资源，构建西咸新区集研究、孵化、投资、咨询为一体的全维度产业发展生态体系，运用云端大数据不断强化建设园区运营中心、服务中心、数据中心、网络中心、公共中心，形成完整的产业发展生态链。

（二）主要成效

1. 降低了市场主体创业运营成本

自 2018 年 1 月平台运营以来，产业园发展迅猛并受创业者和产业链相关方的信赖和支持。截至 2019 年 5 月，进驻平台的创业企业总数量 780 家，与传统注册相比，集群注册每年可为企业节省运营成本约 2000 万元（包括年房租约 1200 万元，为企业减免房产税约 100 万元、年水电暖及物业费约 150 万元），举办招聘活动 48 次，促进就业近 500 人，税收返还 126 万元，为企业提供贷款 10 例，贷款金额 100 万元。按照规划，预计未来 2 年产业园集群注册企业将突破 10000 家，将为中小企业创业发展节约大量成本，极大激发市场主体创新创业活力。

2. 推进了土地利用集约化

以目前园区引进注册的 780 家入园企业实地办公场所需求为例，与传统注册相比，集群注册为中小企业节约了 60000 平方米办公空间，以未来入园 10000 家计，将节约 50 万平方米的运营空间，这将有力推进产业节约集约化发展，实现在有限空间快速聚集产业的良好效果。

3. 提高了商事登记便利化水平

目前，云端自贸产业园已在工商登记注册方面与西咸网上办事大厅和微信办照实现了有效衔接，与传统注册相比，通过远程注册为企业节约了大量时间和距离成本，工商注册缩短至 30 分钟。特别是为省外企业对陕投资创业开辟了高效通道。

4. 进一步提升商务配套服务水平

目前，产业园电脑端、手机端系统已搭建完成，并与华为云联合，免费为初创企业提供视频会议系统、OA 办公系统、云存储空间等服务，实现基本的云端办公功能。此外，"云端自贸"不断整合资源、探索模式、加强合作，与深圳久安富赢集团、中国建设银行、AMT 管理咨询、浙江清华长三角研究院、ORACLE 甲骨文、吉林大学、北大光华管理学院、西商联合会等达成了合作伙伴关系，并不断引入各类专业服务机构与企业，持续完善园区商务配套服务，"一网通管理、一站式服务"综合服务平台将为入园企业提供高水平、专业化、便利化的服务体系，助力自贸试验区企业快速健康发展。

云端自贸产业园为当地区域发展注入了新的活力，同时也助力了区域经济发展、吸引人才、拉动投资等。未来，园区将继续在全国各地选择开发者活跃的地区开展部署、落地生根、发展壮大，将会带动各地方的经济社会发展，实现地区高端人才聚集、优秀项目运转、推动产业转型升级、带动区域经济社会的可持续发展。

西咸新区打造"云端自贸区"新模式，图为西咸新区政务服务大厅"云端自贸"窗口

三、"云端自贸区"新模式政策启示

"云端产业研究院"将整合全球顶尖的创新资源，通过引进行业顶级专家合伙人，利用市场化运作模式，建立"公共技术服务平台＋运营管理公司"的研究院运营机制，打造国际一流的产业研究院，切实加速提升区域产业创新能力和速度；"云端专业孵化器"作为投资驱动型的创业孵化平台，致力于为创业者提供"最精准的服务"，依托公司研究院、基金、科研平台等资源，为创业者提供生命周期、全产业链的创业孵化服务；"云端创投基金"作为孵化器的配套基金，专注于早期硬科技领域的投资，并为所投资公司提供信用服务、金融服务、人才服务等增值服务。

截至 2019 年 5 月，进驻平台的创业企业总数量 780 家。打造的"集群注册＋远程注册"便利化工商注册登记模式，让小微初创企业"一址多照""云端办公"成为现实。产业园用资源共享的理念，不仅让入园企业有了立足之处，也有了优势互补、资源共享、拓展业务的空间。

四、"云端自贸区"新模式下一步工作思路

下一步，云端自贸产业园将围绕"自贸""产业""园区"三大板块，最终形成"新能源、跨境电商、智能制造、文化旅游、大健康、应急安全"六大产业集群，能源金贸区功能区将协助推进西咸云端自贸产业园完善"一网通管理、一站式服务""四位一体综合服务平台"等功能，持续丰富云端业务

内容，融合大数据前沿技术与先进管理理念，加快业务创新拓展，建成国内一流、世界知名、辐射"一带一路"沿线，彰显"西咸品牌"的"云端自贸区"。

云端自贸产业园将围绕西咸新区建设现代化大西安新中心发展定位，依托陕西自贸试验区改革开放红利与西咸新区政策叠加优势，围绕服务自贸试验区企业发展成长，进一步发挥创新引领发展的引擎作用，助力激活市场主体创新创业活力，推动新区经济社会高质量发展，服务陕西自贸试验区建设。

【实践者说】

西咸新区云端自贸产业园负责人在接受采访时表示："作为初创型小微企业，我们园区彻底解决了注册难、等级难、招聘难以及后期融资的问题，享受我们园区一站式服务，让小微初创型成长型企业全心投入到生产、研发以及经营中，其余事情全部交给云端自贸产业园解决。"

陕西新才企业集团是一家从事人力资源服务的公司，属于入驻云端自贸产业园的首批企业之一，各项优惠政策、便利的办公条件、一站式的服务等都是企业入园以来享受到的福利。陕西新才企业集团负责人说："产业园给了我们很多政策支持。送政策上门，给我们税收很多减免；作为产业园，给我们提供了和兄弟企业交流的机会。"

【案例点评】

"云端自贸区"新模式，通过创新建设我国西部首家"集群注册"产业服务平台，为中小企业降低注册门槛，节约时间与空间成本，成为激活市场主体创新创业活力的助推器。通过发挥网络经济效能，使企业真正享受到自贸试验区更大、更广阔的发展空间。

"3450" 综合行政审批效能改革

——建立便民服务体系

"3450"综合行政审批效能体系改革试点，是西咸新区为开展相对集中行政许可权改革，全面推进新区"放管服"改革的重要举措，是激发企业活力、转变政府职能、加速追赶超越的突破口和主抓手。试点将全面落实"一张执照管登记""一枚印章管审批""一个流程管项目"的要求，坚持简政放权、放管结合、优化服务，以大幅提高行政效能、缩短审批时限为目标，加快实施相对集中行政许可权改革，努力打造大西安改革创新的示范引领区，实现"3个工作日办结营业执照，4个工作日办结经营许可，50个工作日办结建设工程项目审批"。

一、"3450" 综合行政审批效能改革背景

西咸新区根据全国、全省推进简政放权、放管结合、优化服务的部署要求，制订《西咸新区推进"放管服"改革实施方案》（以下简称《实施方案》），探索建立"一张执照管登记、一枚印章管审批、一个流程管项目、一套网络管信用、一个部门管市场、一支队伍管执法"的行政审批、市场监管和综合执法体系。"3450"综合行政审批效能体系改革是对《实施方案》中"放管服"改革相关内容的具体实施。

2018 年 9 月 27 日下午，《陕西日报》记者走进空港新城政务服务中心实地调研采访

二、"3450" 综合行政审批效能改革主要做法及成效

（一）主要做法

1. 运行机制

（1）提前介入。商事登记、经营许可、建设工程项目进入审批流程前，由审批部门提前介入，无偿帮办，采取综合踏勘、联合预审的方式，协助完成前期准备工作。项目审批前期工作不属于审批阶段，不得将完成审批前期工作作为审批阶段受理的前置条件，不得向项目建设单位收取任何费用。

（2）优化流程。梳理商事登记涉及企业经营事项，简化审批程序，整合、精简申报材料，缩短审批时限，实行零收费标准。综合服务大厅和手机微信服务平台为办事群众提供咨询、辅导、申报、受理、查询、发照（证）等服务，负责材料、信息的初审、分流和传递，为后台审批提供前台服务。

建设工程项目审批流程整合为立项审批（项目审批、核准、备案）、用地审批、规划审批、建设审批四个阶段。由审批部门对行业主管部门行政审批职责进行整合，行使相对集中行政审批权，使建设工程项目的审批主体由分散变集中，针对项目的特点，重点把握科学决策、投资范围、规划设计、资金管理、公共安全、环境保护、经济社会效益等关键方面，进一步细化方案，优化各阶段流程。

（3）一口受理。构建综合受理平台，商事登记、经营许可审批、工程建设项目审批事项全部进驻大厅，设立政务服务综合受理窗口，统一受理商事登记、经营许可、项目审批等全部事项。

（4）集中审批。行政审批与政务服务局负责建设工程项目审批。市场服务与监督管理局（分局）负责商事登记与经营许可的集中审批，其中，经营许可事项新区负责 18 项，新城负责 36 项；复杂的、专业性强的经营许可事项，依靠部门和专业机构建立内部联审联批的工作机制进行集中审批。

（5）限时办结。审批部门应按照法定的审批权限、条件、标准、方式、责任，在本方案限定的时间内同步实施审批、反馈审批结果或意见。审批系统根据审批承诺的时间，自动实现到期报警、超期警示的功能，通过"制度＋科技"的手段，规范审批办理，保障审批效率。

（6）信息共享。利用"智慧西咸"大数据平台，实现审批部门与业务主管部门登记备案事项信息互联互通，有效对接，数据共享，兼容对接陕西省投资项目在线审批监管平台以及新区现有的信息资源共享平台，实现信息资源实时共享，构建事中事后监管体系。

（7）全城通办。构建全区范围内 6 个综合服务大厅全区受理、属地审批、材料流转、就近发照（证）的全城通办模式。商事登记、经营许可及工程项目许可的申请可在新区、新城就近申报，申报材料内部流转，按事权划分责任实施审批，就近发放全部证照。新区政务服务中心发挥中心枢纽大厅作用，统一材料规范、统一审批流程、统一服务模式、统一数据运用。

2. 审批流程

整合登记和经营许可事项，统一流程、减少环节、压缩时限、提高效率，打造从名称预先核准到刻章再到人民银行开户许可全流程、一体化商事登记审批；打通商事登记与经营许可审批环节，实现营业执照和经营许可相融合的 1＋N 的商事登记及经营许可一体审批模式。建设工程项目分立项审批、用地审批、规划审批和建设审批 4 个阶段，实施综合集中审批。

商事登记（3 个工作日）。审批事项：名称预先核准，即时办理；市场主体登记在综合受理窗口提交资料后完成营业执照、公章刻制、银行开户许可证的办理。

经营许可事项（4 个工作日）。市场主体申请办理经营许可事项，在提交材料前，须完成所涉及的其他许可，比如消防许可、环保批准等材料。

审批事项：综合受理窗口提交材料，录入系统时发出踏勘确认书，由所在地市场监管所 2 个工作日内完成踏勘并上传资料（涉及专家论证的除外），后台完成审批。

建设工程项目审批（50 个工作日）。政府投资类建设工程项目进入建设工程项目"50"审批系统前，须先完成规划选址；企业投资类建设工程项目进入建设工程项目"50"审批系统前，须先完成规划条件或选址意见书许可，并依法取得土地。

建设工程项目审批流程分为：立项审批（项目审批、核准、备案）、用地审批、规划审批、建设审批四个阶段，审批时限合计为50个工作日。

立项审批阶段（9个工作日）审批事项：政府投资项目建议书审批、企业投资项目核准、企业投资项目备案、建设项目用地预审、项目社会稳定风险评估意见、政府投资建设项目可行性研究报告审批、建设工程文物保护和考古许可、避免危害气象探测环境批复等。项目节能评估和审查、项目社会稳定风险评估与建设项目环境影响评价文件审批在办理施工许可证前完成。

用地审批阶段（17个工作日）审批事项：建设用地规划许可证、政府供地批复文件、国有建设用地使用权划拨决定书、永久性征占用林地审核审批、签订国有建设用地使用权出让合同、办理国有土地使用证等。水土保持方案审批在办理施工许可证前完成。

规划审批阶段（12个工作日）审批事项：建设工程规划许可证（含乡村建设规划许可证）、初步设计及概算审批、大型人员密集场所和其他特殊工程消防设计审核、施工图预算评审（包括住建部门和财政部门的投资预算评审）、修建防空地下室设计审批、易地建设防空地下室审批、防雷装置设计审核、安全设施预评价审核等。

公安消防部门对大型人员密集场所和其他特殊工程消防设计审核可在规划报建阶段受理申请材料，在施工许可阶段完成审批文件；气象部门对建设工程防雷装置设计审核可在规划报建阶段受理申请材料，在初步设计审批时向发展改革部门提供初步意见，在施工许可阶段完成审批文件。

建设审批阶段（12个工作日）审批事项：施工许可证核发（含建设工程招标文件备案、建设工程合同备案、开工安全条件审查、工程质量安全监督手续等）、临时占用林地审核审批、占用绿地和采伐（移植）树木审批、夜间施工许可、占用挖掘移动改建城市市政设施审批、占用挖掘城市道路人行道或者车行道审批、建筑废弃物处置核准、建设工程消防设计审核意见书核发、防雷装置设计审核。

（二）主要成效

"3个工作日办结营业执照"和"4个工作日办结经营许可"已在全区实现。空港新城功能区还在此基础上通过打造"证照三同步"（即同步受理、同步审核、同步计算办理时限），达到"34融合"，即将营业执照和经营许可证同步办理，在一个时间节点上同步完成，实现3＋4≤7的效果。

建设项目50天联办现已搭建了并联审批系统。目前正在进行事项流程的梳理和录入工作，预计与省政务平台同期进入试运行。

三、"3450"综合行政审批效能改革政策启示

"3450"综合行政审批效能改革是西咸新区在"放管服"改革方面的重要创新举措。该举措的成功运行对自贸区营商环境优化带来以下启示：

（一）可量化、可比较的标准是政府优化营商环境"以评促改"的重要抓手

企业生命周期，例如企业开办、纳税、工程建设项目审批、水电气报装、不动产登记、跨境贸易、解决商业纠纷等领域，是企业普遍会遇到、关注的内容。而企业遵循政策法规所需要的时间和成本等条件，例如"手续""时间""成本""监管质量"是可量化性的关键词，与中国政府提倡的"放得开、管得住"改革理念相呼应，也与世界银行营商环境评估体系相契合。

（二）改善政企关系、提高服务效能是优化营商环境的本质

政府应立足于企业需求，推进营商环境政策的制定、落实、评估工作，而不能受困于便利化举措的比拼。如果单纯执着于流程并联和时间压缩，会形成"口惠而实难至"的局面，企业经营过程中仍然受到种种隐性约束，不利于吸引投资和市场活力的增强。各级政府需要树立企业为先、企业为主的意识，真实、准确地了解企业的需求，扎扎实实地制定惠企举措，并将每一个举措落到实处，以此持续优化营商环境、提升经济活力。

四、"3450"综合行政审批效能改革下一步工作思路

（一）进一步丰富网上自主办理事项功能

推出"码上办"，开通二维码扫码服务，通过手机微信扫描二维码，告知办理营业执照和经营许可事项所需的材料清单。在电子化系统中新增经营许可选项，企业设立审核通过后，由后台将经营许可申请信息实时推送，相关部门开展审查、现场勘查等工作。在网上自主申报系统中，增加银行开户申请，刻章备案，实现企业办理营业执照时，同步办结银行开户和刻章等手续。

（二）建立项目评审机构资源库

通过市场机制，综合评估行业行为、编制质量、编制时间及修改时限等因素，建立节能、环评、能评、图审等机构资源库，并开展定期抽查，实行动态退出机制，提高报告编制及图纸审查质量与时效，加快审批事项快审

快出。

（三）建立重大项目绿色通道

对于工期紧、评审资料暂不齐备的重大项目，可探索提前受理模式，开展预评审。在人防、消防、防雷、防震等方面，创新评审方式，采取"编评一体""集中评审""平行评审"等方式服务企业，加快项目图审联办效率。

【实践者说】

西咸新区自贸办专职副主任李朝杰在接受《每日经济新闻》专访时说："自贸区行政审批制度改革虽然在全国范围内已有实施先例，但西咸新区'3450'综合行政审批效能改革在西部地区仍具有显著领先性，是一条基于先进经验本地化推广的应用型创新举措。'3450'综合行政审批效能改革不是一个简单的时间概念，在办事时间成倍压缩、办事效率直线提高的背后，是简政放权打破内部壁垒，是服务和流程的再造，是思想观念和政府治理方式的变革。"

【案例点评】

"3450"综合行政审批效能体系改革试点，是西咸新区为开展相对集中行政许可权改革，全面推进新区"放管服"改革的重要举措，是激发企业活力、转变政府职能、优化营商环境、加速追赶超越的突破口和主抓手。

"互联网＋政务"服务驿站

——企业身边的"微型政务服务大厅"

"互联网＋政务"的本质是指以政务服务平台为基础，以公共服务普惠化为主要内容，以实现智慧政府为目标，运用互联网技术、互联网思维与互联网精神，连接网络社会与现实社会，实现政府组织结构和办事流程的优化重组，构建集约化、高效化、透明化的政府治理与运行模式，向社会提供新模式、新境界、新治理结构下的管理和政务服务产品。

2017年8月9日，西安国际港务区率先在西安港创业基地设立政务服务驿站，通过在园区企业主要孵化器与聚集区设立实体的服务点，利用"互联网＋政务服务"相关平台，为企业现场提供有关事项的帮办代办服务，使企业"不出楼就能办事"，成为搬到企业身边的"微型政务服务大厅"。

一、"互联网＋政务"服务驿站背景

从发展历程来看，行政管理是我国最早实施信息化的领域。20世纪80年代中期，我国政府就开始实施办公自动化工程。1993年，由中央政府主导的"三金工程"成为我国电子政务的雏形，彼时互联网尚未进入中国。1999年，多家中央部委共同发起"政府上网工程"，政府网站成为互联网应用的重要组成部分。从内涵来看，电子政务作为促进公共管理持续发展的重要方法，有利于政府部门为公众提供信息，提高公共服务质量，拓展公众参与渠道。综合来看，"互联网＋政务服务"一直是电子政务的应有之意。自贸驿站是在园区企业主要孵化器与聚集区设立的服务点，为企业提供政务方面的帮办代办服务，与以前企业办事难、跑动次数多相比，大大减少了企业办理的时间成本和人力成本，有助于政务服务工作人员简化工作流程，给所有的自贸区企业提供了便利，极大地促进了自贸区的发展。

二、"互联网+政务"服务驿站主要做法及成效

（一）主要做法

1. 坚持从企业需求出发

针对园区部分区域企业相对集中、企业办理事项相对一致、企业办事困难也相对雷同的实际情况，在聚集区设立政务服务驿站，统一帮办代办，现场提供问题解答、办理指导、验收资料等相关服务，可以大大减少企业办理的时间成本及人力成本，同时也有利于政务服务工作人员简化工作流程，合并办理同类事项，有效提升政务服务工作效率。截至目前，已先后在西安港创业基地、中西部陆港金融小镇开设了2个自贸驿站。

2. 科学界定办理事项

按照方便企业群众和保证行政审批工作权威性、科学性等原则，在深入调研和科学论证的基础上，将工商、国地税、规划、建设、港口、政策兑现等群众关注和办理较多的84个事项，纳入自贸驿站现场帮办代办服务范围，广泛向园区企业公示宣传，并根据现场办理反馈情况和园区行政效能革命工作进展情况，及时进行动态调整。2017年8月首批纳入70个事项，到目前已调整为84个事项。

3. 大力强化条件保障

按照规模小、工作标准高的要求，自贸驿站的工作人员业务素质、办公设备的配置完全对标政务大厅的办公要求。原则上每个政务服务驿站配备工作人员2名，由政务中心统一进行业务培训和考核管理。按照"互联网+政务服务"的相关要求，配齐配全自助电脑、自助办税机、打印机等办公设备，制定自贸驿站相关工作规程，有效提升工作科学化、规范化水平。

（二）主要成效

截至11月22日，自贸驿站已累计为近2000家企业办理了18549件业务，内容涵盖发票认证、企业名称预先核准、企业注册、企业变更、企业注销、领取营业执照、帮办指导、接受咨询等相关服务，平均每个事项的办理至少为企业节省了2—5天的时间。

2017年8月28日上午，在西安国际港务区政务服务驿站西安港创业基地，西安大马盛域信息技术有限公司领取了营业执照，这也是在驿站颁发的

首张营业执照。

西安大马盛域信息技术有限公司，注册资本1000万元人民币，主要从事计算机领域内的技术开发、技术咨询、技术服务及技术转让等业务。

该企业注册地址即为西安港创业基地企业聚集区，从咨询、核名、提交资料到领取营业执照，企业"足不出楼"，驿站工作人员全程帮办代办，不到两个工作日就完成注册，领取了营业执照。

三、"互联网＋政务"服务驿站政策启示

利用"互联网＋政务服务"相关平台，为企业现场提供有关事项的帮办代办服务，使企业"不出楼就能办事"，成为搬到企业身边的"微型政务服务大厅"。

四、"互联网＋政务"服务驿站下一步工作思路

今后，我们将根据企业聚集情况和业务工作需要，适时增设自贸驿站数量；并根据自贸驿站工作开展情况和园区行政效能革命工作推进情况，及时对现场帮办代办政务服务事项进行动态调整，尽可能地为企业提供最大程度的便利，切实为企业群众办实事、解难事。

（一）建立健全"一网通办"的标准规范

研究制定人口、法人、电子证照等基础数据共享的国家标准。加快完成电子证照库、人口综合库、法人综合库、公共信用库等规范编制工作，加快电子证照应用推广和跨部门、跨区域互认共享。建立健全政务信息资源数据采集、数据质量、目录分类管理、共享交换接口、共享交换服务、平台运行管理等方面的标准。

（二）加快完善相关法规制度

各部门要抓紧梳理"互联网＋政务服务"急需的、与开展"一网通办"不相适应的法律法规和规章制度，加快推动"立改废"。推动制定完善信息保护的法律制度，切实保护政务信息资源使用过程中的个人隐私和商业秘密。研究制订政务服务事项电子文件归档规范，推动开展相关试点，逐步消除电子化归档的法规制度障碍。

（三）建立监督举报投诉机制

依托中国政府网及各地政府网站、各级政务服务平台、政务服务热线等，畅通互动渠道，方便群众咨询办事和投诉举报，接受群众监督。建立政务服务举报投诉平台，统一受理企业和群众对未实现政务服务"一网通办"、办事不便利等突出问题的举报投诉，并及时开展核查处理。

（四）开展百项问题疏解和百佳案例推广行动

开展百项问题疏解行动，聚焦企业和群众关注的身份和教育证明、商事服务、社保低保、就业创业、居住户籍等方面的堵点难点问题，形成分级覆盖、热点聚焦的百项问题清单，逐项研究解决。开展百佳案例推广行动，深入分析总结先进经验，统筹组织对口帮扶工作，推动百佳案例先进经验复制落地。

各地区、各部门要认真贯彻落实党中央、国务院决策部署和推进审批服务便民化的要求，层层压实责任，加强统筹协调，结合实际情况精心组织落实本实施方案，推动"互联网＋政务服务"取得更大实效。

【实践者说】

据西安国际港务区自由贸易试验区的负责人介绍：从填写中国（陕西）自由贸易试验区西安国际港务区政务服务驿站（自贸驿站）《政务服务驿站委托书》，到拿到驿站颁发的首张营业执照，西安大马盛域信息技术有限公司的霍程都不敢相信："才两天的时间，我们连大楼都不用出，驿站的工作人员就帮我们办好了，太快了，太方便了！"

位于西安港创业基地的西安大马盛域信息技术有限公司，注册资本1000万元人民币，主要从事计算机领域内的技术开发、技术咨询、技术服务及技术转让等业务。从咨询、核名、提交资料到领取营业执照，驿站工作人员全程帮办代办，企业"足不出楼"，不到两个工作日就完成注册，2017 年 8 月28 日，领取了驿站颁发的首张营业执照。

自贸驿站入选陕西自贸区 20 大创新案例，陕西自贸区邀请的第三方评估平台——普华永道这样评价："西安港创业基地政务服务驿站是西安国际港务区根据企业发展需要，利用'互联网＋政务'服务平台，整合现有资源，将电子政务平台、企业帮办延伸到企业聚集区，方便企业办事的创新服务模式，使企业'不出楼就能办事'，是落实法治化、国际化、便利化要求，切实转变政府职能，打造高效服务型政府的优良典范。本案例在全国自贸区范围内具备较强的可复制推广性。"

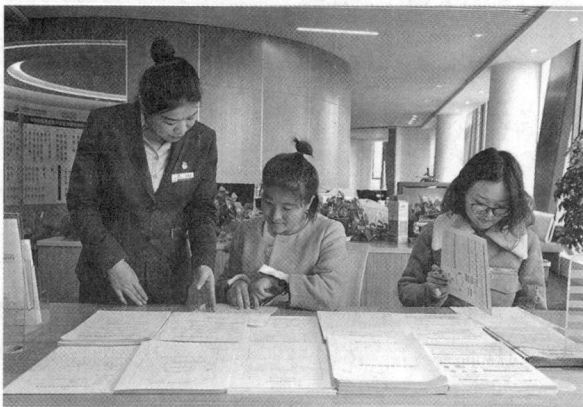

西安国际港务区自贸驿站的工作人员正在受理服务业务

【案例点评】

西安国际港务区率先在西安港创业基地设立政务服务驿站，通过在园区企业主要孵化器与聚集区设立实体服务点，利用"互联网＋政务服务"相关平台，为企业现场提供有关事项的帮办代办服务，使企业"不出楼就能办事"，成为搬到企业身边的"微型政务服务大厅"。

"一址多照"模式下税务监管改革试点

——简化企业注册程序　激发市场主体活力

"一址多照"是指对无须前置审批并符合条件的企业，可以申请在企业营业执照上加载经营场所地址，免于分支机构登记。即同一地址作为两个及以上企业的住所登记注册，形成一个地址核发多个营业执照，即所谓的"一址多照"。

根据《陕西省市场主体住所（经营场所）登记管理暂行办法》规定，为了简化企业注册程序，激发市场主体活力，同一个地址可以登记两个以上的市场主体。同时规定，对于无实地办公场所的市场主体，可以将住所登记为受托管商务秘书企业的住所。

一、税务监管改革试点背景

身处"一带一路"核心，陕西自由贸易试验区自挂牌之日起，就站在了深化改革、扩大开放的最前沿。作为陕西自贸试验区重要板块的西咸新区秦汉新城功能区，在过去两年多时间内取得了亮眼的成绩：新增注册市场主体779家，多项特色案例获商务部、陕西省认可，承接试点任务完成出色。2018年7月20日，新组建的国家税务总局西咸新区秦汉新城税务分局举行挂牌仪式，标志着原西咸新区国家税务局秦汉新城税务分局、原西咸新区地方税务局秦汉新城分局正式合并。按照党的十九届三中全会审议通过的《中共中央关于深化党和国家机构改革的决定》和《深化党和国家机构改革方案》以及十三届全国人大一次会议审议通过的《国务院机构改革方案》，为降低征纳成本，理顺职责关系，提高征管效率，为纳税人提供更加优质、高效、便利的服务，将省级和省级以下国税地税机构合并，具体承担所辖区域内各项税收、非税收入征管等职责。

国家税务总局西咸新区秦汉新城税务分局组建后，原国税、地税机构职责和工作由继续行使其职权的新税务机构承继。纳税人在综合性办税服务厅、网上办税系统可统一办理所有税收业务，享受"一厅通办""一网通办"等优质服务，12366纳税服务热线同步实现涉税业务"一键咨询"。

国家税务总局西咸新区秦汉新城税务分局组建成立

二、税务监管改革试点主要做法及成效

"一址多照"模式的快速发展适应了市场的要求，但在税务监管方面产生虚开发票、偷税漏税等问题，这些问题在"一址多照"模式注册较多的上海自贸区和前海自贸区已经大量存在，自贸区秦汉功能区依照"一址多照"模式注册了大量企业，目前也出现了这种情况。针对此种情况，秦汉自贸办与工商分局、国税局、地税局协商讨论，计划通过商务秘书企业来控制"一址多照"模式下企业的虚开发票、偷税漏税问题，制定了相关规定，进行此方面的改革试点。

（一）主要做法

自贸办联系工商分局、国地税分局制定《"一址多照"模式下税务监管办法》，具体做法如下：

1. 组建税收监管领导小组

秦汉新城自贸办、工商分局、国地税分局等部门共同组建企业集群注册税收监管领导小组（以下简称"企业服务领导小组"），根据商务秘书企业提供的企业注册量、注册的外资企业数量、开展进出口企业数量、企业注册资金总量等信息联合进行评审，根据评审结果建立秦汉新城商务秘书企业库。

2. 秦汉新城商务秘书企业库日常管理维护

（1）评定。秦汉新城自贸办牵头，企业服务领导小组在每年3月份对商务秘书企业开展评定工作，评定工作结束后及时更新数据库信息。

（2）考核。企业服务领导小组对商务秘书企业严格考核，对在企业服务工作中业绩突出、贡献较大的企业进行表彰奖励，并在自贸区服务大厅设置业务窗口；对提供服务较少、服务质效不高、注册资金总量较小、不能满足最低要求的企业服务公司，将取消其入库资格。

（3）日常监管。秦汉新城国地税分局负责对接商务秘书企业，审核被服务企业的相关涉税信息，被服务企业如出现虚开发票行为，商务秘书企业有义务予以制止，并将相关信息报送至主管国地税部门，积极配合国地税开展日常管理工作，对隐瞒不报、不积极配合职能部门开展工作的，经企业服务领导小组协商讨论后，取消其入库资格。

（4）服务合同签订。为了方便职能部门管理，监督商务秘书企业向被服务对象提供高效优质的财务服务，商务秘书企业所签订的服务合同原则上不能超过一个评定期，并实行申报期首期免费服务。

3. 政务大厅企业服务窗口管理

（1）窗口设置。为了方便商务秘书企业开展业务，秦汉新城自贸区服务大厅设置两个企业服务窗口。通过联合评定产生的业绩突出、贡献较大的前两名第三方企业服务公司，入驻秦汉新城自贸区服务大厅的企业服务窗口。

（2）窗口管理。秦汉新城自贸区服务大厅企业服务窗口的工作人员，在窗口处列明为企业提供的各项服务内容、注意事项。窗口由自贸区服务大厅管理机构统一管理。

4. 涉税业务管理

秦汉新城商务秘书企业在参与被服务企业财务工作过程中，按照财务管理办法，有严格审核企业经营活动的合法性、真实性的义务。

被服务企业进行实名信息采集时，公司的财务负责人必须采集为商务秘书企业的法人或股东。企业涉税人员信息发生变化时，商务秘书企业有义务协助企业及时进行信息变更。

对于在秦汉新城辖区内无固定经营场所或不具备保管发票条件的被服务对象所领购的发票，统一由商务秘书企业进行保管，并协助企业开具发票。

（二）主要成效

1. 自贸区秦汉新城功能区为企业提供注册地址服务，全方位服务企业的工商注册、税务登记、报税等业务，且为符合新城产业发展方向的企业提供办公场所，企业的聚集效应将逐渐扩大。

2. 国税、地税局通过商务秘书企业来进一步核查新注册企业的税务申报工作，加强商务秘书企业和新注册企业之间的纽带联系，解决当前税务部门监管人员不足的问题，建立针对商务秘书企业的奖惩机制，将有效地控制新注册企业虚开发票和偷税漏税问题。

3. 当前很多区域均出现了"一址多照"模式下企业税务监管问题，目前有效控制企业虚开发票和偷税漏税的制度还较少，此项改革试点是"一址多照"模式下企业在税务监管方面的有益探索。

三、税务监管改革试点政策启示

（一）针对自贸试验区"一址多照""虚拟注册"的情况，秦汉新城功能区采用商务秘书企业的管理方式，将入区企业交由商务秘书企业进行统一管理，以便更好地解决企业管理难的问题；

（二）"一址多照"模式下税务监管改革试点，联合工商、税务等相关部门，对入驻企业及商务秘书企业制定了相应的管理办法，能有效地对企业进行监管，减少企业虚开发票、偷税漏税等情况的出现。

四、税务监管改革试点下一步工作思路

（一）完善并发布《"一址多照"模式下税务监管办法》

当前的《"一址多照"模式下税务监管办法》是新城自贸办与工商局、国税局、地税局协商撰写的一个初稿，下一步还要集合各部门业务人员进行讨论、修改，进一步明确相关部门的职责，并联系对接部分商务秘书企业，尽快发布监管办法。

（二）大力形成各部门联动的监管机制

《"一址多照"模式下税务监管办法》计划由秦汉新城税务部门牵头，秦汉新城自贸办、工商局配合。在税务监管小组组建、商务秘书企业库入库评审、商务秘书企业年底考核、商务秘书企业窗口管理等方面需要相关部门联动，下一步对于各部门如何配合及各自的职责分工需要进一步明确，确保建立科学可行的监管机制。

（三）根据执行反馈信息对《"一址多照"模式下税务监管办法》进行调整，并在有限范围内复制推广经验

《"一址多照"模式下税务监管办法》发布后将立即执行，通过建立商务秘书企业库，监管注册企业的税务申报工作，秦汉集群注册税收监管领导小

组将根据执行情况适时调整监管办法。如半年内运行无较大问题，并能有效控制新注册企业的虚开发票和偷税漏税问题，新城相关机构将上报西咸管委会，争取在有限范围内复制推广经验。

站在新的起点，秦汉新城功能区将带着更高的目标——全力打造具有丝路历史文化特色的国际旅游集散地、国际医疗和养老产业服务新高地以及国际文化交流基地——扬帆起航，继续出发。

【实践者说】

国家税务总局西咸新区秦汉新城税务分局联合党委书记、局长马清理表示："在习近平新时代中国特色社会主义思想指引下，国家税务总局西咸新区秦汉新城税务分局将按照党中央、国务院决策部署，决心在国家税务总局西咸新区税务局联合党委和秦汉新城党委、管委会的正确领导下，坚决扛起时代赋予的重任，全力以赴推进改革，坚决做到机构合、人心顺、队伍稳、业绩优，努力向西咸新区税务局联合党委和秦汉新城党委、管委会，向广大纳税人、缴费人交上一份满意的答卷！"

西咸新区秦汉新城管委会副主任贾少龙表示："秦汉新城税务新机构一要坚决服从国税、地税征管体制改革大局、坚决执行改革纪律、坚决落实改革任务。二要紧紧围绕组织收入中心，坚持把税收事业发展放在新城发展大局中去谋划、去推进。三要持续深化'放管服'改革，以汇聚之力把优化税收营商环境工作推进到底。四要坚持把党的领导贯彻落实到税收工作的各个环节，确保干部队伍始终保持忠诚、干净、担当。"

某商务秘书企业负责人表示："面对就业压力加大趋势，大众创业、万众创新，'一址多照'用制度激发民间投资活力，为在一个地址办公的多个企业进行工商登记注册扫清了政策障碍，企业将不用再提供土地证、房屋所有权证明或租赁合同等材料，大大降低了创业企业的申请门槛；降低企业创业成本，使企业将资金用于公司发展方面，同时在'一址多照'的孵化园可以认识更多创业伙伴，获得更多资源，利于公司发展。"

【案例点评】

"一址多照"模式的快速发展适应了市场的要求，但是也在税务监管方面产生虚开发票、偷税漏税等一些问题，针对此种情况，秦汉自贸办联合多部门通过商务秘书企业来控制"一址多照"模式下企业的虚开发票、偷税漏税问题，制定了相关规定，解决了当前税务部门监管人员不足的问题。可以说，此项改革试点是"一址多照"模式下企业税务监管方面的有益探索。

创建办税服务厅审核中心

——"一厅受理、集中办结",实现"办审一体化"

为响应国家"放管服"改革,进一步优化营商环境,提升办税服务水平,国家税务总局从 2017 年开始深化"征管改革",西安市国税局率先提出"办审一体化",并在全市选取 6 个试点单位进行改革试行,陕西自贸区西安高新区便是其中之一。高新区国税局积极承接改革任务、落实改革规划,在 2017 年 5 月 1 日国地税深度融合的基础上,于 8 月 28 日正式挂牌成立审核中心,形成了大厅前台办理各类即办事项、审核中心办理各类限办事项的高效办税模式。

一、创建办税服务厅审核中心背景

审核中心由来自征管科、税政科和各税务所的业务骨干组成,按照"一厅受理、集中办结"的思路,通过重构办税流程、明晰岗位职责、提升审批效率,率先建立了"办审一体化"服务机制,实现纳税人合法合理需求"最多跑一次",涉税事项一次办结,为纳税人提供更加优质、方便、快捷的服务。

二、创建办税服务厅审核中心主要做法及成效

(一)主要做法

1. 落实"办审一体化"

"办审一体化"是"征管改革"中非常重要的一项工作内容,即"一厅受理、集中办结",这也是高新区办税服务大厅审核中心的业务范畴。办税人在办税大厅递交申请后,大厅会将相关业务直接推送至后台的审核中心,审核中心集中审核后反馈至大厅前台,即可完成整个流程。"一口收件、一口交件",大大节约了办税人的时间成本,真正做到方便企业群众"最多跑一次"。

目前，高新区办税服务厅前台承接了108项即办业务，而审核中心则主要负责增值税专用发票最高开票限额审批（百万元及以上）、各类政策性退税、误征退税、汇算清缴退税、增值税抵扣凭证逾期抵扣、增值税汇总缴纳等七大类80项限办业务。经过半年的运行，高新区税务大厅审核中心已成为全市6个试点单位中业务办理量最大、业务种类最全的单位。在前期10万元版增值税专用发票行政许可事项全流程办理的基础上，自2018年4月1日起，高新区国税局加大改革力度，实施全部审核事项在审核中心的一站式办结，进而将税收管理员的精力从繁杂的实地调查等事务中转移到事中事后监管与风险应对，全面提升税收征管的专业化水平，同时通过不断规范和提升服务意识，持续探索流程更优、耗时更短、效果更佳的审批模式，助力"征管改革"向纵深迈进。

2. 强化风险管理"闭环式"良性循环机制

审核中心与征管科风控中心已联合制定了"风险资料移交传递卡"及资料传递规范性操作指南，在工作中积极运用"税务＋大数据"理念，对在日常审核过程中发现的风险疑点及异常纳税人名单进行归纳总结及推送。目前，审核中心已向征管科风控中心推送了新能源汽车行业的涉税风险，并定期向税源管理部门推送在专票审批和各类退税中审核发现的风险点和异常企业名单，落实了风险管理识别、分类、推送、核查、反馈的"闭环式"良性循环机制。同时强化结果运用，建立分析报告制度，坚持按月对发生的各项业务进行总结、梳理和归纳，形成涵盖业务种类审核情况通报、业务热点问题汇总、工作意见建议的分析报告，全面清晰准确反映审核业务工作情况，这也为税源管理部门降低执法风险、加强后续管理提供了指引。

（二）主要成效

审核中心的成立，实现税务局与企业双赢，对内提升了征管质量，统一了执法标准，减轻了基层一线干部工作量，集中应对风险，加强后续管理，建立专业化管理与风险闭环管理机制；对外提升了办税效率，杜绝了多头跑现象，降低了纳税成本，营造了优质的营商环境，主要表现为：

1. 集中审核，汇集问题，辅导前置

对常规性业务实现资料准备辅导前置，一次递交成功，审核中心不断总结经验，根据常规性业务组建专项业务服务群，如软件退税群，将资料准备辅导前置，常见问题梳理解答，通过群沟通做到审核资料一次到位，杜绝了因资料不完整导致的多次递交问题。

例如针对区内软件企业比较集中、财务人员水平参差不齐的现状，通过软件退税群向办理软件产品即征即退业务的纳税人讲解税收优惠政策内容、退税金额计算、进项税额分摊等疑难和热点问题，月均办结量42户次，每户达到一次递交完成。

2. 一次性审批，提前沟通，审核一次完成

对于一次性审批事项，提前与纳税人沟通，准备实地核查资料，形成涵盖所有沟通内容的工作底稿，进而在实地查验前摸清企业基本情况、确定查验主要关注点，现场审核一次完成，大幅度提高了工作效率。

例如作为税务行政许可事项之一的增值税最高开票限额审批（百万元及以上）业务，审核中心专人负责实地核查和审批事项，创新工作方式，先期主动与企业联系沟通，确定三个"是否相符"，即金三系统企业基本信息与实际情况是否相符；实名采集系统企业四类人员信息与实际情况是否相符；电子底账系统进销项品目内容与实际情况是否相符，"办审一体化"改革后，最高开票限额审批业务平均办理时限较规定审批时限提速70%，纳税人满意度和获得感显著提升。

3. 流转单一，专人管理，审批速度提升

审核中心按业务类型设岗责，专人专管，管理人员经验积累，专业业务技能提升，审批速度提高。业务流转环节减少，由以前3至4个环节缩短到1个环节，审批速度提高。实现专人管理，工作任务单一，改善以往流转到各审核部门，审核人员工作任务繁多的状况，形成急事优先处理模式，审批速度提高。

4. 集中审核，标准统一，执法更规范

"征管改革"的深化及审核中心的成立，使高新区税务局征管质量提升，从内部管理上来讲，各种审批流程的集中合并，统一各类限办业务的审批标准了，税务执法更加规范化、标准化。

5. 风险统筹，反哺征管基础工作，加强后续监管

审核事项的集中，实现了风险集中、问题集中，便于把控全局性风险问题，反哺征管管理基础工作。高新区局形成风险扎口管理，任务统筹下发机制，审核中心与风控中心联合制定了《风险资料移交传递卡》及资料传递规范性操作指南，在工作中积极运用"互联网＋税务"大数据管税理念，对在日常审核过程中发现的风险疑点及异常纳税人名单进行归纳总结及时推送至风险管理部门，落实风险管理识别、分类、推送、核查、反馈的"闭环式"良性循环机制；对所有审批业务定期推送至税源管理部门，做到信息共享，强化结果运用，建立分析报告，坚持按月总结、梳理和归纳，形成涵盖业务

种类审核情况通报、业务热点问题汇总、工作意见建议的分析报告，提升了税源管理部门加强后续管理针对性，通过一年的运行，高新区发票虚开案件急剧下降，由以前全市推送风险数据量第一高居不下，到现在成为风险数据全市倒数单位，风险控制成效显著。

截至目前，审核中心已累计办理审核事项 4600 余户次，整体运转高效顺畅，切实解决了办税人多跑路、审批慢、流程多的问题，深受办税企业、群众好评。

三、创建办税服务厅审核中心政策启示

"征管改革"深化及审批中心的成立，使得各种审批流程集中合并，整个高新区各类限办业务的审批标准得到了统一，税务执法更加规范化、标准化。同时也使相关部门在审批、受理业务的过程中更容易发现普遍、共性的风险点。这不仅为办税企业群众带来了实实在在的便利，也为高新区国税局的征管质量带来了一系列革新，为陕西自贸区西安高新区进一步提升行政效能提供源源不断的动力和活力。

四、创建办税服务厅审核中心下一步工作思路

下一步，高新区税务局将进一步完善"办审一体化"工作制度，根据国家税务总局征管改革统一部署，按照省、市局工作安排，对国地税合并后业务进行梳理，合理设置工作流，以最大限度将所有限办事项集中审核，纳入"办审一体化"管理，进一步压缩纳税人等待时间，规范服务流程，强化风险管理，同时利用"网上税务局"平台，尽最大努力实现大部分业务"零跑腿"，让税务服务更加高效、便捷，征收管理更安全、可靠，营商环境更公平、公正。

【实践者说】

审核中心负责人介绍：自 2017 年 8 月成立以来，审核中心先后受理了延长壳牌石油有限公司等众多大型企业的最高开票限额申请，"办审一体化"改革后平均办理时限较规定审批时限提速 70%，让纳税人在专用发票的申领过程中享受到了快捷高效的办税体验，企业满意度和获得感显著提升。陕西自贸区西安高新区落实简政放权、放管结合、优化服务举措，始终坚持用心、用情服务纳税人，受到了纳税人的高度认可和一致好评。举个例子：此前西安众横广告文化传播有限公司由于政策理解不到位、资料准备不齐全，其退税业务

一直未能办理。陕西自贸区西安高新区税务大厅审核中心成立后，该公司的办税人于 2017 年 8 月 31 日递交了业务申请，经办税大厅与审核中心的受理、审核后，2017 年 9 月 12 日拿到了最终审批，比规定审批时限提前了 17 天。

西安高新区国家税务局审核中心切实服务大众，方便大众，受到群众的肯定，接受锦旗

【案例点评】

西安高新区国税局积极承接西安市国税局率先提出"办审一体化"改革任务、落实改革规划，在国地税深度融合的基础上正式挂牌成立审核中心，形成了大厅前台办理各类即办事项、审核中心办理各类限办事项的高效办税模式，率先建立了"办审一体化"服务机制，实现纳税人合法合理需求"最多跑一次"，涉税事项一次办结，为纳税人提供更加优质、方便、快捷的服务。

创新"一站式"服务平台

——沣东新城助力陕企"走出去"

陕西自贸试验区《总体方案》中强调"构建对外投资促进体系"。为加快构建对外投资服务，促进体系建设，切实提高陕西自贸试验区各类投资主体境外投资的便利化程度，沣东新城创新投资服务促进机制，着力打造陕西走出去"一站式"服务平台，从线上线下实现专业、高效、"一站式"境外投资服务机构集合，为企业境外投资提供全生命周期服务体系，助力陕西自贸试验区的发展。

中国（陕西）自由贸易试验区"走出去"一站式服务平台揭牌仪式现场

一、创新"一站式"服务平台背景

长期以来，国内企业在进行海外投资时，常常因不了解当地法律、法规、政策，不熟悉当地政局、项目情况、投资流程等，导致在与国际对手竞争投资时往往输在起跑线上。按照以前的程序，通常企业需要跑金融机构、律师事务所、会计师事务所、商务咨询机构等第三方服务机构，并与政府等部门沟通协调，一个流程下来至少需要半年到一年的时间，很大程度上影响了境内企业参与国际投资并购的竞争力和积极性。由于不了解境外投资流程及惯例，使得国内企业、陕西企业的海外并购处于劣势地位。

去年4月1日，陕西自贸试验区开埠之时，建设企业对外投资合作"一站式"服务平台（以下简称服务平台）的使命便落在中心片区西咸新区功能区的沣东新城。统筹国内外资源，打造一个便捷、高效的企业"一站式"境外投资服务平台，帮助企业顺利"出海"，成为陕西自贸试验区开埠以来，沣东新城的重要工作任务之一。

陕西有色冶金矿业集团（以下简称"有色冶金集团"）在了解到陕西自贸试验区走出去"一站式"服务平台相关功能及资源后，尝试借助平台力量开展境外收购锰矿业务。

陕西自贸试验区《总体方案》中强调"构建对外投资促进体系"。沣东新城为加快构建对外投资服务促进体系建设，切实提高陕西自贸试验区各类投资主体境外投资的便利化程度，创新投资服务促进机制，着力打造陕西走出去"一站式"服务平台，从线上线下实现专业、高效、"一站式"境外投资服务机构集合，为企业境外投资提供全生命周期服务体系，助力陕西自贸试验区的发展。

"走出去"一站式服务平台是在"一带一路"建设深入推进的大背景下，针对企业外经、外贸、外联等领域资源碎片化、孤岛化的痛点，通过线上线下融合的形式，依托强大的数据库，借助政务、服务、商务三大功能，整合会计、法律等专业服务力量，为境外项目投资提供多元化的定制服务和精准有效的"一揽子"解决方案，从而完善对外投资促进体系，提升广大企业开拓国际市场的效率。

平台线下空间自2017年4月1日建成开放后，联合中国银行开展了涉外经营金融政策培训、联合欧洲华人律师协会为区内企业带来100多个欧洲投资项目资源、与中亚陕西商会、欧中贸易促进会建立了涉外经营服务合作关系、帮助陕西有色冶金矿业集团收购巴西锰矿项目等。

平台线上门户于2018年3月20日正式启用，主要面向政府用户、企业用户、第三方机构，为其在对外经济合作、对外贸易、对外联络、招商引资等方面提供服务。

二、创新"一站式"服务平台主要做法及成效

（一）主要做法

平台线上门户设置了新闻资讯、电子政务、企业在线、项目信息、政策外联、综合服务、智库学院七大板块，同时打造了一系列线下服务产品，如对外经贸项目咨询、尽职调查、风险评估、国外本地化、金融、进出口代理、出访、展会、培训、推广等。

"走出去"一站式服务平台生态圈

1. 高效匹配项目资源，减少企业投资风险

有色冶金集团作为平台第一个尝试走出去的企业，在"一站式"服务平台获取了全方位的境外投资服务。平台针对有色冶金集团需求，梳理巴西、柬埔寨、哥伦比亚等全球相关可收购锰矿资源，平台与有色冶金集团负责人在亲赴现场勘查、与矿业负责人实地谈判后，根据项目地理气候条件、价格情况、政局情况等多方面因素，甄选出巴西孔戈尼亚尔锰矿作为第一优选方案。

2. 专业提供第三方服务，促进投资便利化

平台集合的专业境外投资服务机构为有色冶金集团提供了业务咨询、国别调查、风险评估、商务谈判、法律咨询、政策咨询、审批备案咨询、审计

咨询、资产评估、尽职调查、可研报告、融资信贷咨询等服务。平台专业服务机构联合成立巴西锰矿项目工作小组，共同为此项目提供全方位的服务。

（二）主要成效

有色冶金集团从开始对接机构到确定服务只花了5个工作日，相比以前不了解谁能提供专业服务，甚至要跨越大半个城市、费时费力考察调研花费3个月找寻第三方专业服务机构相比，这一模式大大提高了办事效率与确定性。另外，依托于平台的专业服务及资源，有色冶金集团确定收购对象的时间从以前的半年时间大大缩短至1个月，平台的专业、高效服务大幅降低了企业对外投资的风险，提高了企业对外投资的意愿及活跃度。

目前平台已为巴西锰矿项目完成《可行性研究报告》《风险评估报告》《尽职调查报告》《法律意见书》等全部项目收购前期咨询工作，剩余收尾工作正在稳步、高效推进。

该项目的落地实施，为陕西企业赴境外开展矿产资源开发积累经验并提供了全新的专业、高效"一站式"获取第三方境外投资服务的功能，大幅提高企业对外投资便利性，并帮助企业开拓国际市场、参与国际竞争。

三、创新"一站式"服务平台政策启示

（一）提供服务是促进企业"走出去"的有效推动力

在海外投资方面，有些企业有"走出去"的需求和意愿，但苦于缺少海外发展的经验和资源，无法成行。企业海外投资服务平台可以有效帮助企业对接海外资源并在投资过程中提供专业服务，进而推动投资项目落地，降低投资风险，形成企业海外投资的良性促进机制。

（二）引入第三方机构是为企业提供"走出去"服务的高效途径

在企业境外投资的过程中，企业可能会遇到不同领域、各种复杂的专业问题，例如因为不了解当地民俗和法律法规，无法有效制定投资战略和评估风险等。第三方机构的引入可以在服务企业"走出去"的过程中，提升服务的专业性、针对性、客观性和有效性，进而为企业提供有助于海外投资的定制化专业服务。

四、创新"一站式"服务平台下一步工作思路

（一）梳理外向型企业，大力完善平台招商

一方面，积极梳理陕西外向型企业资源，形成《陕西外向型企业资料汇

编》；另一方面，积极引进第三方机构及各类协会入驻平台，从线上线下全方位为企业提供境外投资专业服务，借机构和协会的力量使平台形成资源共享的桥梁和信息交互的高地。

（二）充分发挥平台窗口功能，助力企业走出去

以平台用户为核心，借助第三方服务机构力量，围绕"引进来、走出去"，以举办相关培训讲座、论坛研究、投融资信息对接等主题活动为契机，充分发挥平台丝路文明窗口作用，从而推动境内外双向投资与合作，高效、专业、"一站式"助力企业探索境外投资合作的新途径、新模式。

【实践者说】

沣东功能区负责人表示："2018 年 10 月 15 日至 26 日，在商务部驻西安特办、陕西省商务厅（陕西省自贸办）联合组织的中国（陕西）自贸试验区甘肃、青海、宁夏、新疆交流推广活动中，走出去'一站式'服务平台被作为复制推广案例在各站交流推介会被进行了介绍，为西北地区企业开展对外贸易投资提供'互联网＋外经贸产业链＋金融＋综合服务'的平台支持及相关业务咨询服务。"

随着"一带一路"倡议的深入开展，企业实力不断壮大，各地企业迎来了"走出去"的机遇，但同时也面临着不了解国外的问题，本项举措的实施有效地解决了企业的这项难题。

【案例点评】

沣东新城创新投资服务促进机制，着力打造陕西走出去"一站式"服务平台，从线上线下实现专业、高效、"一站式"境外投资服务机构集合，为企业境外投资提供全生命周期服务体系，助力陕西自贸试验区的发展。

创新大型枢纽机场协同运行模式

——西安机场运行管理提升至大数据、智慧化运行新时代

随着西安咸阳机场流量的快速增加，空地保障资源不足、运行信息交互不畅等瓶颈日益凸显。为深入落实航班正常工作总体要求，西安咸阳机场公司与西北空管局共同发起了协同运行项目，西安咸阳机场运管委于 2017 年 8 月 24 日挂牌成立，西安大型枢纽机场协同运行模式从无到有、从有到优，一路摸索、一路成长，在保证航班正常水平稳步提高的同时，也将西安机场运行管理提升至大数据、智慧化运行新时代。西安咸阳机场这一做法与《中国（陕西）自由贸易试验区总体方案》中提出巩固航空运输等传统服务业竞争力和打造国家航空运输枢纽的要求不谋而合，有效提升了陕西自贸区的营商环境，为空港新城承载"三个经济"的发展奠定了坚实基础。

一、创新大型枢纽机场协同运行模式背景

"十二五"以来，在西北管理局和陕西监管局的坚强领导下，西安机场的航班、旅客、货邮三项指标，均保持了高速增长。2017 年，旅客吞吐量净增 486 万人次，跃升至 4000 万量级，航班正常性连续保持较高水平，西安民航发展进入了提速增效的快车道，品质发展的黄金期。在继续发展的新征程上，民航高质量发展和陕西省"三个经济"建设对西安机场提出了更高的要求。同时，空地资源紧缺、运行管理复杂的现状，使得西安机场面临巨大的挑战。

一是空地资源近于饱和。西安机场地处中国地理中心，东北—西南、西北—东南主干道在西安区域上空交会，区域日高峰超过 3300 架次；另一方面，西安机场 50km 范围内，分布有鄠邑区、阎良、临潼、武功四个军用机场，对空域使用带来较大约束，空域资源日益紧缺。

二是航司多而力量分散。西安机场运行主体多，其中航空公司 60 余家，主要基地公司为东航西北分公司和长安航空公司，分别代理东航系、海航系

航班；其余占西安机场运营总量半壁江山的航班，由地勤公司代理。相比北京、上海、广州等机场，西安机场缺乏龙头基地公司的引领，管理难度大。

三是机场管理相对被动。根据民航局的要求，机场在安全运行方面的主体责任更加突显，但是，另一方面，机场在航班保障链条上的参与环节相对较少，缺乏有效抓手，管理相对被动。

在发展难度大、发展要求高的背景下，西安机场必须创新思路，在运行组织管理上谋变革，在深挖资源潜力上做文章，探索突破瓶颈制约、提升运行品质的大型枢纽机场高效运转新模式。

二、创新大型枢纽机场协同运行模式主要做法及成效

（一）主要做法

1. 破瓶颈，拿出协同运行新方案

西安咸阳机场有 60 多家航空公司驻场运行，日均起降航班 900 多架次，飞越航班 1700 多架次，空域、时刻、机位等资源矛盾进一步凸显。曾经有一段时间，每天约 10% 的航班不正常在这里成为常态。为了突破瓶颈制约、提升运行品质，西安咸阳机场公司联合民航西安各单位在运行组织管理上谋变革，在深挖资源潜力上做文章，逐步探索建立大型枢纽机场高效运转的新模式。

2017 年 8 月 24 日，运管委正式挂牌成立，西安民航在行业内率先拿出了解决航班正常性问题的可行方案，并在不断探索和实践中使其越加丰富及成熟。

2. "四个同一"带来"步调统一"

创新是理念、机制、行动等多个方面的深刻变革，理念是行动的先导。基于共同的发展愿景和创业激情，西安咸阳机场各运行主体确立了"同一机场、同一愿景、同一平台、同一标准"的协同发展理念。

在"四个同一"理念的引领下，具有独立法人资格的运管委成立，并吸纳了东航、海航、地勤、油料等单位参加。新建的运管委通过构建起决策层、协调层、组织层、实施层四级协同管控框架，实际上将航空公司运行管理体系、机场保障管理体系、空管运行服务管理体系，以及政府监督管理体系融为一体。

高效率的运行依托于高质量的平台。作为全国首家融合 CDM 数据的 A – CDM 系统，运管委全面整合了空管、机场、地勤等 8 个运行主体、20 多个生产信息系统的实时数据，通过优化资源利用和提高时间节点可预测性，保证

了各单位间信息畅通，提升了资源利用效率和机场整体运行效率。

A – CDM 系统平台，可有效协调西安民航各单位制订最优放行方案

与此同时，协同运行的机制创新也在稳步推进中。依托四级管控架构和运行管理平台，西安咸阳机场运管委实施了六大协同机制，即空地协同放行机制、航班分类处置机制、不利条件运行机制、关键资源统筹机制、地面运行督查机制、运行评估提升机制。

（二）主要成效

1. 航班正常率提高

一系列的创新举措在实践中得到检验。自运管委成立以来，西安咸阳机场放行正常率和始发正常率保持在较高水平，地面滑行时间、关舱等待时间和航班延误时间明显缩短。2017 年冬季，在极端冰雪天气条件下，运管委的统筹协调和 A – CDM 系统的平台支持发挥了关键性作用，确保了航班保障和旅客服务高效顺畅有序。民航局发布的《2017 年全国民航航班运行效率报告》显示，2017 年，西安咸阳机场航班正常性位居全国大型机场第一。

表 西安咸阳机场 2019 年 1—10 月运行关键指标

2018 年 1—10 月运行关键指标			
机场放行正常率	92.03%	同比提高	8.40%
始发正常率	92.48%	同比提高	8.68%
航班正常率	85.54%	同比提高	10.69%
滑出时间	15.58min	同比缩短	15.28%
关舱门等待时间	25.93min	同比缩短	13.62%
关舱门等待超 2 小时航班比例	0.28%	同比减少	61.11%

2. 经济效益和社会效益提高

西安咸阳机场的协同运行模式一方面打破了信息交互壁垒，延伸了行业运行链条，使得行业系统有效性和整体协同性得以提高；另一方面，也正是得益于协同运行模式，民航运行效率大幅提高，从而在一定程度上缓解了空地保障资源不足带来的压力。

模式的创新带来了实际效益，也提升了运行品质。自运管委成立以来，不仅航班正常性得到大幅提高，同时也极大改善了西安民航保障系统满负荷运行情况，促进了绿色机场发展。据统计数据显示，西安咸阳机场出港航班平均滑出时间缩短 3.5 分钟，累计减少碳排放 8 万—9 万吨，按照机场 4000 万量级估算，预计每年可节省燃油成本 5000 万元左右，进一步降低了燃油成本和碳排放，实现了良好的经济效益和社会效益。

三、创新大型枢纽机场协同运行模式政策启示

西安机场坚持机制建设与系统建设同步推进，联合东航、海航、航油、地勤等运行主体，组建运管委，构建四级管控架构、确立六大协同机制、编制协同运行手册，形成了务实管用、常态运转、衔接紧密的运行管理体系。

2016 年 5 月初，西安机场公司和西北空管局达成共同投资建设 A – CDM 系统的一致意见。机场投资建设项目主体工程，空管投资开发空管系统数据接口。双方成立联合项目组，全面启动了以 A – CDM 系统及其配套机制建设为主要内容的协同运行项目建设。

2017 年，在民航局领导的关怀指导下，项目团队完成了与机场、空管、航司、油料、配餐等 8 个运行主体、20 多个生产系统的数据集成，A – CDM 系统于 7 月 1 日全面投用。运管委基于四级管控架构，创立六大协同机制。

空地协同放行机制——按照"空中协调时刻、地面安排航班"的两级放行机制，通过放行预排队提高航班放行的协调性。

航班分类处置机制——根据各类航班的运行特点，建立临界、始发等航班分类处置的标准和流程，以提高保障工作的精准性。

不利条件运行机制——建立低能见度和冰雪天气下的运行管理机制，前置协同联动，降低不利条件的影响。

关键资源统筹机制——建立空域、跑道、机位等基础资源优化配置机制，对除冰车等关键保障设备进行统筹调配。

地面运行督查机制——对航班保障流程节点进行分级管控，通过预警纠偏，减少保障作业延迟对保障进程的叠加影响。

运行评估提升机制——建立运行评价体系、运行作业指导制度，及时落实改进措施，持续提升运行管理水平。

上述机制构成了协同运行机制的框架，其中运行评估提升机制是衔接和支撑其他机制有效运行的核心支柱。集运行预案、运行记录、运行总结于一体的运行指导书，为落实工作机制，发起协同事项、跟踪办理过程提供了便捷手段。

此外，项目团队在加快 A－CDM 系统建设的同时，积极推进理念创新、组织架构和机制建设工作。在西北管理局和陕西监管局的关心支持下，运管委及联合运控中心于 8 月 24 日挂牌成立，标志着西安机场协同运行管理新体系初步建成；10 月底，实现常态运行。根据章程，运管委主席由西安机场公司和西北空管局两家发起单位主要领导轮流担任，轮值期为一年，首届主席由西北空管局局长担任，副主席由两家发起单位分管运行的领导担任，委员由其他成员单位分管运行的领导担任。东航西北公司、海航长安公司分别代表东航系、海航系相关保障单位加盟运管委，地勤公司和油料公司作为独立成员进入运管委。

运管委自成立之日起即开始验证运行，不断总结运行经验，持续健全工作机制，编制下发了《西安咸阳机场协同运行手册》，为 10 月底开始实体化常态化运行提供了坚实的制度保障。

四、创新大型枢纽机场协同运行模式下一步工作思路

按照深化合作的整体构想，西安咸阳机场公司与西北空管局将重点做好以下工作：

（一）继续做强空地协同运行管理平台

完善 CDM 系统区域覆盖，促进全国联网；深化 A－CDM 与 CDM 系统融合；加快飞行区全场景视频系统建设，为两个塔台以及全场协同运行提供强大的手段支撑。

（二）切实加强航班地面保障运行监管

依托运管委机制，在《西安咸阳机场协同运行准则（试行）》的基础上，建立航班保障和旅客服务标准体系，加强运行督查，逐步推进标准化运行，实现全过程管控目标。

（三）持续改进空地协同放行机制

按照 A－CDM 系统放行预排队机制，优化管制放行作业规程。通过联合运控中心统筹两个塔台，严格按照"空中协同时刻，地面安排航班"的原则组织航班放行。

（四）着力优化机场运行流程

以机坪运行管理移交和 A－CDM 系统上线运行为契机，深入开展流程再造工作。设立运行指标，及时测量、监控运行情况，提出改进目标，落实改进措施，持续优化运行流程。

【实践者说】

运管委相关负责人表示："在机场整体运行中，地面协同是基础，空地协同是关键。"作为地面运行与空中运行的管理主体，西安机场公司与西北空管局主动作为、密切协作，从全面贯彻"资源能力是基础、信息畅通是核心、协同联动是根本、快速处置是关键"的航班正常工作总体要求着手，广泛借鉴国内外大型机场经验，结合西安实际，形成了"以运管委为组织机构、以联合运控中心为运行载体、以 A－CDM 系统为平台支撑"的总体推进思路。

2018 年 1 月，运管委以民航西北管理局为行业监管部门，在西安市民政局完成了社团法人注册。此举进一步增强了运管委的权威性，拓展了依法开展运行提升活动的空间。

该负责人还表示："运管委成立后，项目团队立即从项目建设转入项目运行，组织业务培训 200 多人次，带领成员单位派驻人员熟悉 A－CDM 系统操作，掌握协同工作机制，在较短时间内造就了一支运行提升的有生力量，确保了项目运行早见成效。项目建设的直接成果集中表现为建立了由协同理念、协同平台、管控架构、协同机制、绩效管理五个要素构成的协同运行管理体系。"

【案例点评】

西安咸阳机场公司与西北空管局共同发起的协同运行项目，在确立了"同一机场、同一愿景、同一平台、同一标准"的协同发展理念的基础上，依托四级管控架构和运行管理平台，实施了六大协同机制，使西安大型枢纽机场协同运行模式实现了从无到有、从有到优的飞跃。该模式在确保咸阳机场放行正常率和始发正常率保持在较高水平的同时，也将西安机场运行管理提升至大数据、智慧化运行新时代。

创新建设项目审批"三合两联"模式

——激活市场发展活力　打造一流营商环境

为提升政务管理水平，优化营商环境，杨凌示范区各相关职能部门转变职能、主动服务、加强统筹、提高效率，优化和完善社会投资建设项目的审批流程，创新建设项目审批"三合两联"新模式，实现建设项目审批环节和时限应减尽减，为企业极大地节省了人力和时间成本。强有力的举措推动杨凌营商环境不断优化提升，一大批企业慕名而来、一大批项目落地投产。据统计，2018年杨凌新登记市场主体3929户，增长17.8%（其中新增各类企业1452户）；实现招商引资到位资金190亿元，阿里巴巴、京东集团、绿地世界城、富春如意仓供应链等一批项目成功签约。

一、建设项目审批"三合两联"模式背景

对于企业投资者来说，行政审批时间长、盖章多、中介多、收费多、材料多，这"一长四多"一直以来都是影响企业投资的难题。杨凌自贸片区通过加快投资项目行政审批制度改革，探索开展"三合两联"审批服务新模式，压缩企业报批时间，降低企业投资成本，这项制度已经作为陕西自贸试验区首批改革创新成果向全省复制推广。借鉴自贸区经验，目前陕西省各市区也都在加快投资项目行政审批制度改革，西咸新区沣东新城将分散在各业务主管部门的各类评估评审事项调整为"一窗受理、多评合一、统一评审"模式；咸阳彬州以行政审批局为依托，实行由一个窗口统一受理项目单位提交的基本资料，通过"车间式流水线"模式，完成项目审批。同时，省发改委开始在全省推行投资项目"一网审批"，全省投资项目审批事项均通过陕西省投资项目在线审批监管平台办理。

二、建设项目审批"三合两联"模式主要做法及成效

（一）主要做法

制定了《关于进一步提高企业投资项目审批效率的实施意见（试行）》，将各项评估由串联方式调整为并联方式进行，将投资项目审批分为"区域评估、联合评估（多规合一）、多评合一、多图合一、联合验收"五个阶段，其中区域评估重点针对产业园区共性评估事项，包括地质灾害危险性评估、地震安全性评价、文物勘探等，由国土部门牵头完成，要求所有评估项均应在土地出让前全部完成。整个项目评估及审批手续办理周期（不含区域评估）控制在60个工作日以内，具体工作流程如下：

1. 联合评估（多规合一）（15个工作日）

主要针对各职能部门专项规划不一致的问题，利用住建部门牵头完成的多规合一成果，由发展改革部门牵头组织各相关职能部门对照各专业规划，对招商引资项目进行统一评估，明确项目选址。其中招商项目入区评估工作由示范区发改局牵头负责，在收到招商单位提交的招商项目入区评估资料后3个工作日内，组织对招商引资项目进行联合评估。评估会后2个工作日内对评估通过的项目出具《项目评估意见书》；招商项目决策会评审工作由示范区招商和投资服务局牵头负责。在收到招商项目提交的决策会材料后7个工作日内，组织开展项目入区决策。决策会后3个工作日内印发相关《会议纪要》。

2. 多评合一（21个工作日）

主要解决各职能部门之间协调的问题。在招商项目通过管委会入区决策会后，由招商和投资服务局牵头，根据各职能部门反馈意见，形成一次性告知须评估事项清单和报告编制级别，指导项目单位开始项目备案、节能评估、环境影响评价、安全生产评价、水土保持方案、社会稳定风险性评估、职业病防治审查、取水许可、气候可行性论证等前期手续，未列入开展评估清单的，相关部门不再组织项目评估。待项目获得示范区发改局出具的项目备案手续后，正式出具各评估报告。由项目单位交至综合服务大厅单一窗口受理，由项目代办专员负责分发至各相关职能部门进行评审（开始计时），21个工作日内，由各职能部门将评审意见和相关批复文件反馈至综合服务大厅单一窗口。如有修改，可延长5个工作日。对报告编制

周期较长的评估事项，在统一受理前，项目单位可先期启动报告编制工作。部分需要以其他评估事项结论作为依据的，在相关评估基本完成时可先期介入，同步开展编制报告，在前置部门审批结果出来后，在同一个工作日内按先后顺序出具审批文件。

3. 多图合一（16 个工作日）

由示范区住建局牵头负责。组织开展建设工程施工图、人防工程施工图、消防设计图、防雷装置设计图联合审查。项目单位向综合服务大厅单一窗口提交相关图及中介机构审查合格书（或省级部门出具的相关技术性审查报告）之后，由项目代办专员负责分发至各相关职能部门进行初步审查（开始计时），7 个工作日内，由示范区住建局组织各相关职能部门进行集中审查（审图日），由示范区住建局统一出具反馈意见（附各相关职能部门出具的反馈意见），2 个工作日内反馈给综合服务大厅单一窗口。项目单位根据反馈意见修改后，再次向综合服务大厅单一窗口提交资料，5 个工作日内，由示范区住建局组织各相关职能部门再次进行集中审查（审图日），审查合格后，2 个工作日内，各相关职能部门出具相关审查意见，反馈至综合服务大厅单一窗口。

4. 联合验收（8 个工作日）

由示范区发改局牵头负责。按照"谁批准、谁验收"的原则，由项目建设单位将完备的验收报告交至综合服务大厅单一窗口受理，由项目代办专员负责分发至各职能部门申请规划、水土保持、环境保护、节能、消防、人民防空、安全生产、建设档案等专项审查（如有试生产期等特殊规定的，按中央和省有关规定执行），5 个工作日内，由示范区发改局组织各相关职能部门进行联合验收，并于 3 个工作日内出具验收意见书。

（二）主要成效

1. 大幅缩短企业建设项目审批办理时间

建设项目评估及手续办理周期大幅度缩短，总体周期由 140 个工作日缩短到 60 个工作日以内。

2. 实施区域评估，降低企业支出

在自贸试验区杨凌片区，一般性项目涉及的水土保持、地质灾害、地震安全性评价原则上开展区域评估，企业根据区域评估结果办理相关报批手续。在同一区域内的投资项目共享评估结果，且区域评估由政府财政承担相应费用。

3. 项目审批便利化程度大幅提升

在中国（陕西）自由贸易试验区杨凌片区综合服务大厅设立"建设项目审批一口受理窗口"及"联合审图室"，企业只需到综合服务大厅，不需要再到各个部门去办理相关业务，基本实现了"只进一扇门、只找一个人"。

三、建设项目审批"三合两联"模式政策启示

推广"三合两联"模式，在更大程度上方便涉农企业办理相关业务，通过不断深化"放管服"改革，提高政务服务水平、优化经济发展环境、创新政府管理方式，进一步激活全区市场的发展活力，打造国际一流营商环境，助力杨凌企业走上发展的快车道。

四、建设项目审批"三合两联"模式下一步工作思路

下一步，中国（陕西）自由贸易试验区杨凌片区将继续完善建设项目"三合两联"模式的运行机制，加强部门间的协同配合，以流程再造降低制度成本，探索"互联网＋"联合图审模式，实行图纸在线同步审查，对存在的问题开展联合告知。同时在"三合两联"的基础上，积极申请省发改委批准在杨凌片区内实施"建设项目承诺制"试点，进一步压缩建设项目审批时间，进一步健全项目落地保障机制，以机制创新提升落地速度，最大限度地让企业享受便利实惠。

【实践者说】

陕西高力房地产开发公司常务副总经理蒋继学说："我们的审批总共用了33天时间，像这个速度我们以前想都不敢想的，在一期二期的时候，每个部门，像发改、水利、环保、消防、市政十几个部门，逐一由我们自己去跑，需要一个一个盖章，整个手续办下来得半年左右。"

杨凌示范区住建局副局长田文志表示："要将企业建设项目审批时间进一步压缩至35个工作日。目前，根据我们上半年的办理情况，审批时间已经平均缩短到了28.5个工作日左右。"

杨凌示范区党工委书记李婧在优化提升营商环境大会上说："新一轮区域竞争不仅是企业、项目、资金的竞争，更是营商环境的竞争。"优化提升营商环境永远在路上，下一步示范区将持续营造"老百姓满意、企业家点赞"的营商环境，助推示范区实现高质量发展。

陕西《新闻联播》报道"三合两联"新模式

【案例点评】

推广"三合两联"模式，在更大程度上方便涉农企业办理相关业务，通过不断深化"放管服"改革，提高政务服务水平、优化经济发展环境、创新政府管理方式等举措，全力打造国际一流营商环境，助力杨凌企业走上发展的快车道。

打造"1355"网格化管理"空港模式"

——改革创新政府管理方式　助推社会服务效率提升

为落实党的十九大报告提出的"打造共建共治共享的社会治理格局"要求，空港新城按照国务院关于印发中国（陕西）自由贸易试验区总体方案，以改革创新政府管理方式，提升自贸功能区营商环境为总目标，依托信息化平台，全面提升社会管理的精细化水平，提高管理效能，优化管理流程，整合社会管理网格，不断提升营商环境，形成信息共享、源头预防、高效处置、服务企业和群众的网格化管理的"空港模式"。

空港新城首创"1355"网格化执法管理模式，将辖区划分为 16 个网格，在每个网格内实现：1 个网格长负总责，3 类网格员履其职，5 种信息员摸线索，5 名执法员管查处，建立了"多格合一、扁平指挥，巡处一体、普查专办"的运行机制。这一体系整合了涉及环保、规划、国土、食品药品监督、文化旅游、城市管理等 8 个业务职能部门的 16 个方面的执法事项，解决了以往多头执法的问题，减少了政府成本，破解了城市执法顽疾，扭转了"治理、反弹、再治理、再反弹"的被动局面，达到了"小事不出格、大事不出网"的目标。

一、"1355"网格化管理背景

习近平总书记来陕视察时对西咸新区提出"创新城市发展方式"的总体要求，西咸新区管委会不断创新和探索网格化社会管理机制，为实现"一支队伍基础牢、一套机制保障好、一个网格服务优"的社会管理"空港模式"不懈努力。

空港新区认真贯彻落实党的十八大和十八届三中、四中、五中、六中全会和国家、省、市、西咸新区城市工作会议精神，紧紧围绕全面深化改革和全面推进依法治国的重大决策部署，按照创新城市发展方式的总目标，全面提升社会管理的精细化水平，提高管理效能，依托信息化平台，优化管理流程，整合社会管理网格，形成信息共享、源头预防、高效处置、服务群众的网格化管理体系。

二、"1355"网格化管理主要做法及成效

（一）主要做法

按照"管理网格化、服务精准化、民生科技化"的总体思路，通过社会治理网格化与智慧城市建设、大数据统筹等创新融合，以体制创新和技术创新为驱动力，逐步构建起独具特色的"1355"网格化管理新模式，实现"一个平台指挥、一支队伍治理、一套机制保障、一个网格服务"的社会治理体系，使新城社会管理能力明显增强，社会服务水平显著提高，入区企业和群众获得感大幅提升，达到"小事不出格，大事不出区"的创新型社会管理总目标。

1. "1355"的含义

"1"指一个指挥系统平台，即空港新城应急指挥、事件上报处置调度、绩效考核平台和企业投资、市民服务平台。主要受理来自电话、微信、App 等百姓的咨询、投诉、建议，以及企业投资服务等，同时也是网格化事件上报、调度、监督、考核，交通、环保、规划建设、市政等城市运行和应急指挥的大脑。

"3"指组建的 3 支队伍，即信息员队伍、专业处置队伍和社会事务执法队伍。

第 1 个"5"是指信息员队伍由市容保洁员、企业保安员、街镇治保员、村组委员会、个体经营户等 5 类人群构成。

西咸新区空港新域"1355"网络化执法管理工作流程图

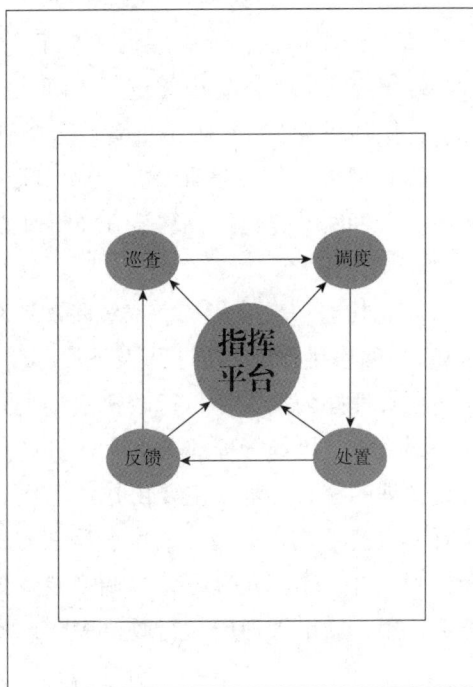

"一个平台指挥、一支队伍治理、
一套机制保障、一个网格服务"的
社会治理体系

第 2 个 "5" 是指专业处置队伍包含维稳、公安、安监、市场监管、税务的 5 类人员与社会事务执法队伍包含的国土、规划、环保、食药监、城市管理 5 类人员。

2. 坚持原则

（1）多格合一、扁平指挥。全面整合人社、民政、环保、城管、卫计、文化、公安、综治、党建、工商、食药监、教育、司法、房管、残联等 17 部门 132 类事件管理和服务，将空港划分为 16 个网格，构建指挥下沉、管服合一、点面结合、信息共享的管理模式。

（2）全面覆盖、分类履责。基于 9 + X 标准对人、房、地、事、物、五权、组织等 9 大类 132 小类进行管理，实现网格信息的收集、上报、统计与分析，做到职责明晰、专业处置、分类管理、一格多能。

（3）巡处一体、普查专办。部门联合、动态巡查、多点上报、一长调度，实现一般事件随查随处，复杂事件归口协同处理。

3. 运行模式

（1）构建"统一指挥、三级联动"的组织架构。按照大部制思维，成立"1355"网格化管理领导小组及下设办公室，由党委、管委会办公室主任兼任网格化管理办公室主任，行政执法局局长兼任副主任，三个街镇的副主任兼任大网格长，机场管理部副总兼任机场片区网格长。16 个网格的网格长是网格化管理的核心力量，主要由执法下沉力量的分队长担任，具体负责网格内所有事项信息线索上报、调度、反馈、查处等任务，负责对网格内信息员的考核和监督工作。同时可直接调度专业处置队伍和执法处置队伍。网格长的选拔任用，城市管理局（行政执法局）需听取和吸收各街镇的意见、建议。

（2）建立"街网合一、分片管理、全域覆盖"的网格体系。按照统一部署、分片管理、扁平思维的原则，根据人口数量、事务数量及辖区复杂程度等，依托现有街镇的管理范围，对全区进行网格划分，其中底张街道划分为 6 个网格、北杜街道 6 个网格、太平镇 3 个网格、机场区域 1 个网格。

（3）建立高效运转、信息全面、处置快速的网格化管理运转模式。

一是信息员在日常工作中借助专业设备将发现的信息线索上报指挥系统平台和网格长，网格长接到信息根据类别分派专业或执法队伍处置，信息平台监督整个处置过程并进行预警提示。处置结果由网格长同时反馈指挥平台和信息员。

二是执法网格员 24 小时不间断巡查，发现信息线索一般事项直接处置，专业事项报网格长和指挥系统平台，由网格长调度专业处置队伍处置，处置结果同时反馈指挥系统和执法网格员。执法网格员发现和处置事项的能力将作为考核其工作成效的重要依据。

三是专业处置队伍接到指挥系统平台或网格长指令，按照事项重要性和影响范围，快速反应和处置，并将处置结果及时报送指挥系统平台和网格长。专业处置队伍处置事项的时效和结果将作为考核其工作成效的重要依据。

四是指挥系统平台24小时全方位展示16个网格瞬时情况，对于各类事项的处置情况即时监控，接线人员实行24小时工作制，主要负责接听和受理企业、群众信息反馈，根据网格长或信息员反馈的各类信息情况，做好信息指令发布和日常监督及预警提醒。定期对区内总体运行情况进行分析，针对易发区、多发区等提出管理建议。

4. 工作机制

（1）党建引领机制。充分发挥党建引领统筹作用，主动整合资源，创新"党建＋网格化"互融共进管理模式，将民生动态、群众关注的问题及时向网格长进行反映，发挥党建引领指导作用，提升网格管理效能。

（2）统筹运行机制。以"1355"网格化管理架构为主体，将管委会下属17个部门的千余项社会管理职能进行集中整合和统筹分类，创新完善涵盖全面、易于操作、统筹高效的城市发展管理全新模式，着力打造专门、专职、专业的网格化管理全新队伍。

（3）联动协作机制。以快、稳、准为工作标准，平时，网格员积极做好各自本职工作，并主动为法制、招商、政务审批、应急救援、诚信体系建设等收集基础信息、社情民意、维稳动态；战时，网格员根据网格长的统一指挥，联动协作、相互补位，形成处置工作合力，从而实现"一员多能、全民共治"。

（4）信息预警机制。坚持普通信息每天汇总上报，重大信息实时上报的工作标准，确保信息传递"一站直达"，网格长对网格内的各类信息进行梳理过滤，并按照"红橙黄"三色预警层级标准第一时间安排查处工作。

（5）考核奖惩机制。出台网格化管理考核办法，以月度为单位，对指挥系统平台坐席人员、三支队伍网格员进行考核，考核结果通过"三项机制"运用，对于表现突出的，予以提拔重用或给予一定奖励，对于不负责任、屡次造成严重影响的实行淘汰制。设立专项奖励资金，制定信息员奖励制度，根据制定的层级化信息奖惩方案，对于提供有价值信息的网格信息员给予奖励。

5. 典型案例

以一处"破损井盖"为例：

（1）信息上报。

主线：信息员发现"破损井盖"后，通过城市管理 App，填写相关信息，现场拍照"破损井盖"进行上报；

暗线：上报后，指挥平台也会同时收到"事件信息"，自动新建事件进行"挂账"跟踪。

（2）信息调度。

主线：网格长收到信息员上报的"井盖破损"事件后，判断事件属性，不需等待指挥平台的指令，直接填写处置意见，指派相应人员（刘闯）前去处置，完成调度，缩短了时间成本，减少了中间环节。

暗线：若网格长在规定时间内没有进行"响应"，指挥平台将进行"主动干预"，整个事件的处置过程都在"指挥平台"的监控之下。

（3）信息处置。

主线：处置人员（刘闯）收到指令后，前往现场查看，符合事实后，协调市政公司对"破损井盖"进行维修或更换。

暗线："指挥平台"对事件进行实时监控。

（4）信息反馈。

主线：处置完毕后，处置人员（刘闯）现场拍照，并将结果反馈至网格长，事件结束。

暗线："指挥平台"将同时收到处置结果的反馈，对事件的处置环节及时进行"大数据"分析，并将结果归入库中，挂账销号。

（二）主要成效

1. 节约政府成本，社会服务效率大幅提高

通过网格化管理平台的统一指挥调度，解决了以往多头执法、无人监管、推诿扯皮等问题，节约了政府资源与成本。通过划分网格，将当地街办的资源与各职能机构的资源进行"有机整合"，提升了社会服务效率。

2. 提升处置效率，社会治理的效果初步显现

自"1355"网格化管理体系运转以来，对各类违法现象起到了强有力的威慑作用。特别是为市政设施类的损毁维修、环保类案件的举报打通了信息渠道，据统计，各类问题发现率提升了35%，一般事件的处置时间缩短了45%，处置率提升了60%，为通过社会治理提升营商环境提供了有力保障。

3. 解决了以往城市管理"有人建设""无人监管"的问题，辖区企业和

群众满意度得到提升。

充分调动了企业和群众参与管理的积极性，企业和群众普遍反映"有事找谁更清楚了，有问题谁解决更清楚了，问题什么时间解决更清楚了"，对新城社会管理的满意度有了较大的提升。

三、"1355"网格化管理政策启示

（一）问题导向、重点突破

围绕当前行政执法中存在的职责交叉、重复执法、执法缺位等突出矛盾和问题，加快推进重点领域和关键环节执法管理体制和运行机制改革，建立健全统一高效的基层行政执法体系。

（二）精简效能、权责一致

按照精简高效的要求，清理整顿和整合归并执法机构、调整优化行政执法资源配置、减少执法层级、落实执法责任、提升执法效能。

（三）积极稳妥、分步推进

按照"总体设计、先易后难、分步实施、有序推进"的要求，加强改革整体规划和统筹协调，明确实施步骤和阶段目标，健全完善工作推进机制，确保综合行政执法改革平稳有序地推进。

四、"1355"网格化管理下一步工作思路

一是进一步完善网格化城市管理框架，完善信息平台管理。二是结合自贸区建设，加大网格化社会服务管理工作宣传力度，大力宣传开展网格化社会服务管理工作的重要意义，激发全社会的参与热情，营造良好的氛围，赢得社会认同、基层理解、群众支持。三是在"放管服"推进过程中，可将企业经营活动纳入管理，强化"事中事后"的过程监管，及时发现问题、不断总结经验、切实改进工作，打造企业满意的营商环境。

【实践者说】

西咸新区管委会空港新城功能区相关负责人表示："空港新城'1355'就像一张无形的'网'，将整个辖区的人、物、事有机联系起来，做到让每一名群众都参与城市管理，实现城市治理方式的创新。相比传统的网格化体系，空港新城'1355'网格化执法管理体系以提升社会治理精细化、信息化和群众幸福指数为导向，整合现有十余个部门网格平台，纵向减少管理层级、横向畅通管理关系，构建指挥下沉、管服合一、点面结合、一格多能、信息共

享的管理模式，充分发挥了'多格合一、扁平指挥'的体系优势。同时，在一个网格内网格长可根据事件类型自行调度，做到集'动态巡查、多点上报、一长调度、现场处置'为一体，缩减了以往每一个事件都要等待指挥中心指令的环节，从而实现一般事件随查随处、复杂事件归口协同处理，提高了处置效率，凸显了'巡处一体、普查专办'的特色。"

【案例点评】

空港新城首创"1355"网格化执法管理模式，构建了"多格合一、扁平指挥，巡处一体、普查专办"的运行机制。自"1355"网格化管理体系运转以来，对各类违法现象起到了强有力的威慑作用。通过网格化管理平台的统一指挥调度，解决了以往多头执法、无人监管、推诿扯皮以及城市管理"有人建设""无人监管"的问题，辖区企业和群众满意度得到提升。

独立检测实验室持有人制度改革试点

——有效促进医学检测水平提升

当前，我国对第三方医学检验机构实行实验室建设审查制度，只有自建的实验室机构才能申请第三方医学检验资质，进而开展生物检测工作。为节约企业的资金和时间，降低检测创新企业的门槛，减少重复建设，自贸试验区秦汉新城功能区拟在区内实行实验室持有人制度，即申请第三方医学检验资质的企业可共用一个实验室及内部设备。

中国（上海）自由贸易试验区内医疗器械注册人制度试点中提出，自贸区内的医疗器械注册申请人（以下简称"申请人"）取得医疗器械注册证的，作为医疗器械注册人（以下简称"注册人"）。申请人可以委托上海市行政区域内具备相应生产条件的企业生产样品。注册人具备相应生产资质和能力的，可以自行生产，也可以委托上海市医疗器械生产企业生产产品；注册人不具备相应生产资质与能力的，可以直接委托上海市医疗器械生产企业生产产品；受托生产企业不具备相应生产资质的，可提交注册人的医疗器械注册证申请生产许可。注册人可以同时委托多家上海市医疗器械生产企业生产产品。

药品上市许可持有人制度试点中提到，试点行政区域内的药品研发机构或者科研人员可以作为药品注册申请人（以下简称"申请人"），提交药物临床试验申请、药品上市申请，申请人取得药品上市许可及药品批准文号的，可以成为药品上市许可持有人（以下简称"持有人"）。法律法规规定的药物临床试验和药品生产上市相关法律责任，由申请人和持有人相应承担。持有人不具备相应生产资质的，须委托试点行政区域内具备资质的药品生产企业（以下称"受托生产企业"）生产批准上市的药品。持有人具备相应生产资质的，可以自行生产，也可以委托受托生产企业生产。在药品注册申请审批期间或批准后，申请人或持有人可以提交补充申请，变更申请人、持有人或者受托生产企业。

一、独立检测实验室持有人制度改革试点背景

20 世纪 80 年代以前，我国的医学诊断服务基本上由医疗机构下属的检验科和病理科提供，几乎所有的大小医院均设置了检验科及病理科，配备了检验仪器和检验人员，造成了医疗资源的极大浪费。随着诊断技术的发展及临床需求的变化，中小型医院由于规模和资金有限，其检验科和病理科无法承担较为齐全的医学诊断项目，于是就出现了由中小型医院将标本委托给大型医院进行诊断的普遍现象，但大型医院由于各种原因，无法提供良好的社会化医疗诊断服务。

与大型医院的检验科和病理科的服务相比，独立医学实验室凭借着规模化、市场化运作方式，其主动上门的无缝链接服务及完善的咨询答疑服务，深受客户的青睐。于是医院纷纷与独立医学实验室展开合作，将医学诊断业务外包给专业化和规模化程度更高的独立医学实验室，而将更多的时间与精力专注于提高自身的临床治疗水平。基于以上原因，20 世纪 80 年代中后期，我国出现了非社会化的独立医学实验室雏形，曾获得了较好的社会效益和经济效益，之后便在各地出现了一批独立医学实验室，但均未形成规模。直至21 世纪初，国内才真正诞生了以连锁化发展获取规模优势的社会化独立医学实验室。

目前，国内独立医学实验室仍处于起步阶段，占据医学诊断服务市场的份额仅在 1% 左右。而且规模最大的独立医学实验室，也只能开展 1000 多项诊断项目，同时，各地区发展也很不平衡，相比成熟市场独立医学实验室的业务种类和地域覆盖，我国第三方医学诊断行业还有较大的增长空间。

二、独立检测实验室持有人制度改革试点主要做法及成效

（一）主要做法

1. 建立实验室持有人制度

目前我国建设一个符合标准的实验室不仅需要花费近 2 年的建设时间，同时需要大量的资金支持，这对检测创新企业来说比较困难。我们拟在区内实行实验室持有人制度，即由专门的机构对实验室进行管理经营，允许其他检测单位借用该实验室的空间及设备进行第三方医学检验资质申请及相关检测。

2. 制定实验室操作的标准化流程

为保证检测质量，实验室持有人需制定严格的实验室管理制度，对流程、使用制剂、操作方法等分别进行质控，并根据实验室检测能力上限及检测门类，确定可共容的检测单位数量和检测业务。

（二）主要成效

1. 减少企业建设时间和成本

实行实验室持有人制度后，可为检测创新企业减少资金支出，缩短申请检验资质时间，也能够加快企业孵化，加速区域内产业集聚。

2. 促进医学检测水平的提升

各家检测机构具有检测能力的工作人员，可借助共用的实验室平台，加强交流沟通，促进个人医学检测水平的提升。大量医学检验机构的加入则为行业发展注入活力，促进良性竞争，有助于行业整体水平的提升。

三、独立检测实验室持有人制度改革试点政策启示

独立检测实验室持有人制度改革试点是自贸试验区西咸新区秦汉新城功能区率先推行的案例，属于改进型创新举措。该改革试点旨在协助中小医疗检测机构加速成长，从时间到资金方面为检测创新类企业减少成本。

四、独立检测实验室持有人制度改革试点下一步工作思路

（一）鼓励第三方医学检验资质申请

支持区内符合条件的实验室申请第三方医学检验资质，帮助实验室完善申请所需要提交的资料，确保其符合国家标准，具备医学检验条件。

（二）帮助实验室制定操作规范和流程

制定实验室使用机构的准入条件，按照国家要求制定操作规范及工作流程，通过对制剂、流程、方法的标准化操作确保检测结果。

（三）制定秦汉新城生物医药众创空间的鼓励政策，招引企业入驻

依托秦汉新城生物医药众创空间，制定生物检测、生物制药等相关行业的优惠政策，大力招引相关企业入驻，形成产业聚集。

【实践者说】

西安微码生物科技有限公司创始人夏涵说，"公司作为一个初创的研发型企业，借助该政策，可以不用自己建设医学检验实验室，而通过已获得医疗机构设置许可的医学检验实验室进行医学检验"，这个制度为该类型双创企业

减少固定资产投资至少 1000 万元，缩短科技转化到产品上市时间至少 1.5 年。

借助该政策，微码生物可将节省的 1000 万—1500 万元人民币全部集中到临床研发中，积累更多的技术优势，为企业进一步发展构造技术和专利的护城河；同时，为企业节省的 1.5—2 年时间可以转化为更多的市场推广时间，将显著提高新技术的渗透率及可及性，增加双创企业的生存能力。在微码生物科技的微生物检测领域，团队技术与美国类似团队处于同等水平；如果能够较快投入市场，在"一带一路"沿线国家的市场也可取得先发优势。

【案例点评】

目前，国内独立医学实验室仍处于起步阶段，占据医学诊断服务市场的份额仅在 1% 左右，我国第三方医学诊断行业还有较大的增长空间。为解决市场上独立医学实验室"供不应求"的问题，秦汉功能区建立实验室持有人制度，制定实验室操作的标准化流程，以减少企业建设时间和成本，促进医学检测水平的提升，有助于医疗行业整体水平的提升。

建设项目审批再提速

——营造"三化五最"营商环境

日前，世界银行发布的《2019年营商环境报告：强化培训，促进改革》称，中国在2018年一年实施的改革数量居东亚太平洋地区之首，在全球营商环境排名中从上期的第78位跃升至第46位，这是一个巨大的进步。这份报告显示，在过去一年里，中国为中小企业改善营商环境实施的改革数量创纪录，位列今年营商环境改善全球前十。世界银行中国局局长郝福满说，这体现出中国政府对培育创新和私营企业的高度重视。世界银行的调查结果与上海美国商会几个月前进行的一项调查大致相符，该调查显示，34%的受访者认为中国对外资企业的政策有所改善，高于2017年的28%。

中国营商环境的巨大进步被市场的不确定性掩盖了。在过去几个月，由于流动性受到影响，民间舆论认为民营企业遭受了不公正的待遇。这种舆论淹没了营商环境改善的事实。现在，中国正在以更大的力度支持中小企业与民营企业的发展，这意味着他们的营商环境将会继续不断提升。浐灞自贸功能区通过简化前置条件、精简申报材料、优化审批流程、压缩办理时限等一系列强有力的措施，切实提高行政审批效能，全力打造法治化、国际化、便利化，审批最少、流程最短、成本最低、服务最好、诚信最优的"三化五最"营商环境。

一、项目审批再提速背景

党的十九大提出建设现代化经济体系、促进高质量发展的目标，营商环境的好坏决定了这两个目标能否实现。依照部署，首先是要建设开放型经济体，通过开放，促进我们自身加快制度建设、法规建设，改善营商环境和创新环境，降低市场运行成本，提高运行效率，提升国际竞争力。营商环境的改善和提升，则会进一步推动中国企业与跨国公司在一个更公平、更有效率的环境中发展、竞争，推进供给侧结构性改革，推动整体经济实现高质量发展。世行的报告表明，过去一年中国在营商环境改善方面的落实积极有效，但是，由于其仅仅调查北京与上海两个样本城市，这两个一线国际化城市营商环境原本就相对良好，因此，可能不能代表整个中国的实际进步水平，尤其是大量中西部城市需要更加努力。营商环境是一个地区市场环境、政务环境、法治环境、社会环境等方面的综合体现。能否持续优化营商环境，是一个地区吸引要素集聚的关键，最终影响地区发展的进程。

为认真贯彻落实中央和省、市深化行政审批制度改革和"放管服"改革的重大举措，需加快推进政府职能转变、持续优化营商环境，大力推进浐灞功能区行政效能革命。浐灞区坚持为人民服务的宗旨，围绕全市"追赶超越"总体目标及行政审批服务"最多跑一次"工作要求，进一步落实国务院"放管服"改革工作，加快推进浐灞自贸功能区行政审批改革步伐，全面提升生态区投资环境，打造群众满意、企业放心的口碑政府。目前，浐灞功能区由多枚印章管审批进入到一枚印章管审批的新时代，为不断提升为企业服务的能力和水平，努力营造更具吸引力的审批最少、流程最短、成本最低、法制化、国际化、便利化营商环境，浐灞功能区真抓实干，打造最佳营商环境。

二、项目审批再提速主要做法及成效

（一）主要做法

1. 借鉴学习，夯实工作

在任务推进落实上出实招。对于减时间、减环节、减材料、减成本等方面存在的堵点和难点，借鉴学习发达地区先进做法，打造新举措、新亮点和新实效。在全力配合上用真功。切实履职尽责，定期研究解决重点、难点问题，对难以协调解决的问题要及时向市级部门汇报。在工作抓手上添新招，加强运用专项督查、座谈讨论、专题研究、考察调研、考核评比等多途径、多手段抓好工作落实，确保工作压力传导到位，工作责任夯实到位。

2. 并联审批，多章合一

在建设项目规划方案审批阶段，将单体方案审查、市政车位审查和人防审查等环节实行并联审批，以审批人员手签的"姓名"和"日期"取代各审批环节审核章，方案审查结束后，只需在总平面图加盖"建设项目审核专用章"，极大化"冗"为"简"，真正做到"一枚印章管到底"。

3. 深度精简，材料"瘦身"

秉承"重复材料不再反复提交"和"部门资料由政府内部协调"两大原则，进一步精简申报材料，实现企业所需提交材料从139项减至47项，精简率达66.2%。另外，行政审批服务局将建设项目审批规划阶段"一书二证"的申报材料减至17项，压缩幅度达50%。

"六个一服务法"荣膺西安市2018年度政务服务改革"十佳"创新案例 颁奖仪式

4. 审批意见，"一次写清"

细化"一次性告知制"。对于耗时较长和过程复杂的总平面图和工程设计方案图纸审查，审批人员在收到电子版图后，一改过去的"一次说清"，变为以《意见反馈表》的形式书面反馈，将问题"一次写清"，避免企业折返跑和反复修改，帮助企业快速实现图纸"达标"。

5. "约会"企业，早定方案

在总平面图设计方案的前期技术指导阶段，主动邀约企业参与业务会，"零距离"现场讨论方案，从企业角度出发，由企业提出设计理念，在合理合规的前提下，用最短的时间敲定设计方案，助力企业提高办事效率，降低运行成本。

浐灞功能区"六个一"审批工作法，荣获西安市政务服务改革"十佳"创新案例

6. 专人帮办，"一次不跑"

对于时间紧的重点项目，浐灞自贸功能区采取专人帮办的全程"保姆式"服务，以最高效率和最优服务跑出项目审批加速度。近期，区内某重点项目因时间紧、任务重，为此，第一时间指定专人实施"全程保姆式"帮办服务，帮办人员分别仅用时 1 个工作日办结《建设项目选址意见书》《建设用地规划许可证》，较法定时限 20 个工作日压缩 95%。

（二）主要成效

1. 精简材料，优化流程

简化了企业办理施工许可流程，以相对集中行政许可权改革为抓手，通过整合审批资源，减少前置环节 9 个，申报材料从 131 项减至 50 项，实现企业从签订土地出让合同到获取施工许可证的审批时限较法定时限压缩了 73%。优化服务企业纳税，实现 148 项业务"网上办"，占"最多跑一次"事项总数的 55.43%。推行免填单服务，依托实名办税，精简企业报送资料 25% 以上。

2. 增设业务窗口，建立警企联系机制

方便企业获取水电气暖，多方联系争取市级部门支持，开展了自来水代办业务，引入了电力、热力业务窗口，开通了企业用气网上报装，用暖支管审批由 15 个工作日降为 5 个工作日。严厉打击破坏营商环境违法犯罪，成立专项行动领导小组，确定重点项目48个，建立警企联系机制，及时整治重点企业周边治安环境，有力保障了项目落地建设。同时，创新公章刻制流程，企业刻章用时压缩50%，受到市公安局表扬和专访。

3. 压缩时限，实现"7日必结"

通过简化前置条件、精简申报材料、优化审批流程、压缩办理时限，浐灞功能区目前80%以上的行政许可、行政确认、备案、委托类审批事项（审核转报类除外）实现"7日必结"。据统计，5个工作日内办结《建设用地规划许可证》占总办结量的85%，较法定的20个工作日，时限压缩率达75%。"最多跑一次"改革不断升级，很多业务甚至可以"一次都不跑"，办事流程持续优化，注销难、领票难等问题得到了极大改善，群众满意度和获得感持续提升。

三、项目审批再提速政策启示

优化提升营商环境，为投资创业提供便利，需要壮士断腕的勇气和久久为功的决心；需要进一步完善行政效能改革，推行"最多跑一次""一枚印章管审批""多规合一"等好做法，提高办事效率；需要营造高质高效的政务环境、创新创业的市场环境、公平公正的法治环境、聚力聚心的人文环境。同时，还需要营造尊商重商、爱商亲商的浓厚氛围，处理好投资创业者子女上学、就业、社保等一系列问题，解决他们的后顾之忧。如果一个环节出了问题，就有可能对投资创业者的积极性产生影响。甚至一个地区的空气质量、饮用水安全也会影响到投资创业者的积极性。中国（陕西）自由贸易试验区的战略定位是：以制度创新为核心，以可复制可推广为基本要求，全面落实党中央、国务院关于更好发挥"一带一路"建设对西部大开发带动作用、加大西部地区门户城市开放力度的要求，努力将自贸试验区建设成为全面改革开放试验田、内陆型改革开放新高地、"一带一路"经济合作和人文交流重要支点。基于陕西自贸试验区的这一战略定位，浐灞自贸功能区对于营造"三化五最"营商环境进行的系列创新举措，为高水准推进浐灞自贸功能区的建设奠定了基础，进一步为以"金融创新、人文交流、会议会展、对外贸易"为定位的浐灞功能区营造了优质的营商环境。

四、下一步工作思路

目前浐灞自贸功能区从重视增长规模与速度的粗放式发展方式，进入到高质量发展阶段，营商环境的改善以及最终建设现代化经济体系，只会对那些遵纪守法并具有市场竞争力的企业有用。相反，那些缺乏竞争力或者不合规合法的企业，在一个基于法治的公平竞争环境中很难生存。这些落后企业的衰败和倒闭，不应该继续归咎于"营商环境"，应该从自身内部找原因。正因如此，习近平总书记在座谈会上也对民营经济人士提出了一些期望，希望他们讲正气、走正道，做到聚精会神办企业、遵纪守法搞经营，在合法合规中提高企业竞争能力。

（一）审批再提速，服务更优化

对于部分审批手续办理，浐灞自贸功能区将推行"即来即办、立等可取、当面审批"，优化审批环节，减少审批层级。例如，"一般建设工程抗震设防备案"由备案变为"即办"，门头牌匾备案"三环变两环"，审批提速80%。

（二）打造"四员"代办服务制度体系

紧密围绕市委、市政府关于抓好"营商环境提升年""招商项目落地年"的奋斗目标，突出"项目为王"理念，采取全程"保姆式"代办和"容缺"服务机制，推动浐灞生态区重点项目建设，对区域重点项目和10个星级酒店项目各指定1名工作人员进行全程领办代办，构建起"当好引导项目推进的辅导员、当好实施项目代办的服务员、当好掌握项目进度的联络员、当好推进项目落实的监督员"的"四员"代办服务制度体系。

【实践者说】

浐灞自贸功能区负责人表示："形成浓厚的'亲商''重商'营商环境是发展的关键。通过工商服务365天不打烊、24小时全智能办照系统等创新手段提升了营商效率，'马上就办、办就办好'、节假日无休的辛苦指数换来了营商环境下的幸福指数。浐灞自贸功能区以市委、市政府提出的'全力展示新时代大西安的新形象'为目标，以相对集中行政许可权改革为契机，进一步强化协作意识、服务意识和效率意识，必将进一步促进投资创业快捷化、民生服务便利化、政府治理简约化，为区域经济又好又快发展打造新引擎、创造新优势、拓展新空间。"

浐灞自贸功能区将贯彻落实好"保持韧劲抓改革""保持锐气谋创新"和"保持定力优服务"的工作要求，全力打造有思想、有情怀、有担当、有作为的浐灞"四有"铁军，为推进全市政务服务、提升优化营商环境作出新的贡献。

【案例点评】

浐灞自贸功能区对于营造"三化五最"营商环境进行的系列创新举措，

通过简化前置条件、精简申报材料、优化审批流程、压缩办理时限等一系列强有力的措施，切实提高行政审批效能，全力打造法治化、国际化、便利化，审批最少、流程最短、成本最低、服务最好、诚信最优的"三化五最"营商环境，为高水准推进浐灞自贸功能区的建设奠定了基础。

经开功能区打造纳税服务新模式

——为申办企业压缩50%办税时间

为深入贯彻落实国务院深化"放管服"改革的决策部署，持续优化自贸试验区税收营商环境，推进办税便利化改革，为纳税人提供更加高效、便捷的服务。陕西自贸试验区西安经开功能区率先实行新办纳税人"套餐式"服务，纳税人到办税服务厅办理涉税业务时，可根据自身不同需求，享受办税服务厅推出的"打包"服务，即办理一项涉税业务时，可以同时延伸其他涉税业务的办理（不用再次抽号），将原有办税时间压缩一半以上。

一、纳税服务新模式背景

近年来，随着"放管服"改革的不断推进，税务部门逐步建立了现代化的高效便捷的税收服务体系，通过统一服务规范、深化征管改革等一系列措施，不断优化营商环境，提升服务质量。

2005年国家税务总局首次制定了纳税服务规范。2014年9月出台《全国县级税务机关纳税服务规范1.0版》对各涉税业务，包括设立税务登记、纳税申报、税收减免等具体业务都明确了统一规范的操作，使全国各地区的纳税服务标准得以统一。为解决纳税服务规范1.0试行过程中出现的问题，国家税务总局对其进行了完善优化，最终形成了《全国税务机关纳税服务规范2.0版》，自2015年3月1日起试行。

2015年10月中央全面深化改革领导小组通过了《深化国税、地税征管体制改革方案》，从国家层面对我国税制改革以及纳税服务工作作出了统筹规划，要求税务机关扎实落实"放管服"改革，大力推动纳税服务创新，实现税收管理的现代化。这一系列的措施，都促进了现代税收服务规范的建立，促进了纳税服务的与时俱进和稳步提高。

在提升营商环境和优化纳税服务水平的迫切需求下，经开区税务局多措并举，不断优化纳税服务水平和区内营商环境，让区内企业体验到更快、更优、更准的个性化办税服务。

二、纳税服务新模式主要做法及成效

（一）主要做法

1. "套餐式"服务——涉税事项"一站"办齐

为了优化纳税人的办税流程，提高办事效率，经开区将纳税人日常办理的各类涉税业务进行简并整合，推出"套餐式"的办税服务。纳税人一次申请，可以同时办理多项相关的涉税业务，极大地简化了纳税人的办税流程，压缩了办税时间。

（1）成立服务小组，提供组织保障

为了保障"套餐式"办税服务的有效实施，2018年7月20日，经开区税务局成立一对一办税服务辅导小组，负责为新办纳税人涉税事项的办理提供辅导。依托"电子税务局"和"办税服务厅"两个平台，为新办纳税人提供"套餐式"服务。服务的主要内容包括：登记信息确认、财务会计制度及核算软件备案、存款账户账号报告、网上税务局开户、增值税一般纳税人登记、发票票种核定、增值税专用发票最高开票限额审批、实名办税信息采集、增值税税控系统专用设备初始发行、发票领用等11个涉税事项。

"套餐式"服务基本覆盖了新办纳税人需要办理的主要涉税事项。纳税人一次业务申请，即可完成登记、备案和发票领用等多项业务的办理，满足新办纳税人正常生产经营的需要。

（2）推行套餐服务，创新办税体验

"套餐式服务"，通过"电子税务局"和"办税服务厅"相结合的方式进行相关业务的办理。新办纳税人在"陕西省电子税务局"提交"套餐式"服务事项申请，上传需办理业务种类的相关资料；电子平台后台人员，在规定的期限内通过电子工作平台完成办理，并将办理情况反馈至陕西省电子税务局；纳税人依据反馈情况到办税服务厅办理需要在线下办理的其他涉税事项（领取税控设备等）。这种"线上、线下"相结合的办税体验，大幅减少了纳税人到实体办税服务厅的次数，将原有办税时间缩减一倍，节省了企业的办税成本，实现了为企业"松绑减负"。

（3）智能标准服务，建设配套设施

为了进一步优化纳税人的办税体验，陕西自贸试验区西安经开区税务部门还率先试点了智能化标准服务，从企业需求入手，做好套餐式服务配套建设，首创"五区一约一系统"综合服务大厅服务新模式。通过建设网上办税体验区、自助办税服务区、综合业务办理区、政策公告宣传区、服务形象展示区等五个重点区域，进一步优化了办税服务厅的功能结构和空间布局，提升了办税服务厅的服务能力和服务质量；通过推出微信预约办税服务，为纳税人提供了一个合理安排办税时间的选择工具，也为税务机关合理配置服务资源、平抑服务需求波动提供了有效的调节手段；通过构建 VR 全景导视系统，方便纳税人熟悉办税厅服务布局，提高了办事效率，也为纳税人提供了涉税业务办理的新体验。

（4）扩大影响范围，强化服务宣传

为了让纳税人进一步享受"套餐式"服务的便捷、高效，扩大服务纳税人的范围，经开区税务局多管齐下开展服务宣传和辅导。一是展板展示，在经开区办税服务大厅显著位置摆放"套餐式"服务宣传展板，让纳税人第一时间了解套餐式服务内容；二是宣传单发放，由导税台人员向纳税人发放《新办纳税人套餐式服务申请表》，并介绍、宣传"套餐式"服务；三是柜台人员耐心讲解，由办税柜台工作人员详细讲解并办理"套餐式"服务各项业务。

2. 个性化培训——涉税政策"一键"了解

（1）创办纳税人学堂，一对一示范电子税务局操作流程

新办纳税人办理完各项手续后，可在经开区税务局一楼大厅"纳税人学堂"学习网上税务局操作，一楼"纳税人学堂"共设置 64 台机子，为首次办理涉税事项的纳税人示范讲解电子税务局操作流程和注意事项。纳税人掌握电子税务局的操作后，可以足不出户在网上办理各种涉税事项。

西安经开区税务局在一楼办税厅设立"纳税人学堂"，
专人讲解税收政策和电子税务局操作规范

（2）搭建税企交流一网通平台，实时涉税信息线上传递

经开区税务局在全省率先运用"丁税宝"税企交流一网通平台，进一步推进智慧税务及线上培训建设。其中开发的"丁税宝"智能机器人"税博士"，实现了大量办税流程、涉税政策的整合，纳税人可以围绕涉税事项在线咨询，为纳税人进行较为全面的智能咨询服务。突破了工作时间的限制，实现7×24小时全天候的在线咨询服务。同时税务机关还可在税企交流一网通平台"消息推送"模块推送办税提醒、税收公告等，将税收政策法规告知纳税人，提醒纳税人按期纳税或进行催报催缴。

（二）主要成效

"套餐式"服务办税新模式实现了简政放权、放管结合、优化服务三管齐下的改革目标，提升了纳税人满意度和获得感，有效推动了加快政府职能转变，增强了政府公共服务能力和治理能力。

一是大幅减少办税等待时间。通过"套餐式"服务、"线上线下"相互配合、预约办税等多种措施的有效实施，基本实现了纳税人涉税业务办理零等待。业务办理效率也大幅提高，最多不超过15分钟，就可以完成至少6项业务（包括登记信息确认、财务会计制度及核算软件备案、存款账户账号报告、网上税务局开户、增值税一般纳税人登记、发票票种核定等）的申请和办理，平均减少办税时间50%以上。

实行"套餐式"服务以来，新办涉税业务一窗办理，大大节省了纳税人办税时间

二是涉税业务项目不断拓展。在"套餐式"服务的基础上，经开区税务局对涉税业务进行进一步梳理，推出便民办税服务升级版。经过升级，电子

税务局已覆盖大部分的涉税业务办理，让纳税人可以"一次不跑"税务局；办税服务厅的服务范围也得到进一步拓展，实现了105项业务全省通办，9大类267项业务"最多跑一次"，极大地方便了纳税人前台业务的办理。

三是出口退税速度明显提升。为了进一步做好自贸试验区企业的服务，经开区税务局有针对性地实施出口企业分类管理，提升出口退税办理效率。对符合条件的一类企业在2个工作日内办结；二类企业在5个工作日内办结；三类企业在13个工作日内办结；四类企业在20个工作日内办结。适时推行出口退（免）税无纸化申报，最大限度便利纳税人。通过分类管理的实施，将原有办税时间压缩了一半以上，受到了纳税人的一致好评，取得了明显的效果。

四是以点带面推动相关改革。新办纳税人"套餐式"服务是对税务部门服务资源的整合优化，将多个业务流程进行重组、打包，实现一个窗口受理、一个窗口办理。基于这一思路，经开区税务局重新梳理业务流，将更多打包办理的业务，纳入新的套餐式服务当中。

三、纳税服务新模式政策启示

党的十九大报告指出，要"转变政府职能，深化简政放权，创新监管方式，增强政府公信力和执行力，建设人民满意的服务型政府"。2018年6月28日李克强总理在全国深化"放管服"改革、转变政府职能电视电话会议上发表重要讲话，深刻总结了"放管服"改革的战略意义。经开区税务局实行的"套餐式"服务，其根本是不断优化服务，最大限度便利纳税人。把服务意识、服务理念贯彻到政策制定、政策执行的各个环节中，积极寻求换位思考，为各类市场主体减负担，为公平营商创条件。同时"套餐式"服务也是推进依法治税、规范执法、改进作风，提升纳税服务质量的重要成果。

四、纳税服务新模式下一步工作思路

经开区税务局将继续根据税收征管改革工作的要求，积极打造陕西自由贸易试验区税务服务的一流营商环境，服务好自贸区企业。

（一）进一步丰富"套餐式"服务业务内容。深入贯彻落实国务院深化"放管服"改革的决策部署，继续深入企业，了解企业需求，解决企业困难。根据企业的不同需求，及时推出新的"打包式"服务，持续优化经开自贸区内的营商环境，推进办税便利化改革，为纳税人提供更加高效、便捷的服务。

继续加大"套餐式服务"的宣传力度，在原有宣传方式的基础上，结合自身媒体的优势，充分发挥线上便捷高效、覆盖面广的特点，让所有企业都能享受"准确、高效、快捷"的办税服务。

（二）进一步规范健全办税事项公开制度。大力推行办税公开，全面、准确地公开办税事项，规范公开程序，完善公开内容。对于办税流程和办税资料做到一次性告知，避免纳税人重复办税。同时进一步做到税收政策公开、权利义务公开、税收征管公开、税务检查公开、投诉监督公开等。围绕直接面向纳税人提供服务的环节，完善税收征收、管理、检查等服务规范和公开制度，做到严格执法、及时便捷，充分保障纳税人的权益。

（三）进一步加强纳税人需求的响应机制。整合税务部门服务资源，搭建涉税需求征集平台，扩展纳税人需求反馈渠道，收集纳税人对优化办税流程、办税设施、标准化建设和政策落实等方面的需求、意见和建议，并及时处理反馈。对于纳税人提出的简单需求，及时反馈；对于一般涉税需求，15 个工作日内响应或反馈；对于复杂涉税需求，30 个工作日内响应或反馈。适时组织开展纳税人需求调查，根据纳税人的需求，不断优化办税服务流程，合理配置服务资源，提升服务能力。

（四）进一步创新综合管理方式。一是优化综合管税，全面落实税收征管规范和纳税服务规范，综合运用申报管理、发票管理、税源管理等日常征管方式以及检查处罚等执法手段加强对纳税人后续管理的科学化水平。二是深化信息管税，注重运用"互联网＋税务"方式加强风险管理，建立风险模型，加强数据分析，强化风险识别，提高后续管理信息化水平。

【实践者说】

经开税务局相关负责人表示："新办纳税人'套餐式'服务解决了新办企业'不知去哪办、不知怎么办'的痛点、难点。一方面为纳税人提供一个快捷、实用、有效的办税体验，纳税人能够及时了解相关办税事宜，享受一对一办税辅导，减少纳税人往返税务部门的次数；另一方面对税务机关而言避免重复咨询、重复辅导，大大提升了工作效率。新办纳税人可以一站式办齐所有新办流程，真正实现了征纳双赢。"

宣传培训为纳税人及时送去国家最新优惠政策，使所有新办企业对国家税收优惠政策应知尽知、应享尽享，既能减轻企业负担，扩大企业再生产；又有利于全面落实国家减税降费政策，支持企业长远发展，培育健康活力的市场主体。

【案例点评】

经开区税务局积极践行国务院"放管服"的改革要求和国家税务总局纳税服务规范，以制度创新为抓手，以服务企业为导向，通过涉税事项"一站"办齐、涉税政策个性化培训等举措不断优化纳税服务水平和区内营商环境，有效提升了纳税人满意度和获得感，增强了政府公共服务能力和治理能力。

全智能"互联网+政务服务"模式

——全面推进商事制度改革进入新时代

近年来，西安经开功能区工商经开分局在商事制度改革过程中，前瞻性地将全智能"互联网+政务服务"模式运用至企业开办的各个领域，在市场准入工作中，坚持以国家法律法规变革的"道"为指引，在全面推进"互联网+政务服务"模式的"术"上下功夫，逐步推行网上登记、全程电子化登记、企业开办"一网通办"等改革措施。通过大数据共享机制不断简化流程、合并事项，实现数据信息融合，逐步达到商事制度改革"术道双修"的效果，并为推进全程涉企登记事项网上办理提供了借鉴意义，在多年的改革实践过程中，走出了一条全新的行政审批之路，全面推进商事制度改革进入新时代。

一、全智能"互联网+政务服务"模式背景

随着商事制度改革的深入推进，工商登记实现了从纸质资料到全程电子化登记模式的飞跃，利用支付宝、微信等软件开辟了手机网上登记服务，并通过"7×24小时"全智能登记等方式，方便群众随时随地办理登记业务。随着"互联网+政务服务"模式的逐步升级，商事制度改革的成果也逐渐从工商注册登记部门一家拓展延伸至其他的相关行政审批部门。然而，要实现涉企事项"一网通办"，让办事群众"只进一扇门，只提交一次资料"，达到全流程"最多跑一次"，需要通过大数据共享来保障。工商经开分局近几年通过信息化手段不断开展的"互联网+政务服务"改革实践，使得商事制度改革走出了一条从"有纸"到"无纸"、从"半程电子化"到"全程电子化"、从"跑多次"到"零跑路"的划时代变革之路。

二、全智能"互联网＋政务服务"模式主要做法及成效

（一）主要做法

1. 企业登记全程电子化首开注册登记"申报端"改革

2017 年 8 月 1 日，工商经开分局率先发出了全省首张企业登记全程电子化营业执照，工商服务从此进入"零见面"审批时代。作为具有划时代意义的注册登记"申报端"改革举措，全程电子化与已经推行的营业执照邮寄送达相结合，意味着工商注册登记实现了审批"零见面"、送照"倒上门"、全程"零跑腿"。至 2018 年 1 月，工商经开分局通过"支付宝"及"微信"的手机 App 端口，实现了"全程电子化"PC 端、手机移动终端申报的全覆盖。

2. 西北首批"最多跑一次"工商智能终端开启 24 小时不间断服务，首创"领照端"改革

2017 年 9 月，工商经开分局以"西安创业大街开街暨全国双创周"活动为契机，率先引进了西北首批"最多跑一次"工商智能服务终端。依托工商"全程电子化"审批系统，将在线申报、执照打印、名称查重等业务功能兼容至终端系统，从此开启了工商经开分局 24 小时不间断服务模式，首创了窗口领取及送照上门以外的"自助打印"的第三种领照模式；同时，建行、中行、农行等金融机构以"金融＋互联网＋政务服务"的模式，通过大量引进工商智能终端，实现了政务中心"一点审批"到"多网点服务"模式。

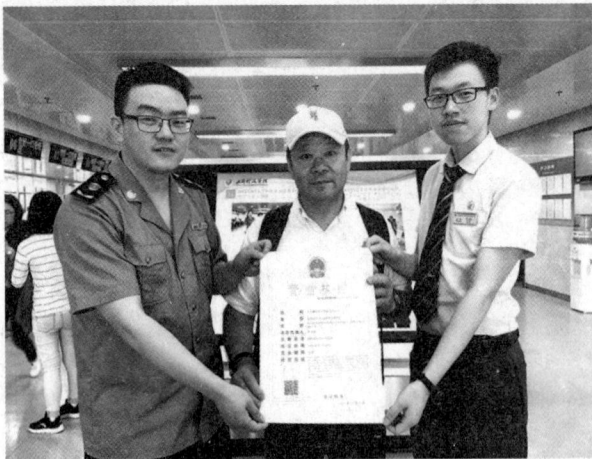

2018 年 5 月 11 日，工商西安经开分局发出首张 7×24 小时智能审核营业执照

3. 工商智能终端助力升级无人值守"智慧驿站"

2018 年 5 月，工商经开分局联合税务、公安、社保等相关部门，以推广工商智能终端为抓手，率先将工商服务职能引入至经开区草滩智巢产业园，成立了全西北首个无人值守"智慧驿站"。通过融合各部门的智能服务终端，完全实现了企业开办环节的自主申报、信息共享、证照自助领取，达到了只跑一次、一次提交、一次办结的效果。

4. 7×24 小时智能审核推进"审核端"开启不打烊服务

2018 年 5 月 11 日，工商经开分局发出首张 7×24 小时智能审核营业执照。智能审核系统在原先全程电子化的基础上，将人工审核名称升级为自主申报取得名称核准，再通过 7×24 小时自助智能登记服务模块完善法定代表人及主要人员信息，勾选经营范围，最后通过系统自动审核生成营业执照。此次，通过"申报端"的名称自主申报革新，"审核端"的 7×24 小时智能审核，与窗口领取、邮寄上门及终端自助打照三种方式相结合，深化了 24 小时不打烊工商服务。

2018 年 12 月，工商经开分局再次率先引进西北首批"中小研"语音智能工商服务系统

5. 一声"你好"，先声夺人，工商服务"申报端"开启语音时代

2018 年 12 月，工商经开分局再次率先引进西北首批"中小研"语音智能工商服务系统。"中小研"系统立足于"互联网+政务服务"，在第一代"最多跑一次"智能服务终端的基础上，围绕"简、便、智、快"四字方针，

通过运用大数据、语音识别、AI 等信息技术，将人工智能技术加载于政务服务的商事登记模块。办事群众只需通过身份证信息与人脸识别对比确认，就可以进入智能申报模块。通过机器人与办事群众一问一答的方式采集登记信息，代替烦琐的网上填写资料，实现了登记注册模式从"键对键"到"声对键"的变革，工商服务"申报端"开启语音时代。

（二）主要成效

工商经开分局通过近两年的实践，在推行登记制度"道行简政"的基础上，追求更高的工商服务与登记制度改革"术道双修"的效果，按照"申报端""审核端""领照端"的分段式改革方式五个层级层层推进，"互联网＋政务服务"模式在商事制度改革中的运用，极大地提升了工商登记办事效率。通过改革，申报端从"窗口申报""网上申报"的传统方式升级为"全程电子化""语音智能申报""支付宝申报""微信申报"；审核端从人工审核实现了系统审核；领照方式从传统的窗口领取拓展为窗口、邮寄及自助打印三种领取方式。在办事的时效性上，审核效率由原来的三个工作日以内提升为立等可取、当场办结。在群众跑路次数上，从"最多跑一次"到完全实现"零跑腿"。

三、全智能"互联网＋政务服务"模式政策启示

（一）商事制度改革推进行政审批向"去中心化"发展

以前为了便民，政府会把各个部门的受理窗口集中在一个实体的政务服务中心，让群众"足不出厅"就可以办理所有业务，涉及的审批事项越多，所需的窗口数就会越多。在推进行政审批改革过程中，实体政务中心往往存在这样的现象：刚刚建成半年的大厅，但随着进驻单位的增多和业务量的上涨，不到半年窗口就不够用了，群众办事依然受到传统窗口数的影响。而利用大数据推进行政审批改革，则是在网络上通过搭建虚拟政务中心，将受理终端投放至社区、银行、校园、工业园、创业街区等市场主体发展潜力较大的场所，以前只能在政务中心办理的事项，现在在各个大数据网的智能终端都能受理。而大数据网下的虚拟政务中心窗口数呈现"指数级"特点，进驻部门不再受窗口数的限制。通过大数据综合政务服务网，办事群众不一定要到窗口才能办完所有业务。实体的政务中心职能可完全分化到大数据政务网站、自助办理网点等其他各种机构。

在制度健全的条件下，还可以将大数据政务服务推进到社区，政务服务

开始向"去中心化"发展，政务职能从以前的一点发力向多点辐射发展。这样的"去中心化"发展不但更加便民，更能有力地推动政府向服务型发展，而且大量节省了财政支出。未来的发展趋势，必定是部分业务的办理实现虚拟窗口完全替代实体窗口。

（二）实现行政审批和事中事后监管的无缝对接

大数据网除了登记审批业务，还应该具备监管功能。经过了几年的商事制度改革，我们的营业执照办理几乎达到了"秒办"的速度。我们的行政审批信息网络建设水平也已经远超监管职能的信息化建设水平。但在审批过程中，我们也应将监管模式的改革纳入到行政审批模式改革的考虑中来。"全程电子化企业开办""企业开办全程网上办"已将准入门槛的改革推进到新的时代。与之相匹配的"全流程网上监管系统""全民网上监管系统"也应逐步建立并完善。企业在受到主管部门监管的同时，更应受到全社会的监管，以维护良好的营商环境。

（三）完善大数据网络行政审批服务配套措施

一张网办理所有涉企事项，这是行政审批改革的终极目标。但是，服务并没有结束，比如说在领取营业执照的改革过程中，或邮寄，或自取，或通过自助网点打印，这些都是体现便利化的直接因素。自助网点除了办理营业执照，还能不能办理别的业务？跑一次能不能办理所有涉及事项，而并非营业执照？业务能不能在微信、支付宝等软件上实现随时随地申报？能否保证7×24小时不打烊服务？这些都是老百姓最关心的问题。配套服务的完善与否直接影响着大数据政务服务网建成后所达到的便民效果。虽说，业务受理有法律依据，人性化的配套服务却并无法律依据，但这却是人民衡量政府作为与否最有力的标尺之一。跟不上的配套服务，即便有再先进的政务服务网络，也难以充分发挥其应有的作用。

四、全智能"互联网＋政务服务"模式下一步工作思路

（一）进一步推广"智慧驿站"模式，将企业开办环节各类证照的"领取端"驿站分布至整个开发区，通过一个网点办结企业开办事项的方式，将"智慧驿站"的模式覆盖到开发区的各个地区，达到"领取端"的"一点通办"。

（二）以"一网通办"改革为契机，实现"申报端"一口受理、一窗办结。以工商、公安、税务、人社四部门联合执行的企业开办"一网通办"系统，将企业开办的"申报端"通过一个申报窗口，只采集一次信息，各部门

限时办结，最终实现企业开办的全面提速。

（三）加强线上"一网通办"与线下"智慧驿站"的匹配融合

线上"一网通办"与线下"智慧驿站"是企业开办便利化在"申报端"和"领取端"的有效措施。在大力推广的同时，应进一步做好两种方法的匹配融合，线上实现全时段、多途径申报，办理实现企业开办四部门限时联合审核。最终，通过"智能驿站"进社区、进街道，让企业开办在时间和空间上得到全面便民。

【实践者说】

经开区自贸办负责人介绍：2018 年，工商经开分局先后推出 27 条注册登记便利化措施、个体 8 条登记制度改革措施。在优化服务方面，于 2018 年春节期间率先实行延时服务，周末保证最少有一套受理班子在位。在一次性告知制及首问负责制的基础上，对于登记资料不全的情况，采取容缺受理机制。在制度改革的基础上，工商经开分局同步注重服务手段的提升。继 2017 年的全程电子化登记及"最多跑一次"自助办照终端模式开启后，2018 年率先在全西北引进了语音智能办照系统（简称"中小研"）。这套系统立足于"互联网＋政务服务"，在第一代"最多跑一次"智能服务终端的基础上，围绕"简、便、智、块"四字方针，通过运用大数据、语音识别、AI 等信息技术，将人工智能技术加载于政务服务的商事登记模块。办事群众只需通过身份证信息与人脸识别对比确认，就可以进入智能申报模块。在智能申报过程中，将原先的网上在线填写申请升级为通过机器人询问，群众回答采集登记信息，实现了登记注册模式从"键对键"到"声对键"的变革。

"中小研"系统与现有的登记制度、延时服务制度相结合，为区内企业提供了更加便利的服务。作为企业开办申报端的一种改革模式，"中小研"通过"人机对话"的方式采集信息，运用人工智能算法与申请人口述内容进行比对，向申请人推荐更加标准的行业及经营范围表述。在使用中，中小研还可以不断收集注册登记时出现的高频词汇，与现行法律法规、行业习惯表述及公序良俗内容进行对比，给申请人更加规范及合理的筛查结果。此外，机器人还有自我学习功能，通过大数据分析，自动屏蔽禁用限用的敏感词汇，通过对申请人的语音表述分析，提取最重要的信息进行行业关联，将最优的匹配结果呈现给群众以供选择。

【案例点评】

近年来，西安经开功能区工商经开分局在商事制度改革过程中，前瞻性地将全智能"互联网+政务服务"模式运用至企业开办的各个领域，通过企业登记全程电子化首开注册登记"申报端"改革、西北首批"最多跑一次"工商智能终端开启24小时不间断服务、工商智能终端助力升级无人值守"智慧驿站"、7×24小时智能审核推进"审核端"开启不打烊服务、率先引进西北首批"中小研"语音智能工商服务系统等措施，极大地提升了工商登记办事效率，有助于推进行政审批向"去中心化"发展，进而为打造良好的营商环境注入了活力。

设立自贸区公共法律服务中心
助力法制化营商环境建设

　　随着自贸区的不断发展，自贸区内企业在生产、经营、对外投资的过程中遇到越来越多的法律问题，需要优质、专业的法律服务，同时自贸区辖区内群众的基础法律服务需求也需要解决。为此，西安市司法局设立了中国（陕西）自由贸易试验区公共法律服务中心，综合政府及社会服务力量，满足自贸区内群众、企业的法律服务需求。

一、设立自贸区公共法律服务中心背景

　　随着西安日益积极活跃地参与到"一带一路"投资商贸合作中，不可避免地要面临国际商贸活动中的风险和纠纷，一旦发生就需要依法合规、省钱高效、方便快捷地解决。

　　西安市司法局针对这一迫切需求，积极组织律师、公证、司法鉴定、法律援助、纠纷调解等工作机构，在中国（陕西）自由贸易试验区成立了以提供综合法律服务、专项法律服务、商事法律服务和国际商事调解服务为目的的公共法律服务中心。中心还将以一带一路服务机制为平台整合国际服务资源，联合海内外咨询、法律、会计、金融、科技、企业、商会和政府机构，为中国和沿线国家的企业提供"一站式、全流程"的金融、保险、法律、财务、咨询以及风险化解与纠纷调解等综合服务，为西安、陕西乃至全国企业走出去提供全方位的法律服务和法治保障。

二、设立自贸区公共法律服务中心主要做法及成效

（一）主要做法

1. 促进纠纷解决工作

近年来，社会民商事纠纷数量逐年上升，单依靠人民法院来处理，案多

人少的矛盾十分突出。有效化解社会矛盾，依法保障人民群众合理诉求，是摆在各级党委、政府和人民法院面前的一个重大问题。党的十九大作出的《中共中央关于全面推进依法治国若干重大问题的决定》以及中共中央办公厅、国务院办公厅《关于完善矛盾纠纷多元化解机制的意见》对纠纷多元化解决的发展全面布局，最高人民法院提出全国法院大力推行立案调解工作，建立行政调解、人民调解、司法调解"三位一体"的大调解工作格局，努力促进多元化纠纷解决机制的形成，争取实现立案阶段化解一部分矛盾纠纷的工作目标。自贸区作为商业活动的集中地，商事活动中纠纷在所难免，高效、合理地解决纠纷是自贸区发展的必要保障。

为高效、合理地解决纠纷，公共法律服务中心与总部设立在北京的"一带一路服务机制"（BNRSC）达成合作协议，在国际港务区由该机制牵头发起设立"民办非企业法人单位"暨"西安融商商事法律服务中心"自主进驻运行并接受市司法局的业务监管。该机制建立的一带一路国际商事调解中心作为最高人民法院多元化纠纷解决子课题单位，致力于通过调解解决商事纠纷。

一带一路国际商事调解中心是遵循国际法治，借鉴国际经验建立的国际化调解机构，开发并上线运行了覆盖全球的互联网调解系统。申请人可在全球范围内登录一带一路国际商事调解中心在线调解系统申请调解，实现了商事调解的国际化、专业化、智能化。调解中心的在线性、合法性、民间性、国际性、中立性得到国际社会的认可，现已与60多个国家的机构建立合作关系，中心调解员可以在170多个中外城市的线下调解室开展调解工作。

2. 引进社会力量提供专业服务

中国（陕西）自由贸易试验区成立后，区内企业对于商事法律服务的需求日益凸显，考虑到商事法律服务的专业性，为满足区内企业的需求，我局引进了一带一路服务机制（BNRSC）作为自贸区的法律服务提供者，该机构集海内外咨询、法律、会计、金融、科技等专业服务于一体，通过国内外、各专业服务一体化衔接，使各项服务的衔接更顺畅，统一保障各项服务的质量，为省内企业、产品、服务"走出去"，国外企业、资金、技术、服务"引进来"，特别是为中国（陕西）自由贸易试验区提供精准全方位商事法律服务。具体可为企业、商家和政府，在一带一路框架下经济区域内的商事纠纷调解、跨境投资与合作、境外实业创办、跨境融资与并购、境外投资环境评估与识别风险、境外投资对象尽职调查等事项上，提供"足不出国门、不出自贸区"的专业便捷的综合商事法律服务。

3. 保障基础法律服务

在结合自贸区实际情况提供高端、专业化商事法律服务、纠纷解决的同时，自贸区法律服务中心在为辖区群众、企业提供法制宣传、法律咨询、法律援助等基础法律服务方面也不断努力。

自贸区法律服务中心保证每个工作日有律师值班，随时解答来访群众、企业的法律咨询，对于需要其他服务的，积极为其引导到相关服务的人员、机构，对于符合法律援助条件的人员、事项，为其对接法律援助，指导其进行申请并提供法律援助，并实时监督法律援助的进行，保证法律援助的服务质量。

（二）主要成效

2018 年 4 月 15 日，一带一路国际商事调解中心与西安市灞桥区人民法院达成诉调对接合作协议，成为灞桥区人民法院委派调解单位。调解中心落地陕西后，积极发展陕西本地优秀专业人员成为调解员，包括省、市律协推荐的律师、已退休法官、相关行业专业人员（会计师、造价师、工程师等）。2018 年 6 月，灞桥法院开始向调解中心移交案件，目前调解中心已对接灞桥区人民法院，诉前调解案件月接收 20 余件，经调解中心调解成功达成调解协议的直接通过法院立案确认后获得执行力，旨在为法院减轻负担，让调解案件通过更合适的程序获得一个各方都满意的结果。

目前，公共法律服务中心及一带一路服务机制已与自贸区内企业、商会进行了全面对接工作，包括自贸区小微企业孵化基地的中小企业、西商联合会、秦商联合会的陕西本土企业、陕西中亚商会的外贸企业等，这些企业对于专业、高水平的商事法律服务都表示了极大的兴趣和需求，同时也提出了更高的、多样性的要求。例如，对于孵化基地、小微企业所需要的更琐碎的法律服务以及融资需求，一带一路服务机制发挥平台力量，提供专人在公共法律服务中心坐班，随时解决企业的法律问题，通过平台渠道，引进国内外资金投入自贸区企业，助力小微企业发展。中亚商会对于涉外法律服务的专业性提出了很高的要求，需要我们提供既懂得国内法律，又懂得外贸目标国家法律的专业、高水平的服务，一带一路服务机制作为全球一体化的机构，在一带一路沿线各个国家都有分支机构和合作的专业服务机构，拥有这样的专业化人才，基于雄厚的实力为中亚商会的企业提供了完善的服务计划。

公共法律服务中心位于港务区政务大厅之中，每天都有来办事的群众在法律服务中心咨询法律问题，由服务中心工作人员及值班律师现场进行解答，对于更复杂的问题及需要律师服务的，服务中心进行登记，移交给合作的律师进行跟踪服务，服务中心随时跟踪服务进度和服务情况，并在服务结束后对服务对象进行追踪获得服务情况的反馈，以便进行补充服务，保障服务质量。

三、设立自贸区公共法律服务中心政策启示

西安市司法局设立了中国（陕西）自由贸易试验区公共法律服务中心，综合政府及社会服务力量，满足自贸区内群众、企业的法律服务需求。

四、设立自贸区公共法律服务中心下一步工作思路

（一）在纠纷解决方面

一带一路国际商事调解中心将与新设立的国际商事法庭以及灞桥区人民法院港务区派出法庭进行更深层次的合作，并积极同西安市、陕西自贸区内其他法院、司法服务中心达成合作，进一步推进商事调解工作，共同为一带一路国际商事纠纷解决作出贡献。

（二）在提供高端、专业化商事法律服务方面

公共法律服务中心及一带一路服务机制将进一步完善自身的服务体系、提升自己的服务水平，同时深入与自贸区内企业对接，了解企业的需求，为企业提供更高水平、更符合需求的服务。

（三）在保障基础法律服务工作方面

公共法律服务中心将对基础法律服务进行剥离和细化，将基础法律服务深入到辖区内各个社区，更贴近群众的生活，方便群众寻求法律服务，由公共法律服务中心进行统筹管理，保证基础法律服务的高品质、便民性。

【实践者说】

西安市司法局党组副书记、副局长刘伯雅介绍：陕西自由贸易试验区公共法律服务中心的揭牌运营，将大大提升解决一带一路国际商事争议和纠纷的方式和效率，从而吸引更多进出口、贸易、科技、互联网等高附加值企业落户，加速推动企业创业创新、产业结构调整和转型升级，必将成为西安推动贸易发展、开展招商引资的亮丽名片，从而推动陕西、西安与"一带一路"沿线国家的深入合作。

【案例点评】

西安市司法局设立了中国（陕西）自由贸易试验区公共法律服务中心，综合政府及社会服务力量，满足自贸区内群众、企业的法律服务需求，为省

内企业、产品、服务"走出去"，国外企业、资金、技术、服务"引进来"，特别是为中国（陕西）自由贸易试验区提供精准全方位的商事法律服务。

中国（陕西）自由贸易试验区公共法律服务中心在国际港务区成立

升级"国地税一站式服务"
多部门入驻综合服务大厅

——深化"放管服"改革 助力自贸试验区发展

为落实国家供给侧改革精神和西安市行政效能革命的重要部署，西安市国税局围绕自贸试验区改革发展需要，不断深入落实"放管服"和国地税深度合作，先后推出135项只让纳税人跑一次的清单，不断提速涉税审批、减少资料报送等系列措施，创新税收管理，集聚服务资源，优化营商环境，倾力推动自贸试验区发展。

一、升级"国地税一站式服务"背景

"放管服"改革是新时代我国深化机构和行政体制改革的重要内容。习近平总书记在党的十九大报告中指出，要"转变政府职能，深化简政放权，创新监管方式，增强政府公信力和执行力，建设人民满意的服务型政府"。这为我们进一步深化"放管服"改革指明了方向。当前，我们贯彻落实党的十九大报告精神，深化"放管服"改革，面临着新时代的新要求。

党的十八大以来，我国东部沿海发达省份，如广东、浙江、江苏等地纷纷强化营商环境建设。浙江营商环境的建设以权力清单、责任清单、负面清单、服务清单制度建设为重点，依托浙江政务服务网高效运行；2017年2月20日，浙江省人民政府出台《加快推进"最多跑一次"改革实施方案》，实施了"最多跑一次"改革。江苏省于2017年先后出台了《关于全省推行不见面审批（服务）改革实施方案》等，全力打造审批事项最少、办事效率最高、创新创业活力最强的营商环境。

在中西部地区，我国也开展了营商环境建设。陕西西安为进一步加快政府职能转变，着力打造法治化、国际化、便利化营商环境，助力"大西安"建设和追赶超越发展，根据中央和省深化简政放权、放管结合、优化服务改

革电视电话会议精神和《陕西省人民政府关于深化"放管服"改革全面优化提升营商环境的意见》（陕政发〔2017〕26 号），制订了改革方案。

改革之前，纳税人纳税需要跑动的次数多，流程烦琐，耗费时间长，通过"放管服"改革，企业纳税更加快速便捷，审批项目减少，审批时间加快，极大优化了自贸区的营商环境。近年来，西安市国税局坚持把"简政放权、放管结合、优化服务"作为征管体制改革的"先手棋"，采取多项有效措施，力求"放的彻底有序、管的规范高效、服务优质到位"，赢得了纳税人和社会各界点赞。

二、升级"国地税一站式服务"主要做法及成效

（一）主要做法

通过整合优化国、地税办税服务大厅业务流程，为自贸试验区内每个企业提供一人一机双系统单 Pos 系统服务，升级"国地税一站式服务"，不断丰富服务举措。

1. 多部门共驻，汇聚团队资源，按需定制服务清单

港务区国税局办税服务厅和工商、地税等多部门共同入驻中国（陕西）自由贸易试验区西安国际港务区综合服务大厅，实现业务联动，工商等部门一口受理后，通过整合的国税地税已融合成港务税务，实现了国地税业务一人一机双系统单 Pos 系统的应用，集中受理，一窗办理，对即办事项当场办结，对限办事项承诺办结时限，建立审批"绿色通道"。聘请礼仪专家和业务专家分别就服务礼仪和涉税业务进行培训，提高窗口人员的整体素质和能力，擦亮西安税务的名片。

2. 国地税深度融合，开启服务直通车

港务国税、地税深度融合，联合办理涉税事项，实现纳税人"进一家门、办两家事"，办理的涉税事项覆盖国地税税收基本业务。内部依托金税三期应用系统和相关信息交换平台，联合办理登记信息补录、联合办理变更登记、税种认定、存款账户报告、签订三方协议与领取、财务会计制度备案、协同办理注销登记、合作征收税款、纳税申报、开具证明、发票代开等。同时联合组建业务服务专家团，为自贸试验区企业提供精准服务，确保涉税政策第一时间到位，涉税问题第一时间解决，优惠政策第一时间享受。目前已在自贸试验区举办 10 期专场培训、举办 2 期政策沙龙和新办企业专题培训会，当场解决实际问题，答复咨询，受到了纳税人的一致好评。

3. 拓宽服务渠道，深入推进多元化办税

港务国地税在优化办税窗口服务的同时，深入推进多元化办税，重点推进网上税务局的应用，先后配备了8台自助设备24小时服务（其中3台发票发售设备、3台发票认证业务，纳税人可以自己使用，其他2台发票认证机放在港务区政务服务驿站，使企业不出楼就能办理相关税收业务，1台导税机器人帮助导税人员解答相关问题），构建"柜上＋网上＋自助"的多元化办税渠道，让便利办税不断加速度。

4. 不断优化服务措施，争当五星级服务员

办税大厅人员在办理日常业务中开展优质服务，为纳税人提供首问责任制、领导值班、办税公开、导税服务、一次性告知、免填服务单、延时服务、提醒服务、预约服务等优质服务，"做好店小二，争当五星级服务员"，确保日常业务最多只让纳税人跑一次。

（二）主要成效

实施"互联网＋纳税服务"，线上推广使用电子税务局办税、纳税服务网上预约，实现了基本涉税业务网上办理。线下联合地税局共建东、西、南、北四个新型智能办税服务厅，构建便民办税"实体店"。该项目面积共计1.8万平方米，是目前西安在用的所有办税大厅面积的近3倍，可以辐射全市95%以上的纳税人，可以实现国地税业务全城通办，拥有自助办税区、网上办税体验区、人工服务区和微信公众号预约系统的"三区一系统"设置，精准对接纳税人个性需要，提升纳税人满意度和获得感。目前，北大厅和南大厅已建成启用，西安市纳税服务工作迈上了资源整合、业务集成的高速路。

港务国税局通过集成增效、提速增效，税收任务连续翻番，管户数量每年以50%增长，纳税人办理涉税事项提速80%，税收减免和政策应享受面达100%，纳税人满意度大幅提升。

三、升级"国地税一站式服务"政策启示

陕西省国税局发挥大数据优势，加强"互联网＋税务"应用，以全事项、全流程、无纸化为目标，将所有涉税事项纳入电子税务局系统，重构国地税联合办税业务，新版电子税务局成功在西安市国税局试运行，6类59项业务实现了"全程网上办"，分流办税服务厅人流量50%以上。给权力"瘦身"，让企业"松绑"，为群众"解绊"，陕西省国税局用心用力打好简政放权"组合拳"，得到陕西省委、省政府肯定，受到纳税人好评。

四、升级"国地税一站式服务"下一步工作思路

下一步，我们将进一步把"放管服"改革推向深入，促进经济社会持续健康发展，首先将在"放"上下功夫，进一步做好简政放权的减法，服务企业；二是税务服务不断优化，推行"互联网＋税务"，推出"一窗受理、一站服务"等便民措施的再深化，不断激发企业活力和社会创造力；三是全面落实结构性减税政策，坚持依法治税，减少征税的自由裁量权，防止任性收税，营造公平环境。

【实践者说】

西安市国税局总会计师朱跃斌表示："'放管服'改革，对内是一场自我革命、促进政府职能转变；对外优化了营商环境，激发了市场活力。西安市位于'一带一路'核心区，扎实推进'放管服'改革，是建设'大西安'，实现'追赶超越'目标的关键之举"。下一步，西安市国税局将依托"互联网＋政务"，在放活、管好的同时，稳步推进市级办税服务厅、"智能化无人办税厅"建设运营，加快"发票集中配送中心"落地，探索建立依托互联网的纳税人权益保护、需求征集平台，进一步提高纳税服务工作的精准度和透明度。

"现在国家政策真是越来越好了。"在西安市碑林区国税局审核中心办理退税业务的太平财产保险陕西分公司财务部经理薛琪说，"税务局取消了很多审批事项，办事效率提升了不少，为我们企业节省了人力物力成本。"同时，在西安市高新区创业咖啡街区，"80后"小伙区春雄是首批入驻的"创客"之一，2017年年初，他注册了西安博纳吉生物科技有限公司，目前发展势头良好。区春雄告诉记者："公司初创，自己又当老板又当会计，还得办税，什么都不懂，做好了多跑几趟的准备。没想到特别方便，一次就办完了，真的为税务局的高效工作点赞！"

【案例点评】

升级"国地税一站式服务"多部门入驻综合服务大厅，不断提速涉税审批、减少资料报送等系列措施，创新税收管理，集聚服务资源，优化营商环境，倾力推动自贸试验区发展。"放管服"改革，对内是一场自我革命、促进政府职能转变；对外优化了营商环境，激发了市场活力。西安市位于"一带一路"核心区，扎实推进"放管服"改革，是建设"大西安"，实现"追赶超越"目标的关键之举。

探索实施预审批制度

——为项目建设减负提速

为贯彻落实国家"放管服"改革要求，深入开展"行政效能革命"，西安高新区持续深化审批制度改革，积极探索制度创新，不断释放改革红利，为项目建设减负提速。其中，预审批制度就是西安高新区在实践中大胆探索的经验总结，通过审批环节的创新改革，打破传统审批模式，为企业赢得了宝贵的建设时间，降低了企业办事成本。

一、实施预审批制度背景

西安高新区行政审批服务局深知，没有思想的先导就不会有行动的跟进，思想上能否破冰，决定着行动上能否突破，如果思想不解放，就很难看清各种症结所在、很难找到突破的方向、很难拿出有突破性的改革措施。为了持续优化区域内营商环境，高新区一直努力深化行政审批制度改革，创新审批服务方式，进一步提高审批效率，为"大西安建设"贡献更多的智慧和担当。

二、实施预审批制度主要做法及成效

（一）主要做法

投资建设项目预审批，是指高新区范围内涉及重大民生、公共服务等建设项目，投资主体明确，建设时间紧迫，具备开展技术审查所需的主要要件，在其申请材料尚不完备的情况下，通过企业公开承诺，对相关行政审批事项先行受理、提前预审批的创新机制。待企业申请材料齐备后，审批部门及时将预审批决定更换为正式审批文件。该举措打破了原先的"申请材料必须齐全且符合法定形式后再受理"的传统模式，为企业节省了前期的宝贵时间。

1. 以企业承诺为基石，通过预审批促进项目早开工

预审批的前提是相信企业信守承诺。在实践中，企业往往因为缺少一份

资料、一个签章、一个要件，使得项目审批无法进入流程，一等再等，建设工期一拖再拖，成本持续增加。面对企业的困境，高新区通过调研，在企业承诺的基础上，提出了预审批机制，一方面帮助企业跨过审批门槛，促进项目早开工；一方面引导企业重视承诺、信守承诺，共同营造诚信、宽松、便捷、高效的创新创业氛围。

2. 以先期介入为导引，通过预审批为项目建设提速

建设项目审批涉及法规多、环节多、流程长，手续繁杂，要求企业对报批手续的办理流程要非常熟悉。然而，在实际工作中，因企业的产业方向、投资类型、建设规模、环境评价等各不相同，在办理审批过程中，需要准备的资料、程序也有区别。针对区内重点建设项目，高新区通过主动征集审批难点事项，主动上门服务，以先期介入、主动辅导、并联审批为导引，开展预审批工作。对企业的审批申请，经过审核筛查，1 个工作日内告知企业是否进入预审批程序。符合预审批条件的，当日内发出告知书，办理预审批手续，促进项目进入后续环节。

3. 以事后监管为保障，通过预审批为项目建设减负

按照国家相关法律法规，项目建设审批涉及面广，程序复杂，是严肃的行政许可行为，应当仔细审查，认真把关。然而在实际执行中，由于信息不对称，资源不共享，审批部门为了谨慎，在审批中要求提供诸多法外要件，增添了审批难度，给企业造成了巨大的负担，使其背负了沉重的包袱。如何让企业减负，轻装上阵，快速推进项目建设；如何要求企业兑现承诺，让企业少走弯路，使项目建设提速，成为审批部门绕不开的课题。

在服务项目建设过程中，高新区对企业申报资料进行实质性审核审查并开展容缺预审批；需要联合审查的项目，主动征求相关职能部门意见，进行预审批，从而为项目审批减负，为建设进度提速。在容缺时间范围内，相关职能部门视预审批为正式审批，积极为项目单位办理后续相关事项。办理预审批事项的容缺时段，原则上不超过 1 年。

在审批过程中，高新区将事前预审批与事中事后监管紧密结合起来，将企业提交材料的真实性、书面承诺兑现情况，纳入高新区事中事后综合监管平台。一方面，对通过预审批的项目，在容缺时段内，业务监管部门不应因容缺所缺条件对企业进行处罚；另一方面，相关职能部门加强事中事后监管工作，不应因容缺预审批而放松监管要求。项目单位不履行承诺，或在监管中发现重大隐患，将及时撤销预审批意见，确保项目建设安全。

4. 具体审批程序

第一，预审批受理范围包括：

（1）涉及重大民生、公共服务及产业引领，需要以预审批方式提前进入下一环节，以便加快推动早落地、早投产的项目。

（2）西安高新区研究确定需要进行预审批的项目。

预审批的项目应同时具备下列条件：

（1）项目投资主体已明确，且已完成企业注册登记手续。

（2）审批事项具备开展技术审查所需的主要申请材料。

第二，审批程序包括：

（1）项目单位向西安高新区行政审批服务局（下称"行政审批服务局"）提交预审批申请表，就所缺条件何时具备作出书面承诺。

（2）行政审批服务局按照相关法律法规及有关审批要求，受理项目申报材料。以先期介入、主动辅导、并联审批为原则，开展预审批工作。

（3）行政审批服务局1个工作日内告知企业是否进入预审批程序。符合预审批条件的，当日内发出告知书，办理预审批手续。

（4）行政审批服务局对项目单位报送资料进行实质性审核、审查并开展容缺预审批，给出预审批意见。需要联合审查的项目，由行政审批服务局征求相关职能部门意见，进行预审批。

（5）在容缺时间范围内，相关职能部门应视预审批意见为正式审批意见，为项目单位积极办理后续相关工作事项。

（6）办理预审批事项的容缺时间段，原则上不超过1年。

（7）项目申请单位应根据预审意见积极将所缺资料补充完整，待各项审批条件具备后，由行政审批服务局出具正式审批文件。

第三，监督管理包括：

（1）企业就预审批事项提交的材料真实性及书面承诺的兑现情况，纳入西安高新区事中事后综合监管平台。当项目申请单位不履行承诺时，行政审批服务局将撤销预审批意见。

（2）对开展预审批的项目，在容缺时间段内各业务监管部门不应因容缺所缺条件对企业进行处罚。

（3）对开展预审批的项目，相关职能部门应加强事中事后监管工作，不应因容缺预审批而放松监管要求。

（4）若因投资者自身因素导致项目延迟、停滞以及其他损失，因此产生的一切后果和相关法律责任，由项目投资者自行承担。

（5）用好"三项机制"，积极保护勇于创新、敢于担当、踏实做事、不谋私利的干部员工。

（二）主要成效

投资建设项目预审批，是西安高新区深化"放管服"改革，积极探索制度创新的创新成果，可以有效降低企业成本，提升审批速度。

2018年5月份以来，高新综保区内三星电子二期项目的四家配套企业（空气化工、住化电子、秀博瑞殷、西安新圆益），因涉及用地性质变更（仓储用地调整为M3类工业用地）及核提规划条件，审定周期较长，且四个建设项目均为化工项目，安全及环保要求较高，审批环节受阻，项目建设进展缓慢，直接影响三星电子二期项目建设进度。为加快推进项目落地，高新区行政审批局先期介入，依据相关法律法规，为项目建设做好前期辅导，同时邀请化工设计方面专家召开联评联审会议，结合企业申报的规划设计条件，对四家建设单位的总平面图进行了预审查，并根据专家意见向四家单位出具了预审批意见，帮助企业顺利通过审批环节，向前迈出关键一步，实现了项目建设大提速。

三、实施预审批制度政策启示

2019年是西安高新区"大干123，建好首善区"的突破之年，更是实施"五城一体一根本"行动计划承上启下的关键之年。西安高新区的政务服务也将实现真正的突破，在坚守以人民为中心的核心思想不变，坚守提升群众的办事体验的初衷不改的前提下，按照西安高新区"八大突破工程"的要求，在总结成功经验的基础上，全力推进行政效能改革大步前行，加大力度推进预审批工作，精心打造预审批这张高新政务服务新名片，奋力实现由"并跑"向"领跑"的新跨越，为推进行政效能革命，深化"放管服"改革作出更大的贡献。

四、实施预审批制度下一步工作思路

下一步，西安高新区拟上线工程建设并联审批平台和政务服务预约预审系统。西安高新区是西安市政务服务中心及西安市城乡建设委员会关于"工程建设并联审批平台"的试点单位，西安高新区行政审批服务局将全力配合西安市城乡建设委员会和西安市政务中心的工作，继续携手阿里云团队全力攻关，争取尽早上线。系统主要针对服务群众事项，结合四个平台一张网建

设进度，实现事项网上预审、就近办理。

高新区还将对标先进城市，积极探索一系列制度改革和创新，优化投资建设项目审批流程，持续释放改革红利，为企业减负，为项目松绑，不断改善营商环境，为"大西安建设"贡献更多的智慧和担当。

利星行凯悦 Centric 酒店项目报批开始阶段，高新区行政审批服务局及时走访调研，迅速协调管委会各职能部门及联审会专家召开项目联评联审会

【实践者说】

西安国际康复医学中心项目负责人说："我们这个项目是高新区重大民生项目，5月初在项目实施过程中，因用地占压大仁遗址，进行了土地置换，与之相应的规划设计条件须作调整，但规划调整程序较为烦琐，周期较长，企业十分着急。在听取我们的诉求后，高新区行政审批服务局认真研究，大胆探索，积极与职能部门对接，决定以正在上报中的规划设计条件为依据，通过企业书面承诺，对项目总平面图进行预审批。企业用预审批方案，成功完成了文物、人防、地铁、城管等手续报批，实现了项目提前开工建设，大大压缩了审批时限，为项目建设赢得了主动。"

利星行凯悦 Centric 酒店项目负责人说："项目报批开始阶段，高新区行政审批服务局及时走访调研，设身处地为企业着想，从政策、规范、技术各方面给出建议。为及时推进项目手续，行政审批服务局主动联系，迅速协调管委会各职能部门及联审会专家召开项目联评联审会。2018年11月30日项目通过联评联审，2018年12月3日项目总平面、建筑单体方案一次审查通过。高效的工作作风为项目顺利实施奠定良好的开端。行政审批服务局创新的项目联审制度、一站式服务，真正用行动在践行'行政效能革命'"。

【案例点评】

预审批制度是西安高新区贯彻落实国家"放管服"改革要求实践过程中大胆探索出的一条道路。这一举措打破了原先的"申请材料必须齐全且符合法定形式后再受理"的传统模式，为企业节省了前期的宝贵时间。该制度以企业承诺为基石，通过预审批促进项目早开工；以先期介入为导引，通过预审批为项目建设提速；以事后监管为保障，通过预审批为项目建设减负。预审批制度提高了审批效率的同时，进一步优化了区域内的营商环境。

特色"民非幼儿园审批套餐"

——创新"套餐式"联合审批新模式

为全面深化"放管服"改革，不断优化营商环境、宜居环境，确保《沣东新城学前教育发展三年行动计划》顺利实施，沣东新城行政审批局按照"先试先行、创新改革"的原则，以着力实现企业、居民"办成一件事"为目标，以"压缩时限、压缩环节、压缩材料"为准则，对审批事项流程进行再造，推行"套餐式"联合审批新模式，制定特色"民非幼儿园审批套餐"。

一、"民非幼儿园审批套餐"背景

民办幼儿园原有审批过程中分头、分散、多次踏勘的模式，造成了相关部门及园方时间及成本的浪费，针对这一问题，沣东新城行政审批局为深化行政审批制度改革，不断优化营商环境，对审批流程进一步进行优化，不断进行改革创新，推出"套餐式"并联审批的全新模式，让企业少跑路，不断提升审批便利度，提升效能。沣东新城推行"套餐式"联合审批新模式，制定特色"民非幼儿园审批套餐"。"套餐式服务"即一个审批窗口受理、一套申请材料办事、申请材料科室内部流转、多个事项并行并联审批，企业或群众办事只需到一个证照审批窗口申请，审批人员提供一次性综合告知，联合现场踏勘。

```
┌─────────────────────┐
│    申请人提出申请     │
└─────────────────────┘
           │
           ▼
┌─────────────────────┐
│ 新设立的，需进行名称审核 │
└─────────────────────┘
           │
           ▼
┌─────────────────────┐
│ 向新城政务大厅受理窗口递交 │
│     申请材料          │
└─────────────────────┘
           │                    ┌──────────────────────┐
           │                    │ 申报材料不齐全或不符合  │
           ├───────────────────▶│ 法定形式的，出具《一次性 │
           │                    │ 告知单》告知需要补正的  │
           │                    │ 内容。申请人补正材料。  │
           │                    └──────────────────────┘
           ▼
┌─────────────────────┐
│ 符合受理条件的，由行政审批 │
│ 局受理，并出具《受理通知书》 │
└─────────────────────┘
┌──────────────────┐    │
│ 按规定需要组织咨询机 │    │
│ 构评估会或专家评议、 │◀───┤
│ 征求公众意见，申请人 │    │
│ 根据评估、评议及公众 │    │
│ 意见修改完善的，办件 │    ▼
│ 计时暂停。         │  ┌─────────────────────┐
└──────────────────┘  │ 承办人审查资料，现场踏勘。 │
                       └─────────────────────┘
           │                    ┌──────────────────────┐
           │                    │ 对不符合法律法规要求的， │
           ├───────────────────▶│ 不予许可，出具《不予许可 │
           │                    │ 通知书》并说明理由。    │
           │                    └──────────────────────┘
           ▼
┌─────────────────────┐
│ 对资料审查和现场踏勘无重大异议的，提交 │
│ 局长办公会审议。      │
└─────────────────────┘
           │
           ▼
┌─────────────────────┐
│      负责人签发       │
└─────────────────────┘
           │
           ▼
┌─────────────────────┐
│ 制定审批文件，通知申请人领取。 │
└─────────────────────┘
```

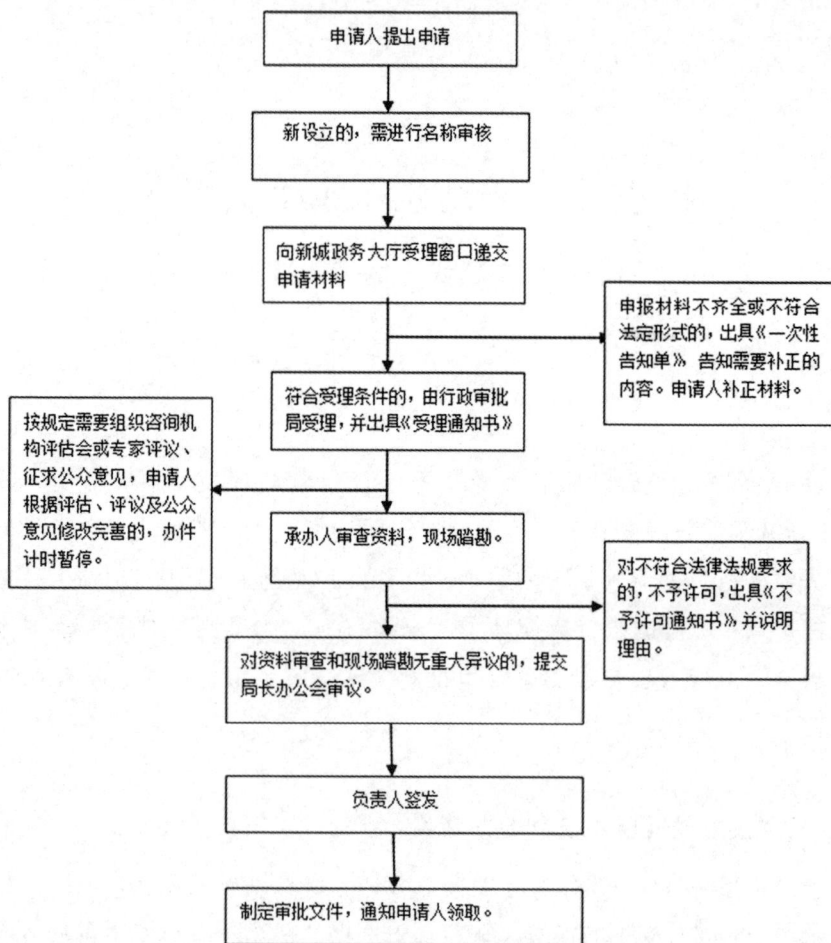

民办幼儿园的设立、变更、终止审批流程图

二、"民非幼儿园审批套餐"主要做法及成效

（一）主要做法

1. 立足群众需求，优化办事流程

压缩企业开办时间是持续深化"放管服"改革的需要，围绕破解企业开办环节多、效率低、耗时长问题，民办幼儿园审批过程中打通互为前置、互相制约的环节，实行"统一收件、并行启动、一次审批、同步出证"，旨在让民办非企业单位证、幼儿园办学许可证、托幼机构卫生保健综合评估、使用校车幼儿园校车标牌等审批事项实现同步流程告知、同步受理申请、同步审

批完成、同步颁发证件等，将申办材料精简合并，实现共用，切实降低了开办企业的制度性成本。

2. 提前介入事项，实现预审指导

在民办幼儿园审批过程中，以行政审批标准化为基础，向群众进行审批事项全面一次性告知，提前进行审批规范、标准的全面宣导。加强对窗口人员和审批人员的业务培训，增强服务意识，提高审批服务的主动性和自觉性，不断通过业务交叉学习和轮岗，使窗口人员能够为群众提供规范化审前指导服务、延伸咨询服务，并向有需要的企业和群众提供帮办、代办服务，帮填写、帮查询、帮预审、资料预审、上门预先指导，制定群众特色申办档案，实现不同申办情形有不同申办方案，提供专人一对一的追踪服务，减少群众投资风险，降低群众办事成本。

3. 职能部门联动，提供定制服务

在食品经营许可项目申办过程中，行政审批局与市场监督管理与服务局、教育局等多职能部门形成良性联动，进行幼儿园食品经营许可流程优化、完善，为民办幼儿园制订《民办幼儿园设立中食品卫生工作流程方案》及《民办幼儿园办理食品经营许可先行核查的暂行办法的通知》专门的审批方案，助力幼儿园申办流程高效化。

由行政审批局统一组织相关部门集中、联动踏勘，在最短时间出具审查意见，通过现场对幼儿园情况介绍，各职能部门现场集中资料查阅、实地勘察，对幼儿园提出相关业务指导建议和要求，同时采用公开透明联合办公方式听取各部门意见和建议，出具踏勘意见。改变原来分头、分散、多次踏勘的模式，做实踏勘前期工作，一次性集中踏勘，解决了给企业带来的多次接待、反复汇报、意见容易产生矛盾的问题。切实减少幼儿园踏勘的时间和成本，全面解决了群众难办事、办不好事的问题。

（二）主要成效

1. 套餐式审批优化办事流程

通过民非幼儿园套餐式审批，将原来申联办理民办幼儿园、民办非企业单位（此类事项至少需170个工作日）优化至60个工作日内，累计压缩审批时间110个工作日，压缩办理时间64%，减少了11个审批环节，大大提升了审批便利度，让群众能够少交资料、少跑路。通过联合踏勘，现场沟通意见，缩短了踏勘时间，减少沟通耗时；通过联合审批与联合踏勘的整合极大地降低了行政成本，减少了群众办事成本，极大地提高了行政服务效能，弱化了审批过程中自由裁量权的使用，充分保障了沣东新城学前适龄儿童的教育需求，对营商环境的优化起到了重要的推动作用，获得了良好的反馈。在陕西省推进职能转变协调小组办公室简报 2018 年第 20 期，套餐式审批优化办事流程模式被刊登推广。

沣东新城行政审批局与多个职能部门对民办非营利幼儿园的
许可事项进行联合踏勘

2. 打造审管联动机制

实施并联审批、联合踏勘措施，达到了材料精简的目的，也减少了审批环节，缩短了审批时限，同时更突出了事中事后监管的重要性。经过总体安排和统筹谋划，逐步强化网格化监管、信用监管，完善信用体系系统，逐步建立中介超市。实现审批和职能部门监管的有机联动，弥补了审管分离而出现监管工作的空档和时差，最终实现审管联动的新局面，来帮助入区企业提高建设与运行效率。

3. 助力沣东新城"两个环境"建设

通过该项举措，创新了民非幼儿园审批新模式，有效压缩审批时限，极大地提高了行政服务效能，优化了群众办事流程。对打造"审批项目少、程序简、办理快、服务优"的优质沣东政务环境、让政务审批从"长跑"到"短跑"，甚至"加速跑"有着极大的促进作用。该项举措以行政效能高效改革创新，全力推动沣东新城民生事业发展，助力打造沣东优质宜居环境。

三、"民非幼儿园审批套餐"政策启示

在政务服务中，对企业和群众办理的"高频"事项进行全面梳理、分类，按照"跑路最少、办事最多、用时最短"的原则，对一个链条上的多个事项进行优化、重组，让申报材料能合尽合、审批环节能减尽减。通过合理规划

来减少重复填写、重复提交、重复申报环节，大幅减少审批用时。民非幼儿园审批套餐通过改革创新政府管理方式，对《中国（陕西）自由贸易试验区总体方案》中提出的"深化商事制度改革""实施'多证合一'综合审批服务运行模式，建立'一口受理、并联审批'工作机制"要求作出积极回应，切实转变政府职能。一方面，本项举措优化了民办幼儿园的审批流程，将原本串联审批的事项改为并联审批，但审批事项和审核力度并未缩减。另一方面，通过工作人员的提前介入和定制服务，这一措施有效地降低了民办幼儿园的开办以及经营过程中操作不当带来的附加风险。

四、"民非幼儿园审批套餐"下一步工作思路

（一）积极探索审批新模式、不断完善审批流程

未来，将进一步依托"一窗受理"集成化服务平台，逐步打造出"套餐式"联办审批服务模式，不断优化审批流程。行政审批局将积极探索创新精准化、集成式的行政审批新模式，对群众常办的事项进行梳理分析、审批流程进行再造，在政务中心范围内全面推行"套餐式"联办审批服务事项，将一个"链条"上的多个事项集成打包，让群众在审批咨询环节就能把要办的所有事项一次问清、一次填好、一次提交，真正实现了让群众办事"最多跑一次"，为群众提供便利。

（二）做好"店小二"，打造优质营商环境

行政审批局通过多项举措，将采用"互联网＋政务服务"新模式，打通直接联系服务群众的"最后一公里"，探索更多的许可事项"智慧审批"新模式。充分利用各种资源，当好服务企业群众的"店小二"，提供"沣东金牌服务"，不断提升服务质量和水平，让企业（群众）有更好的服务体验。为打造一流营商环境、宜居环境"两个先行先试区"作出应有的贡献。

【实践者说】

据西咸新区沣东新城相关负责人介绍：沣东新城围绕企业群众的核心需求，为其提供"套餐式"一揽子审批服务。如民非幼儿园审批套餐、苗木迁移和占道开挖审批套餐等，实现"一次咨询，流程尽知；一次申请，事项全办"的目标。对每一个套餐分别成立一个联合审批小组，全流程告知，联合审批，联合勘验，最大限度地压减材料和时间。对申请开办企业开展帮办代办指导，为企业提供便利。民非幼儿园审批套餐对民办幼儿园多个审批事项进行整合梳理，通过提前介入、并联审批、定制服务等方式，实现了多项审

批同步进行，精简了审批材料，缩短了审批时限，有效优化了民办幼儿园的开办流程，保障了沣东新城学前适龄儿童的教育需求。

【案例点评】

行政审批应通过多项举措、采用"互联网＋政务服务"新模式，打通直接联系服务群众的"最后一公里"，探索更多的许可事项"智慧审批"新模式。沣东新城行政审批局按照"先试先行、创新改革"的原则，推行"套餐式"联合审批新模式，制定了特色"民非幼儿园审批套餐"，精简了审批材料，缩短了审批时限，有效优化了民办幼儿园的开办流程，受到各方欢迎。

推进"证照分离"改革试点

——建立小餐饮店备案和监管工作协调机制

为了进一步深化"放管服"改革，持续推进"行政效能革命"，打造宽松便捷的市场准入环境，促进市场主体快速增长，助力"大西安"建设和追赶超越发展，西咸新区市场服务与监督管理局沣东新城分局按照"证照分离"行政事项目录，对目录中各类事项的办理流程进行梳理，从群众和市场主体办理营业执照和涉及的多项许可事项进行整合，明确各类行政事项的流程各环节以及办理期限。分局于2018年4月发布并实施《西咸新区沣东新城内小餐饮店备案和监督管理办法》，建立起关于小餐饮备案和监督管理工作的协调机制，切实做到放宽准入、宽入严管。

一、推进"证照分离"改革试点背景

目前，在餐饮服务经营中，存在以下问题：店面在50平方米及以下的小餐饮经营者规模小、基础弱、条件差，达不到《食品经营许可证》申领条件，存在无证或超范围经营情况；由于自身设备设施等各方面的条件无法达到办证要求，存在一定数量未取得《食品经营许可证》就从事餐饮服务活动的单位；还有一些小餐饮店虽然取得了《食品经营许可证》，但由于经营面积小，利润薄，在利润追求和激烈的市场竞争压力下，存在超出许可经营范围的现象。

针对这一问题，备案制将监管部门审查把关转变为以具备食品安全基本条件的申请人告知承诺为主，申请人可先获得备案凭据后开展经营，再在后续经营中按照法律法规的要求持续完善软硬件条件。为进一步简化和优化食品经营许可流程，加大对无证食品经营疏导力度，提高沣东新城食品安全水平，西咸新区市场服务与监督管理局沣东新城分局制定并实施《西咸新区沣东新城内小餐饮店备案和监督管理办法》，旨在通过试点形成可复制推广的小

食杂店、小餐饮店准入及监管模式。

二、推进"证照分离"改革试点主要做法及成效

（一）主要做法

1. 明确备案管理办法

明确管理办法中所指的小餐饮店，是经营场所固定且使用面积小于 50 平方米、从业人员较少、经营品种风险较低且符合食品安全基本条件的餐饮服务提供者；具备开办条件的小餐饮经营者提交相关备案材料，并对其提交材料的合法性、真实性负责。

沣东新城各市场所当场书面告知小餐饮店备案材料是否符合要求：符合要求的，给予备案，并发放《小餐饮店备案通知书》；备案材料不齐全或者不符合规定形式的，一次告知小餐饮店需要补正的全部内容；备案材料不符合要求的，应当告知小餐饮店不予备案并说明理由。同时，实施负面清单，明确禁止经备案的小餐饮服务提供者经营法律、法规规定禁止经营的食品；冷食类食品、冷加工糕点、生食水产品、凉拌菜和预先拌制的色拉等高风险食品；以及产生油烟、异味、废气的热食类食品和糕点类等可能影响周边居民正常生活的食品。

2. 通过多种监管措施，强化日常监管

通过实地巡查、定期抽验、网格化监管和联合惩戒等方式，依法核查备案后小餐饮店的生产场所条件及经营活动等情况。一是分类监管。根据不同类型小餐饮店的食品安全风险，确定各类小餐饮店的监督检查重点内容和频次，并按要求开展监督检查。二是首次监管。对备案完成的小餐饮店在 30 个工作日内开展首次监督检查：检查结果符合备案条件中的食品安全要求的，发放《沣东新城小餐饮店备案公示卡》；检查结果不符合备案条件中的食品安全要求的，责令其限期改正；经改正仍不符合的，责令其停止从事餐饮服务活动；拒不停止的，通报所在地街镇组织开展联合执法。三是网格化监管。着力构建"监管全覆盖、分级管理、职责明晰、高效监管"的新区、新城、街办、社区（村）四级食品药品安全监管网格体系。四是联合惩戒。在监督管理中发现小餐饮店存在违法行为，需要相关部门实施联合惩戒的，由各相关部门根据联合惩戒实施细则，依法实施联合惩戒。

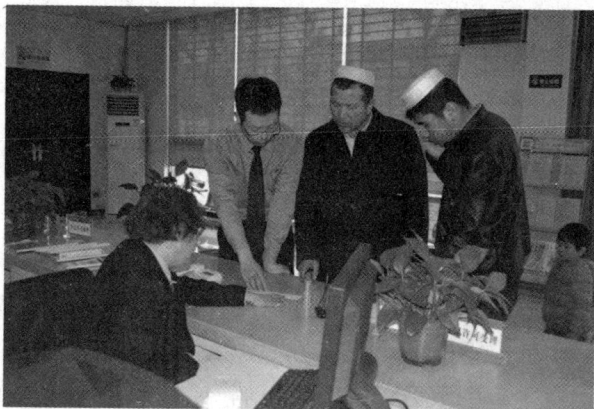

2018 年 11 月，有群众在沣东新城分局建章路管理所办理小餐饮店备案事项

3. 积极引导多方力量共同参与监督

引入社会监督：一是通过广播、电视台、报社等媒体，加大对社会公众及小餐饮店经营者的文化市场法制宣传力度，充分发挥媒体的监督、教育职能，曝光典型案件，提高公众认知和防范能力，拓宽公众参与社会监督的渠道和方式。二是建立沣东新城食品药品公众举报受理平台，鼓励通过互联网、举报电话、投诉信箱等反映小餐饮店经营者在产品和服务质量、违法经营等方面的问题。三是通过行业协会、社区志愿者等，引导社会力量广泛参与进行监督，每年对积极参与日常监督工作的志愿者给予表彰。加强行业自律：一是鼓励餐饮行业协会引导小餐饮店加强自律，诚信经营，推动形成社会性约束和惩戒机制。二是诚信管理。建立小餐饮店专用主体信息基础数据平台，记录小餐饮店备案、监督检查、行政处罚等信息，建立每户备案小餐饮店的诚信档案，并向社会公布。将无食品经营许可和不符合备案条件从事餐饮服务活动的小餐饮店，纳入单位和经营负责人个人诚信记录。

（二）主要成效

一方面，自 2018 年 4 月实施《西咸新区沣东新城内小餐饮店备案和监督管理办法》后，将《食品经营许可证》审查时间由原本 3 天缩短至随到随审，此举为小餐饮行业准入提供了便利，释放了活力，2018 年全年增加注册办理数 400 多户。

另一方面，通过推进信息归集共享、实施联合惩戒、建立健全信用体系等事中事后监管手段，在激发市场主体活力的同时，有效维护市场秩序。多种合理合法的监管手段，充分考虑了区域市场经营环境，防止社会矛盾的激化，从正面调动了小餐饮经营者对食品安全的责任意识和法律意识，营造良好的行业氛围。

三、推进"证照分离"改革试点政策启示

建立小餐饮店备案和监管工作协调机制是对"放管服"改革要求的积极回应。通过"深化商事制度改革"、实施"多证合一"综合审批服务运行模式，探索建立"一张执照管登记、一枚印章管审批、一个流程管项目、一套网络管信用、一个部门管市场、一支队伍管执法"的行政审批、市场监管和综合执法体系。建立事中事后监管工作机制，制定具体管理措施，向社会公众告知办事指南，明确加强事中事后监管的配套措施，全面推进"双随机、一公开"监管，健全"双随机"抽查工作机制和制度规范，逐步实现跨部门"双随机"联合抽查常态化，推进抽查检查信息统一归集和全面公开，建立完善惩罚性赔偿、"履职照单免责、失职照单问责"等制度。实施备案制意味着在准入环节上，合理地简化了程序，缩短了办理时限，降低经营者办事的时间和成本；同时，在监管环节上，也有利于政府部门及时纠正不规范经营行为，严厉打击违法违规行为，增强经营者食品安全主体意识。

四、推进"证照分离"改革试点下一步工作思路

在小餐饮店备案制与事中事后动态监管工作运行顺畅、协调，"宽进严管"可以落到实处的情况下，将进一步引入备案退出机制，全面加强对备案小餐饮企业的管理。同时，沣东新城市场监管局将对更多行政许可事项办理流程优化再造，在形式审查企业申请材料和承诺后，发放更多许可事项，将原本前置实施的企业审查移至获证后进行，为许可事项申请人提供更多便利，有效降低企业参与市场经营的程序成本。

在"融合通办"的过程中，缺乏必要的技术支撑。目前，尚无深度融合审批行政许可事项的电子平台。工商登记事项和其他行政许可登记事项分别在不同的业务平台上办理，平台之间没有信息推送和数据共享功能，下一步将搭建企业注册登记事务和经营性许可融合通办平台，为企业办理设立审批"搭台清障"。

【实践者说】

西咸新区沣东新城的负责人表示：改革是把省事方便送给企业，把对事中事后监管的挑战留给政府，在鼓励大众创业、万众创新的背景下，"宽进严

管"是一种趋势，政府通过推进信息归集共享、实施联合惩戒、建立健全信用体系等事中事后监管手段，既激发了市场主体活力，又有效维护了市场秩序。

对符合条件的小餐饮店实行备案管理，同时制定了完善的事中事后监管制度，对小餐饮行业实现了宽进严管的管理模式，一方面促进了区域市场活力，方便企业和居民就餐，另一方面维护了市场秩序，对小餐饮行业进一步规范化管理。西咸新区沣东新城在已有的管理经验的基础上，结合自身实际情况，对全国已有的实施先例实现了创新应用，形成了一项具有区域领先性的应用型创新举措。

【案例点评】

西咸新区沣东新城自贸区通过对符合条件的小餐饮店实行备案管理，同时制定完善的事中事后监管制度，对小餐饮行业实施宽进严管的管理模式。该举措不仅促进了区域市场活力，方便了企业和居民就餐，而且维护了市场秩序，实现了行业的规范化管理。西咸新区沣东新城在已有的管理经验的基础上，结合自身实际情况，对全国已有的实施先例实现了创新应用，形成了一项具有区域领先性的应用型创新举措。

网上政务平台 + 自助信包箱数据

——打造线上线下一体化 7×24 小时政务服务体系

西安国际港务区政务服务中心以企业需求为导向，依托西安国际港务区政务服务网建设全省首个 24 小时自助信包箱，通过网上政务平台与自助信包箱数据互相推送，打造了线上线下一体化的 7×24 小时政务服务体系。自助信包箱的使用解决了办事企业较多，窗口办件压力日益增大，办事人员交件、取件等需要等待较长时间，且受工作时间限制等方面问题。

一、网上政务平台 + 自助信包箱数据背景

近年来，"互联网 + 政务服务"作为一种新的形态正在深刻改变人们的生活。为深入推进"互联网 + 政务服务"工作，坚持以"最多跑一次"改革撬动政府数字化转型，全面提高政务服务效率，推进"15 分钟政务服务圈"建设，西安国际港务区于 2018 年 1 月 10 日正式启用"24 小时自助信包箱"，在全省率先实现网办自助交件、自助取件的政务服务新模式，将政务服务从 8 小时延伸到 24 小时"不打烊"的自助服务，并作为 2018 年陕西自贸区创新案例在全国推广。通过信包箱，348 个事项（本级 70.58%）实现了审批不见面。目前，已在 5 个主要企业聚集区设置 24 小时自助信包箱 5 个，覆盖企业近 7000 家。如今，升级后的信包箱已实现从"全港"到"全城"的跨越，办事群众可选择最方便的速递易箱柜，兼顾安全和便捷，真正享受家门口随时随地"自助交件、自助取件"的新政务服务模式。

西安国际港务区政务服务中心办事企业较多，窗口办件压力大，办事人员交件取件都需等待较长时间，推出了 24 小时自助信包箱后，办事企业首先可以在网上提交材料进行预审，然后信包箱交件，审批完成后，办事人员凭取件码到就近信包箱就可以取件，整个过程在网上就可以完成，节约了企业办事人员的时间，也提升了政府部门工作人员的效率，非常便捷。

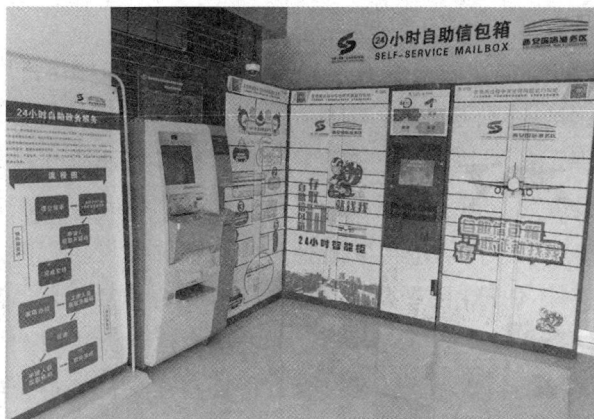

西安国际港务区设置 24 小时自助信包箱

二、网上政务平台＋自助信包箱数据主要做法及成效

（一）主要做法

1. 坚持线上线下功能融合

分类梳理行政审批事项和公共服务事项，增加网上预审环节，通过线上预审等方式保证自助交件即刻受理；线下提供邮寄交件、自助交件、窗口交件、自助取件、邮寄送达等多种服务方式。目前已有 348 个"不见面审批"事项可通过 24 小时自助信包箱办理。

2. 坚持从企业需求出发

企业在通过网上预审后，可将相关纸质材料放入信包箱完成交件，系统下发信包箱开箱码和对应的审批部门，政府办事人员凭开箱码完成取件，帮忙免费代办事项。审批完成后，帮办人员将审批结果存放至相应的信包箱，企业到就近信包箱凭开箱密码取回审批结果。目前已在园区内办公密集区放置了 5 个信包箱，园区内 7000 多家企业体验到了这种不受时间限制、不出楼的政务服务。办事企业在西安国际港务区注册后通过网上政务服务平台找到需办理的事项，在资料齐全提交预审后，即可选择取件方式（信包箱取件），24 小时预审通过后，即可选择交件方式（信包箱交件），企业会同时在个人中心和系统短信均收到开箱码，办事人员凭开箱码到就近选择的交件箱即可完成交件。审批完成后，办事人员凭借取件码到就近信包箱即可完成取件，整个过程全部在网上流转，非常便捷。

3. 完善标准化使用流程

政务中心帮办人员定时查看的是政务服务管理系统"出件管理"和"待收件查询"。在窗口办结业务后，前台帮办收取窗口交接的各类证照，通过系统中"出件管理"的"快递箱自提"，查询办结好的证照开箱码，查询核对无误后帮办当天负责人到自提柜存放证照。同时，帮办人员在系统里查询到有信包箱收件信息后，在信包箱取出企业群众存放的资料，帮办人员通过系统中"快递箱交件"查看企业办件号码，核对资料后帮办人员抽号交给对应窗口工作人员，由窗口人员负责办理业务。整个运行流程明确了各环节责任人，将线上办理和线下实际流转相结合，保证自助交件、自助取件整个业务流程运行顺畅。

4. 坚持从实际出发科学选址

24 小时自助信包箱不局限于以前的仅在园区内企业聚集区楼宇内建设自助信包箱，而是将实现从"全港"到"全城"的跨越，就近交件取件，并将政府服务从传统的 5×8 小时延伸至 7×24 小时，不用排队，不用抽号，全程只需 1 分钟，大大提高了效率，为企业和群众提供了高效、便捷的服务，提供网上预审、自助交件、后台审批、自助取件等一站式服务方式。通过对网上政务服务平台企业办件量进行分析和科学选址调研、企业座谈等，从 2018 年 1 月起，西安国际港务区政务服务中心先后选定在园区综合服务大厅和陆港大厦、华南城、中西部金融小镇、保税大厦等 5 处办事企业主要聚集地，分别设置了 24 小时自助信包箱，保障了园区 70% 以上的企业办事不出楼，24 小时随时办。

（二）主要成效

1. 服务事项精准落地

目前已在园区内办公密集区放置了 5 个信包箱，园区内 7000 多家企业体验到了不受时间限制、不出楼的政务服务。实现了工商、公积金、规划、建设、环保等市级 144 项和区级 358 项下沉事项就地办理，覆盖企业近 2000 家，60% 的政务服务兑现了不用排队、无须抽号，24 小时随时自助办理和全程"零跑腿"不见面审批。国际港务区政务服务中心已经不再满足于打通政务服务的"最后一公里"，而是如何将与企业和群众的距离从"一公里"进一步缩小，成为新一步的工作目标。

2. 服务效能持续攀升

信包箱模式推出以来，总计通过 24 小时自助信包箱全程网办事项 358 项，占本级政务服务事项的 70.58%。共办理发票认证 16177 张、发票领用

2098 张、企业名称预先核准 16 件、企业注册 17 件、企业变更 15 件、证照领取 193 件、企业注销 178 件、企业迁移 14 件、帮办指导 125 件、办事咨询 367 件、免费刻章 10 套、公章领取 10 套、老年证办理 1 件、档案查询 1 件，合计共计 19222 件事项，实现了"试点先行，汲取经验，快速铺开，全面便民"的目标。

3. 社会效益不断提升

2019 年 4 月 17 日，中共中央政治局常委、国务院副总理韩正在考察国际港务区时，对"楼小二"政务服务新模式大加赞赏，并鼓励国际港务区抓住制度创新这一关键，对标国家要求，打造更加便民、利民、惠民的政务服务体系。目前，24 小时信包箱模式获得了区内众多企业的好评，企业满意度超过 95%，吸引了省内外 30 个政府单位前来观摩、考察，有力地加速了"信包箱"政务服务模式的推广与复制。

24 小时自助信包箱试运行以来箱格使用率一直在 80% 以上，截至 11 月 22 日，累计自助交件、取件 2932 件。该项举措将政务服务由传统的 5×8 小时延伸至 7×24 小时，借助"互联网 +"手段，通过物联网、数据共享等技术手段，为办事企业和群众提供 24 小时"不打烊"的自助服务。

三、网上政务平台 + 自助信包箱数据政策启示

国际港务区在持续优化营商环境中，坚持以"最多跑一次"改革撬动政府数字化转型，紧盯"一网、一门、一次"目标，加强"互联网 + 政务服务"建设，24 小时自助信包箱等政务改革创新案例被评为陕西自贸区创新案例，在新型智慧城市的建设中，带动了企业快速聚集，2018 年全区市场主体新增 9000 多家。

通过数据共享、网上预审等方式，国际港务区实现了"让信息多跑路，让群众少跑腿"，24 小时自助信包箱、政务服务驿站被评为陕西自贸区创新案例并在全国推广，率先在全省启用"人脸识别"技术办理政务服务，持续优化的营商环境为高质量开放奠定了基础，2018 年全年园区新增市场主体达 9505 家。

四、网上政务平台 + 自助信包箱数据下一步工作思路

下一步，陕西自贸区西安国际港务区片区将紧盯重点领域和高频事项，纵深推进"放、管、服"改革，完善自助信报箱功能，下沉更多政务事项，

增加个人事项自助办理等业务，并将自助服务终端延伸至辖区街办、政务服务驿站及社区，打造 24 小时随时办的"一站式"服务新品牌。西安国际港务区将依托"互联网＋"政务平台，完善自助信报箱功能，将自助服务终端延伸至街办、政务服务驿站及社区，增加提供预约办事、业务办理网上预审、证明打印、业务办理进度查询、就近交件等功能，实现企业和群众办事不出楼、不出社区、不用排队、24 小时随时办的"一站式"服务。

【实践者说】

"家门口自助交件功能太方便了，我们不用拿着材料往返于公司和各个行政部门之间，24 小时都可以递材料、取材料，就像取快递一样"。西安国际港务区一家入区企业负责人王先生表示："下班后在自己家门口的速递易箱柜前，输入交件码，几分钟就完成了递交材料办理政务事项的全过程。"

据《西安日报》记者报道：在中午午休时间，陕西四方泗建筑工程公司财务管理人员小闫，通过国际港务区政务大厅 24 小时信包箱服务，仅一分钟就取到了变更后的营业执照。此前，小闫在公司登录政务服务中心网站提交了变更申请，从申请到取到证照，小闫几乎实现了与审批办证人员零见面。

【案例点评】

通过数据共享、网上预审等方式，国际港务区实现了"让信息多跑路，让群众少跑腿"。自助信包箱的使用解决了窗口办事企业数量多，窗口办件压力大，办事人员交件、取件时间长等问题。24 小时自助信包箱被评为陕西自贸区创新案例，并在全国推广。

微警认证：随时随地轻松证明"我就是我"

微警认证，是以法定证件"居民二代身份证"为信任根的互联网可信身份认证平台。目前，以公安部第一研究所"互联网＋可信身份认证平台"为依托，通过研发专用 App 与硬件设备，开发多元化的认证方式与途径等措施，成功构建了一套独特的身份认证机制，可以为警务、政务及第三方应用提供网上身份认证服务。用户只需在手机上装载"微警认证"App，连接微警徽章"刷证"，再自拍"刷脸"，即可实现"身份真实性、证件有效性、人证同一性"的网上远程验证。该认证范围覆盖全国 14 亿人口，认证过程不会传输公民隐私资料。认证过程不在互联网上存储和传输个人信息，认证结果权威、安全、实时、准确，可广泛应用于警务和政务服务。所有需要本人持身份证到窗口前台确认身份的行政审批等服务，均可在手机端自助完成，最终将电脑、智能终端等设备变成虚拟的办事大厅。

一、微警认证背景

冒用他人身份骗取企业登记注册怎么办？无法到场即无法证明"我是我"吗？随着网络社会的发展特别是移动互联网时代的到来，我们的生活更加便捷，但是虚拟环境下身份被冒用的事件却屡屡发生，在生活中和网络上如何安全有效地证明"我是我"已经成为一种迫切的现实需求，同时也是警务和政务服务实现移动化办理必须突破的瓶颈。传统的网上身份认证方式需要用户提交个人信息资料，或上传身份证正反面照片，存在巨大的安全隐患。

近年来，我国持续推进放管服改革，为大众创业、万众创新释放了改革红利，提升了营商环境，惠及了广大守法、诚信的企业和群众。但是，也有一些不法分子钻了现行法律法规的空子，冒用他人身份，办理工商登记和税务登记等相关事项，带来了一些风险。此次"微警认证"远程身份认证使用系统，兼顾实名验证和注册便利两个方面，能够有效防控冒用身份进行的虚假注册问题。

现阶段微警认证数据库已纳入了"五省六市"即：广东省、浙江省、陕西省、黑龙江省、广西壮族自治区、武汉市、厦门市、河南永城、河南巩义、河南开封、河南鹤壁，数据库内人员可直接下载"微警认证 App"或通过"网证 CTID"微信小程序办理微信身份证。未纳入数据库人员需持身份证到可信终端设备认证开通。

西安国际港务区政务中心相关负责人介绍，在引进微警远程认证之前，很多时候身份认证流程烦琐，准确率低，此次"微警远程认证"应用兼顾实名验证和注册便利两个方面，通过用手机刷脸即可远程验证身份，解决了办理工商登记等业务时身份被冒用的问题。通过西安国际港务区"互联网＋"政务服务平台可以很轻松地刷脸办理税务登记、税务变更等政务服务事项，轻松证明自己的身份，节约业务办理时间。

市民来到西安国际港务区政务服务中心办理股东变更业务

二、微警认证主要做法及成效

（一）主要做法

2018 年 3 月，西安国际港务区引进公安部第一研究所"可信身份认证体系（CTID）"，在西安国际港务区政务服务中心引入"微警认证"人脸识别现场认证技术，通过西安国际港务区"互联网＋"政务服务平台在陕西首创刷脸办理税务登记、税务变更等政务服务事项，轻松证明"我是我"。具体操作如下：

1. 窗口工作人员通过西安国际港务区政务服务管理系统发起认证请求；

2. 办事人员使用网证 CDIT 小程序扫码进行认证；

3. 在手机端完成认证后会收到认证结果；

4. 窗口工作人员同时从政务服务管理系统获取认证结果；

5. 比对成功，完成认证。

微警认证的特点主要体现在两个方面：一是速度快，仅仅几秒即可完成认证；二是安全性高，体现在可防身份冒用。国际港务区政务服务中心的刷脸认证服务平台直接和公安部第一研究所的制证数据库连接，信息安全可靠，即使办事人员的手机不慎丢失，也无法通过手机"刷脸"冒用身份信息。

微警认证可以通过手机互联网验证实体身份证的真实性和有效性。在核查过程中，公民的隐私权得到保护。而且微警认证的安全性可高达99.9999%。对于身份证比对核实来说，人眼识别比对的误判率最高可达15%，人工智能人脸识别系统的识别比对误判率仅为0.0001%（百万分之一），人脸的正常老化、毛发眼镜遮挡等问题都能被人工智能系统正确判别，更加能确保"我是我"，因此现在不少机场、安检、海关都陆续引入了人脸识别技术。

"微警远程认证"系统依托公安部第一研究所"互联网＋可信身份认证平台（CTID）＋微警认证 App"，确保了"身份证网证"是"实人＋实名＋实证"申领，能有效替代纸质身份材料。该系统开启了以人脸识别为主，声纹识别、大数据等技术为辅的"远程委托，随时随地，刷脸办事"新模式。后期，此种应用也可用于线上、线下政务服务等众多要求实名制的应用场景，全程可"不见面"完成认证。

（二）主要成效

目前，国际港务区政务服务中心"微警认证"技术主要应用于办理税务登记、税务变更等相关税务业务，后又新增包含工商登记、变更、注销、查档和公积金办理等共计37个业务。数据库包含的"五省六市"人员可随时到大厅办理此37个业务，直接"刷脸"即可，无须任何身份证明。办事模式的改变主要体现在：申请人无须再携带居民身份证原件办理业务，只需要使用微警认证 App 或者微信"网证 CTID"小程序刷一下脸就可以完成认证。我们通过"微警认证"的改革推动电子身份证的利用复用，替代原来纸质身份证明材料。应用至今，国际港务区政务服务中心日均认证50次。

国际港务区应用"微警认证"技术，实现线上线下身份认证统一，有效解决了三个线上难题："我就是我""我在办""我还活着"。"微警认证"可用于线上、线下政务服务等众多要求实名制的应用场景。有了"微警认证"后，在国际港务区办事"不要你证明你就是你，是你在办！"

三、微警认证政策启示

据了解，"微警远程认证"系统依托公安部第一研究所"互联网＋可信身份认证平台（CTID）＋微警认证 App"，确保了"身份证网证"是"实人＋实名＋实证"申领，能有效替代纸质身份材料。该系统也开启了以人脸识别为主，声纹识别、大数据等技术为辅的"远程委托，随时随地，刷脸办事"新模式。

至此，西安国际港务区现场＋远程全方位实名验证系统逐步完善，为身份无法验证问题提供了技术支撑，能够更有效防控冒用身份进行虚假注册问题。为市场主体"宽进严管"，有效建立健全市场信用监管体系打下了良好基础。

四、微警认证下一步工作思路

下一步，我区将积极深化"微警认证"的办理事项范围，在梳理管委会业务审批事项中逐项确认，确保不遗漏一项，使得"微警认证"真正服务于企业，服务于群众，并探索与入驻的商业银行合作，争取将"微警认证"应用于银行业务办理过程中，发挥好"店小二"的创新精神，最大限度地简化居民和企业的办事流程，做人民满意的"店小二"。

【实践者说】

陕西林浩能源科技有限公司的蔚道斌来到西安国际港务区政务大厅办理企业法人、股东变更业务，在工作人员讲解下，他通过"西安港政务服务"微信公众号点击"微政务——远程认证"发起认证后，股东接收到通知消息，在"微警认证"App 刷脸完成认证，企业很快拿到了新的营业执照。蔚道斌在接受《三秦都市报》专访时表示说："这样认证不仅避免远在榆林和延安的股东来回跑路，而且便捷安全，保护了股东的身份信息安全，太方便了，值得点赞！"

西安国际港务区政务中心王郁涵在接受《三秦都市报》专访时介绍说：近年来，省市持续推进放管服改革，为大众创业、万众创新释放了改革红利，提升了营商环境，惠及了广大守法、诚信的企业和群众。但是，也有一些不法分子钻了现行法律法规的空子，冒用他人身份，办理工商登记和税务登记等，带来了一些风险。现在"微警远程认证"兼顾实名验证和注册便利两个方面，通过远程用手机刷脸即可验证身份，解决了工商登记身份被冒用的问题，后期此种应用也可用于线上、线下政务服务等众多要求实名制的应用场景，全程可"不见面"地完成认证。

人脸识别技术通过借助大数据，能从源头上治理冒用身份证的问题。港务区自从实行网上身份认证以来，未再出现一起身份证信息冒用事件。

【案例点评】

西安国际港务区创新使用的"微警远程认证"应用，一方面，通过用手机刷脸即可远程验证身份，解决了办理工商登记等业务时身份被冒用的问题；另一方面，通过"互联网＋"政务服务平台，让用户轻松刷脸即可办理税务登记、税务变更等政务服务事项，节约了业务办理的时间。

微信办照：企业登记注册更便利

公共服务问题是当今公共管理中的一个重要问题，而公共服务窗口是公共服务的关键，其形象直接影响公众对公共服务的评价。随着自贸试验区建设发展，对政府职能转变提出了更高的要求，创建一流的政府服务窗口，成为建设服务型政府的一项重要目标和内容，是提升公众及企业感受度和获得感的一把衡量标尺。为了使服务窗口真正达到"方便、快捷、优质、高效"的要求，在人民群众中树立起服务型政府的良好形象，自贸区西咸新区在解决企业登记注册便利化这一影响商事制度改革成败的最后一公里问题上，经过反复调研实践，开发了工商登记注册全程电子化系统，实现了较好的经济和社会效益。李克强总理在陕调研期间，当了解到通过微信扫码，上传身份证和刷脸就能远程办理营业执照时，给予充分肯定，高兴地称赞"陕西这项改革让群众不跑腿就能办事"。

一、微信办照的背景

党中央、国务院高度重视电子政务发展，2014 年 11 月 26 日国务院办公厅发布《关于促进电子政务协调发展的指导意见》，从"加强顶层设计，统筹电子政务协调发展"和"深化应用，提升支撑保障政府决策和管理的水平"两大角度提出未来五年电子政务发展的指导意见。互联网深刻改变着经济社会生活，政府工作必须主动顺应，积极变革。电子商务能做到的，电子政务也可以做得到。

一般企业办理工商营业执照手续较为繁杂，故应提交的文件也比较多。以办公场地租赁合同或房产证到管辖的街道办备案，在办公场地所在的工商行政管理机关咨询，就人员、经营范围、登记主管机关等取得初步意见；再领取、填写企业名称预先核准书，办理企业名称预先核准手续。拿到后去银行办理验资手续（个体户不需要验资），再带齐企业名称、验资证明和填写好的申请书，方可以办理公司执照。其次，向登记主管机关提交股东身份证明、委托书等必需的文件、证明。登记主管机关受理后进行审查、核准，10 日内作出核准或驳回的决定。

正常情况下核准名称需要 1—3 个工作日，如核准失败则需重来。提交资料则需要 5—15 个工作日。企业办照流程复杂，增加了企业的时间成本。微信办照则开启了登记注册新模式。

二、微信办照主要做法及成效

（一）主要做法

1. 采用工商登记注册全程自主化电子化系统

通过微信办理营业执照，只要关注工商局官方微信，完成三步操作，就能领到电子营业执照。第一步：刷脸。通过微信拍摄身份证正反面照片，上传，按照刷脸提示信息，脸部正对手机摄像头，匀速、缓慢朗读手机屏幕上的四位数字，出现验证成功提示，刷脸通过。第二步：自主选名。录入所申办的公司（或个体户、农民专业合作社）的住所、主营行业、股东（经营者）等基本信息，在字号栏输入自己为公司（或个体户、农民专业合作社）起的名字，点击下一步，自主起名通过。第三步：录入申报信息。在系统提示下，点选或录入详细经营范围、投资者、投资额、出资期限、经营期限、经营者或负责人、章程等信息，按系统提示，分别在《开业登记申请书》等表格上粘贴电子身份证照片，手写签名、提交，申报即可完成。关注工商微信公众号，当出现审核通过提示后，即可在电子营业执照栏目，查询到自己的营业执照。

2. 优化工商注册流程和机制

为了推进改革，在现有法律、法规和政策框架下，陕西自贸试验区西咸新区对现有的工商注册机制、流程进行了创新和优化。一是名称预先核准改为自主申报。采取合并名称和设立登记一并申报，企业一次性填报，由登记机关审核员在后台同时审核。二是住所审核改为自主申报。申请人不再提交住所证明，自主申报住所，签署声明对住所合法性负全部责任，工商部门事后对住所进行核查。三是发放电子营业执照。系统自动发放电子营业执照，电子营业执照与纸质营业执照并行适用，企业可自主选择到大厅领取纸质营业执照。四是生成电子档案。审批完成后，自动合成电子档案，同时打印纸质档案，交档案室人工管理。

3. 创新突破微信办照相关技术

陕西自贸试验区西咸新区通过自主创新，开发出多项软件新技术，开创了微信办照行政审批新模式。一是微信刷脸实名登录技术。与腾讯公司共同攻关，在微信上实现了上传身份证照片，进行人脸识别与活体检测，比对公安部身份证数据库，进行实名登录的功能。二是申报信息一次录入技术。整合注册申报的全部表格材料，自动抽取全部信息项，合并同类项为申报信息一次填写，信息复用，自动生成完整的表格和材料。三是手写签名技术。申请人确认申报表格和材料全部无误，在线通过手机屏幕手写进行电子签名。四是电子营业执照技术。设计微信电子执照模板，与纸质执照保持一致，电子营业执照加盖工商机关电子印章，绑定权力人的实名微信账号，权力人实名登录，在电子营业执照下方显示本人相关信息，可验证权力人与营业执照的权力关系。

4. 采用新技术防控微信办照风险

陕西自贸试验区西咸新区对现有企业登记模式进行流程再造，建立符合全程电子化要求的企业登记程序，在统一平台上建立并使用规范的登记文书格式和统一的数据标准。同时，在操作安全方面，电脑端系统采用 CA 及数字签名方式，手机微信端采用本人身份证、人脸识别登录以及手写签名的方法利用合规的科技手段，实现企业登记业务数据的防伪、防篡改，规范企业电子登记档案的采集、加工、存储和管理，明确统一的标准和规范，确保电子档案的真实、完整和有效。

（二）主要成效

1. 门槛更低

住所审核制改为住所申报制。传统办照要提交房产证、产权证、土地证、租赁合同、物业证明等，现在只需自主申报住所（经营场所），签署对住所（经营场所）真实性、合法性负全责的声明即可。

名称预先核准改为名称自主申报。传统办照，要填报名称预先核准申请书，在注册大厅提交，等待数天，才能进入设立环节。现在通过系统线上填报、线上提交、线上查重比对，可直接进入设立环节，无须等待。

2. 效率更高

表格填报改为信息填报。传统办照要填报 10 多张表格和材料，这些表格和材料中的信息 8 成左右为重复信息。该系统以信息项为单位，避免重复，一次填写，智能生成申报表格和材料，数据填报量压缩为传统模式的 1/8。

全信息审核改为重点信息审核。传统审核要对所有申报表格的所有信息进行逐项审查，需要审核的申报信息9成左右为制式化信息。该系统将制式化信息全部内置于系统中，由申请人点选，审核人员仅需重点审查非点选的个性化申报信息，即可完成审核业务，大大减少审核工作量，审核时间从1个小时左右压缩为10分钟左右。

3. 服务更优

全程辅导，智能比对。传统办照，百姓因专业知识缺失，难以把握申报材料是否合格。该系统建立了法律法规与申报信息项的一一对应关系，开发了全程辅导，智能比对模块，即使没有工商法律知识背景，也能轻松完成自主申报。申报材料一次性通过率由人工方式的10%左右，提高到90%左右。

电子营业执照便捷发放。全程电子化办照，可通过微信公众号发放电子营业执照，电子营业执照在全社会推广后，将实现零跑路办照。

百姓应用无障碍。微信9亿注册用户，均可直接通过工商微信公众号办照，免去了下载专用App的不便，电子营业执照可通过微信自媒体传播，无须着力推广，也能被老百姓迅速接受。

4. 行政更廉

陕西工商登记注册全程电子化系统，以现行登记注册法律法规为依据，科学设计申报和审核业务流程，实现了零见面申报和零见面审核，在操作层面上基本避免了违法、违规申报的可能性，同时也可有效防控因审核不到位造成的审批风险和因权力寻租造成的廉政风险。

5. 环境更佳

参照世界银行营商环境评价体系，西咸新区工商登记全程电子化改革试点，在四个方面大幅优化了投资准入环境。一是注册资本实缴制改认缴制，市场准入门槛有效降低。二是实行零收费办照，终结了市场准入环节收费的历史。三是深化登记注册便利化改革，实现了零跑路，随时随地，自助办照。四是压缩减少审批环节，名称和住所自主申报，审核效率显著提高。

三、微信办照的政策启示

自贸试验区西咸新区率先启动"微信办照"服务，并于2017年8月在全省推广运行，属于全国首创型创新举措。该举措具有显著的复制推广性。

（一）问题导向、满足需求是微信办照实施的基础和前提

自贸区西咸新区把过去烦琐的办照流程，简化为刷脸、自主起名、录入申报信息三个步骤，首次实现了无介质、无纸化、无收费，全程电子化登记

注册，办事效率和效益大幅提升，体现了该举措显著的实施成效。

（二）企业普遍获益是改革成功的标志

"微信办照"有效突破了时间和空间的限制，利用先进信息技术，搭建"线上线下、虚实一体"的政务服务平台，使传统意义上的物理窗口向虚拟网上大厅转移，申请人足不出户、身在异地都可以办理业务，将传统的"面对面"服务转变为"键对键"服务，有效提升了办照服务的便利性和实效性，实现了无纸化、零费用的绿色办公模式，是响应陕西自贸试验区深化商事制度改革目标的重要创新举措。

四、微信办照的下一步工作思路

下一步，陕西自由贸易试验区将构建"云审批、微服务、智监管"体系，打造行政许可的云审批平台，商事登记、许可审批和项目的微信申报平台，基于信用大数据应用的智能监管平台，初步形成市场准入、经营许可、项目审批和信用监管高度关联、紧密融合、简便应用、高效运行的新型商事服务和监管体系。把与行政审批有关的各类申报事项，全部纳入微信平台，率先实现随时随地，微信办理，打造全国领先的商事电子政务环境。建立一个流程办结行政审批的工作机制，申请人一次填报全部数据项，一次提交申请，后台依据申报事项，自动组合受理、审核流程，一次性办结全部准入事项。全面推行电子化商事证照，通过官方微信，实现各种商事证照电子申办、电子发放、电子公示、电子应用功能。

陕西省工商局王吉德局长颁发首张微信版电子营业执照

【实践者说】

在"微信办照"创新举措之前，较多省市开展"微信办证"业务，可实现居民办理身份证、港澳通行证、养老资格证等。但陕西自贸试验区推出的微信办理营业执照创新举措尚属首次。

自贸区西咸新区管委会办公室一名干部说："'微信办照'这项举措与《中国（陕西）自由贸易试验区总体方案》具有直接相关性。总体方案中提出'改革创新政府管理方式，深化商事制度改革。推动税收服务创新，包括一窗国地办税、一厅自助办理、培训辅导点单、缴纳方式多元、业务自主预约、税银信息互动、税收遵从合作、创新网上服务等举措'。微信办照完全是对总体方案中深化商事制度改革的积极回应，属于典型的商事制度改革范畴。"

一名企业负责人说："'微信办照'的登记模式通过微信进行身份认证，使用起来操作方便，安全合理，大大方便了办事群众。希望政府部门能在电子政务方面做更多的探索，让政务服务更智能、更多样、更人性化，让企业和群众办事创业更方便、更快捷、更有效率。"

【案例点评】

"微信办照"有效突破了时间和空间的限制，利用先进信息技术，搭建"线上线下、虚实一体"的政务服务平台，将传统的"面对面"服务转变为"键对键"服务，有效地提升了办照服务的便利性和实效性，实现了无纸化、零费用的绿色办公模式，是响应陕西自贸试验区深化商事制度改革目标的重要创新举措。

消费维权调解新模式　让群众有获得感

为充分发挥职能，积极改进和提高消费维权工作，中国（陕西）自由贸易试验区沣东新城功能区努力探索创新消费维权调解模式，建成了全封闭、全程监控、独立消费投诉调解室，制定消费投诉调解相关制度，实现消费维权工作程序化、制度化、规范化，创造了公平、公正的协商平台，营造了良好的消费环境。

一、消费维权调解新模式背景

（一）改革前所面临的问题

1. 随着经济社会多元化发展和进步，消费纠纷日益凸显，一些新情况、新问题也不断出现，并呈现出涉及面广、解决难度大等特点。同时群众法律意识、维权意识不断增强，公众对工商部门的期待也越来越高，工商部门面临着许多新的考验。

2. 工商部门在受理职业打假人的投诉时，都会遇到货值极少但要求高额赔偿的案例，并且投诉人引用相关法律法规条文进行说明和要求，处理这类投诉时都在协调被投诉人，处于被动状态。

3. 在遇到已终止调解或不属于工商部门受理的投诉的情况时，尽管明确告知投诉人，但投诉人还继续向上级申诉或媒体曝光，沣东新城功能区在已调解的案例中就遇到这种情况，由于缺乏证据资料，在应对这种情况时往往不能掌握主动权。

（二）消费维权模式

调解工作被西方公认为"东方智慧"，已成为消费维权、化解消费争议的社会主渠道，备受广大消费者的推崇和认可。依据《中华人民共和国消费者权益保护法》第三十九条明确的途径，着力把消费争议解决在基层，把社会矛盾消灭在萌芽状态。

消费者和经营者发生消费权益纠纷，可通过下列途径解决：一是与经营者协商和解。消费者与经营者直接沟通解决消费争议有利于双方平和、快捷地解决纠纷。但和解协议效力较弱；二是请求消费者协会或者依法成立的其他调解组织调解；三是向有关行政部门投诉；四是根据与经营者达成的仲裁协议提请仲裁机构仲裁。五是向人民法院提起诉讼。

目前，已有关于消费调解工作模式的探索。例如，国家市场监管总局在消费日前，要求整合原工商、质检、食药、价监、知识产权等投诉举报热线及平台，组建新的投诉受理平台，拓展受理渠道，实现"一号对外"，方便消费者投诉维权。天津港保税区在 2019 年，探索出了由"天津市市场委—新区市场局—保税市场局—消费维权站"的四级分拨模式，旨在创新消费维权模式，打通消费维权"最后一公里路"。沣东新城功能区也积极探索创新，启用了视频调解模式。

二、消费维权调解新模式主要做法及成效

（一）主要做法

1. 积极适应新形势，探索消保维权新要求

随着经济社会多元化发展和进步，消费纠纷日益凸显，一些新情况、新问题也不断出现，并呈现出涉及面广、解决难度大等特点。同时群众法律意识、维权意识不断增强，公众对我们工商部门的期待也越来越高，工商部门面临着许多新的考验。按照我局消保维权创新工作要求，坚持站在服务发展大局的高度来审视工商行政管理工作，立足新时期、新特点、新变化的要求，我们从消费维权热点、难点的实际问题出发，把实践作为首要任务，将消保工作向纵深发展，在加大消费领域法律法规宣传和引导的同时，我局积极总结消费调解过程中遇到和存在的现实问题，大胆创新，探索消费调解工作模式，变被动为主动，使消费维权由后台向前沿转变。

2. 借鉴优势经验，创建视频调解

沣东新城工商管理局积极借鉴司法部门办案音视频数据等信息化建设，运用证据留存和影像资料保存的方式方法，总结使用执法记录仪的心得体会，认识到现场工作痕迹作为证据保全、规范双方当事人行为、记录第一现场实际完整情形的重要意义。经沣东新城工商管理局领导班子研讨，总结消费调解经验及教训，在大家的集思广益下，大胆创新提出建立正规、完备、专业的全封闭、全程音视频监控独立调解室的设想。在领导班子的大力支持下，

将创新消费调解工作模式的想法进一步形成具体的实施方案，对环境要求、硬件设施、制度保障等细节进行设计规划，结合实际情况进行逐项落实，并对消费投诉调解人员进行专业培训和指导，在提高调解能力的同时，要求工作人员遵守各项调解制度，更好地体现工商人员优秀工作风貌。共制定视频调解工作制度6项，分别是《消费投诉调解工作管理制度》《消费投诉调解工作程序》《调解人员日常行为规范》《消费投诉调解资料管理制度》《警示与行政约谈制度》《消费投诉调解工作六统一原则》，为规范视频调解工作打下坚实的基础。

（二）主要成效

通过启用视频调解模式，对调解案例的分析，视频调解在证据保全、化解消费矛盾、遏制高额赔偿、记录工作痕迹等方面起到了重要作用。比如沣东新城工商管理局在受理职业打假人的投诉时，常常会遇到货值极少但要求高额赔偿的案例，并且投诉人引用相关法律法规条文进行说明和要求，以前处理这类投诉时都在协调被投诉人，现在处理这类投诉时按照法定程序进行调查了解，并组织消费者、商家、供货商三方召开了视频调解会，启用了视频调解模式，根据录制的视频资料，按照法定程序受理、答复、处理即可，确保了处理投诉痕迹化。还有一种是在已终止调解或不属于工商部门受理的投诉，但投诉人还继续向上级申诉或媒体曝光，沣东新城工商管理局在已调解的案例中就遇到这种情况，于是将受理视频资料、调解视频及文书等提供给上级部门，最终维持原本的处理结果。

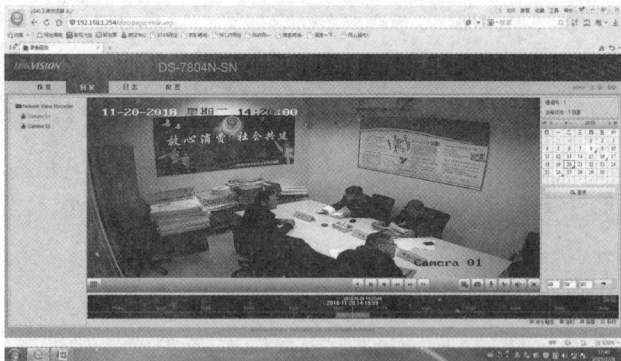

在视频调解室，汽车4S店负责人与爱车车主冷静面对问题，客观分析处理纠纷

工商作为最前沿的执法维权队伍，既要保护消费者合法权益，更要注重规范工作行为和降低工作风险，通过记录工作痕迹能更好地要求和保护执法

人员，视频调解是规范、有效开展消保工作的新途径。

三、消费维权调解新模式政策启示

（一）可视化、可留档、可追溯的执法模式是工商监管模式创新的重要途径。工商监管的可视性、可追溯性是促进政务服务监管标准化的重要基础，也是避免工商管理纠纷的有效手段，对推动法制化社会建设有着至关重要的作用。

（二）完善工商监管执法体系是地区消费经济发展的有力保障。地区工商部门在消费维权、商标侵权等方面的监管和执法体系的完善，有助于打造地区良好的消费市场环境，进而吸引更多商家入住，刺激消费和区域经济发展。

四、消费维权调解新模式下一步工作思路

按照消保维权创新工作要求，坚持站在服务发展大局的高度来审视工商行政管理工作，立足新时期、新特点、新变化的要求，我们从消费维权热点、难点的实际问题出发，把实践作为首要任务，将消保工作向纵深发展，在加大消费领域法律法规宣传和引导的同时，我局在保全证据的思路上大胆创新，探索消费调解工作模式，变被动为主动，使消费维权由后台向前沿转变。大家集思广益，大胆创新提出建立正规、完备、专业的全封闭、全程音视频监控独立调解室的设想。将创新消费调解工作模式的想法进一步形成具体的实施方案，对环境要求、硬件设施、制度保障等细节进行设计规划，结合实际情况进行逐项落实，并对消费投诉调解人员进行专业培训和指导，在提高调解能力的同时，要求工作人员遵守各项调解制度，更好地体现工商人员优秀工作风貌。制定6项视频调解工作制度，分别是《消费投诉调解工作管理制度》《消费投诉调解工作程序》《调解人员日常行为规范》《消费投诉调解资料管理制度》《警示与行政约谈制度》《消费投诉调解工作六统一原则》，为规范视频调解工作打下坚实的基础。

下一步将高度重视消保维权工作：一是加强组织领导，全面强化消保维权队伍建设，通过部门间的信息共享，形成综合执法合力；二是积极推进"五进"建设，做好《消费者权益保护法》及相关法规普法宣传，推进"诉转案"衔接工作，开展好流通领域商品质量抽检工作，提高12315投诉反馈率；三是强化社会监督，不断促进行业自律，建立自律公约，定期观摩交流，以充分发挥诚信示范引领作用；四是充分发挥视频调解室的功能作用，进一

步提高工作的标准化、规范化，努力提升消费维权工作效能，扩大公信力和影响力；五是强化宣传教育，提高维权能力，继续运用培训班、专题讲座等形式，深入企业、社区、学校、农村，开展法律法规宣传咨询活动，不断提高消费者的维权意识和能力；六是结合"创建放心消费"，进一步发挥消费投诉调解室的作用，按照消费投诉调解程序做好消费维权工作，在工作中不断完善和改进，努力创建放心消费，形成良好的社会氛围。

【实践者说】

据沣东新城功能区介绍：通过启用视频调解模式，对调解案例的分析，视频调解在证据保全、化解消费矛盾、遏制高额赔偿、记录工作痕迹等方面起到了重要作用。现在处理这类投诉时按照法定程序进行调查了解，必要时组织消费者、商家、供货商三方召开视频调解会，启用视频调解模式，根据录制的视频资料，按照法定程序受理、答复、处理即可，确保了处理投诉痕迹化。同时，在遇到已经按照程序处理办结的消费投诉，投诉人再次向上级部门申诉的情况时，我们将受理视频资料、调解视频及文书等提供给上级部门，最终维持了我局的处理结果。

工商作为最前沿的执法维权队伍，既要保护消费者合法权益，更要注重规范工作行为和降低工作风险，通过记录工作痕迹能更好地要求和保护执法人员，视频调解是规范、有效开展消保工作的新途径。

【案例点评】

工商管理局作为最前沿的执法维权队伍，既要保护消费者合法权益，更要注重规范工作行为和降低工作风险。沣东新城工商管理局通过创新视频调解模式，使消费维权实现变被动为主动，由后台向前沿的形式转变，探索出了一条规范、有效开展消保工作的新途径。

营业执照和经营许可同步

——打造高效、优质的营商环境

西咸新区围绕深化"放管服"改革，确立了"审批"和"监管"无缝衔接、"减少审批"和"增加服务"同步并举、"先行先试"和"配套推广"梯次推进的总体思路，创造性地实施营业执照和经营许可同步办理，不断优化调整甚至重构行政审批效能制度体系。"证照同步"改革，实现3个工作日办结工商营业执照、公章刻制备案和银行开户等企业开办手续；4个工作日办结具体行业经营许可证，努力打造审批最少、流程最短、成本最低、诚信最优、服务最好的营商环境，不断增强市场主体和人民群众满意度、获得感。

一、营业执照和经营许可同步的背景

按照传统程序，开办一家企业，需依次进行营业执照申领、公章刻制、银行开户许可及涉税事项办理。企业获得营业执照后，根据行业不同，还需办理各种经营许可证。据统计，经营性许可审批事项共涉及新区7个部门逐个报批，各主管部门需履行收件、资料审核、现场查验、会议研究、领导审签、发放证件等多个程序，而且由于职能不集中、信息不对等，行业经营许可手续需要在企业开办手续办结后，才能开始办理。整个证照办理过程累计耗时过长，企业长期面临着"办照容易办证难""准入不准营"的难题。

近几年来，各省份陆续开展"证照同步"的办理流程。2014年，福建出台数字福建智慧城市指导意见，对居民而言将获得一种新生活方式。7月1日起，福建将真正进入到电子证照同步生成、同步发放阶段。在东北地区，2019年，大连保税区本着先行先试的原则，把握"证照分离"的内涵，将改革重点从"照后减证"深化到"构建主体资格与经营资格分离的制度体系和管理模式"上，从而在大连片区内建立规范、高效的主体资格和经营资格分离的市场准入制度体系和管理模式。

在此背景下，西咸新区围绕深化"放管服"改革，创造性地实施营业执照和经营许可同步办理，将企业开办、经营许可的行政审批划归同一部门办理，企业可同时递交营业执照和经营许可两个审批事项的申办材料，实现营业执照和经营许可的同步审批和发放，简化了审批流程，大幅缩短了审批时限，4个工作日内即可实现证照同步到手。

西咸新区自贸区努力建设"双区"联动格局，"多试"联动效应逐步凸显

二、营业执照和经营许可同步的主要做法及成效

（一）主要做法

"证照同步"是证照分离改革的重要举措。"证照同步"即"主体资格"登记和"经营资格"审批同步启动，"经营资格"的审批申请可以在"主体资格"登记的同时一并提交，相应业务审批部门同步启动审批程序。

3个工作日完成企业开办。按照传统程序，开办一家企业，需依次进行营业执照申领、公章刻制、银行开户许可及涉税事项办理，累计耗时过长。西咸新区一方面发挥"互联网＋政务服务"优势，积极推进"微信办照"，实现最快半小时使用手机微信即可办结营业执照。另一方面，在新区和5个新城政务大厅引入银行和公章刻制机构，同时充分发挥陕西自贸试验区区位优势，依托自贸试验区"多证合一、多项联办"平台。确保3个工作日内同时办结营业执照、刻章、银行开户许可等事宜，办理时限由原先的30个工作日缩短到3个工作日，达到全国先进水平。

4个工作日实现"证照同发"。企业获得营业执照后，根据行业不同，还需办理各种经营许可证。据统计，经营性许可审批事项共涉及新区7个部门逐个报批，各主管部门需履行收件、资料审核、现场查验、会议研究、领导审签、发放证件等多个程序，而且由于职能不集中、信息不对称等，行业经营许可手续需要在企业开办手续办结后，才能开始办理。实施改革后，西咸新区着力打造"主体默认、容缺办理、证照同发"的审批模式。将营业执照涉及的经营性许可审批统一划归市场服务与监督管理局，削减了部门间流转环节，合并了审批窗口，变"多头受理"为"一口受理"，职能整合后，企业开办、经营许可的审批职责由市场服务与监督管理局统一履行，如果企业能够同时递交这两个审批事项的申办材料，市场服务与监督管理局可以在完成资料初审后，同步受理、同步审核企业开办和经营许可手续。

例如，开办一家餐饮服务单位，需办理营业执照和食品经营许可证，企业在递交这两个审批事项申办材料后，即可进行同步受理审核，在 4 个工作日内实现证照同步到手。同时，对仪器经营许可等 54 项涉企经营许可进行全面梳理，整合了审批中需申报的近百余项重复事项，将四级审批（受理、审查、复核、终审）简化为两级审批（受理、终审）。针对不同企业需求，为企业和群众提供"套餐式""主题式"服务。例如，针对非营利性民办幼儿园需求，新区打造了"民非幼儿园审批套餐"，实现民办非企业单位登记、幼儿园办学许可、使用校车许可等审批事项同步流程告知、同步收取材料、同步审批完成、同步颁发证件，将材料精简合并，实现共用。

审批与监督实现无缝衔接。在"审管分离"的新体制下，新区深入推进"双随机、一公开"监管，细化和再造工作流程，探索依托政务服务信息平台的信息化监管模式，建立"及时发现、智能分析、精准定位、快速处置、信息共享、联合惩戒"的市场监管工作机制，实现"一处违法、处处受限"，做实新区"电小二"服务体系，按照"不叫不到、随叫随到、服务周到、说到做到"的理念，为企业提供全方位、多维度的"五星级服务"。

（二）主要成效

实现 3 个工作日内同时办结营业执照、刻章、银行开户许可等事宜，办理时限缩短到 3 个工作日，达到全国领先。以往不同行业办理经营许可一般需要 15—60 个工作日不等，"证照同发"改革后，企业实现了在 4 个工作日内，只需跑一次，既能拿到营业执照，又能取得行业经营许可证，彻底解决"办照容易办证难""准入不准营"等问题。

三、营业执照和经营许可同步的政策启示

"证照同步"改革是西咸新区在"放管服"改革方面的重要创新举措。

该举措的成功运行对"放管服"改革创新带来以下启示：

（一）"放"需要明确顶层设计、厘清各级权责

在精简审批方面，需要加强对市场发展、企业需求的研究，有效推进。事权下放应对拟下放的权力事项要经过下放部门谨慎选择，充分征求承接部门的意见，并对权力下放进行可行性、必要性以及成本收益分析。

（二）"服"是增强市场获得感的关键

本届政府提倡改革要增强市场主体的"获得感"，总体而言政府提供周到健全的服务是获得感的重要来源。优化营商环境，提高区域软实力，需要政府大事作于微细，对企业提供细致的政策解读与帮扶等。

（三）"管"是全局的棋眼

强化监管水平、革新监管方式，"管得更好"，是大胆放的先决条件，是优化发展环境的基本。监管的理念和思路要从"严进宽管"转到"宽进严管"，监管要从事前转到事中事后。与此同时，要跳出审批与监管的先后、轻重之争，从"谁审批谁监管"走向"不审批也监管"的行业性监管。

四、营业执照和经营许可同步的下一步工作思路

（一）推进市场信用大数据综合监管体系建设

整合各审批、监管部门系统信用信息，建立全面性标准化的多维度信用监管评估体系。

（二）建设项目审批数据库

建立投资项目建设动态管理共享平台以及项目数据库，从项目立项开始，到项目建设完工，企业只需根据政府部门审批要求，上传所需资料，并定期填报项目建设进展及相关佐证材料。

【实践者说】

西咸新区行政审批局负责人表示："一切改革工作的出发点都是为了提高政务效率，提高企业感受度。2015 年 12 月 16 日的国务院常务会议上李克强总理提出'证照分离'改革试点，选取一批与企业经营活动密切相关、审批频次较高的许可事项，根据许可事项的不同情况分别确定不同举措，提高审批效率，进一步提高企业体验度，我们所探索的'证照同步'的做法正是切实贯彻会议精神，将改革试点工作推向深入，同时，把工作重心转移到事中事后监管上来。"

【案例点评】

西咸新区围绕深化"放管服"改革,创造性地实施营业执照和经营许可同步办理,将企业开办、经营许可的行政审批划归同一部门办理,企业可同时递交营业执照和经营许可两个审批事项的申办材料,实现营业执照和经营许可的同步审批和发放,简化了审批流程,大幅缩短了审批时限,4个工作日内即可实现证照同步到手。

扎实推进行政效能革命

——高新区政府服务提供"容缺办理"

陕西自贸试验区成立以来，在投资、贸易、事中事后监管等方面进行大胆探索，以制度创新为核心，形成一批可复制、推广的改革创新成果，其中，西安高新区推出的"容缺受理"政务服务就是其中之一。

一、高新区政府服务提供"容缺办理"的背景

本着"积极践行行政效能革命，急企业和群众之所急，最大限度方便企业和群众办事，为其节约办事时间和成本"的服务理念，高新区推行政务服务"容缺办理"，营造优质的政务服务环境，促进"最多跑一次"改革，助力自贸试验区营商环境提升。

二、高新区政府服务提供"容缺办理"的主要做法及成效

（一）主要做法

"容缺办理"是指申请人在窗口办事过程中主要材料齐全，符合法定受理条件，但次要材料欠缺的，由窗口先行受理，申请人书面承诺在规定时限内补齐容缺材料后，即可完成整个办理流程的便民服务措施。

凡属"容缺办理"范围的政务服务事项，包括企业资信证明、缴费证明、企业内部人员资格证书、企业内部配套管理制度方案、申请要件前置条件的证明材料及分阶段办理事项后阶段再次提交的资料等，窗口工作人员需一次性告知可容缺的申请材料，并指导申请人出具书面承诺（承诺书上签字或者加盖公章），部门窗口出具《容缺受理通知书》，窗口先予受理。对服务对象提供的材料不符合"容缺办理"原则的，窗口工作人员解释不予受理的原因，告知其待申报主要资料齐全后再办理。

服务对象办理服务类事项的，补充所缺材料的时限最长不能超过一个月，

在承诺时限内未补齐所有容缺材料的，窗口部门可以将补缺承诺情况进行备注，在后一次事项办理时提示补齐。

服务对象办理行政许可和审批类事项的，补充所缺材料的时限最长不超过许可或审批事项承诺办理时限，申请人在承诺时限内补齐所有容缺资料，经审查符合法定要求，审批部门在对外承诺时限内直接办结、发放行政许可决定及相关证照；未补齐容缺材料的，审批部门将撤销行政许可决定，并向服务对象发放《撤销行政许可决定通知书》，同时将原申报材料退还服务对象，并将纳入企业或个人征信体系，由此造成的不良影响由申请人承担。具体包括以下几个部分：

1. 工商一口受理

工商高新分局可容缺办理的事项主要有：公司设立、公司变更、非公司企业法人设立、非公司企业法人变更、合伙企业设立、合伙企业变更等，可作为容缺的材料有：企业营业执照、经营许可证等企业资质证明，以及企业法人或申请人身份证明等。

2. 行政审批局

行政审批服务局重点突破建设项目容缺审批问题，实现项目减负提速。

3. 人才中心

人才中心可容缺办理的事项主要为流动人员人事档案托管，可作为容缺的材料为户口本等户籍证明。流动人员在办理个人档案托管业务时，时常会出现漏带户口本等个别审核件，窗口工作人员将根据实际情况，通过家人户口本拍照、个人身份证等综合信息进行确认，通过容缺制度办理档案托管。

4. 社保中心

社保中心可容缺办理的事项主要为居民社保个人信息变更等，参保人因某种原因需变更银行账户信息的，如未携带身份证或银行账户原件，可通过询问参保信息并在系统查询核实后，先填写变更表、留存复印件，之后补交所缺项。

与此同时，高新区在容缺办理的基础上，积极探索制度创新，探索实践了"预审批""承诺制审批""整区域审批"等制度，突破常规完成重点事项审批。其中"预审批"，是指高新区范围内涉及重大民生、公共服务等建设项目，投资主体明确，建设时间紧迫，具备开展技术审查所需的主要要件，在其申请材料尚不完备的情况下，通过企业公开承诺，对相关行政审批事项先行受理、提前预审批的创新机制。待企业申请材料齐备后，审批部门及时将预审批决定更换为正式审批文件。

"容缺办理"制度的详细规定如下：

第一，适用范围：

本制度适用于进驻高新区政务服务中心办理的相关政务服务事项。

第二，基本原则：

（1）企业资信证明、缴费证明，企业内部人员资格证书及内部配套管理的计划、方案、制度等，一般可作为"容缺办理"资料。

（2）企业营业执照、经营许可证等企业资质证明，以及企业法人或申请人身份证明等，一般可作为"容缺办理"资料。

（3）申请要件中，甲资料作为乙资料的前置条件，则甲资料可以容缺。

（4）同一部门不同阶段办理事项，前阶段已提交，后阶段再次提交的申请资料可以容缺。

第三，办理程序：

（1）凡属"容缺办理"范围的政务服务事项，窗口工作人员要一次性告知可容缺的申请资料，服务对象须作出书面承诺（承诺书上签字或者加盖单位公章），窗口先予受理。

（2）服务对象按规定作出书面承诺书后，部门窗口出具《容缺受理通知书》（一式两份，一份当场交予服务对象，一份留存备查）。

（3）对服务对象提供的材料不符合"容缺办理"原则的，窗口工作人员当场解释不予受理的原因，告知其待申报主要资料齐全后再办理。

第四，补缺时限：

（1）服务对象办理的属于服务类事项的，补充所缺材料的时限最长不超过一个月，期间须承诺完成相关材料的补缺。

（2）服务对象办理的属于行政许可和审批类事项的，补充所缺材料的时限最长不超过许可或审批事项承诺办理时限，期间须承诺完成相关材料的补缺，逾期未按时补齐资料的，将纳入企业或个人征信体系，由此造成的不良影响由申请人承担。

第五，办结条件：

（1）服务对象办理的事项属于行政许可或审批类事项的，在承诺时限内补齐所有容缺资料，经审查符合法定要求，审批部门在对外承诺时限内直接办结、发放行政许可决定及相关证照。如果其在承诺时限内未补齐所缺材料的，审批部门将撤销行政许可决定，并向服务对象发放《撤销行政许可决定通知书》，同时将原申报材料退还服务对象。

（2）服务对象办理的事项属于服务类事项的，在承诺时限内未补齐所有容缺材料的，窗口部门可以将补缺承诺情况进行备注，在后一次事项办理时提示补齐。

（二）主要成效

推行"容缺办理"，可最大限度地方便企业群众办事，是陕西自贸试验区推进"行政效能革命"，开展"最多跑一次"改革中作出的积极探索，不仅提高了群众的办事效率，也让企业得到了最大程度的便利。

2018年1月至2018年4月底，容缺受理有限责任公司设立登记、个人所得税完税证明开具、跨区域涉税事项信息反馈、流动人员档案托管、职工基本医疗保险住院零星报销等86个事项共计8413件，平均每个工作日约容缺受理104件。

三、高新区政府服务提供"容缺办理"政策启示

党的十九大报告中指出，要"增强改革创新本领，保持锐意进取的精神风貌，善于结合实际创造性推动工作"。创新永不止步，服务永无止境。高新区政务中心将以党的十九大精神为指引，秉承"用心服务、追求卓越"的理念，努力探索政务服务体制机制创新，扎实推进"行政效能革命"，不断提升服务效能，促进营商环境优化，当好真心服务企业群众的"店小二"，为促进高新区追赶超越发展和大西安建设贡献力量。

四、高新区政府服务提供"容缺办理"下一步工作思路

下一步，陕西自贸试验区将继续秉承"用心服务、追求卓越"的理念，努力探索政务服务体制机制创新，扎实推进"行政效能革命"，并依据企业群众的反馈和建议，不断对"容缺办理"清单进行升级扩充，形成业务内容更加全面的服务体系，让更多的企业群众受益。接下来，高新区打造的方向就是让数据跑起来，群众不用跑。真的做到从"面对面"到"件对件"，从"跑一次"变成"零跑腿"，让群众满意度上升，激发市场活力，让区域更有吸引力，更有魅力。

同时，加强容缺制度保障机制：一是强化监管问效，对项目建设及设计单位提交的材料真实性及书面承诺的兑现情况，纳入西安高新区事中事后综合监管平台；二是加强信用体系建设，建立黑名单制度，将未在规定时间内补齐材料、违反承诺的项目建设单位，勘察、设计、施工、监理等单位列入

诚信黑名单，记入诚信档案。未来，高新区将依据企业群众的反馈和建议，不断对"容缺办理"事项进行完善扩充，促进营商环境优化，当好真心服务企业群众的"店小二"。

【实践者说】

西安嘉顿贸易有限公司的龙女士来办理发票认证的商事证明书，窗口人员审核资料时发现企业未带商业发票保函，考虑到企业的办公地址远在北郊，来回一趟需要3个小时的车程，本着企业办事"最多跑一次"的原则，窗口人员立即主动与业务主管协商，决定"容缺受理"企业的申请和审核，并告知龙女士可在取证时将材料补齐，不用再多跑路了。龙女士高兴地说："高新区窗口实行容缺办理，为企业节省了办事时间和成本，是站在企业角度思考问题，真正体现了店小二的作为与担当，值得点赞！"

中共西安市委常委、常务副市长吕健指出，"容缺办理"是一个方便企业和群众的很好举措，在推行过程中，要和省市的系统架构更好地融合联动。政务大厅窗口的工作人员更应在服务企业、服务群众的实践中不断总结，不断优化办事流程，真正做到让企业群众"最多跑一次"。

西安高新区行政审批服务局投资服务部业务主管黄磊说："对于企业来说，它就节省了很多在审批过程中一环套一环的等待时间，相当于我们前期介入，包括并联审批。现在正在制定《高新区行政审批容缺办理办法》，最终会把这个容缺办法制度化，来服务区内更多的企业。"

行政许可试点

【案例点评】

西安高新区推出的"容缺受理"制度最大限度地方便企业群众办事，是陕西自贸试验区推进"行政效能革命"，开展"最多跑一次"改革中作出的积极探索，提高了群众的办事效率，让企业得到了最大程度的便利。以此为基础，可进一步加强容缺制度保障机制，强化监管问效，加强信用体系建设，不断对"容缺办理"事项进行完善扩充，不断促进营商环境优化。

政策兑现进大厅　精简审批流程

　　"政策兑现进大厅"改革是以企业需求为导向，以打造优质营商环境为目标，通过重新构建线上线下兑现审批支付服务模式，建立标准化、高效化、透明化的政策兑现审批服务一站式平台。从 2018 年 4 月 1 日起，国际港务区部分产业扶持政策的申报事项统一在西安国际港务区综合服务大厅受理，采用"网上申报、一口受理、并联审批、限时办结"的审批运行机制，有效促进了企业上市挂牌奖励、融资担保业务奖励、证券融资奖励、企业房租补贴等扶持政策兑现的全面提速，将审批支付周期由以前的 3 个月压缩到 15 个工作日。"政策兑现进大厅"将受众范围广、兑现频次高的办公用房租金补贴、知识产权和商标奖励、高端人才激励等六大类 22 项兑现事项纳入其中，精简审批流程，实现网络化办理。

一、精简审批流程的背景

　　为鼓励企业创新发展，从国家到省、市都出台了不少补贴政策，但企业申请不同类型的政策兑现事项需分别向各业务管理部门提出，又要经历受理、审核等各个环节，涉及不同的业务部门，需要企业来回跑，政府部门权责不清也给审批带来了极大的困难。"政策兑现进大厅"窗口，对所有政策兑现事项实行"一门式"办理，即一口受理、内部流转、集成服务、限时办结。重新构建了审批支付服务模式，优化审批流程，缩短了企业审批的兑现时间，给园区企业带来了极大的便利。

　　目前，已有不少省份实行政策兑现。天津开发区"互联网＋政务服务"一直走在国内前列。为提升政府部门办事效率，提升企业服务水平，天津开发区早在 2016 年就率先建立"政务＋审批"政府网站，专门受理行政审批、新市民服务等业务。

　　同样，为贯彻落实中央、省、市关于全面深化改革的精神，进一步提高行政效能，优化营商环境，为企业、群众提供更加规范、优质、高效、廉洁的政务服务，自 2018 年 4 月 1 日起，西安国际港务区部分产业扶持政策的申报事项统一在西安国际港务区综合服务大厅受理，采用"网上申报、一口受理、并联审批、限时办结"的审批运行程序。

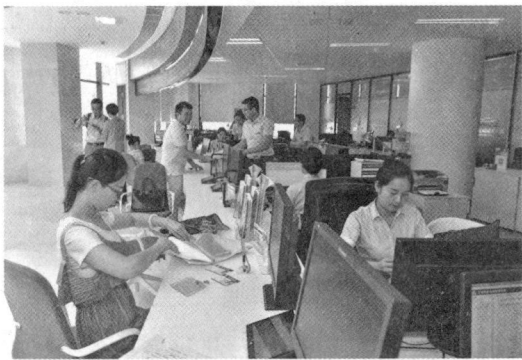

西安国际港务区：创新举措，营造更加优质的营商环境

二、精简审批流程主要做法及成效

（一）主要做法

1. 重造政策兑现审批支付流程

出台《西安国际港务区产业扶持政策兑现方式改革实施方案（试行）》，先行将受众范围广、兑现频次高的六大类 22 项兑现事项纳入改革范围，厘清部门权责，梳理发布规范化、标准化的办事指南，制作标准化的申报审批表，简化合并申报所需材料，优化精简审批流程及审批部门，限定各环节审批时限，将原由财政局支付变更为行政审批局直接支付，极大缩短兑现时间，提高兑现效率。

2. 打造线上线下联动兑现审批平台

建立"网上申报、一口受理、并联审批、限时办结"的审批运行机制。通过建设线上兑现审批平台，将兑现事项纳入线上办理，建设涵盖公开、申报、预审、审批、公示为一体的线上兑现审批平台，实现政策兑现事项全流程网办。在线下，统一兑现出入口，将原分散在各部局的咨询、受理、支付环节集中到行政审批局统一办理，实现一个窗口对外，建立线上线下联动受理审批模式，使兑现过程步步留痕。

3. 建立多项机制确保有效监督

一是建立信息共享机制。通过审批过程中产生的数据，实时统计各企业的政策兑现资金申报情况，逐步建立企业兑现信息库，管委会各部门共享数据，实现科学分析和决策。二是建立信息发布机制。在原有信息发布渠道的基础上，统一在线上发布更新政策兑现相关信息，方便企业及时了解查询和申请。三是建立结果公示机制。对通过审批的企业进行公示，公示无异议后进行资金支付，保证政策兑现公开透明。

（二）主要成效

该项改革简化了20%的申报材料，大幅压缩了内部审批环节，对各环节办理时间进行了明确的限定，审批支付周期由原来的平均三个月压缩到了平均24个工作日，自试运行以来办件零逾期、企业零投诉。

通过统一兑现出入口、线上线下联动审批、变更支付部门等方式，使企业办理兑现事项最多跑一次甚至零跑路；通过建立标准化、规范化、透明化的审批及监督运行机制，使审批支付全流程步步留痕，企业可时时查询办理进度，业务部门可时时查阅审批数据、监督部门可时时监督审批支付过程。

三、精简审批流程政策启示

（一）把准企业需求

深入分析不同类别企业的多样化需求，仔细比对省、市、区现行政策，有针对性地打包各级政策，为每一类企业量身配置政策推送信息，确保推送的政策符合企业需求，能够切实发挥扶持政策激励引导作用。

（二）丰富推送方式

为强化政策知晓率，以线上线下融合的方式同步推送，提供政策宣传、申报全流程服务。将政策通过纸质材料、短信通知、网上互动、电话咨询等方式，传递至各个企业，形成全方位、整链条政策推送路径。

（三）强化成果运用

在政策推送过程中，以企业反馈的问题为导向，不断改进工作方式方法，逐步将统计等各类端口涉企信息比对入库，拓展用工等惠企政策推送范围，扩大服务容量。依托"互联网"，动态更新网上服务平台信息，强化政策服务效果评价，优化政策推送流程，打造政策直通车。拓展企业"发声"渠道，在政策修订、兑现等环节体现企业意愿。

四、精简审批流程下一步工作思路

下一步，根据试运行情况，我们将进一步简化申报材料、优化审批流程、压缩审批时间，增加并完善线上审批平台的计算、统计及分析功能，适时将改革范围扩展至我区全部已正式印发的普惠性产业扶持政策，择机进行一企一策兑现方式改革。西安国际港务区管委会副主任杨祎在接受陕视新闻的采访时：表示"下一步，我们将进一步发挥国际港务区政务服务信息化的优势，积极改革创新，全力打造10分钟政务服务圈，让数据多跑路，让企业群众少跑路，全力提升营商环境，做好五星级店小二和服务员。"

【实践者说】

西安国际港务区构建了线上线下兑现审批支付服务模式，让政策兑现进大厅，让企业能够及时获得实实在在的资金补贴。李琦是港务区一家餐饮行业供应链的电商企业负责人，2018年，企业在西安股权交易中心挂牌上市，也因此获得港务区相应的挂牌补贴。西安五色土信息科技有限公司总经理李琦在接受陕视新闻的采访时表示："30万的一个挂牌奖励的补贴政策，从提交资料到批复到款直接打到我们账上，正好是7天左右时间。"

陕西中商矿业股份有限公司总经理张长杰在《西安国际港务区鼓励企业上市挂牌暂行办法》推出后，感慨道："非常感谢国际港务区管委会给予我们企业的帮助和支持，园区宽松的环境、优惠的政策、真诚的服务，困难之时坚定的支持是我们选择国际港务区的重要原因。特别是在政策兑现方面，值得点赞。一个月左右的时间，挂牌奖励就按政策落实到位，足以体现园区对新三板挂牌企业的重视。中商矿业将会再接再厉，不负众望，为国际港务区建设和发展多作贡献。"

西安国际港务区行政审批局工作人员刘贝贝在接受陕视新闻的采访时表示："（企业）平均20多天就能够收到兑现资金，大量节省了企业的时间，最快是8天就可以拿到了，下一步（将）申请时间进一步压缩，纳入更多的政策，让更多的企业享受到我们这种便利的服务。"

【案例点评】

西安国际港务区部分产业扶持政策的申报事项统一在西安国际港务区综合服务大厅受理，采用"网上申报、一口受理、并联审批、限时办结"的审批运行机制，有效促进了企业上市挂牌奖励、融资担保业务奖励、证券融资奖励、企业房租补贴等扶持政策兑现的全面提速。

创建军地共建军民融合产业园

——创新"军工＋地方"军民融合发展新模式

目前，大部分军民融合产业园区仍以军工单位为主导，"军转民"的特色强，"民参军"的因素少，军民界限明显、资金渠道分离、人才流动受限的问题突出；军民资源配置效率不高，统筹协调不够，合力不足；军民交流互动不畅，融合深度不够。西安经开功能区以西安兵器基地为依托，发挥自贸试验区创新优势，先行先试，开展了"军工＋地方"军民融合发展模式的创新探索，实现了军地双向产业结构的优化升级，推动西安军民融合产业深度融合发展。

一、"军工＋地方"军民融合发展新模式的背景

习总书记指出，把军民融合发展上升为国家战略，是从国家发展和安全全局出发作出的重大决策。国防科技工业是军民融合最重要的领域，创建示范园区将促进国防科技工业全要素、多领域、高效益的军民融合深度发展。以园区为载体进行模式机制探索突破，破解国防科技工业军民融合的体制性障碍、结构性矛盾、政策性问题。推动建立军民资源互通、互用、互动的军民融合发展模式，实现富国强军的统一。

陕西省是我国军工科研生产重要基地，西安地区军工体系完备、布局相对集中、重点产业领先、科技实力雄厚、人才优势明显、发展潜力巨大，具有探索推进国防科技工业军民融合深度发展的迫切需求。西安地区聚集了兵器工业集团核心的科研生产资源，西安兵器基地是兵器工业集团与地方政府联合共建的科技产业园区，承担着西安系统推进全面创新改革试验和军民融

合创新示范的重点工作任务,需要开展系统性、整体性、协同性改革,为陕西省西安系统推进全面创新改革试验和军民融合创新示范提供支撑。

兵器工业集团与西安市联合成立兵器基地管理委员会,与西安经开区管委会合署办公

二、"军工+地方"军民融合发展新模式主要做法及成效

(一)主要做法

1. 军工+地方模式,建立高效管理体制和运行机制。

一是在管理体制方面,兵器工业集团与西安市联合成立兵器基地管理委员会,与西安经开区管委会合署办公,行使政府经济管理职能;兵器工业集团成立了基地建设领导小组及办公室,负责管理、协调、处理基地建设中的重大问题;二是运行机制方面,兵器工业集团委托北方发展投资有限公司,具体对接西安经开区管委会,坚持企业主导、市场运作,承担基地开发建设工作和基地建设领导小组办公室日常事务工作;三是在政策扶持方面,兵器工业集团鼓励西安城区生产企业搬迁、推动重大军民融合产业化项目落地、加强园区道路基础配套设施建设;地方政府在规划审批、土地指标获取、征地拆迁、市政基础配套和公共服务设施建设等方面给予全方位支持。

2. 明确发展定位,以规划引领兵器基地建设。

一是军工与地方共同运用规划引导,始终坚持兵器主导、军民融合、共建共赢的建设方向。兵器基地建设之初,兵器集团公司与陕西省、西安市政府确立了军民融合的发展定位;二是在建设过程中,西安兵器基地坚持统一规划、统一建设、统一管理的原则,快速推进承载能力和服务能力的建设;三是西安兵器基地《军民融合发展规划》纳入了陕西省"十三五"军民融合规划体系。

3. 推动军工企业调迁和退城进园,整合军工资源。

一是按照兵器工业集团结构调整、资源重组的战略要求,兵器工业集团鼓励西安城区生产企业搬迁至兵器基地；二是西北工业集团和北方光电集团成立专项小组，抽调专职人员，研究和制订搬迁方案并逐步实施；三是组织专业机构编制了调迁建设项目可行性研究报告和初步设计。

4. 加强统筹建设、资源整合和专业化协作，军工＋地方共建生产服务体系

一是按照资源整合和专业化协作的思路，统筹园区产业项目发展需求，统一建设计量理化、塑像成型、工模具、表面处理、环境测试、现代物流等六大生产配套中心，促进军民资源统筹和共享，健全了生产配套体系，实现了园区军民要素资源的集约高效利用；二是按照"政府大配套、兵器小配套"的思路，军工和地方共同推进基地基础配套设施建设。三是引入陕西金控、中兵投资发起设立的陕西省军民融合产业基金在兵器基地注册，基金总规模30亿元，主要投资于兵器集团内部项目和西安市经开区优势项目，促进军工科技成果转化。

5. 推动科技成果转化，试行科研人员创新激励制度

一是兵器工业集团制定下发的"科技创新改革20条"提出"进一步强化科技创新激励约束机制，努力构建市场化、资本化的投入机制，大力促进科技成果转移转化"在西安兵器基地推广；二是建立了陕西省科技厅与兵器集团科技部、基地领导小组办公室军民融合科技创新工作机制；三是统筹组织兵器集团在陕企事业单位参加军民融合展会，进行技术宣传与推广；四是建设西安兵器基地军民融合专业孵化器；五是兵器204所率先试行开展了科技成果转化分红激励、项目立项论证、科技创新奖励工作。

（二）主要成效

1. 集约节约土地资源，避免重复建设

西安兵器基地通过规划引领，为建设一流军民融合示范基地提供了系统全面的科学依据、配套的工业服务体系统一规划、建设和管理，避免了各企业自成体系重复建设，集约节约使用了土地，降低了企业协作配套成本，工业、生活服务基础配套设施日趋完善，满足了国防建设的要求。

2. 促进了国防建设和地方经济发展。

西安兵器基地建设，实现了成员单位间的资源融合，带动了兵器工业西北地区结构调整和产业升级。通过厂区搬迁释放了大量城市用地，为城市发展提供了空间，并彻底解决了重大危险源制约西安城市发展的问题。西安兵器基地截至目前共落地产业化项目30个，项目总投资150亿元，基地聚集了约300亿元/年的综合产出能力，明晰了"装备制造、光电信息、新能源新材

料"三大产业方向，突出了军民融合特色。

3. 实现军工集团大型仪器设施及重点实验室开放共享

西安兵器基地与兵器在陕相关单位签订大型仪器设备及重点实验室共享使用协议书。已征集兵器工业集团在陕企事业单位 335 台/套（原值约 4.35亿元）大型仪器设备、23 个重点实验室（原值约 7.93 亿元）纳入陕西省科技资源统筹军民融合中心实现合作共享。

4. 军民融合产业带动作用日益显现

一是西安兵器基地基本建成国内一流的火工生产区——智能化 DY 生产基地和光电火控生产基地，确定了脉冲发电机、高分辨宽温液晶显示模组、外骨骼负重助力系统、北斗 4G 警务通手持终端等 10 余项科技成果进行推广。已初步确定北方动力微涡发动机、前沿动力公司 CAE 工程中心等 10 个项目，通过"总部+飞地"模式在兵器基地孵化。二是陕西省军民融合产业基金与陕西省发改委、陕西产投、广发证券等各单位及彩虹股份、中航动力等上市公司建立广泛的联系和合作渠道，首批拟上会项目投资金额超过 15 亿元。目前已投资军品项目和民品项目各一个，到位资金 2.4 亿元，已储备项目 20余个。

三、"军工+地方"军民融合发展新模式政策启示

以兵器工业集团和陕西省、西安市军民融合优势资源为依托，深化兵器工业集团与陕西省、西安市合作共建，突出"一个核心、四大任务"，即：坚持"军工+地方"核心发展理念，建设以军工技术促进产业发展、军工园区带动区域经济、军工资源实现要素统筹、军工平台推动集成服务为特色的国防科技工业军民融合创新改革示范园区，形成可复制、可推广的新机制和新模式，作为西安创建军民融合创新示范区内的特色示范园区。有利于落实国家军民融合发展战略，为国家探索出国防军工央企军民融合创新改革新路子，有利于先行先试和探索创新，支撑陕西省西安市系统推进全面创新改革试验、军民融合创新示范，有利于推动兵器工业集团结构调整和产业升级，发挥国防军工央企军民融合创新改革示范作用，在政策启示上应遵循以下原则：

（一）坚持创新引领

落实创新驱动发展战略，建立以企业为主体、市场为导向、产学研军相结合的军民融合科技协同创新体系，形成自主创新的基本体制架构。集聚创新资源，打造创新平台，提供创新服务，营造创新环境。

（二）坚持需求牵引

把握推动经济建设和国防战略融合发展的需求，紧紧围绕国防科技工业军民融合这一主题，以军事需求和经济社会发展对前沿技术的需求为牵引，以国防和军队现代化建设向信息化方向发展要求为契机，发展相关特色产品、技术和项目，实现军事需求与区域经济发展、军工行业发展的深度融合。

（三）坚持军地共建

探索体制机制创新举措，加强军地协同、政企协同、产学研协同，形成以军地共管、市场化运作为基础，具有"小核心、大协作、大体系"特征的军地合作共建体制机制，推动示范园区形成全方位、多层次、跨领域、一体化的军民融合、军地融合、两化融合、产城融合格局。

（四）坚持开放共享

发挥示范园区在军民融合政策先行先试优势，推动军工单位跨地区、跨行业、跨所有制的开放式合作。坚持军民资源共享导向，充分发挥军工技术、设备设施和人才优势，充分利用地方优势资源，加快推进军民用高新技术的双向转移，大力拓展军转民、民助军渠道，引导和带动民用先进技术产品进入军用领域，促进军民结合、良性互动、协调发展。

（五）坚持资源统筹

加强科技资源统筹，通过军转民技术外溢效应，加快科技成果产业化步伐，促进产业升级、产业创新，推动军民兼容发展、协调发展、平衡互动发展，搭建军民融合产业发展平台，优化配置军民两用科技、经济、教育、人才、信息等资源要素。围绕重大技术攻关项目，统筹企业、科研院所和高校力量，促进军民两用技术产业化，提升军民两用技术转化能力。

四、"军工+地方"军民融合发展新模式下一步工作思路

（一）加快启动二期项目建设，实施军民融合全供应链服务发展战略。二期项目预计投资总额 3.2 亿元，按照建设一流项目的高标准，将项目建设方案、可研报告和初步设计做细做实，控制好项目建设质量、成本、进度和各项强制性要求。

（二）探索整合西北兵器系统内危险品运输人员、车辆等资源，建设安全、专业、高效的危险品运输团队，支撑"国防军工物流中心和安保中心"线下服务，为更多军工企业和社会单位提供多种类型的物流服务，继续推动军工与地方深入开展更多领域的合作共建，加强双方合作的深度与广度。

（三）发挥军地双向优势，以陕西打造枢纽经济、门户经济、流动经济为契机，积极参与"一带一路"产能合作，引入专业人才，积极开拓国际进出口贸易业务及其供应链服务。

【实践者说】

陕西中兵物资有限公司负责人表示："创建国防军工军民融合创新改革示范园区，建设智能化弹药和光电火控总体两个重要研发生产基地，培育装备制造、光电信息、新材料新能源三大产业集群，构建国家级军民融合发展重大平台，形成军民融合产业聚集能力、科技转化能力、创新驱动能力、深度融合开放四种能力，最终将西安兵器基地区打造成为国家和区域军民融合发展战略的'实施载体'，国防科技工业改革创新政策的'先行先试区'，兵器工业集团'结构调整、产业升级'的重要平台。全面实施基地'1234'发展战略，努力创建一个国防军工军民融合创新示范园区，服务智能化弹药和光电火控总体两个重要研发生产基地，培育装备制造、光电信息、新材料新能源三大产业集群，形成军民融合产业聚集能力、科技转化能力、创新驱动能力、深度融合开放能力四种能力，将西安兵器基地打造成为国家和区域军民融合发展战略落地的'实施载体'，国防科技工业改革创新政策的'先行先试区'，军民深度融合发展的'试验田'。"

【案例点评】

西安兵器基地是兵器工业集团发展优势特色产业和产业结构调整重组的重要平台，创建示范园区是贯彻兵器工业集团军民融合发展理念、促进军民双向转化和产业化、发挥兵器高新技术对国家战略性产业发展的引领作用的重要举措。军民融合产业园将支撑兵器工业集团结构调整和产业升级，发挥国防军工央企军民融合创新改革示范作用。

国家知识产权运营军民融合特色试点平台

——搭建军民成果双向转化桥梁

实施军民融合创新示范试点，是陕西自贸试验区深入落实推进国家西部大开发战略和军民融合发展战略的重要举措。当前，一方面，我国拥有大量的先进军工技术因机制问题没有产业化，但民用技术产品缺乏国际竞争力。另一方面，一些民用优势技术已超过军工技术，却因体制问题不能进入军队装备系列。陕西自贸试验区中心片区一直以来持续推进国防建设与经济协调发展的探索和改革，尤其在陕西省明确申建自贸试验区以来，着力推进国家知识产权运营军民融合特色试点平台建设，取得了诸多成效。

一、军民融合特色试点平台主要做法及成效

（一）主要做法

1. 建成军民融合平台线上系统

军民融合平台线上系统于 2017 年 2 月 24 日正式上线运行。中国军民融合平台线上系统汇聚了军民融合各方资源，包括十二大军工集团、高校院所、科技企业等创新主体，汇聚了专利技术、市场需求、服务机构等资源信息，重点打造集专利技术信息供需发布、技术成果挂牌对接、技术经理人委托服务、交易撮合与支付等为一体的专利技术成果转移转化全流程服务平台。在线专利交易环节，平台与支付宝、银行建立合作，用户可采用支付宝方便地完成支付转账事宜。

平台通过整合国防军工科研院所及十二大军工集团的创新资源，重点围绕解密国防专利技术成果，依托平台为国防军工科研院所和民营高新技术企业搭建信息交流桥梁，促进军工科研院所的研发能力与市场需求的有效对接，在"军转军""军转民""民参军"三个层面推动专利技术的军民深度融合，构建军民融合特色的国家知识产权运营生态。

2. 建成知识产权云服务大数据中心

知识产权云服务大数据中心建设将依托国家知识产权局、国防专利局、省国防科工办、省知识产权运营中心等现有资源，以整合和集成军民融合领域专利技术成果数据库为基础，面向产业发展的实际需求，以知识产权交易运营平台为中心，构建以云服务为特征的多平台融合的知识产权服务模式，实现"分散资源集中使用、集中资源分散服务"。2017 年 6 月，知识产权云服务大数据中心功能正式开发完成投入使用。

大数据中心拟建设的专业数据库主要包括：军民融合领域知识产权数据库；特色优势产业的专利、版权、商标、标准等专业数据库；重点行业失效专利信息数据库；专利成果项目信息数据库；技术交易信息数据库；科技专家人才信息数据库；科技中介服务机构信息数据库。

3. 建成知识产权运营线下服务体系

（1）专利技术孵化转移服务

培育以技术经理人为代表的新型知识产权服务组织，重点针对军民融合专利技术成果提供项目孵化和技术转移服务。对运营平台中具有市场前景，但专利技术尚不完全具备产业化基础的重大专利项目，进行二次开发、技术集成和商用化服务。服务内容包括：市场供需信息分析、专利技术集成孵化、运营转化模式策划、项目供需对接磋商等。

（2）知识产权价值评估服务

整合国内无形资产评估机构资源，制定知识产权资产评估的准则和规范，建立标准、客观的知识产权风险评价体系和知识产权运营和转化模式的评估体系。依托相应的资产评估机构，对重大知识产权技术成果进行知识产权价值、风险、转化模式评估，降低技术成果转化和产业化过程中的风险，提高项目交易成功率。

（3）专利技术效果认定服务

依托西安科技大市场整合的上万台检验、检测设备及几百家实验室资源，针对交易双方所认为专利技术不确定的实施方案、所要解决的技术问题是否能解决，是否能达到所述的技术效果等问题，依托实验室进行专利技术效果认定服务。

（4）知识产权信息应用服务

吸纳专业知识产权信息服务机构，开展国防专利信息检索、国防专利解密、专利信息分析、专利预警、专利导航及重大经济活动知识产权评议等特色服务。围绕重点产业领域建立专利联盟和专利池，通过专利收储、组合、包装、运营，实现专利价值最大化。具体开展的应用服务包括：专利信息检索分析、专利池筹建、专利预警、重大经济活动知识产权评议。

（5）知识产权投融资服务

建立知识产权企业和投融资机构资源与供需信息数据库，通过多形式的技术成果推介展示和知识产权价值与风险评估服务，引导投资机构对知识产权技术成果进行股权投资；通过设立风险补偿资金，鼓励担保机构为中小型科技企业提供知识产权质押融资担保；鼓励金融机构开展专利技术成果股权、债权和产品众筹等知识产权融资模式创新，为专利技术成果转移转化和知识产权运营提供金融保障支持。

（二）主要成效

平台的建设搭建了军民成果双向转化的桥梁，积极探索了一条将国防科技工业先进生产力转化为服务经济社会发展力量的军民深度融合发展道路，加快形成了"军工＋地方"的可复制可推广的模式。截至目前，平台专利数据共计8416条，其中解密国防专利深加工数据3001条、专利转让信息5222条、专利求购信息193条。2017年初启动了大数据中心的数据录入，截至目前已经完成中国专利数据录入及海外部分数据录入。为用户提供专利技术交易的供需发布、推介展示、磋商对接、交易支付等一系列线上线下服务。用户可以在此平台进行专利、商标、版权等知识产权的求购、出售，并通过大数据智能匹配达成交易。

二、军民融合特色试点平台下一步工作思路

（一）设立军民融合知识产权运营转化基金

通过政府财政资金引导，吸引民间资本，共同组建的用于对具有自主知识产权和市场前景的技术成果进行投资转化的专项资金。

（二）探索建立军民融合知识产权研究院

设立由军方专家、民营企业家、政府机构、研究机构等单位组成的，围绕军民融合知识产权创造、交易、运用、保护等环节进行研究的智库。

推进军工设备向民用领域开放共享、试行军品科研生产领域采用先进适用的民用标准、试行军工单位竞争性采购制度改革等。

【实践者说】

国家知识产权运营公共服务平台有关负责人介绍：平台将通过开展军民融合知识产权运营特色业务，促进军民资源共享、军民供需对接、军民互动发展。军民融合（西安）试点平台设有交易市场、智慧商城、运营服务、大数据中心等4大核心板块，以军工集团、国防科研院所、高校等为主要业务主体，聚集陕西和西部地区国防军工知识产权资源并辐射全国，探索建立国防专利横向流通转化机制，推动国防专利解密与普通专利跟进保护无缝衔接，完善普通专利参与军品研发生产机制，促进知识产权"军转军、军转民、民参军"。

【案例点评】

军民融合平台以"1网、1库、1厅、1基金、3组织"为基本架构，涵盖了军民融合特色服务、知识产权线上转让交易、多维度专利价值评估体系、知识产权一站式大数据中心等核心功能。方案充分考虑了国防知识产权转化运用面临的瓶颈问题，提出了"民参军、军转民"的转移转化流程，并就实现国防知识产权"军转军"模式提出了构想。在知识产权服务体系建设方面实现了知识产权检索、信息分析、价值评估、交易转化、金融服务等多方位线上线下服务资源的云平台集聚。数据资源覆盖范围广，不仅包括专利、商标等基础数据，还汇集了服务机构、交易和诚信等各类知识产权数据资源，为数据价值分析、挖掘奠定了坚实基础。建议加快建设步伐，与国家"1＋2＋20＋N"知识产权运营体系有效衔接，积极开展军民融合知识产权运营的资源整合、准入退出、权益分配等机制的探索与试点。

建立竞争性采购改革试点

——促进传统军工供应链转型升级

开展军工单位竞争性采购改革试点，是深入推进"军民融合"战略的重要举措，对于提升中西部地区军民一体化服务保障能力，推动军民技术、产能双向交流和开放具有重要意义。经开功能区在推进自贸试验区建设中，依托陕西中兵物资有限公司，以互联网思维和信息化手段，建设军民融合采购平台和区域性军工单位竞争性采购服务体系，建立公平有序的竞争性采购机制，提高军工单位企业外部协作配套率，促进军工传统供应链转型升级。

一、建立竞争性采购改革试点背景

国防科技工业是军民融合发展的重点领域，是实施军民融合发展战略的重要组成部分，对提升中国特色先进国防科技工业水平、支撑国防军队建设、推动科学技术进步、服务经济社会发展具有重要意义。然而，国防军工企业当前的竞争性采购比例较低，采购需求信息发布渠道不通畅，外部协作配套率低，缺乏公平有序的竞争性采购机制，缺乏区域性供需资源整合和智慧化交易平台，"军—军""军—民"之间的要素流动障碍和壁垒依然存在。结合2017年12月4日国务院办公厅印发《关于推动国防科技工业军民融合深度发展的意见》精神，要推动军民资源互通共事，扩大军工开放，推动军品科研生产能力结构调整：扩大军工单位外部协作，充分发挥市场在资源配置中的作用，激发各类市场主体活力。

二、建立竞争性采购改革试点主要做法及成效

（一）主要做法

按照国务院办公厅印发的《关于推动国防科技工业军民融合深度发展的意见》精神，经开功能区开展"区域性军工单位竞争性采购改革"试点，推

动军民资源互通共享，扩大军工开放，推动军品科研生产能力结构调整。

1. 搭建物理空间功能载体

陕西中兵投资建设的"兵器西北集中采购中心和现代物流项目"规划用地22.6万平方米，计划总投资为5.7亿元，规划新建建筑面积约13万平方米。2015年11月，该项目通过国家发改委审核，获得"军民融合专项建设基金"支持。由国家开发银行国开发展基金对陕西中兵增资5700万元，用于该项目建设，致力于打造军民融合采购交易平台、现代工业品展示和集中采购区、制造业仓储物流服务区、后勤保障服务区等板块，打造军民融合的专业平台型集中采购中心、产业支撑型服务保障中心、区域综合型商贸物流服务中心。

2. 构建互联网共享平台

充分借助和利用成熟的中国兵器电子商务平台和电子招标投标交易平台，推动军民融合双向交流，特别是建立民口单位参与支持军品装备科研生产的通道。

3. 搭建信息化共享体系

通过信息公开、交易机制、信用体系和监督方式的采购模式创新，将军工传统采购业务与电子商务有机结合，扩大竞争性采购范围和影响力。

4. 通过集中采购构建军民一体化服务保障体系

为满足武器装备系统的保障需求，以兵器集团技术和资源优势为依托，中国兵工物资集团被指定为服务军方的主体单位，对接军方大型活动保障需求，配合兵器集团组织各承研承制单位完成装备维修保障的组织协调和技术服务、随装培训等工作；统筹规划和开展集团级军民一体化维修保障综合信息平台建设；负责军方维修保障器材、备件的筹供、仓储及物流等业务。通过集中采购服务，为军工单位在供应商优选和渠道管理方面提供了重要保障，也为推动军民技术、产能双向交流，为军品的竞争性采购提供了最为直接和便捷的平台。

（二）主要成效

1. 竞争性采购交易平台初步形成

目前，"兵器西北集中采购中心及现代物流项目"一期已经全面建成，完成投资1.48亿元。项目一期新建建筑面积2.18万平方米，建成采购中心部分基础设施、大型仓储配送设施设备，建立了管理信息系统，建成中国兵器电子招标评标交易平台电子评标室（西安2号），实现了兵器系统的线上竞争性采购业务。

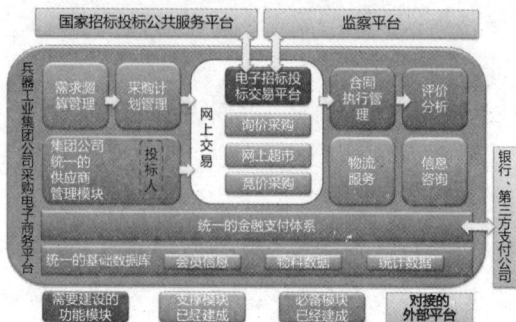

竞争性采购交易平台初步形成，实现了兵器系统的线上竞争性采购业务

2. 军工单位采购渠道进一步扩大，交易量显著提升

截至 2018 年 12 月底，平台交易规模持续大幅增长。累计注册用户 6.5 万余家，网上超市成交 2.65 亿元，同比增长 78%；看板管理模块成交 27 亿元，同比增长 23%；电子招投标成交 37 亿元，同比增长 42%；废旧物资处置成交 7 亿元，同比增长 24%，实现溢价 1.2 亿元。

3. 军工单位采购成本有效降低

根据在陕多家兵器单位及研究所采购部门的集中采购需求，2018 年 8 月，陕西中兵"库存物资共享系统"正式上线运行，通过系统实现了从庆华、205 所分别向西光厂的物资调拨，真正为军工单位降低库存、盘活资产，实现企业降本增效带来了实际效益，解决了现实问题。

4. 军工单位采购品种和采购地域不断扩展

陕西中兵集中采购业务覆盖了在陕的所有兵器系统的企业和研究所，并将服务业务拓展到邻近的河南、湖北等省份的兵器企业，服务品种和内容持续增加，服务广度和深度继续拓展，主要客户有西北工业集团、北方光电集团、特能集团、通用电子集团及各科研院所等，业务辐射至湖北江山重工、武汉重型机床、河南豫西弹药集团、北方光电集团在嘉兴、焦作、扬州、泰安、襄阳等生产板块，集中采购金额累计突破 4 亿元。

三、建立竞争性采购改革试点政策启示

以互联网思维和信息化手段促进兵器传统供应链转型升级、促进军品竞争性采购模式创新。其中陕西中兵投资建设的"兵器西北集中采购中心和现代物流项目"是兵器集团在西安规划建设的军民融合生产性服务平台项目，

项目位于西安经济技术开发区兵器产业基地，是陕西省、西安市两级重点建设项目，该项目所获得的政策启示是：

（一）充分借助和利用成熟的中国兵器电子商务平台和电子招标投标交易平台，推动军民融合双向交流，特别是民口单位参与支持军品装备科研生产的通道建立。

（二）通过信息公开、交易机制、信用体系和监督方式的采购模式创新，将军工传统采购业务与电子商务有机结合，扩大竞争性采购范围和影响力。

（三）为满足武器装备系统全寿命、全要素、全层次的保障需求，构建和推进军民一体化服务保障体系建设，以兵器集团技术和资源优势为依托，中国兵工物资集团被指定为服务军方的主体单位，对接军方大型活动的保障需求，配合兵器集团组织各承研承制单位完成装备维修保障的组织协调和技术服务、随装培训等工作；统筹规划和开展集团级军民一体化维修保障综合信息平台建设；负责军方维修保障器材、备件的筹供、仓储及物流等业务。集中采购服务为军工单位在供应商优选和渠道管理方面提供了重要保障，也为推动军民技术、能力双向交流，为军品的竞争性采购提供了最为直接和便捷的平台。

四、建立竞争性采购改革试点下一步工作思路

（一）不断完善空间载体和互联网共享平台

加快"兵器西北集中采购中心及现代物流项目"二期建设，在充分利用现有平台的基础上，不断完善开拓互联网平台功能，发挥"互联网＋"优势，推动军民融合双向交流，特别是完善与区内企业的交流渠道，打通"军—军""军—民"之间的要素流动障碍和壁垒。

（二）进一步优化区域军工单位竞争性采购模式

与阿里合作共建优化"陕西（西安）军民融合云交易平台"，搭建在陕十大军工的竞争性采购模式，将互联网思维从兵器系统内真正市场化转型，不断扩大竞争性采购的地域范围、产品范围和影响力。

（三）进一步健全军民一体化服务保障体系

不断提升完善信息公开、交易机制、信用体系和监督方式的采购模式创新，疏通解决采购需求信息发布渠道不通畅问题，进一步建立健全公平有序的竞争性采购机制，不断健全完善高效、可靠的军民一体化服务保障体系，更好地服务社会，建设国防。

"十三五"末，兵器基地经济规模超过 500 亿元，集聚 50 个军民融合产业化项目，"军工＋地方"合作共建的新模式、新机制基本形成。企业主导型市场运作机制和手段基本完善。科技创新、军民融合的体制机制不断健全，各项试点取得成效。先进军用技术在民用领域的转化和应用取得重要成果；全面建成军民融合创新服务中心和军民资源统筹信息平台，提供科研设施资源共享、技术成果交易转化等服务。落实国防科技工业实施军民融合发展战略和创新驱动战略，主动对接"一带一路"倡议、"中国制造2025"等国家战略，以兵器高新技术为源头和驱动，以国防军工央企、地方政府合作共建为基础，以市场运营为手段，探索一条将国防科技工业先进生产力转化为服务经济社会发展力量的军民深度融合发展路子，加快形成可复制可推广的经验模式，支撑国防军工央企军民融合创新改革，促进地方经济社会发展。

【实践者说】

军民融合采购平台负责人表示："建立一套有利于军民融合发展的军工采购机制，是我国军民融合发展的必由之路。我国由于长期受体制的约束，军工采购仍然无法摆脱计划管理模式，这种模式严重阻碍了军工企业市场地位的确立以及军民融合国家创新体系的建立。为此，需要逐步打破行业垄断，开放军用产品市场，在军用产品研发、生产与采购方面不断引进竞争机制，以竞争促进发展，探索国防采购机构机制的改革，有效利用国防采购合同来推进军方与民间企业之间的合作。大力推进军工行业总体单位对配套单位竞争性采购，提高外协配套率，按照'同等优先，择优选用'的原则，推动军工集团公司和项目建设单位采购外部技术装备和服务。以此来促进军工竞争性采购机制又好又快的良性发展。"

【案例点评】

"军工单位竞争性采购改革"旨在扩大军工开放，提高军工单位外部协作配套，推进武器装备科研生产竞争，加快建设军民结合、寓军于民的中国特色先进国防科技工业体系。该体系的建立，使得军工单位采购渠道得以进一步扩大，交易量显著提升，采购成本有效降低、采购品种和采购地域不断扩展。

金融"组合拳"助力军民融合发展

——招商银行西安高新科技支行案例

2017 年是招商银行入驻西安 21 周年，招商银行借西安建设国家军民深度融合创新示范区的东风，继续展开与军民融合企业的深入合作，全方位为西安军民融合企业提供更加优质的金融服务。2017 年以来，该行依托陕西军工、科研院所的资源优势，加强与 618 所、中国兵器集团在陕下属公司深入合作，继续探索以批量方式为符合条件的企业提供融资服务，进一步促进军民融合企业发展。目前，在招商银行西安分行已获得贷款支持的军民融合小微企业共 14 家，总金额 7611 万元，其中 11 家为 2017 年新投放企业，金额 4484 万元。

一、金融"组合拳"助力军民融合发展的背景

2016 年 6 月 24 日，《西安市系统推进全面创新改革试验方案》获得国务院批复，西安市将通过 3 年努力，建设国家军民深度融合创新示范区。西安未来三年将进行军民深度融合创新改革试验，重点依托国家级航空、航天、兵器等三大产业基地，及西安高新区军民融合产业园，着力推进军民融合重点任务，力争到 2018 年，军民融合产业营业收入超过 2500 亿元。

高新区作为陕西省军民融合产业集群发展的重点区域，针对区内绝大多数军民融合企业属于轻资产企业，科研技术实力领先，但科技成果转移转化率低，企业发展前期研发投入大、销售收入规模提升缓慢，生产经营又缺乏资金支持，外部融资渠道受限等问题，推动招商银行西安高新科技支行等搭建了和企业间互信、合作、发展的桥梁，创新金融服务产品体系，解决企业发展资金问题。

二、金融"组合拳"助力军民融合发展主要做法及成效

（一）主要做法

以西安某信息技术有限公司为例，该公司主要从事电子信息高科技产品的研发、生产、销售和技术服务，下游客户主要为部队基地、军队院校等涉军企业，拥有多项实用新型和发明专利，属于一家民参军高新技术企业。该企业成立年限较长，技术领先，但因资金周转问题一直发展缓慢，年销售额仅为1000万元左右，企业急需流动资金补充扩大生产。该公司曾向多家银行提出过贷款申请，因缺乏抵质押物屡屡被拒。在了解到该信息后，结合军民融合企业特点，招商银行西安高新科技支行制订并执行了一套创新性的金融服务解决方案。

一是审贷官作业环节前移。在传统的银行授信中，受审贷分离的管理要求，银行审贷人员不能直接接触客户，而是在业务上报后以经客户经理、风险经理双人签字确定与原件无误的复印件资料为依据进行业务审批。而作为军民融合企业，其受到相关保密要求的规定，无法向银行提供融资资料。为了解决这一问题，招商银行破例促成审贷官提前参与企业授信调研，在保密规定允许范围对部分资料进行核实及查看，解决企业因保密原因无法拍照和复印资料的问题。

二是通过企业核心技术人员进行担保。该企业属于典型的轻资产公司，无抵押物，同时法人因其他任职原因无法提供有效担保。为此，招商银行组织客户经理、风险经理、审贷人员进行讨论，最终认为该企业是以核心技术来取得军方的相应项目，因此企业的核心技术人员对企业未来的发展至关重要，从而设计了核心技术人员及企业实际控制人签订担保（无须提供抵押物）方式来缓释银行的贷款风险，以此解决企业无法提供金融机构要求的风险控制方式的问题。

三是全新产品持续助力科技金融。为提高融资产品的适用性，招商银行一直致力于小企业融资产品的创新优化，并结合企业资金需求特点，为高科技小微企业提供定制化的金融服务方案，今年以来，招行又针对小微企业融资难新推出了两个融资新产品——"高新贷"和"抵押年审贷"。其中，"高新贷"是专为高科技成长型中小企业设计的融资产品，针对国家高新技术企业的信用贷款产品，解决了科技型企业无房产抵押等合适担保物的难题。只要企业获得国家高新技术企业认证，纳税收入达2000万元以上，实现盈利，

同时负债适度，未在多家银行融资，近两年研发费用稳定，只需实际控制人夫妇提供连带责任担保，就可获得额度最高可达 500 万元的信用贷款，能够给处于成长期、迫切需要资金的公司给予帮助。

"抵押年审贷"是为切实解决小微企业在发展过程中遇到的续贷问题，推出的无还本续贷产品。只要企业成立 2 年以上，具备主体资格、有固定经营场所，生产经营合法，股权关系清晰，负债适度，未在多家银行融资，就可使用居住用房、办公用房、商业用房、标准工业厂房抵押，获得最高 1500 万元可循环使用的贷款额度。该产品最长三个融资年度，一年一审，单笔用款期限最长 1 年的流动资金贷款。每个融资年度额度到期前，招行对借款人开展授信调查和评审，若年审通过，以新发放贷款偿还旧的到期贷款，实现无还本续贷，大大降低了小微企业的资金压力。

（二）主要成效

通过上述授信流程、担保措施的创新，招商银行西安高新科技支行最终解决了该企业发展的燃眉之急，第一时间将贷款发放到企业手中。在得到资金补充后，该企业各项经营活动得到盘活。经过一年的发展，目前该企业年销售收入呈倍数增长达到 5000 余万元。

此外，为提高融资产品的适用性，招商银行西安高新科技支行又针对国家高新技术企业推出"高新贷"信用贷款产品、针对企业续贷问题推出无还本续贷"年审贷"产品，使金融产品体系不断创新优化。

2017 年全年，获得招商银行资金支持的军民融合小微企业共计 14 家，总金额 7611 万元。截至目前，招商银行已与 71 家军民融合企业建立了业务合作，并向其中近 30 家企业提供了累计 5 亿元的资金支持。

三、金融"组合拳"助力军民融合发展政策启示

2016 年 6 月 24 日，《西安市系统推进全面创新改革试验方案》获得国务院批复，西安市将通过 3 年努力，建设国家军民深度融合创新示范区。西安未来三年将进行军民深度融合创新改革试验，重点依托国家级航空、航天、兵器等三大产业基地，及西安高新区军民融合产业园，着力推进军民融合重点任务，力争到 2018 年，军民融合产业营业收入超过 2500 亿元。

招商银行西安分行在关注到西安成为国家军民融合示范区后，主动与军民融合政府负责部门进行对接，并且由分行小企业金融部总经理带队，到西安高新区中典型的军民融合企业展开了实地调研。经过调研，西安分行根据

军民融合企业特征，由小企业金融部产品经理、风险经理和审贷官共同制定了军民融合企业的授信营销指引，引导全行客户经理为军民融合企业提供精准服务。同时对于军民融合企业授信设定绿色通道，在风险协查、授信审批环节上优先安排。

经过全行上下的共同努力，有71户军民融合企业成为招行西安分行的对公客户，招行西安分行先后向其中的近30家企业提供授信累计5亿元。

招商银行一直高度重视军民融合领域企业的授信支持，不仅对军事工业制定了专门的信贷政策，还将军工产业列为信贷优先支持类行业，重点关注10大军工企业全资或控股子公司。为了支持军民融合企业的发展，招商银行设计了配套的"军民融合贷"产品。针对军民融合企业取得军工四证的不同阶段，匹配不同的担保方式、授信额度。担保方式更加灵活，包括股权质押、应收账款质押、实际控制人担保等。另一方面，分行小企业金融部有专门的产品经理负责联系军民融合政府负责部门，并进行产品完善，有专门的审贷官审批军民融合企业授信业务，现已指定招行西安高新科技支行作为具体对接行，专门为军民融合企业提供全方位金融服务。

四、金融"组合拳"助力军民融合发展下一步工作思路

招商银行西安高新科技支行将借陕西自贸试验区成立及西安建设国家军民融合创新示范区的东风，不断创新，持续助力军民融合企业的发展。

一是分析行业特点，创新金融服务产品体系。招商银行西安高新科技支行将协调组织由总、分、支行三级相关产品经理、风险经理和审贷官共同对区内军民融合企业开展调研，掌握军民融合企业发展特点，制定专属信贷政策，设计配套"军民融合贷"产品。针对军民融合企业取得军工四证的不同阶段，将匹配不同的担保方式、授信额度等，实行一户一策。

二是助力行业发展，配备专职人员精准服务。招商银行西安高新科技支行将确定专门的产品经理负责联系军民融合政府负责部门，不断进行产品完善，流程优化，设定授信审批绿色通道，配备专门的审贷官审批军民融合企业授信业务，在风险协查、授信审批和贷款投放等环节优先安排。同时，专门为军民融合企业提供账户开立、资金结算、投融资、财务顾问等全方位的金融服务。

【实践者说】

高新区自贸办常务副主任裴红卫表示："招商银行积极利用自贸试验区平

台，开展了一系列自贸金融创新业务，为陕西自贸试验区建设贡献了4个金融创新案例。其中'内保外贷'、在陕西自贸试验区首次应用区块链技术作美元跨境支付业务这两个案例分别入选陕西自贸试验区前两批'最佳实践案例'。2018年，西安高新区将围绕陕西自贸试验区重点工作，加大金融创新力度，希望招商银行乘风破浪、大胆创新，为自贸试验区内企业提供更加优质、高效、便捷的自贸金融服务。"

招商银行陕西自贸区西安高新科技支行行长党勇介绍："我们深入企业了解其跨境业务发展难点，针对客户需求设计适合的金融创新产品。高新科技支行为区内企业的跨境业务提供多渠道全方位的金融服务：股权方面，招商银行通过境外平台可为客户提供从财务顾问到上市保荐、资金配资等全方位的服务；在投资方面，可借助境外多家联动平台定期向区内企业推送境外适合的投资标的项目，并提供配套的并购金融服务等等。"

【案例点评】

高新区是陕西省军民融合产业集群发展的重点区域，招商银行西安高新科技支行搭建了和企业间互信、合作、发展的桥梁，创新金融服务产品体系，打出一套金融"组合拳"。这破解了区内绝大多数军民融合企业属于轻资产企业，科研技术实力领先，但科技成果转移转化率低，企业发展前期研发投入大、销售收入规模提升缓慢，生产经营又缺乏资金支持，外部融资渠道受限等问题，有效解决了企业发展资金问题，对促进军民融合发展具有重要意义。

招商银行自贸金融创新研讨会在西安举行

建立军民融合线上平台和线下服务体系

——打造从技术攻关到成果转化全流程服务新模式

创新军民融合发展机制，是中国（陕西）自由贸易试验区（以下简称陕西自贸试验区）深入推进落实国家西部大开发战略和军民融合发展战略的重要举措。陕西自贸试验区揭牌以来，凭借陕西丰富的国防科技资源，持续推进国防建设与经济协调发展的探索和改革，建设军民融合线上平台和线下服务体系，逐渐形成了从技术攻关到成果转化的军民融合全流程服务新模式。

一、建立军民融合线上平台和线下服务体系的背景

欧美发达国家在军民融合发展当中十分重视平台和服务体系建设，美国从 1993 年开始发展"军民一体化"战略，相继颁布多个军民融合平台、体系相关政策法规，美国《国防授权法》《武器系统采办改革法》，明确提出军民融合发展建设要着力推进平台化发展、体系化建设。2010 年俄罗斯《2020 年前及未来俄联邦国防工业发展的国家政策基础》，提出通过建立军民联合平台，利用先进的军民两用技术进行跨国合作。2001 年英国出台《面向 21 世纪的国防科技和创新战略》提出吸引世界范围内技术先进的民用部门参与国防工业科研和生产。

新中国自成立初期，就十分重视军民融合的发展，毛泽东同志就提出了"军民结合、平战结合"思想，改革开放时期，邓小平同志在此基础上添加了"军品优先、以民养军"方针；在经济全球化的大背景下，江泽民同志提出了"寓军于民"思想，胡锦涛同志提出了"中国特色军民融合式发展"的路子；时至今日，在全面决胜小康社会，建设新时代中国特色社会主义国家的新时期，习近平同志将军民融合上升成为国家战略，将富国和强军相统一。但是，我国由于长期受计划经济体制的影响，不但军工企业参与市场竞争的意识不强，而且国防和民用两大工业体系相互条块分割、封闭式管理，军民两用技

术的开发始终未获得足够的重视，制约了军民融合发展中所必需的各种生产要素的自由流动，因此，目前我国尚未形成一个完善的军民融合综合发展平台和服务体系，相对美、日等发达国家落后幅度较大。

二、建立军民融合线上平台和线下服务体系主要做法及成效

（一）主要做法

1. 建立军民融合转移转化通道

基于军民通用标准，建立项目管理、质量管理、专业工程等军民通用技术数据库，包括程序、要求、方法、模型、数据等信息。该数据库可以实现军民通用领域技术的交流和共享，为技术的预研、应用、推广和评价提供支持，支撑主管部门科研管理和人才培养，帮助企业技术提升和转化，推动军民通用技术国际交流。

依托军民通用技术数据库，收集军民通用技术资源、信息，畅通军民技术转移渠道，建立军民通用技术转移平台，提供技术转移的沟通和交易服务，并开展军民通用技术研发、技术产业化的投资孵化等服务。该平台的建立和运行，通过对通用技术提炼和识别，为技术推广和提升建立信息资源池。

2. 提升军民两用技术科研能力

联合军事科学院、中国标准化研究院、军工行业标准化研究院所、科研院所、部分全国专业标准化技术委员会及有关国防和军队技术专家等建立军民融合标准化高端智库，为政府科学决策提供支撑，为军民融合企业提供专业技术服务。重点形成一批在全国有重要影响力的图书、论文等科研成果，推动军民融合顶层设计。

搭建军工科研生产设备设施的军民融合设备共享服务子平台，统筹军工院所闲置的可对外服务的大型科学仪器设备（部分涉密设备除外），对相关设备设施进行分类登记、统一管理，将军民融合设备共享服务平台作为军民资源信息的实时双向发布平台。

3. 构建军民融合知识产权服务体系

培育以技术经理人为代表的新型知识产权服务组织，重点针对军民融合专利技术成果提供项目孵化和技术转移服务。对运营平台中具有市场前景，但专利技术尚不完全具备产业化基础的重大专利项目，进行二次开发、技术集成和商用化服务。服务内容包括：市场供需信息分析、专利技术集成孵化、运营转化模式策划、项目供需对接撮合等。

整合无形资产评估机构资源，制定军民融合知识产权资产评估的准则和规范，建立标准、客观的知识产权风险评价体系和知识产权运营和转化模式的评估体系。依托相应的资产评估机构，对军民融合知识产权技术成果进行知识产权价值、风险、转化模式评估，降低技术成果转化和产业化过程中的风险，提高项目交易成功率。

吸纳专业知识产权信息服务机构，开展国防专利信息检索、国防专利解密、专利信息分析、专利预警、专利导航及重大经济活动知识产权评议等特色服务。围绕重点产业领域建立专利联盟和专利池，通过专利收储、组合、包装、运营，实现专利价值最大化。具体开展的应用服务包括：专利信息检索分析、专利池筹建、专利预警、重大经济活动知识产权评议。

建立知识产权企业和投融资机构资源与供需信息数据库，通过多形式的技术成果推介展示和知识产权价值与风险评估服务，引导投资机构对知识产权技术成果进行股权投资；通过设立风险补偿资金，鼓励担保机构为中小型科技企业提供知识产权质押融资担保；鼓励金融机构开展专利技术成果股权、债权和产品众筹等知识产权融资模式创新，为专利技术成果转移转化和知识产权运营提供金融保障支持。

4. 建立健全保障机制

陕西自贸试验区中心片区围绕发展战略新兴产业、创新驱动、金融、人才等方面出台了对应扶持政策。军工院所转制成立民品科研生产企业，对民品业务营业收入首次突破1000万元的企业，给予每家10万元的奖励。对于民营企业通过竞标承担军工科研项目或配套任务的，按实际项目经费或配套任务额的10%支持，鼓励军工企业、军工单位民品研发生产和支持民营企业进入军品科研生产领域。兵器204所率先开展了科技成果转化分红激励、项目立项论证、科技创新奖励工作。

免费为企业培养1—2名创新专员，提供基础性公共服务，以提升企业的政策管理能力及专业服务人员的素质，让企业及时享受到政策红利。受理国内专利资助政策，实现在线申报兑现。

西安兵器基地联合陕西省科技厅引入社会资本，共同设立了军民融合产业基金，基金总规模30亿元，用于对具有自主知识产权和市场前景的技术成果进行投资转化。军民融合产业基金目前已经储备了一批项目，并积极推进，首批拟投资金额超过15亿元。

（二）主要成效

1. 军民融合科研能力不断提高

截至目前，陕西自贸试验区拥有重点实验室和工程技术中心 217 个，其中国家级 19 个、省级 73 个；中国工程院、中国科学院院士 7 名；拥有博士后工作站、博士后创新基地 48 个；制定国际技术标准 17 项、国家标准和行业标准超过 700 项、国军标 21 项；专利申请量超过 3 万件；累计完成生产科研项目 3000 多项，获得国家科技进步一等奖的有 28 项。

2. 军民融合要素共享程度日益提升

西安兵器基地与在陕相关单位签订大型仪器设备及重点实验室共享使用协议书。已征集兵器工业集团在陕企事业单位 335 台/套（原值约 4.35 亿元）大型仪器设备、23 个重点实验室（原值约 7.93 亿元）纳入陕西省科技资源统筹军民融合中心。西安科技大市场大型科学仪器设备合计入网单位 265 家，入网设备 12558 台（套），军工单位仪器设备共 3768 台（套），约占网内共享仪器设备数的 30.0%。

3. 金融服务军民融合能力显著增强

招商银行西安高新科技支行针对国家高新技术企业推出"高新贷"信用贷款产品、针对企业续贷问题推出无还本续贷"年审贷"产品，金融产品体系不断创新优化。2017 年，获得招商银行资金支持的军民融合小微企业共计 14 家，总金额 7611 万元。截至目前，招商银行已与 71 家军民融合企业建立了业务合作，并向其中近 30 家企业提供了累计 5 亿元的资金支持。

4. 军民融合产业聚集效果明显

在陕西自贸试验区中心片区内聚集了一批国防系统骨干单位，形成了涉及核、电子、兵器、航空、航天等门类较为齐全的军工板块。截至目前，中心片区军民融合企业总产值超过 1000 亿元，军民融合企业 356 家，其中国有军工企业和国防科研院所转制企业 40 家，民营企业 316 家。民营企业至少具备四证之一的 110 多家，四证齐全的 32 家。区内企业在主板、中小板、创业板军民融合企业名录 10 家以上，新三板军民融合企业名录 14 家以上。

三、建立军民融合线上平台和线下服务体系政策启示

军民融合事业的发展壮大，离不开发展平台和服务体系作为依托：

兵器基地军民融合综合服务中心项目效果图

（一）依托军民融合线上平台和线下服务体系，能够形成军地企业深度融合，推行军地协商常态化，重大项目高层对话，促进军民企业无缝对接。促成产业配套深度融合，充分打开"军转民""民参军"的大门，推动竞争性采购，建立完善的市场准入、退出机制，构建良好的商业竞争生态环境；

（二）依托军民融合线上平台和线下服务体系，能够加强与国家重点研发计划、需求的对接，开展军民融合产业专题调研课题研究，在国家战略性新兴产业、高技术产业集中发力，打造一批军民融合产业孵化示范项目；

（三）依托军民融合线上平台和线下服务体系，能够促进军民融合产业、项目、科技、设备、金融、服务、文化等建设，促进信息化管理，实现军工四证办理信息化，促进人才双向融合，促进形成知识产权、国防专利孵化、转化高速通道，使平台成为辖区军民融合产业建设发展的重要基础保障；

（四）依托军民融合线上平台和线下服务体系，能够促成陕西省军民科技协同创新联盟和陕西省高等院校军民融合创新联盟，联合高等院校打造军民融合技术研发和工程研究中心，探索产学研协同创新和成果转化机制，培育、提高自主创新能力，形成技术孵化、成果转化高速通道。

四、建立军民融合线上平台和线下服务体系下一步工作思路

（一）构建军民融合全流程服务平台

对各类军民融合线上平台进行整合，建设集专利技术信息供需发布、技术成果挂牌对接、技术经理人委托服务、交易撮合与支付等为一体的军民融合技术成果转移转化全流程服务平台。

（二）推动军民融合标准化体系建设

建设集"标准化研究、标准化咨询、标准化专家库、标准化服务云"为一体的军民融合标准服务体系，总结形成标准推动军民深度融合发展、标准支撑"一带一路"建设的"陕西模式"。

（三）创新军民融合金融服务产品

根据军民融合企业发展特点，不断完善产品、优化流程，设定授信审批绿色通道，配备专门的审贷官审批军民融合企业授信业务，在风险协查、授信审批和贷款投放等环节优先安排。

【实践者说】

西安兵器基地军民融合综合服务中心相关负责人表示：首先，建设军民融合线上平台和线下服务体系，在实践中可以实现对传统军民融合模式进行升级。传统军民融合模式表现为军民之间简单机械的结合，即单纯的"军转民""民参军"，或者军建民用、民建军用。对传统军民融合模式进行升级，就是通过统筹军地双方资源，实现双方领域技术、人才、资金、信息等全要素双向交流融合，促进双方体系共同优化配置。将有利于拓展军地沟通交流渠道，持续推进企业全面创新改革力度，尤其是在"军工四证"受理窗口服务功能上可加大力度，推行信息化管理，进一步优化军工资质办理流程，提高和促进我区民口单位"参军"积极性。

其次，还应该通过服务体系支持军民关键技术联合攻关、技术成果相互转化、科研条件共建共享、科技信息双向服务，使军地双方能够在重大事项的决策、关键技术的研发、基础设施的建设等方面共同商议、协同开发、联合攻关、共用共享，从而实现深层次、高水平的军民融合。力争在军民融合两用技术研发和应用领域取得突破，实现经济效益、国防效益、社会效益最大化，形成、总结一批得到国家认可并在全国范围内可复制推广的经验。

再次，通过平台化发展的深入开展，申请一批军民融合专项扶持政策，扶持一批重点项目，扩大军民深度融合发展领域的影响和号召力，争取形成全国知名品牌，充分借助品牌效应，全力推进军民融合示范区建设。

最后，通过点面结合、以点带面的形式，系统整合军民融合产业资源，立足顶层设计，实施统揽全局规划建设，突出战略定位、明确发展方向，系统推进统筹规划机制体制，重点从双向人才融合、土地资源融合抓手。依托平台和服务体系在人才融合上以军地双方产业人才培养需求为导向，建立人才需求对接机制、联培联训，推动人才交流，发展"产、学、研、用"一体化人才融合模式；在土地融合上促使有限的土地资源得到最大化利用，促进全区土地资源深度融合，形成军民融合特色的新的经济增长点。

【案例点评】

军民融合线上平台和线下服务体系的建立与完善，能够促进军民企业无缝对接，打造一批军民融合产业孵化示范项目，促进军民融合产业、项目、科技、设备、金融、服务、文化等建设，促成陕西省军民科技协同创新联盟以及陕西省高等院校军民融合创新联盟建立，最终实现对传统军民融合模式的优化升级。

围绕金属增材制造产业链，打通全流程服务

——铂力特以高端制造登陆科创板

说起 3D 打印技术，可能有些人还有些陌生，实际上它是一种快速成型制造技术。与传统制造业的去除材料技术加工不同，3D 打印遵从的是加法原则，也就是所谓的"增材制造"，它利用计算机里设计的三维数字模型，无须传统的刀具、夹具和机床设备，直接打印制造出所需要的各种形状的零件等产品。

3D 打印技术如今不仅可以用于模具制造、工业设计等领域，在航空航天、牙科和医疗产业、建筑工程、汽车、珠宝、鞋类等各行各业都开始广泛应用。近年来，伴随中国科技的研发创新，越来越多的中国企业进入国际 3D 打印领先企业队伍中，其中来自西安的西安铂力特增材技术股份有限公司就用创新技术和优异品质不断摘得大奖，用自己的成长历程书写西部科技创新企业的辉煌。

一、全流程服务的背景

西安铂力特增材技术股份有限公司（简称"铂力特"）源自西北工业大学，成立于 2011 年 7 月，是中国领先的金属增材制造技术全套解决方案提供商，公司创始团队于 1995 年开始研究金属增材制造技术，是国内外较早开展相关研究的团队之一。铂力特注册资本 6000 万元，现有员工 400 余人，其中硕士以上学历占 30%，研发人员占 40%，研发投入每年数千万元。

铂力特的业务范围涵盖金属 3D 打印服务、设备、原材料、工艺设计开发、软件定制化产品等，构建了较为完整的金属 3D 打印产业生态链。公司拥有各种金属增材制造设备 100 余套，可成型材料涵盖钛合金、高温合金、铝合金、铜合金、不锈钢、模具钢、高强钢等多个种类，涉及 50 余种材料。公司申请金属增材制造技术相关自主知识产权 155 项，其中，正在受理审查 87 项，授权 69 项；公司先后通过 ISO9001 – 2008、AS9100C – 2009、GJB9001B – 2009 等

质量管理体系认证和空客 IPCA 认证。

二、全流程服务的主要做法及成效

（一）主要做法

1. 依托人才 发展高新产业

在一般人的印象里，西北地区是无法培育出如此高端的制造企业的，但是铂力特的出现改变了这一看法。铂力特脱胎于西北工业大学，携带优良基因，经过 9 年发展，已成为中国领先的金属增材制造技术（俗称"3D 打印"）全套解决方案提供商，其业务范围涵盖金属 3D 打印服务、设备、原材料、工艺设计开发、软件定制化产品等，构建了较为完整的金属 3D 打印产业生态链。铂力特依托两个技术研究中心：西北工业大学凝固技术国家重点实验室和金属增材制造国家地方联合工程研究中心，公司先后获得了国家级"高新技术企业"、省级技术中心、国家"三级保密资格单位"、陕西省信息化和工业化融合典型示范企业、陕西省"十二五"制造业信息化工程示范试点企业、陕西省中小企业创新研发中心、市级技术中心等资质及称号。2017 年，铂力特"智能制造工厂"项目荣获"工信部智能制造试点示范项目"。2017 年，铂力特参与的两项金属增材制造项目分别获国防科学技术进步奖一等奖和二等奖。同年，公司荣获第一届全球 3D 打印大奖年度 OEM 奖（年度唯一中国金属 3D 打印上榜企业）。

铂力特运用近 20 余年金属增材制造技术的专业经验，通过持续创新为航空、航天、能源动力、轨道交通、电子、汽车、医疗齿科及模具等行业客户提供卓越服务。目前公司已与中国航发、中国商飞、航天科工、航天科技、中船集团、中国兵器、国家能源集团、中国石油集团、空军军医大学、华为、格力集团、空中客车、奥迪汽车及西门子等多家国内外知名企业建立了长期合作关系。为我国航空航天领域重点型号研制解决了大量的复杂异形构件加工制造问题，技术达到了国内领先、国际先进的水平。

2. 由点及面 布局全生态链

在金属 3D 打印定制化产品服务方面，公司拥有各类金属增材制造设备 80 多台，是目前国内金属 3D 打印设备装机规模最大的企业。截至目前，公司激光选区熔化设备成型机时累计突破 50 万小时，具有丰富的金属增材制造批量产品工程化应用经验。此次，公司计划发行不超 2300 万股，拟募资 7 亿元，其中 6 亿元投向金属增材制造智能工厂建设项目，其余 1 亿元用于补充流动资金。业内人士认为，目前 3D 打印属于新兴行业，市场增速较快，通过 3 年建设，项目达产后，也将加码铂力特产能和技术优势，增强公司发展竞争力。

在发展理念上，铂力特图打通全流程服务。公司围绕金属增材制造产业链，开展金属 3D 打印原材料、金属 3D 打印设备、金属 3D 打印定制化产品的研发、生产、销售，同时也向客户提供 3D 打印工艺设计开发及相关技术服务，并与客户开展多层次、多领域的合作。铂力特曾根据合金的成型性和性能指标要求，开发了一系列的金属增材制造专用粉末，其中研发的金属增材制造专用新型金属粉末材料——钛合金粉末 TiAM1 和铝合金粉末 AlAM1，有效降低大尺寸复杂结构件增材制造过程中的"变形、开裂"现象，增材制造零部件产品质量和性能得到显著提高。

3. 追赶超越　新格局开创未来

2018 年，铂力特获批成为西安高新区第一批"潜在独角兽"培育企业，也再次验证了其自身的雄厚实力，而"大、优、特、精"则是其成为金属 3D 打印领域领军企业的"独门秘籍"。铂力特的目标是让制造越来越简单。在传统铸造工艺中，大尺寸、薄壁结构一直是难以突破的技术壁垒，但金属 3D 技术则可实现"大"和"薄"，采用多光束无缝拼接技术，实现一次性整体快速成型。

今年 6 月，总面积 40000 平方米，铂力特位于西安高新区的现代化、智能化科研生产基地正式建成并投入使用，也为其提供了更优质的研发和生产条件。据悉，铂力特公司还计划启动金属增材制造智能工厂二期"金属增材制造产业创新能力建设"项目，投资 5 亿元打造国内领先国际先进的金属增材制造产品生产线。

（二）主要成效

2018 年 8 月 28 日，空客（北京）工程技术中心有限公司、西北工业大学、西安铂力特增材技术股份有限公司科研合作签约仪式在西安铂力特新区举行。这标志着铂力特深化国际产能合作，融入全球航空产业链进程又向前迈进了一步。铂力特自主研发的大尺寸激光选区熔覆设备打印飞机结构件的能力，旨在为大尺寸飞机结构件的轻量化设计和快速成型提供技术方案支持。通过铂力特大尺寸金属 3D 打印装备可以助力空客的创新设计研发，为空中客车公司提供集新材料、快速成型工艺、优化设计等为一体的金属增材制造全套解决方案。

铂力特总经理薛蕾说："铂力特非常重视与空客的合作，为了满足空客的产品需求，仅在 2017 年，为空客项目的投资就超过 1 亿元，建起了一条完整的生产和工艺链条。同时也不断提升管理来满足客户的需求，我们相信，与优秀同行，必将成就优秀。"

2016年至2018年，铂力特营业收入分别为1.66亿元、2.20亿元和2.91亿元，净利润分别为3132.71万元、3425.54万元和5718.36万元。铂力特的产品在航空航天领域的市场占有率较高，招股书显示，2016年至2018年，来自该领域客户的收入占主营业务收入的比重分别为62.35%、54.32%、62.21%。

2019年6月26日晚间，上交所公布第10次科创板上市委审议会议结果，同意铂力特首发上市申请。西安铂力特增材技术股份有限公司闯关发审会成功，成为陕西继西部超导之后第二家登陆科创板的企业。

三、全流程服务的政策启示

作为3D打印行业的龙头企业，铂力特要加强研发投入，不断开拓创新，充分发挥引领带动作用，延伸产业链，辐射带动行业内其他中小企业协同发展，形成产业集群，推动西安市以及高新区硬科技产业持续蓬勃发展。

四、全流程服务下一步工作思路

铂力特未来坚持以客户为中心，聚焦3D打印技术的研发和应用，通过研发和创新形成持续的竞争优势，围绕产品、设备、原材料、技术服务等构建完整的产业生态链，为客户提供3D打印"一站式"服务。我们希望金属3D打印的应用领域越来越广泛，希望能通过金属3D打印技术直接或间接地影响大家的制造方式，让金属3D打印技术在方方面面都能够得以应用，从而助推社会发展、引领世界变革。公司将持续地努力创新，在世界范围内让所有人认可中国的增材制造水平不输于欧美强国，把中国增材制造的旗帜插在世界的最高峰。

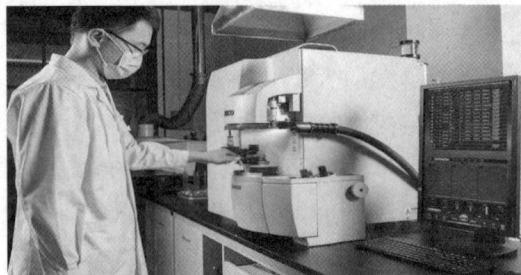

检验检测中心

【实践者说】

西安铂力特增材技术股份有限公司总经理薛蕾在接受《每日经济新闻》专访时表示，企业发展一方面需要自身加强实力，另一方面还需要依靠良好的营商环境。伴随西安市推进的"五星级店小二""行政效能革命"，可以感受到政府在企业服务与对接方面的明显变化。"比如在规划建设一期生产基地的过程中遇到了基础设施建设方面的问题，高新区有关政府部门了解详情后多次主动上门服务，帮助我们解决问题，克服困难。"薛蕾表示，铂力特还要持续以科技研发作为驱动力，促进企业创新发展，同时也期待西安的营商环境越来越好，给予本土企业更多优质扶持政策，让更多的优秀企业能够为大西安追赶超越注入新活力、新动力。

【案例点评】

西安铂力特增材技术股份有限公司依托一流高校及科研院所，运用近20余年金属增材制造技术的专业经验，通过持续创新为航空、航天、能源动力、轨道交通、电子、汽车、医疗齿科及模具等行业客户提供卓越服务。与此同时，铂力特秉持打通全流程服务的发展理念，公司围绕金属增材制造产业链进行生产、销售，同时也向客户提供3D打印工艺设计开发及相关技术服务，并与客户开展多层次、多领域的合作，布局了全生态链，有着长远的发展眼光，有力推动了西安市以及高新区硬科技产业持续蓬勃发展。

"三位一体"智能化思路赋能制造业转型升级

——陕鼓深入探索"智能＋"发展新模式

打造工业互联网平台，拓展"智能＋"，为制造业转型升级赋能。推动互联网、大数据、人工智能和实体经济深度融合，是加速传统制造业转型升级，实现工业经济高质量发展的有效途径。近年来，陕西鼓风机（集团）有限公司（以下简称"陕鼓"）紧跟"智能＋"发展趋势，深入探索和实践互联网思维下的服务型制造，取得了显著成效。2018年，陕鼓"工业服务＋能源基础设施运营板块"订货占销售订货比重已达77.99%。

一、"智能＋"发展新模式背景

陕西鼓风机（集团）有限公司（以下简称"陕鼓"）始建于1968年，1975年建成投产，1996年由陕西鼓风机厂改制为陕西鼓风机（集团）有限公司。如今，陕鼓已发展成为产业多元化、国际化的智慧绿色能源企业。目前，陕鼓集团下属有陕鼓动力上市公司和陕鼓青海能源、陕鼓浙江能源、陕鼓实业、陕鼓欧洲研发公司、陕鼓捷克EKOL公司、陕鼓印度公司、陕鼓香港公司、陕鼓卢森堡公司等多家全资或控股子公司及陕鼓能源动力与自动化工程研究院；在全国运营9个气体厂、5个水处理厂、2个分布式一体化模式发电厂、1个全球首个能源互联岛全球运营中心及欧洲服务中心、印度服务中心、印尼工程代表处等多个海外机构。

致力于成为"世界一流智慧绿色能源强企"的战略目标，陕鼓秉承"创新、协调、绿色、开放、共享"的发展理念，在持续深入推进从单一产品制造商向分布式能源系统解决方案商和系统服务商的转型实践中，形成了"能量转换设备制造、工业服务和基础设施运营"三大业务板块,产品及服务广泛应用于石油、化工、冶金、空分、电力(包括核电)、城建(地铁)、环保、制药等国民经济支柱产业领域。其中,第一板块能量转换设备制造包括各类透平压缩机、鼓风机、通风机、工业能量回收透平、汽轮机、仪器仪表等;第二板块工业服务包括投资业务、金融服务、能量转换设备全生命周期健康管理服务、EPC 等;第三板块能源基础设施运营包括分布式(可再生)能源智能一体化园区、水务一体化(污水处理)、热电联产、冷热电三联供、垃圾处理、生物质发电以及气体业务等。并通过国际化发展实践,整合全球资源,构建了分布式能源领域核心竞争力,实现了设备、EPC、服务、运营、金融等核心业务的全面发展。

二、"智能 +"发展新模式主要做法及成效

(一)主要做法

1. "三位一体"模式,推动"制造"迈向"智造"

"随着互联网、大数据、云计算的快速发展,装备制造行业实现智能制造已成为发展趋势,这也是陕鼓战略落地和构建核心竞争力的重要抓手。"陕鼓集团董事长李宏安说。

近年来,陕鼓在从单一产品制造向分布式能源系统解决方案商和系统服务商转型过程中,已逐渐成长为一家产业多元化、国际化的绿色能源企业。在"中国制造 2025"提出的重大装备智能制造及服务业的发展趋势指引下,陕鼓积极探索互联网思维下的"智能 +"模式,通过产品智能化、服务智能化、过程智能化的"三位一体"模式,推动企业从"制造"迈向"智造"。

2012 年起,陕鼓探索利用工业互联网,整合自身资源创新服务模式,借助国家十二五"863""973"课题,构建了面向设备全生命周期的透平装备管理体系。2015 年至今,陕鼓先后承担了工信部《动力装备全生命周期智能设计制造及云服务系统标准验证》《大型动力装备智能制造新模式应用》两个智能制造专项课题研究。陕鼓以行业生态链为主线,涵盖了"三位一体"智能化思路;通过数字化、网络化、智能化的路径推进,赋能服务型制造转型,摆脱传统制造的束缚,以投身更加广阔的分布式能源领域市场,向智能化、高端化系统解决方案商迈进。

2. 围绕客户需求,提供智能化系统解决方案

当今,人工智能、清洁能源、大数据、云计算等新兴技术正快速融入传

统能源各细分领域。工业领域的节能减排和绿色发展任务艰巨，挖掘大数据的潜力与价值，提升能源系统的整体水平与综合效率，正是陕鼓"智能＋"的重点发力目标。

"通过服务智能化，进一步完善远程监测系统，强化 EAOC 研究，形成用户问题感知、方案形成与推送的智能化；通过过程智能化，促进精益设计和产业制造智能化的提升，为客户提供能量转换领域个性化的、定制化的、系统的解决方案。"李宏安说，陕鼓的战略定位就是成为分布式能源领域系统解决方案和系统服务商，而产品和服务的智能化是直击用户需求点，为用户解决切实的设备管理、工艺优化、能源管理等痛点问题。

李宏安介绍，陕鼓围绕客户需求，整合自动化、信息化、远程中心，组建了数字化事业部，针对流程工业领域大型装置系统的问题，展开智能化产品和服务的研究；并整合全球资源，形成了陕鼓工研院、院士专家工作站、博士后科研工作站、陕鼓欧洲研发中心、分布式能源技术装备创新中心等一系列科技创新"智囊"及国际资源平台，应用转化智能化前沿科技，形成助力流程工业领域用户各类装置自动化程度高，系统能效优化，运行安全环保的系统解决方案。

陕鼓自主研发的新一代"提高高炉冶炼强度的顶压能量回收系统"3H－TRT 系统，以及开展的国家鼓励的前沿研发课题——多种工业流程的 EAOC（综合能效分析与运行优化控制）技术研究，就是围绕流程工业领域装置的安全运行、能效提升和精准控制优化，在高端智能化的系统解决方案上的深入持续探索。

3. "能源互联岛"技术为传统制造插上智能化"翅膀"

由陕鼓首家创新开发的实现能源系统"九联供"的"能源互联岛"全球运营中心，是陕鼓围绕大数据时代企业转型的又一探索实践。

工业互联网时代下，陕鼓牢牢把握行业趋势，基于 50 年能量转换领域技术创新和信息化、数字化平台建设，聚焦分布式能源系统解决方案圆心，形成了设备、金融、服务、运营、EPC 五大核心能力。并通过"能源互联岛"技术和方案创新，发力能源互联互通，解决绿色发展痛点问题。

"陕鼓能源互联岛全球运营中心，是根据用户侧精准需求分析，结合供给侧的资源禀赋和互联网及大数据分析，按时、按需、按质向用户端提供分布式清洁能源智能一体化的解决方案。"李宏安说。

通过能源系统"九联供"，陕鼓在工业园区实现了冷、热、电、风、水、废、消防、安防、监控的智能化管理，并实现了土地集约、运营集约、功能集约、设备集约"四大资源集约化"。能源互联岛全球运营中心投运以来，能耗大幅下降，2017 年万元产值能耗为 14.99 千克标煤/万元，2018 年万元产值能耗已降为 9.06 千克标煤/万元，成为全球透平行业耗能最低、排放最少的智能制造基地，实现了工业园区能源规划及综合利用"绿效应"。

（二）主要成效

目前，陕鼓已具备工信部两化融合管理体系贯标企业、工信部智能制造试点示范企业、国家级两化深度融合示范企业资质。与此同时，陕鼓还结合流程工业领域客户专业化、个性化需求，研制出多套一体化机组。如首台套全国产化 36 万吨硝酸四合一机组，通过先进可靠、具有自主知识产权的专用控制算法，实现了智能化故障诊断与控制功能有效结合，能效控制与机组控制的有机结合，不仅为客户装置优化改造、提质增效提供了智能化的系统解决方案，也成为带动未来分布式能源产业发展的着力点。

同时，依托能源互联岛技术，陕鼓对其国内运营的 10 个空分气体厂、5 个污水处理厂、2 个分布式一体化模式发电厂等项目实现了能源系统互联，并在国内外用户的 1200 套动力装备上配套安装了远程监测和故障诊断系统，借助互联网＋、大数据技术，实现系统大数据互联，为传统制造业插上了坚实的智能化"翅膀"。

三、"智能＋"发展新模式政策启示

中国工程院院长周济在来陕鼓调研时，称赞陕鼓智慧发展助推了"中国制造 2025"战略落地；工信部部长苗圩来陕鼓调研时，称赞陕鼓商业模式转型思路好，定位准；"陕鼓模式"已两次写入陕西省政府工作报告。如今，5G 时代带来新一轮万物互联的机遇和挑战，陕鼓正在深化以"体制机制改革"为发动机，以"智能制造和资本金融"为两翼的"一机两翼"战略举措，在数字化的持续探索实践中，开发更加智能化的系统解决方案，实现无人值守或少人值守，与金融杠杆同行撬动市场，创造和引领客户需求，助力企业向服务型制造的转型升级。

四、"智能＋"发展新模式下一步工作思路

陕鼓将进一步践行"智能＋"的服务型制造转型，推进网络研发、数字产品、数字服务和能源互联岛全球运营中心等数字化研究，让数字化服务于企业，服务于客户，助力工业经济动能转换和高质量发展。

【实践者说】

陕鼓集团董事长李宏安表示："2005 年以来，陕鼓以'两个转变'（从单一产品制造商向分布式能源领域系统解决方案商和服务商转变；从产品经营向客户经营、品牌经营和资本运营转变）战略为指引，以市场为先导，不断创新商业模式和服务理念。企业的产品、服务及商业模式得到社会各界的认可，走上了一条依靠科技、智力和管理创新的智慧绿色转型发展之路。面对世界经济一体化带来更强势的挑战和竞争，陕鼓以'为人类文明创造智慧绿色能源'为使命，以责任、诚信、规则、创新、感恩的文化理念为准则，为客户解决问题，创造价值，提供智慧绿色的系统问题解决方案和系统服务。秉承'向上向善，优良风气创未来'的企业核心价值观，陕鼓为社会的和谐发展履行责任，为成为一个受人尊敬的企业、一个有贡献的企业而不懈努力！"

陕鼓集团研发中心

【案例点评】

陕西鼓风机（集团）有限公司以成为"世界一流智慧绿色能源强企"的战略目标，持续深入推进从单一产品制造商向分布式能源系统解决方案商和系统服务商的转型，通过产品智能化、服务智能化、过程智能化的"三位一体"模式，推动企业从"制造"迈向"智造"、解决客户需求；首创能源系统"九联供"的"能源互联岛"借助了互联网＋、大数据技术，实现系统大数据互联，为传统制造业插上了坚实的智能化"翅膀"。

"双核共振、一脉串联、多片共融"

——高新区规划中央创新区（**CID**）案例

高新区为大力推进创新之城、富强之城、美丽之城、时尚之城、幸福之城"五城同建"，全面实施高标准建设中央创新区（CID）的战略，抓紧规划2平方千米的西安丝路国际金融中心核心区。建设西部地区超高层地标建筑集群——"未来之瞳"项目于2018年6月14日先行启动。中央创新区（CID）规划面积15平方千米，其中包含面积约2平方千米的西安丝路国际金融中心核心区，中央创新区（CID）规划范围南至兴隆一路，紧邻火车南客运站，北临韦斗路，东邻西沣路，西至经三十八路，西太路南北贯穿，以生态、科技、文化、大气、现代、开放为理念，以"科创功能集聚、生态形象优质、服务设施完善、文化制度开放"为发展策略，构建"双核共振、一脉串联、多片共融"规划格局。发展规划是在深入调研、广泛听取采纳专家意见后，悉心研究制定的，发展规划旨在为西安高新区尽早实现大西安都市圈首善区与世界一流科技园区先行区的目标奠定坚实基础。

一、"双核共振、一脉串联、多片共融"的背景

2018年4月，高新区全面启动实施"大干123、建好首善区"暨"西安高新区'三次创业'三年行动计划和2018年八大攻坚行动方案"，紧紧围绕发展门户经济、枢纽经济、流动经济"三大经济"，紧盯"聚焦三六九、振兴大西安"奋斗目标，抢抓大西安都市圈建设、"三个国字号"改革以及追赶超越的战略机遇，大力推进创新之城、富强之城、美丽之城、时尚之城、幸福之城"五城同建"，旨在通过打造中央创新区这一"三次创业"新引擎，将中央创新区建设成为首善区的城市客厅，大西安的新门户。

二、"双核共振、一脉串联、多片共融"主要做法及成效

（一）主要做法

中央创新区（CID）规划面积 15.4 平方千米，规划范围南至兴隆一路，紧邻火车南客运站，北邻韦斗路，东邻西沣路，西至经三十八路，西太路南北贯穿，以"生态、科技、文化、大气、现代、开放"为理念，以"科创功能集聚、生态形象优质、服务设施完善、文化制度开放"为发展策略，构建了"双核共振、一脉串联、多片共融"规划格局，旨在打造枢纽经济新节点、门户经济新载体、流动经济新平台。

1. 以水绿交融打造生态之城。按照"全域生态、水绿交融、以人为本、宜居宜业"的思路，规划建设"之"字形景观主水系，串联两大核心功能区及各功能组团，沿主水系两侧，打造环网支水系，实现生态之水"一脉串联"。按照"通湖连河、构建大生态网络"的思路，与昆明湖生态核、沣河生态空间、浐河生态空间相联系，形成"一个中央绿核""一条休闲水廊""一个生态绿网"，在重要节点增加街头绿地、口袋公园等小斑块绿地的设置，实现 300 米见绿、500 米见园的目标；结合活力绿谷、未来之瞳布局旅游休闲、智能体验、运动健身等功能，打造穿梭于水绿之间的地面、空中和地下慢行步道和自行车道，丰富开放空间的内涵，营造出功能丰富、人气汇聚、活力充盈的氛围。

2. 以复合功能构建创新高地。中央创新区（CID）将重新定义科技新城的建设发展模式。建设大型区域性国际化商业中心、文化艺术交流中心，满足国内国际不同层次、不同类型的消费需求；建设若干生活服务圈，实现文化、卫生、教育、公共设施网络多网融合；布局国际科创中心，为创业者提供全方位、全流程的资源供给和服务支持；引进多个国际中学、小学、幼儿园，全面接轨国际教育体系，打造高新教育国际化品牌；规划"五横五纵"主干路网，汲取国内城市交通先进经验，加密路网，建设轨交站点停车场，形成公共交通为主，多种交通无缝换乘的交通体系，公共交通出行比例达到70%，轨道交通所占公共交通比例达到80%；完善地块内配建停车位的建设，大力建设立体停车、地下停车，以及地下综合体、地下城等新形式，树立地下空间利用的高新模式；设置城市客厅组团、综合服务组团、科创组团、科创生活综合组团、金融会展组团、居住组团等分片区多组团模式，形成层次清晰、功能完善、融合互动的功能布局，实现宜居、宜业、创新、创业功能

板块"多片共融"。

3. 以全球视野奠定开放格局。中央创新区的建设是坚持"全球定位、国家战略、使命担当、对标浦东"的原则,先期启动 2 平方千米的丝路国际金融中心核心区,旨在通过高质量发展,统筹高端产业和高速发展,使之成为首善区的核心动力区和大西安的城市客厅。丝路国际金融中心核心区面向全球吸纳金融总部、创投基金、融资担保、小额贷款、商业保理、融资租赁、金融科技等机构;利用大数据、区块链等互联网创新技术进行风险控制和平台管理,建设私募投资基金特色街区、金融总部园式办公区、金融科技创新综合配套区、金融菁英人才社区、众创社区核心示范区、文化旅游休闲观光区六大功能板块,将成为金融机构汇集、金融要素丰富、金融市场活跃、金融人才聚集、金融服务完备、金融生态良好、金融监管到位、辐射功能突出、引领作用明显的丝路国际金融中心核心区。同时,丝路国际金融中心将建设西部地区超高层地标建筑集群——未来之瞳。未来之瞳位于金融创新中心北部,是集科创研发、办公、星级酒店等功能为一体的核心引擎,规划建设 450 亩湿地花园、一栋 666 米超高层、一栋 520 米超高层、一栋 369 米超高层,几十栋 200 米至 300 米超高层建筑,配套大剧院、音乐厅、美术馆、空中景观步道,未来之瞳必将成为大西安最美天际线。

(二)主要成效

2018 年 6 月 14 日,高新区发布了《西安丝路国际金融中心核心区发展规划》,西安丝路国际金融中心核心区项目建设正式启动。作为核心区,西安丝路国际金融中心核心区将建设西部地区超高层地标建筑集群——未来之瞳。

2018 年 11 月 8 日上午,高新区管委会领导前往丝路国际金融中心核心区项目现场调研,并就项目建设进展,以及项目推进中遇到的难题等进行座谈,听取了妇女儿童中心、市民中心及三大市场、未来之瞳地下空间、园区基础设施、永安渠等重点自建项目和招商项目推进情况的汇报。同时,与会部门对项目推进中遇到的问题进行探讨,并提出解决办法。

三、"双核共振、一脉串联、多片共融"政策启示

根据高新区"大干 123、建好首善区"的战略目标,西安高新区按照国际一流标准,聚力打造"中央创新区(CID)",高新区中央创新区成为大西安的"城市客厅"。

提起高新区,以高新路、唐延路、锦业路为核心的 CBD 区域,是西安人

眼中的"传统核心区"，亦已成为高新区总部经济、金融等现代服务业的聚集区。如今，随着大西安国家中心城市建设的提速，高新区的发展空间也亟须拓展。2018年以来，市委、市政府决定将10个街道由高新区托管。在这一基础上，高新区"北提、南闲、东连、西拓、中优"的发展规划大幕正徐徐拉开。

未来，高新区将以"大干123、建好首善区"为奋斗目标，继续深入推进"八大攻坚行动"，全力破解发展难题；加快体制机制创新，稳步推进托管工作；全面对标深圳南山，加快推动科技与金融融合发展；持续优化营商环境，启动"四个平台一张网"建设；实施高新区全域空间发展战略研究，优化城市发展布局；通过创新招商体制，提升招商水平；努力加快项目落地落实，促进项目早投产、早达效；按照"金融核心、全球地标和传世之作"的理念，加快2平方千米丝路国际金融中心核心区建设，确保国际会议中心9月份建成投运；通过绿色廊道建设、环境综合提升改造等，创建"最干净城区"；根除断头路，实现绕城以北区域内畅外联、城乡区域互联互通保民生、园区畅通保项目。争当高质量发展的排头兵，建设创新之城；争当决胜小康的排头兵，建设富强之城；争当品质西安的排头兵，建设美丽之城；争当开放创新的排头兵，建设时尚之城；争当满足人民美好生活需要的排头兵，建设幸福之城；争当城乡一体融合发展的排头兵，加快乡村振兴，为西安国家中心城市建设作出"高新贡献"。高新区为推动区域发展的系列创新性举措，使人民共享发展成果的同时，也为区域的创新性发展提供了借鉴。

四、"双核共振、一脉串联、多片共融"下一步工作思路

作为西安市和高新区重点项目，西安丝路国际金融中心核心区建设工作刻不容缓，需下大力气推进。推进丝路国际金融中心核心区项目建设，要厘清总体工作推进思路，进一步从园区规划设计、基础设施建设、重点自建项目、重点招商项目及建设四个方面统筹推进。城市客厅管办将建立专项会议机制，每周召开工作推进会，协调解决项目推进中的相关问题，确保各项目建设顺利开展。

【实践者说】

2018年6月12日，在西安高新区举行的《西安丝路国际金融中心核心区发展规划》新闻发布会上，西安高新区管委会副主任韩红丽说："今年以来，高新区吹响'三次创业'号角，全面启动实施《西安高新区"三次创业"三

年行动计划暨2018年八大攻坚行动方案》，通过实施'一年攻坚、两年突破、三年超越'行动计划，到2020年全面实现追赶超越目标，建成世界一流科技园区先行区和大西安都市圈首善区。高新区还将聚力打造中央创新区的'三次创业'新引擎，按照国际一流标准，将中央创新区建设成为首善区的城市客厅。"

高新区规划局局长杨东说："中央创新区站位高，通过文创产业、商业娱乐、文化聚集中心等合理布局，让创业和生活密切结合，打造便捷的交通体系，建设宜居宜业、充满人气和活力的创新区。"

西安高新区中央创新区（城市客厅）效果图

【案例点评】

中央创新区（CID）规划面积15.4平方千米，以"科创功能集聚、生态形象优质、服务设施完善、文化制度开放"为发展策略，构建了"双核共振、一脉串联、多片共融"规划格局，旨在打造枢纽经济新节点、门户经济新载体、流动经济新平台，是西安市和高新区的重点项目。打造中央创新区这一"三次创业"新引擎，将中央创新区建设成为首善区的城市客厅，大西安的新门户。

创新中欧班列运营组织新模式

——建设丝路商贸物流集散中心和综合物流枢纽

开行中欧班列（长安号）国际货运班列，是陕西落实共建"丝绸之路经济带"战略构想，打造"丝绸之路经济带"新起点的重要抓手。中欧班列（长安号）国际货运班列以物流带动信息流、资金流，促进产业优化布局，使西安成为欧洲和中亚进入中国市场的出入口和集散地，成为国家向西开放的重要商贸物流集散中心和综合物流枢纽。

一、创新中欧班列运营组织新模式背景

国家主席习近平在出席推进"一带一路"建设工作5周年座谈会上强调在保持健康良性发展势头的基础上，推动共建"一带一路"向高质量发展转变。作为我国唯一获得国际、国内双代码的中国首个内陆港——西安港，将以高质量发展引领中欧班列"长安号"运营，发挥承东启西的"门户＋枢纽＋流动"的优势，推进与丝路沿线务实合作，加速陕西内陆走向开放前沿！

2018年全年中欧班列"长安号"共开行1235列，重载率、货运量和实载开行量均位居全国第一。自2013年底"长安号"开通运行以来，目的地从中亚地区延伸到欧洲腹地，贸易货物品种从单一变得丰富多元，班列数量飞速增长……一系列变化的背后，反映出在"一带一路"倡议下，西安与沿线国家之间政策沟通、设施联通、贸易畅通、资金融通、民心相通的"五通"已取得明显成效。

以前内陆地区企业出口很不方便，通过中欧班列（长安号）极大地促进了内陆地区与欧洲和亚洲其他沿线国家的交流合作，提升了自贸区整体的外贸水平。中欧班列（长安号）国际货运班列以物流带动信息流、资金流，促进产业优化布局，使西安成为欧洲和中亚进入中国市场的出入口和集散地，使西安成为国家向西开放的重要商贸物流集散中心和综合物流枢纽平台。西

安国际港务区作为中欧班列（长安号）的主要运营地亦成为"一带一路"国际中转内陆枢纽港，云集全球商品，重现"万国通商"盛景，为陕西、西安建设"丝绸之路经济带"新起点提供重要支撑。

"长安号"中欧班列高质量运营，大西安打造"一带一路"新起点

二、创新中欧班列运营组织新模式主要做法及成效

（一）主要做法

2018 年以来，西安国际港务区坚决贯彻省、市赋予的中欧班列（长安号）国际货运班列开行的光荣使命，在海关、铁路、口岸等相关部门的通力配合下，创新组织营运模式，采取"政府主导，市场化运营"的模式，取得了上半年班列开行总量、重载率、货运量、单月开行量共四项指标全国第一的骄人成绩。

1. 争取各相关部门大力支持

今年以来，国际港务区主要领导多次带队赴国家铁路总公司、中铁集装箱运输有限责任公司、西安海关及省市各相关部门协调对接，得到了各部门的大力支持。一是省市各相关部门通力配合，为中欧班列（长安号）平稳运行营造了良好的政策环境，提供了班列所需的资金保障。二是中铁西安局集团公司优先确保中欧班列（长安号）车板供给，并给予中欧班列（长安号）运费与装卸费下浮政策。三是西安海关不断完善监管作业设备，创新"舱单归并"等申报模式，切实提升了西安港口岸通关效率。四是西安铁路集装箱中心站全体员工加班加点，全力保障班列货物正常周转，并积极优化场站作业流程，提高场站作业效率，为中欧班列（长安号）缓堵保畅创造有利条件。

2. 科学的运营组织模式

在充分调研成都、重庆、郑州、武汉等地中欧班列运营组织模式的基础上，国际港务区创新提出了"广泛对接市场，一企一线运营"的思路，与市场上有能力的物流企业合作运营中欧班列（长安号）线路，形成了以招商局新丝路公司、西安陆港多式联运公司、西安陆港大陆桥公司共同作为运营平台公司的多平台运营组织模式。该模式通过引入市场主体，充分调动企业积极性，进一步激活市场资源，为中欧班列（长安号）高频次常态化运行提供可靠的货源保障，为班列运营注入新鲜活力。

3. 高位推进，强化各级管理

为保障中欧班列（长安号）正常运行，国际港务区组织西安海关、中心站、中铁联合国际集装箱有限公司以及各运营平台公司建立班列协调例会制度，不断强化日常管理，每天总结班列开行情况，并对第二天开行工作进行安排部署。同时，省市区各级领导高度关注中欧班列（长安号）运行动态，不遗余力协调各方解决班列运行过程中存在的问题。

4. 运营平台公司通力合作

三家运营平台公司除了承担各自承包线路的运营组织工作外，仍积极开发市场，组织其他线路的货源上列，形成了相互配合、通力合作的良性发展局面。招商局新丝路公司与西安陆港大陆桥公司利用西安陆港多式联运公司平台，协助组织中亚出口货源上列，减轻了中亚货源的组织压力，共同促进中亚班列加密开行。

5. 开辟中欧班列（长安号）接驳线路

为提升西安港集疏体系通过能力，加快中欧班列（长安号）货源集散分拨效率，国际港务区以内贸五定班列的形式，开行了中欧班列（长安号）接驳班列，有效促进了货源的快速聚集与分拨。截至7月底，西安—青岛五定班列已实现往返双向常态化运行，下一步还将探索开行西安至连云港、宁波、义乌、深圳等货源地或沿海港口的内贸五定班列，实现全国主要货源地的全覆盖，构建四通八达的中欧班列（长安号）集散网络。

6. 不断完善场站作业设施

随着中欧班列（长安号）开行量的增长，集装箱大量到发对现有铁路场站造成较大的作业压力。为此，国际港务区加快完善铁路场站作业设施，确保中欧班列（长安号）平稳运行。一是协调中铁集装箱运输有限责任公司加快西安铁路集装箱中心站二线束建设，增强中心站装卸作业能力。二是启动西安港铁路口岸设施提升工程，拟投资2700万元左右，为西安铁路集装箱中心站硬化集装箱堆场 20000 平方米，购置集装箱称重设备，建成后将提升中心站作业效率 10%—15%，并可缓解大风影响问题。三是密切配合中铁西安局集团公司，加快推进新筑铁路综合物流中心项目建设，完成项目用地征迁、用地批复及周边市政配套等工作，该项目预计今年 11 月底竣工并投入运营。除此之外，国际港务区建成并运营西安港进境粮食指定口岸、西安港进口肉类指定口岸以及西安港整车进口口岸，促进了"长安号 + 口岸"业务开展，为小麦、绿豆、整车的常态化进口奠定基础。

7. 创新中欧班列（长安号）班列产品

在当前全国各中欧班列激烈竞争的环境下，国际港务区通过深入挖掘潜在货源，不断创新班列产品，使中欧班列（长安号）永葆市场活力。一是升级班列货源结构，依托西安港整车进口口岸，实现中欧班列（长安号）汽车进出口业务零的突破。二是不断开辟新的运行线路，今年成功开行西安至伊朗（阿富汗）、白俄罗斯以及根特等全新线路，截至 7 月底，中欧班列（长安号）运行干线已达 9 条。三是创新中亚班列"集装箱 + 整车"混编运输模式，吸引全国散货货源聚集，为承载非适箱货源创造有利条件。

（二）主要成效

1. 年度开行总量位居全国第一

1—6 月份，中欧班列（长安号）共开行 545 列，全年开行总量位居全国第一（成都 510 列、重庆 397 列、郑州 288 列）。其中中欧方向开行 293 列（去 121 列，回程 172 列），中亚方向开行 252 列（去 207 列，回程 45 列）。

2. 重载率位居全国第一

1—6 月份，中欧班列（长安号）重载率高达 99.9%，成都重载率 69%、重庆重载率 79%、郑州重载率 82%。

3. 单月开行量连续 4 个月位居全国第一

今年 6 月份，单月开行 139 列，单月开行量排名全国第一（成都 94 列、重庆 93 列、郑州 76 列）。3 月份，中欧班列（长安号）单月开行 82 列，单月开行量超越成都排名全国第一（成都 77 列、重庆 62 列、郑州 49 列）；4 月份，单月开行 108 列，单月开行量与成都并列全国第一（成都 108 列、重庆 58 列、郑州 48 列）；5 月份，单月开行 116 列，单月开行量排名全国第一（成都 88 列、重庆 73 列、郑州 35 列）。

4. 货运量位居全国第一

1—6 月份，中欧班列（长安号）运送货物总重达 57.06 万吨，位居全国第一（成都约 52.79 万吨、重庆约 47.04 万吨、郑州约 35.42 万吨）。

三、创新中欧班列运营组织新模式政策启示

2018 年年初，西安市就定下了中欧班列"长安号"全年开行破千列的"小目标"，为实现这一开行目标，西安国际港务区在充分调研国内其他班列运营组织模式的基础上，创新实施了中欧班列"长安号"全面对接市场，"一企一线"的运营组织模式。坚持以"我"为主，同时与"巨人"联手，通过引入招商局集团等强有力的市场主体，充分发挥市场作用，激活了市场资源，极大地丰富和带动了货源组织形式，打造了以政府主导、市场化运作的全新、高效、公平、透明的多平台运营模式，形成了"九牛爬坡，各自出力"的良好运营局面，为中欧班列"长安号"实现跨越式发展奠定了坚实基础。

四、创新中欧班列运营组织新模式下一步工作思路

中欧班列（长安号）仅半年时间便连创四个第一，各项指标名列全国前茅，得益于省、市主要领导的齐抓共管，得益于省、市各相关部门的鼎力支持。下一步我们将做好以下三方面工作，确保中欧班列（长安号）稳居全国前列。

一是持续用力加大班列开行的组织和保障。下一步我们将持续优化线路、完善设施、强化服务、提高效率，再接再厉，做到效率最高、服务最优、速度最快、运量最大、线路最全、开列最多，真正使西安港成为内陆第一大港，使中欧班列（长安号）成为陕西、西安践行国家"一带一路"倡议的"金名片"。

二是加大西安港铁路基础设施建设和信息化提升工作。国际港务区已于 2018 年 6 月 1 日启动西安港铁路口岸设施提升工程，总投资 2700 万元左右，为西安铁路集装箱中心站硬化集装箱堆场 20000 平方米，购置集装箱称重设备，建成后将提升中心站作业效率 10%—15%，可缓解大风影响问题，目前已建成投运。同时，投资 280 万元对现有西安铁路集装箱中心站进行信息化改造，推动海关和铁路信息联动，提升班列组织效率。启动金关二期建设，提高企业报关、通关的效率。

三是主动走出去承揽货源，积极推进与宁波、义乌、上海等地的合作。中欧班列（长安号）班列的货源一大部分来自江浙地区，下半年要在与青岛港合作的基础上主动加强与宁波港的战略合作，拓展西安海铁联运和中欧班列（长安号）集货线路。同时，主动与"义新欧"展开合作，将义乌的部分

中亚地区货物通过班列分拨到西安通过中欧班列（长安号）发送。

【实践者说】

西安国际陆港投资发展集团总经理助理翟若鹏表示："我们通过运贸结合的形式来支持'长安号'国际货运班列的开行，通过我们下属的贸易和电商板块，对'长安号'积极进行补仓和补货，以此实现每个班列的重载。我们也为企业在供应链金融方面保驾护航。集团通过保理担保的形式，为企业提供资金支持，并且通过与各类保险公司建立合作关系，在全国首推'中欧班列延误险'，给企业吃上了'定心丸'。"

西安国际港务区管委会主任孙艺民表示："2019年，中欧班列'长安号'运营将继续坚持高质量发展和市场化运营，加快开行城际班列，将西安打造成全国中欧班列的集结中心，加快物流信息化建设，进一步提升运营和服务效率，同时充分发挥陕西自贸区的政策优势，优化提升营商环境，带动贸易高速增长，产业快速聚集，让'长安号'成为陕西、西安招商引资的"金字招牌，为内陆扩大开放贡献'陆港力量'。"

【案例点评】

中欧班列（长安号）国际货运班列以物流带动信息流、资金流，促进产业优化布局，使西安成为欧洲和中亚进入中国市场的出入口和集散地，成为国家向西开放的重要商贸物流集散中心和综合物流枢纽。

打造"一园两国"中欧产业聚集区

——"一带一路"中欧合作产业园

作为国家"一带一路"建设的核心区和国家重要先进制造业基地,西安要素资源优势突出,中欧合作基础良好。建设"一带一路"中欧合作产业园,有利于搭建"一带一路"沿线国家经济合作的新平台,有利于探索共同建设经贸产业合作区的新途径,有利于打造内陆改革开放新高地的新支撑,有利于推进开发区发展的新升级。

按照"一园两国,一体两翼,互为飞地,互为保税,双园促进双赢"的总体布局,"一带一路"中欧合作产业园以中德、中捷合作为龙头,以机制创新为重心,以政策创新为引领,强化与国家战略对接,重点发展高端装备制造产业、汽车制造产业、智能制造产业、新材料产业、工业服务产业和园区公共服务业。建设"一带一路"中欧合作产业园,要创新体制机制引领发展、完善园区规划绿色发展、创新招商模式支撑发展、强化政策扶持突破发展、启动孵化机制加快发展、开展海外推介助推发展,同时建立部门联动机制、协调落实优惠待遇、实施重点招商行动、实施软环境优化行动、实施社会资源整合行动、实施园区影响力提升行动。用四年左右的时间,将"一带一路"中欧合作产业园建设成为具有国际影响力的一流先进制造业聚集区、中国智能制造发展示范区、我国经济开发区转型升级引领示范区和大西安追赶超越新引擎。

一、打造"一园两国"中欧产业聚集区的背景

当前,全球经济格局发生深刻变化,我国宏观经济形势下行压力加大,迫切需要培育新的发展动力,打造更多的经济支撑点。作为从诞生开始就承载对外开放职能的经济开发区,"国际化"是开发区现阶段发展的必然需求。随着"一带一路"沿线国家与中国的深度合作,中外合作产业园成为开发区

进一步发展的自然动力。随着"一带一路"建设逐步深入,我国已同40多个国家和国际组织签署了合作协议,同30多个国家开展机制化产能合作。建设"一带一路"中欧合作产业园,能紧密契合外方需求,尽快形成经贸合作网络,探索产业创新合作机会,精准发展适应国际合作新环境的产业,打造制度创新、契合国际规则,能全面对接国际环境、实现投资贸易便利化的产业发展平台。建设"一带一路"中欧合作产业园基础条件好、发展潜力大,经过科学谋划和强力推进,有望迅速提高西安经济技术开发区综合实力和竞争力并成为带动西安市和陕西省经济社会发展新的增长点。

二、打造"一园两国"中欧产业聚集区主要做法及成效

(一)主要做法

1. 开放带动,融合发展

紧紧抓住"一带一路""中国制造2025"以及陕西自贸区建设等战略机遇,以国际化视野,完善园区自身发展条件,打造国内一流的开发开放功能平台,引进来和走出去并重、引资和引技引智并举,促进中欧相关产业生产要素和创新要素向园区集聚,积极吸引欧洲企业投资兴业。加强与"一带一路"沿线各国政府、行业协会等各个层面的沟通联系,共同推进园区建设,扩大对外贸易,加快提升经济外向度,拓宽产业发展空间,推动利益融合,实现合作共赢。

2. 高端引领,创新发展

学习借鉴欧洲发达国家先进技术、先进管理模式和先进制造理念,瞄准国际前沿技术和产品,提高核心部件研发制造能力,提高智能制造水平,推进装备制造业在技术、质量和管理层面向中高端迈进。适应产业组织专业化、协作化趋势,完善信息分享、产业协作、合作经营等对接体系,增强产业间、企业间联动发展能力。优化要素资源配置,激发创新创业活力,推动大众创业、万众创新,推动新技术、新业态、新商业模式蓬勃发展,加快实现发展动力的转换。

3. 突出特色,错位发展

加快信息化与工业化深度融合,大力发展高端装备、智能制造、新型汽车、新材料等优势主导产业,加大"机器换人"设备和技术应用,提升产业园竞争力和品牌影响力,着力打造西安国际化大都市特色产业"名片"。推动产业集聚,完善产业链和上下游产品配套,构建产业协作体系,加速形成产

业协同竞争优势、规模效益和扩散效应。加快形成智能特色产业集群，实现错位化发展、差异化竞争。

4. 有序推进，绿色发展

根据西安市土地利用总体规划、城市总体规划、相关专项规划以及园区建设总体方案，合理确定开发建设重点时序和步骤，并严格按照规划实施，积极有序推进园区建设。坚定走生产发展、生活富裕、生态良好的文明发展道路，协同推进生产效率提升、人居环境改善，大力实施产业生态化，提高资源配置和利用效率，加强环境保护和生态建设，实现绿色集约发展。

（二）主要成效

1. 创新模式

发挥中国（陕西）自由贸易试验区建设和中欧经贸合作全方位升级的机遇，努力打造"一园两国"的跨境产能合作模式。一方面建设"一带一路"中欧合作产业园国外园区；另一方面建设"一带一路"中欧合作产业园国内园区。国外、国内两个园区联动发展，成为格局清晰、空间集约、要素集聚、功能完善的一个有机整体。

2. 中欧经贸合作新模式

"一带一路"中欧合作产业园国外和国内园区通过跨空间的经济管理和合作开发，努力打造国际产能合作的新载体和示范区，形成"飞地经济"的新格局。通过中欧经济合作机制，争取贸易最惠待遇，建立"一带一路"中欧合作产业园保税制度。入园企业进口产品再行加工出口，只要在海关监管下在园区指定场所储存、加工、装配，就可享受东道国保税政策。通过真诚合作、高效沟通，积极探索"互为飞地、互为保税、互促共赢"的中欧经贸合作新模式。

3. 整合资源

"一带一路"中欧产业园国内园区将本着以高端制造业为主的国际产能合作，以研发孵化为发力点的深化合作，以绿色发展为共识的长远合作，按照"先导区—发展区—成熟区"的逐步发展理念，采用分期循序渐进的原则进行建设。积极实践"区县结合、资源整合、优势互补、利益共享"的"飞地经济"新模式，谋划拓展国内园区二期发展空间。进一步加强和完善与高陵区、临潼区的合作共建机制，探索向西安经济技术开发区泾渭新城以东的空间拓展。通过体制创新，探索与其他成熟地域的合作共建。本着"成熟一个、孵化一个、建设一个"的原则，在一期（先导区）建设的基础上，依据项目孵化情况，按照"自建与共建"灵活把握的原则，引导园区企业进入二期发展。

4. 树立特色

园区建筑必须紧跟科技进步,与时俱进;尊重历史,利用现代化元素,多元融合。园区风貌定位在建设体现现代化、生态化的高科技产业园区风貌,借鉴国内外先进的跨国产业园区设计风格,创造整洁、大方、轻盈的现代化跨国产业园区新形象。建筑品质要求应该体现当今时代特征和地域文化传统。园区建筑应该具有造型轻巧挺括、色彩清新、明快、装饰精致典雅、外观亮丽大方,既有地方传统风韵,又具强烈时代气息的总体风貌特征。国外园区应力求体现中国特色,而国内园区应力求体现欧洲国家的风格与特色。整体上应遵循多样中求和谐的原则,园区风貌区内对建筑与环境的色彩、形式应不求硬性统一,鼓励在满足功能基础上创新形式,形成现代、新颖的整体风格。

三、打造"一园两国"中欧产业聚集区政策启示

(一) 创新体制机制引领发展

以"国外技术促进国内发展,国内产品反哺国外经济"为目标,以"招商、扶商、爱商、安商、富商"为生命线,进一步破除体制机制障碍,打造"一园两国"新模式,引领园区提速发展。

国内园区方面:以经开区政府为主导,尊重外国企业价值观念和文化习惯,以"为企业创造高的生活质量,使企业永不搬迁"为目标,深入开展行政效能革命,进一步简政放权,大力推行审批制度改革,取消非行政许可审批类别,优化"让企业最多跑一次"流程,推进商事制度改革,从多证合一逐渐过渡到一证一码。

国外园区方面:以企业为主导,学习借鉴园区东道国的创新模式,加强技术合作,打造属于我们自己的创新内生动力。鼓励经开区内实力较强、园区运作经验丰富的企业与金融机构、行业协会、海外投资服务中介等共同组建国外园区专业开发企业。鼓励这类企业实施本土化发展战略,结合东道国的国情特点引入适宜、高效、特色的商业模式。督促园区经营主体遵守东道国的法律法规,尊重当地习俗和宗教信仰,履行好社会责任,更好地融入东道国经济、社会、文化网络。

紧紧依托经开区的区位优势,加强与陕西自贸区西安国际港务区的合作,规划建设产业园区与港务区的公路快速干道和铁路系统,充分利用中欧班列交通物流优势,将中欧班列作为联系产业园国内和国外园区的纽带,加强与

"一带一路"沿线国家在设备、产品、技术和服务等方面的交流，逐步提升园区的经济质量。

（二）强化政策扶持突破发展

贯彻"招商政策优惠、产业政策对接、土地政策支撑、金融政策扶持"的发展原则，以国内优秀园区为标杆，实现"追赶超越"，以国际化的视野全面提升园区品质。

在落实好现有招商引资优惠政策和西部大开发政策的基础上，出台有针对性、可行性的专项优惠扶持政策，同时争取省、市各项扶持奖励资金向园区项目进行政策倾斜，园区优化土地利用政策，实现政策有效叠加，力争最大限度吸引优势项目落户。搭建投融资服务平台，拓宽资金来源渠道，发挥财政投资的导向作用，在积极争取国家和省、市财政资金的基础上，广泛动员全社会力量，建立多元化、多渠道、多层次的投融资体系。结合园区产业定位，设立从天使投资、创业投资、产业投资到并购基金的专项投资引导基金，助力企业跨越式发展。

四、打造"一园两国"中欧产业聚集区下一步工作思路

（一）组建专业招商团实现精准招商

由经开区领导牵头，组建"一带一路"中欧合作产业园。招商领导小组，结合本地招商引资平台，运用大数据、"互联网＋理念"，针对高端装备制造、汽车制造、智能制造、新材料、工业服务业、园区公共服务六大重点产业开展招商信息精准收集工作。把德国、捷克定为初期招商目标国家，初步建立招商引资"三库"，绘制招商地图，实现精准招商。

（二）拓宽信息渠道，助推园区发展

一要积极拓展外资项目信息获取渠道，通过区内外资企业与德国工商大会、英中商会等国外商协会取得联系，并积极与我国商务部投资促进局、各部委和驻外机构建立政府联系，协调挖掘有效外资项目信息。二要与国内其他中外产业园区取得联系，学习借鉴园区运营经验。目前，已初步与郑州中德产业园负责人取得联系，并计划近期展开对接。三要借助第三方服务机构，在有偿获取外资企业投资信息的同时，借助网络平台发布政策、招商和建设等信息，加强国外企业对园区的了解。

（三）加强政策扶持，搭建融资平台

一是对比其他产业园区，在落实好现有招商引资优惠政策和西部大开发

政策的基础上，出台有针对性、可行性的园区优惠扶持政策，同时争取省、市各项扶持奖励资金向园区项目进行政策倾斜，力争最大限度吸引优势项目落户。二是发挥财政投资的导向作用，在积极争取国家和省、市财政资金的基础上，利用好"一带一路"投资专项基金，广泛动员全社会力量，建立多元化、多渠道、多层次的投融资体系。

【实践者说】

"一带一路"中欧国际合作产业园是以国家级西安经济技术开发区为主体，与欧洲既有先进产业基地相对接，以"一园两国，一体两翼，互为飞地，互为保税"为总体框架的全新模式的国际产业合作园。

"一带一路"中欧合作产业园总体按照"一核、三组团"的空间布局打造。"一核"即综合配套服务区，重点聚集工业设计、科技研发、高技术服务等生产性服务业。"三组团"即建设多个产业功能组团，重点发展智能制造、轨道交通、食品饮料产业。其中，与博世力士乐合作共建的起步区是产业园一期的核心区，重点发展汽车零部件研发制造、机器人及智能制造两大高端制造产业，着力引进德国工业4.0的优质企业和中小企业，打造欧洲中小型制造企业服务孵化平台。二期规划主要依托一期起步区中孵化出的优质科技型项目，本着园区建设与项目方征地自建相结合的灵活原则，对完成孵化的科技型工业企业进行落地与发展，进而形成相应的专业化科技制造工业园区。

西安管委会经开功能区相关负责人表示："一方面建设'一带一路'中欧合作产业园国外园区，鼓励有实力的中资企业通过收购、兼并、合资合作等方式在园区建立海外研发基地，将先进工艺和技术在园区内聚合，为进一步引入中国市场奠定基础，另一方面建设'一带一路'中欧合作产业园国内区，通过将落户国外园区内企业的先进工艺和技术的有效对接和空间转移，在国内园区实现落地和生产，产品最终取得欧盟原产地证，利用国际贸易规则规避发达国家针对中国产品的贸易壁垒，从而提高中国企业在国际市场上的竞争力。国内和国外两个园区联动发展，形成一个格局清晰、空间集约、功能完善的有机整体。"

【案例点评】

"一带一路"中欧合作产业园按照"一园两国，一体两翼，互为飞地，互为保税，双园促进双赢"的思路，规划园区功能布局，确定发展方向，实现国际产能合作、效益提高、合作共赢，也通过这对"姊妹园"的互利共赢进一步促进中欧友谊的跨越升级。

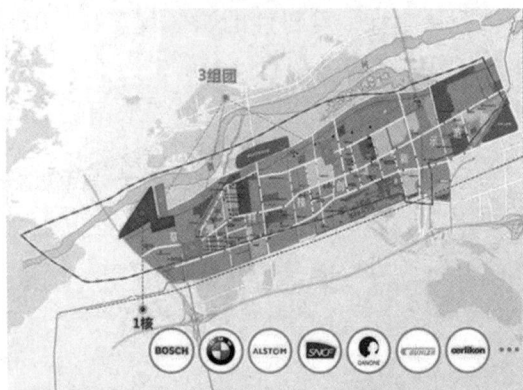

产业园以国家级西安经济技术开发区为主体，与欧洲既有先进产业基地相对接

服务创新再提速　投资贸易更便利

——助推投资贸易便利化，优化外商投资环境

今年以来，杨凌示范区紧扣市场主体需求，加强部门协作配合，创新出台了一系列提升企业跨境贸易和投资便利化举措，有效地破解了企业进出口手续办理、出口退税、外资备案等实际困难，成为杨凌加快打造一流营商环境、更好地服务实体经济、服务对外开放的重要举措。

一、助推投资贸易便利化的背景

改革开放40年来，中国农业发展取得了举世瞩目的成就。据2018年6月中国农科院发布的《中国农业产业发展报告》中显示，2017年中国在全球农产品贸易地位明显提升，进口居世界第一，出口居世界第五。骄人成绩的背后，农产品阶段性供过于求和供给不足并存，农业资源环境刚性约束不断加大，逆全球化和贸易保护主义升温等问题依然存在，如何在新时代推进农业供给侧结构性改革，提高农业综合效益和竞争力，是当前和今后一个时期中国政策改革和完善的主要方向。2018年中央1号文件，对实施乡村振兴战略进行了全面部署，并确定了到2050年农业强的目标，现代农业转型升级的契机已然到来。

陕西杨凌，是中华农耕文明的发祥地，也是国家级农业高新技术产业示范区。作为中国自由贸易试验区中唯一的农业特色鲜明的自贸片区，杨凌正在为建设世界知名农业科技创新城不懈努力。在科技日新月异的今天，股权投资在产业发展过程中所扮演的角色越发重要，资本与科技在现代农业发展中的作用日益凸显。庞大的农业市场，为资本带来更多前景，亦为逐步加快的现代农业化进程提供良好助力。

杨凌示范区持续深化"放管服"改革，不断提高为企业服务的能力和水平，激发社会投资创业活力，帮助企业大幅降低跨境贸易和投资便利化环节

制度性交易成本，打通了监管服务"最后一公里"。

杨凌自贸片区金字招牌的聚集效应逐步显现，以农业为特征的国内外经贸合作交流明显增加，自贸片区建设带动进出口增速持续高速增长。

2018 年 1—11 月，杨凌自贸片区新增市场主体 516 家，新增注册资本 106.61 亿元，新增外资企业 17 家。新增外贸备案企业 65 家，全部落户自贸片区。前三季度，实现进出口贸易额 5.835 亿元，同比增长 63.5%，进出口增速位列全省第一，自贸片区正在成为带动示范区经济发展的新引擎。

二、助推投资贸易便利化主要做法及成效

（一）主要做法

1. 打造外资"一口受理"升级版

杨凌着眼外资企业设立关键环节，运用"互联网＋政务服务"信息手段，进一步合并简化企业设立流程，优化商务和工商的商事登记，打造外资企业设立"一口受理"第一平台，对外资企业实现工商、商务"一次备案"，减少企业双头办理负担。结合负面清单，以协同审批、自动核准为依托，对企业外汇备案程序进行优化，改进出口许可前置为后置，减少企业办事环节；同时，多部门联合出台《鼓励对外贸易突破发展的暂行办法》，持续优化政策环境，极大地提高了外商投资杨凌的热情。针对跨境贸易企业"退税慢、退税难"问题，创新了设立"示范区出口退税流转金"，实现了出口企业"当日办结、当日退税"，大幅降低跨境贸易环节制度性交易成本，助力农产品跨境贸易企业向杨凌集聚。

2. 全方位措施助推投资贸易便利化

杨凌自贸区结合实际，对外贸经营者备案登记、进出口货物收发货人海关注册登记、原产地证申领人备案、国际货运代理备案、出口退（免）税备案、外汇备案、国际贸易"单一窗口"应用等 8 项业务进行流程再造，规范办理流程、简化办理要件、推行全程代办，全面落实外资企业国民待遇，把优化提升服务落实到推动投资贸易便利化的实处。为实现跨境贸易便利化，整合各部门资源，打破制度与职责边界，实施企业外贸进出口单证全程专业代办服务，企业进出口单证审批及通关时间压缩到 1 个工作日，并对出口企业实施分类管理，压减出口退税办理时间，一类企业退税办理时间压减到 3 个工作日。同时全面取消加工贸易业务审批，积极引导加工贸易企业加强技术改造和研发创新。落实外国人来华工作许可证制度，采取"告知＋承诺"

"容缺受理"等各类便利化措施，为外国人来华和入境工作提供便利。

3. 强化外贸人才要素支撑

为强化人才支撑，杨凌自贸区开展"杨凌农科"跨境电商培训，邀请专家为区内企业免费系统培训，帮助企业实现首笔创汇。在示范区及杨凌自贸区的支持下，搭建校企人才培养新通道，目前区内诸多外贸型企业与西北农林科大、西安交通大学等高校建立战略合作协议，通过全方位深层次合作，共建研究生教育创新基地、校外实训基地，搭建招聘、就业合作平台，为杨凌培养和储备一批优秀专业人才。同时，还定期组织国内外跨境电商、国际贸易领域的专家、教授定期为区内企业开展企业管理咨询、业务指导及专题讲座，不断拓展企业思维与路径，共同助推杨凌外向型经济高质量发展。

（二）主要成效

通过一系列改革，杨凌自贸区内的外商投资环境得到大幅提升，投资贸易便利化程度不断攀升，改革所产生的红利效应逐步得到释放，实现了外商投资高位增长和企业获得感不断提升的双丰收。在全省提升企业跨境贸易和投资便利化专项测评中，杨凌自贸区和杨凌示范区位居全省第一。2018 年上半年，示范区实现进出口总值 3.62 亿元人民币，同比增长 78.9%。1—7 月全区新增外资企业 21 家，外贸备案企业 43 家，均创历史新高。

杨凌搭建"杨凌农科"农产品跨境电商交易平台，成功对接 79 个国家地区、138 个国际农产品协会组织、2000 多万农产品国际采购商。"统一国际品牌＋境外农产品展洽会"的跨境贸易推进模式，促成了"杨凌农科"新加坡农产品展销会活动成功举办，使得 110 余家境外商协会及采购商资源与杨凌实现有效匹配。以杨凌丝域农科跨境电子商务有限公司为例，该公司与新方共签订了五年的生鲜产品订单，可以实现 1.2 万吨农产品的出口，在短短一年内，他们已与全球 80 多个国家展开了国际农产品贸易，年出口交易额超2000 万美元。

三、助推投资贸易便利化的政策启示

示范区持续深化"放管服"改革，不断提高为企业服务的能力和水平，激发社会投资创业活力，帮助企业大幅降低跨境贸易和投资便利化环节制度性交易成本，打通了监管服务"最后一公里"。杨凌自贸片区金字招牌的聚集效应逐步显现，以农业为特征的国内外经贸合作交流明显增加，自贸片区建设带动进出口增速持续高速增长。

出口退税流转金的设立，不仅节约了企业资金占用和融资成本，全面提升跨境贸易便利化水平，形成出口退税政策创新洼地和农业企业出口服务模式创新高地，而且有利于吸引外贸主体向杨凌集聚，释放示范区跨境贸易发展活力，服务杨凌自贸片区发展，助力外贸出口企业数量和出口业绩实现倍增。

四、助推投资贸易便利化下一步工作思路

下一阶段，杨凌自贸区将持续加大改革，按照负面清单模式优化外商企业设立的流程，扩大投资贸易便利化的改革覆盖面，从投资便利化、贸易便利化、法治创新、事中事后监管、体制机制改革等方面为投资创业创造良好的环境和条件，为塑造杨凌高品质、高质量的贸易发展环境奠定基础。一是强化金融要素支持。杨凌自贸办将与人行、商务局、金融办联合在时机成熟时共同开展人民币跨境结算便利化"绿色通道"试点政策。二是严格执行准入前国民待遇加负面清单的外资准入制度，切实取消负面清单以外的审批。三是废除妨碍统一市场和公平竞争的规定和做法，对地方保护、指定交易、市场壁垒等内容进行清理，持续营造公平公正的营商环境。四是推动促进外资和外贸发展的政策措施出台，推进外贸结构优化升级，推动跨境电商服务平台等相关项目建设。五是加强与西安海关、西安国际港务区等联动，协调推进杨凌片区货物、贸易的通关流程优化。

【实践者说】

杨凌桦木滋进口食品有限公司法定代表人朱女士在领到营业执照时说："真的太感谢你们了，资料填写全程专人指导，所需用品全部免费提供，交了资料20分钟就拿到执照了，简直太快了。这么好的营商环境，相信杨凌的明天会越来越好！"2018年1至7月，杨凌示范区新登记外商投资企业14户，同比增长460%，相当于去年外资登记总量的2.3倍，占全区外资企业总量的22%。

【案例点评】

通过一系列改革，杨凌自贸区内的外商投资环境得到大幅提升，投资贸易便利化程度不断攀升，改革所产生的红利效应逐步得到释放，实现了外商投资高位增长和企业获得感不断提升的双丰收，杨凌自贸区金字招牌的聚集效应逐步显现，以农业为特征的国内外经贸合作交流明显增加，自贸片区建设带动进出口增速持续高速增长。

2018 年第二期"杨凌农科"跨境电商培训班

港港联动海关互认监管新模式

——促进进口租赁飞机新业态发展

世界正在快速运转，资源正在快速流动。在以供应链连接的世界格局下，人们正在形成一个普遍共识：谁控制了经济要素的流量入口，谁就赢得了发展的主导权，占领了竞争的制高点。从"流动"思维来看，机场天然具有吸引人流、物流、资金流、信息流的集聚效应，且这种集聚效应正是机场实现价值的潜在保证。因此，机场往往被认为是全球生产和商业活动的重要结点，成为带动区域经济发展的引擎。

随着我国航空产业发展，很多航空公司采用进口租赁飞机的方式扩充机队，扩大运营规模，利用海关特殊监管区域优惠政策开展进口飞机租赁业务量快速增长。长安航空有限责任公司计划从天津东疆海关引进飞机5架，西安机场海关主动对接天津东疆海关，创新通关监管服务模式，实现港港联动，海关互认。截至2018年底，空港新城货邮吞吐量31.26万吨，同比增长20.3%，增速位列十大枢纽机场第一，货运量超过天津滨海机场位列全国第13位。临空产业营收突破100亿元，其中进出口货值8.2亿元，同比增长72%，累计进出口额在同期获批的15个保税物流中心中位列第一；国际快件达到395万单，排名全国第八。

一、港港联动海关互认监管新模式的背景

陕西自贸区空港新城功能区（以下简称空港功能区）虽然在西咸新区空港新城144.18平方公里中仅占13.8平方公里，但作为陕西自贸区重要功能区之一，空港功能区也是陕西唯一的临空型自贸功能区。在众多光环和利好政策的加持下，空港功能区不断推进贸易投资自由化、营商环境便利化、金融资本国际化发展，依托"东展西拓"的地理优势和自贸不断释放的红利，正吸引众多临空产业加速向此聚集。

278

2017 年 4 月 1 日，中国（陕西）自由贸易试验区揭牌，西咸新区空港新城正式跨入自贸区时代，作为陕西自贸试验区核心承载区，空港新城功能区定位于打造内陆改革创新试验田、东西双向开放示范区，"一带一路"开放合作新高地。两年来，空港新城不断推进"贸易投资自由化、营商环境便利化、金融资本国际化"，发挥自贸区吸引力，围绕临空突破创新，为产业聚集创造了良好营商环境。依托西安咸阳国际机场，空港新城重点发展航空物流、跨境电商等临空产业。海关特殊监管区作为空港新城发展临空经济的重要保障，通过不断优化机场海关通关流程，降低通关费用，让区内企业享有自贸试验区带来的制度红利。

为了满足长安航空这家本土航空公司飞机租赁的需求，在确保有效监管和执行现有税收政策的前提下，西安咸阳机场海关主动对接天津东疆海关，实行"港港联动，海关互认"这种海关异地委托监管的模式引进飞机，改变了过去需要办理转关手续才能通关的流程。不仅节约 5 天通关时间，节约企业运营成本 40 万元，还为陕西自贸区空港功能区下一步开展飞机融资租赁业务奠定了基础。

二、港港联动海关互认监管新模式主要做法及成效

（一）主要做法

西安机场海关主动对接天津东疆海关，跨关区积极协助该公司从天津东疆保税港区租赁进口飞机，实现在西安机场海关办理通关手续，并在东疆保税港区海关实际通关，改变了过去需要办理转关手续才能完成全部通关流程的通关模式。

1. 明确监管对象。"进口租赁飞机"是指在天津东疆保税区注册的特殊目的公司（Special Purpose Vehicle，简称 SPV 公司）作为出租人，在空港自贸试验区注册备案的长安航空运营基地公司作为承租人，从天津东疆海关办理进出海关特殊监管区域监管手续，在西安机场海关办理租赁贸易进口监管手续的进口租赁飞机。

2. 厘清监管职责。由东疆海关负责办理进口租赁飞机一线进境入区、二线出区的备案清单审核、放行等海关通关监管手续；由该企业所在地西安机场海关负责办理租赁飞机的租赁贸易报关单据审核、放行、减免税审批、租金征税等海关监管手续，以及进口租赁飞机自东疆海关办结二线出区放行手续并实货出区后的实货监管。

3. 制定通关流程。西安机场海关收到该企业申请后，在飞机进境前两个工作日内，通过传真或海关综合业务管理平台向东疆海关发送《进口租赁飞机跨关区联动监管联系单》；飞机进境后，东疆海关办理进口租赁飞机一线进境入区通关监管手续；西安机场海关接受进口租赁飞机租赁贸易进口报关单申报，审核无误后办理报关单放行手续。对于在西安机场海关申报的租赁贸易进口报关单如需查验的，西安机场海关可以委托天津东疆海关进行查验。

（二）主要成效

1. 简化通关手续，提高通关效率。在进口飞机进境前，承租飞机企业所在地海关即可按照企业申请，依托海关电子管理平台与飞机实际进港海关联系，建立异地监管关系；飞机入境后，实际进港海关负责飞机一线入区进境备案清单审核后，进口飞机企业所在地海关负责报关单审核，审核无误后，进港海关即可办理飞机二线出区放行，出区放行后的飞机监管由企业属地海关监管。特殊情况需要查验，企业属地海关可委托进港海关进行，且查验结果互认。2018 年 8 月，按照该模式，长安航空从天津东疆海关引进飞机 1 架，至少节约通关时间 5 天，节约企业运营成本 40 万元。

10 月 5 日，长安航空租赁引进一架全新波音 737－800 型客机，机队规模达到 11 架

2. 促进进口租赁飞机新业态发展。根据咸阳机场客运量趋势测算，空港新城未来三年内本土驻场飞机租赁需求约 50 架左右。西安机场海关与天津东疆海关实现"港港互动，海关互认"模式引进进口租赁飞机，将大大提高空港新城本土驻场飞机的通关效率，并为西部各省提供示范，为空港新城开展飞机融资租赁业务，吸引上下游配套产业，形成产业聚集，平衡东西部差距奠定坚实基础。

三、港港联动海关互认监管新模式政策启示

随着西安国际航空枢纽建设提速，西安临空经济示范区建设发力和"三个经济"发展持续推进——促进服务便利、优化营商环境成为空港新城激发市场活力、推动经济转型升级的关键所在。

西安咸阳国际机场日均飞机起降约 937 架次，平均 1.5 分钟就有一架飞机起飞降落，为保障航班正常性，西安咸阳机场公司与西北空管局发起成立机场运管委，在业内率先拿出了解决航班正常性问题的可行方案。在"同一机场、同一愿景、同一平台、同一标准"的协同发展理念下，将航空公司运行管理体系、机场保障管理体系、空管运行服务管理体系，以及政府监督管理体系融为一体。

一系列的创新举措，保证了其在中国大陆地区千万级机场的放行准点率排名第一，降低了燃油成本和碳排放，实现了良好的经济效益和社会效益。

四、港港联动海关互认监管新模式下一步工作思路

（一）签订合作备忘录。西安机场海关将积极与天津东疆海关联系，签署合作备忘录，共同打造进口租赁飞机海关跨关区联动监管新模式。此外，西咸新区空港新城与意大利航空航天企业协会在北京意大利驻华大使馆签署战略合作备忘录，双方将在航空技术交流、企业项目引进、国际市场开拓、国际贸易等方面展开广泛的交流与合作。

（二）不断优化通关模式。在具体实施中，双方海关将对出现的新问题、新情况，积极协商，重大问题请示上级海关解决。

（三）积极探索在空港实施飞机融资租赁。一是申请获批综保区，实现飞机实际入区；二是请求上级部门实现中省税收返还和增加外汇额度。

西安海关还将进一步发挥"区区联动"优势，创新综合治理模式，提高贸易便利化水平，为企业提供更多"点菜"式的服务，全力提速减负增效，助力空港成为地区转型发展的新引擎。空港新城党委书记、管委会主任贺键谈到空港新城 2019 年整体工作设想，包括支持西安咸阳国际机场建设、加快综保区申报、临空产业聚集、国际交流枢纽建设、城市配套功能提升等十个方面。他说："空港新城的发展离不开机场海关的大力支持，希望机场海关持续加大对空港新城发展的支持力度。同时，空港新城愿意与机场海关结成利益共同体，愿意成为机场海关的'试验田'、提供最好的'试验品'，全力支

持机场海关创新发展，在通关服务等方面先行先试，在运行机制体制上创出新成果、积累新经验。"

【实践者说】

空港新城党委书记、管委会主任贺键表示："在全球经济一体化的当下，口岸和指定监管场地是区域经济'走出去、引进来'的关键支点，空港新城地处西北内陆，'不沿海、不临边'，与世界对话的'窗口'和'通道'根本在于口岸和指定监管场地。空港新城将于2019年6月发布《西安临空经济示范区规划》，一以贯之地把口岸作为扩大开放的动力引擎，全力打造的'国际化、自由化、便利化'口岸（指定监管场地）平台，依托'口岸通道'大力发展'口岸经济'，深度整合'三个经济'要素，带动空港招引、聚集了越来越多的对外开放要素资源。"

西安咸阳机场海关关长李晋生表示："2019年西安咸阳机场海关针对空港'临空＋自贸＋保税＋跨境＋口岸'的叠加优势，全力推进'1＋1＋N'体系，即1个国际一流的一类口岸、1个先行先试的综合保税区、若干个具备辐射能力的指定口岸；主要推动七个方面的工作，包括更大力度推动空港综保区申报建设、更深层次服务自贸试验区制度创新、更大范围融入临空经济示范区建设、更高效率落地落实海关改革业务、更广视野促进'跨境电商综合示范区'高水平建设、更高标准助推口岸功能优化升级和更严要求强化空港口岸检疫防线建设等。"

【案例点评】

通过"港港联动，海关互认"的模式引进飞机，改变了过去需要办理转关手续才能通关的流程，不仅节约了通关时间和企业运营成本，还为陕西自贸区空港功能区下一步开展飞机融资租赁业务奠定了基础，有效地助力空港成为地区转型发展的新引擎。

构建国际离岸科技资源统筹中心

——探索国际要素资源可持续利用道路

为聚集全球科技创新创业资源，陕西自贸区沣东功能区以中俄丝路创新园、中加国际创新中心、中德国际创新中心三大创新载体为支撑，以技术转移、离岸孵化、国内产业化、基金跟进投资、国际人才集聚等多元化模式，搭建起了国际科技资源统筹创新体系，探索出了一条从海外孵化、筛选项目、人才集聚到项目产业化的国际要素资源可持续利用道路。

一、构建国际离岸科技资源统筹中心的背景

西咸新区是经国务院批复设立的第七个国家级新区，以"创新城市发展方式"为主题，下辖五大新城。其中沣东新城位于新长安大轴线和大西安科技创新引领轴的中心位置，承担着国家统筹科技资源改革示范、自由贸易、服务贸易等重要使命。

西安统筹科技资源改革示范基地着力培育和发展战略性新兴产业集群

表 各地海外人才离岸创新创业基地运营情况

区域	空间载体	海外站点	运营模式	政策支持
成都	菁蓉国际广场（3000m²，项目孵化功能区）、国际人才城（3000m²，综合服务功能区），国内载体分成都高新南区和西区。南区涵盖总面积9万 km²的服务区，3000m²的服务区；西区以环电子科技园区为中心，共享电子科技大学科研资源	海外站点16个：美国圣地亚哥（依托美中生物技术与制药专业协会SABPA），加拿大多伦多（依托加拿大华创会）等	"海外站点+国内载体+政策服务"模式；海外站点开展"海外预孵化"服务；国内载体为海外人才提供区内公司注册、投融资等全方位服务和项目孵化平台	政策支持：《成都高新区关于实施"菁蓉·高新人才计划"加快高层次人才聚集的若干政策》；配套：外籍人才服务一卡通（人才落户、子女入学、医疗社保、人才安居、居留和出入境证件申请、创业扶持）
上海	多点布局和多元模式：自贸试验区张江片区（浦东国际人才研发总部，4000 m²，社会组织运作），陆家嘴片区（陆家嘴创业街区，约20000 m²，民营企业运作，侧重金融与科技对接），保税区片区（人才大厦，4000 m²，国有企业运作，侧重离岸贸易服务）	3个海外站点（以色列、芬兰、新加坡）；16个海外合作伙伴；9个合作空间	"基地总部+合作空间+伙伴计划"的运营模式，建立多元、丰富、专业的"合作伙伴"网络	政策支持：参照"上海千人计划""浦东百人计划"及上海市创新创业支持政策；配套：公共服务平台、微信公众号服务平台

续表

区域	空间载体	海外站点	运营模式	政策支持
苏州	"一区、一带、四园"的空间布局： "一区"即苏州工业园区，总面积278km²，打造成为中国（苏州）海外人才离岸创新创业基地的试点示范。"一带"即围绕金鸡湖的离岸创新创业生态带，打造一条北到青剑湖南到独墅湖的离岸双创人才基地建设。"四园"即国际纳米园，即苏州纳米城、纳米大学科技园，生物纳米园，累计共200多万㎡，云计算三大产业的孵化载体，重点围绕纳米、生物医药、云计算三大产业需求，推动离岸产业创新中心建设	美国哈佛大学、麻省理工大学（重点实验室和研发中心）；德国亚琛（跨境孵化机构）；英国（技术转移）	离岸预孵化、在岸再孵化、加速器产业化； 基地采取"离岸基地＋联盟＋风投基金"的运营模式，成立园区海外人才离岸创新创业联盟作为基地的运营主体，会员单位由园区各类国际化共建机构、联合办学机构、跨境孵化器等专业机构组成 苏州已特批海外人才离岸基地可向海外输出专项资金	政策支持：参照苏州市《姑苏创新创业领军人才计划实施细则》及相关创新创业扶持政策 配套：建设海外人才离岸创新创业基地网站、姑苏人才计划 创业基地：建设海外人才离岸创业基地网服务网

西安统筹科技资源改革示范基地自成立以来，以统筹科技资源为抓手，以构建现代产业体系为核心，加快创新创业生态系统建设，着力培育发展战略性新兴产业集群。按照"聚焦重大战略，紧盯国际前沿，突出高精尖缺，加快创新发展"的总体思路和要求，科统区"以建设国际科技合作基地"为指引，在统筹国内科技资源基础上，放眼国际科技创新要素资源的"引技＋引智＋引资"，通过建立"国际离岸科技资源统筹中心"，集聚国际高端创新资源，加速国际科技人才、技术、项目、资金导入，同时为企业搭建国际科技研发合作、成果转化、人才培养等服务平台。

目前以中俄丝路创新园"一园两地"为载体，打造"一带一路"沿线国家的国际科技合作交流平台，充分实现"走出去"与"引进来"双向互动；以中加国际创新中心、中德国际创新中心及中美国际创新中心为深入拓展，进一步实现将国际创新资源"引进来"，让科技成果"走出去"。

通过前期对成都、苏州、上海等地设立的海外人才离岸创新创业基地调研考察，对国内离岸创新创业基地模式有了初步了解。海外人才离岸创新创业基地的运营模式存在共性，同时因其产业配套、政策、资源等软环境不同而存在差异。值得借鉴的经验，有以下几方面：

依托合作机构快速拓展国际资源渠道：目前各地离岸创新创业基地均采用与具有国际资源渠道的行业协会、海归联盟、跨境孵化机构、龙头企业、跨境中介服务机构等国际机构合作，挂牌海外站点或办事处，前期先打通国际渠道，进行海外人才及项目引进。海外站点由当地团队负责运营，便于快速整合和对接当地科技资源。

以平台为载体整合资源，实现功能多元化、专业化：本地以基地总部作为平台，通过整合专业孵化机构、公共技术平台、第三方服务机构、投融资机构、大企业资源等，搭建庞大的资源、服务体系网络，为创业企业提供全方位、专业化的服务。同时依托资源优势实现与市场的匹配，推动技术转移和成果转化。

产业配套加政策支持双管齐下，吸引项目落地：海外项目落地需求，除优惠的政策支持之外，更看重当地的产业环境、产业配套和本地市场。因此各地除了优化海外人才的生活环境，营造良好的外资企业营商环境外，还需注重产业生态的打造，将技术与当地产业有机结合，与本地大企业合作，以需求为导向进行项目招商、企业并购，更有效促进成果转化和项目落地，同时带动当地产业转型升级。

地方政府加大对项目的宣传推广和市场开拓：地方政府为支持优质创业

企业进行市场推广，实行政府首购制度，将优质产品纳入政府采购产品目录，对企业采购区域创业企业产品或服务给予补贴，同时举办各种产品展销会、投资对接会等，帮助企业进行项目推广。

由"海外人才引进"向"海外技术引进"转型：通过与国外知名高校合作引进重点实验室、研发中心等重大项目，进行前沿科学技术研发，从而吸引投资机构、龙头企业的关注，带动产业链相关企业的招商落地。

二、构建国际离岸科技资源统筹中心主要做法及成效

（一）主要做法

1. 实行多方共建，推进创新离岸孵化模式

沣东自贸区紧抓"一带一路"倡议机遇，与俄罗斯、加拿大、德国等政府机构深度合作，建立了以中俄丝路创新园、中加和中德国际创新中心三大载体为支撑，以体制创新、政策引导、平台建设、资源整合、孵化加速为核心的新型国际离岸科技资源统筹体系，推出"国际科转孵化创新体"，为境内外企业提供包括创业培训、技术开发、成果交易与转化、科技金融等一体化服务，促进了全球科技要素在沣东的有效聚集。

（1）中俄丝路创新园

2014 年 10 月 13 日，在李克强总理和俄罗斯总理梅德韦杰夫的见证下，陕西省政府与俄方共同签署了《关于合作开发建设中俄丝绸之路创新园的合作备忘录》，正式推动项目上升至中俄两国政府战略合作层面。

中俄丝路创新园按照"一园两地、两地并重"的原则，由中俄双方共同打造，在莫斯科和沣东新城分别建设两个园区，互为支点。创新园以项目为平台，通过企业孵化、产业培育，促进中俄双方企业互到对方国家投资发展，积极推动中俄企业资源共享，实现互利互惠。2018 年 4 月，中俄丝路创新园中方园区在科统基地开园，2018 年 8 月，俄方园区在莫斯科格林伍德国际贸易中心揭幕。

科统基地以中俄丝路创新园开园为契机，努力打造丝绸之路经济带开放程度最高、发展环境最优的创新创业中心。不仅吸引了一批俄罗斯领军企业进驻，拓展与俄罗斯行业协会、企业联盟、高校之间的产学研合作，加强了中俄科研项目孵化，而且开展中俄金融资本合作，设立"一带一路欧亚丝路基金"，带动了欧亚经济联盟与丝绸之路经济带国家资源协同发展。

（2）中加国际创新中心

加拿大国际创新中心是经加拿大联邦工业部批准注册成立的跨国合作机构，总部设在多伦多，中方园区位于沣东新城科统基地，一期建设面积约2700平方米。该创新中心旨在通过项目资源库、投资基金库、双边人才库，构建国际环保科技、生命科学、文化教育等领域的交流与合作桥梁，为不同国家的企业开展双向投资合作提供政策咨询、项目信息与专业服务。

（3）中德国际创新中心

中德国际创新中心是科统基地与德国中小企业联合会共建的国际创新中心，位于沣东新城科统基地，一期建设面积约2700平方米。德国中小企业联合会代表德国55家中小企业，是德国第二大商会，对德国经济乃至整个欧盟经济的发展起到推动作用。创新中心将发挥德国中小企业联合总会、德国陕西商会等组织和机构等平台作用，带动德国先进技术在中国的推广与应用。同时，创新中心将在德国设立海外站点，来支持沣东新城在海外开展科技合作及交流活动。

2. 建设国际科技资源统筹平台大市场

沣东自贸区通过"项目资源库、投资基金库、人才资源库"，设立"一带一路欧亚丝路基金"，来实现与欧美等大学、科研机构、行业组织的有效对接，为区内企业提供境外项目的嫁接、资本助力、市场开拓、技术支撑及人才支撑，实现国内、国际要素资源有效统筹和境外优质项目落地；通过引进知识产权及律师团队，为离岸人才创新创业以及科技成果转化等提供专业服务或援助；通过建立海外高层次人才柔性引进机制，推进海外高层次人才停（居）留便利化，探索学生X1签证直接转换为工作签证机制的方式，并以项目合作、技术指导、培训咨询、短期兼职、技术入股、网络远程沟通等多种形式集聚全球人才。

3. 强化"走出去"与"引进来"的双向互动

依托中俄丝路创新园"一园两地"模式，加强国内企业走出去入驻俄方园区，并为入驻俄方园区的企业提供商务、法律、财务、税务、签证等系列"一站式"服务，组织相关企业赴俄罗斯考察调研、项目对接、宣传推介、举办展会，实现与中俄两国科技、人才、信息等资源进行共享，有效促进了俄罗斯与我省的双边贸易额增长，为丝路经济带国家和地区加深合作树立了样板。中德、中加国际创新中心也通过建设项目资源库、投资基金库、双边人才库，搭建起了国际要素资源嫁接的交流与合作桥梁，为不同国家的企业开展双向投资合作提供了有力支撑。

（二）主要成效

1. 探索出了自贸区外向型经济塑造的新模式。

随着一批"一带一路"国家创新创业服务机构、国际优秀项目和创新企业的引进和落户，沣东自贸区探索出了以"两国一园"为核心的整合、引导国际要素资源之间协作，联合孵化与跨境加速发展的新模式，为全国自贸区外向型经济的塑造提供了沣东经验。

2. 产业聚集成效明显

依托中心空间载体，形成了聚焦融合新兴技术产业、服务国际创新资源导入的平台优势，推动了现有产业转型升级和经济结构的调整优化，吸引了一批融合新技术、新业态和新模式的高端服务业集聚沣东。比如中俄丝路创新园已吸引俄罗斯立德集团、Ketch Up 集团、中俄海洋联合实验室和俄罗斯赫尔岑师范大学俄语等级考试中心等境外 15 家机构入驻，俄方园区也已落户中资企业 6 家，成为中俄两国创新国际合作的典型缩影；中加国际创新中心已引入多大教育、加国加能环保科技、爱德赛生物科技等企业；中德国际创新中心已引入注册资本 200 万欧元的"德国阿特鲁科技"等国际科技创新企业。

3. 辐射带动效应明显。

国际离岸科技资源统筹中心及三大创新园（中心）已经成为沣东新城吸引外资的第一平台。其中，中俄丝路创新园作为国家"一带一路"建设重大标志性工程、陕西省"一带一路"重点项目、2018"一带一路"经贸园区建设模式创新案例，已成为中俄两国经贸合作和人文交流的重要平台。

三、构建国际离岸科技资源统筹中心政策启示

通过搭建国际离岸科技资源统筹平台，有效链接海外科创资源，并在自贸区内通过一站式的服务和对接模式，加速项目落地，形成优质海外科创资源在自贸区内的集聚，同时也为本土企业"走出去"提供了海外支点。充分利用了本地的科创资源载体，打造了高效完整的国际科技资源统筹模式。《中国（陕西）自由贸易试验区总体方案》中提出"扩大与'一带一路'沿线国家经济合作"，其中包括"创新互联互通合作机制"，按照共商、共建、共享原则，构筑全方位立体化开放大通道等相关要求的直接回应。

四、构建国际离岸科技资源统筹中心下一步工作思路

下一步，沣东功能区将在深耕已有的中俄、中加、中德国际离岸创新中

心建设基础上，进一步拓展国际科技合作渠道，深耕国际合作内容，多层次搭建合作、交流、服务平台，以联合研发、成果转化、孵化加速、投融资基金到产业园区建设、创新城市发展的全链条生态体系为合作重点，为企业搭建更广阔的国际科技合作与交流平台。

同时，沣东功能区将主动对接"一带一路"沿线科技合作需求，持续推动国际离岸科技资源统筹中心融入全球产业链、服务链、价值链，丰富平台功能与内容，实施"合作伙伴计划"，构建深度、垂直、专业化的"线上＋线下"服务体系，探索离岸金融服务、离岸研发模式和离岸贸易模式，申请海外人才离岸创新创业基地认证，建设一站式国际企业服务窗口及国际科学技术研究院，出台创新性科技资源投资基金管理办法，有效提升了中心的孵化能力、科技成果转化能力和专业服务能力，助推国际合作交流深度发展和沣东自贸区外向型经济发展水平。

【实践者说】

陕西自贸区沣东功能区负责人表示："中俄丝路创新园由西咸新区沣东新城与俄方按照'一园两地、两地并重'的原则，共同开发建设。根据规划，中俄丝路创新园项目将作为陕西省建设'丝绸之路经济带新起点'的重要项目，总结、提升中国开发区建设运营管理经验并对外输出，致力于把陕西打造成为西部地区对俄科技合作的前沿阵地。"

【案例点评】

按照"聚焦重大战略，紧盯国际前沿，突出高精尖缺，加快创新发展"的总体思路和要求，沣东功能区通过建立"国际离岸科技资源统筹中心"，集聚国际高端创新资源，加速国际科技人才、技术、项目、资金导入，同时为企业搭建国际科技研发合作、成果转化、人才培养等服务平台。

构建进出口通关大平台

——服务西部"流动经济"发展

陕西空港国际快件监管中心采用"国际快件智能管理系统",运用智能判图、机器人技术等现代化科技,推动平台化管理。建立关区快件集中判图中心、集中审单中心,在各快件现场设置查验平台,实现以总中心指挥各现场业务的监管模式。2017年区内货运总量超过260万吨,增速达250%。

一、构建进出口通关大平台的背景

党的十九大报告提出,中国要构建陆海内外联动、东西双向互济的开放经济新格局。何为"内外联动"?中心发力才能内外联动,中心开放才能双向互济。构建开放经济新格局,作为大西安的新中心和陕西从内陆腹地走向开放前沿的重要通道,西咸新区责无旁贷。

进入新时代,为推动经济持续健康发展,助力西安在追赶超越中谱写新篇章,西咸新区在借鉴国际先进经验基础上,以所属核心组团空港新城为依托,立足并发挥与"三个经济"战略布局高度契合的区位禀赋、规划理念和产业优势,通过增航线、聚货源、降成本、强服务,积极构建进出口通关大平台,有效落实通关便利化政策,让"一带一路"和西部地区积蓄已久的经济资源潜能充分释放,让人流、物流、资金流、信息流自由流动融合,一个对外开放的新高地正在崛起。

二、构建进出口通关大平台主要做法及成效

(一)主要做法

1. 环形分拣线 + 离线判图

线体全长400米,环线封闭,速度为每秒60厘米,每件快件上线后环绕一圈约15分钟。与传统单体分拣线相比,放行量增长约6—8倍,监管人员

只相当同等业务量的二分之一，解决监管资源不足与业务量增长的矛盾。同时快件在线上较长的时间，对于需要检测的快件，可以不用一直盯着 CT 图像做判断，使关员在不停机的情况下有充分时间比较、核对 CT 机图像，只要快件还处于皮带传输线上，任何时候都可以调出快件的 CT 图像，将其判断为放行或者查验，快件会被送往相应的出口。有效避免传统分拣线判图时间过短（6 秒）、误判率高的弊端。

2. 机器人贴标 + 射频信息读写

该功能解决了快件中心多家运营商统一、规范的信息化管理问题，减少人工干预，降低拆单、更换面单等风险，实现自动分拣、自动关联、读取、写入数据，不同快件运营商的快件信息以统一的格式进入数据库，形成大数据存储。通过软件工具，对数据进行统计分析，便于开展关员业务动态、风险防控预警等内控工作。

"机器人贴标 + 射频信息读写" 实现自动分拣、自动关联、读取、写入数据

3. CT 机自动学习 + 智能判图

通过在软件中预存快件的 X 光机/CT 图像，生成样本模型，形成样本大数据，分类标注存入数据库，计算机自动提取各类特征值；CT 机产生图像后，通过高速运算与数据库样本的特征值进行比对，作出放行与查验的指令，实现智能判图。该功能是智能系统的核心，也是大数据运用与快件、行邮物品监管结合的积极创新和探索。随着样本模型的丰富，计算机自动学习功能的完善，它的准确性和命中率会极大地提高，在监管有效性提高的同时，也会大大降低海关的执法风险和廉政风险。

4. 增航线聚货源打造国际航空枢纽

"流动经济"的核心要义，在于流动。如何让生产要素高效配置、自由流动？西咸新区和空港新城给出答案：物达八方。

2018 年 9 月 27 日，载有电子、布匹、服装等产品的波音 737 航班从西安咸阳国际机场飞往越南河内。这是西咸新区空港新城开通的第 5 条全货运国际航线，也是陕西首条通往东南亚的全货运航线。

西安—河内全货运航班承载量 10 吨，去程货品有本省三星产品，也有吸附西安周边地区的货物。回程货源是东南亚热带水果和海鲜。前期，为确保航线开通，西咸新区空港新城协调西安咸阳国际机场海关为进出口水果、海鲜和电子产品提供最快通关服务。西部机场集团航空物流有限公司还修建 500 平方米水生动物暂养池，方便进口的海鲜入关后保鲜。

目前，空港新城开通 16 条全货运航线。其中 5 条国际航线为西安至荷兰阿姆斯特丹、德国哈恩、美国芝加哥、韩国首尔、越南河内，初步形成"北上南下、东进西出"航空运输网络。

陕西省发改委公布的数据显示，2018 年 1 月 1 日至 10 月 8 日，西安咸阳国际机场货邮吞吐量 22.34 万吨，同比增长 15.1%，增速位列全国十大枢纽机场第一。据西安海关统计数据，西安前三季度进出口货运量 1.32 万吨，同比增长 21.8%；进出口贸易额 17.05 亿美元，增长 7%。

5. 提时效强服务增加外贸企业获得感

为扶持省级重点企业发展，机场海关根据企业预约，还为台资企业力成半导体（西安）有限公司提供加班查验服务。2017 年累计加班办理通关业务 50 多天，监管放行货运量 20 吨左右，保证生产需求，其成品源源不断供应于美光科技有限公司。据统计，只海关每周六加一天班，就可带动美光科技有限公司全产业链实现产值 5000 万美元。

机场海关创新服务还有上门查验。得知咸阳彩虹光电有限公司在投产准备阶段，进口的多是精密设备、材料，对温度、湿度、洁净度有严格要求，甚至有些精密设备在搬运过程中引起的振动都对设备安装的精确度产生影响，机场海关主动对接企业，提出重要设备和材料运抵机场，先进企业，而后关员上门查验。

做好本职、大胆创新，机场海关承接全国通关一体化改革落地成效不断彰显。贴心周到的通关服务，提高了通关效率，更增加了企业的获得感。今年前三季度机场海关进口平均通关时间 5.96 小时，出口平均通关时间 0.61 小时，与 2017 年相比，进口压缩 74%、出口压缩 41.3%，分别比全国海关同期平均通关时间压缩 2.47 小时和 0.14 小时。

6. 严监管大平台为"流动经济"保驾护航

每天，来自澳大利亚、美国、新西兰等国家的奶粉、保健品、玩具等 1.5

万件快件包裹，运抵西安咸阳国际机场后，第一时间被送到西咸新区空港新城的陕西空港国际快件监管中心。在这里，两条环形快件分拣输送线有条不紊地作业，快件经过五面光学扫码、CT机扫描、行包检测仪检测，最快2个小时内就能完成通关，送往千家万户。

2017年9月26日，由广东世通投资控股集团有限公司和陕西省空港综合保税区投资有限公司共同出资组建的陕西空港国际快件监管中心正式启用，标志着空港新城自贸区在快件通关管理方面达到国际先进水平，国际航空物流业务进入到换挡提速的新阶段。该中心是集快件货物分拣、仓储、报关于一体的综合性快件进出境平台，能为周边企业提供海关、检验检疫和快件进出口通关等一条龙服务。

空港新城国际快件监管中心自2017年9月26日开始运营至2018年9月14日，完成通关单量1176票，通关货运量1791.32吨，共95.6万件。货运全部为空运进口，主要合作客户有冠捷物流、明邦物流、盈和物流和立达快递等4家企业。海关统计数据显示：今年前三季度，空港新城口岸进口快件283.5万票，增长88.8%，全国排名第5位；重量6266.7吨，增长1.8倍，全国第3位。

（二）主要成效

1. 实现"一个突破"

2017年9月26日快件中心正式开业运营。预计2018年快件中心货物月吞吐量将突破千吨大关，可实现年营业额2400万元。系统设计放行能力约为2000件/小时，每天放行约16000件，按工作日计算，一年约为400万件。

2. 形成"两个集中"

一是实现了线体集中。本套系统由两条线体，四个货物入口，三个货物出口，七个分拣点，两套CT机、磅秤、扫描系统和传送线体集中构成。二是实现了查、征、放集中。海关、国检办公区、判图中心、查验室、暂扣室等各个工作场地集中在一起，协同效率有效提升、沟通更加顺畅，工作时效显著提高。

3. 做到"三个减少"

一是人力消耗减少。单日满负荷工作时货物操作员仅需8名，海关判图人员仅需2名，较传统监管场所大大节约人力成本以及监管成本。二是通关时间减少。该系统可对溢装货物进行检测，若快件经查验不在海关数据库中，此快件即为溢装快件，系统对此类快件自动识别并从将其从异常口剔除，大大节省了时间。三是查验风险减少。首次引入的非即决性判图技术，增加多种判图方法多方联动判图分拣，大幅提高效率、准确性与安检安全性，有效降低了风险。

三、构建进出口通关大平台政策启示

近几年，空港新城发挥自贸试验区示范带动作用，抢抓获批国家临空经济示范区契机，加强与各航空公司合作，新开加密国内货运航线，将西北货源向西安聚集，强化西安枢纽分拨功能，形成"入西安、通西北"航线网络格局。同时，与"一带一路"沿线地区和国家合作，开通国际全货运航线，为建设西北地区生鲜、水果全国集散基地奠定基础。通过开航线、聚货源，让大西安与世界紧密相连。

另外，结合物流业态发展新趋势，空港新城和西安海关协调，在全国率先启动跨境电商国际快件产业园区建设，拟引入更多快递巨头，促进国际快件业务集中在空港新城落地监管、统一分拨进出，形成航空全产业链聚集的发展趋势。

此外，为帮助战略性新兴产业缓解资金难题，更好地服务"流动经济"，机场海关还主动作为，为企业出台纳税优惠政策。比如，考虑到咸阳彩虹光电有限公司进口设备税值压力大，担心一次纳清税款，影响企业后期资金链，机场海关协调有关部门给企业实行分期纳税。即企业一次性申报所需全部进口关键新设备的清单，在首台设备进口之后的 6 年内分期缴纳进口环节的增值税。只此一项，为咸阳彩虹光电有限公司节省资金成本超过 1 亿元。

除了有进口需求的企业，机场海关也把改革红利范围扩大到航空企业。机场海关探索开展"飞机进口租赁"业务，与天津东疆海关建立进口租赁飞机跨关区联动监管的模式，港港联动、兼管互认，在该模式下，长安航空租赁的 3 架飞机已顺利投入运营。

近几年，机场海关认真贯彻落实省、市关于"三个经济"发展的战略部署，深入推进海关各项业务改革，大力推进预约通关。四年来，坚持一周固定六天上班，实行周末及节假日提前预约、随时查验工作模式，促进企业运营的良性发展。

四、构建进出口通关大平台下一步工作思路

依托快件监管中心平台，陕西自贸试验区空港新城功能区将继续加大通关服务优化，为辖区内的航空物流、国际快件等相关业务提供全面服务，进

一步发挥对外开放重要支点的作用，实现物流大发展、货运高效化、贸易便利化，吸引更多的企业和货源在空港功能区入驻和流通，努力成为全国示范性快件中心。

【实践者说】

空港新城招商三局副局长李晔介绍："比起沿海城市，我们飞抵欧洲的货运航线一次往返能给企业节约不小的成本。这对物流企业产生巨大吸引力。空港新城先后招引普洛斯、丰树、新地物流等国内外物流企业 66 家。目前有 80 多家货运代理企业聚集空港新城。其间，空港新城发挥政策调控作用，向 15 家货运代理企业提供 884 万元资金支持，推动航空货源的聚集。"

华天科技（西安）有限公司采购部部长田晓亮说："过去，企业一票报关单从申报、缴税、查验到货品放行要 3 天时间。现在，机场海关先放行后征税，让企业享受了改革红利。汇总征税模式对企业来说，不只意味通关更快，而且有 1 个月的税款征收缓冲期，能减轻企业税款压力，节约成本。以他们公司为例，2017 年公司采取汇总征税模式报关 1354 票，全年节省资金成本超过 300 万元。"

西安咸阳国际机场海关关长李晋生介绍："作为陕西省唯一的一类口岸型海关，机场海关以提升口岸通关便利化为抓手，在我省自贸区内复制推广'汇总征税'制度，努力为企业降成本、减压力，推动口岸营商环境的明显改善。"汇总征税制度的最大特点在于，可大幅缩短通关时间，申报后实现秒放，同时缓解企业税款压力，企业无须逐票缴纳税款，可逐月集中缴纳。目前，全省已有多家企业采用汇总征税模式报关。

【案例点评】

为推动西安经济持续健康发展，西咸新区通过"增航线、聚货源、降成本、强服务"等方式，积极构建进出口通关大平台，实现了"一个突破"、形成了"两个集中"、做到了"三个减少"。此外，一系列举措使得物流大发展、货运高效化、贸易便利化的同时，让大西安与世界紧密相连。

构建新型外贸综合服务平台

——探索"货物贸易＋贸易金融"融合发展新路径

为了提升陕西自贸试验区内外贸企业投资贸易便利化水平，完善外贸企业经营发展综合服务体系，推动区域对外贸易规模和外向型经济有效扩大，西咸新区能源金贸区功能区引入陕西秦通天下外综服务有限公司，推动外贸综合服务平台（以下简称外综平台）的搭建。以该平台为主体，主要针对我省乃至西北地区中小微外贸企业"小弱散"的特点和融资难的痛点，整合信息发布、交易结算、报关通关、贸易融资、信用担保、出口退税等功能，借助供应链金融等新兴金融手段，创新对外商品贸易及贸易金融服务模式，探索出一条"货物贸易＋贸易金融（服务贸易）"融合发展新路径，首创货物贸易与服务贸易融合发展新样板。

一、构建新型外贸综合服务平台的背景

按照《中国（陕西）自由贸易试验区总体方案》，陕西自贸试验区要以努力建成投资贸易便利、高端产业聚集、金融服务完善、人文交流深入、监管高效便捷、法治环境规范的高水平高标准自由贸易园区，推动"一带一路"建设和西部大开发战略的深入实施为发展目标。其中，一项重点工作就是要形成与国际投资贸易通行规则相衔接的制度创新体系，营造法治化、国际化、便利化的营商环境。

为构建金融服务业的扩大开放格局，管理层部署了一系列支持金融服务贸易发展的重大举措，学习上海、天津、广东、福建四大自贸区近年来发布的330项金融创新案例，围绕人民币资本项目可自由兑换、金融服务业对外开放、人民币跨境使用、建设国际金融市场、加强金融监管等方面进行了卓有成效的大胆尝试。从总体上看，大自贸试验区建设启动以来，以制度创新为核心，形成了很多可复制、可推广的制度成果经验。

目前我国对外贸易中，货物贸易的国际竞争力强，但服务贸易稍逊，金融服务贸易竞争能力较为薄弱。为了加快自贸试验区创新案例培育、推进自贸试点任务落实与市场主体新增注册等重点工作，能源金贸区对接西安天富咨询有限公司，共同研究提出在园区成立"陕西秦通天下外综服务有限公司"，搭建外综平台的构想。通过西咸新区自贸试验区服务贸易创新发展试点和开放型新经济综合试点等政策优势，吸引商流、物流、信息流、资金流在平台聚集，以服务模式创新提升自贸试验区投资贸易便利化，推动区域对外贸易规模和外向型经济有效扩大。探索"货物贸易＋贸易金融（服务贸易）"融合发展新路径，对加快服务贸易的发展和贸易结构的优化，促进两种不同贸易形式的融合，对整个开放型经济特别是对外贸易发展方式的转变，有着深远的影响和非常重要的意义。

中国（陕西）自贸试验区西咸新区能源金贸区功能区

二、构建新型外贸综合服务平台主要做法及成效

（一）主要做法

1. 组建外贸联合会或外贸协会，启动外贸综服体系建设

以外综平台为主体，联合陕西秦通天下外综服务有限公司现有客户群，设立西咸新区外贸联合会或外贸协会，达到资源共享、信息互通、共同发展、提升整体竞争力的目的。外综平台以外贸联合会或外贸协会为依托，构建外贸综合服务体系，为平台成员提供信息发布、交易结算、报关通关、贸易融资、信用担保、出口退税等"一站式"综合服务，形成交易和服务一体化，实现对大数据的收集和分析。

2. 设立"西北外贸创客基地"，培育外贸企业

整合陕西秦通天下外综服务有限公司现有的数百家客户资源，以及在外贸领域丰富的海外资源，在外综平台下设立"西北外贸创客基地"，面向全国打造陕西"外贸创客"概念。该基地将统一培育新的外贸企业，管理和指导这些企业良好的发展，深挖海内外资源与商机，为初创外贸企业与全球采购商搭建高效对接通道，提供海量商机及拓展全球生意的机会，同时借助西咸新区自贸试验区开放型经济新体制综合试点、服务贸易创新发展试点、国家双创示范基地等示范试点等优势，定位于西北地区专注孵化外贸企业创新、创业的引领者，为陕西乃至整个西北地区对外贸易提供新动力。

3. 筹备外贸综合信息中心，汇集大数据流量

依托正在筹备的外贸联合会或外贸协会及外贸创客基地，推动正式运营。同时进一步借助现代互联网技术，升级构建网上外贸综合服务平台，建立信息库，收集外贸信息，在能源金贸区功能区逐步形成立足陕西、辐射西北地区的外贸综合信息中心，聚焦信息发布、交易结算等大数据资源，为陕西外贸企业发展壮大汇集大数据流量。

4. 完善供应链金融服务，探索"货物贸易＋贸易金融"融合发展新路径

以陕西秦通天下外综服务有限公司现有客户——石油化工行业（某大型甲醇企业）为主要目标行业先期切入，作为供应链核心企业，运用现代供应链管理技术，与商业银行等境内金融机构进行深度合作。同时寻求与海外金融机构的合作模式，为该行业产业链中的中小企业和贸易商提供原材料采购、生产加工和产品分销过程中的多种融资服务，满足企业生产和经营的资金需求，逐步积累"货物贸易＋贸易金融（服务贸易）"融合发展经验，为目标企业提供完善的资金配套服务及供应链融资服务，制定最合理化的供应链金融解决方案。

（二）主要成效

1. 推动自贸试验区对外贸易服务模式创新升级

外综平台通过将国际贸易中所涉及的物流、商流、资金流等电子数据以及监管部门的监管数据进行重新整合，汇总通关、保险、融资、税收等线下服务，创新数字贸易交易体系，提升交易效率，降低交易成本。

2. 创新供应链金融等服务贸易功能

依据《国办关于积极推进供应链创新与应用的指导意见》，在人民银行西安分行、金融办等主管部门指导下，积极探索和创新在真实跨境贸易业务场景下，联合商业银行、金融担保等机构，搭建供应链金融服务平台，创新金

融产品，拓展金融领域服务贸易功能，为全省乃至西北地区的供应链上下游中小微国际贸易企业提供高效、便捷的贸易融资渠道。

3. 促进外贸类新增市场主体快速入区聚集

外综平台、外贸联合会或外贸协会、外贸创客基地及外贸综合信息中心全部投入运营后，将发挥系统集成作用，逐步搭建外贸产业生态链，形成相互融合、互为补充的"三位一体"独特优势，完备的数字贸易交易体系，为中小微外贸企业创造便利化、低成本、低风险的成长生态圈，有利于推动外贸类新增市场主体快速入区聚集，提升陕西自贸试验区乃至西部地区国际贸易规模。

三、构建新型外贸综合服务平台政策启示

中国（陕西）自由贸易试验区的战略定位是：以制度创新为核心，以可复制可推广为基本要求，全面落实党中央、国务院关于更好发挥"一带一路"建设对西部大开发带动作用、加大西部地区门户城市开放力度的要求，努力将自贸试验区建设成为全面改革开放试验田、内陆型改革开放新高地、"一带一路"经济合作和人文交流重要支点。能源金贸区功能区始终立足于建设大西安新中心中央商务区、构建陕西对外开放新格局的站位高度，全面对接服务"一带一路"和西部大开发，突出总部经济、新兴金融、商贸服务发展特色，全面有序推进自贸试验区高质量发展，在资源协同创新、服务效能提升等方面，探索形成了一批可复制、可推广的发展新经验，取得了一系列创新发展新成果。

外综平台的建立，可针对我省以及西北地区中小微外贸企业"小弱散"的特点和融资难的痛点，整合信息发布、交易结算、报关通关、贸易融资、信用担保、出口退税等功能，借助供应链金融等新兴金融手段，创新对外商品贸易及贸易金融服务模式，探索出一条"货物贸易＋贸易金融（服务贸易）"融合发展新路径，为货物贸易与服务贸易融合发展首创新样板。

四、构建新型外贸综合服务平台下一步工作思路

目前，陕西秦通天下外综服务有限公司已在能源金贸区功能区注册成立，正在完善出口退税等平台功能。下一步，能源金贸区功能区将协助陕西秦通天下外综服务有限公司筹备设立外贸联合会或外贸协会、外贸创客基地及外贸综合信息中心等平台，加快完善功能模块，力争为我省以及全国自贸试验

区提升外贸企业投资贸易便利化水平，扩大对外贸易规模和外向型经济提供新思路、新样板。

【实践者说】

能源金贸区功能区负责人认为："能源金贸区功能区坚持创新聚力引领产业发展，产业招商工作立足新时代、拓展新思路、体现新发展，力求将自贸试验区开放红利最大化，产业培育从'无中生有'到'有中生新'，释放出了追赶超越巨大的发展潜能。外综平台的建立，为中小微外贸企业信息发布、资源共享、交易结算、报关通关、贸易融资、信用担保、出口退税等方面提供了便捷、快速的交易平台。"

【案例点评】

能源金贸区功能区始终立足于建设大西安新中心中央商务区、构建陕西对外开放新格局的站位高度，全面对接服务"一带一路"和西部大开发，突出总部经济、新兴金融、商贸服务发展特色，全面有序地推进自贸试验区高质量发展，在资源协同创新、服务效能提升等方面，探索形成了一批可复制、可推广的发展新经验，取得了一系列创新发展新成果。

内销选择性征收关税提升企业市场活力

——内销选择性征收关税试点

内销选择性征收关税政策是指对海关特殊监管区域内企业生产、加工并经"二线"内销的货物，根据企业申请，按其对应进口料件或按实际报验状态征收关税，进口环节增值税、消费税照章征收。企业选择按进口料件征收关税时，应一并补征关税税款缓税利息。

一、内销选择性征收关税的背景

作为供给侧结构性减税的重要举措之一，内销选择性征收关税制度的试点扩围在持续推动加工贸易转型升级、实现海关特殊监管区功能优化的同时，为关税征管改革的政策选择与关税立法的视域转化提供了新的思路。

2016 年，国家为大力推广自由贸易试验区，已有上海、天津、福建、广东等多个省市获批了自贸试验区。为了给这些自贸试验区以更多的政策探索空间，国家在自贸试验区的海关特殊监管区域尝试性地开展了选择性征收关税政策的先行先试。同时，为了将自贸试验区的成功经验及时推广应用，《国务院关于促进外贸回稳向好的若干意见》（国发〔2016〕27 号）文件要求，在选择性征收关税政策在先行先试的同时，要及时总结评估，在税负公平原则下适时研究扩大试点。当时选择性征收关税政策在前期个别试点测试已经初步成熟，具备了一定经验，因此 2016 年 8 月 10 日，财政部、海关总署和国家税务总局三个部委联合发文，将内销选择性征收关税政策推广到上海、天津、福建、广东四个自贸试验区所在省市的其他海关特殊监管区域（保税区、保税物流园区除外）。除此之外，为了支持中西部发展，还特别推广到河南新郑综合保税区、湖北武汉出口加工区、重庆西永综合保税区、四川成都高新综合保税区和陕西西安出口加工区 5 个海关特殊监管区域。

"内销选择性征收关税试点"在全国的制定和实施情况：

上海自贸试验区率先推出"内销选择性征收关税业务"举措：2014年6月，上海海关发布《关于在中国（上海）自由贸易试验区开展内销选择性征收关税业务的公告》，在全国率先实行内销选择性征收关税，对设在试验区内的企业生产、加工并经"二线"（试验区与境内其他地区之间）销往内地的货物，照章征收进口环节增值税、消费税；根据企业申请，对该内销货物按其对应进口料件或按实际报验状态征收关税。

扩大内销选择性征收关税政策试点：2016年8月1日，财政部、海关总署、国家税务总局三部门联合发布《关于扩大内销选择性征收关税政策试点的通知》，自2016年9月起开始执行。将内销选择性征收关税政策试点扩大到天津、上海、福建、广东四个自贸试验区所在省（市）的其他海关特殊监管区域（保税区、保税物流园区除外），以及河南新郑综合保税区、湖北武汉出口加工区、重庆西永综合保税区、四川成都高新综合保税区和陕西西安出口加工区5个海关特殊监管区域。

二、内销选择性征收关税主要做法及成效

（一）主要做法

1. 内销选择性征收关税试点

内销选择性征收关税政策是指对海关特殊监管区域内企业生产、加工并经"二线"内销的货物，根据企业申请，按其对应进口料件或按实际报验状态征收关税，进口环节增值税、消费税照章征收。企业选择按进口料件征收关税时，应一并补征关税税款缓税利息。

企业在出口加工区内加工制造产品，其进口货物处于保税状态，在区内是不征收关税、进口环节增值税和消费税的。一般来说，这些企业加工生产出来的产品是出口到国外的，但有时企业也需要进口到国内，那么企业将海关特殊监管区域内的货物进口到国内市场这个过程，称之为"二线"内销，在这个环节，按照原有规定，企业应当按照实际报验状态，也就是内销货物当时的状态缴纳各项税款，这个货物可能是料件也可能是半成品、成品。而现在实行内销选择性征收关税政策以后，企业可以根据自己经营情况和综合税负的高低，不论当时内销的产品是否已经加工成了成品货物，均可自主决定按照进口料件申报纳税还是按照产品当时的状态申报纳税。

2. 对企业宣讲摸底，进行操作流程探讨

经开功能区税务局每月举办一场大型培训会，宣讲国家减税降费政策，助力企业发展

西安出口加工区 A 区和海关共同召开关于内销选择性征税政策通报与摸底会，通过宣讲政策，发放企业内销选择性征税需求摸底表，了解到加工区内部分企业有内销选择性征收关税的需求。随后，针对企业提出的问题，以及操作流程事宜，西安出口加工区 A 区联合海关现场业务处、通关处及关税处进行解答。

3. 开创先例，先行先试

区内西安西玛阿达电机有限公司进行陕西省及西安关区首家内销选择性征收关税试点，内销货物品名：滚轴螺杆传动装置，内销关税8%，货值约11 万元；其主要原材料由国外进口，料件品名为：滚轴螺杆毛坯，货值约1.6 万元，进口关税3%；内销企业选择按照原材料关税3% 和原材料的价值征收关税和增值税，经企业统计，仅一单内销货物相比试点之前节省税费约2600 元，全年这一类产品预计节省税费近30 万元，全年可为西玛阿达公司节省关税和增值税合计约近100 万元。在此环节中，对于保税业务不受一般纳税人资质限制，对企业身份没有更多的限制，区外企业凭进口报关单、关税单和增值税联进行企业财务做账和进项抵扣，区内企业凭内销（形式）合同、发票、箱单信息及出口报关单进行财务做账。

（二）主要成效

内销选择性征税政策试点后，企业可以根据自己经营情况和综合税负的高低，不论当时内销的产品是否已经加工成了成品货物，均可自主决定按照进口料件申报纳税还是按照产品当时的状态申报纳税。

1. 可以有效地让企业降低关税税负、降低成本，在这个过程中，不仅可

以少交关税，且可少缴纳增值税和消费税，因为增值税和消费税的计算以关税为基础，企业可以切实地得到实惠。

2. 更有利于区内企业灵活面对国际国内两个市场，在市场竞争中占据主动地位，促进企业快速成长与贸易多元化建设。

3. 为招商引资提供新的招商思路和产业方向，扩大加工区原来狭窄的招商面，可吸引两个市场项目入区。

4. 试点的推行为自贸区贸易便利化改革做了先行先试铺垫，特别是对保税展示交易业务的开展具有重要促进意义，促进国内市场的外企扩大"前店后仓"模式项目的投资，以达到短时间占领国内市场。

三、内销选择性征收关税政策启示

内销选择性征收关税试点有助于企业降低税负成本，提升自贸试验区营商环境。同时，与《中国（陕西）自由贸易试验区总体方案》具有直接相关性，《总体方案》提出"完善配套税收政策""促进贸易的选择性征收关税、其他相关进出口税收等政策在自贸试验区内的海关特殊监管区域进行试点"。内销选择性征收关税试点属于"促进贸易的选择性征收关税"类举措。

内销选择性征收关税在拥有海关特殊监管区的地区具备显著的可复制推广性。内销选择性征收关税举措最早于 2014 年在上海自贸试验区实行试点，目前的试点范围已扩大至全国的 39 个海关特殊监管区，已客观反映了本项政策的重大意义。

四、内销选择性征收关税下一步工作思路

尽快联合海关、税务等部门进行试点总结和宣传工作，为下一阶段扩大试点的业务面、企业类型、企业数量和业务规模打好基础。

积极引导区内企业扩大内销选择性征税试点辐射面。国家税务总局、财政部、海关总署已在部分海关特殊监管区开展企业增值税一般纳税人资格试点，并取得了明显成效。西安出口加工区 A 区也在积极争取这一政策，这一政策有助于海关特殊监管区域内企业为经营模式逐步向国内国外"两种资源，两个市场"的方向转变，海关特殊监管区内企业取得一般纳税人资格对内销和采购国产料件十分有利，既便于企业享受税收优惠政策，又符合"营改增"后服务业发展的需求。

【实践者说】

经开功能区税务局相关负责人表示："从事加工贸易的企业无论是因为订单变化还是加工生产过程中产生副产品、残次品，总有一些货物或者料件需要内销。对这些内销货物或者料件，原来特殊监管区内的做法是，如果原材料全部来自境外的情况下，按照制成品归类征税，如果含有境内的原材料，按照所含境外原材料原来的归类、价格征税。

"在实行内销选择性征收关税政策后，区内的企业生产、加工的货物销往内地的，可以选择按其对应进口料件或按实际报验状态征收关税，并按照实际报验状态征收进口环节增值税、消费税。这赋予了企业选择权，企业可以比较原材料或者制成品两者中何者税率较低或者价值较低，综合评价后选择对己有利的方式缴税。比之前的税收法律对纳税义务人更加有利。例如，我国对于进口的用于家具的各种五金配件、抽屉导轨的税率是 10% 到 14% 不等，而各类家具的进口税率是 0 到 20% 不等。区内生产家具的企业就可以据此根据不同的家具和不同的配件，选择在出区内销时，是按照对应的配件缴纳税款还是选择按照进口时的实际状态即家具进行缴税，减少税收负担。

"区内企业获得上述选择权还可以更进一步合理安排在区内外的生产环节，就如上述家具生产企业，可以选择产品部分生产在区内完成并进口，并按照内销时的实际状态缴税，甚至当部分半成品比按照原材料征税和按照产成品缴税都优惠时，把该部分半成品的生产放在区内完成，最终的装配在区外完成。这样对降低企业的成本将会非常有利。"

【案例点评】

内销选择性征收关税政策实施后，企业可以根据自己经营情况和综合税负的高低，自主决定按照进口料件申报纳税还是按照产品当时的状态申报纳税，此举有效地降低了企业关税税负及成本，更有利于区内企业灵活面对国际国内两个市场，促进企业快速成长与贸易多元化建设，提升自贸试验区营商环境。

西安高新自贸区企业走出去

——乌干达 KE 机场高速公路案例

2018 年 6 月 15 日,在中央政治局常委、全国政协主席汪洋,乌干达总统穆塞韦尼、总理鲁贡达的共同见证下,由中国交建承建,中交一公院设计,中交一公局实施修建的乌干达坎帕拉—恩德培国际机场(KE)高速公路项目正式通车,结束了乌干达无高速公路的历史。

乌干达作为"一带一路"沿线国家,在 KE 机场高速公路的建设中,中交第一公路勘察设计研究院有限公司(以下简称:中交一公院)承担整个勘察设计工作。面对自然环境和技术标准等瓶颈,中交一公院勇于破壁垒,克服重重困难。乌干达机场高速公路作为乌干达第一条采用中国技术标准与规范的高速公路,为"中国标准"走出国门,迈出了坚实有力的步伐。

一、西安高新自贸区企业走出去的背景

党的十八大以来,习近平总书记以纵览全球的宏大视野和国际眼光,把开放纳入新发展理念,系统回答了新时代要不要开放、要什么样的开放、如何更好推动开放等重大命题,特别是在博鳌亚洲论坛发出了"新时代改革开放再出发"的动员令。

2013 年 9 月 7 日上午,中国国家主席习近平在哈萨克斯坦纳扎尔巴耶夫大学作演讲,提出共同建设"丝绸之路经济带"。共建"一带一路"致力于亚欧非大陆及附近海洋的互联互通,建立和加强沿线各国互联互通伙伴关系,构建全方位、多层次、复合型的互联互通网络,实现沿线各国多元、自主、平衡、可持续的发展。"一带一路"的互联互通项目将推动沿线各国发展战略的对接与耦合,发掘区域内市场的潜力,促进投资和消费,创造需求和就业,增进沿线各国人民的人文交流与文明互鉴,让各国人民相逢相知、互信互敬、共享和谐、安宁、富裕的生活。

中交第一公路勘察设计院有限公司（简称"一公院"）始建于 1952 年，前身为交通部第一公路勘察设计院，1999 年改制并入中国路桥（集团）总公司，现隶属于中国交通建设股份有限公司。中交一公院是我国交通工程咨询、勘察、设计、研究领域大型骨干企业，首批"中国勘察设计综合实力百强"企业。建设项目遍布全国 30 个省、自治区、直辖市及全球五大洲 30 多个国家。近年来主导设计的海外项目有：阿尔及利亚东西高速公路项目，埃塞俄比亚亚的斯亚贝巴至阿达玛高速公路，斯里兰卡 CKE 机场高速公路项目、乌干达 Kampala - Entebbe 高速公路项目、塞内加尔捷斯（THIES）—图巴（TOUBA）高速公路项目、黑山南北高速公路项目等。

KE 机场高速公路是乌干达的第一条高速公路，同时也是中乌合作和中非基础设施合作的典范，被视为乌干达"国宾大道"。对促进乌干达社会经济发展起着极为重要的作用。乌干达 Kampala - Entebbe 高速公路项目（以下简称乌干达 KE 机场高速公路项目），连接首都坎帕拉和恩德培国际机场，总造价4.76 亿美元，主线全长 36.85 公里，连接线全长 12.64 公里。采用中国技术标准和规范进行建设，同时参考乌干达及英国规范。从 2009 年 9 月开始，历经项目考察、可行性研究、方案设计、合同谈判、初步设计、技术条款谈判、施工图设计、现场服务等多个阶段，全过程的勘察设计咨询服务近 10 年时间。

二、西安高新自贸区企业走出去的主要做法及成效

（一）主要做法

1. 积极拥抱互联网，完成互联网 + 管理 + 设计 + 服务的企业数字化转型

信息化是企业实现跨越式发展的必然选择，"互联网 + 传统行业"已然成为新时代背景下，企业发展的必经之路。近年来，为了促进互联网与业务的深度融合，中交一公院积极拥抱互联网，提出了 BIM 技术平台，协同设计平台，生产任务众包平台"三台合一"的发展战略，完成了互联网 + 管理 + 设计 + 服务的企业数字化转型，对于打造平台型网络设计院，引领实现我国交通设计行业"互联网 +"新格局，意义非凡。

2. 实施"人才强企"战略，打造国内外知名团队

在多年的发展历程中，中交一公院始终将人力资源作为企业发展的重要战略资源，树立科学发展观、人才观，实施人才强企战略，积极探索适合企业战略要求的人才队伍建设途径，通过引进高技术人才，多种形式的锻炼培

养，造就了一支专业齐全、结构合理，在国内外行业中负有盛名的技术团队。技术方面，中交一公院以科技创新为引领，以专业化、国际化、标准化、产业化、信息化的技术实力，支撑和引领企业可持续发展。

3. 面向国际国内两大市场，构筑全产业链业务新格局

中交一公院积极面向国际国内两大市场，以科技创新支撑业务体系发展，构筑多领域、全产业链下的业务新格局，打造以科技创新为引领，面向海内外的以公路为核心的综合交通业务、城市发展与建设为核心的城建与市政业务、绿色发展为核心的生态环保业务以及基础设施健康诊断与修复业务。同时，以中国交建"五商中交"为指导，朝着打造"平台高端化、架构集团化、业务多元化、经营一体化、管理信息化"的综合交通领域，国内一流、国际知名的工程咨询集团公司的宏伟蓝图奋力前行。

4. 适应恶劣的自然环境，克服技术难题

乌干达 KE 机场高速公路项目沿线全年气候湿润，降雨量大，分布有大量的季节性和永久性沼泽。沼泽的勘设是本项目最为主要的特点和难点，也是整个项目总体造价的控制因素和成败的关键。

经过周密部署，详尽预案，在做好防虫防蛇措施的前提下，项目负责人亲自带队，项目组成员踏着齐腰深的泥水，一手拿着图纸，一手拿着简易的插探设备，冒着生命危险，一步一步走向暑气蒸腾，蚊虫遍布的沼泽深处，取得了沼泽区域水深和淤泥深度的第一手资料。

在项目推进的过程中，根据项目的实施经验，总结和探索了东非高原沼泽处理全套技术，详细分析了高原沼泽的分布、成因、特性、勘察和处理方法。

5. 积极沟通技术规范，保障中国标准规范体系顺利应用

乌干达 KE 机场高速公路划分路段多，路基宽度灵活多变，融合采用多国设计标准，但本项目主合同规定，项目的全部勘察设计均需采用中国规范。因乌干达为前英殖民地国家，一直以来均采用英国的规范体系，业主和监理对中国的规范体系充满了质疑，同时由于文化、体制、习惯等方面的差异，两国工程师在项目初期沟通困难重重。

项目初期，业主和监理不认可中国的设计软件，结构设计和计算无法采用国内的相关成熟软件，结构图纸批复困难重重。为了说服业主的相关专家，结构设计团队按照当地习惯，从零开始，分别按照中国规范和英国规范，手工编制了上百个 Excel 计算书，代码总长度上万行，并通过模块化拼装，提高计算效率，通过长达几个月的高强度工作，最终得到了业主的认可。

夜以继日，年复一年，凭借充分的技术研究分析、高质量的设计报告和文件，项目组夯实了双方的信任基础，通过高频次沟通交流，逐渐使两国规范在高速公路项目上深度融合，最终设计方案和施工图文件顺利获批，既保障了中国标准规范体系在本项目的顺利应用，又符合乌干达人民的期望。

（二）主要成效

在这10年中，"一公院"的工作人员不断积累，发挥公司"特别能创新"的企业精神，取得了以下成果：

1. 中国规范"走出去"再次向前迈出坚实一步

该项目是采用《中国公路工程技术标准》在东非修建的第二条收费高速公路，借鉴"一公院"承担的东非第一条高速公路——埃塞俄比亚AA高速公路的经验，作为中国规范"走出去"的典范工程，在项目开始勘察设计之前，项目组有意识地在设计过程中，理论与实际相结合，理念与方案相一致，加强技术报告的编制，能计算必计算，很好地找到了承包商与业主之间的利益平衡点，顺利推进了我国公路工程标准在乌干达第一高速公路项目上落地。

2. 提供企业"走出去"的经验

在《中国公路——东非专刊》一书中梳理总结了本次项目创新性的海外公路设计项目适应性组织管理模式及管理流程，为其他企业"走出去"提供了宝贵的经验。

三、西安高新自贸区企业走出去政策启示

"一带一路"战略，旨在高举和平发展旗帜，积极发展与沿线国家的经济合作伙伴关系，共同打造政治互信、经济融合、文化包容的利益共同体、命运共同体和责任共同体。"一带一路"建设为中交一公院带来了良好的契机，对开展跨国互联互通，提高贸易和投资合作水平，起着重要的带动引领作用。

围绕"一带一路"建设，在中国进出口银行、商务部等政府部门的智库单位支持下，中交一公院将继续坚持"走出去"战略，加强与"一带一路"沿线国家合作，为更多国家交通发展贡献力量。此外，中交一公院还将做好包括策划规划、勘察设计、建设运营等全产业链工作，促进更多跨国项目落地。进一步开拓乌干达乃至整个非洲市场，加快推进"中国标准"走出国门，以创新技术为世界城市和综合交通基础设施建设全生命周期贡献力量。

四、西安高新自贸区企业走出去下一步工作思路

在新的历史时期，面对全球交通基础设施建设市场将持续响应我国"一

带一路"倡议，中交一公院将秉承"固基修道、履方致远，为世界城市和综合交通基础设施全生命周期奉献创新技术"的企业使命，以"诚信、合作、共赢"的经营理念，充分发挥设计与人才、科研与技术等综合优势，做好包括策划规划、勘察设计、建设运营等全产业链工作，促进更多跨国项目落地。进一步开拓乌干达乃至整个非洲市场，加快推进"中国标准"走出国门，以创新技术为世界城市和综合交通基础设施建设全生命周期贡献力量。

【实践者说】

2018 年 6 月 15 日，乌干达 Kampala – Entebbe 高速公路项目正式通车。在通车典礼中，乌干达总理穆塞韦尼发表讲话称："坎帕拉—恩德培机场高速公路项目是连接乌干达首都坎帕拉至恩德培机场的收费高速公路，全长 36.94 公里，按照双向四车道高速公路设计，采用中国规范和标准建造，是乌干达境内第一条高速公路。"

中国交建董事长刘起涛说："高速公路通车后首都坎帕拉至恩德培的交通时间由 2 小时缩短到 40 分钟，极大地改善了首都及周边交通状况，促进了周边分散的经济活动向首都中央商务区集中，为今后基础设施建设和运营管理提供了新模式。"

乌干达 KE 机场高速公路

【案例点评】

乌干达 Kampala – Entebbe 高速公路项目由中交第一公路勘察设计院有限公司承建，连接首都坎帕拉和恩德培国际机场，总造价 4.76 亿美元，主线全长 36.85 公里，连接线全长 12.64 公里。这一项目结束了乌干达无高速公路的历史，有利于充分发挥设计与人才、科研与技术等综合优势，进一步开拓乌干达乃至整个非洲市场，推广中国公路设计规范。

引入国际类会展项目，
打造西安"一带一路"贸易之家

——洽谈为主，线上线下结合，贸易招商并举

截至 2019 年 4 月 18 日，我国已与 125 个国家和 29 个国际组织签署了 173 份合作文件，共建"一带一路"国家已由亚欧延伸至非洲、拉美、南太等区域，共建"一带一路"倡议及其核心理念已写入联合国、二十国集团、亚太经合组织以及其他区域组织等有关文件中。在"一带一路"从理念到行动，从愿景到现实的大好形势下浐灞抢抓战略机遇，既"走出去"又"引进来"，融入全球价值链、产业链和供应链，突出"金融创新、人文交流、会议会展、对外贸易"四项功能，正在成为内陆型改革开放新高地、"一带一路"经济合作和丝路人文交流重要支点。浐灞功能区与华和国际商务咨询机构（以下简称"华和国际"）联合，利用会议会展平台，共同推动和宣传自贸区。华和国际凭借与"一带一路"沿线国家政府、企业、国家工商会、行业协会等合作平台，在国内外策划并自办、承办、协办近 100 场相关贸促活动，如伊塞克湖经济论坛、哈萨克斯坦中国商品展、丝路国家商品展等。

一、打造西安"一带一路"贸易之家的背景

2013 年，国家主席习近平提出构建"丝绸之路经济带"要创新合作模式，加强"五通"，即政策沟通、道路联通、贸易畅通、货币流通和民心相通，以点带面，从线到片，逐步形成区域大合作格局。

截至 2018 年底，中国已与 15 个沿线国家签署了包括《上海合作组织成员国政府间国际道路运输便利化协定》在内的 18 个双、多边国际运输便利化协定。中欧班列已经连通亚欧大陆 16 个国家的 108 个城市，累计开行 1.3 万列，运送货物超过 110 万标箱，中国开出的班列重箱率达 94%，抵达中国的班列重箱率达 71%。与沿线国家开展口岸通关协调合作、提升通关便利，平

均查验率和通关时间下降了50％。自习近平主席提出"一带一路"倡议五年来，我国经济社会发展和对外开放水平不断扩大，中国国际影响力和感召力正逐步增强。首届"一带一路"国际合作高峰论坛的成功举办，表明了"一带一路"建设逐渐从理念转化为行动，从愿景转变为现实。"一带一路"沿线国家抢抓战略机遇，加大招商引资力度，同时借助中国开放市场，积极推动本国产品对华出口。上海首届中国国际进口博览会的成功举办，促使许多国家纷纷筹划在中国设立国家馆。浐灞生态区紧抓自贸工作，积极整合"一带一路"沿线国家商业和贸易资源，抢抓先机，扩大我区与各国间的人文交流和经贸合作，将"一带一路"贸易之家落户浐灞自贸功能区。

二、打造西安"一带一路"贸易之家主要做法及成效

（一）主要做法

1. 引入国际类会展项目

结合浐灞功能区的定位打造国际会展中心，积极在浐灞功能区设计、策划和执行各项国际论坛、展会活动，并将在目前已经运作成熟的国际会议中心引入浐灞功能区，作为长久举办地之一，定期邀请陕西省、市主要领导前往"一带一路"沿线国家参加各类主题会议活动，并加入考察、访问、洽谈、对接等内容，丰富了会展期间的展示和合作形式。

以欧亚经济论坛和西安丝路国际会展中心为依托，拓展对外贸易商品展示和交易，深化合作领域。充分发挥欧亚经济论坛平台作用，拓宽国际交流合作渠道，推动设立丝路沿线国家商务代表处，加快欧亚经济论坛实体化进程，支持国家级欧亚经济综合园区建设。积极申办全国性、国际性会议会展的举办权，引进国内外特色会展品牌、大型专业展会，以会带展，以展促会。

联合华和国际系统性搭建国外商协会合作伙伴，举办国际性论坛展会、研讨会等，依靠高素质会展和专业咨询团队，将国际性会展向更高层次、更加务实的方面发展。充分发挥"会展＋咨询"的特点：通过办展办会的方式，全方位地为政府及企业服务；通过宣传效果，帮助企业建立境外经销商和代理商；通过与政府合作，在境外建立展销平台和营销网络，让会议、会展活动更务实。

2. 打造西安"一带一路"贸易之家

西安"一带一路"贸易之家是在中国进一步深化对外开放、扩大进口的形势下，由浐灞生态区管委会依托浐灞自贸区、西安"一带一路"国际商务

中心，在西安市、各国驻华使领馆的支持与指导下倾力打造，并于2019年1月17日正式开馆。"贸易之家"以展示洽谈为主，结合线上线下，贸易与招商引资推介并举，后期将逐步从贸易之家向国家馆过渡，并在中国各省市复制，以达到综合营销和规模推广效应。

2019年1月17日，西安"一带一路"贸易之家正式开馆，贸易与招商引资推介并举

贸易之家首批集中展示阿塞拜疆、白俄罗斯、俄罗斯、哈萨克斯坦、吉尔吉斯斯坦、柬埔寨、摩尔多瓦、马来西亚、塔吉克斯坦、土库曼斯坦、乌兹别克斯坦、格鲁吉亚等"一带一路"沿线国家特色贸易商品。

（二）主要成效

1. 加深国际间交流

华和国际在陕西已经成功举办丝绸之路沿线国家（西安）投资贸易项目发布对接会、开拓中亚市场暨保障境外投资安全交流会、2017丝博会暨第21届西洽会"西安日"主题活动，与西安市商务局、西安浐灞生态区欧亚经济论坛综合园区管理办公室共同举办培训，组织哈萨克斯坦高级官员到浐灞生态区考察、交流，省、市、浐灞管委会代表团访问吉尔吉斯斯坦并参加第三届伊塞克湖经济论坛等，并定期向有关部门呈报欧亚国家经贸合作与项目信息报告，以及各类外经贸咨询工作。此外，还承办了不少省市领导出访和考察任务。目前，华和国际正在积极推进矿洽会、旅洽会、农洽会、进口商品展销会等调研与策划工作。同时，计划定期举办各类主题国际研讨会。

2. "一带一路"贸易之家正式开馆

我区委托专业国际咨询机构华和国际，联合俄罗斯、摩尔多瓦、白俄罗斯、马来西亚、柬埔寨、哈萨克斯坦、吉尔吉斯斯坦、塔吉克斯坦等国驻华使领馆，在展品方面展出红酒饮料、零食干果、肉制品、乳制品、手工艺品等各国重点出口产品。同时贸易之家展区特设陕西名优特产区，用于展示陕西茯茶、柿饼等特色商品，综合展示陕西形象，集中体现了浐灞自贸区资源聚合的优势和能力。

带团前来参加开馆活动的摩尔多瓦大使丹尼斯·杰利马莱与陕西乃至中国各地酒水类企业进行洽谈推介，开拓市场，现已建立多个经销渠道。中白经贸合作暨中白工业园推介会的举办，更促使白俄罗斯与陕西在外经贸及园区建设方面的合作更加紧密，逐步成为陕西省、市重点合作目标国家，在人文交流、旅游教育、项目投资、设备引进、零食饮料等不同方面开展合作。

2019 年 3 月 27 日，中国（陕西）—白俄罗斯经贸合作暨中白工业园推介会现场

3. 逐步形成"一带一路" + 贸易之家共享经济圈

"一带一路"贸易之家的设立旨在有效搭建"一带一路"名优产品展示洽谈平台，并结合互联网电商渠道，线下线上同步推进，为各国发展中国各层级经销商、代理商，整体推进对华出口。同时，充分发挥华和国际作为咨询机构的特点，与各国政府、驻华使馆、商协会紧密合作，促进国家形象宣传和招商引资推介。

通过阿塞拜疆、白俄罗斯、吉尔吉斯斯坦、摩尔多瓦、塔吉克斯坦贸易之家的落地，进行特色商品的形象展示，在浐灞自贸区进行实践，并作为示范项目，不断增加和优化贸易之家国别和商品种类，引入更多"一带一路"沿线国家入驻浐灞并设立贸易之家，逐步形成"一带一路" + 贸易之家共享经济圈。

三、打造西安"一带一路"贸易之家政策启示

以"政策沟通、设施联通、贸易畅通、资金融通、民心相通"为主要内

容的"五通"成为"一带一路"建设的强大助推器。"五通"作为"一带一路"倡议的"硬核"，呈现出共同发展、相辅相成、内外联动、长期坚持、可调节等特点，是"一带一路"倡议的政策框架、合作内容和评估指标。中国（陕西）自由贸易试验区的战略定位是：以制度创新为核心，以可复制可推广为基本要求，全面落实党中央、国务院关于更好发挥"一带一路"建设对西部大开发带动作用、加大西部地区门户城市开放力度的要求，努力将自贸试验区建设成为全面改革开放试验田、内陆型改革开放新高地、"一带一路"经济合作和人文交流重要支点。基于陕西自贸试验区的这一战略定位，浐灞的指导思想是以制度创新为核心，以可复制可推广为基本要求，发挥"一带一路"建设对西部大开发带动作用、体现西部地区门户城市对外开放水平，高水准推进浐灞自贸功能区建设，战略定位是以打造丝路沿线金融创新试验区和国际文化交流示范区为核心，探索内陆与"一带一路"沿线国家经济合作和人文交流的新模式。

今后，在贸易之家集中展示的基础上，浐灞将结合西安丝路国际会展中心，进一步打造各国别的国家馆，扩大规模和影响，建设更加系统的贸易服务体系，扩大我区与各国之间的人文交流和经贸合作。

四、打造西安"一带一路"贸易之家下一步工作思路

尽管"一带一路"建设成果惠及越来越多的国家和地区，但依然面临诸多风险与挑战。据北京大学"一带一路""五通"指数研究课题组自2016年起连续三年发布的《"一带一路"五通指数报告》显示："一带一路"建设整体向好，但仍存在提升空间；"一带一路"建设的差异化发展明显，依次为贸易畅通、民心相通、政策沟通、资金融通、设施联通；各国与中国的"五通"联通程度呈现两头少中间多的趋势，得分极高和极低的国家较少，多数国家处于中等水平。由此，需要我们以"一带一路"倡议为基石，加强"五通"政策的体系化。以可持续发展为目标，促进"五通"纵深协同发展；以共商共建共享为原则，强化"五通"的内外融通；以"五通"指数为基础，建立国家级权威的"五通"评估体系。

（一）进一步加强国际交流

计划将俄罗斯农洽会、俄罗斯农业高峰论坛引入西安浐灞功能区，同时凭借华和国际在国内与各国驻华使馆联系密切的优势资源，定期开展欧亚地区国家驻华使节到浐灞与政府企业互动活动，增进了解，增加贸易与合作机

会，务实推动西安浐灞功能区国际化建设步伐。

（二）推进"一带一路"国家馆的设立

未来将充分利用丝路国际会展中心的平台作用，继续扩大"一带一路"沿线国别范围和展品规模，按照国别进行分类设立国家馆，并引进到丝路国际会展中心，正式推进"一带一路"国家馆的设立和运营，扩大规模和影响，在贸易之家集中展示的基础上，建设更加系统的贸易服务体系。

探索与我区现有国际贸易平台嫁接的方案，如与易贝（eBay）、亚马逊、砂之船、通丝路电商平台等的互动，加强西安区域国际贸易相关产业的聚合发展。计划在丝博会期间，举办"贸易之家"专题分会场，进一步进行宣传推广。

【实践者说】

西安管委会浐灞功能区相关负责人表示："希望浐灞生态区以此为契机，以贸易之家为媒介，以全球化的眼光和思维谋划发展，借助贸易之家这一国际化平台，加快'走出去'和'引进来'，扩大对外开放和商务往来。积极探索推进一带一路经济合作和人文交流的新模式，搭建适应西安乃至陕西'走出去'、'引进来'以及参与'一带一路'建设需要的高端、专业对外经贸综合服务平台，成为西安乃至陕西自贸区的创新型项目试点。西安'一带一路'贸易之家在浐灞生态区开馆，标志着浐灞向着贸易自由便利化又向前迈进了一大步，也为浐灞生态区各类产业和'一带一路'沿线国家进一步合作提供了新思路、新平台和新机遇。借助这个机遇可以顺势而为，进一步深化合作内容，发掘合作潜力。浐灞生态区为驻外机构和企业发展营造了良好的国际氛围和环境，真诚欢迎各国领馆、商协会、企业来浐灞，感受浐灞宜人的环境，感受最为优惠的投资政策，投资兴业，共同推进事业蓬勃发展。"

【案例点评】

引入国际类会展项目以及西安"一带一路"贸易之家的成立，是内陆与"一带一路"沿线国家经济合作和人文交流新模式的一次有益探索，为积极推动陕西与"一带一路"沿线国家加强人文交流和进出口贸易合作，发挥了重要作用。

"云端+终端"织密物流安全网

——创新物流公安监管工作机制

为加强公安机关对物流寄递行业的安全监管，切实保障物流寄递行业健康发展，沣东新城公安分局结合工作实际，从围绕公安监管、行业监管制度、安全防范措施、软件管理系统、协同作战工作体系五个方面入手，探索建立了物流寄递行业公安监管工作机制，该机制实现了对物流寄递行业的实名制管理，规范了物流寄递行业的管理，有效预防和减少违法犯罪案件和安全事故的发生。具有良好的行业指导意义、广泛的推广应用前景和显著的社会效益。

陕西省西安市公安局沣东分局自主研发的"云端+终端"手机App，成本低廉，简单易学，操作性强，携带方便，管理高效，已在我辖区内的物流与寄递企业应用。

一、"云端+终端"织密物流安全网的背景

物流寄递行业在我国的飞速发展，大幅度带动经济发展，违法犯罪分子也利用该渠道进行贩运等不法行为，快递业日渐成为诸多违法犯罪和恐怖活动寄生的渠道。为了更有效地对物流寄递业实行全面管控，陕西省西安市公安局沣东分局结合辖区所发生的寄递物流犯罪案件和调研辖区内物流寄递企业实际情况的基础上，自主研发"云端+终端"手机App，探索建立物流寄递公安监管工作机制，实现了"控物"与"控人"有机统一。

目前，（海南）自由贸易试验区在加快建设具有国际先进水平的国际贸易"单一窗口"，推动数据协同、简化和标准化，实现物流和监管等信息的全流程采集，实现监管单位的信息互换、监管互认、执法互助。沣东新城公安分局结合工作实际，探索建立了物流寄递行业公安监管工作机制，旨在规范对物流寄递行业的管理。

手机 App "物流寄递业治安管理信息系统"界面

二、"云端＋终端"织密物流安全网主要做法及成效

（一）主要做法

寄递物流业治安管理系统由前台客户端和后台管理系统构成。前台客户端是一款运行在手机上的 App 软件，该软件的主要功能是收寄快件时登记寄、收件人的身份信息，收寄物品信息和联系方式，通过拍照、扫描、录入等方式，由快递员操作，完成寄递数据的实时上传，进入公安大情报平台集成化比对分析，使每个通过寄递物流方式运转的物品和每位真实身份的人一一对应，实现对每个收寄件人的实时定位，掌握活动范围，实现了源信息在所有公安工作中的即时共享和应用，软件还包含考勤、派单、计件等其他企业管理功能。后台管理系统采用网站应用模式，实现按物品编号、物品名称、寄件人、寄件日期、场所名称等寄递物流信息的精确化组合查询与模糊查询功能，方便对采集上传的数据进行检索比对，并实现所有信息的"云存储"，形成强大基础数据库的公安实战支撑。主要功能包括：

1. 寄递物流登记提供按物品编号、物品名称、寄件人、寄件日期、场所名称等查询寄递物流信息的精确、组合查询与模糊查询功能。

2. 日常检查提供按寄递物流业场所代码、寄递物流业场所名称、检查机构名称、检查日期和检查结果查询寄递物流业场所日常检查信息以及上述数据项的精确、组合与模糊查询功能。

3. 寄递登记登记的信息为快递人员接收到的寄件人员的物品及相关人员的信息。

4. 投递信息为快递人员登记的派发物品及收件人的基本信息。场所管理登记管理寄递物流企业基本信息。

5. 考勤管理对企业内部从业人员每天上下班打卡考勤的管理。

6. 从业人员管理登记管理企业从业人员的基本信息。

7. 比对报警功能，当收、投递人员和从业人员信息上传到公安后台时，会自动与全国在逃库进行比对，比中则会自动报警。

（二）主要成效

1. 寄递物流业治安管理信息系统实施效果及特点

成本低廉，易于推广，彻底解决了企业的后顾之忧。为有效解决寄件和收件人的实名登记问题，沣东新城公安分局试用和开发了多种手持移动设备，有笔记本电脑、移动手持设备等，其最少的每部 3000 元，最高的上万元。以西安目前寄递物流业 10 万人的从业人员计算，成本太高，无论是政府和企业都无力承担。而 App 软件在手机上可在授权后进行下载安装，成本非常低廉，解决了企业的后顾之忧。

操作性强，便于使用，获得从业人员极大认可。

第一，从技术层面来说，利用智能手机的摄像头实现拍照获得图像，采用数字识别和条码识别相结合的方法，实现身份证或快递运单的识别。

第二，许多物流公司采用条码或者二维码对其运单进行编码，因此通过一维条码和二维条码识别运单会更加快捷方便。

第三，从使用层面来讲，目前市场上早期研发的手持设备体积大、重量大，不方便携带，不易复制，难以推广，采集信息后需将设备带回进行数据导存，造成数据滞后，工作量翻倍，沣东新城公安分局研发的 App 软件安装在手机上，方便携带，不增加从业人员负担，不受手持设备生产周期等影响，随时通过授权安装，及时将数据传输回后台，便于推广。

最后，从发展的眼光来看，App 软件通过手机网络也可及时更新，便于改革深入和新功能增加，通过总结创新，技术攻关，及时有效解决边界接入问题。从宏观上看，目前公安机关使用的是公安专网，与互联网物理隔离，适用范围极其有限，并有严格限制，但是，互联网在社会生活中无处不在、方式多样。实名登记要求采集的是社会信息，只有借助互联网才能最大限度地发挥其作用。沣东新城公安分局在总结借鉴现有公安技术的基础上，结合寄递物流工作特点，有针对性地进行技术攻关，创新性地研发出 App 软件，通过边界接入解决了公安专网和互联网的单向联通这一技术难题，既保证了信息的最大化采集，又保证了公安专网的安全性。从微观上看，沣东新城公安分局研发的 App 每个手机端站点为一个安全管理单位，运行一套客户端管理软件，通过"软件锁"进行安全认证后方可应用，客户端管理软件主要完成站点信息维护、从业人员管理以及快递人员的安全认证管理，快递站点通过客户端管理软件对各个手机终端进行投权认证，只有通过授权认证的手机终端才可以应用，当手机遗失或者快递员离职，换岗的时候，原来的授权认证失效，必须重新认证后方可使用。

2. 功能强大，海量存储，为公安业务提供强大的后台数据支撑

手机 App 软件使用的投权码和员工身份一一对应。这样，每个采集的数据都具备唯一的身份标签、位置标签，即时传输进入公安专网的强大后台数据库，实现了"秒传输"和"云存储"。以西安市沣东新城为例，目前寄递物流日均吞吐量为 63 万件，每件货物都会收集相关人员的身份信息、通信信息、关联人信息、位置信息和物品信息等海量基础信息，如果以全市甚至全国来计，数据信息量将非常惊人。所有数据在公安后台系统进行碰撞比对，集成分析，综合研判，即时实现定位、预警、管控等系列功能，为网上追逃、重点人员管控、高危地区人员监控、打击刑事犯罪、情报工作等公安业务提供强大的实战数据支撑。

3. 系统应用在物流寄递管理工作中取得的成效

2017 年以来，分局通过系统推广后，在日常工作中的管理工作提升巨大，强力推进案件攻坚，严厉打击了物流寄递渠道违法犯罪活动。全年分局打击犯罪工作，各单位累计出动警力 960 余人次，检查快递包裹 3350 件，全年共计破获案件 23 起，9 起刑事案件（三桥 1 起、斗门 3 起、建章 3 起、阿房 1 起、国保大队 1 起），14 起行政案件，移交案件 2 起，打击处理 29 人，移送起诉 2 人，刑事拘留 10 人，行政处罚 13 人，收缴各类枪支 8 支，方针子弹 540 枚，假烟 650 条。

4. 应用推广情况

沣东新城公安分局的物流寄递公安监管工作得到了上级部门的认可和肯定。2015 年 7 月 28 日、29 日，中央政法委信息中心、中央电视台政法频道来分局专题采访，拍摄形成物流寄递公安改革工作成果专题片；9 月份中央政法委在大连召开的"社会治安防控建设工作会议"上，专题播放了沣东新城公安分局物流寄递实名制试点情况，并向全国推广工作经验；9 月 22 日，央视《朝闻天下》栏目新闻报道分局物流寄递实名制工作进展情况；11 月 2 日，央视《新闻直播间》栏目又以《快递实名制如何操作?》专题报道分局物流寄递实名制改革试点工作；12 月 16 日，《人民日报》第 10 版以《实名快递，西安这样破题》为标题，报道分局物流寄递实名制改革试点工作成果，先后有内蒙古、广东、四川等兄弟单位前来学习和推广，各界反响良好。

2016年12月30日，由分局自主研发的手机App物流寄递治安管理信息系统作为改革创新项目参加了全国改革创新大赛，突破重重赛段，最终以97.69分的成绩荣获金奖。

2017年1月13日，分局局长魏重光、治安巡逻大队大队长杜含之参加了在公安部举办的全国改革创新大赛颁奖仪式，此次创新参赛项目共有8000个，200个项目获奖，其中金奖20个。沣东新城公安分局自主研发的全国第一个物流寄递治安管理手机App信息系统荣获金奖，成为西北五省唯一一枚金奖，在全国范围内率先破题物流寄递安全管理。

三、"云端＋终端"织密物流安全网政策启示

该举措中对物流监管模式的创新以及物流监管技术的提升，是对"推动金融、保险、物流、信息、研发设计等资本和技术密集型服务出口"，"建设'一带一路'交通、商贸、快递物流中心"要求的积极回应。

四、"云端＋终端"织密物流安全网下一步工作思路

下一步将不断开发完善寄递物流业治安管理信息系统，加强系统的维护与管理，扩大系统的服务范围。同时，应用该管理信息系统形成更多长效监管机制、政府部门间协作工作体系，以及多警种联合打击违法犯罪的工作架构，并进一步完善落实物流寄递实名制改革试点工作，向全区、全省推广。

【实践者说】

西安市公安局物侦支队法制大队大队长焦振华表示："快递员采集的信息第一时间上传至公安机关架设在互联网的数据库，无论是快递员还是寄递企业，都无法获取寄件人身份信息，保证了公民个人身份信息安全。而公安机关通过这一系统，能实现对企业、网点和快递员变动的实时掌握、动态管理，数据的深加工，对强化快递企业治安管理、提供打击犯罪线索发挥了重要作用。"

沣东分局治安管理大队副大队长王亚辉介绍："组织研发全国第一个物流寄递业治安管理手机App信息系统，来源于一次在单位餐厅吃早餐的时候，一名民警演示手机名片扫描功能，这让大家茅塞顿开，从而创新研发了这一App信息系统。"

【案例点评】

沣东新城公安分局结合工作实际，探索建立了物流寄递行业公安监管工作机制，旨在规范对物流寄递行业的管理。实现了寄递人员、寄递物品及邮寄人登记的规范化操作与管理，解决了长期以来对邮寄物品监管不到位、警力付出多等难题，提高了监管效率，从而有效节省了人力及物力资源。

智慧海关建设助推区域外向型经济发展

——海关特殊监管区信息技术实现通过提速增效

西安经济技术开发区内的西安出口加工区 A 区作为海关特殊监管区，随着自贸区的建设，新技术、新模式、新业态不断涌现，产业发展与互联网深度融合，西安经开功能区以海关总署关于建设智慧海关的一系列要求为统领，积极打造新一代海关信息系统，创新监管模式，提升通关效率，助推海关特殊监管区外向型经济发展。

一、海关特殊监管区信息技术实现通过提速增效的背景

20 世纪 90 年代以来，经济全球化和区域一体化浪潮席卷全球，欧盟、北美、东盟等世界级区域经济圈合作领域越来越广阔。与此同时，我国长三角、泛珠三角等区域经济圈的经济发展日渐突出，西部大开发和中部崛起的推进，使得区域经济的竞争力已逐步成为衡量国家经济发展水平的一个重要指标，国际上的各种区域合作实践的成功经验表明，现代加工和物流服务产业的水平对区域经济竞争力至关重要，是优化区域经济结构和促进其经济发展的助推器。

西安经济技术开发区内的西安出口加工区 A 区，作为海关特殊监管区，随着自贸区的建设，新技术、新模式、新业态不断涌现。作为政府经济管理与执法部门之一，海关是连接国内国际两个市场、两种资源的桥梁和纽带，对市场物流和外向型经济的调控具有较大影响。在政治、经济和社会各界对海关工作提出更加廉洁高效、改进服务质量要求的大背景下，构建以物联网技术为主导的智慧型海关运行机制，推行适合现行经济区域一体化的管理体系，已成为必然趋势。

"智慧海关建设助推海关特殊监管区外向型经济发展"相关举措在全国的制定并逐步实施。

海关总署发布《关于跨境电子商务进口统一版信息化系统企业接入事宜的公告》：为促进跨境电子商务发展，提供便利通关服务，2016 年 10 月，海关总署发布 2016 年第 57 号令，布置企业接入跨境电子商务进口统一版信息化系统相关工作。公告提出，对接入"跨境电子商务进口统一版信息化系统"的企业免费提供客户端软件、清单录入功能以及要求公布公开进口统一版系统企业对接报文标准，要求企业对于其向海关所申报及传输的电子数据承担法律责任。

2016 年 11 月，海关总署发布：《关于海关特殊监管区域"仓储货物按状态分类监管"有关问题的公告》（2016 年第 72 号令）：现将实施海关特殊监管区域"仓储货物按状态分类监管"制度有关事项予以公告，将"仓储货物按状态分类监管"扩展到各种类型的海关特殊监管区域，允许非保税货物以非报关方式进入海关特殊监管区域，与保税货物集拼、分拨后，实际离境出口或出区返回境内。

二、海关特殊监管区信息技术实现通过提速增效的主要做法及成效

（一）主要做法

1. 建设海关辅助管理系统

西安出口加工区多措并举，力争实现加工制造与服务贸易两条腿走路

西安出口加工区 A 区投资 2000 余万元建设海关辅助管理信息平台系统，实现了"一次申报、一次查验、一次放行"及 24 小时通关。在此基础上，对辅助管理系统进行升级，使之符合"智慧海关"的业务、技术、安全规范要求。实现对进出加工区货物的物流信息、单证信息和货物信息进行智能化管

理，实现卡口智能核放、底账智能核销。将辅助管理系统与企业的电子台账系统进行勾连对接，通过对区内信息平台系统中企业录入的电子报关信息数据与企业制作的申报单、核放单数据信息的相互比对，来完成对货物实时状态的监管，为企业货物进出区提供更大的便利，提高营运效率。

2. 创新货物分类监管模式

一是推行企业台账管理制度。货物从国内进入园区，事先由企业录入符合海关监管要求的企业台账，在仓库内实现保税延展服务以及仓储分拨、配送等增值服务。二是设计非保税货物进区的新流程，使非保税货物可以以入区时实际状态报进海关特殊监管区内开展相应的仓储分拨配送业务，以实现符合海关监管要求的货物存储状态转换的新模式。三是试行在混业经营的企业（即经海关和工商局批准，不仅可以从事加工制造，也可以开展物流业务的企业）开展进区货物分类监管。

3. 实现通关一体便利化

通过建设完善的辅助信息系统平台把西安本地各监管区域之间的区间、全国各监管区域以及口岸之间，报关查验等流程集合在统一平台上，达到系统统一、模式统一、操作标准统一，使各特殊监管区域之间、各口岸之间的货物报关运输流通更加便捷迅速。同时，考虑到新的运输形态的需要，推行电子标签单据，把集装箱、空运以及拼箱运输、单一运输等运输方式，应用到多式联运运输方式的有效监管中，以适应不同货物的运载需求。目前，各海关监管区与加工区，以及港口、口岸间初步实现"一网办通"。

（二）主要成效

1. 通过智慧海关的建设，可推动货物运输链和供应链从"O"字形向"U"字形开放

过去的特殊监管区都是物理封关，属于二线的"O"字形，现在自贸区的综合改革实现了"一线放开、二线安全管住"，适应国际贸易中无税产品的快速流动，通过保税加工、保税物流的服务，来实现资源由局部向共享转变、信息由分散向集中转变。有利于创新贸易业务的流程再造，真正实现海运直通、海铁联运、空港联动；开展前店后库、分送集报、交易展示，着力于贸易、金融和物流的整合创新；将供应链和货物流延伸到世界范围，提高贸易便利化水平，从而有利于构建培育产业新框架的搭建。

2. 海关辅助管理信息平台系统推动出口加工区信息化建设水平

实现出口加工区 A 区企业的"一次申报、一次查验、一次放行"及 24 小时通关。目前，西安出口加工区 A 区企业单项业务通关平均时间由原先的 2

个多小时缩短到 40 分钟以内，节约时间 30%—50%。且通过技术化手段，在企业智能通行卡中加入更为详细的信息，如企业名称、车辆信息、进区货物品类、数量、规格等，在海关系统内自动生产备案并留底，节省人工操作程序，便于海关对企业进行有效监管。

3. 对于内陆型的海关特殊监管区而言，可以有效拓展国际、国内两个市场

企业可以有效利用两种资源开展相关业务，同时有效提高仓库利用率；有利于创新贸易业务的流程再造，企业可以整合原本需要分别设立的仓库、管理系统和人员队伍，降低企业通关仓储成本；可以实现统一分拣、包装和客户交付，有效缩短企业交付时间，节约运输成本；可以逐步由单纯的物流中间商向分拨及贸易结算中心转型发展；同时有效盘活国有和公司所有资产和资源，促进企业生产经营以及产业升级转型，提升企业经济效益。

三、海关特殊监管区信息技术实现通过提速增效政策启示

实现智慧海关系统与企业的电子台账系统进行对接，接收企业需按照海关要求的格式与智慧海关系统进行实时的电子数据交换，来完成对货物状态的监管。

推进货物状态分类监管来加快贸易便利化的开展。开放非保税与保税货物的局限，使非保税货物可以在不征不退状态下进入特殊监管区，设计符合海关监管要求的状态转换的新模式。

通过信息系统平台的便捷操作实现通关一体化的操作模式。把现在的西安本地各监管区域之间的区间调拨，和全国各监管区域之间的转关，集合在统一平台上，系统统一、模式统一、操作标准统一。海关辅助管理信息平台系统，实现了"一次申报、一次查验、一次放行"及 24 小时通关。这不仅可以有效推动实现地方产业结构的调整，而且可以提升企业管理水平、推进物流供应链管理、降低管理运营成本，为企业向规模化、集约化发展提供全方位的技术支撑，为区域经济发展奠定基础。

四、海关特殊监管区信息技术实现通过提速增效下一步工作思路

经开区将进一步协同海关优化通关监管模式，不断完善海关辅助管理系统平台各项功能、增加新的模块设置，最大限度发挥海关辅助管理系统的功能和作用，使海关的报关、查验、放行等监管管理更为人性化、智能化，努

力打造更加完善的智慧海关运行模式。

希望海关总署改革工作主管部门把海关特殊监管区域的智慧海关建设与海关特殊监管区域整合优化有机结合起来，用科学的顶层设计指导海关特殊监管区域智能化系统建设。

同时，希望将与智慧海关密切相关的"贸易多元化试点""一般纳税人资格试点"和"货物分类监管"等改革创新工作共同推进落实。

【实践者说】

西安出口加工区 A 区负责人表示："落实海关总署的政策推广任务，通过建设海关信息平台，并融合多项通关便利化政策，显著提升了通关服务便利性，满足了企业需求。同时，应用互联网技术平台对海关业务进行智能化管理，符合国家提倡的建设方向。"

西安立易浦动力公司业务经理介绍说："公司进口的航空发动机零部件顺利通关，得益于智慧海关在自贸试验区的'24 小时通关'政策，进口货物效率提升了一大截。""经过提前申报，我们的货物 40 分钟就能完成例行检查，比原来节省了 1 个多小时。"公司业务经理说："别小看这 1 小时，让运输、仓储等成本节省了三成。"

【案例点评】

西安经开区通过建设海关辅助管理信息平台系统，综合采样信息进行智能化管理，实时传递到海关监管一线，在为海关提供更加精确的监管信息和更加可靠的监管手段的同时，大幅提升自动化放行率，降低企业通关成本，有效提升了自贸区贸易便利化水平，提高了企业通关效率，为出口加工区外向型经济发展注入了新活力，为提高通关效率、创新监管模式提供了"经开样板"。

"联网监管＋库位管理＋实时核注"监管制度

——创新通关监管服务模式

创新通关监管服务模式，完善海关特殊监管区域功能是陕西自贸试验区的重要任务和工作方向。陕西自贸试验区对海关监管制度改革进行积极探索，通过信息化手段创新"联网监管＋库位管理＋实时核注"监管制度，实现24小时通关效率，极大地方便了企业，有效地降低了企业成本。

一、创新通关监管服务模式主要做法及成效

（一）主要做法

1. 仓储货物按状态分类监管。海关特殊监管区域内实施货物状态分类监管，是指根据区域内货物状态的内涵、分类及相应监管模式，设定保税货物、非保税货物两类不同状态货物，海关根据货物的不同状态，实施相应的监管模式，确保对不同状态货物实施有效监管。非保税仓储货物指境内海关特殊监管区域外非保税货物进入海关特殊监管区域内进行仓储，最终实际离境出口或返回境内区域外的货物，西安海关将对其建立底账，进行专账专管。

2. 联网监管。企业经营非保税仓储货物的仓库应安装满足海关监管要求的闭路电视监控系统，并与海关监控中心联网，实施全方位不间断实时录像存储（保存时限不少于90天），海关需要时可通过监控探头查看库内货物情况；企业内部应用仓储管理系统（WMS等）对货物进、出、存等进行管理，并通过接口与辅助系统联网，企业向海关发送数据应来源于该系统数据；海关可对企业内部仓储管理系统数据进行实时查阅。

3. 库内货物管理。企业设立专用仓库存放非保税仓储货物，严禁存放保

税货物。货物入库后，企业应及时将货物存放于有库位标示的指定位置。条件成熟时应采用条形码或二维码对货物进行管理，设置在货物包装上标识所含品名、货号、数量、单位、库位、货物所有人等信息，并与仓储管理系统（WMS）数据相符，海关视情况进行抽查验核。

4. 风险管理。企业每个月最后一天通过系统自动申报货物库存数据和库位信息，系统自动与同一时点的理论库存进行比对，显示比对结果，对差异部分进行预警提示；主管海关可定期和不定期对企业进行巡访，了解企业实际经营管理情况，督导企业落实内控机制。企业应向主管海关提交年度《经营情况报告》，内容包括：非保税仓储货物的经营情况，经营管理存在的问题及产生问题原因，解决问题的措施或意见；主管海关可通过辅助系统对企业违规行为进行记录、统计、查询，实现对企业进行预警提示、暂停开展相关业务、注销账册等功能。

5. 升级海关辅助管理系统。用新的辅助管理系统一次性升级现有的辅助管理系统，使之符合海关总署关于特殊监管区域信息化建设的业务、技术、安全规范的要求；能够满足《西安海关关于中国自由贸易试验区 14 项海关监管创新制度复制推广工作方案》的要求；能和西安海关特殊区域监管统一平台并网接轨；对进出口加工区 A 区货物的物流信息、单证信息和货物信息进行智能化管理；实现卡口智能核放、底账智能核销。

（二）主要成效

通过建立"联网监管 + 库位管理 + 实时核注"的监管方式，可实现货物状态分类监管及 24 小时通关。对于企业而言，可以整合原本需要分别设立的仓库，及管理系统和人员队伍，降低企业通关仓储成本；可以实现统一分拣、包装和客户交付，有效缩短企业交付时间，节约运输成本；可以逐步由单纯的物流中间商向分拨及贸易结算中心转型发展。对于内陆型的海关特殊监管区而言，可以有效拓展国际、国内两个市场，有效利用两种资源开展相关业务，同时有效提高仓库利用率，实现 24 小时货物的通关，极大地方便了企业，有效地降低了企业成本。

二、创新通关监管服务模式下一步工作思路

进一步完善优化模式，发挥海关辅助管理系统平台服务功能，稳步拓展物流配送模式试点范围和商品类型，便利企业服务。

【实践者说】

经开区区内企业陕西云通国际物流有限公司相关负责人将印有"心系企

业 真诚服务 通关高效 廉洁奉公"的锦旗及感谢信送到陕西出入境检验检疫局驻经开区西安出口加工区办事处，用以感谢办事处检验检疫人员一直以来对企业通关业务提供的高效服务、快捷服务、精准服务，为企业发展保驾护航。他们表示："这一切都得益于经开区信息化手段创新监管方式，它能够更好地服务于企业，提高办事效率，让服务更加科学、便利，为各类诚信企业提供便捷服务，做好服务企业的'店小二'。"

【案例点评】

西安出口加工区 A 区投资 2000 余万元建设的海关辅助管理信息平台系统，可实现"区区""区港"联动，实现企业无纸化报关，提升自动化放行率，减少人工干预，提高企业通关效率，同时分送集报程序节省企业报关成本并提高了运行效率；海关辅助管理信息平台系统的建立，与"联网监管＋库位管理＋实时核注"监管方式的制度改革，实现了"一次申报、一次查验、一次放行"及 24 小时通关，目前企业单项业务通关平均时间由原先的 2 个多小时缩短到 40 分钟以内，节约时间一半以上。

从"咖啡创业聚集地"到
"创新创业国际时尚引领区"

——打造西部创新创业新地标

西安创业咖啡街区是高新区以贯彻国家创新驱动战略、双创战略,落实陕西省委十三次党代会"五新"战略精神,推动西安市委"聚焦三六九,振兴大西安"建设任务,按照坚持最新理念、构架最全生态、建设最大平台、完善最优政策、打造最美环境的"五最"要求,打造的"世界一流的创业天堂"。经过层层认知的提升,西安创业咖啡街区不断更新升级城市使命和角色担当,从"咖啡创业聚集地"上升至"西安首个国际化现代时尚街区",再到如今的"创新创业国际时尚引领区",实现了最完美的蜕变。西安创业咖啡街区,是大西安着力打造服务体系完善、新型人才聚集、创业实效显著的双创载体的完美体现。高定位起步、高要求规划、高标准建设,让西安创业咖啡街区成为西安双创工作中当之无愧的中流砥柱。

一、打造西部创新创业新地标的背景

2017 年 9 月 29 日,西安创业咖啡街区开街,一个属于西安创客自己,以咖啡元素为载体,聚焦全球一线资源,营造浓郁的创新创业文化范围的街区,宣告了西安乃至西部地区双创新地标的崛起。

作为西部创新创业新地标,西安创业咖啡街区自开街以来,在人文气氛、环境底蕴、双创事业发展等方面持续发力。为广大创业者打造了完善的创新创业配套服务,引进众多知名品牌入驻。对于一条创业街区而言,除了不可忽略的双创生态之外,相匹配的商业服务体系必不可少。目前,咖啡街区汇聚了众多国内外各类知名众创空间及配套服务机构,在坚守双创生态本身的同时,进一步提升街区品位,激活双创因素,促进商圈建设,打造高品质科技文化特色街区,促进创新创业。

二、打造西部创新创业新地标主要做法及成效

（一）主要做法

1. 聚焦理念引领

西安创业咖啡街区坚持国际一流标准，采用"360度创新无国界，创业无时差"的全新模式，打造国际"无时差"创业生态，聚集各类双创载体、咖啡业态、文化创意、展厅等各类创新创业要素，致力将西安创业咖啡街区打造成"大西安城市时尚名片""中国创新创业街区时尚新模范""世界级时尚街区新地标"。

2. 聚焦生态引领

西安创业咖啡街区实现从"孵化链建设"到"生态体系建设"的突破，聚集全球一线资源，构建"空间、创投、资源、服务、生活、休闲"全要素融合的创业生态圈，实现24小时创客空间无时差，24小时创业咨询无时差，双创银行24小时金融服务无时差，24小时生活配套服务无时差。

3. 聚焦平台引领

西安创业咖啡街区建有高新区创新创业成果展厅和会展中心，为创客们搭建了一个开放的、多元的、共享的大平台，汇聚了赛伯乐、西部丝路硅谷、白马金服、中国投资人中心等多家知名金融服务领域的孵化机构，为西安创业者提供高品质金融服务支撑；中国青年创新创业板区域中心的落地，助力推动大西安打造丝绸之路经济带创新驱动追赶超越的创新高地；建有高新区创新创业成果展厅，传递高新精神、展望高新趋势，并形成双创成果交易平台；打造会展中心，为创新创业成果交流提供空间，承载各类大型活动；设立政务服务中心，为创业者就近及时办理工商、税务以及社保等项政务事项提供一站式服务，同时为创业者提供人才招聘、知识产权等项服务，为双创工作便捷、高效的开展打下坚实的基础。为进一步优化创新创业氛围提供最好的支持。

4. 聚焦人才引领

西安创业咖啡街区吸引北大1898咖啡、西交1896科技创客空间、西工大飞天创客空间、西安电子科技大学石头创客空间等高校众创空间落地；重点引进中国电子科技集团公司第二十研究所旗下中国电科熠星（西北）创新孵化平台，聚焦区内电子信息领域中智慧、安全方向的新技术、新项目、新产品，提供创新孵化服务，提升区域电子信息产业竞争力；打造"博士楼"

"海归楼""天使楼""千人楼"，提高科技成果转化效率，形成人才聚集高地。

5. 聚焦环境引领

多功能会演中心，将是新概念、新思想、新产品传播的全国高地；会展中心和中国青年创新创业板西安区域中心将为项目对接市场、对接资本、服务实体经济起到重要支撑作用。这都在一定程度上提升了街区文化氛围与街区品位，西安创业咖啡街区将打造成全市第一个现代、时尚的创业样板街区，助推高新区成为年轻人乐于创新创业的时尚区域。

（二）主要成效

如今，西安创业咖啡街区刚刚开街，就已经成为众多创客和创业企业关注的焦点。可以想象，在未来3—5年后，当街区入驻100家国内外创新服务机构、打造100个功能多元众创空间、聚集300名天使投资人和创业导师的时候；当街区培育孵化出1000个创业团队、举办过2000场创业活动、为企业融资达到10亿元、储备上市上柜企业50家、促进社会就业万余人的时候，西安创业咖啡街区将展现出多大的能量。这样的能量必将为区域发展提供源源不断的动力，为城市大发展贡献应有的力量。

三、打造西部创新创业新地标政策启示

创新创业本就是26岁的西安高新区骨子里迸发出的力量。作为首批国家级高新区之一，西安高新区自1991年成立以来，凭借西安科教资源优势，坚持自主创新、打通产学研壁垒、支持孵化模式升级，从最初的模仿引进，到现在的创新引领，"三次创业"助力西安高新区从立区到兴区，探索出一条内陆高新区依托自主创新实现跨越式发展的模式，因此，西安高新区本身就是西部乃至全国的创新创业前沿阵地，"八区合一的价值保障"成为打造西安创业咖啡街区最大的支撑。人才福利、招商引资等政策福利以及已入驻创业咖啡街区的50余家创新服务机构，为最终实现360度创新"无国界"，创业"无时差"创造无限可能。依托"海归楼""博士楼""千人楼""天使楼"四大主体，西安创业咖啡街区签约引进多家国内外一线创新创业品牌机构，吸引更多有创意和创业梦想的人，在此实现创业理想。在未来，西安创业咖啡街区将聚焦全球一线资源，为创客提供国际化的创新创业环境，为广大市民提供休闲化的时尚氛围，营造浓郁的创新创业文化氛围。打造"大西安城市时尚名片""中国创新创业街区时尚新模范""世界级时尚街区新地标"，

西安创业咖啡街区底气十足。

四、打造西部创新创业新地标下一步工作计划

在西安创业咖啡街区，美国知名咖啡品牌星巴克、本土精品连锁咖啡M + Café、经典德餐品牌兰巴赫、引领年轻族群新生活方式的CityGo酒店、E客公寓等共同构筑了咖啡街区丰富的业态，成为高新区创新创业生态体系建设中不可或缺的因子。咖啡街区还将不断引进更多知名配套机构，聚焦国际一线资源，加强对金融领域及媒体、商业等元素的引进。在进一步提升平台国际化的同时，将更注重与整个城市的融合，在功能上更加日臻完善、形式上更加丰富多彩，融入更多休闲娱乐餐饮的元素，提升咖啡街区人文内涵和底蕴，为创客搭建更完善的创新创业平台。致力将西安创业咖啡街区打造成"大西安城市时尚名片""中国创新创业街区时尚新模范""世界级时尚街区新地标"。

未来，创业咖啡街区将入驻100家国内外创新服务机构、打造100个功能多元的众创空间、聚集300名天使投资人和创业导师；培育孵化1000个创业团队、为企业融资10亿元、储备上市上柜企业50家、促进社会就业万余人。

【实践者说】

车库咖啡创始人叶建盟说："咖啡街区创业环境非常好，由于其标杆效应，政府、投资机构都会格外关注，对他们自身产品推广非常有利，为团队产品迭代发布提供了非常好的条件。""西安创业咖啡街区依托西安高新区的硬科技资源，聚集了全球、全国领先的众创空间，为学校科技成果市场化提供了拓宽资源的平台。"西电石头众创空间负责人王小刚表示。知名音乐人曹轩宾评价西安创业咖啡街区："如今的西安，对创业者和企业的关怀无微不至，五星级店小二服务、良好的营商环境、浓厚的创新创业氛围，增强了企业家们的信心。作为一名音乐人，我要为大西安建设音乐之城注入更多更强的能量。"时任西安市委书记王永康认为："打造咖啡街区的初衷就是要为年轻人打造创新创业的平台，期待高新区进一步规划3.0版本，让街区更时尚、更潮流、更先锋、更活力、更国际，吸引更多的国际友人来这里生活、发展、投资、创业。"并表示："就是要将这里打造成最时尚、最向往、最国际的街区，让更多的年轻人愿意来、喜欢来。"

西安高新区创业咖啡街区街景

【案例点评】

西安创业咖啡街区，是西安市着力打造服务体系完善、新型人才聚集、创业实效显著的双创载体的完美体现。其聚焦于理念引领、生态引领、平台引领、人才引领、环境引领五大方面，依托西安高新区的硬科技资源，为广大创业者提供了良好的资源和腾飞的平台。

营造一流"双创"生态，激发创新主体活力

——西安高新区创新券服务平台案例

　　2018 年西安高新区吹响"大干 123，建好首善区"的号角，并推出了八大攻坚行动计划。为持续提升高新区发展质量，改善营商环境和创新创业环境，打造西安"硬科技"之都核心区，西安科技大市场不断探索对外创新政策服务，在政府采购第三方服务的过程中总结与反思，提升服务质量。

　　西安高新区创新券服务平台的建设运营，打破了科技政策补助滞后的困境，探索了企业与政府交流互通新模式，引导了各类科技服务机构向区内集聚，营造了一流的创新创业生态，激发了各类创新主体活力，促进了科技服务产业和战略性新兴产业的深度融合，将西安高新区打造成为全国一流的创新中心、引领"一带一路"的创新之都。

一、营造一流"双创"生态的背景

　　2015 年，习近平总书记在两次重要讲话中明确提出"陕西正处在追赶超越阶段"的科学定位和"五个扎实"要求，这是指引西安站在新起点、抢抓新机遇、实现新跨越的行动指南，给西安市标清了前进坐标。

　　2017 年，西安经济总量处于副省级城市中下游，前有标兵、后有追兵。面对城市间激烈的竞争态势，全市上下明确要有清醒认识，应调高标尺，奋勇向前。同时，还要特别看到西安正处在历史上机遇最多的黄金发展时期。世界经济在深度调整中缓慢复苏，国内经济呈现稳中向好态势，新一轮科技革命和产业变革蓄势待发，为我们大开放、调结构、促转型提供了广阔空间。"一带一路"战略、国家全面创新改革试验区、国家自主创新示范区、陕西自贸区西安核心区和新一轮西部大开发等一大批国家战略在西安叠加推进，全面深化改革、中国制造 2025 等政策红利陆续释放，特别是省委支持大西安建设，将西咸新区划归西安管理，将有效拓展发展空间、创新城市发展方式、

提升城市能级、放大辐射效应，使西安第一次拥有了自改革开放以来大西安的格局和体量。

目前西安进入了一个全新的发展时期，正站在加速转变经济发展方式和城市发展方式的重要节点上，正奋力奔跑在向万亿级城市迈进的征程上，正挺立在建成小康社会和建设国家中心城市的潮头上。省委、省政府寄希望于进一步发挥大西安的引领和辐射作用，加快推进西咸一体化，带动关中城市群发展，引领陕西参与国内外竞争。西安必须把"追赶超越"作为当前最重要的大局，体现到经济社会发展各方面，以只争朝夕的精神抢抓机遇，以求真务实的作风埋头苦干，为实施国家战略和陕西追赶超越作出西安贡献。

西安高新区创新券服务平台是西安高新区管委会紧紧围绕西安市"聚焦三六九、振兴大西安"奋斗目标，抢抓大西安都市圈建设、"三个国字号"改革以及追赶超越的战略机遇，以高质量发展为统领，实施"大干123、建好首善区"战略，启动西安高新区三次创业，打造创新创业生态系统基础平台，支持区内科技型企业创新发展，激发各类创新主体活力，引导科技服务机构向区内集聚，促进科技服务产业和战略性新兴产业的深度融合，把西安高新区打造成为全国一流的创新中心，引领"一带一路"的创新之都。

二、营造一流"双创"生态主要做法及成效

（一）主要做法

1. 政策创新

区别于"后补助"政策奖补形式，提供创新券的事前事中"前补助"，既提高了财政资金奖补的投放精准度，也降低了企业创新发展的经营成本。与税收贡献脱钩，对区内企业开展普惠性的全方位支持，覆盖包括高企认定、专利申请、技术转移、体系认证、展会参展、猎头费，人才公寓和房租补贴等多个方面。

2. 机制创新

区别于传统的政策奖补管理方式，委托西安科技大市场创新云服务股份有限公司开展西安高新区创新券服务工作。西安高新区主要负责创新券政策以及使用规则的制定和资金兑现的审计监督；西安科技大市场创新云服务股份有限公司负责创新券服务体系的规划设计及服务实现，包括服务团队组建、技术平台研发维护、政策培训宣贯、服务信息审核、服务咨询受理等工作。

3. 服务创新

区别于传统的政策申报奖励形式，运用互联网思维，瞄准科技型企业创新发展需求，充分尊重市场配置资源的基础性规律，强化政策宣传推广，吸纳区域内外的优质服务资源，优化简化服务审核流程，注重各类用户体验，为领券企业和服务机构当好"店小二"，提供"五星级服务"。

（二）主要成效

创新政策服务要保持传统与创新相结合的方式。传统方式可帮助政府规避一定风险，但存在体量小，服务带动影响效应小的缺点，适用于体量较小的城市；创新型服务模式体量大，服务范围及受益面广泛，但存在无经验可循等风险。创新券平台建设是西安科技大市场探索创新型政策服务模式的成功案例，也为西安高新区打造陕西自贸区核心区，形成科技服务贸易创新区，逐步形成政策服务实体化经济提供了示范先例。

截至2018年6月，西安高新区创新券服务平台注册企业1032家，领取创新券金额2.885亿元，实现创新券交易额138万元；入驻各类服务机构241家，发布服务245项。平台参与举办政策培训会8场次，参会人数3100人次；微信服务号关注量2880人，平台浏览量14.67万人次。

三、营造一流"双创"生态政策启示

高新区通过设立每年20亿元的三次创业发展专项资金和总规模200亿元的战略性新兴产业引导基金，在千亿级产业培育、高端要素聚集、投资环境优化等方面实施的三次创业系列优惠政策，以及创新券服务平台上线事宜，备受现场众多企业和创业者的关注。

创新券是西安高新区向区内企业发放的，鼓励和支持企业开展科技创新活动的权益凭证，是一种事前补贴、事后兑现的普惠性创新政策工具。工商注册、财税关系均在西安高新区，无不良信用记录，且按时上报统计报表，无不良经营行为的独立法人企业。每家区内企业每年创新券最高补贴50万元，国家（含市级）高新技术企业每年创新券最高补贴100万元。

根据西安高新区出台的创新券政策，依据《西安国家自主创新示范区实施创新券的政策暨"领创八条"》政策文件，以下服务在创新券政策支持范围之内：

（1）知识产权申领（按照支出费用的75%给予补贴）；

（2）国家级和西安市级高新技术企业认定（按照支出费用的75%给予补

贴）；

（3）研发设计、技术转移、检测验证、知识产权、评估认证等专业化科技服务（按照支出费用的75%给予补贴，最高资助50万元）；

（4）综合信用等级评价（给予100%的补贴）；

（5）房租补贴（高端人才公寓给予50%租金减免；在孵企业给予50元/平方米·月房租补贴，最高每年补贴20万元，最多支持3年）；

（6）雏鹰、独角兽种子企业，参加经备案的国内、国外相关专业行业展会和招商活动，分别给予支出费用30%、70%的补助（雏鹰企业单次最高补贴5万元，累计最高补贴15万元；独角兽种子企业单次最高补贴15万元，累计最高补贴100万元）；

（7）获得世界500强企业授予的优秀供应商等奖项的独角兽种子企业，每个奖项给予奖励10万元；在高新区组织召开世界500强企业全球供应商大会的独角兽种子企业，给予50%活动费用的补助；

（8）通过猎头公司招引高端人才的独角兽种子企业（按照支出费用的50%给予补贴，最高补贴50万元）；

符合申领条件的区内企业一经在平台注册成功后，即可获得相应额度的创新券。获得创新券的区内企业可在平台选取服务，并按要求向服务机构支付相应比例的创新券，平台审核后确认创新券服务意向达成。

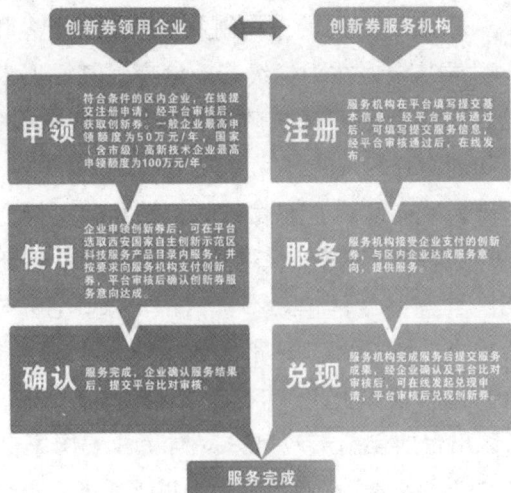

创新券领用流程

四、营造一流"双创"生态下一步工作思路

西安高新区首次实施创新券政策，取得了一定成效，但仍存在一些困难。如领券企业资质数据审核滞后导致部分企业未能领到创新券；创新券"按季兑付"仍不能满足企业和服务机构发展需要；领券企业对创新券的了解和使用仍不熟练；部分涉密保密企业享受创新券支持仍有一些问题等。未来，我们将持续优化服务方式，总结提升服务成效。

1. 持续优化

通过持续优化，开辟领券企业审核新通道，为更多区内企业发放创新券；持续与金融机构接洽，将兑付周期由"按季兑付"提升为"实时兑付"；加强推广力度和形象化宣传，引导企业和服务机构，尽快熟悉创新券的使用操作方法；发挥平台独立专业运营的优势，将平台建设成为区内科技服务业发展的嵌入入口，推动本年度创新券使用额达到1亿元。

2. 总结提升

实时总结分析创新券政策的执行落实情况，研究在更多领域开展创新券支持的可行性，为明年政策调整和优化做好准备；与金融机构合作，突破财政奖补资金的预算金额限制，进一步扩大财政投入的政策效应，引导金融机构为区内企业提供更多的金融服务。

【实践者说】

创新券服务平台负责人张泊远表示："西安高新区创新券服务平台是西安高新区管委会紧紧围绕西安市'聚焦三六九、振兴大西安'奋斗目标，抢抓大西安都市圈建设、'三个国字号'改革以及追赶超越的战略机遇，以高质量发展为统领，实施'大干123、建好首善区'战略，启动西安高新区三次创业，打造创新创业生态系统基础平台，支持区内科技型企业创新发展，激发各类创新主体活力，引导科技服务机构向区内集聚，促进科技服务产业和战略性新兴产业的深度融合，把西安高新区打造成为全国一流的创新中心，引领'一带一路'的创新之都的重大举措。西安科技大市场作为第三方单位，负责西安高新区创新券服务平台的建设运营工作，依据《西安国家自主创新示范区实施创新券的政策暨"领创八条"》和《西安国家自主创新示范区创新券管理办法》等政策文件，搭建政策服务平台，负责创新券发放、服务信息审核、日常咨询服务及监督、企业和机构信息的动态监测、数据汇总分析以及与之相关的信息查询发布等工作。"

【案例点评】

创新券是西安高新区向区内企业发放的鼓励和支持企业开展科技创新活动的权益凭证，是一种事前补贴、事后兑现的普惠性创新政策工具。创新券平台建设是西安科技大市场探索创新型政策服务模式的成功案例，也为西安高新区打造陕西自贸区核心区，形成科技服务贸易创新区，逐步形成政策服务实体化经济提供了示范先例。

创新人才服务便利化模式

——搭建国际高层次人才"一站式"服务平台

依托西咸新区人力资源服务中心和国家级陕西（西咸新区）人力资服务产业园，西咸新区管委会整合入园服务机构和人力资源服务企业，拓展创新创业、生活就业、居停留等服务体系，在自贸试验区搭建国际高层次人才"一站式"服务平台，打造招才引智、人才自由的便利化人才服务新模式。

一、搭建国际高层次人才"一站式"服务平台的背景

21世纪的今天，是一个高端人才竞争的年代，谁拥有的高端人才多，谁就拥有了大力发展经济社会的坚实基础。高层次人才具备较高的理论知识水平和科研创新能力，同时拥有较高的实践操作能力和应变能力，是我国经济社会发展急需的能量。

城市的竞争归根到底就是人才的竞争。为积极响应"一带一路"政策号召，实现西安市人才强市战略，更好地吸引高层次人才来西安创业，2017年5月，西安市政府召开新闻发布会，正式发布《西安市深化人才发展体制机制改革 打造"一带一路"人才高地若干政策措施》。据了解，若干政策聚焦"364"产业体系和"三区双创"，以放权、松绑、激励、服务为重点，从目标要求、人才引进、人才培养、奖励激励、服务保障等5个方面，提出23条力度空前的人才新政，旨在实现"在全国有力度，在全球有影响，能形成对海内外各类人才的强大吸引和聚集"效应。

综观国内外对高层次人才服务的做法，主要集中在了高层次人才引进、高层次人才培养、高层次人才评价、高层次人才管理、高层次人才激励、高层次人才集聚、高层次人才队伍建设和高层次人才流失等方面。建立高层次人才一站式服务，通过建立集联合审批服务（又称"绿色通道"服务）、政策咨询、跟踪服务于一体的"一站式"服务中心和统一的计算机网络平台，

为高层次人才提供了更便捷、更贴心、更高效的"保姆式"服务，将为经济社会发展提供强有力人才支撑，同时为集聚人才体制机制发展提供极大的便利和保障。因此，搭建高层次人才一站式服务平台对我国更好地落实人才服务工作和促进高层次人才服务体制创新具有重要意义。

西咸新区能源金融贸易区作为陕西自贸区唯一的能源金融功能区，成立以来，立足功能定位，聚焦国际高端人才，依托西咸新区人力资源服务中心和陕西（西咸新区）人力资源服务产业园，在西部地区率先推出建设面向全球中高端人才的一站式服务平台，为到新区工作的海内外高层次人才提供"一站通"人才专办服务。

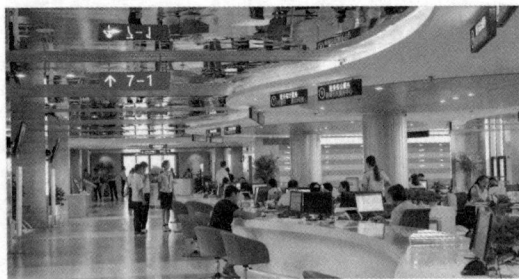

陕西省高层次人才服务窗口：搭建国际高层次人才"一站式"服务平台

二、搭建国际高层次人才"一站式"服务平台主要做法及成效

（一）主要做法

1. 创新构建"一站通"人才专办服务体系

整合省、市、新区包括教育、科技、公安、工商、人社、税务等多部门力量，在陕西（西咸新区）人力资源服务产业园设立国际高层次人才综合服务窗口，试行"一站通"人才专办服务。按照"一口受理、专员服务、部门联办、限时办结"的效率内控方式，打破传统的科室、单位行政界限，所有窗口业务不再单独分类，统一整合为综合服务窗口，为到新区工作的海内外高层次人才，提供出入境、海关、人才落户、人才认定、人事关系及家属随迁等 8 大类 25 项专员服务。同时充分利用线上资源指导前期业务咨询及办理，让群众少跑路，逐步实现人才入区"全程帮办"的"一站通"服务目标。

2. 搭建"互联网+"招才引智系统

以"西咸人才"网站为基础,结合陕西(西咸新区)人力资源服务产业园招聘大厅提供"线上线下"综合服务。一是全流程线上信息录入服务。通过网站系统为企业和个人提供独有账号及操作页面,网站后台管理员可以上传资讯、招聘会信息、审核企业资料、安排展会已报名企业展位、积累人才简历等;企业可在线上传营业执照、企业简介、招聘信息、预订展会等;个人可通过自有账号填写简历、自荐信、获取展会信息、投递简历等。二是现场招聘应聘全程无纸数字化。参加招聘会时,企业展板可自动生成企业招聘信息二维码,求职个人可在现场扫码投递简历。如遇特殊情况,系统可自动生成企业展板用以印刷等。三是大数据分析人才供需关系。通过网站系统统计招聘会参会企业数量、职位数量、人才简历数量等数据,构建人才与用人机构"互联互通"供需通道。

3. 探索构建境外高端人才居家金融服务体系

结合国家战略,探索创新"招才引智"金融服务模式,筛选符合条件的银行机构入驻国际高层次人才"一站式"服务平台,为海外高端人才开设人民币账户,为其在陕工作生活构建社保、医疗、养老、住房、教育等居家金融综合服务体系,为我省吸引海外高层次人才、青年创客、科技成果和先进项目来陕布局,积极融入全球创业创新链提供便利化的境外非居民居家金融服务。

(二)主要成效

1. "一站通"人才专办服务体系实施效果

一是"私人定制"提高服务精准化。对每一位服务对象进行"一对一"受理咨询,高层次人才一站式服务平台配套服务手册,列出25项服务项目指南,由服务对象自助挑选所需办理项目,定制专人办理方案后,告知其办理时限,一次性告知办理结果。二是"大客户预约"缩短办理时限。针对一次性引进多位高层次人才,业务量比较大的机关事业机构、涉外企业等用人单位,进行统筹规划,统一管理,提供主动预约服务,用人单位优先提供相关前期材料,节约高层次人才办理业务时间。三是"透明追踪"优化事后服务。设置投诉处理热线,由专人服务,处理投诉建议、疑难解答等相关问题,透明化追踪服务专员的办理业务情况,对发现的问题及时处理,不断优化办事流程,提高办事效率。

2. "互联网+"招才引智系统实施效果

一是简化了企业订会程序。改变了以往需要企业递交企业资质等纸质资料，不再通过电话邮件订会方式，避免了企业漏报情况发生。二是提升了招聘会信息互通效率。展会布置完成后，即可在"西咸人才"公众号上看到本场招聘会参会企业信息，并可投递简历，提高了招聘会的精准化面试程度。三是增强了企业招聘信息监管力度。企业发布的招聘信息如果与现场会中和求职者沟通的内容不一致，有欺骗行为，求职者向人才中心反映并核实后，系统后台可立即暂停该企业招聘功能。

三、搭建国际高层次人才"一站式"服务平台政策启示

在为高层次人才提供便利服务的同时，西咸新区专门编制了《高层次人才服务指南》，通过进一步升级改造高层次人才服务平台，建立"一对一"服务区，逐步实现人才入区"全程帮办"的"一站通"服务目标，在自贸试验区打造招才引智、人才自由的便利化人才服务新模式。2018年上半年，西咸新区新登记市场主体13796户，同比增长63.23%。按照省政府要求，下一步西安市将在全省范围内复制推广高层次人才"一站式"服务模式，依托在西安人才市场设立的"陕西省高层次人才服务窗口"，畅通省级高层次人才服务"绿色通道"，打造陕西特色人才服务品牌。

四、搭建国际高层次人才"一站式"服务平台下一步工作思路

下一步，西咸新区人力资源服务中心和陕西（西咸新区）人力资源服务产业园将立足陕西自贸试验区"建设'一带一路'经济合作和人文交流重要支点"的战略定位，加快建设完善国际高层次人才"一站式"服务平台，继续探索就海内外高层次人才的引进制定相应的政策体系，优化业务领域，打造服务一流的陕西自贸试验区"人才自由港"。

【实践者说】

迪玛是来自乌克兰维尔尼斯进出口贸易公司派驻中国的负责人。2018年他想让家人一起来西安生活，由于婚姻登记证没在中国驻乌克兰大使馆认证，造成妻子签证无法办理。没想到只过了一天，西咸新区人力资源服务中心就专门派人上门协助他解决问题。西咸新区人力资源服务中心副部长蓝静在接受陕视新闻的采访时说："像外国人入境以后，他根本不知道怎么去办理这样业务，例如，是否能在驻华的使馆去办理这个签证认证，结婚证书认证等等的问题。今天来解决了签证问题。为了让高层次人才少跑路甚至零跑路，我们也可以打包这些问题，一起去上门服务。"维尔尼斯（西安）进出口贸易有

限公司 CEO 迪玛在接受陕视新闻的采访时表示："在具体办理这些证件过程中很顺利，而且他们提供的服务很全面，让我感到很温暖。"

李直是中俄丝路产业园内一家专门从事外国商务咨询公司的行政总监，他主要负责为园区的外商对接签证办理、生活服务等相关事宜，"一站式"服务平台的建立让他的工作效率大大提升。西安立德嘉华商务咨询有限公司行政总监李直在接受陕视新闻的采访时说："原来是多部门去跑，多部门去协调，可能光递送资料审核就需要两个星期，现在只需要网上申办，一个星期之内肯定能得到回复。"

西咸新区人力资源服务中心副主任赵宏庆在接受陕视新闻的采访时表示："到现在我们服务了上百人次，分别来自美国、英国、日本、俄罗斯这些国家，我们打造了'五心级'的服务体系，希望来办事的人能够暖心、贴心、省心、走心（安心）。"

【案例点评】

西咸新区建立高层次人才一站式服务，可为高层次人才提供更便捷、更贴心、更高效的"保姆式"服务，将为经济社会发展提供强有力人才支撑，同时为集聚人才体制机制发展提供极大的便利和保障。

创新服务平台，构建绿色节能建筑全产业链

——陕西德沃节能科技有限公司案例

节能减排，国之重任；建筑节能，历史责任。《建筑业发展"十三五"规划》指出，到 2020 年，城镇新建民用建筑全部达到节能标准要求，城镇绿色建筑占新建建筑比重达到 50%。该规划的发布为建筑业带来了难得的发展良机。陕西德沃节能科技有限公司（以下简称：德沃节能），便是深受国家政策红利影响的一家高新技术企业。为了突破发展瓶颈，为客户提供更加专业的咨询、技术，以及高效优质的服务。2014 年，德沃节能建立了陕西德沃绿色建筑技术研究中心，与西安建筑科技大学、西北建筑设计院及陕西省建工集团设计院合作，携手多名业内顶尖专家组成的顾问团队和资深科研团队，对绿色建筑技术进行深入研发，同时对绿色建筑技术的应用进行大力推广，在绿色建筑领域取得了一批有特色的科研成果，并逐渐形成了以关键技术和新产品为核心的竞争优势，为企业发展夯实了基础，提升了行业地位，扩大了影响力。经过 8 年的磨砺，德沃节能现已发展成为集设计咨询与安装服务的绿色建筑方案提供商。

一、构建绿色节能建筑全产业链的背景

近年来，我国建筑业从规模、质量和性能等方面发展迅猛，在高速发展的同时也对自然环境及资源造成巨大破坏和消耗。高耗能建筑总量膨大，建筑能耗占社会总能耗的总量逐年上升，潜伏巨大的能源危机，建筑节能是国之重任。为此，业内人士指出，目前我国建筑业面临发展快、关联技术多、规模大、科研技术转化率低下等问题，缺少整合与研发，从而造成建筑业消耗高、资源破坏大、科技与人文含量低的局面。

建筑节能作为环境保护的一个重要领域，现已成为我国节能减排战略的重要组成部分，是建设资源节约型和环境友好型社会的重要保证，同时也是

社会经济发展的迫切需要。在过去的十多年里，随着人们对环境质量追求的大幅提升，建筑节能技术不断革新。时至今日，建筑业飞速发展，建筑物的节能环保越发受到社会各界广泛关注。

《建筑业发展"十三五"规划》明确了建筑节能标准要求，给建筑节能企业带来发展机遇。陕西德沃节能科技有限公司（以下简称"德沃节能"）作为一家绿色节能的高新技术企业，积极响应国家政策，致力于以优质的产品和技术服务社会，全力打造绿色节能建筑服务平台，构建绿色建筑节能全产业链。

二、构建绿色节能建筑全产业链主要做法及成效

（一）主要做法

1. 构筑绿色节能建筑全产业链

自 2011 年 2 月成立以来，德沃节能持续致力于以优质的产品和技术服务社会，全力投入海绵城市建设。德沃节能提供房地产绿色建筑设计咨询，地辐热工程、地源热泵、新风和净水系统、中央空调系统、建筑防排水、能耗监测、光伏太阳能工程等绿色节能工程安装，力求打造绿色节能建筑服务平台，构筑绿色节能建筑全产业链。

在项目前期设计阶段，针对平台上合作企业的类型、品牌和科技实力进行考察，德沃节能对目标客户企业的类型、品牌和科技实力进行分析汇总，并根据绿色节能建筑产业链进行合理配置和技术集成。在项目运营期，通过建筑能耗成本分析，使用最新技术手段，对设计进行深度优化，为客户提供"建筑全生命周期能耗管理"全套解决方案，提供不间断服务和指导。在后期维护服务方面，德沃节能在实行实时数据收集和分析的基础上，帮助客户建立能耗监测和管理系统，最大限度地为客户降低能源损耗和维护成本，提升项目运营水平。

2. 掌握节能建筑领域前沿技术与产品咨询

德沃节能还是战略建材和新材料应用，节能运营服务、第三方检测技术等建筑节能方案的解决商。通过参编《西安市公共建筑能耗监测系统技术规范》，德沃节能在建筑能耗监测与管理、新能源利用和技术集成等方面积累了丰富的经验和大量数据样本。2017 年，德沃节能成功挂牌西股交新四板，为企业实现高质量发展，迈出了坚实有力的步伐。

3. 建立陕西德沃绿色建筑技术研究中心

建筑节能企业要实现良性发展，关键在于技术研发与市场结合。德沃节能建立了陕西德沃绿色建筑技术研究中心，与西安建筑科技大学、西北建筑设计院及陕西省建工集团设计院合作，携手多名业内顶尖专家组成的顾问团队和资深科研团队，对绿色建筑技术进行深入研发，同时对绿色建筑技术的应用进行大力推广，在绿色建筑领域取得了一批有特色的科研成果，并逐渐形成了以关键技术和新产品为核心的竞争优势，为企业发展夯实基础。

在技术产品方面，德沃节能创新研发出多项绿色建筑节能环保技术，涵盖节地与室外环境、节水与水资源利用、运营管理及绿色建筑技术的提高与创新等。在运营模式方面，德沃节能为客户提供专业的靶向服务，确保在行业内价格和系统服务中占有绝对优势。

4. 打造绿色节能建筑服务平台

德沃节能正在全力打造"绿色节能建筑服务平台"，该平台是绿色建筑文化展示平台，也是科研技术转化平台，更是绿色建筑节能技术应用、咨询、设计、评审、科研、生产的企业化服务全功能平台，将从规划、设计、施工、选材和节能设备、装饰、能耗监测以及能源管理等方面建立绿色节能建筑产业链，助力企业实现更高层次发展。

（二）主要成效

创新创业是我国未来数十年经济社会发展的主旋律之一，商业模式创新是改变产业竞争格局的重要力量，于企业而言，有助于获得更大的市场份额。近年来，德沃节能不断在技术产品、运营模式、后期服务等方面突破创新，使得企业走在同业前列。

目前，德沃节能掌握了节能建筑领域内最前沿的技术和产品资讯，与国内外知名厂商建立了长期合作关系，并与碧桂园、万科等房地产上市企业签订了长期战略合作协议，同时与中登、中航、招商、金科、保利等保持长期良好合作关系。德沃节能曾被评为"陕西省节能科技行业十大名优企业"，获得"中国自主研发企业、中国自主创新企业、中国环保行业优秀服务商"等殊荣。长期以来，德沃节能在建筑能耗监测与管理、新能源利用和技术集成等方面积累了丰富的经验和大量数据样本，并参与编写《西安市公共建筑能耗监测系统技术规范》。

三、构建绿色节能建筑全产业链政策启示

从世界平均水平来看，能源消耗的 3 大块分别是工业、交通和建筑，而

据测算达到同样的节能效率，建筑比工业和交通投入少。此外，我国实施建筑节能和发展绿色建筑的成本相对欧美等发达国家要低得多，而应对气候变化是全球面临的共同挑战，因此我国发展绿色建筑的优势更为明显。

节能减排，国之重任；建筑节能，历史责任。由陕西德沃节能参编的《西安市公共建筑能耗监测系统技术规范》根据国家、省、市绿色建筑行动方案和《西安市民用建筑节能条例》精神并结合西安市实际编写完成，规范的各项内容和条文符合国家节能减排政策要求，符合国务院办公厅印发的《关于加强节能标准化工作的意见》（国办发〔2015〕16 号）精神，是贯彻落实中共中央、国务院 2015 年 4 月 5 日印发的《关于加快推进生态文明建设的意见》，全面推进绿色建筑发展的具体体现；规范的颁布与实施，为充分挖掘西安市公共建筑节能潜力，利用现代化能耗动态监测技术手段，实现公共建筑能耗的可计量、可监测，并依据建筑能源消耗监测情况有针对性进行节能改造，对降低能源消耗，减少环境污染，实现可持续发展具有重要意义。

国内现在针对建筑节能处于尝试阶段，建筑工业化项目的增加，被动式建筑的建造成功，对于我国未来大力发展建筑节能都有一定的推动作用。在建筑节能的探索和创新方面，可以借鉴国外的经验和类似于德沃节能这样力图全力打造绿色节能建筑服务平台构建绿色节能全产业链的公司成功经验，弥补现今建筑行业存在的不足。

四、构建绿色节能建筑全产业链下一步工作思路

下一步，德沃节能将继续以市场为导向，以实现"客户价值"为宗旨，尊崇"踏实、拼搏、责任"的企业精神，以品牌重塑为经营主线，注重企业形象设计与评价，最大化满足客户需求，提升企业口碑，形成品牌效应。德沃节能还将与国内同业设计服务公司强强联手，优势互补，合作共赢，不断完善"绿色节能建筑服务平台"，全力构建绿色建筑节能全产业链，助推行业发展。同时，依托独特的品牌竞争优势，德沃节能将进一步完善服务体系，拓宽发展渠道，挖掘更多的潜在客户，开拓新的服务领域，获得更大的市场占有率，使企业实现更高质量发展。

【实践者说】

在德沃节能总经理杨雪梅认为：建筑节能企业要实现良性发展，关键在于技术研发与市场结合。缺乏核心技术的企业是没有灵魂的企业，其长远发展必然受到制约，不了解市场需求的企业，无法顺应行业发展，唯有将技术

与市场完美融合，才能让企业屹立行业之巅峰。

　　创新创业是我国未来经济社会发展的主旋律之一，商业模式创新是改变产业竞争格局的重要力量。于企业而言，它有助于获得更大的市场份额。近年来，德沃节能不断在技术产品、运营模式、后期服务等方面突破创新，使得企业走在同业前列。

【案例点评】

　　德沃节能已发展成为集设计咨询与安装服务的绿色建筑方案提供商。德沃节能通过提供房地产绿色建筑设计咨询，地辐热工程、地源热泵、新风和净水系统、中央空调系统、建筑防排水、能耗监测、光伏太阳能工程等绿色节能工程安装，全力打造绿色节能建筑服务平台，构筑绿色节能建筑全产业链，能够形成示范效应，对降低能源消耗，减少环境污染，实现可持续发展具有重要意义。

德沃节能整洁有序的办公环境

大数据助力城市精准化管理

——西安九索数据技术股份有限公司案例

随着互联网、新媒体的不断涌现，以及云计算、物联网等技术的兴起，数据正以前所未有的速度不断地增长和累积，形成如今我们所热议的大数据。作为一种重要的战略资产，大数据已经不同程度地渗透到每个行业领域和部门，其深度应用不仅有助于企业经营活动，还可通过对城市信息的智能分析和有效利用，为提高城市管理效率、节约资源、保护环境和可持续发展提供决策支持，有效促进城市系统各要素间的和谐相处，从而提高城市管理水平，促进智慧城市的建设。九索数据是一家专业以城市精准化管理的海量数据挖掘分析公司，通过统计、在线分析处理、情报检索、机器学习、人工智能、模式识别等诸多方法，逐步实现城市建设和管理的规范化、精准化、智能化。

一、大数据助力城市精准化管理的背景

西安九索数据技术股份有限公司致力于提供城市精细化管理的海量大数据挖掘及分析服务，是中国科学院西安光学精密机械研究所的大数据应用工程中心，陕西省双软认证企业、陕西省信息化和工业化融合典型示范企业、陕西省（西安市）民营科技企业、高新技术企业，被称为陕西省第一家军民融合试点单位。它通过了 ISO9001 认证，具有信息系统业务安全服务资质，曾荣获西安市创新创业大赛企业组一等奖。九索数据凭借在大数据领域的专业优势，致力于城市精细化管理的分析与研究，面向市场、立足创新，军民结合、安全可靠，目前产品已遍及全国数十个省市地区，海外市场占据中亚、中非、东非、南非。

大数据目前行业广泛，并受到国务院与国家发改委的重视。目前，九索数据充分利用自身的科技与产业的竞争优势、努力占领制高点，并在稳固现有的技术上保障数据的安全性能，不断改进现有 TT 技术进行分析处理，使业

务更加完善，从而使数据价值得到更有效的利用。把握好我国数据、技术、应用"三位一体、有机统一"的内涵，主动占据行业发展主动权，推动企业更高更快地发展。

二、大数据助力城市精准化管理主要做法及成效

九索数据凭借当前热门的大数据技术以应用在城市公共安全领域为基础逐步向社会大数据、互联网搜索引擎索引、军事侦察方向扩展更多的业务，致力于城市精细化管理的海量数据挖掘及分析服务。建立起科学安全的预警机制，实现准确预警，协助相关部门做好应对准备；完善公共安全应急信息传递机制，时刻保持信息通道畅通，并得到公安相关部门的好评。公司将会运用信息和通信技术手段感测、分析、整合城市运行核心系统的各项关键信息，对包括民生、环保、公共安全、城市服务、工商业活动在内的各种需求作出智能响应。

（一）主要做法

九索数据凭借自主研发的，专业用于大数据分布式（万亿条数据秒级）快速查询燧石数据库，打造综合管理系统、实时管控系统、数据分析动态预警系统、刑事案件受理系统、社交网络可视化分析系统五大系统，运用大数据分布式计算方法，为客户提供核心支撑。

综合管理系统采用多种技术手段基于物联网技术，能够及时、准确地将各个区域资产和人员的动态情况反映到管理监控中心计算机系统，使管理人员能够随时掌握布控区域资产分布状况和每个受控对象的使用情况，以便于进行更加合理的管理。当有突发事件时，管理人员也可根据该系统所提供的数据、图形，迅速了解有关人员、资产的位置情况，及时采取相应的控制措施，提高安全和应急工作的效率。

实时管控系统通过数据清洗、消息队列、实时计算、内存数据库和 web 实时推送 5 项功能，实现对归属地、区域、目标划分的人群或个人目标活动情况综合分析，将分析结果指标化，发现各类社会活动的偏差，实现高危人群的全面掌握，重点区域精确监控。

数据分析动态预警系统借鉴公安各业务口长期工作经验，建立分布式云计算数据处理集群架构，完善相关案件分析模型，挖掘大数据中涉及公安相关案件所蕴含的不同特征，从中能发现其变化规律和趋势，实现从海量信息到具体线索的转化，为社情研判提供翔实依据，为涉恐涉稳大事件提供监测

评估，对各类重点人员进行动态研判，建立起事前发现、事中控制、事后追溯的全方位立体化情报信息服务模式，为决策提供支撑。

刑事案件受理系统具有法制工作规范化、信息交换自动化、执法监督信息化、技术框架标准化、设计方案灵活化等特点。实现了电子审批和网上流转，极大地缩短了各项法制支队业务从基层部门发起请求到获得信息反馈的周期，为案件的侦查工作争取了主动，有效避免因各项审批表书写问题导致的跑冤枉路情况。系统搭建在公安网上，通过给每个用户分配账号实现不同用户的权限隔离，在确保信息安全的前提下，实现从申请、审批、查询、反馈，每个环节网上流转，自动生成日志，操作留痕，责任到人。可以最大限度地规范执法行为，堵塞执法漏洞，防止失密、泄密事件的发生。

社交网络可视化分析系统使用可视化方式处理各类数据中抽象出来的社交网络特征信息，以可视化社交网络为分析切入点，挖掘网络中隐藏的其他用户和社团，并提供一个观察和分析对象的新维度，将人与人之间的关系分析以友善和易用的方式呈现给用户，完成了人工分析难以处理的海量关系信息挖掘工作，同时将各类标签信息融入可视化范畴，实现对案件嫌疑人的标签式人像刻画，提供多维特征观测社交网络的丰富视角。包括四个功能：单人分析，对单个标志在指定分析时段内社交网络进行挖掘和分组聚类，可视化展现组织中不同人的重要程度，直观体现个人社交圈结构；群组分析，给定一组标志，对这些标志在指定分析时段中存在的组织进行挖掘，发现各组织内其他成员和组织中的重要节点；关联发现，给定两个标志，发现其可能的关联路径和其组成的社交网络结构，推荐共同好友数量最多的最短关联；社团扩展，给定一组标志，深度挖掘发现这些标志在指定分析时段内共同所在的同一社团中的其他成员。

（二）主要成效

截至目前，九索数据已申请了 7 项知识产权及 5 项陕西省科技成果，是中国科学院西安光学精密机械研究所的大数据应用工程中心，系陕西省双软认证企业、陕西省信息化和工业化融合典型示范企业、陕西省（西安市）民营科技企业、高新技术企业，被称为陕西省第一家军民融合试点单位。

三、大数据助力城市精准化管理政策启示

在"硬科技"创业领域，西安具有得天独厚的优势条件，拥有众多一流的科研院所，高端电子制造、军工、生物医药等产业在全国都很有竞争力。

此外，相比互联网创业，"硬科技"创业的周期较长，相较于北上广，西安在租金、人力资源成本等方面也拥有较大优势，有发展"硬科技"的基础条件。但是就发展硬科技的三层条件来说，目前西安应该在弘扬企业家精神上下功夫。在时代变革的推动下，企业整体正在变"硬"，科技创新成为企业的核心竞争力，如何把科学家转换成企业家，这其中的思维方式需要很大的改变。除了思维创新、弘扬企业家精神外，九索公司认为政府应多为企业提供一些优惠政策，多办一些创业街区这种开放形态的办公环境，多搞一些管理类的培训机构。在"硬科技"的"蓝海"中，以大数据分析为城市公共安全防卫和城市精细化管理提供有力支撑的西安九索数据技术股份有限公司，既是观察者又是输出者，公司决策者程鹏飞抓住了"硬科技"这个大趋势，成为引领和推动这波潮流的"领军者"之一。

四、大数据助力城市精准化管理下一步工作思路

接下来九索数据将坚持创新发展，充分发挥大数据引领作用，以应用在城市公共安全领域为基础，逐步向社会大数据、互联网搜索引擎索引、军事侦察方向扩展更多的业务，发展城市精细化管理的海量数据挖掘及分析服务，实现数据规模效益的价值最大化。

【实践者说】

西安九索数据技术股份有限公司（中科创星投资企业）董事长程鹏飞表示："对于我们做数据分析的人来说，数据的背后蕴含的是真相和趋势。西安的变化和发展，已经在数据中初现端倪，西安正在迎来又一个发展的黄金期，我看好西安的未来……""'九索数据'扎根于陕西，也始终致力于把陕西的精细化管理做好，目前也希望通过数据分析为西安各区县发展提供助力。就拿临潼区的旅游产业来说，我们可以通过数据分析，帮助临潼在有限的区域内容纳更多的游客。"据程鹏飞介绍，景区可以通过数据了解到哪个时间段游客最多，主要集中在哪些景点，然后可以调控不同时间段内的门票价格来平衡客流量。在农业方面，"九索数据"可以通过无人机采到的光谱图，获得该区域种植的作物是什么、种植面积是多少等数据。以水果为例，分析果品的储存期是多长，运输期是多长，中间适合运输的城市有哪些，甚至包括未来一段时间内的天气如何，会不会影响收成，需要提前多久进行采摘等。这些都可以通过数据分析来完成。

未来，"硬科技"将是巨大的"蓝海"，以人工智能、虚拟现实为代表的

前沿科技领域势必成为经济发展的下一个突破口。那些"酷到没朋友"的新技术新设备很快会走进和改变我们的生活也未可知，这其中，技术的突破和转化、市场的启蒙和培育、应用场景的拓展与落地等都需要去解决，而这些也正是以"九索数据"为代表的"硬科技""软服务"企业未来产生更大价值的地方。

【案例点评】

目前，大数据这一"硬科技"已经渗透到我们生活中的方方面面，并受到国务院与国家发改委的重视。西安九索数据技术股份有限公司自主研发的，专业用于大数据分布式（万亿条数据秒级）快速查询燧石数据库在城市公共安全领域得到了广泛应用。西安拥有众多一流科研院所，在"硬科技"领域有得天独厚的优势，以九索为代表的"硬科技"企业也必将在这里找到发展的沃土。

首创互联网精准诊治全医技工作及协同平台

——医真云盈谷网络：全球医学云图像处理技术开创者

随着互联网、大数据、人工智能等先进技术在医疗健康领域应用的不断扩大，互联网医疗给传统医疗服务行业带来了颠覆性的变革。近年来，"互联网＋医疗"服务新模式不断涌现，健康医疗大数据加快推广应用，为方便患者看病就医、提升医疗服务质量效率、增强经济发展新动能发挥了重要作用。

作为新型医疗模式，虽然我国互联网医疗行业起步较晚，但凭借庞大的医疗规模和市场需求，我国"互联网＋医疗"步入了发展的"快车道"，涌现出一大批优秀互联网医疗企业。位于西安高新区的西安盈谷网络科技有限公司（以下简称：盈谷网络）便是其中一家。盈谷网络成功推出的医真云——互联网精准诊治全医技工作及协同平台，颠覆性的全球首创医学影像云处理及分析引擎，将医疗大数据的应用从传输带入云计算时代，现已发展成为全球医学云图像处理技术的开创者。

一、互联网精准诊治全医技工作及协同平台的背景

盈谷网络成立于 2001 年 7 月，致力于医学图像的可视化、智能化应用技术研究与医疗信息化云应用产品的开发，是全球医学云图像处理技术的开创者。以网络为道，打造真实的临场感医疗应用体验，促进医疗服务与互联网融合发展。2007 年开始，盈谷网络不断加大创新力度，颠覆性的全球首创了医学影像云处理及分析引擎，将医疗大数据的应用从传输带入云计算时代，产品已通过国家食品药品监督管理总局（CFDA）认证。依托盈谷网络物联网、云计算、大数据和人工智能领域的技术优势，以及医真云－云智一体化云平台，其医疗集团实现了医联体内医疗过程的实时全连接、数据的可视化和操作的智能化。医真云助力医疗集团成功覆盖周边地市区域，连接了三甲医院、县区医院、民营医院和社区卫生服务中心等各级医疗机构，实现了

"医疗集团一张网"。

二、互联网精准诊治全医技工作及协同平台主要做法及成效

（一）主要做法

1. 以网络为道，打造真实的临场感医疗应用体验

传统医院和医疗机构使用 PACS 系统，影像资料只能存储于局域网，由于医学影像数据庞大、传输速度慢、医院存储压力大、影像数据不能共享、无法应用到手机等移动终端，因此，实际应用中会遇到诸多瓶颈。对医院而言，把 PACS 系统中所有影像资料存储于云平台，不仅能够降低医院储存成本、提高医院信息化服务水平，而且能让不同医院、不同地区医生随时随地地共享影像数据。对患者而言，方便患者管理自己的影像档案，还可远程授权医生阅片。为了破解难题，盈谷网络通过技术变革，运用全球首创的医学影像云处理及分析引擎技术、"AMOL"连接技术，以大数据、云计算、物联网、人工智能技术为核心，开创性地研发出医真云平台，为医疗大数据提供云存储、云计算、云共享、云协作服务，打造真实医疗的临场感应用体验，实现医疗服务和需求永远在线和随时互动，让医院、医生、患者、影像设备等之间无缝连接，让医生可以随时随地地应用任何终端、跨平台地进行医疗诊断及协同服务，有效促进医疗与互联网融合发展。

2. 医真超云，推进分级诊疗医疗格局形成

互联网医疗，是互联网在医疗行业的新应用，包括以互联网为载体和技术手段的健康教育、医疗信息查询、电子健康档案、疾病风险评估、在线疾病咨询、电子处方、远程会诊及远程治疗和康复等多种形式的健康医疗服务。互联网医疗，代表了医疗行业新的发展方向，有利于解决中国医疗资源不平衡和人们日益增加的健康医疗需求之间的矛盾。"互联网＋医疗"的理念和实践方式能够使人们通过更加便捷的方式获得更加精准的医疗健康服务，助力医疗资源的合理高效配置，提高医疗服务效率，让患者少跑腿、更便利，使更多群众能分享优质医疗资源。虽然起步较晚，但凭借医疗行业庞大的规模和需求，我国"互联网＋医疗"近年来发展十分迅速。然而基于国内医疗资源的供不应求，传统的医疗机构由于受到各种制约，难以应对市场需求。互联网医疗的出现打破了医疗资源分布不均的局面，让更多患者享受到快捷便利的医疗服务。

为了满足市场需求，顺应行业发展，盈谷网络不断创新，7 月 13 日，盈

谷网络强势发布全新一代智慧医疗解决方案——医真超云。医真超云，是软件定义的基于超融合与大数据架构的可私有化部署的全医技云，是私有云、混合云的超融合大数据一体化智能系统，阵容超前强大，实力不容小觑。在复杂网络和大数据结构下，医真超云将生产力、临床支撑、医疗协同、医学教育、政府医疗管理、医学科研、医学转化、患者感知融为一体。整个应用架构可满足构建健康城市的综合性需求，助力未来健康城市发展。

3. 开放 AI 生态，全面提升医疗服务品质

一如机器学习 AI 建模的流水线，医疗影像数据处理过程也要经历数据标注、清洗、切割，随后是建模、调参等。在处理影像数据的技术问题上，医疗影像数据刻画的是体内脏器，与肉眼容易识别花鸟虫鱼人脸等常规图片，成像原理与视觉特征都不相同，深度学习模型尤其需要深度改造。但医疗影像数据处理的特殊之处在于数据标注耗费时间更长、门槛更高，在医生的诊断中，影像仅是一个参考信息，最终还要参考病理诊断等信息进行确诊，所以对于打造一个智能诊断系统来说，很多数据的集合才是有效的数据。AI 公司需要尽可能多地打通不同的系统，把病人的所有相关信息整合在一起，这其实是比较困难的。

然而，盈谷网络攻克了这项难关，将以全新的 AIaaS 模式，依托医真云构建基于医技工作流程的医学 AI Store，更好地开展科研分析及 AI 辅助诊疗应用。随着人工智能在互联网医疗行业的广泛应用，下一步盈谷网络还将开放 AI 生态，促进医疗 AI 云应用以更快的速度进行创新，带来更多颠覆性的合作和应用，全面提升医疗服务品质，让 AI 真正赋能医疗云。

（二）主要成效

凭借厚积薄发的创新能力，盈谷网络不断优化技术，致力于让全新的医疗云服务成为未来医疗信息化的重要模式。作为盈谷网络的又一大核心产品，医真超云依托移动互联网优势，发挥影像云、大数据和人工智能优势，优化影像工作平台、加强区域协作，加速医疗资源的优化整合，缓解了基层医院医疗设备和影像人才短缺难题，有利于推进分级诊疗医疗格局形成。

目前，医真云已开发了数据服务、临床影像应用及协同服务、精准全医技工作及协同服务、临床影像大数据平台、区域医技协同平台、区域医疗协同平台（远程医疗）、独立影像中心云平台、优医服务、医道服务及医生社交十项服务。医真云构建了国内最大的以医技业务、医技数据为核心的云服务平台，以及国际领先的互联网精准医疗生态服务体系，极大地释放了医疗服务的核心生产力，对提升医疗服务的可及性、均衡性、平等性和时效性起着

重要的作用；目前，它已接入医疗机构 1400 余家，累计诊疗量超 2100 万人次。除了医真云，盈谷网络还拥有医真眼、医真大脑、医真健康、医真超云等新型互联网医疗产品。

三、互联网精准诊治全医技工作及协同平台政策启示

在互联网医疗的发展过程中，由于信任和消费习惯的不同，以及为抢占市场份额而进行的盲目投融资等问题的出现，互联网医疗行业的发展呈现出野蛮生长态势。业内人士表示，国家应尽快出台相关法规，加强行业监管，加强政策引导，扶持互联网医疗行业发展。作为互联网医疗机构，应加大专业医疗人才的培养和引进力度，不断加强诊疗能力，唯有缩小与传统医疗机构的诊疗水平差距，互联网医疗机构才能真正实现良性稳定的发展。

四、互联网精准诊治全医技工作及协同平台下一步工作思路

近期，盈谷网络将以全新的 AIaaS 模式，依托医真云构建基于医技工作流程的医学 AI Store，更好地开展科研分析及 AI 辅助诊疗应用。随着人工智能在互联网医疗行业的广泛应用，下一步盈谷网络还将开放 AI 生态，促进医疗 AI 云应用以更快的速度进行创新，带来更多颠覆性的合作和应用，全面提升医疗服务品质，让 AI 真正赋能医疗云。

创新的脚步永不停歇，盈谷网络作为全球医学云图像处理技术的开创者，专注于医学图像的可视化、智能化应用技术研究与医疗信息化云应用产品的开发，促进传统医疗模式不断创新、医院医疗服务水平不断提升，推进新型健康城市的建设，助力"健康中国 2030"规划落地。同时将继续以服务医疗行业和患者为使命，践行国家"健康中国"战略计划，专注于医疗领域创新，让临床向个性化即时应用转变，不断探索互联网医疗领域前沿技术，提升医疗协作的效率和质量，在医疗技术和应用方面不断突破创新，为行业输出更丰富、更优质的服务，更好地为医生、患者、医疗机构及全社会提供优质互联网医疗服务。

【实践者说】

关于医真云在远程会诊的应用，新疆维吾尔自治区人民医院远程会诊中心主任钱新华表示：新疆从 2008 年就开始远程会诊的探索，一直对影像技术需求旺盛。过去，医生只能通过拍照、扫描的方式传输文件，导致影像文件的质量严重失真。和盈谷网络合作后，经过多年的发展，医真云已经辐射到

全疆 126 家医疗机构。年底，我们希望再向下辐射到 1063 家乡镇卫生院和 224 家社区服务中心，形成全覆盖。

健康体检与医真云合作方面，美年大健康 IT 副总经理刘中常表示：美年大健康目前在云平台的规划有几个项目，第一个是影像信息平台，包括放射、超声以及其他和影像相关的业务都会放到云平台进行存储。第二，心电的信息平台也会放到云端。第三，包括检验、结构化数据等信息，也会利用云平台实现信息交换。

作为盈谷网络的技术合作方，中国电信医疗行业信息化应用基地总监张宁提到，中国电信在数据的云存储方面，采用的是对象存储的方式。把一个数据切成多个切片，存在不同的计算机上。当用户需要调用时，数据进行快速的组合，再传给计算机去使用。这样一来，数据存在云平台上，就相当于钱存在银行里。

盈谷网络成功推出的医真云——互联网精准诊治全医技工作及协同平台，颠覆性的全球首创医学影像云处理及分析引擎，将医疗大数据的应用从传输带入云计算时代，现已发展成为全球医学云图像处理技术的开创者

【案例点评】

随着庞大的规模和市场需求，"互联网＋医疗"这一新型医疗模式开始快速发展。医真云盈谷网络通过技术变革打造的真实医疗的临场感应用体验，让医生可以随时随地地应用任何终端、跨平台地进行医疗诊断及协同服务，有效促进医疗与互联网融合发展；其研发的医真超云又推进了分级诊疗医疗格局形成，助力未来健康城市发展；同时，盈谷网络以全新的 AIaaS 模式，依托医真云构建基于医技工作流程的医学 AI Store，更好地开展科研分析及 AI 辅助诊疗应用。西安盈谷网络科技有限公司颠覆性的全球首创医学影像云处理及分析引擎，将医疗大数据的应用从传输带入云计算时代。

国内唯一自主知识产权消费级 3D 传感器公司

——深圳奥比中光科技有限公司研发中心落户西安高新区

2018 年 8 月 24 日，深圳奥比中光科技有限公司（以下简称"奥比"）西安研发中心正式成立。奥比是一家集研发、生产、销售为一体的 3D 传感技术高科技企业，致力于为客户提供全球领先的 3D 传感技术解决方案，是全球第四、国内唯一实现量产全自主知识产权消费级 3D 传感器的公司。作为国内甚至国际上 3D 传感器领域的领军企业，奥比成立西安研发中心，标志着西安的 3D 产业步入全新的发展阶段。

一、深圳奥比中光科技有限公司研发中心落户西安高新区的背景

从 1991 年建区至今，西安高新区作为中国首批国家级开发区之一，经过不断探索与发展，让一批批企业在这片土地上扎根、开枝散叶。奥比西研中心最重要的组成就是研发人员，属于技术密集型企业，这一点符合高新区招商引资的要求。

人工智能在过去曾受到过热炒，随后因为各种原因被人们渐渐淡忘，直到 2014—2015 年才重新被人们拿出来。当时人工智能已经发展到相对成熟的阶段，国内外各界重拾对人工智能的高关注度，政府逐步加强对人工智能领域的支持力度，这正是奥比得以快速发展的重要因素。

近年来，智能手机创新不断，全面屏、AI 智能拍摄、指纹识别等黑科技的应用，持续颠覆着手机的传统定义，其中 3D 结构光技术也同样备受关注。作为 OPPO 新旗舰机 Find X 所搭载的 3D 结构光技术的提供者，深圳奥比中光科技有限公司（以下简称"奥比中光"）是全球领先的 3D 传感技术方案提供商。

深圳奥比中光科技有限公司总部在深圳，在上海、广州、西安、美国西雅图设有分部。作为全球领先的 3D 传感方案提供商，奥比是继苹果、微软、

英特尔之后，第四家能够量产消费级 3D 传感器的公司。客户群体中拥有惠普、支付宝等超过 10 家世界 500 强企业。

二、深圳奥比中光科技有限公司研发中心落户西安高新区主要做法及成效

（一）主要做法

1. 设立西安研发中心，聚拢高技术人才

选择西安作为奥比科技研发中心所在的城市，首先是因为西安科研院所众多，高校聚集，优秀人才储量巨大。交大、西工大、西电等高校在奥比研究的领域和方向拥有丰富的人才资源储备，光机所等优秀的研究机构不仅能与奥比在产品研发方面实现技术合作，更能使奥比获得更多更好的发展机遇。同时，奥比与西安有很深的渊源，奥比有许多人才出自交大、西电等高校，他们对西安有着特殊的感情，也更加熟悉这个城市。此外，奥比西研中心最重要的组成就是研发人员，属于技术密集型企业，这一点十分符合高新区招商引资的要求。

2. 依靠自主研发，实现 3D 传感器的微型化和消费级

3D 传感器作为人工智能领域的高端技术，军工方面早已实现，但进入消费级市场却是全新的。为了攻克 3D 传感器的消费级市场应用，奥比在研发方面投入了大量精力，希望做出一款"体积小、功耗低、效果好"的芯片。

经过长期的技术积累，奥比依靠核心技术自主研发，做出了第一台模组样机，为其取名 MX400，并开始了第一代自主研发的芯片的量产。这既是奥比长期以来技术积累的体现，也标志着奥比自此成为国内第一家继苹果、微软、英特尔后的全球第四家量产全自主知识产权消费级 3D 传感器的公司。随后，奥比不断改进升级技术，目前已推出包括 Astra Pro、Astra Mini、Astra、Astra S、Astra Mini S、Astra P 等一系列 3D 传感器，逐步实现微型化和消费级。

3. 严格人才选拔，保持企业技术领先优势

奥比在人才选用方面有一套严格的标准。奥比一直坚持走自主研发和技术领先的道路，对新技术先发先觉的优势比较强，企业的危机感也比较强。高标准的人才队伍，很好地保证了奥比能够高效运作，时刻保持企业的技术领先优势。

（二）主要成效

2018 年世界杯期间，除了绿茵场上一个个矫健的身姿、一场场精彩的比

赛，令人印象最深刻的当数 OPPO 推出的 Find X 新机。既有充满艺术感的极致美学，又有 3D 结构光、5 倍无损变焦潜望式镜头等多项黑科技，为用户带来极致的产品体验，其中新机的 3D 结构光技术备受关注。而为 OPPO 提供 3D 结构光技术的，正是 3D 传感领域中的领军企业奥比中光。

从 2013 年创立至今的短短 5 年，奥比中光已在上海、广州、西安、美国设有分部，拥有员工近 500 人。目前，全球近 2000 家客户采购奥比中光 3D 传感器，包括国内外 500 家机器人公司，惠普、支付宝等世界 500 强企业。

三、深圳奥比中光科技有限公司研发中心落户西安高新区政策启示

作为 3D 传感器领域领军企业，奥比中光成立西安研发中心，既是企业战略布局中的重要一环，也使西安在该领域的竞争力得到提升。西安科研院所众多、高校聚集，研发人员储量巨大，能够为奥比中光的研究领域提供资源支持。不仅如此，包括光机所在内的众多研究机构也能在产品研发方面与奥比中光实现技术合作，同时奥比中光西安研发中心属于技术密集型企业，与西安高新区招商引资要求十分吻合。这让奥比中光的"西进之路"显得顺理成章。

作为 3D 传感技术高科技企业，奥比中光凭借自身的科研实力，目前已推出了 AstraPro、AstraMini、Astra、AstraS、AstraMiniS、AstraP 等 3D 传感器，可实现人脸识别、手势识别、人体骨架识别、三维测量、环境感知、三维地图重建等功能，极大地推动了人工智能技术在多场景中的推广应用。

首先，奥比中光作为继苹果、微软和英特尔之后，全球第四家可以量产 3D 传感器的公司，拥有全部知识产权，成长为中国人工智能 3D 传感器行业独角兽。此次得以落户西安，是西安高新区的荣幸，也是对软件新城产业环境、服务品质的认可。软件园将一如既往地为企业做好"金牌店小二"，提供一切便利，支持企业在西安做大做强。其次，奥比中光西安研发中心的成立，一方面将加速西安丰富的高校毕业生成为集成电路优秀专业人才的转化率，另一方面丰富了西安集成电路产业的业务形态，推进产业的深化升级。将为西安高科技发展尤其是 3D 产业发展注入强劲动力。最后，奥比中光西安研发中心的设立，丰富了西安高科技产业形态，有助于政府、企业、高校三方的优势互补和高校与企业的产学研融合；西安及西安高新区也将依托奥比中光的技术优势，在人工智能 3D 传感器领域占有一席之地，实现领先的创新性科技成果向经济效益的转化。

四、深圳奥比中光科技有限公司研发中心落户西安高新区下一步工作思路

奥比中光将结合传统企业体系化的优势，继续加强光学队伍等方面的建设；同时努力提供最优的整套解决方案，综合各方面的技术优势，真正实现公司算法芯片化。

未来，奥比中光将进一步扩大西安研发中心发展规模，着力构筑企业技术壁垒，在西安树立人工智能"新名片"，实现"让每个终端都能看到世界"的企业使命。同时，奥比中光西安研发中心的设立，丰富了西安高科技产业形态，有助于政府、企业、高校三方的优势互补和高校与企业的产学研融合；西安及西安高新区也将依托奥比中光的技术优势，在人工智能 3D 传感器领域获得新的突破。

【实践者说】

深圳奥比中光科技有限公司创始人、CEO 黄源浩在 2018 年 8 月 24 日上午举行的深圳奥比中光科技有限公司（简称"奥比"）西安研发中心开业典礼的致辞中表示："西安与奥比有深厚的渊源，双方有着不解之缘。西安的技术沉淀深厚，人才资源丰富，在研发领域具有明显优势，是中国的 Tech City（科技城）重要的培养环境。成立奥比西安研发中心是公司战略布局中最新的重要步骤。奥比将与西安持续联动，加强与政府、高校的合作，充分发挥西安、深圳、上海各方优势，共同推进社会进步，实现'让每个终端都能看到世界'的企业使命。"

奥比中光西安研发中心负责人朱雷介绍："作为 3D 传感器领域领军企业，奥比中光成立西安研发中心，既是企业战略布局中的重要一环，也使西安在该领域的竞争力得到提升。西安科研院所众多、高校聚集，研发人员储量巨大，能够为奥比中光的研究领域提供资源支持。不仅如此，包括光机所在内的众多研究机构也能在产品研发方面与奥比中光实现技术合作，同时奥比中光西安研发中心属于技术密集型企业，与西安高新区招商引资要求十分吻合。这让奥比中光的'西进之路'显得顺理成章。作为 3D 传感技术高科技企业，奥比中光凭借自身的科研实力，目前已推出了 AstraPro、AstraMini、Astra、AstraS、AstraMiniS、AstraP 等 3D 传感器，可实现人脸识别、手势识别、人体骨架识别、三维测量、环境感知、三维地图重建等功能，极大地推动了人工智能技术在多场景中的推广应用。"

【案例点评】

奥比是一家集研发、生产、销售为一体的 3D 传感技术高科技企业，致力

于为客户提供全球领先的 3D 传感技术解决方案。作为国内甚至国际上 3D 传感器领域的领军企业，奥比成立西安研发中心，在西安树立人工智能方面的新名片，标志着西安的 3D 产业步入全新的发展阶段，必将实现"让每个终端都能看到世界"的企业使命。

3D 传感器技术

环境物联网之文物保护行业领跑者

——西安元智系统技术有限责任公司案例

国家"十三五"规划提出文物保护要向预防性保护转变，加强对馆藏文物和不可移动文物的预防性保护。自2016年起，国家在文化事业、博物馆行业，尤其是智慧化博物馆的物联网建设方面的投入持续增加。西安元智公司是由西北工业技术研究院及海外留学人员共同创办的、专门从事环境监测物联网技术研究、开发与应用的高新技术企业。公司具有自主知识产权的产品已经在多个行业中应用，涵盖了文物保护、电力、精准农业、环保等领域。

一、环境物联网之文物保护行业领跑者的背景

西安元智系统技术有限责任公司是由西北工业技术研究院及海外留学人员共同创办的高新技术企业。公司长期从事物联网技术及产品的研发及产业化，涉及相关软件和硬件产品的开发、生产、销售，并提供系统集成和技术咨询服务。公司具有自主知识产权的产品已经在多个行业中应用，涵盖了文物保护、电力、精准农业、环保等领域。公司提供技术支持的中、乌联合考古项目的考古队员在2016年上合组织塔什干峰会上得到了习近平总书记的亲切接见。

公司团队由年轻、充满活力的高素质优秀人才组成，主要成员都拥有博士或硕士学历，并具有丰富的学识和在国际化公司、政府部门及国家研究中心的工作经历，在通信信息技术领域有多年专业经验。公司产品所具有的技术优势、性能优势及示范应用规模等方面都在同行业中处于领先地位。2008年在陕西历史博物馆建成国内第一套馆藏文物保护环境实时监测系统。在国内文物保护领域为数不多的环境监测系统供应商中，西安元智公司"文物保存环境实时在线监测系统"已具备相当强的竞争优势，目前市场占有率位居全国第一。

二、环境物联网之文物保护行业领跑者主要做法及成效

（一）主要做法

为了满足对文物保存环境、文物本体病害等监测需求，如温度、湿度、光照度、紫外线强度、有害气体、土壤含水率、裂隙、位移、病害实时变化等参数进行实时监测，并对监测数据进行挖掘整理，建立监测数据库，为文物预防性保护提供技术支撑，为文物保护措施的制定提供科学依据，元智公司设计文物保护行业解决方案，可分别应用于博物馆应用场景，博物馆文物保存环境主要指博物馆建筑物内文物库房、陈列室、展柜等小环境，以及博物馆建筑物外围空间的局部环境，监测包括博物馆所在地区的宏观气候环境、空气污染状况、馆内光线辐射等。随着考古发掘的进行，固有平衡被破坏，文物所处环境的温湿度、光辐射等因素发生突变，导致文物毁坏，加之出土后文物所处环境条件的反复波动，加大了破坏反应的进行。因此对考古发掘现场环境进行实时监测，制定相应的出土文物保护策略是考古发掘的重要工作之一。遗址保护现场由遗存本体与相关环境组成，具有遗存丰富、历史信息蕴含量大、现存景观宏伟，且年代久远、地域广阔、类型众多、结构复杂等特点。其相关环境具有分布面积大、设备工作环境恶劣等特点，同时由于遗址所处地域的不同，气候环境变化也很大。

综上，文物保护行业解决方案主要包括五大系统：

1. 文物预防性保护环境监测系统

采用无线传感网络技术对环境中的温度、相对湿度、光照度、紫外线辐射强度、粉尘含量、风速、大气压等对文物保存状况有密切影响的因素进行实时监测，为文物保预防性保护措施的制定提供有力的科学依据。同时，开发了为满足考古发掘现场及文物外展过程的特殊需要而定制研发的便携式监测产品。

2. 文物预防性保护环境调控系统

预防性保护文物的主要措施是使文物长期处于一个稳定、洁净的安全生存环境。因此，应用高效、对文物友好安全的调湿剂、吸附剂等被动调控功能材料，或采用微动力电子调湿剂、净化器以及除湿机等主动调控装置来控制博物馆文物保存微环境，是当前馆藏文物保存环境调控技术的主流方向。基于这种需求，元智公司在文物保存环境实时在线监测系统建立的基础上，将无线传感监测手段、无线通信网络技术和电子式的控制方法有效结合，使

文物保存环境综合信息即时传输至电子恒湿净化系统，并且根据文物不同材质对环境的不同需求，分别对除湿、加湿及空气净化等功能进行调节，从而改善博物馆展柜及库房文物保存环境状况，使其达到文物长久保存的要求。

3. 预防性保护环境监控软件平台

该平台针对文化遗产保护管理部门的特殊需求而研发，用户可通过该软件结合必要的硬件设备，对文化遗产相关信息进行实时、动态监测。通过对监测数据的存储、整理、挖掘、分析，帮助用户对未知险情预警判别，为决策提供科学依据，进而采取有效措施实施保护工作。

4. 博物馆预防性保护区域监控中心系统

依托博物馆预防性保护项目为背景，解决区域中心下博物馆环境监测数据的宏观监视、评估分析、达标评级等问题，为博物馆建立"洁净、平稳"的文物赋存环境提供决策支撑。同时开发移动端，支持 IOS 及安卓系统，实现随时随地监控。

5. 文物资产及人员行为管理系统

该系统使用射频标签（RFID）技术在博物馆展厅、文物库房等区域建立一条快速通道，实现了文物资产的管理、工作人员信息以及行为的跟踪和记录，并通过无线传输技术将数据传输到监测中心，从而达到文物及人员行为的精确化管理，并对异常行为进行风险预警。

同时，元智公司创新服务，将科技与文创产品相结合，打造"互联网＋"科技文创产品。包括特色主题互动系统、720°全景漫游虚拟展示系统等产品。

（二）主要成效

元智公司产品所具有的技术优势、性能优势及示范应用规模等方面都在同行业中处于领先地位。2016 年上合组织塔什干峰会上习近平总书记亲切接见了元智公司在中、乌联合考古项目提供技术支持的考古队员。自 2008 年在陕西历史博物馆建成国内第一套馆藏文物保护环境实时监测系统，目前与全国上百家文保（博）单位达成战略合作，文化保存环境监测系统市场占有率第一。

目前公司获得以下荣誉：

· 国家文物局"文物保护领域物联网建设技术创新联盟"理事单位
· 工信部、国家文物局"文物保护装备产业化及应用"示范单位
· 国家发改委"物联网技术及应用国家地方联合工程实验室"建设单位
· 科技部"科技惠民计划"项目实施单位
· 陕西省文物保护研究院"文物保护环境监测技术联合实验室"建设单位
· "陕西元智文物保护研究院"发起单位

·西安市"WSN 网络技术应用工程实验室"主承担单位
·2015 年获评首届"全国十佳文博技术产品"荣誉称号
·2016 年获评第二届"全国十佳文博技术产品"荣誉称号

三、环境物联网之文物保护行业领跑者政策启示

习近平总书记在中央全面深化改革委员会第三次会议中，审议通过了一系列事关党和国家事业全局的重大工作的指导性文件，其中包括《关于加强文物保护利用改革的若干意见》，这意味着文物工作已被纳入中央全面深化改革的整体战略部署，文物保护迎来了新时代。

加强文物保护利用改革，对于我国文化遗产保护传承具有重要意义。要把确保文物安全放在首要位置，聚焦文物保护的重点难点问题，加强制度设计和精准管理，注意盘活文物资源，在保护中发展，在发展中保护。

梳理党的十八大以来，习近平总书记对文物工作的具体部署和要求，从经常出现的"全面贯彻十六字方针""文物安全""活起来""保护利用""在保护中发展，在发展中保护"等关键词中不难发现：保护是主线，保与用是关系，"活起来"是要求。新时代文物工作之新，是在更加强调全面贯彻法律方针政策的基础上所提出的更高标准和任务，是为通过制度设计，更加筑牢文物安全的堡垒。文物工作只有围绕好主线，处理好关系，才能落实好要求。如此，才能"聚焦文物保护的重点难点问题"，找准文物事业改革发展的目标和方向。

有了顶层设计和总体布局，在统筹协调、推进落实的过程中如何凝聚共识则显得格外重要。对于文物工作来说，万变不离其宗，保护永远是核心，安全永远是底线。全面贯彻"保护为主、抢救第一、合理利用、加强管理"的工作方针才是处理好保护与利用关系的正途，切实提高文物工作的依法管理水平才是推动"在保护中发展，在发展中保护"，让文物"活起来"的硬道理。所以，更加要以不辱使命、守土尽责的决心，时时警惕以利用替代保护、以搞活冲击管理底线的种种不良倾向，做到防微杜渐。

"莫愁前路无知己，天下谁人不识君"。在习近平新时代中国特色社会主义思想的指引下，将文物工作融入当前的全面深化改革中，通过不断加大文物保护力度和管理水平，定能走出一条符合国情的文物保护利用之路。

四、环境物联网之文物保护行业领跑者下一步工作思路

未来 3—5 年内，元智公司拟利用各地博物馆客户资源优势、品牌影响力

和物联网入口资源，整合行业优势资源，通过投资、合资、参股等方式，涉足博物馆周边产业，如博物馆初小学生教育、博物馆文创产品电子商务平台等全面构建"博物馆物联网＋博物馆运营＋博物馆服务＋博物馆文创＋博物馆教育＋博物馆产业投资"全产业链生态群。

元智公司内景

【实践者说】

西安元智系统技术有限责任公司负责人表示："我公司提供技术支持的中、乌联合考古项目的考古队员在2016年上合组织塔什干峰会上得到了习近平总书记的亲切接见。公司团队由年轻、充满活力的高素质优秀人才组成，主要成员都拥有博士或硕士学历，并具有丰富的学识和在国际化公司、政府部门及国家研究中心的工作经历，在通信信息技术领域有多年专业经验。公司产品所具有的技术优势、性能优势及示范应用规模等方面都在同行业中处于领先地位。2008年在陕西历史博物馆建成国内第一套馆藏文物保护环境实时监测系统。在国内文物保护领域为数不多的环境监测系统供应商中，西安元智公司'文物保存环境实时在线监测系统'已具备相当强的竞争优势，目前市场占有率位居全国第一。"

【案例点评】

自2016年起，国家在文化事业、博物馆行业，尤其是智慧化博物馆的物联网建设方面的投入持续增加。西安元智系统技术有限责任公司研发的文物预防性保护环境监测系统、文物预防性保护环境调控系统、预防性保护环境监控软件平台、博物馆预防性保护区域监控中心系统、文物资产及人员行为管理系统在国内文物保护领域具有相当的竞争力。其将文物工作融入当前的全面深化改革中，通过不断加大文物保护力度和管理水平，走出了一条符合国情的文物保护利用之路。

高新区创办全国首个全链条综合市场监管平台

——提升监管智慧化、精准化、高效化和规范化

为更好地落实"宽进严管",破解市场监管方式从日常巡查转变为随机抽查给事中事后监管工作带来的压力和挑战,高效推进市场综合监管工作,西安高新区着手建设全链条的综合市场监管平台,从源头上有效解决了多头执法、重复执法、执法缺位等问题,提升监管的智慧化、精准化、高效化和规范化。

一、全链条综合市场监管平台的背景

2017 年以来,西安市工商局高新分局依托在全力推进商事制度和"放管服"改革中积聚的创新优势,主动承接了全市建设多部门联合事中事后综合监管平台试点任务,先行先试,克难攻坚,历时近半年时间,最终建成全国首个全链条市场监管平台,实现了全领域涉企数据的归集,并构建了运用大数据分析开展跨部门"双随机一公开"新型监管机制,从而走出了一条从注重事前行政审批向注重事中事后监管转变,从管制型、粗放型向服务型、精细化转变,推进政府监管职能和方式的创新之路。

综合市场监管平台是一套集信息查询、协同监管、随机抽查、联合惩戒、社会监督、移动执法、非公党建、决策分析等功能于一体,并可根据业务需求不断拓展功能的"1＋X"模式的综合监管系统。

该系统可对区内各领域、各部门监管信息实现实时传递和无障碍交换,以一个平台涵盖高新区管委会各职能部门业务往来、涉企信息归集、行政审批、协同监管等内容,为区内市场主体信息汇总、综合监管等提供数据管理和业务支撑,在信用分级、数据分析基础上,实现对辖区市场主体的分类监管、精准监管、智能监管。

二、全链条综合市场监管平台主要做法及成效

（一）主要做法

1. 突破信息障碍，建平台优化资源

为加快建立事前信用承诺、事中信息公示、事后联动奖惩的全链条信用监管体系，从2017年10月开始，工商高新分局就着手建立高新区市场综合监管平台，将"放管服"改革理念融入到建立新型市场监管模式的过程中。综合监管平台一经建成，就有效推动了高新区各部门间涉企信息的互联共享、协同监管和联合奖惩，实现了区内各领域、各部门监管信息实时传递和无障碍交换，完成构筑集信息查询、协同监管、随机抽查、联合惩戒、社会监督、移动执法、非公党建、决策分析等功能于一体，并可根据业务需求不断拓展功能的"1＋X"模式的监管系统，为高新区市场主体信息归集、综合监管等提供数据管理和业务支撑。平台现已有效归集高新区22个涉企部门的数据信息，共采集收纳了高新区市场主体基础数据14.3万余条，非公党建数据4.9万余条，严重违法企业数据210余条，异常名录数据2.3万余条，行政处罚案件数据2287条，消费者投诉企业4494条，以及黑名单、红名单、失信被执行人员名单和小微企业名单等数据。平台将进一步采集互联网数据，加强对市场主体线上线下的实时监管，实现辖区市场主体"互联网＋监管"。同时，开展信用分级分类监管、精准监管和智能监管，依托市场主体信用信息数据，开展风险评估，为高新区产业发展决策和政府财政资金扶持提供参考依据，为各部门开展职能工作和实时开展联合奖惩提供了数据查询。目前，高新区各部门通过市场综合监管平台，能够自主查询和调用数据库相关数据，用于开展日常监管，对辖区市场主体实现线上线下同时监管，提高了行政监管效能。

2. 突破"单兵作战"，强协作提升效能

坚持部门分工和联动执法相结合，合理安排检查部门、检查事项、检查比例和频次，避免重复检查和执法扰民。针对辖区市场主体"井喷"式增长和总量激增的形势，切实解决基层执法人员不足的实际，保证抽查覆盖面和工作力度。高新区"双随机一公开"监管工作在突出跨部门联合抽查的同时，又根据各部门不同的职能特点开展本部门"双随机一公开"抽查工作。从市场主体和执法人员的随机抽取、匹配，到检查结果的实时在线录入、检查结果公示信息的推送全部通过监管平台实现。为了更好地发

挥平台的应用效能，结合人民群众关注的房地产行业、危化品行业以及非法集资、互联网金融等热点问题，由工商部门牵头发起，会同高新区对上述企业具有监管职能的质监、规划、建设、工信、应急管理以及财政、金融等部门和第三方专业机构共同实施，强化部门协同监管和执法协作，增强监管执法的科学性、有效性和透明度，做到监管执法"随机不随意""抽查一次，一次查清"，让企业安心开展生产经营活动，不仅杜绝了各监管部门对市场活动的过度干预，还让检查过程公开透明，执法环境更加公平公正。回忆起第一次接受"双随机"检查时的情景，高新地产办公室主任助理李涛说："这样的检查形式对企业来说是极大的解放，也让我们更加专心投入到主营业务当中！"他介绍说，房地产公司牵扯面广，政府主管部门也比较多，仅仅每年迎接各个部门检查都要耗费大量时间，"以前每年至少要接受数十次检查，经常是前脚这个部门刚结束检查，别的部门又上门，企业要配备专门人手来应对。"李涛介绍说，尽管检查内容不尽相同，但仍然需要提供很多重复性的基础资料，比如营业执照、公司章程、土地证、预售证等手续，加上房地产项目比较分散，收取这些资料都要耗费太多的时间人力。如今，通过跨部门"双随机一公开"检查，极大地减轻了企业负担，也提高了监管效率。

3. 突破流程束缚，用制度提升速度

坚持"职责法定、信用约束、协同监管、社会共治"理念，在总结三次跨部门联合抽查工作经验后，按照权责清单，在平台系统中进一步完善了各部门的职责清单以及检查事项，梳理形成了高新区跨部门随机联合抽查工作流程，包括前期准备、跨部门双随机任务的创建与下达、跨部门双随机检查及结果处理和工作总结，明确了开展跨部门联查活动的相关事项和步骤，达到了检查主体和检查人员随机匹配的目的，突出了坚持执法规范、简约、高效的特点，提升了行政执法效能，为区内各部门组织发起跨部门联查活动提供了指导意见。每个季度末，依据现有的检查考核机制，对负有"双随机一公开"监管职能部门进行考核督导，要求各部门进一步创新监管方式，对"一单两库一细则"实行动态监管，建立年度抽查工作计划，加大联合惩戒力度，建立完善双随机监管工作长效机制，使整个执法过程公开、公正、公平，推进了高新区跨部门双随机一公开监管工作全覆盖。

4. 突破监管瓶颈，以共治推动共赢

在完成"双随机一公开"检查任务后，及时将检查结果通过市场综合监管平台推送至国家企业信用信息系统进行公示，以保证检查结果的时效性和检查任务的连贯性，真正落实了"双随机、一公开"，做到闭环管理。同时，通过对双随机抽查结果的数据累积，并结合互联网数据，开展市场主体风险评估和检测，进行关联分析和有效挖掘，实施分类分级监管。在不接触市场主体的前提下实现提早发现问题，及时对风险主体开展专项检查，做到精准监管。建立健全风险分级管理与日常监督检查、信用分类监管以及"双随机"监管有效衔接的工作机制，加强市场主体失信联合惩戒机制，形成"一处违法、处处受限"的信用约束格局，促进多部门职能依法依责、高效落实。

（二）主要成效

1. 简约监管，使执法行为更加规范

平台系统中归集了各部门的检查事项、执法依据和执法标准，同时还编制了执法操作指引。各部门在制定执法任务时，可以根据工作内容、行业特征、管辖区域等规范勾选检查事项，实现每一次执法任务都有完整的检查清单，杜绝执法的随意性。而执法人员在检查执法过程中可以通过移动执法终端，采取勾选的方式选择检查结果，保证了检查结果的规范性。如果执法人员或是检查对象对执法依据、执法程序有疑问的，还可以通过移动执法终端在线查询的方式，对相关法律法规、执法依据、程序操作指引等进行在线查询，为规范执法提供保障。

2. 实现对市场主体事前诚信承诺的监管

市场主体对事前承诺的事项以及履行承诺的情况，可以通过执法移动终端以及企业微信直通车等渠道，上传至平台系统，归集到企业名下，有助于各部门对市场主体事前诚信承诺事项和履行承诺情况进行查询和监督，解决了以前对市场主体设立时作出的承诺难以监管的问题，可以更加完整地开展市场主体信用监管，实现闭环监管。

3. 完善和发挥了社会共治的积极作用

市场主体和行业协会可以通过关注微信直通车公众号的方式，较为方便地与各部门构建信息互动渠道。各部门通过平台系统及时将有关许可到期、年报提醒、检查通知等各种信息以及各项优惠政策、法律法规精准推送给市场主体和行业协会，帮助、指导市场主体和行业协会加强自治和自律。市场主体和行业协会也可以将相关承诺情况、经营情况以及建议意见等信息反馈相关部门，实现管理部门与社会群体的互动，共同推动事中事后监管社会共治目标的实现。

三、全链条综合市场监管平台政策启示

高新区市场综合监管平台运行以来，累计开展跨部门"双随机一公开"联合抽查3次，检查企业132户次，各单位开展本部门双随机抽查168次，检查企业5762户次。各职能部门执法资源得到有效整合，达到"一次检查全面体检"效果，较过去行政效率提高了70%以上。全面推行双随机抽查，不仅有助于降低行政执法成本，增强监管执法的科学性和透明度，减少对企业正常经营的干扰，同时也提升监管执法能力和行政效能。随着高新区市场综合监管平台的效能逐步显现和全面推行跨部门"双随机一公开"工作全覆盖，在坚持"宽进严管"过程中，工商高新分局以创新的思维引领市场监管工作，推进监管方式和监管手段创新，营造公平公正的执法环境，必将使社会资源进一步得到高效配置和利用，让守法经营企业健康茁壮成长。

四、全链条综合市场监管平台下一步工作思路

下一步，高新区将积极提升拓展综合监管平台功能和效能，借助平台更好地推进"双随机、一公开"监管，形成工作合力，不断提升市场监管的精准度和有效性，实现监管的智慧化、精准化、高效化和规范化。

【实践者说】

西安市工商局局长陈吉利表示："此次高新区通过市场综合监管平台，运用现代信息技术和大数据资源，打破信息孤岛，推进协同监管、精准监管、智慧监管，有助于增强监管执法的统一性和科学性，提高'双随机、一公开'监管规范化、标准化水平。形成事前诚信承诺、事中评估分类、事后联动奖惩的全链条信用监管模式，推动'最多跑一次'改革，向事中事后监管延伸，实现'最多查一次、监管不扰民'，加快形成统一开放、公平竞争、诚信守法、监管有力的现代市场体系，营造良好的营商环境。"

西安市高新区党工委副书记王斌指出："高新区市场综合监管平台上线，是高新区积极落实全市加强和改善营商环境视频会议精神，深入实施高新区'营商环境攻坚大行动'的一项重要举措。在不断深入推进'放管服'改革过程中，高新区率先从提升行政效能、优化服务等方面入手，推行'行政效能革命'，争当金牌'店小二'，为企业提供超'五星级服务'，着力打造最优的营商环境和投资环境，全面激发全社会投资高新、创业高新、兴业高新的热情。"

高新区市场综合监管平台正式上线

【案例点评】

西安高新区创办的全国首个全链条综合市场监管平台，通过突破信息障碍，建平台优化资源、突破"单兵作战"，强协作提升效能、突破流程束缚，用制度提升速度、突破监管瓶颈，以共治推动共赢等做法，从源头上有效解决了多头执法、重复执法、执法缺位等问题，提升了监管的智慧化、精准化、高效化和规范化。

将 3D 打印技术运用至临床医学

——点云生物材料科技创新转化案例

2018 年 2 月 2 日，由西安点云生物科技有限公司（简称点云生物）自主研发的世界首例可降解人工骨在临床医学上取得巨大成功，标志着点云生物在 3D 打印技术研发与成果转化的道路上取得了阶段性的成果。人的骨头是怎样通过高科技的 3D 打印技术运用到临床医学上的？本案例将讲述点云科技创始人曾庆丰及其团队在 3D 打印技术研发与成果转化背后的故事。

一、将 3D 打印技术运用至临床医学的背景

西安点云生物科技有限公司（Xi'an Particle Cloud Biotechnology Co.，Ltd.）是一家国际领先的为生物工程、医疗健康和先进制造等领域提供先进材料、创新产品和智能装备的高新技术企业。

点云生物提供全方位的生物材料研发、生产和技术服务，在可降解生物陶瓷、生物高分子及其复合材料方面积累了丰富的应用经验，擅长生物材料的 3D 打印技术。可定制生物墨水及 3D 打印工艺，从四个方面（材料、软件、装备、应用）全面自主研发，为用户提供从打印耗材、打印设备到实际应用的全套解决方案。公司采用无丝打印技术（Filament–free Printing，FFP）不需要预制打印丝线，能够直接将陶瓷材料在常温下逐点逐线逐层打印成型，这不但能显著降低现有的打印耗材成本，而且能够自由搭配材料组合，实现多种材料复合打印，极大地拓展现有打印材料的选择范围。公司主要客户涵盖医院、高校、科研院所和企业研发部门等，分布在生物医疗、教育、新材料、新能源、智能制造等领域。

二、将 3D 打印技术运用至临床医学主要做法及成效

1. 汇点成云，将材料技术变成国计民生的产品

走进点云生物，一面醒目的荣誉墙格外引人注目，仔细查看均是曾庆丰及其公司近年来所获得的荣誉及证书。其中有曾庆丰在 2017 年 9 月荣获的第三届"创业创新在西安"暨"金点子"征文二等奖，以及点云科技在 2016 年 9 月获得的中国宁波第三届全球新材料行业大赛一等奖，2016 年 10 月荣获的中国增材制造产业联盟颁发的理事单位证书，2017 年荣获的陕西省企业质量管理中心颁发的陕西省 AAA 级信用单位证书，还有其他多个荣誉证书和发明专利证书。

曾庆丰介绍说，这些荣誉和证书是对他和他的团队这几年在 3D 打印可再生人工骨研究方面的肯定，但是成绩只代表着过去，他和他的团队将继续努力，争取早日将 3D 打印技术研发与成果转化全面运用到人类健康上。

点云生物是如何将 3D 打印技术与人类健康相结合的？曾庆丰认为，正是由于点云生物一直坚持采用汇点成云的理念，善于将材料技术为其所用，从而更好地服务于人类健康，这也是点云科技名称的来源。

"点，其实就是物质的意思；云，就是这些物质所表现出的功能。点云就是将先进的材料技术通过先进的 3D 打印技术把它变成有利于国计民生发展的先进产品，服务于人民大众。"曾庆丰说，3D 打印技术其实和盖房子一样，主要是要通过精巧的工艺，将点、线、面有机结合，从而形成想要的产品，服务于国计民生。中国是一个人口大国，当前随着民众对医疗健康的需求日益迫切，点云生物从成立初想通过汇点成云的探索，运用自身的科研技术为健康中国贡献力量。

据了解，目前曾庆丰及其团队自主研发的生物陶瓷 3D 打印机可根据临床患者的骨缺损尺寸、形状和内部孔隙等参数，精确定制出可生物降解、诱导成骨的理化特性和外观结构仿生的人工骨。同时该打印机广泛适用骨组织再生、软组织生物结构体和药物控释等材料，为生命科学、材料科学、组织工程和药物开发等领域的研究者提供新的研究工具。

2. 不断探索，从生活中找到 3D 打印研发突破口

提起当初将 3D 打印技术作为自己科研方向的原因时，曾庆丰表示，这完全来源于他上大学时的兴趣及思考，让他从生活中找到了研究 3D 打印技术的突破口，从而让他继续探索，在生物陶瓷 3D 打印技术的研发上有了新收获。

"我 1995 年在西北工业大学上大学时学的是材料专业，主要接触的都是陶瓷和复合材料。上大学期间我就一直思索着如何将自己学到的专业知识更好地服务于社会。2004 年博士毕业后，我到英国斯特拉斯克莱德大学开展 3D 打印技术方面的研究。经过专业的学习和生活中的探索，让我有了要将 3D 打印技术与人类的健康事业结合起来的念头。"曾庆丰说，看到生活中不少人因为骨折等原因遭受骨病的折磨，他们或因花费了巨额的医疗费、依靠着昂贵的进口药品和技术治疗仍不理想时，我就很想通过自己学到的 3D 打印技术研发一种"安全、有效、可再生"的人工骨来缓解他们的病痛，帮助他们早日康复。

曾庆丰说，说干就干，然而研发过程他们遇到了很多困难和挑战。例如材料方面如何将陶瓷材料通过 3D 打印机打印出骨骼的模型，虽然他和团队做了大量的实验，但是由于陶瓷比较脆弱，像泥沙一样很容易成为碎末，打印起来难度非常大，打印多次也成不了型，当时令他和团队非常苦恼。后来他经过思考，就尝试着运用生活中常用的面粉、蜂蜜等原料，把它们和陶瓷粉末捏成泥团一样的形状，放到数控车床上一试，结果效果非常好，启发着他们自主研制出了生物陶瓷 3D 打印机，让其随心所欲地打印出令人满意的人工骨，更好地为人类健康服务。

"正是由于受到生活的启发，让我从生活中不仅探寻到了研究 3D 打印技术的突破口，而且还找到了 3D 打印科研的新思路和灵感，助推着我在科研的道路上克服了一个又一个难关，不断前行。"曾庆丰说。生活里面有大学问，搞科研也离不开生活。只要勤动脑筋、敢于钻研、不断探索，多向生活学习，研发出来的产品肯定会更接地气，他和他的团队对此有着深刻的认识和感悟。

3. 立足高新，坚持自主创新公司持续向好发展

从生活中找到思路和灵感后，曾庆丰继续努力拼搏，很快在科研方面有了很大起色，研制出了生物陶瓷 3D 打印机，并取得了一系列发明专利。随后他一直期盼着他们的科研成果能够早日得到转化，为更多需要得到帮助的人们进行服务。

曾庆丰说，2014 年 6 月 16 日他注册了点云生物，2015 年 10 月份正式进驻高新区进行创业。之所以要选择在高新区实现科研成果转化，他认为高新区作为西安市经济发展的先行区，在众多领域都起到了排头兵的作用，区内各种资源聚集，区域示范和辐射功能非常强，有利于公司快速发展。加上这几年高新区的营商环境不断优化，区域创业创新氛围非常浓厚，多重利好叠加，各项政策扶持力度很大，吸引着他与团队扎根于此，共同实现创业梦想。

4. 加大研发，愿意为人类健康贡献更大的力量

新时代，新机遇。曾庆丰认为，当前随着"中国制造2025"的推进，以及健康中国和扶贫攻坚的大力实施，生物医药领域迎来了难得的发展机遇，他和他的团队将持续加大科研投入力度，愿意为人类健康贡献更大的力量。

"今后我们准备在定制化和精准化研发上发力，争取用3至5年的时间将3D打印技术大面积运用到临床医学上。同时，围绕技术的上下游，准备在上游材料的研发和对接方面做精做细，开发更多能够运用于生物医药领域的新材料，研发更多新的技术和装备，再采用一些现代化的大数据、人工智能与云技术等，使其具有更多的选择性，为下游的使用者提供更丰富和便利的产品。"曾庆丰说。3D打印技术目前只是应用于骨科缺损部位的修复，今后点云生物还希望在康复诊疗、健康体检、疾病预防等方面进行尝试，最大限度满足老百姓的健康需求。

曾庆丰分析道，随着人们物质生活水平的不断提高，健康问题已经受到更多人的关注，没有健康一切都是空谈。点云生物将积极搭乘西安建设"硬科技之都"的东风，立足高新区创业创新的沃土，用3D打印技术从治病到防病全程为老百姓的健康保驾护航，这将是他和他的团队不变的追求。

三、将3D打印技术运用至临床医学政策及启示

"近年来，高新区在产业、人才、政策等方面的扶持力度不断加大，不仅在租金、税收、用电、网络、产业拓展、创新券等方面为我们提供了很大的帮助，而且还经常为我们进行一对一的创业指导和培训，并且主动上门了解企业需求，积极为企业发展'出点子'，帮助我们企业快速成长。"曾庆丰坦言，高新区"金牌店小二"和"超五星级服务员"的优质服务为他们公司发展注入了新的动力，让他们公司的发展持续向好。

曾庆丰表示，今年高新区提出了"大干123，建好首善区"的战略目标，"八大攻坚"行动正在火热开展中，区域面貌日益变好，营商环境持续优化，办事效率越来越高，无不为他们公司的发展提供了更大的便利。点云科技将继续立足高新区，继续坚持自主创新，不断加快科研成果转化步伐，力争取得更大的成绩。

四、将3D打印技术运用至临床医学下一步工作思路

点云生物自创立以来，一贯秉持科技服务大众、以市场为先导、以客户

为中心的发展理念，专注于3D打印可再生人工骨核心技术研发和全套解决方案的提供。点云生物将持续推出可再生人工骨及产业链产品，并在与众多合作伙伴中不断提高自主研发实力，最终提升公司在市场上的竞争实力，同时积极寻找更好的合作机会，拓展市场，增加点云智造自主产品的国际市场竞争力和市场占有率。

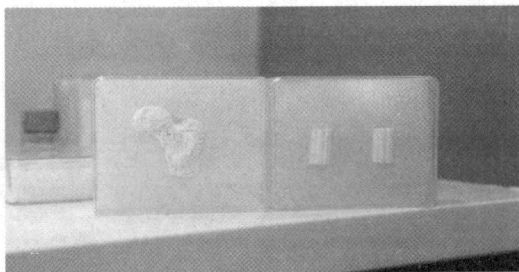

3D 打印人造骨

【实践者说】

西安点云生物科技有限公司创始人曾庆丰说："点云是指物质和使用功能之间的关系，物质是点，物质功能性的表现是云。这就是点云的含义。我很喜欢这个亲自命名的公司名称，这个名字能解释材料的本质和意义，并呈现这种相互作用的关系，同时，还很有中国文化的味道。在点云内部，点和云的互动关系既是技术产业化的象征性表达，更进一步发展演化成为企业管理的思想。做企业搞科研和在科研机构搞科研是不同的，企业要做的研发需要以市场需求为导向，既要考虑研发的成本，也要考虑市场的需求，这就需要研发部门和营销部门密切配合。营销在与医院等产品使用端直接接触时要准确掌握市场的刚性需求，将信息准确反映给研发部门，研发针对需求进行技术到产品的转化，努力实现产品功能的稳定。这才是一个企业稳定的循环。"

【案例点评】

西安点云生物科技有限公司作为一家国际领先的为生物工程、医疗健康和先进制造等领域提供先进材料、创新产品和智能装备的高新技术企业，多年来坚持自主创新，致力于将材料技术变成国计民生的产品，从生活中找到3D打印研发突破口。而公司所在的高新区持续优化行政工作，办事效率越来越高，为公司发展提供了良好的科研环境。

互联网＋创业、购物、社交

——打造西北最大的创客云商共享经济平台

从 PC 端互联网到移动互联网再到产业互联网，互联网发展模式的演变在刷新人们生活方式的同时缔造出诸多电商帝国。2013 年，巨子生物为了使其公司产品拥有更大的市场，不断摸索，投入研发，用了三年时间自主创新，成立了西安创客村电子商务有限责任公司（以下简称"创客村"），研发出西北最大的创客云商共享经济平台。创客云商不单单是普通的电商平台，更是一个搭建美丽健康产业的专业化平台。

一、打造西北最大的创客云商共享经济平台的背景

创客云商是将移动互联网和时下的各种商业模式整合打造的新一代移动社交电商平台，是致力于美丽健康产业的分享式购物平台。以"创业简单化、购物便捷化、社交多元化"的核心理念，将创业、购物、社交有机融合，为经营者打造低风险创业项目。在将美丽健康带给消费者的同时，创客云商立志成为中国专业的皮肤健康管理平台，解决消费者皮肤健康问题，实现皮肤医生在线诊疗与专业咨询业务，让消费者享受到专业的私人皮肤健康管理。

创客云商平台倡导科学专业的护肤理念，以关爱人类肌肤健康为己任，甄选全球高品质的精品，平台入驻产品必须在美丽与健康领域为高新科技的产品。入驻产品可丽金类人©胶原蛋白系列，为中国医美护肤品牌，类人©胶原蛋白这一科研成果于 2013 年获得"国家技术发明奖"，是中国皮肤医学和美容领域的国家技术发明奖，于 2016 年获得"中国专利金奖"，它是国内专门对授予专利权的发明创造给予奖励的政府部门奖，更得到了联合国世界知识产权组织（WIPO）的认可，在国际上有一定的影响。

二、打造西北最大的创客云商共享经济平台主要做法及成效

（一）主要做法

1. 创新运营模式，以优势占领市场

要在这种强者如林的商战中取胜，作为电商企业，唯有将产业优势和适合企业发展的商业运营模式作为制胜的法宝，才有胜算，否则一切都只是纸上谈兵。首先，一个企业要立足行业，势必要有自己的竞争优势。产品优势是产业互联网的重要特点，有别于传统电商，创客云商实施互联网＋产业模式，通过互联网链接产业上下游，最大化"去中心""去中介""去边界化"，实现了优势资源的科学匹配，提供了互联网＋研发、生产、销售。同时，基于互联网思维，以合作共赢为目的，创客云商还以分享经济为基础，通过搭建经营者服务平台，实行供应链产品共享。其次，创客云商对于产业有清晰的定位，有极强的研发能力和产品领域内的全球资源整合能力。此外，创客云商在去产能、去库存和降成本等方面具有很大优势，能为供给侧和需求侧改革提供新思路。

对于生产商，该模式解决了资金被占用，产品变现困难的风险问题，生产商可依据市场需求反馈进行定向研发、定量生产。对于经营者而言，创客云商有很强的吸引力，不仅实现了零风险、轻资产创业，颠覆了大投入、重资产、高风险的传统创业模式，创造性地提供了全新的零风险创业模式，并且可透支进货，减轻经营者资金压力。对于消费者，产品价格和服务均有很大优势，能以优惠的价格买到优质的产品和 1 对 1 的服务。创客云商甄选具有国际、国内领先技术的供应商，保证产品质量，保障消费者权益。

2. 自主创新搭建平台，助力产品"走出去"

近几年，淘宝、天猫、京东等国内电商巨头不断发展壮大，逐渐占据了行业的半壁江山。谈起为何不选择成功的电商企业进行产品推广销售，而是自主研发电商平台，公司介绍，巨子生物的产品也曾经尝试过各种销售渠道，例如，医学渠道对于产品的专业性要求很高，规模有限，对于消费者来说，回购产品，就得跑去医院，给产品的销售带来了局限性。后来，为了扩大渠道和规模，巨子生物公司也曾尝试在京东和天猫上推广。"传统电商是一个中心化的平台，需要高成本做推广，不推广没收入，推广了，有收入不赚钱，甚至赔钱，用户和品牌之间无法建立关联性，同时，用户的选择充满了不确定性，客户群一旦进入购物网站就会出现到处乱窜的现象，面对五花八门的

产品，消费者不一定会买账，因此传统电商对于我们的产品销售而言针对性不强。对比医学和电商渠道来说，都未达到理想的效果，所以自主研发专业平台是大势所趋。"创客云商创始人马晓轩说道。

随着我国对工业互联网、工业电子商务、数字经济的大力倡导，趋势所向，大规模的实体经济开始借助产业互联网，延伸下游产业链。基于研发、生产及产业链端的配套，创客云商乘着产业互联网的东风应运而生。创客云商基于自身产业优势，将自有产品、创客、消费者全部纳入一站式平台。

作为我省电商平台的"领跑者"，作为高新区的高新技术企业，创客云商采用 F（工厂）2B（分享者）2C（消费者）的创新商业模式，融合制造业与生产性服务业，变革重构传统产业与传统商业。通过"市场的需求与消费"引导"产品的研发与生产"，实现高端研发，资源共享，创新服务全方位嫁接，打通科技成果转化的"最后一公里"，实现"产学研用"全链条推进。

3. 电商行业"带火"共享经济

伴随着"互联网＋"浪潮的推动，越来越多的企业借助互联网，为创造更高的价值收益增加筹码。在互联网发展的过程中，电子商务行业迅速崛起，他们在改变人们生活方式和消费方式的同时，也"带火"了共享经济。

放眼全国，比起杭州、深圳、北京等发达城市，我省电子商务行业的发展还存在一定的差距。说起电商行业，马晓轩有自己的见解，他认为，一方面，互联网的快速发展给传统行业带来了一定的市场冲击，为了寻求更好的发展，越来越多的传统企业不得不进行电商化转型。另一方面，随着"大众创业 万众创新"的效应驱动，既是消费者，也是经营者的共享经济强势来袭，最大限度地提升了资源利用效率，带来了就业方式的变革。目前，共享模式已成为众多创业者的首选，共享经济不知不觉已经渗透到了诸多领域。

（二）主要成效

据了解，创客云商目前已入驻 9 家工厂、40 余个优秀产品。中间层分享者 8 万人左右，消费者达 300 余万人。去年，创客云商交易额近 12 亿元，营收增速达 1600%。现已成为西北地区唯一孵化过万人的众创空间和全国领先的产业互联网平台，是国家倡导共享经济的践行者。去年，创客云商荣获陕西省电子商务示范企业、西安市电子商务最佳业绩贡献企业等多项殊荣。

三、打造西北最大的创客云商共享经济平台政策启示

现阶段，阿里巴巴和腾讯进驻西安，带来了许多资源，不仅会提升西安

的软实力，而且会提升本土企业在人才、理念认知及国际前沿领域的探索。马晓轩表示，作为高新区孵化出来的科技创新型企业，高新区给予了很多的帮助和政策扶持，截至目前，高新区 4 个万人计划，创客村已经拥有两个。

创客村成立至今，虽只有短短三年时间，但在马晓轩看来，却取得了比较满意的成绩。创业是件充满未知的事情，有挑战也有机遇，针对还在探索期的电商平台，马晓轩建议，每个企业的现状不同，要结合自身优势，差异化运营，在产品、服务、经营模式以及应用场景方面多做思考，避免同质化的运营模式。另外，发展中的企业一定要有长远的规划，要不断创新，才能更好地应对千变万化的市场。

四、打造西北最大的创客云商共享经济平台下一步工作思路

互联网 + 产业的深度融合创新，给电商行业带来了广阔的市场空间和无限商机，作为企业，唯有抢抓机遇。从战略规划和长远目标讲，未来 3—5 年，希望平台能吸纳三五百家工厂的优秀产品，分享者能达到 30 万—50 万人，能够服务的终端消费者达到 3000 万—5000 万人。从产值上来说，到 2021 年，希望能实现交易额 500 亿元。创客云商的长远目标是交易额突破千亿元，发展成为本土电商行业标杆。下一步，创客村会继续在创新、平台拓展、产品领域下功夫，整合全球资源，选择越来越多的国际优秀品牌，不断扩充上游产业链前端产品，以满足大众消费需求和平台发展需求。同时，创客云商会向优秀电商平台学习，取长补短，获得更好的发展。他希望创客村通过实际行动，继续为高新区的经济发展添砖加瓦。

【实践者说】

创客云商总裁马晓轩在接受新浪专访时表示：摸清了行业的门门道道，只有了解市场需求和发展趋势，企业才能走得长远。创客云商成功将消费互联网推进到产业互联网，是互联网共享经济模式的成功实践，更为供给侧和需求侧改革提供了新思路。同时，它还为研发型创业者共享生产供应链和市场反馈渠道，为生产型创业者共享研发技术和销售渠道，为个体型分享者共享研发技术和生产供应链，是产业互联网的完美呈现。

【案例点评】

西安创客村电子商务有限责任公司是西安巨子生物为了帮助其公司拥有更大的市场而研发出的西北最大的创客云商共享经济平台。通过互联网链接产业上下游，最大化地"去中心""去中介""去边界化"，实现了优势资源

的科学匹配，提供了互联网＋研发、生产、销售。同时，作为我省电商平台的"领跑者"，作为高新区的高新技术企业，创客云商采用 F（工厂）2B（分享者）2C（消费者）的创新商业模式，融合制造业与生产性服务业，变革重构了传统产业与传统商业。

创客云商总裁马晓轩

居安思危，洞见未来

——四叶草互联网安全服务创新案例

随着信息技术和网络的快速发展，物联网、大数据、人工智能等新技术得到广泛应用，网络安全威胁的范围和内容不断扩大和演化，网络安全形势与挑战日益严峻复杂。西安四叶草信息技术有限公司，简称"四叶草安全"，成立于2012年8月3日，是一家以安全服务及产品开发为主的互联网安全企业，秉承"居安思危，洞见未来"的发展理念，专注于为客户提供网络信息化安全服务，致力于帮助用户先于黑客发现并及时解决安全问题，是国内安全行业发展最快的创新型企业之一，是国内外安全检测领域的领军企业，拥有全球最快最准的分布式漏洞检测能力和产品，拥有最接近实战环境的黑客攻防靶场和人才培养体系。

一、四叶草互联网安全服务创新的背景

中国网络安全形势面临复杂化、多元化和新型化的安全新形势，网络威胁全球化特征也日益明显。网络安全是一个生态系统，需要互联互通，深度融合，加强合作，需要政府、企业、社会组织、广大网民共同参与，共筑网络安全防线。目前无论是党政军以及一些大型企业，面临的数据跟踪、商业竞争背后黑客的驱动力越来越大，客户需求慢慢变成刚需。再加上《中华人民共和国网络安全法》推出，企业安全投入开始增多。对于企业来说，安全并非产出服务，但它可以保障企业不被黑客行为伤害造成商业损失。

四叶草安全成立于2012年8月，立足西安、服务全国，目前在北京、杭州、成都、重庆、郑州、兰州等地成立办事处和售后服务机构。凭借着在网络安全领域的专注与创新，为客户提供更专业的网络安全产品、网络安全服务、网络安全解决方案、网络安全认证培训及网络安全赛事支撑等。业务范围覆盖政府、运营商、互联网、教育、金融、能源、企业等。

经过 6 年的发展，四叶草安全已是国家高新技术企业、硬科技优秀企业、培育独角兽企业，CNCERT 技术支持单位、CNNVD 技术支撑单位、CNVD 技术组单位，拥有数十项技术专利和完善的网络安全服务资质证书；是国内多所高校的人才实践单位；与华为、百度、腾讯、阿里、蚂蚁金服等达成战略合作；服务过 3100 + 安全服务项目，20 多个省份的运营商和近百家地方银行；保障过党的十九大、"一带一路"高峰论坛、金砖国家峰会、G20、文博会、贵阳大数据等大型政府活动的网络信息安全。

四叶草安全坚持自主创新和掌握核心技术，让安全风险可控，防御更简单。研究领域涉及渗透测试、代码审计、逆向分析、移动终端安全、物联网安全、黑客行为分析、智能算法、漏洞数据的建模和安全人工智能等。

二、四叶草互联网安全服务创新的主要做法及成效

（一）主要做法

四叶草安全基于丰富的安全经验、完备的专业团队、扎实的行业基础可实时跟踪国内外最新安全动向，专注于 Web 安全、软件安全、移动终端和 IoT/物联网/工控安全，覆盖渗透测试、代码审计、逆向分析、漏洞研究、移动端安全、工控安全、智能化物联网安全、App 安全评估、软件安全性测试等多个领域，向客户提供高效专业的全方位安全服务工作。四叶草安全的创新业务主要包括：

1. 全时风险感知平台 Bugfeel，简称"感洞"（Bugfeel），是国内首款基于插件模式的分布式在线扫描平台，该平台基于黑客视角，拟黑客攻击手法，利用智能匹配算法还原攻击路径并进行漏洞风险建模，对可能引发网络安全风险的资产进行全面、快速和准确的实时感知，实现漏洞无缝全自动实时监测，第一时间、先于黑客发现产品存在的漏洞安全隐患，使漏洞在被利用攻击前已经被修复，做到用户先于黑客发现并解决自身安全问题。该平台包括漏洞可视化、漏洞风险感知、可用性检测、专业风险监测报告、风险通报预警五大功能，开启了主动安全防御时代。

2. 四叶草安全实验室（CloverSec Labs）。实验主要负责安全漏洞研究，最新安全资讯跟踪，安全事件病毒木马分析，知名漏洞提交平台提交相关漏洞与申请 CVE 和漏洞资质，在各 SRC 平台提交相关漏洞。实验室下设四个研究方向分别是二进制软件漏洞挖掘、Web 漏洞挖掘、移动终端漏洞挖掘和 IoT 设备漏洞挖掘方向，其中二进制软件漏洞挖掘主要负责 0day 级漏洞挖掘与分

析；Web 漏洞挖掘负责最前沿的 Web 框架漏洞研究与大型 CMS 的审计；移动终端漏洞挖掘主要负责 Android 和 IOS 的系统与 App 的漏洞挖掘；IoT 设备漏洞挖掘主要负责 IoT 设备的安全研究。另外实验室还负责攻防实验搭建、CTF 赛事组织、安全培训等。

3. 漏洞插件社区 Bugscan（bugscan. net）。是为广大信息安全爱好者打造的学习、交流、分享信息安全资源，集中提供信息安全工具的综合平台。社区由资源区、论坛区、工具区、文档区、商城区、擂台赛区六大板块组成，资源区供用户提交查看最新漏洞、插件、特征等，社区成员通过提交资源可以获得相应的贡献值；论坛区与文档区提供了各种安全技术的普及文章，最新安全技术的研究文章，安全资源收集的教学文章，漏洞检测插件的学习教程等，是用户交流学习信息安全最新热点话题的平台；商城区与工具区为社区成员提供众多优秀的安全工具，这些工具可以在社区成员进行安全测试或编写漏洞检测插件过程中提供帮助，同时社区成员可以将自己编写的安全工具在社区内分享；擂台赛区定期举行与渗透、逆向等技能相关的夺旗赛，旨在训练参阅人员的实战经验，培养渗透及逆向技能的人才。六大板块紧密结合，将漏洞检测插件、实用安全工具等众多的安全资源收集整理，为安全爱好者提供最新、最全的安全资源支持。同时，该社区聚集的众多安全人才和资源，为全时风险感知平台提供了最新的、准确的、高效的漏洞检测插件，实现了安全资源的最大化利用。

4. CLS – ADP 四叶草安全攻防平台。该平台借助虚拟化技术，模拟安全研究与渗透评估中可能遇到的环境，构建攻防私有云平台和各式各样的网络攻防环境。该平台集网络安全基础学习、网络攻防实训、网络安全实验、攻防竞赛训练场、网络安全场景、单兵作战、红蓝对抗和团队对抗等功能于一体的网络安全攻防实验室，实现教学、实验与实操一体化。

（二）主要成效

四叶草安全发现苹果 AirPlay 协议认证漏洞、独立技术承办 SSCTF 全国信息安全挑战赛、独立技术承办宁夏回族自治区全国信息安全挑战赛、独立技术承办"华山杯"全国信息安全技能赛、参加互联网嵌入式漏洞挖掘比赛，对某知名厂商提供的设备进行漏洞挖掘，提交了 5 个高危漏洞、多次参与各网络安全与安全竞赛的培训。已拥有 18 项软件著作权和 2 项发明专利，服务 20 多个省份的运营商和近百家地方银行，与百度、腾讯、阿里、360、蚂蚁金服等知名互联网企业结为战略合作伙伴，完成超过 2100 个安全服务项目，保障过党的十九大、G20、文博会、贵阳大数据等大型政府项目和活动的网络信息安全，是国内多所高校的人才实践单位，业务范围覆盖政府、运营商、互联网、教育、金融、能源、企业等。

自 2014 年起举办多届 SSCTF 全国网络安全大赛，大赛旨在为中国安全行业塑造更为强劲的后备力量。2016 年、2017 年连续主办 SSC（全称：Clover-Sec Security Conference）安全峰会，会聚了全国行业大咖、网络安全精英及白帽子近千余人参会，是中西部规模最大、规格最高、影响力最广的网络安全盛会。

三、四叶草互联网安全服务的政策启示

古往今来，很多技术都是"双刃剑"，一方面可以改变我们的生活，造福人类，另一方面也可以被一些人利用从而危害社会，危害人民。尤其是互联网时代的快速发展，从世界范围看，网络安全威胁和风险日益突出，并日益向政治、经济、文化、社会、生态、国防等领域传导渗透。

2018 年 11 月初，《人民日报》刊发题为《引领网信事业发展的思想指南》文章，阐述了习近平总书记就网络安全和信息化工作作出一系列重大决策，提出一系列重大举措。"金融，能源，电力，通信，交通等领域的关键信息基础设施是经济社会运行的神经中枢，是网络安全的重中之重，也是可能遭到重点攻击的目标。不出问题则已，一出就可能导致交通中断，金融紊乱，电力瘫痪等问题，具有很大的破坏性和杀伤力"。网络安全一时引发我们的思考和探讨。

"时至今日，网络信息安全早已超出了电脑中毒，网站被黑，数据丢失的程度，而是达到了会威胁生命的地步。"马坤，西安四叶草信息技术有限公司的创始人，开门见山地道出了当今网络信息安全的重要性。从 2012 年开始创业至今，四叶草安全从未停下创新的脚步，将捍卫网络信息安全作为己任，誓与攻击网络安全的黑暗力量对抗到底。

从明确提出"没有网络安全就没有国家安全"，到突出强调"树立正确的网络安全观"，再到明确要求"全面贯彻落实总体国家安全观"，网络信息安全的重要性与日俱增。

互联网无处不在的当今，大到国家关键基础设施，小到每个人的衣食住行，都与网络信息安全息息相关。同时，伴随着网络技术的日新月异，信息化渗透进每个人的工作与生活。带来前所未有的舒适与便捷体验感的同时，隐患也如影随形。

在大数据时代，安全只会变得越来越重要。可以说，网络信息安全与军工、航空航天、交通物流、能源电力，以及医院、学校各个领域紧密相关。"高铁，地铁的运行信息系统，家中的指纹锁，虹膜识别系统，购物消费时存储在云端的数据……只要有联网的信息化系统，就需要坚实的网络信息保障后盾。"关键核心技术的薄弱，让互联网产业的繁荣发展仿佛一株缺失土壤的盆景。

每个行业都像是一棵树。枝叶越向高处攀长，根脉也必将更深一分。对于网络信息安全行业而言，攻击手段与防御手段亦是如此，此消彼长，需要持续相互动态制衡。在信息化突飞猛进的今天，网络安全通过不断加固地基的方式应对攻击，该行业的技术创新永远都在路上。

四、四叶草互联网安全服务创新的下一步工作思路

四叶草安全研究院将坚持核心技术的研发及产品创新，运用具有自主知识产权的安全产品和掌握自主可控、安全可信的网络安全核心技术，助力网络强国建设。

作为聚焦 Web 以及应用层面检测的四叶草在这轮融资之后也将对产品进行一些细分。比如可能按照行业去划分，或者为客户进行定制，做出不同的版本。

目前主要客户是政府运营商、金融、互联网企业，未来会按照现有的几个行业进行划分。因为每个行业用户使用的操作系统、数据库，以及它的网络环境、资产种类是不一样的，而有了很多客户案例之后，有利于做这种产品的划分。同时，有竞争也会有合作。对于主机层面的漏洞扫描，更为需要特征，而对应用层面的漏洞扫描，行为则更为重要，所以四叶草也会与同行进行互补，联合做项目。

四叶草安全将继续坚持技术创新，掌握核心技术，秉承"居安思危 洞见未来"的发展理念，携手合作伙伴共同守护亿万网民的网络信息安全、共同携手构建一个安全的网络环境，共同营造一个安全的互联网生态。

【实践者说】

在四叶草安全公司创立者马坤看来，自家的"娃娃"是有个性的，这种个性更多是在行为层面发现用户的漏洞，而不单纯地依靠特征。"传统厂商的漏洞扫描平台多依靠特征发现一些漏洞，即针对一条条呆板的规则进行比对发现，可以把它理解成杀毒软件扫描病毒的方式。而四叶草通过多年的安全

服务项目和社区，集成了大量的黑客行为模型，并把这种模型加之以特有算法，初步实现了一些人工智能，然后让产品自动化地模仿人的行为，发现用户漏洞。"

模型的搭建少不了数据支持，马坤在接受采访时说道："四叶草得到的这些数据依托之前搭建的分布式漏洞扫描社区，目前注册人数超过两万，每天活跃人数 500—1000 人。这些白帽子会在社区发布如何验证漏洞的插件，而这些插件即四叶草所收集的数据，也就是黑客行为模型。每天所能收集到的二三十个插件就是模型更新迭代的'原料'。"马坤也将这种方式比作"互联网的众筹模型"。

【案例点评】

"四叶草安全"专注于为客户提供网络信息化安全服务，致力于帮助用户先于黑客发现并及时解决安全问题，是国内安全行业发展最快的创新型企业之一，是国内外安全检测领域的领军企业。"四叶草安全"携手合作伙伴共同守护亿万网民的网络信息安全、共同携手营造一个安全的网络环境，对于共同打造一个安全的互联网生态具有重要意义。

四叶草安全

"互联网+大数据"创新医疗综合体

——西安国际医学投资股份有限公司案例

西安国际医学投资股份有限公司于1993年8月9日在深圳证券交易所挂牌上市，是陕西省和西北地区第一家上市公司。近年来，公司确定以大健康医疗服务和现代医学技术转化应用为主业，不断完善公司治理结构，坚持科技创新和稳健经营相结合的发展策略，资本实力日益雄厚，现已成为国内大型上市医疗产业集团之一。公司旗下医疗板块拥有西安高新医院、商洛国际医学中心等已运行多年的成熟医疗机构，以及西安国际医学中心、国际健康小镇等在建项目；商业板块拥有全资子公司开元商业有限公司。

西安国际医学投资股份有限公司旨在建立"一带一路"国际医疗中心，聚焦医疗科技新办法、新手段、新技术，充分运用互联网和大数据为大西安医疗配套作出新贡献，打造医教协同、医研一体、医养结合、中西医并重的超级医疗综合体。

一、"互联网+大数据"创新医疗综合体的背景

近年来，国家全面推动多种形式医联体建设，加快建立现代医院管理制度，努力构建优质高效医疗服务体系，持续提高医疗质量和水平。同时，云计算、物联网、移动互联网、大数据、可穿戴设备等信息化技术快速发展，为优化医疗卫生业务流程、提高服务效率提供了条件，也为转变医疗卫生服务模式、突破瓶颈制约、健全管理机制带来了各种可能。

"一带一路"国际医疗中心项目是落实健康中国战略的重大举措，是建设国家中心城市和亚欧合作交流的国际化大都市的重大配套，是补齐民生发展短板的重大工程。市级相关部门和高新区主动上门，周到服务，当好"店小二"，共同把项目建成面向"一带一路"展示新时代国家形象、增进沿线国家民众福祉的示范项目。

二、"互联网＋大数据"创新医疗综合体主要做法及成效

（一）主要做法

为落实国家分级诊疗政策，响应国家发展"互联网＋医疗健康"的号召，提升医院的医疗信息化水平，打造智慧型医院，缓解看病就医难题，提升人民健康水平，西安国际医学投资股份有限公司依托现有医疗服务平台，持续扩大医疗服务规模，积极构建大健康产业链条。

1. 成立互联网医院

高新医院成立了"阿里健康西安高新互联网医院"。2018 年 8 月 1 日，阿里健康西安高新互联网医院线上服务已正式在阿里健康 App 上推出。互联网医院打破了传统医疗的空间障碍，在线上即可完成咨询、挂号、复诊、转诊、会诊，同时提升了时间效率，定义了新形式的支付、候诊指引与药品配送。

西安高新互联网医院运用大数据助力医院管理与患者服务提升。分别以医生为维度，统计业务数据及医生服务质量；以业务类型为维度，统计互联网医院业务数据情况；以患者为维度，统计患者复诊率。通过线下就诊流程管理、在线诊疗、药事管理三大基础功能重新构建患者就诊过程。

相较于行业其他互联网医院，西安高新互联网医院更具有如下优势：

（1）强强联合。与传统互联网医院的推广方式相比，西安高新互联网医院的覆盖面更广，借助阿里集团淘系推广和上市公司国际医学的平台，患者可以多渠道轻松获取医疗资源；

（2）雄厚的资本支持，最大限度让利于患者。相对于其他平台动辄几十、上百甚至更高的收费，西安高新互联网医院的费用很平价、很亲民，让更多的患者可以受益；

（3）国际化网上医疗团队。一方面，西安高新医院作为三甲医院整体入驻，同时和美国 CEN 平台合作，对接国际顶尖医疗机构和专家，实现海外远程会诊和海外转诊，保证医疗质量；

（4）强大的技术支持。阿里提供的强大的技术支持能够确保患者的信息安全，实现医疗数据安全；

（5）机制灵活，开放度更高。目前提供的服务是免费咨询、专家问诊、诊后随访，基本实现全科室覆盖、48 小时无限次提问，更人性化。

2. 创建西安国际健康云远程会诊中心

西安国际医学投资股份有限公司致力于远程医疗和医疗大数据的发展，

创建的"国际健康云远程会诊中心"汇集国内外顶尖的医学专家团队，通过云端向客户提供远程影像、远程病理、远程心电、远程门诊、远程会诊、多学科联合会诊、远程教学、健康管理、医疗大数据等服务。结合集团的医疗资源，形成线上、线下、移动医疗与传统医院的完整闭环，真正提高就医效率，降低就医成本，下沉医疗资源。

国际健康云远程会诊中心目前已开展健康云区域影像系统（IHE）、远程教学。未来陆续开展的服务有远程心电诊断、远程病理诊断、远程会诊、多学科联合会诊等服务。区域影像系统与微信平台对接，提供云胶片、微信提醒等服务，使患者可以拿到有别于传统胶片的原始影像，方便进行转诊会诊，同时提供网页版影像浏览与诊断系统，保障平台专家及时地处理会诊请求。

3. 打造"新医疗"生态体系

西安国际医学投资股份有限公司于 2018 年 4 月，分别与阿里巴巴签订《"新医疗"创新合作协议》、与阿里健康签订了《战略合作框架协议》，共建"丝路卫生健康云平台""新医疗"创新生态体系、"阿里健康西安高新互联网医院""集团专有云平台""人工智能医疗创新实验室""国际医学智慧医院"等医院及平台。

（二）主要成效

8 月 1 日阿里健康西安高新互联网医院线上服务在阿里健康 App 上推出。至 8 月底，线上医院共设有 26 个科室，93 名医师上线。其中 31 名医师完成接诊，累计接诊 235 次，18 名医生好评率 100%。西安高新互联网医院自 2019 年 4 月初上线运行以来，用户关注量达 3 万多人次，每日问诊量达 100 人次左右。西安高新互联网医院由西安高新医院委托阿里健康西安高新互联网医院有限公司建设运营。产品开通了在线问诊、电子病历、处方配送、慢病随访等功能。互联网医院系统和医院 HIS/PACS/LIS 实时对接，医生可以在获取授权后提取用户的复诊检查检验数据，真正实现了"在家也能问医生"，很好地下沉西安高新医院优质资源，延伸用户健康服务。

同时，远程影像系统上线已为 12 家医联体合作医院提供及时有效的疑难影像会诊服务，处理疑难影像 3176 人次，其中 DR 影像 448 人次，MR 影像 766 人次，CT 影像 1855 人次。旗下西安高新医院始创于 2002 年，为中国首家社会资本兴办的三级甲等综合医院，多年运营凭借高层次诊疗团队，先进医疗设备，贴心优质服务，美誉度与日俱增，近年，公司积极拓展分级诊疗网点，全力打造新型医联体，运营、建设商洛国际医学中心，同时积极面向中国西部一、二线城市，加速布局连锁医疗产业。

国际医学依托健康中国战略，积极发力健康产业，目前在建项目有西安国际医学中心、商洛国际医学中心、西安高新医院二期改扩建工程、西安国际康复医学中心、西安国际生殖医学中心等。国际医学借力上市公司资本平台，发起百亿健康产业发展基金，申请设立君安人寿保险公司，创新探索"医院＋互联网＋保险"运营新模式，高效整合资源。在此同时，公司通过甄选前景广阔的成长性项目进行股权投资，从而实现超额收益。随着企业的创新发展，公司营收、资产规模日益扩大。"中国服务业500强""中国主板上市公司价值百强企业""辉煌30周年中国经济影响力功勋企业""博士后科研工作分站""健康管理示范基地"……享誉神州。

多年来国际医学积极履行社会责任，情系山区教育捐款捐物；启动"仁心健康工程"开展健康扶贫；走进社区开展大型义诊……

着眼未来，国际医学矢志成为值得信赖、受人尊敬的大型健康管理集团，愿携手社会各界，为实现中华民族伟大复兴的中国梦而努力奋斗，举全司之力为建设健康中国奋斗不息。

三、"互联网＋大数据"创新医疗综合体政策启示

西安高新区管委会高度重视国际医学中心的建设项目，钟洪江书记，副主任牛凯、韩红丽、顾海文、王海若等有关领导先后率队主动上门服务，通过现场查看，详细了解项目建设进展情况及遇到的困难等问题。并以"高新速度"现场办公，督促相关部门就地解决，全心全意为企业排忧解难，以助推企业发展。

钟书记表示，当前西安高新区正在建设大西安的"首善区"，管委会将全力为企业提供五星级服务，进一步加强产业配套力度，促进产业升级。对国际医学中心开业面临的如打通周边道路、建筑垃圾清运、项目建设验收、专家团队及高级人才的引进、专家公寓建设等相关问题管委会会给予大力支持并协调解决，督促落实执行，加快协调多条公交线路通达国际医学中心，以全面推进医院开业工作。同时西安管委会将整合资源，帮助国际医学组织好开诊启动和一带一路国际医学高峰论坛举办和宣传等相关工作。西安高新区管委会希望未来在西安国际医学中心引领示范下，全面提升开发区医疗水平，下沉优质医疗资源，实现高新区高水平医疗全覆盖，更好地服务百姓；努力打造好西安国际医学中心这一高新区中央创新区引领示范项目。

四、"互联网＋大数据"创新医疗综合体下一步工作思路

下一步，西安国际医学投资股份有限公司将完成西安高新互联网医院线上小程序、生活号建设，打造更完备的支付体系，实现诊前、诊中、诊后全流程打通，让高新互联网医院的医疗服务更加便捷、高效，树立行业典范，逐步提升创新服务能力，以大数据、人工智能助力搭建覆盖丝路的医疗健康云。

【实践者说】

西安高新区文旅健康局副局长刘明高度评价西安国际医学中心对于高新区医疗配套服务升级的意义，他表示："该项目的建设投入运营将更多的优质医疗资源引入高新区，同时，西安国际医学中心将与高新区基层医疗服务机构展开深度合作，以补足区域医疗短板，使辖区内的百姓享受到更好的医疗服务，这是一项重大的民生工程！"

【案例点评】

西安国际医学投资股份有限公司确定以大健康医疗服务和现代医学技术转化应用为主业，不断完善公司治理结构，坚持科技创新和稳健经营相结合的发展策略，充分运用互联网和大数据为大西安医疗配套作出新贡献，打造医教协同、医研一体、医养结合、中西医并重的超级医疗综合体，资本实力日益雄厚，现已成为国内大的上市医疗产业集团之一。其参与建设的"一带一路"国际医疗中心项目是落实健康中国战略的重大举措，是建设国家中心城市和亚欧合作交流的国际化大都市的重大配套，是补齐民生发展短板的重大工程。

西安国际医学投资股份有限公司外景

链接全球高端资源，助力西安双创走向世界

——Founders Space 西安中心案例

当前，"大众创业，万众创新"逐年升温，许多年轻人已经加入到创新创业的大潮中。帮助这些创业者提高自身的创业能力，帮助他们借鉴国际先进经验、对接国际优质资源，实现做大做强的目标，需要一个优质专业国际化的孵化器，才能使他们实现这个梦想。虽然我国各种各样的孵化器如雨后春笋般涌现，但是在国际化的专业服务上还有许多亟待提升之处。Founders Space 西安中心是硅谷总部在中国西北地区唯一授权，致力于全球创新资源链接、整合、运营的众创空间，旨在通过平台为西安建设和发展导入更多的优秀国际资源和尖端科技人才。Founders Space 在打破国内孵化器的瓶颈，全力为创业者提供顶级的国际化支持的同时，也实现了自身的良性发展。

一、链接全球高端资源的背景

国务院总理李克强 2014 年 9 月在夏季达沃斯论坛上公开发出"大众创业、万众创新"的号召，"双创"一词由此开始走红。几个月后，又将其前所未有地写入了 2015 年政府工作报告中予以推动。2018 年 9 月 18 日，国务院下发《关于推动创新创业高质量发展打造"双创"升级版的意见》，指出高校和科研院所示范基地要充分挖掘人力和技术资源，促进人才优势、科技优势转化为产业优势和经济优势，重点完善创业人才培养和流动机制，加速科技成果转化，构建大学生创业支持体系，建立健全双创支撑服务体系。2018年 12 月 20 日，"双创"当选为年度经济类十大流行语。"双创"的升温，吸引众多年轻人加入到创新创业的大局当中，作为一个优质专业国际化的孵化器，Founders Space 西安中心审时度势，认识到创新创业的必然性，把握年轻者创业的广泛需求，致力于为创业者提供顶级的国际化支持。

随着大西安建设和国家中心城市推进步伐加快，西安高新区的众多优势

更加凸显，区域产业发展突飞猛进，区内各种高新技术企业和高端人才聚集，多种优势资源叠加，已经形成了强大的集群效应，发展前景非常广阔；除此之外，西安高新区创新创业氛围比较浓厚，汇聚了国内外众多创新创业企业和人才，处处充满着创新创业的活力，创新创业生态链日益齐全，具备Founders Space 西安中心发展的各种条件，吸引 Founders Space 在此安家落户。

2017 年全球硬科技创新大会在西安成功召开后，西安在全球范围的影响力大幅提升，西安高新区发展也备受各方关注。鉴于此，Founders Space 西安中心想通过自身努力，引进美国硅谷等国际优质资源，为在西安高新区创业的企业搭建优质众创平台，帮助他们做大做强。

Founders Space 作为全球十大孵化器运营机构之一，致力于全球性的资源链接与整合，拥有遍布全球的战略伙伴、导师以及投资人，在国内外创投界有着极高知名度。

二、链接全球高端资源主要做法及成效

（一）主要做法

Founders Space 西安中心是硅谷总部在中国西北地区唯一授权，致力于全球创新资源链接、整合、运营的众创空间，旨在通过平台为西安建设和发展导入更多的优秀国际资源和尖端科技人才。

1. 搭建优质众创平台、帮助企业做大做强

Founders Space 西安中心的目标就是通过链接全球高端创业服务资源，通过基础服务、增值服务、创业学院、出入海计划、特色创孵五大核心服务，助力优秀的创业人才以及初创团队得到更好发展，不断走向国际市场，打造中美联合双向孵化新模式。与其他孵化器不同的是，全球化是 Founders Space 西安中心最大的特色，中心除了提供更具国际化的办公环境外，还为创业公司提供全球领先的创业培训课程，根据创业公司面临的问题，从商业管理、盈利模式、市场运营、投资人关系等各方面提供辅导；还有职业经理人一对一深入创孵，为企业量身定制出海计划；同时为国内外企业国际间的交往与合作提供帮助，自带的硅谷资源和独有的加速器设计为创业者带来实质上的帮扶，助力企业快速成长。

2. 引进更多优质资源、服务区域经济发展

Founders Space 西安中心通过建设实验室或研究院，引进诺奖得主和项目等优质资源，形成"产学研"一条龙发展。通过搭建全球资源桥梁，共享战

略合作伙伴生态圈，提供从专业学习、认知提升、企业参访、行业创新、顶层设计、筹集资本到投入市场的一站式认知教育加速服务。既为诺奖得主等高端资源将科研成果在本地落地转化提供了载体，又为本地企业与国际先进技术接轨搭建了桥梁，可谓是一举多得。

（二）主要成效

Founders Space 西安中心通过引进国际优秀项目、引入国际优秀人才、海外项目知识产权转化、引入海外资本、国际导师团队项目指导几个方面对西安市的国际创业环境作出贡献。

目前，中心已与多位诺贝尔奖得主进行了深入沟通，力争让他们早日在西安及西安高新区建立诺奖实验室或研究院，尽快进行科研成果转化。

来自以色列的诺贝尔化学奖得主谢赫特曼先生受邀作了主题演讲，并与西安 100 多位年轻创业者进行面对面交流，共商创新创业大计。谢赫特曼先生到西安高新区来，他不仅为众多创业者进行面对面交流指导，而且还把他的家乡成功运营的诺贝尔奖"科学幼儿园"项目及其理念带到了西安高新区，还争取将其在西安高新区落地生根。

11 月 8 日，在 Founders Space 西安中心的帮助下，谢赫特曼诺奖新材料研究院签约仪式在曲江会展中心举行。"谢赫特曼诺奖新材料研究院"落地合作达成共识，陕西省首家诺贝尔研究院正式落地高新区。

三、链接全球高端资源政策启示

"Founders Space 西安中心的目标就是通过链接全球高端创业服务资源，通过基础服务、增值服务、创业学院、出入海计划、特色创孵五大核心服务，助力优秀的创业人才以及初创团队得到更好发展，不断走向国际市场，打造中美联合双向孵化新模式。"全球化是 Founders Space 西安中心最大的特色，与其他孵化器不同的是，中心除了提供更具国际化办公环境外，还为创业公司提供全球领先的创业培训课程，根据创业公司面临的问题，从商业管理、盈利模式、市场运营、投资人关系等各方面提供辅导；还有职业经理人一对一深入创孵，为企业量身定制出海计划；同时为国内外企业国际间的交往与合作提供帮助，自带的硅谷资源和独有的加速器设计为创业者带来实质上的帮扶，帮助企业快速成长。

西安高新区作为全国排名靠前的国家级高新区之一，近年来取得的发展成就有目共睹。特别是在营商环境优化和提升服务质量上，西安高新区狠下功夫，处处为企业考虑，推行的"最多跑一次"等行政效能革命，极大地提升了办事效率，让企业获得了不少看得见、摸得着的实惠和便利。

在 Founders Space 西安中心落地上，西安高新区和软件新城的确提供的是"金牌店小二"服务，不但为其提供了宽敞的办公场所，而且还在房租补贴上为企业着想，给予了支持。同时在人才招聘、培训和讲座等资源对接上，西安高新区为企业一对一服务，主动上门了解企业需求。

随着西安高新区"大干123，建好首善区"战略持续推进，西安高新区不断"追赶超越，进位争先"，在高质量发展的道路上高歌猛进，区域各项发展日新月异。Founders Space 西安中心落户西安高新区不愧是明智之举，搭乘着西安高新区打造大西安都市圈首善区的东风，Founders Space 西安中心必将会在快速发展的道路上乘势而上，大有作为。

四、链接全球高端资源下一步工作思路

当前，孵化器发展已经迈向了多元化、专业化、国际化的 3.0 时代，国际化对众创孵化器发起了包括视野、水平能力、产业技术垂直、资本和人才等在内的全面挑战。搭建交流与合作通道，对话全球顶级大脑，西安双创国际化正在起步，Founders Space 西安中心能够做的事情还有很多，下一步将着重拓展海外资源，举办海外招商活动，在海外宣传西安创新创业新环境，为引进海外项目落地做基础，并进一步为实现海外项目落地努力，提供项目落地后的持续服务。

展望未来，Founders Space 西安中心在为创业者服务的同时，也积极争取引进更多像谢赫特曼先生一样的优质资源，力争让他们的实验室或研究院，以及先进理念等各种资源带到高新区，形成"产、学、研"一条龙发展，服务区域经济发展。

【实践者说】

Founders Space 西安中心总经理孙晓龙在接受记者采访时表示："2017 年全球硬科技创新大会在西安成功召开后，西安在全球范围的影响力大幅提升，西安高新区发展也备受各方关注。鉴于此，Founders Space 西安中心想通过自身努力，引进美国硅谷等国际优质资源，为在西安高新区创业的企业搭建优质众创平台，帮助他们做大做强。"

Founders Space 西安中心帮助创业者提高自身的创业能力，帮助他们借鉴国际先进经验、对接国际优质资源，实现做大做强的目标。Founders Space 目

前已经在全球孕育了上百个团队，均已取得了巨大的成功。对于西安高新区他们同样非常看好，并且充满期待，因为成立3个月以来的快速发展，证明了选择是正确的。

【案例点评】

Founders Space 西安中心是硅谷总部在中国西北地区唯一授权，致力于全球创新资源链接、整合、运营的众创空间，旨在通过平台为西安建设和发展导入更多的优秀国际资源和尖端科技人才。Founders Space 通过搭建优质众创平台、引进各种优质资源等方式全力为创业者提供顶级的国际化支持，打破了国内孵化器的瓶颈，实现了自身良性发展，同时有利于更好地服务区域经济。

诺奖得主谢赫特曼在"诺贝尔奖西安创业行2018"活动演讲

区域创新辐射全国

——西北首个国家检验检测认证平台成立

为满足自贸区内企业产品、设备的检验、检测、认证、计量等服务需求，确保产品质量安全，陕西自贸区沣东功能区联合沣东质检、沣东仪享科技、国联质检等机构，建立了公共检验检测认证一站式服务平台，成为西北首个经国家评估认证的"国家检验检测认证公共服务平台示范区"。公共检验检测认证一站式服务平台通过检验检测认证，仪器设备共享，技术服务支撑，全球标准互认及闭环追溯体系建立，推动了检验检测产业在自贸区的高质量发展。

一、西北首个国家检验检测认证平台的背景

全市检验检测认证机构分散在各个区域，如何将分散在全市各个区域的检验检测科研机构、科研人员和科研设备等科技资源集中，将国内外检验检测认证知名品牌资源集中，凸显区域检验检测产业专业化、规模化、品牌化优势。沣东功能区以提高发展质量和效益为中心，按照"做强上游、做大中游、做活下游"的发展模式，重点引进检验检测、认证认可、配套服务相关业务单位及企业，推动相关检验检测认证机构的集聚融合和发展，打造检测门类齐全、检测手段先进、立足陕西、辐射西部乃至全国、服务"一带一路"的检验检测产业集聚区，形成检验检测、认证认可及相关配套服务于一体的国家检验检测认证公共服务平台示范区，积极推动双边、多边检验机构认证资质和检测结果互认，提升国内、国际影响力，特别是"一带一路"涵盖国家之间的互认合作等，来提高全省检验检测产业规模化、品牌化、集群化、标准化水平。

二、西北首个国家检验检测认证平台主要做法及成效

（一）主要做法

1. 多方联动共建检测检验平台

陕西自贸区沣东功能区联合省、市、新区三级政府向国家成功申请到国家检验检测认证公共服务平台示范区，建成了国家建筑卫生陶瓷质量监督检验中心、国家微检测系统工程技术研究中心、国家食品企业质量安全检测技术示范中心、国家西部基因检测技术研发平台、陕西省工业产品质量控制和技术评价重点实验室等 10 余个国家级、省级技术创新和公共服务平台，为区内企业提供检验鉴定、认证、食品检测、化工品测试业务、计量校对、环境检测、机动车检测等服务。同时，将检测服务前移，精准聚焦相关企业需求，实施订单上门服务，满足客户"一次申请，多项认证"的需求，为客户提供测试、检验到认证的"一站式"全流程服务。

2. 做实西安市科技创新分析测试技术联盟

沣东功能区联合西安交通大学分析测试共享中心建立"西安市科技创新分析测试技术联盟"，围绕新一代信息技术、检验检测、生物制药、精准医疗四个产业方向搭建若干个共享实验室和科创中心。联合各高校分析测试平台，为各地有检验检测需求的企业提供仪器设备共享、综合实验指导、分析检测服务、分析技术咨询、操作技能培训等线下"一对一"全程服务，激发高校智力资源向中小企业服务持续输出。

3. 搭建全球标准互认及闭环追溯体系

沣东功能区引进全球检验检测认证行业排名第一的检验、鉴定、测试和认证机构瑞士 SGS 集团，积极开展 5G 检测及车联网相关检测、认证标准制定；支持区内企业中国建材检验认证集团参与制定 CSA 陶瓷砖相关检测、认证标准制定；打破行业壁垒，支持区内国联质检、佰美基因、高速检测、中国建材检验认证集团等多个企业获得全球 52 个国家互认的中国合格评定国家认可委员会颁发的检查机构资质（CNAS）。依托以上工作基础，国家公共检验检测认证一站式服务平台为企业出口产品进行检验认证服务，对平台涉及的 39 个领域的检测结果，可实现跨国跨区域结果互认。此外，沣东功能区还依托互联网＋二维码技术，研发了"码上明白"产品全生命周期的质量追溯体系，赋予产品唯一的追溯二维码，对产品身份认证、防伪、产品质量、物流追踪、大数据分析和精准营销于一体的"一物一码"追溯平台，精确做到

来源可查，去向可寻。

沣东新城科技统筹区国联质检公司

（二）主要成效

1. 推动检验检测产业高质量发展

国家公共检验检测认证一站式服务平台建成以来，通过整合区域检验检测科技软硬件资源，促进了检验检测认证优质项目高质量发展，进一步构建了检验检测全要素产业链生态圈。平台一方面支持了中国建材检验认证集团、西电集团西安高低压电器研究院、中国兵器工业试验测试研究院、瑞士 SGS、中国检验检疫科学研究院、国联质检等一批检验检测认证领域的企业和机构依托自贸区平台获得更多国际国内认可资质，进一步参与国际国内相关标准制定。另一方面，高水平的检验检测认证领域企业也为需求企业提供更优质高效的服务，初步形成了以检验检测、生物医药大健康等为核心的现代服务业产业体系。

2. 助力认证认可体系建设

平台已组建了 400 余人的专业质量控制团队及安评中心、食品、环境、化工、材料、油品等六大实验室，检验检测领域覆盖 39 个领域 42 个大类超过 3000 个参数，服务企业超 10 万家，年出具质检报告 3 万多份，实现了结果跨区域互认。通过"码上明白"闭环溯源体系，实现产品全生命周期的追踪与溯源，精确做到来源可查，去向可追，责任可定，确保质量安全，建立起了企业与消费者之间高质量的诚信关系。

3. 便于资源有效共享，提升经济效益

通过建立西安市科技创新分析测试技术联盟等方式，强化平台的资源共享属性，将各类检测资源进行合理布局和系统优化，提高检验检测资源利用率，化解检测资源闲置与企业需求信息不对称的矛盾，为区内众多中小微企业科技创新提供公共服务资源。既满足了百余家企业的研发设备和技术支持需求，也降低了企业综合成本，进一步降低了中小微企业创新研发门槛。同时这一模式充分发挥了政府部门与检验检测机构、消费者之间的桥梁和纽带作用，致力于建立多主体共赢互利的生态圈，打造全新的检验检测模式。

三、西北首个国家检验检测认证平台政策启示

当前，中国正进入"质量时代"，人人重视质量，新的质量标准不断建立，质量检验检测行业也成为发展前景最好、增长速度最快的服务行业之一。在国家"放管服""国退民进"的政策引导下，独立第三方检测机构迎来了高速发展期，其公开性、公正性、公平性日益受到业界肯定和社会重视。公共检验检测认证一站式服务平台通过完善合作机制以及创新服务监管模式的方式，积极回应了《中国（陕西）自由贸易试验区总体方案》中关于"'经认证的经营者'互认、检验检测认证等方面合作""支持自贸试验区与'一带一路'沿线国家开展海关、检验检疫、认证认可、标准计量等方面的合作与交流"的要求。采取"动态监管、专业服务、注重公益"三项举措，全面落实质量强省战略。不断创建"立足陕西、辐射全国、服务'一带一路'建设"的检验检测认证产业集聚区，强化检验检测认证高技术服务业对地方经济转型升级的技术支撑作用。

四、西北首个国家检验检测认证平台下一步工作思路

下一步，沣东功能区将充分发挥示范区优势，着力抓好政策研究制定、发展规划落实执行、优化营商环境和推进重点项目建设等工作，高标准高质量高效率推进示范区建设，促进区域产业结构优化升级。依托国家公共检验检测认证一站式服务平台，将不断丰富检验检测功能，优化服务体系、拓展服务范围，出台检验检测行业扶持政策，推动检验检测和认证产业与区内产业的深度融合。同时，将编制《检验检测全产业链三年行动计划》，加快构建覆盖全过程、全业态、全链条的现代检验检测产业体系，培育一批国内外知名的检验检测服务品牌，引进更多具有国际影响力的国内国际权威检验检测认证服务机构；打造集设备研发、检测认证、配套服务全产业链布局等为一体的一流国家检验检测高技术服务业集聚区，为全省检验检测产业链发展搭建新平台，创造新动能。

【实践者说】

沣东新城相关负责人介绍："作为沣东新城中俄丝路创新园中方园区首家入驻的科技型企业，国联质检在沣东新城科统区先后开展公益100、实验室开放日等公益活动，免费为大众普及行业知识以及消费品安全知识。国联质检以开放、包容、创新的态度，积极参加各类安全监测的论坛。立足于检测检验行业，用责任和能力，聚集多方力量，在第三方检测机构和社会公众之间架起一座沟通的桥梁。"

沣东新城通过建立公共检验检测认证一站式服务平台、搭建全球标准互认和闭环追溯体系，进一步保障了区内产品质量安全。同时，平台为区内众多中小微企业科技创新提供公共服务资源，促进检验检测认证优质项目集聚落地，推动检验检测全要素产业链生态圈的构建，有效地解决了检验检测机构小散弱问题，为中小微企业提供了便利检测服务，为新兴产业聚集解决了检测供给不足的问题。

【案例点评】

陕西自贸区沣东功能区建立的公共检验检测认证一站式服务平台，通过检验检测认证，仪器设备共享，技术服务支撑，全球标准互认及闭环追溯体系建立，推动了检验检测产业在自贸区的高质量发展，提高了全省检验检测产业规模化、品牌化、集群化、标准化水平。

全链条创业孵化器，创新"园丁式"服务模式

——中关村 e 谷（西安）核芯空间

近年来，"大众创业，万众创新"战略持续推进，各种创新企业飞速发展。中关村 e 谷（西安）核芯空间（以下简称中关村 e 谷）通过为创业企业和创业者提供全链条服务，助力企业发展。公司自成立以来，积极搭建公共服务体系，从创业扶持到各类公益性培训，从融资帮扶到技术成果转化，为中小企业提供"园丁式"服务；同时，通过政策引导，激发内生动力，从孵化培育到成长壮大，从资金扶持到人才引进等，加速中小企业快速发展壮大。公司不断完善服务功能，聚力平台优势，优化升级服务，积极统筹社会服务资源，开放共享资源，用好中关村"e 谷"品牌及全国的优质资源，充分发挥中关村"e 谷"的资源整合、市场营销、成果转化、投融资服务等优势，持续延伸服务链条，促进更多优秀企业落地发展，促进在孵项目技术成果转化，促进产业聚集、升级，助力企业成长，为区域产业发展、经济发展作出了贡献。

一、创新"园丁式"服务模式的背景

2014 年 9 月李克强总理在夏季达沃斯论坛上讲话提出，要在 960 万平方公里土地上掀起"大众创业""草根创业"的新浪潮，形成"万众创新""人人创新"的新势态。随着"大众创业，万众创新"战略持续推进，帮助创业者快速成长的各类孵化器与日俱增。各地各部门认真贯彻落实"双创"，业界学界纷纷响应，各种新产业、新模式、新业态不断涌现，有效地激发了社会活力，释放了巨大创造力，成为经济发展的一大亮点。

西安高新区成立时间较早，区域内汇聚了众多高新技术企业和人才；西安高新区近年来在营商环境提升上同样下足了功夫，推出了"最多跑一次""马上就办、办就办好"及优惠券等"金牌店小二"服务；西安高新区还通

过各类论坛、讲座培训、创业创新大赛等，不仅为中关村 e 谷量身定制了许多与各类优质资源对接的机会，还提供了一对一人才招聘会等看得见、摸得着的服务。

中关村 e 谷（西安）核芯空间在外有"双创"战略持续推进，内有西安高新区大力扶持的背景下落户西安。

二、创新"园丁式"服务模式主要做法及成效

（一）主要做法

1. 依托北京中关村实力

中关村 e 谷作为一个为创业者服务的专业孵化器，诞生于北京中关村国家自主创新示范区核心区，起源于中关村数字娱乐产业联盟，既是中关村管委会授权使用"中关村"冠名的科技服务企业，又是科技部火炬中心认定的国家级科技企业孵化器。中关村 e 谷依托北京中关村强大的品牌实力，专注于信息技术、互联网、文化创意、电子商务和智能硬件等领域，致力于构建覆盖全国的科技服务网络，为创业者圆梦提供力所能及的帮助。

2. 全新的运营管理模式

公司实现全国化布局的过程中，已摸索出一套成熟的运营管理模式，主要包括：直属管理、管理输出、协同创新三大模式。首先，直属管理主要是中关村 e 谷通过自有团队对项目进行管理，具体合作方式又包括：投资管理模式，即租赁标的物业自主经营，并提供服务与管理；受托管理模式，即不负责标的物业的前期投入，仅提供专业化的孵化器管理与服务，与产权单位对标的物业的管理费进行分成；购买服务模式，即购买公共服务，构建公共平台，实现技术转移、资源对接、提高合作成效；合作开发模式，即与合作方一起注册成立公司，对项目进行运营管理。其次，管理输出模式，即输出中关村 e 谷品牌，及中关村 e 谷平台资源的合作模式。最后，协同创新模式则通过构建"链创新中心"，采取"北京培育，两地注册，地方转化"的模式，推进原创科技成果、技术的商业化，协助地方政府引进优质科技成果的模式。

3. 互联网 + 科技服务的新型理念

中关村 e 谷还着力打造"线上资源对接 + 线下实体承载"的创新创业生态系统，以互联网技术驱动科技服务的提升。线上部分致力搭建企业信息库、合作伙伴库、企业服务商城、创业导师库、活动展示平台等。线下部分，总

结出了一套科学完善的服务体系——中关村 e 谷"624"计划。

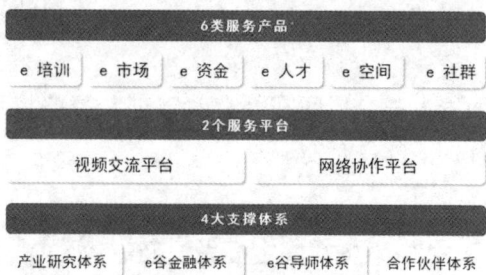

6 类服务产品					
e 培训	e 市场	e 资金	e 人才	e 空间	e 社群

2 个服务平台	
视频交流平台	网络协作平台

4 大支撑体系			
产业研究体系	e 谷金融体系	e 谷导师体系	合作伙伴体系

624 服务体系

4. 提供优质全链条服务

中关村 e 谷为入驻企业提供场地提供、联网办公、注册代理、财税服务、项目跟进、政策对接、创业沙龙、物业服务、创业培训、误区识别、模式设计、市场定位、商业策划、财务预测、团队沟通、文案优化、项目路演、自主投资、银企对接、众筹服务以及其他（战略合作）。同时也在工商、社保、人力资本、融投资、知识产权及法律服务等全链条开展公益性创业服务，覆盖了创业企业与创业者从创意到项目各个不同阶段。

将服务产品化，设置了专门服务人员，深入了解项目需求，针对初创项目的特点和发展趋势制定帮扶措施，进行针对性知识培训，定期开展 e 谷氧吧（一对一的专家导师服务）、e 谷 FM（微信广播培训）、e 谷新势力（项目录演、投融资对接活动）、e 谷学堂（电子商务、动漫等专业技能培训）、e 谷企业秀（拍摄 2 分钟企业宣传片）、e 谷之星评选（评选 e 谷空间体系内的优秀项目、团队，给予免租等约 10 万元的免费打包服务）等免费活动。

同时空间还配备了优秀的导师团队。公司的导师团队，长期从事企业孵化管理、企业管理咨询、企业营销策划等服务，经验十分丰富。可以为企业提供多种服务、资源以及辅导，加速企业成长，享受最优质服务。

为解决在孵企业党员组织生活问题，2018 年 9 月 13 日，中共西安意谷企业孵化器支部委员会正式成立，支部设立一名党支部书记，一名组织委员，一名宣传委员，待转入党员 13 名。

中关村 e 谷在西安核芯空间内部设有开放式众创空间 8516.15 平方米，设立工位 160 个，拥有为企业量身定做的加速器，即独立办公空间，让创业企业与创业者实现拎包入住，随时可以进行创业。

5. 加快基金设立步伐

中关村 e 谷在成功运营的基础上，在金融服务方面不断发力，通过与各大银行、证券公司、保险机构等合作，切实为创业企业和创业者解决融资难题。

（1）中关村 e 谷专注于创新创业项目的投资运作和投资基金管理，拥有完善、规范的投资管理体系，创设多层次的基金体系，与战略合作伙伴共同打造具有不同层次的创新创业投资基金，增强对企业需求的反应速度及对潜力项目的支持力度。

（2）配备专业基金管理团队。管理团队熟悉精准的投资方向，提供完善的投后管理，集创业管家、投资经理、科技经纪人功能于一体，为创业企业和创业者提供全方位的创业服务和投资管理。

（3）持续聚焦的直接投资。中关村 e 谷重点关注种子轮、天使轮项目，形成了对多个行业的初步布局，e 谷投资的投后管理延续了 e 谷生态体系的专业性，能够积极为被投企业导入政府资源和开拓市场渠道，带动企业良性发展。

（4）中关村 e 谷计划在高新区设立专门的基金，配备强大的专业投资团队及高质量的储备项目，通过创业孵化 + 创业投资模式，借助中关村 e 谷全国服务网络资源，为高新区培育出更多的独角兽和上市名企，造福地方经济发展。

（二）主要成效

1. 产业孵化面积不断扩大，荣誉资质硕果累累

截至目前，已先后在北京、天津、河北、山东、山西、浙江、贵州、辽宁、广东、云南、河南、陕西、福建等运营管理了 26 个项目部和产业园区，累计孵化面积近 60 万平方米，获得了 10 项国家级荣誉资质，34 项省级荣誉资质，全国共计获得各项荣誉资质达 91 项。

2. 孵化出一批高水平企业，成为全链条创业孵化器领跑者

如今，中关村 e 谷已累计服务企业 2000 余家，成功孵化企业 560 余家，其中获得投资企业 120 余家、新三板挂牌企业近 10 家、成功上市企业 3 家、在孵企业中获得专利数 500 余项、软件著作权近 300 件、国家科技进步二等奖 1 项、金种子企业 4 家、企业创始人多人认定为"海聚工程人才"及"中关村十大海归新星"，累计解决人员就业 12800 余人，实现在孵企业年交易额 600 亿元。孵化出一批行业科技水平高，具有一定国内影响力的企业，如：梦之城（阿狸）、7K7K、19e 等。中关村 e 谷（西安）核芯空间依托于西安意谷

企业孵化器有限公司，是公司打造的一个独立品牌。

3. 依托中关村 e 谷（北京）科技服务有限公司，实现平台可持续发展

经过多年的发展，中关村 e 谷（北京）科技服务有限公司的中关村 e 谷已累积了大量的产业园建设管理、孵化、投资的经验及各类孵化资源，今后将进一步在全国范围内拓展、复制，打造多个产业园区一个孵化平台，形成知识、人才共享的镜像化服务平台，为科技创新提供专业化服务。

三、创新"园丁式"服务模式政策启示

1. 西安高新区争做高科技产业前沿阵地，吸引众多创业企业和创业者加入

西安高新区的发展定位着眼于全球、立足全国、辐射全省。在全球范围内，成为具有中国内陆自主创新特色的世界一流科技园区；在全国范围内，成为一流的研发基地和新兴业态的引领区；在中西部地区，成为最大的总部基地、科技创新中心和高新技术产业化基地；在全省全市范围内，成为产业优化升级、辐射扩散、梯度转移和创新型服务业发展的平台。

西安高新区在产业形态上，重点发展研发处于价值链高端、技术含量高、具有高附加值的先进制造业、创新型服务业和总部经济；在产业类别上，重点发展电子信息、先进制造、生物医药和现代服务业，尤其要培育通信、光伏与 LED、新型电子元器件、汽车、电力设备、能源技术、软件与服务外包、创新型服务业等具有较强竞争力的新兴产业集群。

西安高新区的这一发展定位，为创业企业和创业者提供了优质的创业环境、创业政策和创业资源，吸引众多像中关村 e 谷这样的创业企业入驻西安高新区。

2. 软件新城以新一代信息技术发展为核心，吸引知名企业落地

软件新城作为陕西省西安市"十二五"期间规划建设的重点项目之一，以新一代信息技术发展为核心，将重点发展软件研发、云计算、移动互联网、集成应用服务、物联网、电子商务、软件信息服务外包等战略性新兴产业，力争打造成为国内软件产业创新发展的引领区、支撑创新业态发展的示范区和"国内领先、国际一流"的软件研发和信息服务基地，是西安市建设国际化大都市的重要内容，是西安高新区建设世界一流园区的重点板块。目前，软件新城已是"大鳄云集"，全球知名企业阿里巴巴丝路总部、中软国际万人软件基地、西安环普国际科技园、国家数字出版基地等均坐落于此。

四、创新"园丁式"服务模式下一步工作思路

（一）充分发挥创业孵化器作用，提供全链条优质服务

中关村 e 谷将继续创新与探索，充分发挥创业孵化器作用，整合更多优质资源，不断完善自身所能提供的全链条服务模式，并进一步在全国范围内拓展、复制，以期形成品牌效应，力争成为中国科技创新服务领导品牌，勇做国内全链条创业服务孵化器领跑者。

（二）将中关村优质资源引进到西安高新区，不断提升完善公共服务体系

中关村 e 谷将继续加大在西安高新区的投入，将更多中关村优质资源引进到西安高新区，力争让其成为面向丝路发展的重要基地。并通过专业的孵化运营管理，集创业服务、创业投资、技术转移和成果转化服务为一体，不断提升完善公共服务体系，利用北京中关村的品牌及资源，充分发挥资源整合、市场营销、成果转化、投融资服务等优势，集聚重点产业，以国际化的开发理念、细致入微的环境品质和最具创意的都市空间，打造国内一流的创新创业平台。

【实践者说】

"中关村 e 谷作为一个为创业者服务的专业孵化器，旨在为创业者圆梦提供力所能及的帮助，专注于信息技术、互联网、文化创意、电子商务和智能硬件等领域，致力于构建覆盖全国的科技服务网络。"中关村 e 谷董事长姜珂在接受记者采访时表示。姜珂坚信，以目前西安高新区的发展速度，未来将有更多的创业企业与创业者进驻西安高新区。中关村 e 谷愿意在为这些企业提供基金等方面的支持，帮助它们解决融资问题，实现快速飞跃，让西安高新区出现更多的独角兽和上市名企，助力西安"双创"发展。

【案例点评】

中关村 e 谷依托北京中关村强大的品牌实力，专注于信息技术、互联网、文化创意、电子商务和智能硬件等领域，致力于构建覆盖全国的科技服务网络，为创业者圆梦提供力所能及的帮助。其通过积累大量产业园建设管理、孵化、投资经验及各类孵化资源，帮助创业企业和创业者做大做强的同时，力争成为中国科技创新服务领导品牌，勇做国内全链条创业服务孵化器领跑者。除此之外，将更多中关村优质资源引进到西安高新区，对西安高新区成为面向丝路发展的重要基地具有重要的意义。

中关村 e 谷（西安）核芯空间位于高新区软件新城

创新海关监管模式

——实施集成电路设计企业开展全程保税业务试点

2017 年 8 月，中国（陕西）自由贸易试验区在西部率先实施集成电路设计企业开展全程保税业务试点，通过自贸试验区海关监管制度创新，显著提升了集成电路设计企业的通关效率，降低企业科创成本，提升了科技创新企业在全球协同开发背景下的国际竞争力。在该试点模式下，能够大幅提升通关效率，降低压缩企业检测物料的通关时间。据统计，该模式下海关通关时间能够缩短至 2 小时以内，通关时效提升近95%。同时，该项保税政策对集成电路服务贸易实施保税监管，将集成电路产业链上的设计、芯片制造、封装测试等企业全部纳入加工贸易保税监管范围。同时，对标国际自由贸易通关标准，充分利用"互联网＋"、区块链等信息化手段，开展了一系列通关便利化创新方式，减少了审批、税费以及若干现行法律法规所限，极大程度地缩减了企业在贸易链条的中间环节与国别壁垒，实现 365×24 小时通关服务，不断刷新西安关区贸易通关速度，提升了通关效率。

一、创新海关监管模式的背景

陕西自古就是中国对外开放的窗口，与丝路沿线国家文化交往历史悠久，"一带一路"建设，使现代陕西从内陆腹地变为开放的前沿，从中国的"大后方"升级为东西双向开放的重要承接地。2017 年 4 月，陕西自贸区在高新区挂牌成立，为陕西深度融入"一带一路"注入新动力，为陕西与丝路沿线国家沟通交流搭建了更加便利、稳固的平台。作为陕西经济发展最迅速、社会配套最成熟的区域之一，高新区以"领航者"的姿态承载着时代赋予的伟大荣光，翘首以待新的繁荣。作为西北地区唯一获批自贸区的省份，陕西有其独特的优势。优势之下，承担着更为重要的责任和使命。

从自贸区整体方案来看，陕西自贸区的目标是形成与国际投资贸易通行规则相衔接的制度创新体系，营造法制化、国际化、便利化的营商环境。建成投资贸易便利、高端产业聚集、金融服务完善、人文交流深入、监管高效便捷、法制环境规范的高水平高标准自由贸易园区，助力陕西"内引外联，东进西拓"，在海外释放陕西活力，推动"一带一路"建设和西部大开发战略的深入落实。

西安海关作为国家海关总署确定的全国推广复制上海自贸区创新制度三个试点海关之一，积极在"两区"开展上海自贸区创新制度的复制推广工作。先后开展"先进区、后报关""批次进出、集中申报""智能化卡口验放"等20余项创新制度的复制和推广。2016年又复制推广了"先出区、后报关""跨关区流转""境内外保税维修"3项创新制度，西安关区内创新制度绝大多数也在西安高新综合保税区和西安出口加工区 B 区（"两区"）进行首次试点，提升企业通关效率，降低企业成本。实现企业在"家"轻点鼠标就可实现申报，通关速度也大大缩减。充分利用特殊区域的优惠政策，拓展园区新功能，促进陕西省外向型经济发展。2017年8月，陕西自贸区再次在全国率先实施海关特殊监管区域外集成电路保税检测研发试点，并通过中国海关审批，各地海关纷纷来西安学习经验。

二、创新海关监管模式主要做法及成效

（一）主要做法

按照国务院《关于印发中国（陕西）自由贸易试验区总体方案的通知》中关于拓展新型贸易方式和创新通关监管服务模式的要求，西安海关会同陕西省商务厅、高新管委会选取英特尔移动通信技术（西安）有限公司（以下简称"英特尔西安"）作为首批试点企业，对试点企业开展以研发设计为龙头的全程保税监管模式，将集成电路产业链上的设计、芯片制造、封装测试等企业全部纳入加工贸易保税监管范围。

1. 为特殊区域外集成电路设计企业办理加工贸易电子化手册。西安海关会同陕西省商务厅，为集成电路设计企业办理加工贸易电子化手册，允许集成电路设计企业作为加工贸易手册经营单位，将企业检测物料纳入加工贸易监管范围替代以往检测用物料以"暂时进出货物"或"一般贸易"模式进出口。

2. 简政放权实现快速通关。一是海关简化审批程序，对手册设立、变更、深加工结转等业务，审批层级压缩至一级审批，其他业务审批层级均不超过

两级。二是企业办理加工贸易手册备案后直接可在口岸办理报关业务，减少"暂时进出货物"方式业务审批，同时减少企业往返银行、海关办理保证金缴纳、核销手续。三是以加工贸易方式报关，报关单可由海关作业系统自动审结，"暂时进货物"方式报关单需海关人工审单。

3. 优化企业检测物料国内流转方式。检测物料纳入加工贸易保税监管，海关允许企业在保税状态下通过自行运输方式将货物流转至国内下游企业，封装后再出口至境外。传统"暂时进出货物"要求检测物料必须在规定时间内离境，故企业只能将检测物料先出口至香港后复运进境，在国内下游企业封装后再出口至境外。试点后企业在国内物流链大幅缩短。

（二）主要成效

1. 提高通关效率。该试点模式大幅度压缩企业检测物料的通关时间，据统计，该模式下海关通关时间达到 2 小时以内，通关时效提升近 95%。

2. 降低资金占用。该试点模式企业无须事前缴纳风险担保金，为试点企业减轻资金占压近 600 万元人民币。此外，企业原部分检测物料需要以一般贸易方式进口，试点后还可以减少企业税收负担近 70 万元人民币。

3. 有利于国内产业链延伸。该试点模式企业可通过自行运输方式在保税状态下直接将货物流转至国内下游企业封装后出口，使得试点企业生产运营更为灵活，赋予企业兼顾国际国内两个市场的功能，延长了国内产业链，提高了产品附加值，提升企业综合竞争力。

4. 大幅优化我省外贸营商环境。以英特尔西安为例，若按照传统模式，英特尔西安国际收交付效率（从国外发货到企业收货）为 2—3 个工作日。该企业的主要竞争对手是英特尔旗下的印度、德国和美国公司等，据了解，上述地区的国际收交付效率为 1—2 天。通过试点，该企业的国际收交付时间缩短至 2 天。这使得我省企业在国际市场中具有竞争力。

三、创新海关监管模式下一步思路

以集成电路设计企业开展全程保税业务试点为契机，探索创新对新一代信息技术、生物医药等产业领域的海关监管模式的可行性。

（一）完善试点监管模式。根据试点情况，不断总结评估，对试点企业、试点商品加强风险和实效评估，重新梳理工作流程，根据反馈出的问题和新的需求适时调整监管方案，固化集成电路设计企业开展全程保税业务试点经验。

（二）扩大试点应用范围。进一步深入调研，适时扩大第二批试点企业范围。

（三）探索研究试点模式在其他行业复制推广的可行性。探索研究对新一代信息技术、生物医药等产业领域的海关保税监管模式的可行性。适时提出可行性建议，研究制定具体监管措施。

【实践者说】

英特尔西安是英特尔在中国最大的设计研发基地，该公司与英特尔在德国、印度的研发中心进行协同研发，所需样品、物料需要频繁快速出入境，通关速度直接影响到企业研发进度和研发任务获取，对于企业的发展起着至关重要的作用。英特尔西安进出口业务方面的相关负责人介绍说：过去他们从国外发货到达西安公司，一般需要2至3个工作日。作为竞争对手的英特尔旗下的印度、德国和美国公司的国际收交付时间为1至2天。相比之下，西安的竞争优势小了很多。但成为试点之后，企业的国际收交付时间缩短至2天，从时间上讲，双方处在同一起跑线，竞争力也得到很大提升。

【案例点评】

2017年8月，陕西自贸区在全国率先实施海关特殊监管区域外集成电路保税检测研发试点，通过为特殊区域外集成电路设计企业办理加工贸易电子化手册、简政放权助力企业实现快速通关、优化企业检测物料国内流转方式等举措提高企业通关效率、降低其资金占用，有利于企业国内产业链延伸。目前，该试点通过中国海关审批，各地海关纷纷来西安学习经验。

首创医药研发共享实验室　打造全产业链条

为加快区域生物医药、精准医疗产业发展，持续培育壮大主导产业，打造创新药物研发、上市许可、产业转化的全产业链条，陕西自贸区沣东功能区依托在全省首创的医药研发共享实验室，在我省自贸区开展药品上市许可持有人制度试点，形成了"柔性、开放、给予"的医药研发新机制，有针对性地解决了创新药物研发、上市许可及产业化最后一公里的瓶颈。

一、医药研发共享实验室的背景

长期以来，我国药品管理实行的是生产许可制度，药品产品注册与生产许可相捆绑的管理模式不利于鼓励药物创新，容易产生低水平的重复建设等弊端。药品上市许可持有人制度（MAH）是将上市许可与生产许可分离的管理模式，这一制度可在一定程度上缓解原有"捆绑"管理模式下出现的问题，有利于提高研发机构、科研人员新药研发的积极性，同时充分发挥行业现有产能来减少社会重复投资。

从事原料药开发、制剂开发、到分析测试各环节的团队大多会各自建立一套硬件及团队，但实际上在新药、仿制药开发过程中存在大量的基础研究工作，每个模块对硬件及团队均有共性的需求。沣东功能区以医药研发经验共享、研发设备及资源共享为宗旨，加强医药研发在资源共享、技术整合、人才培养等方面的资源统筹，来提升各大型仪器平台创新发展的潜力和实力。沣东功能区设立医药研发共享实验室，构建全方位、多层次、立体化的新平台、新机制，一方面有助于进行平台化运作，充分发挥行业现有产能，减少社会重复投资；另一方面也能扶植支持一批有意在医药行业内深耕发展的初创公司，使之成长为一批知名的新药开发公司。

二、医药研发共享实验室主要做法及成效

（一）主要做法

1. 打造医药研发共享平台

沣东功能区依托区内药云医药研发共享实验室，共享共建新药研发实验室平台，建立了以原料药研发、制剂药物研发、药物分析测试、药品临床试验、新药上市注册申请、药品成果产业化等为核心的现代化专业化医药研发技术研发服务共享平台，在此基础上，引进新的技术专家和项目创业团队，以股权投资、技术入股、委托服务、天使基金等灵活多样的合作方式，为西安地区的优势科技资源和科技工作者提供一个新药研发的共享平台。这一平台服务于医药研发团队创新创业孵化，有效激活了新药研究机构和团队的创新研发热情，通过携手创业者及投资者来打造医药研发创新的生态系统。

2. 率先在全省试点药品上市许可持有人制度

药云（西安）医药技术有限公司以沣东药云医药研发共享平台为经营主体，以其母公司药韵（上海）为载体进行"药品上市持有人"制度项目的申报注册，带动个人、研究机构开展新药研发，申请药品注册文号，成为药品上市许可持有人，实现了药品上市许可与生产许可的有效分离。同时，平台为药品上市许可持有人提供多元化的资源嫁接通道，其他具有相应资质和能力的药品生产企业为药品上市许可持有人提供代工生产药品，达到了相关主体以药品上市许可持有人身份参与到药品生产、经营环节之中，有效降低了药物成果转化、生产的成本，实现了价值的最大化。

3. 突出平台价值服务功能

药云医药研发共享平台购置了医药研发基础设备仪器，组建了有5名博士、10名硕士组成的专业化技术研发服务团队，建成了符合GLP要求的现代化药物研究平台。这一平台为相关个人、研发团队开展设备仪器共享、原料药开发、制剂开发、分析测试中心等基础服务，使其集中有限资源攻克药品研发关键环节，有效地解决了药品研发投入成本过大、周期过长的问题。同时，建立医药研发与成果转化全产业链，为药品上市许可持有人提供技术支撑、成果转化、股权合作和金融基金支持，不仅促进了药品研发全产业链专业化分工合作，同时解决了研发成果落地难题。在越来越多的新药研发公司入驻的同时，共享实验室也获得了经济收益，并以股权的方式和其他公司达成合作协议，从而分享新药开发公司成长的红利。

（二）主要成效

1. 破解了药品研发投入大、周期长、风险高的共性问题

药云医药研发共享平台以共享实验室为依托，通过搭建医药研发共享平台，利用空间、运营管理的共享和管理上的整合，为有志进行药物开发的专家和团队服务，为医药研发专业团队、企业提供专业服务支撑，实现研发场地、研发技术、研发设备的共享，有了基础研究的支持，可以让新公司减少硬件的投入和团队磨合的时间，药品研发成本降低了30%，并进一步提高了整个药物开发的效率。有效解决众多中小医药企业以及各类医药技术人才在医药研发中初创企业资源不足、前期投入大、周期长、风险高的现实问题。

2. 实现药品上市许可与生产许可的有效分离

通过率先在全省试点药品上市许可持有人制度，打破药品生产必须拥有药品上市许可人认证的机制，使个人、研究机构可专注于药品研究，而具有相应资质和能力的药品生产企业可专注于为药品上市许可持有人提供代工生产药品，形成了新药研发产业化服务体系。目前，平台围绕创新药、仿制药及医疗保健用品类的研发、增量放大及注册批件申请、科研成果产业化等，为区内多个机构提供药品研发基础服务，并协助申请药品上市许可，搭建药品生产资源对接通道，有效地解决了药品研发成果后期转化等现实问题，实现了多方共赢。同时，分离有利于促进药品产业的专业化分工，优化行业资源配置，让专业的药品研发机构做专业的事，减少重复投资建厂，以整合资源配置来推动产业升级。

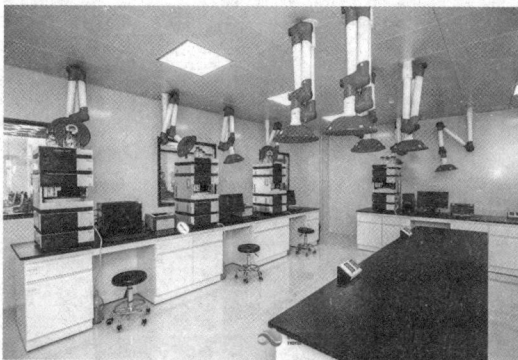

2019 年 1 月 23 日，药云医药技术共享实验平台在沣东新城科统基地正式运营

三、医药研发共享实验室政策启示

医药产业的发展与其他产业有所不同，必须有大量的研发型企业作为基础，才能保证不断有新药面世，保证整个产业具有发展活力。只有研发群体不断壮大，成果输出才会更多。医药研发共享实验室的设立能使入驻者节约研发成本、缩短研发周期，为更多研发团队提供了发展可能。此举是对《中国（陕西）自由贸易试验区总体方案》中"改革创新政府管理方式，按照法治化、国际化、便利化的要求，积极探索建立与国际高标准投资和贸易规则体系相适应的行政管理体系""创新医疗卫生合作机制"等重点工作要求的积极回应，让更多企业特别是中小药企共享研发资源，节约研发成本，避免重复建设，推进企业之间的资源整合和互补合作。它为统筹医药领域科技资源提供了重要渠道，也使区域医疗产业规模化又向前迈了一大步，为区域精准医疗产业发展作出了重要贡献。

四、医药研发共享实验室下一步工作思路

首先，沣东功能区将不断丰富药云医药技术共享实验室服务与支撑功能，重点强化与国内知名高校药学院合作，提升基础研究的水平。其次，沣东功能区将引入行业的先进科技技术及管理经验，通过成熟的 CDMO 技术水平、供给规模、商业模式，培育壮大药品研发成果转化主体，提高成果转化孵化服务能力，促进产学研深度融合。而且，沣东功能区将培养出一系列能够支持新药研发的服务型公司，这一系列公司亦可在整体行业发展的同时，通过业务合作和股权合作的方式，成长为省内的创新企业。最后，沣东功能区将推进药品上市许可持有人制度在全省全面试点，助力我省更多企业成为药品上市许可持有人，支撑我省医药研发领域突破发展。

【实践者说】

据陕西自贸区沣东功能区的负责人介绍：由于医药研发投资大，周期长，孵化器共享平台可降低创业成本，为企业嫁接更多资源。依托药物研发共享平台为医药研发团队提供共享实验室以及相关专业服务，可以有效降低产业成本和企业风险，推动产业快速发展。它切实促进了本地医疗科学创新，解决了药物研发成本过高的问题，推动了医药研发企业之间的合作交流，会聚了国内外领先技术人才，推动了区域科技创新与医药研发产业的发展。沣东管委会站在政府管理者角度，为平台提供政策、人才、科技资源、仪器设备

共享等发展保障，持续打造最优营商环境，优化产业配套服务体系，提供资源共享渠道，提升药云医药技术共享实验室的共享效率，值得点赞。实验室下一步在重点开发通过药物一致性评价的高品质仿制药的同时，继续开展抗肿瘤创新药和抗糖尿病创新药的后续开发，力争2年内进行临床注册。

【案例点评】

沣东功能区设立医药研发共享实验室，构建全方位、多层次、立体化的新平台、新机制，一方面有助于进行平台化运作，充分发挥行业现有产能，减少社会重复投资，另一方面也能扶植支持一批有意在医药行业内深耕发展的初创公司，使之成长为一批知名的新药开发公司。

云技术创新整合资源模式

——打造"双创"云服务平台"创咖云"

为全面贯彻国家创新驱动和"双创"发展战略，扎实践行"五大发展理念"，全力推进三次创业，早日建成世界一流科技园区，西安高新区在总结20多年来孵化培育企业成长的基础上，全力推动创新创业服务云平台——"创咖云"的建设，打造创新创业服务的线上知名品牌。

2017年9月，西安创新创业品牌"秦英汇""创咖云"正式发布。其中，"创咖云"是采用"G2B"和"链接器"两种整合资源的模式，搭建让创新创业更简单的一站式服务平台，旨在为创业者在线上聚集资源构建云创新、云创业、云生活的创新创业云生态体系。

一、打造"双创"云服务平台的背景

近几年，"双创"已经成为人们熟悉的一个名词。从2014年中央经济工作会议首次明确提出"大众创业、万众创新"，到2015年正式写入《政府工作报告》，近两年来，创业、创新已成为社会发展的一个主题词。"双创"给经济社会生活带来了诸多变化，成为发展的新引擎。

在推进"双创"活动中，各地都把创业环境建设当作重点，因地制宜，出台了很多有针对性的政策措施。据国家工商总局百县万家新设小微企业周年活跃度调查显示，新设小微企业表现较为活跃，周年开业率达70.8%。而在新设小微企业中，初次创业企业占85.8%。分地区看，西部地区开业率最高，达78.3%。

"创咖"是服务早期创新创业者和为创新创业者提供早期投资创业服务平台。致力打造"让创新创业更简单"的一站式创新创业服务平台，提供24小时不间断的创新创业服务。是与互利网＋的一次融合，承载秦英汇的线上传播和资源整合，与秦英汇形成线上线下的模式，是秦英汇的有益补充。"创咖

云"的"创"代表大众创业、万众创新，"咖"有两层含义，一是代表具有国际范儿的创业咖啡，二是寓意大咖与小咖、精英与草根的碰撞交流。"云"代表"创咖云"内含的七大创新创业服务云板块。

二、打造"双创"云服务平台主要做法及成效

（一）主要做法

创咖云构建云创新、云创业、云生活的创新创业云生态体系，是"让创新创业更简单"的一站式服务平台，以"G2B"和"链接器"两种整合资源的模式，打造全天候无间断的创新创业服务。G2B指政府（Government）与企业（Business）之间的电子政务、服务；链接器指平台链接平台，进行资源整合和交换。

"创咖云"采用合纵连横的方式整合各类创新创业服务资源，打造服务类的链接器。纵向对接国家、省市、区县政府创新创业部门，横向对接各类产业园区和创业基地（包括各类产业园区、加速器、孵化器、众创空间、科研院所和高校），提供便捷优质全方位的创新创业服务。在政府、服务机构和创新创业载体及创新创业企业之间建立稳定互信的沟通渠道，探索资源共享、协同发展、共同成长的机制模式，共建协同创新创业生态，主要包括七大创新创业服务云板块：

1. 创新创业"数据云"——展现双创指数

数据云展示各种双创载体、双创服务机构、孵化项目、企业等数据，字段从企业基本情况、经营情况、团队情况、发展情况等14个静态报表和企业参与培训、办理业务、走访等若干动态报表中抽取，从多个维度反映企业的基本情况和发展状况。同时向主管部门和社会输出创新创业指数，该指数将有助于靶向政策的制定。

2. 创新创业"地图云"——展示双创资源分布

地图云可呈现出双创大地图的既视感，运用大数据分析工具，可视化地展示区域内创新创业资源的聚集度和动态分析创新创业资源的配置变化。创新创业大地图还能方便各时期的企业查询和检索就近的创新创业资源。例如什么样的服务机构，位置在哪里，提供什么样的资源与服务等。

3. 创新创业"政策云"——"创XIAN生"智能机器人解读中央、省、市、区各类双创政策

一方面，政策云将实现基础功能，即国家、省、市、区县各类创新创业

政策展示查询功能。同时，开通科技计划申报功能，企业通过这一平台，可以进行各级政府扶持资金的申报，链接各个有关的科技计划申报入口，实现一站式集成。

另一方面，采用大数据方法重点打造"创 XIAN 生"智能检索机器人品牌。"创 XIAN 生"是"智能检索"小机器人，它能根据企业、团队的一些简单的资料，通过大数据的方法自动匹配政策、载体和服务资源，提升创新创业服务体验度，缩短办事流程。

4. 创新创业"业务云"——实现双创载体备案、活动备案

业务云是指所有的运营主体都可以在该平台注册，通过提交资源，实现快速备案，最终通过平台纳入统一管理。目前聚集载体备案、服务机构备案、活动备案、项目备案和培训信息五个业务子系统，是创新创业服务线上线下结合的重要工具，也是创新创业大数据库数据采集的主要方法。

5. 创新创业"媒体云"——"西行记"聚集中央、省、市、区各方面双创报道

媒体云汇聚国家、省市、区县对于西安高新区的新闻报道，是西安高新区创新创业环境营造的媒体厨房，全力打造"西行记"子品牌。"西行记"是创新创业媒体信息处理的"集中厨房"。主要承担汇聚国家、省市、开发区对于西安高新区创新创业的相关报道；汇聚西安高新区内创新创业活动的报道；汇聚开发区内企业、团队自主投稿的稿件，形成有温度、有价值的宣传策划品牌。通过小视频、平面媒体、自媒体等多种渠道，集中展示。

6. 创新创业"活动云"——升华"秦英汇"，汇聚双创活动

一方面，活动云将各类活动在第一时间进行汇聚和周知；另一方面，便于让举办活动的各个机构通过该平台掌握活动全局情况，互相取长补短，避免因信息不对称造成活动重复，同时进行更有效精准的活动发布、协作，后期管理和补贴支持。

7. 创新创业"会员云"——体现社群功能，聚集双创企业、服务机构

搭建平台虚拟社群体系。即实现平台用户一卡通管理，云端忠实地记录了每个创客的成长轨迹，建设者通过收集有用结果，使得政策更新、增值服务和平台整合事半功倍。同时着力打造"精英社群"和"草根社群"两个虚拟社群。

（二）主要成效

目前，创咖云平台内已经更新高新区 6780 家企业信息，上传创新创业载体 82 家，上传高新区已经结束或在进行的创新创业活动 88 项，转载国家、

省市级、其他媒体有关高新区创新创业的新闻报道233条，创新创业相关政策75条，可供查询的在线政策申报42条，创新创业项目454个，平台入驻服务机构440家以及创业导师39位。

三、打造"双创"云服务平台政策启示

"种好梧桐树，引得凤凰来"。近年来，在"一带一路"新的历史机遇下，世界各地的创新创业资源向西安加速奔流，富集涌动的创新创业活力在西安加速释放，打造"一带一路"创新创业之都的势头越发迅猛。高新区作为大西安创新创业的"模范生""样板区"，吹响了"大干123，建好首善区"的冲锋号，以"双创生态攻坚大行动"为指引，主动作为、持续发力，全面建设"创新之城"，推进"五城共建"。高新区由衷希望世界各地的创投机构、企业家、创业者等能在大西安新的历史起点上抓住机遇，共同参与首善区建设，走向新征程，共同打造"一带一路"创新创业之都。

四、打造"双创"云服务平台下一步工作思路

未来，创咖云着力通过平台推进交易撮合，打造"类淘宝"平台，逐步建立创新创业服务和企业成长发展评价体系，将服务资源与企业成长潜力进行标准评价，从而实现交易的在线撮合。最终实现立足高新，辐射西安，面向全国，为推动创业生态体系建设，优化创新创业氛围提供最好的支持。

【实践者说】

绿城中国控股有限公司执行董事李骏说："西安高新区以国际化视野打造创新平台，以国际化双创成果激发发展新活力，已成为陕西、西安创新驱动发展的一面旗帜。高新区出台的多项支持产业发展的相关政策，为助力企业高质量、可持续发展提供了强有力的保证。绿城将整合集团上下游资源力量，以先进的产品理念和品质优势，抓住西安高新区建好世界一流科技园区和大西安都市圈首善区的历史机遇，作出新贡献。"

西安佰赛普讯信息技术有限责任公司创始人杨国锋说："正是当初了解到西安的区位优势和大量创业资源，以及高新区的一系列利好政策和福利，我才敢选择孤身一人来到西安实现自己的创业梦。创业初期，创业园安排了相关工作人员进行一对一的帮助，包括办证、缴税、最大程度遵循政策减免费用，进行资源对接等，都对我们的发展起到了实质性的帮助。甚至到现在，这种帮助也还在持续，时常让我有一种家的温暖。"

创咖云网站首页

【案例点评】

"创咖云"作为一站式创新创业服务平台，采用纵向对接国家、省市、区县政府创新创业部门，横向对接各类产业园区和创业基地，其构建的云创新、云创业、云生活的创新创业云生态体系与"秦英汇"形成了线上线下资源整合的模式，为西安高新区提供了便捷优质全方位的创新创业服务。

挖掘临床数据，提高护理效率

——智慧护理平台创新医患服务新模式

当前，随着医院信息化发展步伐不断加快，在如何为患者提供精湛医术的同时，让患者获得更好的护理服务体验，不仅成为许多患者选择医院的首要条件，也是各大医院间相互博弈的关键。坐落于西安高新区创业咖啡街区的西安上於软件技术有限责任公司（以下简称上於软件），在其创始人张涛的带领下，立志立足高新区研发出更多智慧护理服务平台，用智慧护理平台打造医患服务新样板，为医疗信息化发展增添一抹新绿。

一、智慧护理平台的背景

西安上於软件技术有限责任公司致力于 PC 及移动端设备的软件研发、系统集成、销售及服务于一体的高新技术企业；主要服务于政府、医疗行业及相关民营企业。公司核心产品及研究方向主要包括医疗行业的护士站数据可视化平台（STENDV－L）、护士站不良事件上报（STEAERS）、移动医疗（STEmHealth）以及大数据展示与分析平台、硬件系统集成等，在行业内取得良好成绩。

自成立以来，西安上於软件技术有限责任公司始终秉承"诚信、团结"的企业精神；以"标准化、专业化、多元化、产品化"为企业服务宗旨，努力为客户提供先进、实用、可靠的软件技术服务；以"创新、协调、开放"为核心价值观，坚持以人为本、开拓创新，会聚了一批有抱负、有理想、有远见、有学识的创业者，打造出一支技术精湛、综合素质过硬、团结进取的研发、管理团队；同时，公司与各大 HIS 厂家建立了良好的合作关系，具有强大的综合技术实力和项目实施经验。

二、智慧护理平台主要做法及成效

（一）主要做法

1. 护理数据可视化

STENDV－L 主要针对护士临床数据挖掘，能更深度地结合医院现有 HIS 护士工作站及移动医疗产品。协助护士从不同的维度借助于图形化手段，清晰有效地传达与沟通信息。

STENDV－L 临床数据可经过直观的图形化配置界面完成对 HIS 系统数据的自动抓取，使临床数据按功能需要以简洁的美学图形形式展现，充分有效地传达数据思想；令传统枯燥繁杂的医疗数据焕发绚丽多彩、形象直观的展示。

产品特点包括：

（1）组件化设计遵循现实护理流程与逻辑规范。

（2）数据处理中心高性能、易扩张、已部署，自动化数据抓取分析。

（3）独有的 UI 图形框架界面样式简洁、交互动效流畅、表意明确，配合数据可视化方便护理人员快速作出决策。

（4）硬件设备、操作系统、软件正版化一体式授权。

（5）结合护理平板、移动医疗可扩展多屏实时互动互通。

2. 提供移动医疗

上於移动医疗以服务病人、提高效率为核心。通过提供全流程的移动业务支持，全面采集和核对医嘱、病历、护理、药品、耗材等信息，实现病患生命体征数据实时自动采集、智能传输、全面汇集。病人在医院经历过的所有流程，从住院登记、发放药品、输液、配液/配药中心、标本采集及处理、与上於护理数据可视化平台深度融合、实时数据传输，都可采用此移动技术予以优化。实现临床医疗工作的高效协同、提高临床诊疗质量和精细化管理水平，极大地推动医院信息化和数字化发展。

产品特点包括：

（1）实时健康、智能健康。

（2）支持条码、二维码、射频卡识别技术。

（3）实时信息采集。

（4）集成硬件、嵌入式开发。

（5）支持无线网络、零漫游。

（6）多屏实时互动。

3. 支持不良事件上报

软件通过收集不良医疗事件的信息，并对其进行分析，发布警示信息，提出改进建议，以增强医院识别、处理安全隐患和预防不良事件发生的能力，从而实现医疗安全的目标，使医疗机构能充分利用报告系统发现和预防医疗事故风险，增强风险防范意识，提高风险防范能力。最终实现保障患者健康和医疗安全的目标。

（二）主要成效

医护间的相互协作、相互配合、相互支持、相互尊重是提高医院诊疗质量的重要保障，是关心病人利益的体现，也是医学事业凝聚和发展的精神动力。良好的医护配合能确保医疗护理质量，促进医患管理和谐，提高患者满意度，减少医疗差错事故的发生，增进医护关系，发挥团队作用。

我们研发的产品主要针对护理临床数据挖掘、清洗再分发，对数据整合提取，提供了直观的图形化操作，使临床数据以简洁的图形化形式体现，更有效地协助护士工作上的传达与沟通，并能提供双向数据分发给移动医疗等院内其他三方系统。

产品可经过直观的图形化配置界面完成对所需数据的自动抓取，使临床数据按功能需要以简洁的美学图形形式展现，充分有效地传达数据，令传统枯燥繁杂的医疗数据焕发绚丽多彩的形象，直观地展现给护理人员。护理人员可快速登录并通过交互获取临床信息，实现临床数据深入观察分析和精细化管理。尤其是自动抓取和获取信息，既能确保信息的准确性，极大地优化和简化了临床护理流程，又提高了护士工作效率和工作价值，让护士能充分将时间用于临床的护理工作中，从而减低了临床护理成本，改善了患者护理体验，从根本上提高了医疗行业的护理水平。

上於团队研发的产品有专门的数据处理中心（智慧护理服务器），不但具有高性能、易扩展、易部署、自动化数据抓取分析等特点，而且只要点击某护理项模块可进入详细页面，展示该护理项所有病患信息（包含性别、年龄、主治医生、责任护士、护理级别、费用使用情况等），并以不同颜色展示，所有信息一目了然。同时，还设置有自定义护理项、床位一览表、科室物资管理、转床信息管理等功能，力争为护士和患者提供最大便利。有效解放了护士的劳动力，提高数据的共享和自动化、智能化程度，实现了高效护理、安全护理、有序护理，给病人一个安全放心的医疗环境，进一步提升了护理效率和医院的生产力。

三、智慧护理平台政策启示

作为小微企业，上於软件之所以能够走到今天，离不开高新区的大力扶持。羊有跪乳之恩，鸦有反哺之情。上於团队今后将继续立足高新区，坚定在高新区发展的信心，力争打造更多医患服务新样板，助力高新区生物医药产业发展。

自创立以来，高新区的政策扶持给了上於很大的帮助，上於成功入册科技型中小企业，均离不开高新区的悉心帮助。对于公司享受的办公房租补贴，以及园区定期的企业管理、招聘、税务、医疗类补助，知识产权保护等各方面的辅导，还有孵化公司成长的西安联创智荟生物医药孵化器为公司发展倾注了大量的心血和汗水，上於团队终生难忘、受益匪浅，团队力争用更好的成绩回报高新区的厚爱。上於团队今后将继续立足高新区，坚定在高新区发展的信心，力争打造更多医患服务新样板，助力高新区生物医药产业发展。

四、智慧护理平台下一步工作思路

近年来，随着移动互联网和物联网的发展，生物医药领域迎来了数字化转型新机遇，越来越多的物联设备引入，越来越智能化的 AI 进场，医疗物联网无疑是引领医院数字化转型的核心。2012 年到 2018 年，我国相继推出了一系列涉及医疗物联网的政策。这些政策，均为医院数字化转型和医疗物联网发展指明了方向。

高新区生物医药企业众多，生物医药产业集群不断壮大，相关政策扶持力度很大，上於团队在做好研发工作的同时，还想在嵌入式计算设备和与物联设备间数据传输协议等方面发力，运用自身在这些方面的优势，为各医院院内数据挖掘与分发更标准和更统一做一些力所能及之事。在高新区"大干123，建好首善区"战略目标的指引下，上於团队十分愿意并乐意搭乘高新区在生物医药、人工智能等产业发展的东风，紧跟医院数字化转型和医疗物联网发展动态，继续把技术作为第一驱动力，坚持技术创新和产品迭代同步发展，全力把公司做大做强，争取将公司打造成为高新区、西安市乃至全省和全国医患服务领域的样板和标杆，为医疗信息化发展增添一抹新绿。

【实践者说】

上於软件创始人张涛介绍说："护士是医院核心技术中的重要分支，护理人员在医院技术人员中占的比例最大，专业性强、涉及面广，工作量大，与病人接触的时间最长。在当今竞争日益激烈的医疗市场中，护士护理质量的好坏直接反映了医院医疗水平的高低，护理工作已经成为医疗行业的核心竞争力之一。"

张涛坦言："经过我细心调研和观察发现，虽然不少医院信息化发展程度普遍都很高，各家医院都建设了医院管理信息系统，对医院的运营管理带来极大变革，但信息化应用对医护临床支持却还是参差不齐，尤其是智慧护理设备等智能用品较少及水平相对较低，让我很快找到了创业的突破口。"

"当看到很多护理人员的工作基本还处于手工状态，每天被大量非护理工作所缠绕，极大地降低了医疗服务效率和质量。在护理人员严重缺乏的情况下，如何让护理人员提高工作效率，成为我们创业首先要考虑的问题；另外，手工操作难免会出现各种差错，不利于医疗安全等问题，这让我萌发了研发一套既实用又能规避这些问题的智能化护理平台的想法。"张涛说，创业方向确定好以后，他就很快组建团队，快速投入到了创业中去，开启了研发智慧护理服务平台新征程。

尽管创业之路并非一帆风顺，但是他与团队一直坚持自主创新，研发出了智慧护理数据可视化平台等核心产品，并在部分医院临床使用后备受广大医护人员和患者的好评。

用不同颜色区别的智慧护理数据可视化平台

【案例点评】

西安上於软件技术有限责任公司开发出的智慧护理服务平台，有助于医院提升患者的护理服务体验，这也是当下许多患者选择医院的首要条件。该平台通过护理数据可视化、医护沟通、不良事件上报以及移动医疗四大板块，更有效地协助护士工作上的传达与沟通，并能提供双向数据分发给移动医疗等院内其他三方系统，从根本上提高了医院的护理水平。

西安高新区探索国际科技合作新模式

——北美硅谷离岸创新中心案例

2018 年 7 月 10 日，西安高新区北美（硅谷）离岸创新中心正式揭牌。该中心将致力于构建国际化服务平台，以更好地对标国际化一流园区，成为西安高新区探索国际科技合作新模式的又一成功案例。

西安高新区北美（硅谷）"离岸创新中心"致力于搭建西安高新区与硅谷之间的 6 大合作平台。通过打造拓展国际化业务的服务支撑中心、高科技项目的海外预孵化和加速器基地、海内外科技成果转移转化平台、高层次创新创业人才培育和引进的前哨站、国际资本投资合作的枢纽，在人才培养与交流、技术研发与合作、资本服务对接、企业国际市场拓展、离岸创新孵化、创新成果转化与交易等方面与硅谷实现资源互通。

一、西安高新区探索国际科技合作新模式的背景

作为首批国家级高新区之一，西安高新区自 1991 年成立以来，凭借西安科教资源优势，技术上坚持自主创新，制度上打通产学研壁垒，政策上支撑孵化模式升级，探索出内陆高新区实现跨越发展的经验，成为我国改革开放的西部样本，实现了"不沿边不靠海 照样实现大发展"。

相比沿海地带，在内陆发展高新技术产业，存在着地域和资源禀赋的差异。高新区管理者提出"靠不上老乡、靠不上老外、只有靠人才"的思路，依靠西安雄厚的科教资源，打通科技成果转化壁垒，升级双创孵化模式，使高新区成为我国改革开放先行区的西部样本。

"面向世界科技前沿、面向经济主战场、面向国家重大需求，加快各领域科技创新，掌握全球科技竞争先机"是党中央对科技创新的新要求。如何贯彻、落实党中央的战略部署需要多方面的开拓，利用国际合作，整合科技资源是不容忽视的选择之一。为进一步弥补西安高新区国际化发展短板，加快

双创载体有效落地，同步设立美国离岸创新中心、欧洲离岸创新中心和中东离岸创新中心，并以此"四位一体"的物理载体，打造"同步、直连、共享"的全球创新创业共享平台与集群，汇集全球创新智慧与资源，支撑西安高新区建设"一带一路"创新之都，推动西安打造"硬科技之都"。

伴随着"一带一路"倡议的稳步推进，西安高新区主动融入全球价值链和创新链，在对外开放中寻求新的发展机遇。2015年，国务院正式批复同意西安高新区建设国家自主创新示范区，要求努力打造"一带一路"创新之都，把西安高新区建成创新驱动发展引领区、大众创新创业生态区、军民融合创新示范区、对外开放合作先行区。

西安高新区北美（硅谷）"离岸创新中心"致力于搭建西安高新区与硅谷之间的合作，打造高科技项目的海外预孵化和加速器基地，在技术研发合作、资本服务对接、国际市场拓展等多方面与硅谷实现资源互通，成为西安高新区探索国际科技合作新模式的又一举措。

二、西安高新区探索国际科技合作新模式主要做法及成效

（一）主要做法

西安高新管委会以市场为导向、中资企业及高校研究院为主体，发挥国际知名风险投资资源和国内产业生态的支撑作用，整合国内国际两种资源、两个市场，以灵活选择机制引入技术与人才为导向，以聚集和培养"独角兽"和"小巨人"为目标，建立科学研发基地、产业孵化公共服务平台与产业基金、专家智库一体化构架，在全球搭建创业公司共同成长的创新生态体系，形成以西安"硬创新"为特色的创新创业聚集群落。

目前，西安高新区管委会同一八九六（西安）控股有限公司签订了共建"西安高新技术产业开发区北美（硅谷）离岸创新中心"战略合作协议，共同建设六大平台：

1. 设立人才培养与交流平台。会集优秀人才资源，搭建人才培养与交流平台，拓展北美市场的人力资源托管、专业人才的培养和培训等工作，促进西安高新区与北美地区的人才交流和合作。

2. 设立技术研发与合作平台。联合北美地区高校、企业等机构的科研平台，促进西安高新区与北美的技术合作交流，发现、发掘具备引入潜力的技术项目，争取相关项目落地高新区或与区内相关企业开展技术合作。

3. 设立资本服务对接平台。在北美设立资本服务平台，为相关合作项目

和高新区内企业提供投融资对接。

4. 设立企业国际市场拓展平台。搭建国际市场拓展平台，为高新区内企业拓展海外市场，及国外企业投资国内、落地高新区，提供财务、税务、法务、知识产权等专业服务。

5. 设立海外创新孵化平台。在北美设立独立运营的创新孵化中心，联合北美知名孵化机构及优势资源，将相关项目在海外预孵化，并致力于引入高新区落地发展。

6. 设立创新成果转化与交易平台。根据相关企业、技术项目团队等的实际需求，搭建中美之间的技术创新、信息交流平台，为相关企业、团队和技术项目的交易提供专业服务。

（二）主要成效

2018 年 7 月 10 日，西安高新区管委会在硅谷成功举办了中美（西安·硅谷）科技创新交流会暨西安高新区北美（硅谷）离岸创新中心揭牌仪式："快速融入全球分工中，打造'一带一路'创新之都，我们就要把触角伸到国外，把孵化器建到国外。在国外找项目，再嫁接国内技术、市场。目前我们在硅谷的 10 多个孵化器成立离岸创新中心，未来还将在法国、德国、瑞典、新加坡、以色列等国家建立离岸创新中心。"西安高新区管委会表示。

三、西安高新区探索国际科技合作新模式政策启示

西安高新区希望形成可推广、可复制的"西安高新区"离岸创新模式，服务于国内更多高新产业园区，发挥示范引领作用。利用国际合作，整合国际科技资源是西安高新区在建设世界一流科技园区的必由之路。高新区北美（硅谷）离岸创新中心通过开展科技研发与产业化国际合作，不仅向世界传递了西安高新区进一步加速科技创新的信心与决心，也为高新区实施国际化战略发展搭建了全新的舞台。

四、西安高新区探索国际科技合作新模式下一步工作思路

下一步，将持续构建"四位一体"的全球创新中心联盟，后续通过以网络连接及互为会员等方式不断加入其他全球各地领先的孵化器或科技中心，构建"西安全球创新俱乐部"。以西安为基地辐射全球，完成"欧美"的完整布局，直连创新源头和领军高地，从而在全球范围内实现资讯、资源、合作伙伴、服务商、风投机构与供应链客户的实时共享与同步，保证和实现创

新信息、创新要素、创业人才、资本、创业项目及其产业化、市场化的无缝对接。

美国硅谷是举世闻名的科技创新高地、全球最重要的高科技产业基地之一，聚集了全球资源、产业、人才、技术等诸多发展优势。高新区将通过在硅谷设立离岸创新中心，促进两地在人才、技术、资本及市场的全方位合作，形成两地间资源互补、紧密合作的良好局面。同时，希望形成可推广、可复制的"西安高新区"离岸创新模式，服务于国内更多高新产业园区，发挥示范引领作用。

【实践者说】

2018 年 7 月 10 日，市委常委、高新区党工委书记、航天基地党工委书记钟洪江出席北美硅谷离岸中心揭牌仪式时表示，"利用国际合作，整合国际科技资源是西安高新区在建设世界一流科技园区的必由之路。高新区北美（硅谷）离岸创新中心通过开展科技研发与产业化国际合作，不仅向世界传递了西安高新区进一步加速科技创新的信心与决心，也为高新区实施国际化战略发展搭建了全新的舞台。"

2018 年 7 月 21 日，美国雷神制造讲座教授、美国加州大学洛杉矶分校（UCLA）机械和航天工程学院李晓春教授及陕西斯瑞新材料股份有限公司一行到访西安高新区并举行了签约仪式。此项目是钟洪江书记赴美揭牌西安高新区北美（硅谷）离岸创新中心推动的又一成果。高新区管委会副主任王海若与李教授一行进行了座谈，并见证了双方的合作项目签约。投资合作委员会、人才服务中心参加了座谈与签约仪式。陕西斯瑞新材料股份有限公司于 1995 年在西安市高新技术产业开发区成立，是电力领域用铜铬合金触头材料及轨道交通大功率牵引电机用铜铬锆合金转子材料两个细分领域的世界第一。此次与李晓春教授团队签约，将在西安高新区设立 Metali - Sirui 纳米超级铜创新院，还将在洛杉矶建立第二个研发中心。

【案例点评】

高新区通过在硅谷设立离岸创新中心，促进中美两地在人才、技术、资本及市场的全方位合作，形成两地间资源互补、紧密合作的良好局面。同时，西安高新区探索国际科技合作新模式能够形成可推广、可复制的"西安高新区"离岸创新模式，服务于国内更多高新产业园区，发挥示范引领作用，将成为西安高新区探索国际科技合作新模式的又一战略举措。

西安高新区北美（硅谷）离岸创新中心揭牌仪式

整合资源、政策、服务要素，激活科技潜力

——全国首个"科技大市场"服务平台

如何加速科技与经济完美结合，是经济社会发展面临的突出问题。近年来，西安依托科教资源丰富的优势，积极探索统筹科技资源的新模式，建立了全国第一个命名为"科技大市场"的服务平台，提供集科技资源、科技政策、科技服务为一体的"科技产品综合服务"解决方案，极大地激活了西安科技资源内在潜力，促进西安经济建设。目前已在洛阳、运城、济源等多个城市进行示范推广，成为全面创新改革的一项重要、有效实践。

一、"科技大市场"服务平台背景

2010年，西安市科技局组织全市科技调研结束后的一个月，西安市科技局决定联合西安高新区共筹共建"西安科技大市场"，这是全国范围内首创的新名词，如何定位大市场，筹备组的领导给出了最原汁原味的解释："市场大家建，资源大家用"，调研组和筹备组充分认识到全市科技资源分散、分割、分离的严峻现实状况，给这个全国率先探索的科技大市场服务平台定下了初期的发展目标。

二、"科技大市场"服务平台主要做法及成效

（一）主要做法

1. 让科技服务成为"淘宝"式服务

在平台创新业务规划之初，参与需求征集调研的科技企业和科研人员就提出，西安市需要一个集科技成果、技术需求和技术专家为一体的公共信息服务平台，解决需要技术的找不到"卖方"，技术成果找不到"下家"，供需买卖基本靠朋友圈的实际问题。同时，还有企业，特别是中小企业、创业企业，在发展过程中面临高价、稀缺的检验检测设备存在寻找难、匹配难、使

用难、成本高等现实问题。经过多番讨论，西安科技大市场的线上平台1.0版本就应运而生了，为科技创新主体解决供需信息不对称、服务渠道不畅通等问题。2011年的冬天，西安高新区电子产业园的某家企业在平台上找到了与之一层楼之隔的另一家单位，可以共享检测设备，为该企业节省了每年多次要跑去深圳做检测的所有额外成本，产品的成本随之降低，市场竞争力随之提高，享受到了科技服务"淘宝"式的便利。随之而来的2012年里，"凡特网"这个俗称检验检测的"淘宝网"也正式上线，算是全国首个检验检测的科技服务电商平台，西安市发改委主导的科技惠民工程——贵金属1元检测服务上平台了，室内空气质量检测服务包上平台了，妈妈们众筹检测某品牌奶粉服务也上平台了，食药监局在平台上开通了小作坊食品安全检测的便利通道，得到了企事业单位和市民的一致好评。

2. 让科技服务人员实现职业的价值

2014年以来，国省市区各级创新驱动、双创政策频频发布，一方面，大大改善了科技人员发展的环境，提升了社会地位，另一方面，也提升了科技人员创业的积极性，加速了科技人员能力的释放。为了满足科技人员转型发展的部分诉求，也为技术转移成果转化提供强有力的服务支撑，西安科技大市场率先在全国发起成立了"西安技术经理人协会"，编制了专项培养的课程和教材，聘请知名高校的讲师，开始培养新型、专业的服务人才——技术经理人，加速一批高端技术人才的转型发展，塑造一个新型的创新业态。这几年间，西安市率先培养出了150多名专业技术经理人，70余家技术经理人机构，先后组织了初级、中级培训班，高校科研处长培训班、高校科研秘书培训班等。特别是2017年，西安市人社局与技术经理人协会联合认定"科技创新工程师"，为中级职称评定序列，被广大技术人员喻为"最具实战操作经验"的职称，得到业界的充分认可。

3. 让科技政策成为手边的"红利"

在接受调研和参与座谈的100家科技企业代表中，反映最多的问题是关于政策，他们充满了困惑，突出表现为：面对多如牛毛的利好政策，首先不知道可以申请哪些政策，缺乏有效的渠道，即使知道了政策也不知道如何申报，即使申报了，总会因为手续的烦琐而望而却步。同时，在接受调研的政策实施单位中也普遍存在政策宣贯效果差，落实兑现不理想等苦恼。2011年起，西安科技大市场开始培养并构建政策联络员服务体系，免费为企业培养1—2名政策联络员，提供免费的财税、政策、申报、管理、法律各方面的体系化培训课程，对政策联络员进行资质认定和服务年审。企业的政策管理能力提升了，专业服务人员的素质提升了，企业获得的政策红利提升了，连政策联络员跳槽都是带着"身价"走的，一本不受官方认可的联络员证书也成了业内的"抢手货"。近两年来，省市各部门的政策委托大市场受理落实了，西安高新区每年高达 6 个亿的奖补资金也全委托科技大市场申报评审了，政策的红利离企业越来越近，企业的创新动力越来越足，一片欣欣向荣景象。

4. 让西安成为科技服务业的制高点

通过 5 年的发展，西安科技大市场成为全国范围内小有名气的"创新明星"，科技部、火炬中心等主管单位把大市场作为典型模板案例推送给全国各省市，"科技大市场"如雨后春笋般涌现，于是大市场开始高朋满座，来访交流络绎不绝，每逢丝博会这样的展会季节，大市场单日的接待量最高达到 6 场次。随着兄弟省市单位合作需求不断提高，西安科技大市场从 2015 年底开始迈出跨区域合作第一步，将河南济源市作为第一个域外合作城市，随后，以西安为原点，与洛阳、三门峡、运城、宁波、温州等城市都拉通了合作网络，与苏州、广东、杭州等地的跨区域的产学研交流活动密集开展，成果颇丰。西安科技大市场作为西安科技服务业的代言人，还制订了科技服务业的相关标准，初步实现了标准化服务推广，始终站在行业发展的前沿和制高点。

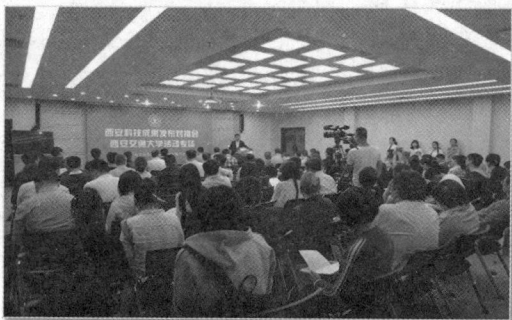

图为 2017 年丝博会期间组织的西安交通大学技术项目集中推荐会，科技大市场邀请来自 5 个省市的 120 余名代表参与了现场对接

（二）主要成效

西安科技大市场促成全市技术交易额连续 5 年实现每年 100 亿元增长，2016 年突破 711 亿元，连续位居全国副省级城市第一位，大城市第三位（仅次于北京、上海）。共享的大型仪器设备超过 12300 台套，其中军工大型设备超过 3300 台套。培养的政策联络员超过 6500 名，落实减免税收达到 120 亿元。先后与近 20 个城市在服务体系建设、资源共享、人才培养、知识产权运营、技术转移等方面开展了多种形式的务实合作。其中：

图为 2017 年 4 月，科技大市场组织晋陕豫 3 省，西安、洛阳、运城、济源、焦作、三门峡 6 市，签署跨区域科技大市场创新合作协议

济源科技大市场自 2016 年 2 月建设运营至今，当年就取得显著成效，全市技术交易额首次突破 3000 万元，由上一年最后一名跃居全省第八位，年度增幅位居全省第四位，被评为"省级技术转移示范机构""省级技术合同登记优秀单位"。截至今年 11 月底，已促进全市技术交易额突破 4532.39 万元，为企业办理技术合同免税 16 件，累计吸纳共享大型仪器设备 1191 台套，促进各类检测共享服务累计超过 270 次。

运城科技大市场自 2017 年 3 月建设运营以来，平台及服务体系已快速搭建并进入常态化运营服务。截至目前，挂牌发布技术项目 417 项，技术需求 101 项；技术合同登记 59 份，完成技术交易合同额 5.26 亿元；累计吸纳仪器设备 285 台套，对接共享服务需求 11 项。同时，组织北京理工大学、西安交通大学、天津科技大学等 5 所高校与两地 30 余家企业进行技术项目对接超过 16 场次，对接项目超过 50 余项。

三、"科技大市场"服务平台政策启示

经过近 7 年的发展，科技部的领导认为西安科技大市场是科技创新服务"最有形和最有力"的成功案例，西安市科技局仍在致力于把大市场打造成科技人员的"娘家"，西安高新区把科技大市场作为自贸区、自创区建设的亮点"加分项"，科技大市场的工作人员也先后走出了西安、陕西，开始涉足祖国的大江南北，开启了西安特色的科技服务创业征程，在这条创新创

业的奋斗路上，这支队伍将会越来越庞大，而西安特色的科技大市场将越加弥足珍贵。

四、"科技大市场"服务平台下一步工作思路

接下来，西安将围绕大市场条件和能力建设，进一步强化技术交易和设备共享核心功能，积极构建链条式的交易共享服务网络、多层次的市场交易平台和多形式的产学研合作平台。努力把大市场打造成为中国重要的科技资源交易中心，有影响的"科技云"服务平台，科技界的"阿里巴巴"，成为基于市场化机制的科技资源统筹利用示范平台。

同时，通过西安统筹科技资源改革示范基地建设，科技大市场平台的搭建，可以破解西安科技资源一直以来存在的"分散""分离"和"分隔"的问题，促进科技人员的"解放"、高校院所科技能量的"释放"和科技设施的"开放"，促进创新资源和要素的"聚集"、本地资源与外部资本的"聚合"、科技资源向经济效益的"聚变"，实现科技成果、科研人员和科技企业的有力辐射，使西安科技资源统筹改革工作加速，西安创新型城市的建设步伐加快。

【实践者说】

西北大学副校长高岭认为："科技大市场的建立，在高校院所科技成果转化、产学研对接、仪器设备等资源开放共享方面起到积极的促进作用，可以让更多的企业分享高校的科研成果，共享高校的实验设备，利用高校的科技人才，也使高校院所服务地方经济建设的作用得以更好的发挥，科技人员的自身价值得到更好的体现。"

大市场展厅

【案例点评】

西安拥有众多一流高校及科研院所，因此也急需一个集科技成果、技术需求和技术专家为一体的公共信息服务平台，西安科技大市场的出现解决了这一问题：首先，让科技服务成为"淘宝"式服务，为科技创新主体解决供需信息不对称、服务渠道不畅通等问题；其次，率先在全国发起成立了"西安技术经理人协会"，加速一批高端技术人才的转型发展；最后，培养并构建政策联络员服务体系，有力提升了企业政策管理等能力。作为西安科技服务业的代言人，西安科技大市场始终站在行业发展的前沿和制高点。

整合全链条资源，创新生物医药孵化平台

——西安联创生物医药孵化器有限公司案例

随着人民生活水平的提高，人们对生命健康的重视程度逐年提升，这一现象给生物医健产业带来了难得的发展机遇。近年来，西安"硬科技之都"建设步伐逐年加快，生物医药这个属于硬科技"八路军"之一的健康产业更是快马加鞭，不断驶向发展的快车道。生物医药作为高新区的主导产业之一，在高新区具有雄厚的发展基础。但在为生物医药企业提供专业服务和孵化平台方面仍有待完善。联创生物医药孵化器自成立以来，一直紧跟高新区生物医药发展潮流，始终坚持创新发展理念，从成立之初始终秉承服务至上的理念，致力于打造更专业的公共服务平台，从而让公司取得了长足的发展。尤其是公司2016年10月份投入使用的"联创智荟"生物医健众创生态平台，是西北首家专注于生物医健领域创业创新的众创空间。"联创智荟"众创空间建成后，已经形成了"创业苗圃—孵化器—加速器—产业园"完整的科技创业孵化链条和多元空间，满足了医健创业者不同阶段的创业需求。

一、创新生物医药孵化平台的背景

中国特色社会主义进入新时代，我国社会主要矛盾已经转化为人民日益增长的美好生活需要和不平衡不充分的发展之间的矛盾。人民的生活水平已经显著提高，人们对于自身的健康的重视程度显著提高，生物医药领域迎来了广阔的发展前景。

为进一步实施创新驱动发展战略，完善西安高新区科技创新体系，提升企业自主创新能力，加快科技服务业发展，推动西安高新区国家自主创新示范区和世界一流科技园区建设进程，西安高新区管委会发布加快创新驱动发展的若干政策，为企业发展提供了良好的政策条件。

作为大西安建设的"排头兵"，高新区在生物医药产业发展上已经走出了

一条特色鲜明的道路，涌现出了众多知名生物医药平台，位于高新区的西安联创生物医药孵化器有限公司（简称联创生物医药孵化器）在高新区乃至西安市和陕西省有着很高的知名度。

生物医药一直作为高新区的主导产业之一，在高新区具有雄厚的发展基础，但专门为生物医药企业提供专业服务和孵化的平台尚属空白，具有很大发展空间。公司成立之初终就秉承服务至上的理念，致力于打造更专业的公共服务平台，建立包括转化医学公共服务平台（新药研发过程中的动物实验），新药研发公共服务平台（药物临床前研发、药物代谢、药物动力学研究），GMP 中试公共服务平台（药品中试和临床药品加工），功能食品研发服务平台（功能食品研发）等四大功能平台，专门为众多中小生物医药企业提供检测等服务，既节约了企业成本，又帮助它们快速成长、做大做强，可谓一举多得。

二、创新生物医药孵化平台主要做法及成效

（一）主要做法

联创生物医药孵化器最大的特点就是通过整合全链条资源，逐步完善整个产业的生态链，通过采取政府引导、多元投资、企业化运作的方式，依托西安地区的科教、人才、地域等资源优势，为企业提供包含产品研发、中试、成果转化、投融资等方面的全周期专业服务。

1. 整合生物医健全链条资源，逐步完成整个产业生态链

联创生物医药孵化器通过整合生物医健全链条资源，逐步完善整个产业的生态链，专门为生物医健创新创业企业提供工商注册、办公场地、商务秘书、政策对接、药监认证、人才对接、创业大赛、创业会诊、导师辅导、融资对接等 10 大项服务项目，目前已经成功孵化了多家药企。

2. 积聚产业资源，打造完整的生物医健众创平台

联创生物通过成为陕西省医学 3D 打印专业委员会秘书处、西安生物医药产业研发联盟秘书处等行业组织牵头单位，积累大量中小企业资源，通过举办创业大赛等活动，为中小企业搭建交流合作平台。通过建立西安电子科技大学生命科学院、西北工业大学生命科学院等高校的产学研合作及人才实习基地，聚集学术、人才资源。通过与陕西省药监局建立服务合作关系，积累行业监管资源。诸多资源聚集方式，打造了生物医健领域"产、学、研、医、管、金"相结合的生物医健众创生态平台。

3. 提供多平台检测认证服务，建设西北首家专注于生物医健领域创业创新的众创空间

通过建立包括转化医学公共服务平台（新药研发过程中的动物实验）、新药研发公共服务平台（药物临床前研发、药物代谢、药物动力学研究）、GMP中试公共服务平台（药品中试和临床药品加工）、功能食品研发服务平台（功能食品研发）等四大功能平台，专门为众多中小生物医药企业提供检测等服务。

联创生物同时也为生物医健创新创业企业提供工商注册、办公场地、商务秘书、政策对接、药监认证、人才对接、创业大赛、创业会诊、导师辅导、融资对接等孵化器常规服务项目。通过诸多资源聚集方式，打造生物医健领域"产、学、研、医、管、金"相结合的生物医健众创生态平台，建设西北首家专注于生物医健领域创业创新的众创空间"联创智荟"，形成了"创业苗圃—孵化器—加速器—产业园"完整的科技创业孵化链条和多元空间，满足医健创业者不同阶段的创业需求。

（二）主要成效

截至目前，"联创智荟"在孵生物医健创业企业 21 家，创业团队 11 个，在孵企业（团队）人员 360 人，服务对接生物医健项目 153 个，充分满足医健创业者不同阶段的创业需求。

经过 13 年来生物医健领域科技企业孵化工作，联创生物医药孵化器服务生物医健创业企业 342 家，累计转化科研成果 130 余项，累计培育毕业企业 63 家。其中，力邦制药成为全国制药工业百强企业，涌现了康拓医疗等细分领域领军企业 9 家，岳达生物等 7 家企业成功挂牌新三板。

联创生物医药孵化器的辛勤付出也赢得了高新区等上级单位的认可。2016 年、2017 年，"联创智荟"先后被西安市科技局、陕西省科技厅认定为"西安市众创空间""陕西众创空间孵化基地"；2017、2018 年，"联创智荟"又获得了高新区突出贡献"创新创业优秀示范单位"的称号。"联创智荟"运营机构联创生物医药孵化器，2005 年获得了国家科技部火炬中心"国家级科技企业孵化器认定"；2006 年荣获了陕西省科技厅"13115 科技创新工程重点园区"运营单位认定；2007 年喜获了科技部火炬中心"国家火炬计划西安高新区生物医药特色产业"认定；2010 年又被国家发改委、科技部等部委联合支持的"十二五"重大新药创制项目"创新药物孵化器基地"立项；2012年被商务部"国家科技兴贸创新基地（生物医药类）"认定……

三、创新生物医药孵化平台政策启示

高新区发展后劲十足，产业集群效应凸现。随着人民生活水平的提高，越来越多的人对生命健康的重视程度逐年提升，可以说给生物医健产业带来了难得的发展机遇，高新区未来在此类产业发展上必将迎来新的跨越。鉴于此，更加坚定了联创生物医药孵化器在高新区发展的信心，并且激励着公司所有人员不断拼搏，全部朝着打造西北首家全链条生物医健生态服务平台的目标前行，力争早日将公司建设成为西北地区的样板。

"高新区各种资源聚集，多重发展优势叠加，区内高端人才、医院、企业众多，具备发展生物医健产业的各种条件。"高新区将生物医药产业作为战略性新兴产业，近年来不断加大在其上面的投入，各种新技术和医疗的结合，必将会催生出大量新的品类和门类。联创生物医药孵化器将瞄准方向、紧抓机遇、立足高新、辐射西北，争取用自身力量服务更多的生物医药初创企业，为人类健康保驾护航。

除此之外，联创生物医药充分享受高新区的各项优惠政策，帮助生物医药企业发展壮大。这些政策包括《高新区管委会关于加快创新驱动发展的若干政策》《西安高新区管委会关于实施特殊人才跨越计划的若干政策》《西安高新区管委会关于支持科技企业小巨人发展的若干政策》《西安高新区管委会关于促进科技与金融结合的若干政策》《西安高新区管委会关于年度优秀企业评选表彰管理办法》《西安高新区战略性新兴产业扶持引导基金管理办法》《西安高新区管委会关于促进经济稳中求进的实施意见》……西安高新区出台的各项优惠政策为企业创新创业发展提供了绝佳的政策优惠条件，为企业营造了良好的政策空间，有利于企业获得长足发展。

四、创新生物医药孵化平台下一步工作思路

展望未来，高新区将生物医药产业作为战略性新兴产业，将不断加大在其上面的投入，各种新技术和医疗的结合，发展后劲十足，产业集群效应凸显，必将会催生出大量新的品类和门类。未来在此类产业发展上必将迎来新的跨越。

联创生物医药孵化器更加坚定在高新区发展的信心，瞄准方向、紧抓机遇、立足高新、辐射西北，争取用自身力量服务更多的生物医药初创企业，朝着打造西北首家全链条生物医健生态服务平台的目标前行，力争早日将公

司建设成为西北地区的样板。

【实践者说】

联创生物医药孵化器负责人杨杉在接受采访中表示："公司成立的目的就是想依托高新区创业园作为陕西省综合孵化器的优势，通过'1 + N'孵化模式，借助创业园和西安市科技局力量来做专业的生物医药孵化器发展，推动区域生物医药产业崛起。"杨杉介绍说，公司成立当年就被科技部认定为国家级创业服务中心和国家级西安生物医药专业孵化器的孵化器。公司旨在通过采取政府引导、多元投资、企业化运作的方式，依托西安地区的科教、人才、地域等资源优势，为企业提供产品研发、中试、成果转化、投融资等方面的专业服务。目前公司已经形成了生物医药自主创新、相关资源聚集的带动效应。

杨杉坚信，随着高新区"大干123，建好首善区"战略持续深入推进，联创生物医药孵化器将搭乘高新区高质量发展的东风，必将取得更大的成绩，打造西北首家全链条生物医健生态服务平台的梦想不会太遥远。

2016 年 10 月 15 日杨仁华主任与卢秉恒院士为联创运营众创空间"联创智荟"揭牌

【案例点评】

西安联创生物医药孵化器从 2005 年成立以来，一直紧跟高新区生物医药发展潮流，不断坚持创新发展理念，从成立之初始终秉承服务至上的理念，致力于打造更专业的公共服务平台。作为西北地区孵化器的样板，西安联创生物医药孵化器正朝着打造西北首家全链条生物医健生态服务平台的目标前行，在为生物医药企业提供专业服务和孵化平台的方面发挥着重要作用。

整合资源　发挥企业市场主体作用

——"双创"平台助力企业创新发展

为全面落实省委、省政府制定的《陕西省实施创新驱动发展战略纲要》和市委、市政府出台的《西安市推进"5552"众创载体建设实施方案》，经开功能区联合海荣集团、蒜泥科技等企业共建"西安创业大街"，形成政府引导、企业参与、资源整合的完整"双创"链条。

近年来，经开功能区着力推进"双创"工作从发展数量向提高质量转变，激发双创载体的活力，努力提高"双创"服务水平，为创业者提供更加良好的环境和服务质量，进一步提升了"双创"的成活率。总体按照以下方向推进"双创"工作：一是以西安创业大街为基础，升级打造具有"现代、时尚、国际化"的经开创业街区；二是依托现有的众创空间、孵化器、加速器，不断完善从创客到加速企业的双创孵化链，聚集项目、资金、人才优质要素，形成完整的双创生态链；三是按照政府引领、企业为主体、市场化运行的双创机制和环境，推动经开区双创工作快速可持续发展。

一、"双创"平台的背景

"大众创业是富民之本，这不仅是一种社会行为，也是一种经济调控，更是全面建成小康社会的动力源泉。"2014年9月，李克强总理在夏季达沃斯论坛首次提出"大众创业、万众创新"，号召全国掀起"大众创业""草根创业"的浪潮，形成"万众创新""人人创新"的新态势。

二、"双创"平台主要做法及成效

（一）主要做法

1. 通过政策撬动，搭建"双创"平台。

经开区响应国家、省、市各级政府的双创发展战略，出台《经开区进一

452

步鼓励大众创业万众创新暂行办法》，通过政策支持，引导、鼓励具备条件的企业按照市场化方式建设创业大街。经开区、蒜泥科技、海荣集团三方协作，为企业搭建"西安创业大街"这一"双创"平台。

2. 通过整合优质资源，发挥企业市场主体作用。

精准招商，有效吸引资金、项目、互联网服务平台、高端人才等双创资源；整合"双创"要素，激活盘活闲置资源，以市场化手段进行运营管理；"西安创业大街"建设了特色咖啡街区、029广场、双创会客厅、"创翼+"工坊、"梦想+"大厦、"未来+"大厦等功能区，打造第三代创新创业资源聚集型综合体，为创业者提供工作、生活、学习、社交的完整生态链，构建"5分钟创业生态圈"，实现"24小时创业不打烊""24小时服务不打烊"；引进3W空间、天使茶馆、极客公园、猪八戒网、英特尔创新加速器、小米生态链等知名双创载体，打造专业化立体型双创服务体系，为处于不同阶段的创客团队和创业企业提供全方位优质服务；建有配套的创客公寓、八戒星厨、无人超市、24小时书店、迷你KTV、影院、酒吧、休闲空间、停车场等生活服务设施，为创业者提供绿色、便捷、舒适的生活环境。

经开区管委会承办"2017年全国双创活动周"西安会场暨创新创业成果展

3. 深入开展重大双创活动，积极营造双创浓厚氛围。

随着区内众创空间及创新型企业培育载体的快速发展，创业创新服务工作的开展显得尤为重要。2018年市领导在经开区参加"创业西安行"活动共计8次，管委会主要领导"创业西安行——经开站"活动共计23次。组织开展"全国双创周""AI人工智能应用峰会"创新创业大赛等重大活动50余次。激发出全社会创新创造的活力，使创新创业者成为受人尊重的公众人物，涌现出一批创业人物和创新项目，在经开区形成了良好的创新创业氛围。此外，还承担和举办了多项重大双创活动。

（二）主要成效

1. 营造高效便捷的"双创"营商环境。对于创业者而言，创立一家公司最艰难的就是起步，此前办理营业执照，从名称核准到办理纸质营业执照，就需要反复跑窗口。现在，集聚工商、税务、金融等多个职能于一体的西安创业大街双创会客厅，为创业者提供"只用跑一次"的便利服务方式，让创业者高效办事、专心创业。

2. 打造经开功能区"双创"品牌。"西安创业大街"建成以来，先后举办了"双创 Talking 系列"、人工智能与智能制造高峰论坛、DigiArtist 2017 数字艺术展等大型活动 13 次，参与人员共计 1600 余人；接待北大光华校友、《创业邦》杂志创始人、创业邦天使基金创始合伙人、内蒙古自治区兴安盟青年企业家考察团、西北大学研究生院、西北工业大学师生、全球硬科技创新大会专家、IBM 考察团、文理学院、草滩生态产业园工商所考察团等 2300 余人的参观考察，《人民日报》、陕西电视台、西安电视台等主流媒体先后对"西安创业大街"进行了宣传报道。

2018 年 10 月 13 日上午，"慧管理 智办公"主题论坛在西安创业大街成功举办

3. 形成经开"双创"聚集效应。"西安创业大街"已签约入驻各类双创服务机构和创新创业企业 80 余家，包括以 3W 咖啡、猪八戒网、赛伯乐、天使茶馆等为代表的知名双创服务品牌；以猩便利、速跑共享健身仓、读空间、IBIS、途客中国为代表的配套空间载体。同时，积极构建专业领域的创业孵化体系，与麦芒音乐、中坤文创、蒜泥乐博、Ink class 等就联合建设文创孵化器、科教孵化器等达成合作意向；联合猪八戒网启动了经开区"互联网＋"产业转型升级服务中心，包括经济专家智库、企业市场服务平台等板块。

三、"双创"平台政策启示

目前，经开区已培育发展了西安大普科技企业孵化器、智巢未来港、印包基地、经发中小工业园、服务外包产业园等多家不同领域、不同类型的孵化基地，分别从事光电信息、医疗设备研发、印刷包装、电子商务、"互联网＋"、智能制造等高新技术中小企业创业和培育工作。

经过多年探索创新，经开区内的各类孵化器探索符合自身实际的科技企业引进、孵化、毕业流程，建立了完备的孵化企业基础数据库、成长档案、孵化方案、成果运用等管理制度和服务体系。从服务内容、质量和体系等角度看，这些孵化器已进入产业特色鲜明、服务高效精准、品牌优势突出的良性发展之路，成为经开区推动高科技企业聚集、加快新兴产业发展的重要载体。

在一系列服务的促动下，经开区企业创新创业不断取得突破。以大普孵化器为例，下半年，孵化器内的光德电子科技公司在市场拓展方面取得重大突破，点石超硬材料公司顺利完成新产品的研发，比特利光电科技公司已成功在新三板挂牌上市……

长期以来，经开区免费为创客提供工位，提供路演大厅、创客咖啡等场地，为创客提供路演服务及创客交流报告会；通过创客教育、举办公开课等形式，对创客及创业团体进行培训。同时，积极为创客团队代办注册手续、代管人才等各项事宜，尽力解决创新创业的后顾之忧。

经开区出台政策，对生产经营者购买和租赁商业物业进行补助，以促进大众创业、万众创新。下一步，经开区将积极响应国家"创新驱动"战略，认真落实"大众创业、万众创新"的各项要求，不断完善创新创业的发展环境，培育创新创业文化，提升创新创业水平，使更多优秀企业和人才在这里迸发出创新活力，有效激发开发区创新活动和产业潜能，为全市产业发展和工业振兴提供坚实支撑。

四、"双创"平台下一步工作思路

（一）通过推进制度创新和政府职能转变，真正为创业者提供良好的创业环境、为创业企业解决发展中的各项问题，努力打造"金牌店小二"，为入驻企业营造良好的营商环境。

（二）加大"西安创业大街"的宣传力度，借助自媒体的便捷性、广泛性、高效性，提高街区的知名度与影响力。

（三）提升创新创业服务保障水平。整合现有资源，建立创新创业专业服务机构资源库，建设完备的创新创业服务体系，持续优化提升服务体系和生态环境，为创客、创业团队、创业企业提供便捷的专业资源。一是进一步完善创新创业服务体系，提高科技服务供给质量，持续提供优质的投融资、路演、法务、财务、管理咨询、科技中介、媒体等专业服务。二是围绕知识产权、科技计划申报、政策兑现、平台运营补助资金的绩效评价等工作，不断强化全员业务能力，提高执行力。三是完善经开区企业服务平台功能，围绕打造经开区企业家朋友圈，变被动服务为主动服务，对经开区企业服务网升级，为企业提升信息展示、交流、政策受理以及申报、科创和双创信息推送等多项服务。四是委托专业第三方机构，建设和运营经开创新创业微信公众号矩阵，作为我区创新创业工作宣传展示的自媒体窗口。

（四）打造"众创空间＋孵化器＋加速器＋产业园区"的全链条创新创业载体体系。加快国有载体和科技服务集聚区的建设，承接招商引资、新经济和硬科技等优质项目，便于集中力量做好优质创新创业资源的引导和聚集，更好地发挥引领示范作用，打造经开区创新创业示范新标杆。积极申报国家级创新创业特色载体。在汽车制造、新材料、油气装备和军民融合等领域，以陕汽、有色院、长庆油田、兵器集团等为龙头，探索建立1—2个大中小企业融通特色载体，形成一批中小企业协同发展的局面。

（五）营造良好创新创业氛围。做好创业西安行、双创活动周、西安国际创业大会、西安国际创业大赛在经开区的落地工作，围绕新材料、人工智能、工业互联网、智能制造、数字设计及数字城市、大数据等领域举办若干场专业论坛，持续放大我区创新创业品牌效应。

【实践者说】

近年来，为大力支持推进"大众创业、万众创新"，西安相继制定出台多项政策措施，以"创新体制机制，统筹科教文化资源，发挥比较优势"为理念，积极创造环境，努力搭建平台，大力推动双创载体发展，形成了全民参与创新创业的浓厚氛围。

西安高新区管委会经开功能区相关负责人表示："作为西安双创主力军，西安经开区当仁不让，扬鞭奋进，硕果累累。近年来，经开区实施'三新战略'、助力'建强创佳'、实现'追赶超越'，努力为创新创业提供专业化服务环境，全面实施创新驱动战略，双创载体建设明显加快。"在今后双创工作的推进上，西安经开区将主动对标国家双创定位，全面落实省市部署要求，聚集更多优质的创业资源和机构，带领更多创业者持续前行，将继续营造技术创新、制度创新、管理创新和服务创新互动联动的良好氛围，为大西安建设和"建强创佳"作出积极贡献。

【案例点评】

西安经开区将自身创新与创业的成功经验，拓展为对企业的各项扶持，在政策支持、服务理念、资源配置、环境优化、技术升级和平台打造等方面，已具备了迎接"大众创业、万众创新"时代到来的充分条件。"双创"平台的成功建立与落地实施，为"大众创业、万众创新"提供了"头等舱"服务，为企业的健康发展注入了活力。

创建"一带一路"人文交流平台新模式

——打造传播中国故事的最炫舞台

　　为进一步推动"一带一路"经济合作和人文交流，依托浐灞的区域优势和文化背景，创建一带一路人文交流平台新模式，浐灞生态区引进西安华夏文化旅游综合体项目，秉承"用最炫的舞台，讲好中国故事，传播好中华优秀传统文化，弘扬好社会正能量"的基本理念，旨在打造一个以中国传统文化为依托，集特色文化演艺、观光游览、特色餐饮、文娱体验等综合性功能于一体的大型旅游综合体。尤其是"驼铃传奇"秀，以"一带一路"为主线，深入挖掘西安传统文化，追寻丝绸之路上的历史踪迹，建设"一带一路"人文交流平台的新模式。

一、创建"一带一路"人文交流平台新模式的背景

　　党的十九大报告提出，我国经济已由高速增长阶段转向高质量发展阶段，正处在转变发展方式、优化经济结构、转换增长动力的攻关期，满足人民日益增长的美好生活需要，文化产业正成为新时代我国经济增长的新动力。近年来，西安面向全球对外开放的步伐不断加大，国际影响力随之深入推进。一系列具有国际性的活动成功落地，进一步拉近了西安与世界的距离。今年以来，世界厕所工作大会、全球旅游目的地营销峰会暨世界文化旅游大会、西安国际创业节、第九届中美磁约束核聚变合作研讨会、丝绸之路长安国际儿童医学发展论坛、首届北欧可持续城市发展国际论坛、全球创投峰会、国际骨科学学术大会、APEC 电子商务工商联盟论坛、中国国际石墨烯创新大会等国际交流活动，接连在古城举行，吸引了世界各地的专家、客商纷至沓来。

　　浐灞生态区自成立以来，就高度重视文旅产业发展，为做大做优文旅产业提供了一揽子扶持政策，营造了良好的营商环境，华夏文旅抓住机遇，选择了浐灞生态区这一充满无限机遇的现代新城，在浐灞的沃土里茁壮成长。

　　从地理位置来讲，西安位于中国的几何中心和大地原点，是"一带一路"上的重要支点城市、新亚欧大陆桥中国段的西部中心城市。当今文化旅游产业正在升级，中国旅游已经从传统"走马观花"式的观光游向以文化为主题导向的"文化深度游""文化休闲游"转变，因此，发展旅游演艺 + 主题公园的综合体模式，可以充分迎合行业发展方向，满足游客的多样需求，创造出更多的社会价值及商业价值。华夏文旅开创的是"多元业态、一站式服务"旅游新格局，华夏文旅西安度假区不是单一的产品，而是多个产品"团队作战"，优势互补。演艺是华夏文旅西安度假区核心项目之一，可以与海洋公园 + 水世界二者形成合力，实现 $1+1 > 2$ 的效果。

西安华夏文旅集特色文化演艺、观光游览、特色餐饮、文娱体验等综合性功能于一体

　　华夏文旅牢记总书记的指示——"方兴未艾 再创佳绩"，在深入挖掘与传播丝绸之路文化的同时，发挥西安天然的历史文化优势，结合浐灞生态区的旅游发展理念及国际化元素，充分挖掘西安的历史文化资源。积极响应塑造和叫响"西安最中国"品牌，集中展示新时代下西安全新形象，提升西安城市活力、时尚与魅力指数，诠释中华文化的精髓，为大西安建设注入新活力。

二、创建"一带一路"人文交流平台新模式主要做法及成效

（一）主要做法

1. 打造"驼铃传奇"实景演艺秀

　　会跑的实景演艺"驼铃传奇"秀产品内容创新，地域特色鲜明，深深根

植于深厚的西安传统文化沃土，讲述一段丝绸之路上的传奇故事，整场演艺《岁月再现》《送君千里》《狼道遇险》《异国风情》《祥雨洗尘》《迎郎归来》《华夏盛世》七幕剧情，情节跌宕起伏，为观众带来震撼、刺激、唯美、欢快的视听感受，使用发明专利多达47项，20头骆驼、30头苍狼在其中也有惊险刺激的表演。如在眼前的火山喷发、雪崩，扑面而来的千吨圣水，无不为观众带来独一无二的视听享受。

《驼铃传奇》秀带你穿越大漠风沙的豪迈与苍茫，倾听丝绸之路上悠远驼铃的清脆与神秘，品味异域风情，见证荣耀大唐，聆听华夏千年回响。这个依托丝路文化打造的视觉盛宴是浐灞探索"一带一路"经济合作和人文交流作出的重要尝试。

2. 采用独特的舞台模式

"驼铃传奇"的演艺剧场首创可容纳3000人同时观看演出的会跑的观众席，舞台机械设备的使用规模是拉斯维加斯单一秀场的8倍之多，拥有自主知识产权的各种发明专利和舞台实用新型专利达47项，15个篮球场大小超清LED屏幕分置在实景之中形成视频与实景的虚实结合，使观众如梦如幻，完全颠覆了普通剧场的概念。普通剧场的舞台在中心，观众看台围着舞台；而华夏演艺剧场的观众看台在中心，舞台在四周，让观众置身情景剧中，身临其境。剧场内拥有360度无缝衔接大屏幕，可为游客带来最震撼、刺激、有趣的文化体验，打破了千年来一面观众一面舞台的传统观演模式，创新中间是观众、四周是舞台的全新立体观演体验，是世界演艺史上的一次颠覆性革命。

3. 构建丰富的产品形态

（1）首创"海丝"民俗主题的海洋公园

"海丝"主题文化区与海底动物展示的巧妙穿插，让游客在探索神秘莫测的海洋生物世界的同时，能亲身体验世界各地独具特色的海洋民俗文化，这是华夏文旅首创。

（2）绝无仅有的海洋生物小品剧

诙谐幽默的海象表演相声，取得了出人意料的效果。目前，海洋公园还有西北地区唯一的企鹅馆，以及极地动物白鲸、海豚刺激欢快的表演等。

（3）空中看丝路：5D飞行影院

海洋公园有西北地区唯一的5D飞行影院，融视觉、动感于一体，乘坐华夏文旅自主研发的悬挂座椅，飞越千年，梦回丝路。

（4）水上丝路电音节

2018年夏天华夏文旅在水世界"制噪"了一场以丝路为主题的电音节派对，西域风情、欧美风尚，与电音结合，打造超乎想象的视觉盛宴，开启了中国电音3.0时代。

4. 研学旅行方兴未艾

华夏文旅西安度假区根据自身资源特点，合理编排学生研学教育课程，开设了海洋生物科普之旅，海上、陆上丝绸之路文化研学之旅。为有效评估研学实践教育效果，建立学生研学实践教育效果测评制度，通过问卷调查、收集意见、学校评估等方式，真实反映研学实践教育成果，了解学生知识、技能掌握情况。经多方位测评，华夏文旅西安度假区研学实践教育满意度达90%以上。

（二）主要成效

1. 屡获殊荣，载誉无数

华夏文旅集团自成立以来先后荣获有旅游界奥斯卡之称的中国旅游产业杰出贡献奖——飞马奖、国家文化产业示范基地、中国旅游演艺机构十强、中国旅游演艺独角兽、中国文化旅游特殊演艺第一秀、中国品牌文化影响力十大标杆企业、中国（行业）十大影响力品牌等荣誉称号。

近日《驼铃传奇》秀在第25届世界主题娱乐协会（Themed Entertainment Association，以下简称TEA）年度颁奖典礼上斩获Thea Awards年度"杰出成就奖"。主题娱乐协会（TEA）是全球主题娱乐文旅行业最权威的机构，每年评选和颁发TEA西娅大奖（Thea Awards），被公认为是主题娱乐行业的最高荣誉、全球主题公园行业的"奥斯卡"大奖，是世界各主题乐园、表演项目、游乐设施竞相角逐的对象。《驼铃传奇》秀作为年度全球唯一获此殊荣的演艺项目，是华夏文旅在国内获得诸多肯定以后，在世界上取得的又一骄人成就。

2. 搭起文化交流新桥梁

以陆上丝绸之路为背景打造的会跑的实景演艺《驼铃传奇》秀，以及以海上丝绸之路为主题打造的西安华夏文旅海洋公园，成为挖掘、传承、弘扬丝路文化、丝路精神最具影响力的西安新势力和新地标，随着影响力的不断扩大，成为中西文化越来越重要的交流桥梁。

3. 展现创意文旅新风貌

会跑的实景演艺《驼铃传奇》秀，打造的以陆上丝绸之路为背景，47项自主研发的专利支撑的集"悬念、震撼、刺激、欢快"为一体的室内实景演艺，以创新性的方式开发"陆、海、空"三种方式体验丝绸之路，创造了中国旅游演艺的"新传奇"，获得"中国旅游演艺独角兽""中国文化旅游特色演艺第一秀"殊荣。

华夏文旅海洋公园，首创将世界民俗与海洋文化的巧妙融合，以"海上丝绸之路"为背景，以明朝郑和下西洋为主线，从海上丝绸之路的起点泉州古渔村出发，到意大利的威尼斯水城，实景重现丝路重点节点城市民俗风貌。串联起了横跨亚欧大洋的中外文明，呈现了当时海丝重点连接点的盛况。

飞越丝路探秘 5D 飞行影院，自创悬挂座椅带你走上丝路古道，长城、泰姬陵、罗马斗兽场、希腊神庙等举世闻名的古建筑——从眼前飞逝而过，让游客体验穿越时空的刺激。

三、创建"一带一路"人文交流平台新模式政策启示

浐灞功能区的指导思想是以制度创新为核心，以可复制可推广为基本要求，发挥"一带一路"建设对西部大开发带动作用、体现西部地区门户城市对外开放水平，高水准推进浐灞自贸功能区建设，战略定位是以打造丝路沿线金融创新试验区和国际文化交流示范区为核心，探索内陆与"一带一路"沿线国家经济合作和人文交流新模式。

陕西自贸区成立以来，华夏文旅集团将目光转向旅游资源丰富的十三朝古都西安，打造了华夏文旅西安度假区。自项目运行以来，吸引了众多中外媒体和官员。来自全国的多家传统媒体和网络媒体，来自多米尼加、巴拿马、阿根廷、乌拉圭、委内瑞拉、哥斯达黎加、洪都拉斯、厄瓜多尔、萨尔瓦多等国家的近百名官员慕名到此，共同见证浐灞在人文交流和经济合作方面的建设与发展，华夏文旅的发展也受到习近平总书记的充分肯定。

四、创建"一带一路"人文交流平台新模式下一步工作思路

西安作为古丝绸之路的起点及汉唐时期的东方文明中心，见证了丝绸之路的开通、发展、繁荣和鼎盛，是丝绸之路沿线城市的典型代表，也是东西方文明交流融合、发展的重要载体。"一带一路"倡议为西安带来了重大发展机遇。要进一步做好丝绸之路相关旅游资源的开发利用，积极开展与丝绸之路沿线国家和周边城市旅游合作，打造精品线路，全面提升西安旅游发展品质和国际竞争力。强化西安历史文化"走出去"战略，旅游部门会同相关部门，定期在"一带一路"沿线国家举办体现周秦汉唐文化西安特色的外展精品，推进与"一带一路"沿线国家的旅游交流合作，提高西安文化辐射力、

世界影响力和感召力。华夏文旅项目作为大型丝路文化互动项目，在增加浐灞生态区就业、美誉度、影响力与旅游利润增长点等方面将发挥巨大的领军作用。展现丝路文化，真正挖掘西安的文化精髓。华夏文旅集团的演出将会成为西安的一张演出名片；而浐灞自贸区将借助制度创新，为国外游客入境旅游提供更多便利服务，成为向世界敞开的国际化窗口，推动浐灞真正成为"一带一路"经济合作和人文交流重要支点。

【实践者说】

西安管委会浐灞功能区负责人表示："西安是十三朝古都，历史文化资源丰富，也是'一带一路'陆上丝绸之路的起点。作为国家中心城市，西安是连通东西方文化的完美接轨点，更是世界知名的旅游城市，中国最佳旅游目的地。华夏文旅选择这座文明古城，就是想借助浐灞生态区的天然生态优势，深入探寻弥留于此的文化灵魂，挖掘背后的故事与感动，打造出不一样的文旅产品。"华夏文旅负责人表示："文以载道、文以化人，华夏文旅秉持'旅游搭台，文化唱戏'的发展观念和浐灞生态区'生态＋文旅'的特色理念不断砥砺前行，今后将创造出更多能体现中华文化、丝路文化和生态文化的好作品、好项目，助力绿色产业、生态产业、文旅产业融合发展。"

【案例点评】

华夏文旅（西安）度假区项目作为落实陕西省政府工作要求的典范项目，主推大型演艺和海洋公园，特别是大型室内实景演艺《驼铃传奇》秀，立足"一带一路"历史文化，充分展现中国元素、体现华夏文化、展示西安特色，有效推进文化旅游产业融合发展，成为西安文化旅游新亮点，为浐灞探索"一带一路"人文交流平台的新模式注入了活力。

搭建"互联网 + 文物教育"平台
探索文物展示交流新方式

为进一步助推中国传统文化走出去,陕西自贸区沣东功能区联合省文物局、中国移动、新昆互动文化科技等单位在全国率先创建了首个以"一个工程、两个库、三大终端、四个系统、五类内容"五大核心要素为支撑的"互联网 + 文物教育"平台,形成集信息发布、文物信息资源开放、智慧服务能力合一的跨时空、地域的中国文化宣传平台,促进了"一带一路"沿线国家和地区民众对我国传统文化的认知与了解。

一、搭建"互联网 + 文物教育"平台的背景

"一个博物院就是一所大学校。"习近平总书记 2015 年春节前夕到陕西视察时的一番话,让陕西文物文化传播者、教育者深受启发。怎样才能"让历史说话,让文物说话"?陕西文物文化传播者尝试在科技和文化领域的交叉地带开拓一片天地——让文化与科技成为创意的两翼,文化为科技创新提供内容驱动,科技为文化创造更多表达方式。

2018 年 6 月,"互联网 + 文物教育"平台开发团队落户陕西自贸试验区沣东新城功能区,正式启动了文物教育课程的设计和相关软硬件的研发工作。通过动漫、游戏、VR/AR 技术等新形式、新技术,原来冷冰冰的文物可以实现全息欣赏、虚拟触摸和历史事件沉浸式体验。平台使用者能够通过新的方式,直观感知文物的历史、艺术和科学价值。

据悉,"互联网 + 文物教育"平台自 2018 年 5 月 18 日启动以来,陕西文物局整合全省文物资源,联合陕西移动、新昆公司等单位全力打造规模大、内容多、覆盖广的"文物网上大学堂",平台已上线文物数字化教育内容1.45 万条,终端用户达到 301 万户(人),日均活跃用户 4.5 万人。"互联网 + 文物教育"平台通过整合全省文物资源,开发了周、秦、汉、唐文物等

多个主题数字教育资源包，开展了270场具有原创性的"互联网＋文物教育"活动。

二、搭建"互联网＋文物教育"平台主要做法及成效

（一）主要做法

1. 建立多维矩阵传播体系

沣东功能区紧扣"文化走出去"要求，突破地理时空限制，在全国首创了"互联网＋文物教育"平台，对各类博物馆文物资源实现数字化集成，搭建了"数字文物云"，开设了互联网文物教育频道，实现了中国传统文化及文物的全球展示；同时，沣东功能区依托云平台建立了文物数字化采集、资源管理、内容发布等核心功能及文物图书销售、动漫、AR/VR、文创产品展示等延伸功能，使得文物展示突破了时空与物理界限，更具生命力和活力，有效满足全球特别是"一带一路"沿线国家对中国传统文化的认知需求。

2. 创新文物感知内容及形式

沣东功能区充分运用互联网、大数据、云计算、人工智能等信息技术，推动文物与教育领域的融合发展，先后开发数字化、网络化的文物教育课程，利用动漫、游戏、VR/AR技术、3D扫描模型等方式，对各博物馆珍贵文物实现数字化采集，并以虚拟历史场景、三维文物展示等新形式、新技术，为广大受众提供文物全息欣赏、虚拟触摸和历史事件沉浸式的体验。

3. 同频共振实现资源有效集成

沣东功能区充分发挥政府引导作用，在省文物局的支持下，成立了陕西省博物馆教育联盟，通过对各博物馆文物资源进行数字化展示、开设录制文物教育课程、举办历史文化动漫游戏大赛、研发文创产品等方式，初步实现了文物教育资源、内容、产品、渠道、消费全链条整合，并整体性、系统性地盘活了文物资源，提升了文物展示、教育的普惠性功能。

4. 积极开展文物文化跨国交流推介

沣东功能区依托"丝博会"等平台，与"一带一路"沿线国家积极开展文物展览、技术合作、博物馆数字化教育及展示等文化交流合作，先后承办了"一带一路"沿线国家文化遗产保护交流合作论坛、"丝绸之路文化遗产保护利用科技合作论坛暨展览"，并赴境外国家和港澳台地区举办文物文化交流，推介"数字文物云"平台与中国文化。

（二）主要成效

1. 有利于全省文物资源整合

沣东功能区以习近平总书记关于"一个博物院就是一所大学校"讲话为指引，在省文物局的支持下，通过成立陕西省博物馆教育联盟等，实现了对各博物馆文物数字化资源的整合。"互联网＋文物教育"平台自 2018 年 5 月 18 日启动至今，已收录了全省 21 家博物馆 3 万余件可移动文物大数据、上千件 3D 数字化文物资源。

2. 有利于向国民普及博物馆教育

沣东功能区通过互联网电视平台，将文物数字化教育内容带入数千所学校（社区）和数百万家庭，利用动漫、游戏、VR/AR 技术虚拟历史场景等新形式，提供文物全息欣赏、虚拟触摸和历史事件沉浸式体验，直观感知文物的历史、艺术和科学价值，激发群众对历史文化的兴趣爱好。平台共有文物数字化教育内容 1.45 万条，课程 700 余小时，原创性的线下活动 270 场。平台终端用户已经突破 300 万，其中境外用户约 20 万，日均活跃用户 4.5 万，日均在线时长达 35.2 小时。由此可知，平台的社会效应已经逐步显现。

3. 有利于促进丝路历史文物和文化的交流

通过在境外举办文化文物展览、世博会"陕西周"等活动，沣东功能区推介"互联网＋文物教育"平台，并与丝路沿线国家博物馆建立了双向互动机制，将文化走出去推向纵深处。"互联网＋文物教育"平台已入选国家文物局 2018 年度"互联网＋中华文明"示范项目库，并获得 2018 年度陕西省宣传思想文化工作创新奖一等奖。

三、搭建"互联网＋文物教育"平台政策启示

全国首创建设"互联网＋文物教育"平台，创造了更广的传播覆盖面积，是一条值得向全国历史名城推广的创新举措。开展"互联网＋文物教育"平台建设工作，对于整合我省文物资源、始终贯穿博物馆教育、坚定人民群众文化自觉和文化自信、传承中华优秀传统文化、讲好陕西故事具有重要意义。平台依托陕西丰富的文物资源，把互联网的创新成果与中华优秀传统文化的传承、创新与发展深度融合，探索文物国际展示新方式。

四、搭建"互联网＋文物教育"平台下一步工作思路

下一步，沣东功能区将充分发挥自身优势，借助我省丰富的博物馆馆藏，

不断丰富"互联网＋文物教育"平台功能，在做好平台系统优化与完善基础上，持续丰富文物教育内容，并为相关文博、文化机构提供全方位数字文物运营保障与服务，积极开展线下文物文化衍生品的设计、生产、推广合作工作；利用自贸区国际通道优势，与国际港务区等功能区联手协作，开展境外文物展示交流、保税展示、金融外汇等服务及文创产品发展合作等，加速实现中国优秀文化走出国门。

2019 年，平台将不断充实文物教育内容，以文物惠民、智力扶贫为抓手，线上线下结合开展"历史文化进校园、进社区、进军营、进企业、进乡村"等教育活动，充分发挥文物在培育弘扬社会主义核心价值观、构建中华优秀传统文化、传承体系和公共文化服务体系中的独特作用。

【实践者说】

陕西新昆互动文化科技有限公司总经理李斌表示："陕西的历史文化资源丰富，但要把这些资源盘活可不容易。平台致力于探索出一条从'文物→创意→创作→传播→形成 IP→商业运营'完整的文化产业链，带动沣东新城乃至陕西文化产业的发展。同时，也将利用陕西自贸试验区的优势，为'一带一路'人文交流探索新方式。这个项目在全国尚属首创，也是'首届陕西历史文化动漫大赛'的深化和延续，平台以'让学校成为博物馆，让博物馆成为学校'理念，通过移动光网宽带连接省内数百博物馆，通过移动互联网电视平台让优秀的历史文化数字内容走进数千所学校和社区、数百万家庭。我们的愿景是将平台建成覆盖最广、内容最全、影响最大的'互联网＋文物教育'网上大学校。本项目建设对于传承中华优秀传统文化、培育社会主义核心价值观、增强文化自信具有十分重要的意义。"

2019 年 5 月 18 日，陕西"互联网＋革命文物"教育平台正式上线运营

【案例点评】

开展"互联网＋文物教育"平台建设工作，对于整合文物资源、始终贯穿博物馆教育、坚定人民群众文化自觉和文化自信、传承中华优秀传统文化、讲好中国故事具有重要意义。平台依托陕西丰富的文物资源，把互联网的创新成果与中华优秀传统文化的传承、创新与发展深度融合，探索文物国际展示新方式。

服务西部大开发

——构建"一带一路"外事服务新平台

党的十八大以来，习近平总书记以纵览全球的宏大视野和国际眼光，把开放纳入新发展理念，系统回答了新时代要不要开放、要什么样的开放、如何更好推动开放等重大命题，特别是在博鳌亚洲论坛上发出了"新时代改革开放再出发"的动员令。我们必须深学细悟，自觉在国家开放全局中找准方向、把握机遇。大西安空间格局的三个纵轴中，浐灞河是贯穿其中的"国际文化交流轴"。作为未来西安国际文化交往之城的中心轴线，在这条轴线上，不仅有雁鸣湖休闲公园、西安世博园、西安浐灞国家湿地公园等彰显生态文化的重要生态公园，还分布着丝路国际会展中心、西安领事馆区、欧亚经济综合园区核心区、西安金融商务区等重大项目。自贸区的设立，对加快推进西安及周边地区国际化往来，促进国内外文化、旅游、商贸等多领域交流的服务配套，提出了更多的国际化需求。

一、构建"一带一路"外事服务新平台的背景

当今时代，谁成为国际门户枢纽城市，谁就能占据全球城市网络体系的节点位置，发展成为世界城市。西安建设国际门户枢纽，既是服务国家开放战略全局、带动中西部开放开发的国家使命，也是冲刺世界城市的战略抉择，必须树立国际视野、放眼全球坐标，建设泛欧泛亚、向西向南开放的全球城市网络节点，成为西部地区开发开放的重要枢纽。陕西自贸区浐灞功能区，位于国家级生态区西安浐灞生态区内，向东与西安世博园隔东三环而望，南临灞河，北近西安绕城高速，占地面积约 3.81 平方公里，区位优势突出，交通便捷发达，自然环境优美。按照中央、省、市对于浐灞自贸区的功能定位，浐灞将致力于打造国际化、便利化、法治化、生态化的营商环境，以欧亚经济综合园区、西安金融商务区、西安领事馆区、欧亚经济论坛和西安丝路国

际会展中心为依托，重点突出金融创新、人文旅游、会议会展、国际贸易四大特色功能定位，努力打造丝路金融创新合作试验区、丝路国际交流示范区、丝路会展及总部聚集区、国际商品贸易交易区。

随着国家"一带一路"倡议的出台，作为陕西省、西安市外事外交开放交流的新平台，西安领事馆区相继被纳入《陕西省"一带一路"建设 2016 年行动计划》《西安市"一带一路"建设 2016 年行动计划》等。西安领事馆区位于浐灞生态区广安路以北，金一路以西，浐灞大道以南，环五路以东区域，规划占地 900 余亩。领事馆区建成后，将依托欧亚经济论坛的影响力，吸引更多国家在西安优先设立代表处或办事机构，推动陕西与欧亚各国开展经贸合作、文化交流和高层互访，促进设领国知名企业投资落户，带动周边经济发展。

二、构建"一带一路"外事服务新平台主要做法及成效

（一）主要做法

1. 打造领事馆区为核心的对外开放重要平台

在自贸区建设的利好下，围绕国家"一带一路"倡议，浐灞的丝路国际会展中心、西安领事馆区、欧亚经济综合园区核心区、西安金融商务区等重大项目将成为连通东西、贯通欧亚、接轨世界的经济、科技、文化合作交流新平台和国际开放新通道。建立以西安领事馆区为核心的对外开放重要平台，带动一批外国驻华机构、跨国企业总部聚集，建成国际交流核心区。

2. 建设人才离岸创新创业基地

探索建立至少 2 万平方米浐灞自贸区丝绸之路国家人才离岸创新创业基地，支持海外人才设立离岸研发、离岸贸易、离岸金融等创业企业。引进和支持多元市场主体参与基地运营，积极开展创业项目海外预孵化，支持双向离岸创业模式。

3. 设立签证服务中心，开展多国签证业务

按照自贸区国际化服务要求，围绕涉外服务，浐灞自贸区综合服务大厅设立签证服务中心，作为自贸区国际化对外开放的重要平台，开展多国签证业务，为申请者提供包括多渠道信息平台、预约打点、材料受理、指纹收罗在内的一站式签证申请事宜。此外，还为经使馆备案机构和 ADS 备案旅行社开通了专属服务。同时建立涉外公证、涉外法律、涉外人才多方位对外服务平台，进一步发挥外事外交资源聚集的优势，加快"走出去"和"引进来"，

扩大对外开放和商务往来。

（二）主要成效

1. 多国领事馆入驻，多家涉外机构入区

西安领事馆区已累计与 30 余家外事机构签署入区协议，4 座统建领馆和外事大厦也已建成运营，柬埔寨等国家领事馆已经入驻。通过自贸区对外开放新名片，与乌克兰等国家洽谈合作协议，建立人才培养、科研合作、文化创新、成果转化等合作，并根据合作需求共建联合机构。

2. 引进 7 国签证业务，扩大对外友好交流

目前可受理法国、德国、瑞士等 7 国签证业务。签证中心的设立，拉近了西部与欧洲的距离，必将促进中国西部与欧洲的贸易、经济往来。对于西安优化对外开放格局、提升国际化水平，具有标志性的意义，也必将极大地推进西安及周边地区赴欧人员往来，促进中国西部地区与法、德等国在文化、旅游、商务、经贸等各领域的友好交流和互惠合作。涉外公证、涉外法律、涉外人才等多方位对外服务平台的设立，进一步提升对外服务便利化程度。

三、构建"一带一路"外事服务新平台政策启示

西安领事馆区的建设，将积极服务于国家总体外交大局，立足国家总体外交中陕西、西安所扮演的重要角色，从陕西作为中华文明、中国革命、中华地理的精神标志出发积极推进项目建设。同时，将充分传承历史，发挥西安的文化、地缘优势，突出现代西安的区位优势和特征，围绕西安国际化大都市建设，为今后的开放发展奠定基础。

近年来，浐灞生态区围绕西安市"聚焦三六九、建设大西安"的奋斗目标，按照"做强做大支柱产业、培育扶持主导产业、做精做细特色产业"的发展思路，立足"大金融、大商贸、大文化、大健康"的现代服务业发展趋势，做强做大现代金融、会议会展、生态旅游三大支柱产业，培育扶持文化创意、生态型新兴产业、现代商贸三大主导产业，做精做细健康体育、涉外商务两大特色产业，提升产业综合竞争力，构建以现代金融、生态旅游、会议会展为支柱，文化创意、新兴产业、现代商贸为主导，健康体育、涉外商务为特色的"3 支柱 3 主导 2 特色"的产业格局，实行"生态区 + 自贸区 + 金融区 + 领事馆区 + 欧亚经济论坛综合园区"的"五区"政策叠加模式，相继出台了金融服务、总部经济、现代商贸、会议会展、文化创意、旅游休闲等各项产业扶持政策，充分发挥在大西安建设中的生态化示范引领和国际化

开放引领作用，积极打造产业集群发展的理想投资地，建设未来大西安的国际文化交流轴核心区和东部新中心。

四、构建"一带一路"外事服务新平台下一步工作思路

浐灞生态区正处于产业加快发展的战略机遇期、生态价值的集中兑现期、争先进位的追赶超越期和新常态的适应引领期。我们要沉着应对新常态下各种挑战，转换思维，深化改革，与社会力量一起努力并加以破解、推动产业结构优化升级，加快形成多支柱支撑的产业格局，为经济发展提供源源不断的动力。

（一）加快建设配套服务设施，营造国际化工作环境

西安领事馆区位于西安浐灞生态区广安路以北，金一路以西，浐灞大道以南，环五路以东区域，规划占地900余亩。领事馆区分为领馆集中区、外事办公区、国际文化交流区、国际商务配套区等部分。建成的外事大厦，将极大地促进西北地区现有外事机构的聚集，现正与已有设馆意向的国家加紧联系。下一步，浐灞将加快规划建设外国人居住区、俱乐部和国际学校、国际医院等国际化配套服务设施，营造国际化工作生活环境。将依托欧亚经济论坛的影响力，推动陕西与欧亚各国开展经贸合作、文化交流和高层互访，促进设领事馆的有关国家知名企业投资落户，带动周边经济发展。

西安领事馆区效果图，规划占地900余亩

（二）引进更多涉外机构，打造走向世界的窗口

西安领事馆区建设发展以丝绸之路为特色，以"一带一路"为中枢，依托丝绸之路、东盟、金砖五国、上合组织，辐射欧亚大陆为主要外交方向，着力建设"一带一路"建设的外交新窗口；打造西安市建设"丝绸之路经济带"新起点及国际化大都市的先导区；建设各国领馆、商务机构、国际组织

的汇聚区；建设外事交往、国际经贸、文化交流的承载区；建设商务办公、国际会议、外籍人士的配套区。未来，西安领事馆区将成为中国西北地区最具国际化氛围的区域，将是外籍机构、外籍人口最为密集的交流区域。现阶段法、德、荷兰、瑞士、匈牙利、西班牙等多国签证中心入区开业，柬埔寨驻西安总领事馆区成功入区，为提升开放格局，开辟了新通道。未来 5 年，将引进涉外机构、世界 500 强企业各 50 家以上，建成领事馆 10 座，成为西安走向世界的窗口。

【实践者说】

西安管委会浐灞功能区负责人表示："西安领事馆区的建设，将积极服务于国家总体外交大局，立足国家总体外交中陕西、西安所扮演的重要角色，从陕西作为中华文明、中国革命、中华地理的精神标志出发积极推进项目建设。"当前，在"一带一路"战略中陕西将发挥重要的节点作用，特别是国家赋予的陕西建设内陆改革开放新高地先行先试的使命，赋予的陕西作为丝绸之路的起点的使命，赋予的建设第三批自贸区的光荣使命。

同时，西安作为历史上"陆上丝绸之路"的起点城市，以建设国际化大都市为目标，正积极探索内陆城市建设国际化大都市的新路径，努力将西安打造成为丝绸之路沿线的重要战略支点城市，着力提升西安对外开放的品质。西安领事馆区的建设将充分传承历史，发挥西安的文化、地缘优势；又将因地制宜，突出现代西安的区位优势和特征，围绕西安国际化大都市建设，为今后的开放发展奠定基础。

未来，西安领事馆区将以丝绸之路为特色，服务于国家"一带一路"战略，满足中国外交新形势的内在需求，成为引领"一带一路"建设的外交窗口，打造西安市建设"丝绸之路经济带"新起点及国际化大都市的先导区，各国领馆、商务机构、国际组织的汇聚区，外事交往、国际经贸、文化交流的承载区，西安领事馆区将成为浐灞、西安乃至陕西省最具国际化氛围的区域，将成为外籍机构、外籍人口最为密集的交流区域和西安国际化大都市外交聚集区。

【案例点评】

西安领事馆区以丝绸之路为特色，服务于国家"一带一路"战略，有望借助新亚欧大陆桥畅通的优势和陕西建设内陆开放型经济高地的东风，成为面向丝绸之路沿线国家的重要产业和人文交流基地，为浐灞实施"一带一路"战略，加强丝绸之路新起点城市建设提供强有力的支持。

合作创办"国际交通学院"

——促进中俄文化交流

为了加强与俄罗斯高等职业教育的交流合作，提升职业教育人才培养质量，促进西安市与俄罗斯城市间的友好交流，在西安市教育局的大力支持和指导下，西安铁路职业技术学院积极响应国家"一带一路"战略，积极开展与俄罗斯圣彼得堡国立交通大学合作办学，经陕西省人民政府批准，报教育部备案，和俄罗斯圣彼得堡国立交通大学合作举办的"国际交通学院"于2016年5月13日在"一带一路"教育合作交流会上隆重揭牌。学院的理念是在教育教学资源互补共享的基础上，注重发挥外教的引领作用，突显俄语学习基本特色，培养适应"一带一路"发展需要的国际化专业技术人才。目前是全国9家职业教育合作办学机构之一，也是我省乃至西北地区唯一的职业教育合作办学机构。

学院实现当年招生160人，2017年招生260名。该项目先后投入40万元和70万元用于项目的前期建设资金，为该项目的师资培训、语音室建设、图书和数字资源库建设等提供支持。国际交通学院目前在校生人数为430人。该项目3年一个周期。第一周期已完成，2018—2020年为第二个周期。国际交通学院以"一带一路"倡议为契机，以轨道交通领域教育合作为突破点。因实行独立运行管理、2+2培养模式，学生既懂专业技术，又熟练掌握外语，受到了诸多外资企业的关注。

一、合作创办"国际交通学院"主要做法及成效

（一）主要做法

1. 完善机制，助推政策落地

该院明确"俄语交流中心"功能定位：日常管理归国际交通学院（国际交流与合作处），面向全校开放。重点服务于校际、国内外学术交流、教育教

学和外事接待活动。

2. 拓展合作，建立中外合作平台

加强中国—东盟教育合作。与泰国曼谷职教中心、曼谷廊曼技术学院达成合作意向。年内将按照约定，实质性推进来华留学和举办境外分校工作。

强化俄语教学，初步显现教学成果。2016 级 159 名学生，在 4 月初经过俄方语言测试，61 名学生语言基础达到留学标准，其中 51 名学生将作为两国友谊的使者，已于 7 月中旬赴俄留学。较好地实现了中俄合作办学学分互认、专本贯通的目标。

3. 整合资源，打造优质教学资源库

该院在开展国际合作的同时，尤为注重优质资源的引进和建设。目前，拥有俄语教学资源库、对外汉语教学资源库、俄罗斯铁路技术教学视频库等。后期将在引进德、英等职业教育发达国家优质资源方面下功夫。

依托西安铁路职业技术学院现有俄语师资队伍和项目建成后的办学条件，实现如下功能：一是拓展国际交通学院师生学习空间、交流渠道和交流方式；二是为俄方研修学生打造体验中国文化的阵地；三是作为西安职教领域俄语师资培训基地，为兄弟学校提供俄语师资培训服务；四是承办小型国际学术交流会议（活动）。

（二）主要成效

1. 完成俄语交流中心二期建设方案——自筹资金 80 万元，完善同声传译、云计算机等设备的招标工作。

2. 俄语交流中心除实施正常合班教学外，作为俄语交流中心，主要开展了拟留学的 50 名学生进行俄语强化，接待学院组织的辅导员沙龙活动等。

3. 以俄语交流中心为平台，4 月 21 日在北京与北京交通大学签署了"北京交通大学留学生联合培养基地"。

4. 组织了国际交通学院"首届俄语技能大赛"。实现当年招生 160 人，2017 年招生 260 名。该项目先后投入 40 万元和 70 万元用于项目的前期建设资金，以支持该项目的师资培训、语音室建设、图书和数字资源库建设。

二、合作创办"国际交通学院"下一步工作思路

（一）将俄语交流中心建设成为展现教育环境国际化的范例

俄语交流中心通过建设学生喜闻乐见的新型文化学习交流中心，营造高效学习环境，提升学生语言学习效率，形成一个多角度、立体化、开放式俄

罗斯文化交流与俄语学习场所，成为广大师生提供自主学习、交流互动的平台。它不仅可增强与俄罗斯的文化交流，同时与全院学生俄语学习结合起来，延伸了俄语学习课堂，更好地完成西安铁路职业技术学院合作办学的教学与交流任务，加强了学校学习环境建设。通过更广泛的师生交流和文化交流，提高了学院教育教学质量，拓宽了学生的视野，提升了学生素质。为将来同丝路沿线国家更密切合作与交流，包括学生互派交流、教师互访交流与培训、高层次师资培养、学术交流和科研合作等打下了基础。

（二）打造教学手段现代化、教学资源立体化、师资队伍国际化的教学环境

俄语交流中心将不断探索各种教学方式的应用，在教学中不断丰富教育环境与学习场景。其重点内容有：搭建室外屋顶、增加墙体，配备 100 个桌椅座位、展架展墙、音响与放映系统。设置书吧、咖啡吧和电子阅览等功能。

（三）进一步开展中外合作办学、打造西安市外资企业人才培养及员工培训基地进行接洽，为"一带一路"职业教育培训开辟新的合作领域。

【实践者说】

李克强总理在给首届中俄交通大学校长论坛的贺信中表示：当前中俄全面战略协作伙伴关系深入发展，交通领域合作成为两国务实合作的新亮点。推动中俄基础设施和互联互通建设领域的合作，是丝绸之路经济带建设与欧亚经济联盟建设对接的重要内容。本届论坛聚焦中俄高铁合作，符合两国战略需求，很有意义。李克强勉励两国交通类高校互学互鉴、携手共进，在人才培养、科学研究、社会服务等方面进一步拓展合作领域，提高合作水平，为推进两国合作、增进民间友好作出新贡献。

吉尔吉斯斯坦驻华大使巴克特古洛娃·卡纳伊姆到国际交通学院考察调研。听闻西安铁路职业技术学院有意赴吉尔吉斯斯坦开展铁路方面的人才交流合作，巴克特古洛娃·卡纳伊姆大使当即表示愿意为合作交流提供更多支持。她说："西铁院培养了很多铁路方面的优秀人才，所以也想来谈谈学生交流和教师交换等合作问题。我们一直都在积极响应'一带一路'倡议，其中也包括和西安铁路职业技术学院的合作。希望今天谈到的合作后面能够实现，进一步加强吉尔吉斯斯坦和中国这两个丝路沿线国家的合作。"

【案例点评】

为了加强高等职业教育交流合作，西安市教育局积极开展与俄罗斯圣彼得堡国立交通大学合作办学。通过完善机制，助推政策落地、拓展合作，建

立中外合作平台、整合资源，打造优质教学资源库等方式，完成俄语交流中心二期建设方案，实现当年招生 160 人，2017 年招生 260 名。在教育教学资源互补共享的基础上，注重发挥外教的引领作用，突显俄语学习基本特色，培养适应"一带一路"发展需要的国际化专业技术人才，使之进一步成为职业教育国际合作办学的有益创新与尝试。

加强中泰合作　推动中医药走向世界

按照国务院关于中医药健康服务发展的规划，中医药要参与"一带一路"建设，与丝绸之路经济带、21世纪海上丝绸之路沿线国家开展中医药交流与合作，提升中医药健康服务国际影响力。泰国是中医药合法化的"一带一路"沿线国家之一，在此前提下，西安市中医医院根据泰国中医药及传统学特点，优先开展有针对性的中医药医疗合作、教育合作及科研合作。

一、推动中医药走向世界的背景

"一带一路"倡议推动中医药走向世界，这要求我们打造好中医药这一中国特色的品牌，并利用好这一民族品牌效应，服务于世界文明进步和人类健康福祉，贡献中国智慧。2013年9月7日，国家主席习近平在哈萨克斯坦纳扎尔巴耶夫大学发表演讲，提出了共同建设"丝绸之路经济带"的畅想。同年10月3日，习近平在印度尼西亚国会发表演讲，提出共同建设"21世纪海上丝绸之路"。这二者共同构成了"一带一路"重大倡议。"丝绸之路"在我国有着悠久的历史，古代郑和下西洋从此开辟了"丝绸之路"，而"一带一路"倡议是在"丝绸之路经济带"的基础上结合了"21世纪海上丝绸之路"，以期更好地实现区域经济合作而提出来的。"一带一路"建设应是一种更具包容性的经济合作发展模式，对加强周边区域的经济合作发展以及物质文化的互流互通具有重要的意义。

基础设施的建设反映了一个国家的经济发展水平，"一带一路"周边国家的经济发展水平都相对比较落后，基础设施建设不是很完善，这就会对"一带一路"的发展产生一定的影响。因此，要想实现"一带一路"倡议的可持续发展，首要的前提是我们要集中力量大力提高基础设施的建设与完善，尤其是交通纽带的建设。为了加强区域合作，我们需要帮助发展相对落后的周边地区加强基础设施的建设，提高其互联互通的基础保障。当基础设施能够连接不同国家、不同区域的交通时，区域间的经济合作发展与共赢将会有很大的提升。因此，"一带一路"建设实施的最基本保障就是不同区域之间基础设施建设的完善与发展。

加强西安市中医药文化与国际的交流，促进双方互动以及学术层面的交集，使交流双方均获得新的思想、新的发现，对今后的临床医疗及学术工作起到积极的推动作用。对此，在2016年"丝绸之路经济带城市中医发展暨医疗合作论坛"上，泰方与西安市中医医院共同签订了《丝绸之路经济带沿线城市医疗合作备忘录》，在此基础上，双方不断展开交流活动，推进深入合作。

二、推动中医药走向世界的主要做法及成效

（一）主要做法

1. 举办中医药论坛

2016年5月，西安市卫生和计划生育委员会、西安市人民政府外事侨务办公室主办、西安市中医医院共同举办了首届"丝绸之路经济带城市中医发展暨医疗合作论坛"。本次论坛以"弘扬传统医学，加强医疗合作"为主题，围绕与"一带一路"沿线国家和城市在医疗健康服务、教育、科研、产业、文化等领域，开展交流与合作，达成共识。邀请了泰国等9个"一带一路"沿线国家代表团参会，论坛为期4天，由开幕式、学术会议、中医药及特色诊疗技术参观体验、合作项目座谈会四项内容组成。各代表团相互推介国际医药合作服务项目，签订了《丝绸之路经济带沿线城市医疗机构合作意向书》。泰方与我方共同签订了《丝绸之路经济带沿线城市医疗合作备忘录》，在此基础上，双方不断展开交流活动，推进深入合作。

2. 请进来，现场体验交流

2018年4月，邀请泰国清迈大学代表团一行10人对西安市中医医院进行了友好访问交流。双方就中泰两国传统医药的应用、传统草药的深入研究开发、针灸临床诊疗及推广等方面进行了充分的沟通。代表团一行还参观了医院门诊大厅、药剂科草药房、颗粒药房、骨伤科治疗室、针灸推拿康复科门诊等科室，观摩了推拿、针灸等中医传统治疗，体验了中医四诊。

3. 走出去，拓展合作渠道

2018年7月17日至7月23日，西安市中医医院派代表团出访泰国洽谈泰国中医药合作项目。代表团参加了由泰国卫生部主办的泰国孟通它尼传统

医药展会，泰国蒙通他尼展会是泰国每年一度最大的中医药展会；还访问泰国唐明本草公司，在前期沟通的基础上，与泰国唐明本草公司洽谈泰国中医药"一带一路"合作项目的具体事宜；拜访泰国卫生部中医药司，就共同促进泰国中医药发展进行了会谈；拜访了泰国 BCH 医疗集团 kasemrad 医院、泰京天华慈善医院和 WMC 医院，了解泰国私立医院的发展及优势。

4. 建立国际中医药合作交流中心

依托国际中医药合作交流中心设置了涉外门诊和涉外病房，分别在中医医院门诊大厅一站式服务中心及门诊各楼层明显位置设置外文导诊指示标志，同时在门诊大厅设立"涉外就医服务窗口""外籍人员就诊专用窗口"；为使外国友人就诊整个过程顺畅、便捷，配备经验丰富的医护人员进行导诊、挂号、缴费等服务提供帮助。目前设置了脾胃病、心病科、肺病科、肾病科、肿瘤科、中医骨科、针灸康复科、中医妇科等 8 个科室，共 12 位专家组成的涉外诊疗服务团队，能够为外籍患者提供健康体检、健康观念指导、生活方式管理、危险因素干预、中医保健调理、预约门诊治疗、专家疑难会诊等服务；对需住院治疗的患者，及时转入外宾特需病房进行医疗救治；市中医医院官方网站设有英文相关网页，内容涵盖医院简介、特色科室、就医流程图等，方便外籍人员了解医院概况及就诊流程。

（二）主要成效

1. 加强交流、增进合作、整合资源，共谋发展

首届"丝绸之路经济带城市中医发展暨医疗合作论坛"加快推进了"一带一路"建设，扩大并加强丝绸之路经济带国家城市间传统和现代医学成果交流，为达成合作意向搭建广阔平台。本次论坛充分发挥古都西安在"一带一路"中心区域作用，开创了东西部各国城市中医药合作与投资贸易洽谈的先河，在"一带一路"战略发展的大好形势下，各国城市将加强交流、增进合作、整合资源、共谋发展。

2. 推动中医药走向世界，贡献中国智慧

泰国清迈大学的来访，加强了西安市中医药文化与国际的交流，促进了双方互动以及学术层面的交集，双方均获得了新的思想、新的发现，对今后的临床医疗及学术工作起到了积极的推动作用。国家的一带一路政策推动中医药走向世界，我们借助邀请国外友人来访深入了解中医药这一中国特色的品牌，并利用好这一民族品牌效应，服务于世界文明进步和人类健康福祉，努力贡献中国智慧。

3. 实现互利共赢

通过加大与泰国中医中药项目的合作，建立陕西省中医药对外交流合作的工作机制，进一步促进和带动了西安市中医医院与泰国中医协会、泰国中医学院及连锁上市医院的交流合作，致力把西安市好的中医、中药输送出去。为中医药在"一带一路"沿线各国发展创造良好氛围；参与中医药"一带一路"建设，实现互利共赢。

4. 弥补空白

西安市中医医院"中医药国际交流中心"是一支特别能吃苦、能奉献的优秀医疗保健团队，为我市涉外医疗保健赢得了赞誉。"中医药国际交流中心"的挂牌开诊，进一步弥补了我市中医医疗卫生保健涉外病区的空白，较好改善了外籍人士的就医环境，提供了精湛的医疗技术和医疗服务，为我市卫生计生和保健事业的发展作出了较大贡献。

三、推动中医药走向世界政策启示

国家的一带一路政策推动中医药走向世界，此次泰国清迈大学来访，加强了西安市中医药文化与国际的交流，促进了双方互动以及学术层面的交集，双方均获得了新的思想、新的发现，对今后的临床医疗及学术工作起到了积极的推动作用。

四、推动中医药走向世界下一步工作思路

西安市中医医院与泰国实质性合作的基础上，将申报国家一带一路泰国海外诊疗中心，建设中医药对泰国交流合作示范基地。在外籍人员医疗服务工作方面将继续细化工作流程，提高专业知识及服务水平，根据中医医院特点，进一步学习外语等中医实用知识，为加快国际医院配套实施建设，打造适宜外籍人员居住生活的国际化服务环境添砖加瓦。中泰两国的友好关系、文化交流为中医药在泰国发扬光大奠定了人文基础，为传播中国传统文化、传播中国传统中医药搭建一座桥梁。

【实践者说】

西安中医医院负责人表示："合作中，双方就中泰两国传统医药的应用、传统草药的深入研究开发、针灸临床诊疗及推广等方面进行了充分的沟通。泰方代表团还参观了医院门诊大厅、药剂科草药房、颗粒药房、骨伤科治疗室、针灸推拿康复科门诊等科室。代表团成员观摩了推拿、针灸等中医传统

治疗，体验了中医四诊，代表团对医院的发展规模、中医的确切疗效表示惊叹。国家的一带一路政策推动中医药走向世界，这要求我们打造好中医药这一中国特色的品牌，并利用好这一民族品牌效应，服务于世界文明进步和人类健康福祉。为此，西安中医医院未来会充分发挥自身优势，为推动中医药'走出去'作出自己的贡献。"

西安中医医院与泰国清迈大学代表团进行座谈

【案例点评】

国家的一带一路政策推动中医药走向世界，这要求我们打造好中医药这一中国特色的品牌，并利用好这一民族品牌效应，服务于世界文明进步和人类健康福祉，贡献中国智慧。西安市中医医院与泰方不断展开交流活动，推进深入合作。加强西安市中医药文化与国际的交流，促进双方互动以及学术层面的交集，使交流双方均获得新的思想、新的发现，对今后的临床医疗及学术工作起到积极的推动作用。

建立语言能力标准化服务体系

——创新大数据平台建设模式

"一带一路"沿线60多个国家和民族讲着20多种不同语言，文化多元且差异巨大。随着"一带一路"国家战略的深入实施与推进，加强语言互通和信息相通，提升我国语言能力势在必行。语言能力标准化服务体系及大数据平台建设创新模式，通过将政、产、学、研各方联合在一起，助力打造"一带一路"国家战略研究的高地，满足国家和公民对于"一带一路"沿线国家和地区在克服相关语言障碍和大数据信息方面的需求，为促进我国广大企业"走出去"、加强创新能力及开放合作打造坚实的基础，为提升中国文化在"一带一路"国家认同感和感知力提供强劲动力。

一、建立语言能力标准化服务体系的背景

2016年5月15日，陕西省人民政府外事办公室、西安外国语大学、中译语通科技股份有限公司和西咸新区秦汉新城管委会在2016丝绸之路博览会暨第20届东西部贸易洽谈会上签署《陕西省"一带一路"语言服务及大数据平台合作框架协议》，正式开启陕西省"一带一路"语言服务及大数据平台建设。通过构建语言能力标准化服务体系，建设"一带一路"大数据平台，为自贸试验区和陕西省与"一带一路"沿线国家的交流合作提供语言和信息支撑。

二、建立语言能力标准化服务体系主要做法及成效

（一）主要做法

1. 构建语言能力标准化服务体系

语言能力标准化服务体系包括语言服务规范、全球多语言呼叫中心及涉外服务人员外语培训三部分。

（1）确立语言服务规范标准

陕西省自贸试验区秦汉新城功能区引入中译语通"中国核心语汇"项目，对旅游景区、市政道路及机场酒店等公共场所的中文标志、说明进行整理及翻译工作，对已有公共场所外语标志进行专项整治，解决外语译写各自为政、一名多译、互相矛盾的问题，为城市规划、交通、旅游、市政、城建等部门和酒店、餐饮、商贸等各类企事业单位制作公示语和外文标志提供了统一规范。

（2）建立全球多语言呼叫中心

2017年5月15日，位于西咸新区秦汉新城的陕西省"一带一路"语言服务及大数据平台呼叫中心启动试运行。多语言呼叫中心基础知识库涵盖政治、经济、文化、旅游、医疗等领域，实现与政务、工商、旅游、招商引资、民政、医疗等涉外公共服务热线的对接，同时设立外语服务专线，具有多语种服务能力。全天候24小时运营，实现50路并发接入，响应时间不超过24秒。

（3）加强服务人员外语培训

中译语通选派资深翻译，定期对秦汉新城功能区交通、旅游、商业等重点领域服务行业从业人员开展培训讲座。举办涉外文明礼仪学习活动，把讲外语与讲文明、讲礼仪有机结合、相互促进，使市民的整体素质不断提高。

2. 建设"一带一路"大数据平台

陕西省"一带一路"语言服务及大数据平台

（1）平台建设情况

平台主要包括三大子系统，分别是跨语言大数据采集子系统、跨语言大数据处理子系统以及跨语言大数据分析应用子系统。通过跨语言大数据采集子系统将全球旅游舆情抓取过来，再经过跨语言大数据处理子系统的处理后，就可以利用跨语言大数据分析应用子系统进行相关数据的分析应用。

平台在"一带一路"沿线包括俄罗斯、印度、泰国、捷克、波兰等10多个国家，及全球 22 个主要国家部署了服务器资源，全球共设置了 32 万个数据源挖掘点，涵盖 200 多个国家和地区，可以对全球数据源进行实时挖掘，日增 3000 万条数据。跨语言大数据挖掘子系统支持分布并发处理的能力，确保全球每个数据源数据更新的实时性，挖掘效率为 200 万篇文本/分钟。目前服务器已存储了 100 多亿网页数据，数据存储量 100PB，可以扩充至日增长量 10TB。

（2）平台主要功能

海外智库：通过将海外尤其是"一带一路"沿线国家的相关数据分类、处理、关联后，形成了海外智库，可为政府和企业提供海外各国（城市）相关领域竞争力查询、海外各领域资讯查询、海外相关文献查询等功能。系统内嵌的基于神经网络的机器翻译引擎会自动将多语种信息翻译成中文，便于用户对感兴趣的数据信息进行中英文对照查看。

海外舆情实时监测与分析：平台自动、实时监测全球各领域舆情信息，并根据信息的热度自动进行热度舆情提醒显示，显示的舆情信息都由机器翻译引擎自动翻译成中文，便于用户对感兴趣的热点信息进行双语对照查看。政府也可根据舆情热点内容和传播速度快速反应、安全维稳。另外，用户还可针对某一海外区域、某一海外国家甚至某一海外城市，进行特定专题的舆情多维度分析，分析结果支持下载等多种转存方式。

大数据可视化展示：系统可以将各类数据进行分析建模，并利用可视化技术将海外旅游舆情大数据以图形化的形式展示出来。用户可以将其投放在展厅大屏，以便将数据醒目的展现和监控。

（二）主要成效

"一带一路"语言服务标准体系及大数据平台建立以来，面向政府和企事业单位、外向型企业、个人提供了有效的服务，显示出巨大的社会和经济效益。

1. 助力打造国家语言战略智库

"一带一路"语言服务标准体系及大数据平台为陕西乃至全国培养了一批掌握"关键语言"的外语人才，建立起"语言互联网"，大大提高了民众个人语言能力（母语能力、多语能力）、社会语言能力（各种职业、专业语言能力）乃至国家语言能力（行使国家力量时所需的语言能力，如在抢险救灾、反恐维稳、海外维和、远洋护航、联合军演、护侨撤侨及各种国际合作中）；为促进陕西自贸试验区企业"走出去"打下了坚实的基础，助力实施国家语言战略，更好地在"一带一路"沿线国家推广汉语和中国文化，创建中国周边语言文化数据库，打造国家语言战略智库。

2. 为企业"走出去""引进来"提供便利

"一带一路"语言服务标准及大数据平台为陕西自贸试验区企业"走出去"提供基础的多语言服务保障，同时通过精准的大数据平台为企业的对外投资经营活动提供更为专业全面的数据引导，真正消除企业海外投资的各项信息壁垒。此外，平台作为信息和跨语言对接的重要窗口，促进国际企业了解陕西自贸试验区投资环境和特点，并对外商投资提供跨语言精准服务。

3. 为自贸试验区科学决策提供数据支撑

通过清洗挖掘和机器翻译功能，对收集到的数据进行加工处理，自贸试验区各级管理机构可以及时了解相关国家各领域运行情况。通过对获取数据深入分析挖掘、科学建模，逐步建立了各领域量化指标体系，定性定量评估各领域运行现况，分析推导数据间的关联，厘清发展脉络，为政府行政管理创新实践提供数据基础。通过抓取境内外社交媒体、搜索引擎及公众平台上各国民众及时、真实、原创的评论，能较为客观地映射各国民众心目中对自贸试验区各领域的感观印象，便于舆情监控。

三、建立语言能力标准化服务体系政策启示

语言能力标准化服务体系及大数据平台建设创新模式是自贸试验区西咸新区秦汉新城功能区率先推行的案例，已在全省进行复制推广，属于全国首创型创新举措。

（一）构建完善的语言服务体系是促进国际人文交流的基础。语言服务能力是地区国际化发展的必备因素，也是促进与"一带一路"沿线国家人文交流合作的先决条件。语言标准化服务体系、多语呼叫中心等举措是提升地区语言服务水平的重要途径，对促进国际文化交流、带动地区国际旅游等方面起到重要作用。

（二）建设中国特色的多语言交流平台可以为地区国际化推广提供有效助力。具有极强中国特色的"中国核心语汇"等项目，定制化省市专有语汇，可以有效提高地区的国际宣传力和影响力，是未来促进地区乃至全国进行国际文化交流的重要载体。

四、建立语言能力标准化服务体系下一步工作思路

（一）进一步完善语言能力标准化服务体系

在持续推广"中国核心语汇"项目的同时，继续对其进行补充和完善，

制定陕西专属地方特色词汇，并按阶段、分批次补充"一带一路"沿线国家语言。

（二）帮助优秀文化作品"走出去"

优秀书籍作为文化输出的重要组成部分，对外国人了解中国历史、文化有着重要作用，陕西自贸试验区将联合陕西省内各大出版社，对国内优秀作品进行汇总，利用语言能力标准化服务体系，翻译成"一带一路"相关国家语种，在"一带一路"国家出版发行，让更多国家的人民了解中国。

（三）加强"一带一路"大数据平台建设

在"一带一路"沿线国家设置更多的服务器及布置更多的挖掘点，加大对机器翻译的功能提升，通过专业的跨语言大数据分析处理技术，完成舆情信息的智能语义分析和数据可视化展示，建立海外智库，为政府、企业制定相应决策提供支持和帮助。

【实践者说】

中译语通科技（陕西）有限公司常务副总经理王崇正说："语言能力标准化服务体系及大数据平台建设创新模式，是中译语通科技（陕西）有限公司紧抓国家'一带一路'建设契机，深入探索 AI 大数据在语言科技领域场景化应用的重要成果。同时，也将积极驱动中译语通陕西公司持续推进技术创新，充分利用大数据挖掘与分析、自然语言处理、语义计算、知识图谱、可视化分析等行业先进技术，深度布局金融、科技、智能制造、智慧旅游、'一带一路'建设、公共舆情等诸多垂直领域，为全球企业级用户提供全方位的领先大数据与人工智能场景化应用解决方案，用科技助力'一带一路'共建国家和地区之间经贸合作、人文交流的创新发展。"

【案例点评】

"一带一路"语言服务标准体系及大数据平台建立以来，面向政府和企事业单位、外向型企业、个人提供了有效的服务，显示出巨大的社会和经济效益。该平台为陕西乃至全国培养了一批掌握"关键语言"的外语人才，建立起"语言互联网"，大大提高了民众个人语言能力。此外，该平台还为陕西自贸试验区企业"走出去"提供基础的多语言服务保障，消除企业海外投资的各项信息壁垒。

建设国家文化出口基地

——大渭文化争做文化出口贸易先锋

西安高新区按照文化与科技、金融、贸易三融合的"文化＋"发展定位，重点发展以数字出版、动漫游戏、手机娱乐为主要内容的数字内容、现代传媒、文化艺术等高附加值文化创意产业。按照园区承载、龙头企业拉动、平台运作支撑、创新服务保障的工作思路，全力提升高新区创意产业发展，先后获批"西安国家数字出版基地"和"国家级文化和科技融合示范基地"两个国家级基地。据初步统计，截至 2017 年底，西安高新区文化贸易企业1600 余家，其中在库的规模以上文化贸易企业 51 家，从业人数达到 5 万人，预计全年实现营业收入超过 70 亿元，同比增长约 33%。创建"一带一路"沿线国家人文交流新模式是国家赋予陕西自贸区的重要建设任务，高新区以"政府支持、企业运营"的模式支持西安高新大渭文化科技商贸有限公司为主体负责建设和运营西安对外文化贸易基地，构建文化贸易平台，基地荣获"陕西省文化产业示范基地"，并在此基础上申报国家对外文化贸易基地和试点"国家文化出口基地"。

一、建设国家文化出口基地的背景

西安大渭文化科技商贸集团有限公司（www.cndaw.com）成立于 2014 年10 月 28 日，经过 5 年的基础建设，已发展为一个拥有专业团队的集团公司。公司的主营业务为西安对外文化贸易基地的建设和运营。基地已初步形成以"丝路汇"全国文化产品跨境电子商务平台试点为核心，构建"链接整合文化产业资源、全面服务覆盖领域业务、信息物流国际国内通道、文化品牌产品创新创造、销售终端网络开发设立、挖掘生产传播文化自信"六大功能要素，探索对外文化贸易发展新模式，为国内外文化机构投资融资、文化产品展示交易、文化创意产品孵化、文化产品进出口配套服务等提供全方位支持。

2018 年 5 月，商务部服贸司发布《关于公示国家文化出口基地名单的通知》，西安高新技术开发区成为首批公示的全国 13 个国家文化出口基地之一，也是陕西省唯一一个获得公示的国家文化出口基地。

二、建设国家文化出口基地主要做法及成效

（一）主要做法

1. 加快对外文化贸易发展

加快建设西安对外文化贸易基地，推动西安对外文化贸易基地文化产品和服务出口交易平台建设，积极推动文化产品和服务出口。顺应文化数字化发展趋势，以互联网科技为基础，以大数据采集为依托，以完善的仓储物流体系为保障，通过线上部分——丝路汇文化产品跨境电商平台，实现基地文化企业的网络集聚和运作。打造西安对外文化贸易基地"文化＋互联网＋科技＋金融＋跨境贸易"模式，同时构建信息数据库，发挥线上电商平台的数据集散功能，通过建立完备的生产信息发布和消费数据整合、搜索机制，为对外文化贸易提供强大的信息支撑，最大化地发挥线上电商平台的功能和优势。最后搭建网络活动模式的销售板块，利用当下流行的团购、分销、秒拍等促销模式与众筹、在线路演直播等吸引资本投入的方式，发展基地企业对外文化贸易。

2. 深化文化与科技跨界融合

推进"文化＋"跨界融合的自主创新能力。全面支持文化创意融入实体经济，促进文化创意与消费品工业、装备制造业、建筑业、信息业、旅游业、体育业和特色农业等行业融合发展。

推动文化产品数字化，加速文化企业转型，促进文化产业升级。随着数字化技术突飞猛进，一些传统企业开始逐步实现数字化转型。我国传统出版印刷行业利用数字化技术延伸到互联网、智能手机等多媒体领域。目前，高新区内灵境科技、易点天下、盛世网络、陕西人民教育出版社、西安荣信文化、亿利达网络、华炎科技等一批知名企业推动着陕西省数字出版产业快速发展。其中，荣信文化、亿利达网络、华炎科技等 3 家企业被认定为国家重点出口文化企业。同时，数字化技术为传统文化产业升级提供智力支撑，催生出新型文化业态，除了微博、微信等新兴媒体，还有创意设计、动漫网游、电子商务、网络视频、移动新媒体等，高新区聚集了新浪游戏、维塔士、Yeahmobi、绝顶人峰、纷腾互动等知名企业。

3. 构建全新产业促进体系

建设西安市丝路汇新文化研究院，联合国内外一批文化事业专家、学者、文化艺术工作者及企业家，组成围绕"一带一路"经济、文化交流的学术团体。以文化创新理论研究推动文化贸易实践升级，深入挖掘并推广中国新文化研究经典案例，通过定期开展学术讨论、线上线下联动的知识培训、不定期不定点的公开报告等方式，研究推广文化产业发展引领性标准，为"一带一路"国家之间的经贸、文化往来，以及各个相关企业、事业单位和社会团体，提供支持服务，普及文化贸易知识。

建设"丝路汇文化版权服务中心"，对从事文化产权交易及相关投融资个人和企业，提供政策咨询及专业的服务，组建集文化产权交易、投融资服务、文化产业信息交流和人才培训的平台，通过信息发布平台电子交易系统，提高文化产权交易效率。推进陕西与国内外版权创意产业的深度合作，解决文化产品、数字产品等版权跨境交易中的问题，实现我省文化版权产业跨越式发展，拓宽海内外版权产业领域，扩大文化创意产业规模。

建设"一带一路"法律服务中心，服务陕西和西北地区客户国内法律事务，并无缝对接客户们的海外法律事务。与国内知名律所合作，进行重大、疑难、复杂案件咨询论证，服务范围覆盖公司事务、知识产权保护、股权转让、财政税收、金融证券、破产改制、外商投资、房地产、法律风险管理以及一般民商事和刑事法律事务领域，为客户提供一站式服务。

建立文化贸易信息交流体系，依托基地的文化贸易业务和线上平台的数字化优势，建立文化贸易信息集散中心，并在此基础上，开展专业性的文化信息定制服务，从而形成专业性的文化信息交流体系。积极与陕西省贸易促进会对接，完善基地文化走出去的相关配套措施，帮助文化企业赴境外参加重要国际性文化节展等对外文化贸易促进活动。

4. 深化国际交流与合作

加强与"一带一路"沿线国家合作，构建全方位、多层次、宽领域的对外文化交流新格局。保护和传承中华老字号，大力推动中医药、中华传统餐饮、工艺美术等企业"走出去"。与"一带一路"沿线国家共同开展文物保护与考古研究工作，开展博物馆国际交流与合作，建设以丝绸之路文化为主题的智慧博物馆国际合作交流平台和历史文化研究交流平台。依托自贸试验区与西安对外文化贸易基地开展陕西文物国际展示、国际交流试点，在国际政策法规允许范围内开展文化艺术品的跨境交易业务。鼓励社会资本以多种形式参与文化产业和文化园区建设，鼓励民营文化企业健康快速发展。加强对非物质文化遗产、民间文艺、传统知识的普查、保护和合理利用，打造具有国际影响力的文化品牌。建设中影丝路国际电影城等一批文化产业项目，推出一批具有国际影响力的文化艺术精品。建立健全政府间科技创新合作和人文交流机制，发挥企业创新主体作用，引导企业成为"一带一路"科技创新合作及人文交流机制的投入、执行和收益主体。发挥组织引领作用，鼓励通过青年交往、志愿者互派、学术往来与交流等方式，丰富科技创新与文化交流内容，实现"一带一路"沿线国家人文交流中心作用。

（二）主要成效

2015年，基地荣获"陕西省文化产业示范基地"称号，同年，基地线上平台丝路汇被文化部批准为全国文化产品跨境电子商务综合试点项目；2016年获得陕西省文化厅颁发并挂牌"西安对外文化贸易基地"；2018年2月，基地线上平台"丝路汇文化产品跨境电子商务平台"入选2018年国家"一带一路"文化贸易与投资重点项目，丝路汇文化产品跨境电子商务平台也是陕西省唯一入选的重点项目；2018年6月，在西安对外文化贸易基地的基础上成功申请建设国家文化出口基地并授牌，由大渭文化集团负责投资运营国家文化出口基地。同时，被列入省、市、区《文化产业发展十三五规划》《陕西省"一带一路建设行动规划"》《陕西省自贸区总体方案》等一系列政府相关文件。在陕西省文化厅聚焦全国两会发布的文章中，"丝路汇"文化产品跨境电商平台以及加快建设西安对外文化贸易基地作为陕西文化标志出现。丝路汇平台已成功开展"农民画加拿大交流、秦腔线下体验、耀州瓷陶文化参观交流、泥塑文化线下体验、VR新年红包故事讲演活动"等共计32场针对加拿大、美国、巴基斯坦、俄罗斯、印度、墨西哥、南非、土耳其等国家的对外交流活动。截至目前，丝路汇平台已聚集7818家文化企业与文化研究爱好者入驻平台，产品覆盖国内外"一带一路"沿线城市，包含非遗技艺产品、茶具、香器、文创产品、书籍等共计148个品类。

三、建设国家文化出口基地政策启示

其实，早在2006年，西安高新区就首开先河，喊出"文化创意"的口号，并走出了一条科技引领、资本活跃、时尚聚集的文创产业发展道路。2017年7月，高新区成立文化产业办公室，在学习中探索具有其自身特色的产业发展模式，并将文创经济作为朝阳产业进行重点培育扶持，"文化＋"模式开始无限放大，带来全新的发展样本。

与此同时，高新区"携重金"为文创产业发展保驾护航，《西安高新区关于促进文化产业发展的专项政策（试行）》中提到，每年将列支3亿元专项资金；将筹备建立总额为30亿元的文化产业专项基金；将组织文化产业领域专家、学者、行业精英制订西安高新区文化产业发展规划，为文化产业发展、招商工作确定方向和框架……政策、基金、发展规划，三者联动配合。

除政策扶持外，高新区也极其看重文创产业发展平台的聚集效应优势。目前，西安高新区先后获批"西安国家数字出版基地""国家文化出口基地"，成为"国家级文化与科技融合示范基地"的重要组成部分，平台引领、辐射效应逐步显现，形成了以数字出版、传媒、软件和计算机服务等文创产业集聚发展的格局。

截至目前，高新区规模以上文化企业55家，其中文化服务业46家，文化制造业6家，文化批零业3家，文创产业规模及增速不断攀升，发展取得初步成效。截至2018年底，共新建书店56家，位居西安第一；规模以上文化企业2018年实现营收102.71亿元，增速达到25%，占西安市的20%以上，增加值增速达到25%。

四、建设国家文化出口基地下一步工作思路

高新区将充分发挥区内软件信息服务业和文化创意产业优势，挖掘陕西历史文化资源禀赋，深化文化与科技融合，按照"1+2"的总体思路，即依托"软件新城"，做强"数字出版基地和对外文化贸易基地"两个国家级平台，打造特色鲜明、优势突出、面向"一带一路"的国家文化出口基地。

2018年，基地推进了中国西安国际文创产品创新设计大赛。大赛依托陕西丰厚的历史文化资源，历时3个月，共收到来自全球各地的参赛作品400余件，获奖作品22件，累计孵化作品70多件，充分体现陕西文化特色、创新创意突出，刷新了社会各界对陕西文创的认识。大赛借势第九届西部文博会，成功举办了以颁奖典礼为主的一系列活动，赢得了社会各界关注和良好的社会反响，营造了良好的全民文创氛围。截至目前，"丝路汇"已经汇聚了许多文化企业、文化研究爱好者，会员8万多名，产品覆盖国内外一带一路沿线城市，共计148个品类。

目前，基地正在筹备第二届设计大赛，力争再上层楼，做大做强陕西品牌，擦亮陕西文化新名片，将陕西文创事业推向更高的层面。

【实践者说】

说起西安对外文化贸易基地，大渭文化集团总经理刘茹表示："这是大渭

文化这些年来苦心孤诣在做的事情。基地以'丝路汇'全国文化产品跨境电子商务平台试点为核心，构建'链接整合文化产业资源、全面服务覆盖领域业务、信息物流国际国内通道、文化品牌产品创新创造、销售终端网络开发设立、挖掘生产传播文化自信'六大功能要素，探索对外文化贸易发展新模式。""做文创还是需要政府支持。这两年，陕西文创的氛围越来越好，高新区的文创支持力度相当大。"

大渭文化外观

【案例点评】

大渭文化科技商贸有限公司积极推动了西安对外化贸易基地文化产品和服务出口交易平台建设，大力促进西安文化产品和服务出口。在数字化技术突飞猛进的今天，推动文化产品数字化，加速文化企业转型，促进文化产业升级。与此同时，大渭文化区联合国内外一批文化事业专家、学者、文化艺术工作者及企业家，建设西安市丝路汇新文化研究院，深化国际交流与合作，不啻是陕西文创事业发展的有力助推器。

建设中俄丝绸之路创新园
构建丝路国家合作新模式

中俄丝路创新园作为西咸新区沣东新城响应国家"一带一路"战略构想、陕西省建设"丝绸之路经济带新起点"的重要举措，已逐步形成了"一园两地"国际产能合作新模式。

一、建设中俄丝绸之路创新园的背景

陕西省承担着打造我国向西开放的重要枢纽、建设丝路经济带重要支点的重任。同时，中国与俄罗斯经济互补性强，在资源、资金、人力、技术和市场等方面各有优势，特别是在金融、农业、跨境基础设施和交通走廊等领域有着巨大的合作潜能。

陕西作为科教大省，科技和教育资源丰富，科研实力雄厚，与俄罗斯科教人文有源远流长的合作。近年来，随着中俄两国合作日益密切的态势，陕西众多企业、高校和科研院所都迫切希望与俄罗斯相关机构开展合作。

2014年10月13日，在李克强总理和俄罗斯总理梅德韦杰夫的见证下，由时任陕西省常务副省长江泽林代表陕西省政府与俄方共同签署了《关于合作开发建设中俄丝绸之路创新园的合作备忘录》，中俄丝绸之路创新园的建设作为备忘录中的重要内容，由西咸新区沣东新城搭建平台，通过园区"一园两地"模式"引进来，走出去"，成为陕俄合作的前沿阵地，承担着探索国际合作产业园区新模式的重要使命。

中俄丝路创新园将作为陕西省建设"丝绸之路经济带新起点"的重要举措，通过总结、提升并对外输出中国开发区建设运营管理经验，致力打造丝路沿线国家科技经贸合作和人才交流的标杆。同时，中俄丝路创新园项目将在对俄合作的基础上进一步向丝路沿线国家扩展，致力于与丝路沿线国家实现互通共赢，打造丝绸之路沿线国家合作的重要典范，助力陕西省成为建设

494

内陆改革开放新高地。

二、建设中俄丝绸之路创新园主要做法及成效

（一）主要做法

作为中俄两国政府战略层面的重点项目，西咸新区沣东新城与中俄投资基金始终坚持"一园两地、两地并重"的原则，共同开发建设中俄丝路创新园。中方园区位于中国陕西西咸新区沣东新城区域，一期建设 7.5 万平方米，于 2018 年 4 月开园。俄方园区位于俄罗斯莫斯科格林伍德国际贸易中心，一期开发建筑面积约 3000 平方米，于 2018 年 8 月挂牌运营。

1. 以引项目、筑平台为主线，搭建合作桥梁

园区以企业孵化、产业培育、科技资源统筹合作等项目为抓手，致力于发挥两国间在政治、经济、文化、科技等交流平台的作用，着力将陕西打造成为西部地区对俄科技合作的前沿阵地，将陕西建设成为对俄科技、人才、信息等资源引进与输出、积聚和辐射的增长极。

2. 从"请进来、走出去"两个维度构建两地园区

一是加强与俄罗斯知名产业园区、科研院所、政府企业等的交流与合作，争取此类机构在中方园区设立办事处，并以此为翘板，加快对俄罗斯企业及机构"请进来"，扎根中方园区；二是借助俄方园区与俄罗斯政府部门、机构协会及知名企业的良好关系，为陕西企业赴俄罗斯考察调研、项目对接、宣传推介、举办展会等活动提供支持，帮助陕西及国内其他省份企业"走出去"，落户俄方园区。

（二）主要成效

1. 推动两国企业进入对方园区展开合作

中俄丝路创新园中方园区已成功引入 40 余家机构企业，其中包括俄罗斯、乌克兰等"一带一路"沿线国家企业 23 家，俄罗斯商业协会及联盟 6 家，中俄院校深度合作单位 6 家，外籍院士工作站 2 家，国内中俄合作领域企业 5 家。其中俄方知名企业及机构包括俄罗斯立德集团、Ketch up 集团、俄罗斯中小企业联盟、俄罗斯亚洲工业企业家联合会等，俄罗斯立德创新中心、中俄联合实验室、丝路法医联盟、广东 – 独联体国际科技合作联盟等项目及合作平台也已在中方园区落地。6 家中资企业已在俄方园区落户，主要包括陕西汽车控股集团有限公司、西安陆港大陆桥国际物流有限公司、西安新联盟文化培训中心、深圳腾达科技技术有限公司、北京孟子学院、阿森纳科技服

务公司。中俄创新园的设立，为促进中国和俄罗斯国家投资发展，企业资源共享，实现互利互惠奠定了良好的基础。

2018 年 4 月 19 日，中俄丝路产业园中方园区正式开园

2. 加强了两国在科技、经贸、人才等方面的合作交流

2017 年 6 月，深圳华大基因联合美国、波兰、印度、丹麦、俄罗斯、乌克兰等国家的近百名国内外法医专家学者，共同组建丝路法医联盟，旨在打造"一带一路"国家科学家、专家学者交流和分享法医科研成果的平台，促进"一带一路"法医科学发展和国际合作，为我国引进国外高层次法医人才。2018 年 9 月 17 日，"第一届中俄（工业）创新大赛"在中俄丝路创新园中方园区的召开，推动了中俄两国工业领域的创新合作，促进了中俄两国青年创新人才的交流。9 月 23 日，"2018 丝绸之路国际汽车拉力赛中国站"发车仪式在中俄丝路创新园中方园区举行，中俄双方共同举办丝路拉力赛，开创了中俄合作的新形式。丝路拉力赛以体育赛事为纽带，巩固了中俄文化体育沟通的桥梁，并肩负着"一带一路"国际体育合作和人文交流的重要使命。

三、建设中俄丝绸之路创新园政策启示

2018 年，中俄丝路创新园项目获得"陕西省一带一路十大重点项目"和"中俄地方合作交流年重点项目"称号，被入选为陕西"一带一路"倡议 5 年来的十大成果之一，同时，还获评由《21 世纪经济报道》主办的 2018 "一带一路"国际创新论坛评选的 2018 "一带一路"经贸园区建设模式创新案例。中俄丝路创新园是陕西自贸区为建设丝路国家间经济带的重要创新举措，是综合考虑了中俄在自然资源、人力、技术、资金和市场等各方面的优势而打

造的创新合作园区项目。该创新园区通过发挥孵化器的作用进行企业孵化、产业培育，并整合两国科技、信息等资源，旨在推动陕西成为与俄合作的西部阵地。中俄合作主要在于发挥双方的优势进行经济互补，一方面是对俄方科研院所、政府企业等"请进来"，便于其高端科技企业在中国落地；另一方面则是与俄方机构密切合作，为陕西企业在俄进行考察和项目对接时提供支持，推动国内企业"走出去"。

中俄丝绸之路创新园是对《中国（陕西）自由贸易试验区总体方案》中提出的扩大与"一带一路"沿线国家经济合作，创新互联互通合作机制，推动合作园区建设工作要求的积极回应。中俄丝路创新园促进了我国境外经贸合作区的建设，开启了"两国双园"国际产能合作新模式。

四、建设中俄丝绸之路创新园下一步工作思路

（一）进一步提升园区吸引力，扩大我省经济的对外辐射能力

在中方及俄方园区分别设立一站式国际企业服务窗口，该窗口将为意向入园国际企业及机构提供商务、法律、财务、税务、签证等系列"一站式"服务，以进一步促进国际产业、企业在园区聚集。同时，在俄方园区积极申请设立陕西省在俄商务、旅游、教育代表处，充分发挥代表处"窗口、桥梁、辐射、服务"作用，助推陕西省"枢纽经济、门户经济、流动经济"发展。

（二）打造更多"一园两地"新典范

为响应国家"一带一路"的战略构想，中俄丝路创新园项目将在对俄合作的基础上进一步向丝路沿线国家扩展，运用先进的国际化、创新型管理模式，深入落实"一园两地"开发模式，复制成功园区经验，与丝路沿线更多国家实现互通共赢，旨在成为打造丝绸之路沿线国家合作的重要典范。

【实践者说】

中俄丝绸之路高科技产业园的一个重要标签是"一园两地、两地并重"。西咸新区沣东新城相关负责人介绍道："一园即'中俄丝绸之路高科技产业园'，这个园区除了两国之间的法律政策有些许差别外，其余的优惠政策、服务等均一样，两地则是指这个园区分别位于中国和俄罗斯。俄罗斯在中国的基地位于沣东新城科技统筹示范基地，而中国位于俄罗斯的基地，除了前文提到的斯科尔斯沃创新中心外，还有在喀山智慧城的园区。""中俄丝绸之路高科技产业园项目具有国家战略意义，存在创新工作机制、丰富合作内涵的必要性。"他透露，该科技园将申请丝绸之路经济带自由贸易区试点，包括人

民币与卢布直接兑换、中俄海关快速通关互认机制、高科技产业园优惠政策等投资优惠政策，通过政策创新推动中俄及丝路沿线国家的合作上一个新台阶。

Ketch Up 餐厅是一家俄罗斯的"网红"连锁餐饮企业。2018 年夏天，这家企业在中俄丝路创新园内修建其在中国的首家餐厅。对在中国西安西咸新区沣东新城中俄丝路创新园内一家商贸公司工作的乌克兰人迪马来说，能在距离家乡万里之遥的中国吃到正宗俄餐让他感到意外。迪马在接受《西安日报》的采访时表示："这里的食物非常美味，服务也很专业，装修也特别考究，我是这儿的常客。"迪马说，在这家名为 Ketch Up 的餐厅用餐，让他和创新园内来自俄罗斯、白俄罗斯和乌克兰的工作人员消解了乡愁。

【案例点评】

中俄丝路创新园将作为陕西省建设"丝绸之路经济带新起点"的重要举措，通过总结、提升并对外输出中国开发区建设运营管理经验，致力打造丝路沿线国家科技经贸合作和人才交流的标杆。同时中俄丝路创新园项目将在对俄合作的基础上进一步向丝路沿线国家扩展，致力于与丝路沿线国家实现互通共赢，助力陕西省成为建设内陆改革开放新高地。

探索特色文化产业合作新模式

—— 秦汉新城联合企业打造"秦渲云"平台

特色文化产业合作新模式围绕西咸新区秦汉新丝路数字文化创意（产业）基地的数字媒体产业云计算、数字文化媒体制作、秦汉文化展示交易、数字文化人才实训、西北数字文化创业孵化、数字文化创意设计、数字文化产业投融资服务等七个中心，以市场需求为导向，吸引影视、动漫、游戏、文化文物衍生产品、智慧旅游类企业快速聚集，并为基地企业提供数字渲染、人才实训、展示交易、金融、语言翻译等服务。渲染云平台正式上线运营以来，已注册企业700家，其中已开展业务的有650家。

一、秦汉新城联合企业打造"秦渲云"平台的背景

2018年10月10—13日，以"＋智能，见未来"为主题的2018华为全联接大会（HUAWEI CONNECT）在上海世博展览馆举行。本次大会是华为面向ICT产业的全球性年度旗舰大会，共吸引来自全球1500余家企业及25000余名ICT产业领袖、行业先锋、生态伙伴及商业智囊参加。大会旨在搭建一个开放、合作、共享的平台，与全球"＋智能"伙伴一起共同探讨如何利用人工智能把握新机遇，构建"万物互联"的智能世界。作为华为的重要合作伙伴，秦汉新丝路公司携"秦渲云"受邀参展本次盛会。

作为我国云渲染行业的领头者，"秦渲云"是陕西省西咸新区秦汉新城管委会联袂中国惠普有限公司联合打造的国际领先的渲染服务云平台，是秦汉新丝路数字文化创意产业基地打造的丝路云集群的重要组成部分。该平台为各行业提供优质、高效、个性化的渲染云服务。"秦渲云"平台配备高性能刀片服务器，搭载Intel至强E5双路16核处理器，拥有强大的运算能力与梦工厂采用同一渲染构架，以及超一流动态集群调度能力，一秒调动海量资源。通过"秦渲云"平台，聚集了大批在影视后期制作、动漫产业以及文化创意

相关产业方面优质企业，为文化全产业链形成及特色产业快速发展提供基础。

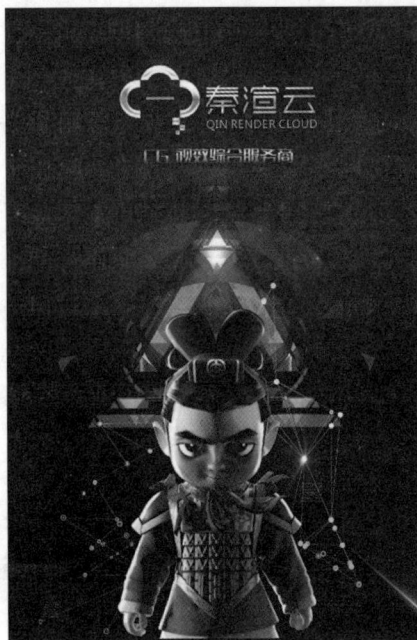

"秦渲云"是陕西省西咸新区秦汉新城联袂中国惠普共同打造的云渲染服务平台

二、秦汉新城联合企业打造"秦渲云"平台主要做法及成效

（一）主要做法

1. 加快文化创意产业集聚，加速产业产值提升

秦汉渲染云已完成一期项目建设，主要搭建了数字渲染服务为核心的秦汉渲染云平台。目前平台注册用户 700 家，其中企业用户 620 家，个人用户 80 家。

（1）技术创新促进优质企业落户

平台通过研究创新，自主研发了 3D 模型渲染插件与拖拽式提交系统、3D 模型文件渲染调度与分发系统、3D 模型文件数据去重与传输系统、3D 模型文件渲染计费系统、3D 模型文件跨数据中心渲染调度系统等，为客户带来高速、安全、稳定、便捷的专业化渲染云服务，同时采用跨地域、跨机房的资源调度系统和最新的云端渲染技术，为平台内企业提供一站式服务，降低了企业成本，提高了渲染效率。

（2）产业集聚推动业态模式创新

平台注册用户 700 家，其中企业用户 620 家，个人用户 80 家。平台用户的增长推动了产业模式的快速发展，形成了以云渲染为基础的数字文化全产业链，推动文化创意产业小型微型企业双创孵化工作，从而形成文化 IP 产生、开发及应用全产业链，增加陕西文化创意产业品牌竞争力。

（3）政策优势提升文化产业产值

文化产业既是国家鼓励产业之一，又符合秦汉新城产业发展方向。因此，秦汉新城先后出台了多项针对文旅、数字文化产业的优惠政策，促进产业快速发展，提升文化相关产业内外生态环境。

2. 加快地区产业协同发展，形成合作新模式

（1）建设双创空间，促进人才培养

与高校及专业培训机构联合设立数字文化产业双创空间，并与各大高等院校以及文化创意产业相关培训机构合作，提供专业级的渲染技术服务，建设人才实训基地，为影视动漫、艺术设计、后期制作、文化创意等行业输出专业人才，形成人才聚集。

（2）带动和促进新文化、新媒体相关产业的发展

数字新文化产业，由于具备了虚拟化、产业链广泛化等特点，将起到更大更强的集聚和催化作用，不仅更大程度带动相关的互动娱乐休闲，而且在传统的商贸、物流、房地产等行业，也将起到重要的提升促进作用，预计能带动文化创意产业相关产值 10 亿元以上。

（3）促进"一带一路"沿线国家文化交流及服务贸易沟通，带动国际合作，促进文化创意产业国际服务大融合

秦汉渲染云平台聚焦于文化创意产业发展所需的大数据、云计算及信息技术服务，并以此为基础依托秦汉新丝路数字文化创意产业基地形成文化创意产业聚集效应，借助国家"一带一路"战略及自贸区优惠的扶持政策，形成合力融入国际文化创意产业链，促进"一带一路"沿线国家文化产业大发展。

（二）主要成效

1. 产业集聚显著

秦汉渲染云已完成一期项目建设，主要搭建了数字渲染服务为核心的秦汉渲染云平台。目前平台注册用户 700 家，其中企业用户 620 家，个人用户 80 家。

2. 区域合作初显

平台内引入的韩国 MG 公司，基于平台技术，为其提供总额达 300 万元的

影视后期制作云服务。

3. 新技术不断涌现

自主研发的 3D 模型渲染插件与拖拽式提交系统、3D 模型文件渲染调度与分发系统、3D 模型文件数据去重与传输系统、3D 模型文件渲染计费系统、3D 模型文件跨数据中心渲染调度系统等系统为客户带来高速、安全、稳定、便捷的专业化渲染云服务。同时，秦汉新城丝路数字文化科技有限公司就以上五项软件服务申请了软件著作权保护，现已被有关部门受理。

三、秦汉新城联合企业打造"秦渲云"平台政策启示

在 2017 年度西安市文化产业发展专项资金评审活动中，经过中共西安市委宣传部、西安市财政局和西安市文广新局资格审查、专家论证、尽职调查等三轮评审研究，最终确定将 2017 年第二批西安市文化产业发展专项资金授予西咸新区秦汉新城新丝路数字文化科技有限公司开发运营的"秦渲云"项目，这是西咸新区已入驻企业首次获得西安市文化产业发展专项资金支持。在"大西安"建设的战略发展布局中，"探索可复制可借鉴的发展路子，努力当好大西安建设的领头雁。"是省委、省政府对西咸新区的目标定位和发展要求。"秦渲云"项目的建设正是秦汉新城新丝路数字文化科技有限公司贯彻落实这一指示精神，依托秦汉新城深厚的文化底蕴与惠普在全球专业领域的领先技术优势，以现代科技形式表达传统文化内涵，积极探索当代文化产业发展模式的生动实践。

四、秦汉新城联合企业打造"秦渲云"平台下一步工作思路

（一）加快"公有云"＋"私有云"为基础的混合云渲染服务建设

以"秦渲云"为核心建立秦汉新丝路数字文化创意产业基地，打造一个 CG 特效制作的产业链，并将这个产业链拓展成一个生态体系，为企业提供全方位、多角度的服务。那么走上云端必然是一个最佳的选择。

2018 年，"秦渲云"领跑云渲染行业率先进入"公有云"时代。通过"私有云"＋"公有云"的混合云模式，"秦渲云"已完成数万核心的 CPU 云主机和 GPU 的业务布局，渲染规模不断提升，机型配置种类更加丰富，满足多场景应用需求。凭借在 CG 行业优秀的云计算 SAAS 服务，"秦渲云"成功入驻华为云严选商城，并与华为展开多方面的深层合作。同时"秦渲云"获得由中国信息通信研究院、中国通信标准化协会颁发的"2018 可信云用户

奖", 这也是国内云渲染企业第一次获得该项殊荣。

在商业模式上, 渲染只是一个技术手段, 重要的是建立以 CG 制作产业为轴心形成的产业生态体系。首先, 通过整合"秦渲云"服务的全球数千位影视制作客户资源, 围绕 CG 制作全流程, 借助秦汉新丝路数字文化创意产业基地在资金、人才和技术等资源优势, 可以去探索更多的商业机会。

通过与华为云等"公有云"合作, 领跑行业进入"公有云"时代。通过"私有云"+"公有云"的混合云模式, "秦渲云"将完成数万核心的 CPU 云主机和 GPU 的业务布局, 满足多场景应用需求。并以混合云模式为基础, 打造"渲染云 + 项目库 + 人才库 + 素材库"业务模式, 形成"秦渲云"在行业内的核心竞争力, 为 CG 产业链上的企业整合优势资源, 使"秦渲云"成为行业内最具有影响力的 CG 视效资源整合平台。带动影视、动漫、文化创意产业企业出现一定的集聚效益, 可撬动相关产值达 5 亿元人民币。相信伴随着西咸新区秦汉新城自贸政策和"一带一路"战略的逐步实施, 基于秦汉渲染云平台打造的文化创意产业内外生态环境, 实现文化创意产业企业集聚效益, 预计能带动文化创意产业相关产值 10 亿元以上。

(二) 加快相关科技人才培养和输出

充分利用西安相关高校和培训机构的教育培训资源, 和惠普实训教育相结合, 将产学研有机融合在数字秦汉渲染云平台的建设发展中, 形成独特的人才和科技能力, 为项目本身的产业发展提供人才保障, 为周边地区甚至全陕西和全国提供相关产业发展所必需的人力资源和能力。

【实践者说】

作为"秦渲云"的运营负责人, 秦汉新城新丝路数字文化科技有限公司业务总监孟晓明表示: "渲染农场代表了渲染行业早期的一种生产力形态, 而因为一些客观的原因, 开始逐步走到云端。'秦渲云'是业界第一家提出云渲染的企业, 虽然有很多的跟随者, 但'秦渲云'依然是唯一一家全面拥抱'公有云'的云渲染企业。我们对华为云做了非常集中的考察。目前, 我们是全国唯一一家把所有的生产环境放到了'公有云'上渲染的企业。'秦渲云'的建设和运营, 在一定程度上填补了西部地区影视产业的空白。研发技术的不断投入, 创新的'公有云'+'私有云'的混合云模式, 也让渲染成本得到降低, 让渲染效率得到提升, 让'秦渲云'的整体竞争实力得到显著增强。同时, 通过打通院校渠道, 将产学研有机结合, 也为西部地区影视动漫产业提供了源源不断的人才资源。引入龙头企业, 结合众创空间孵化项目, 也使得本土影视动漫产业的实力得到进一步的提升。"

【案例点评】

"秦渲云"项目代表的特色产业合作模式是自贸试验区西咸新区秦汉新城功能区率先推行的案例，已在全国进行复制推广，属于应用型创新举措。通过打造"秦渲云"平台，可以使得影视后期制作、动漫产业以及文化创意相关产业方面优质企业形成聚集。

中国社区个性化预防标准服务云平台

——创新体系模式　助力健康中国

　　根据全国卫生与健康大会确定的卫生与健康工作方针，中共中央、国务院《"健康中国2030"规划纲要》等会议精神和政策文件要求，按照国家顶层设计，通过社区个性化预防标准服务云平台体系建设，创新预防服务模式，借助新技术、新平台打通预防服务信息通道，连接专家、基层医师、人民，赋能基层医师服务能力，让专家成果更好地服务广大人民；积累预防服务数据，依托中华预防医学会专家资源，打造规范化、标准化体系，在安全和效果的基础上提升服务效率，保证预防服务规范的正确性和指导性，为健康中国建设提供帮助。

　　党的十八大后，党中央将建设健康中国上升为国家战略。在2016年8月的全国卫生与健康大会上，习近平总书记强调"没有全民健康，就没有全面小康""努力全方位、全周期保障人民健康，为实现'两个一百年'奋斗目标、实现中华民族伟大复兴的中国梦打下坚实健康基础"，会议确立了"以基层为重点，以改革创新为动力，预防为主，中西医并重把健康融入所有政策，人民共建共享"的卫生健康工作方针。

　　这意味着，医务工作者必须率先转变观念，把以治病为中心转变为以人民健康为中心，关注生命全周期、健康全过程；必须从"疾病医学"向"健康医学"发展，从重治疗向重预防发展，将"末端治理"变为"源头治理"。从而积极主动应对健康中国建设面临的多方面挑战：①疾病模式转型。近年来，我国的疾病模式发生了深刻的变化，逐步由传染性和营养不良性疾病向慢性非传染性疾病转变。②目前我国人口患病率高，但控制率却很低。以高血压为例，据统计我国高血压的患病率高达37.2%，每5位中国成年人中有两位高血压患者，而控制率仅为5.7%。③医学人才、服务体系不适应需求。中国基层全科医生现有数量不足20万人，缺口高达20万—30万人。④公民健康素养低下，不健康行为普遍存在。

一、中国社区个性化预防标准服务云平台的背景

建设互联网＋预防云平台，利用新技术、新手段提高基层卫生单位医师预防服务能力、服务效率、服务质量、服务满意度；创建社区个性化预防标准服务体系，提升规范化、标准化服务水平。对于满足人民健康需求、降低疾病重病发生、助力健康扶贫，从预防角度解决美好生活和发展不平衡不充分的矛盾，建设健康中国、决胜全面小康社会具有重要战略意义和重大社会效益。

二、中国社区个性化预防标准服务云平台主要做法及成效

（一）主要做法

社区个性化预防标准服务云平台体系包括互联网＋数字化预防医学云平台搭建、个性化预防标准方案和标准服务流程体系、基层医师预防服务培训三部分。

1. 数字化预防＋互联网云平台搭建

互联网＋数字化预防医学平台是国内首个数字化预防医学平台，平台主要包括四大子系统，分别是预防医师综合服务子系统、智慧预防服务与跟踪子系统、预防方案效果分析与评估子系统以及个性化预防大数据统计分析子系统。是首个可以为全人群提供健康教育服务、个性化健康干预服务、远程健康评估服务、健康咨询服务、健康监测服务的"5S"在线个性化综合预防服务平台。平台主要实现以下功能：

赋能基层医师，让专家成果服务更多居民：平台支持专家健康干预方案（营养膳食、运动、心理、生活习惯）和健康评估方案的在线创建、审核、分发；支持基层医师在线学习、使用经方案委员会审核的健康干预方案、健康评估方案；帮助基层医师掌握如何针对用户个体微调方案；提高医师跟踪服务居民的服务效率。

方便居民了解健康状态、使用科学方案改善健康：方便居民利用专家健康评估方案快速了解自身整体健康状态，发现身体健康秘密，激发调动健康诉求，树立健康目标；快速咨询医师，选择适宜自己的个性化科学干预方案，通过开展与生活场景融合的健康任务，学习科学、有趣的健康科普知识，培养健康生活习惯，改善健康状态。

连接专家、医师、居民、机构，打通预防服务信息上、下行通道：通过

云平台，连接预防专家、预防医师、用户、基层卫生健康机构，以专家定制个性化健康方案为核心服务点，引导社区居民上报个人健康信息（包括健康生活行为习惯、体检信息、病史信息等），使地方的最新流行病、传染病信息、个性化防控手段可以通过平台第一时间传递到用户。地方政府也可以通过大数据平台，掌握干预效果和疾病发展趋势，快速反应。并可将各类数据进行分析建模，利用可视化技术以图形化的形式展示出来，投放在展厅大屏，以便将数据醒目地展现和监控。

2. 个性化预防标准方案和标准服务流程研发

基层医生能力水平参差不齐，如何保证预防服务的质量和效果，如何降低医师的学习成本，提高医师的服务效率，标准化是关键。云平台系统建设立足为探索建立个性化预防标准体系，对个体健康信息、健康干预方案进行抽象和细分，初步形成了 32 个健康特征大类、146 个健康干预项目，为预防服务标准化奠定了基础。

依托中华预防医学会专业影响力、下设的 64 个专业分会以及庞大的预防专家医师资源，筹建预防干预方案标准化委员会和预防服务流程标准化委员会，结合平台运营数据反馈和方案服务效果的跟踪，分类别、分病种逐步制定预防干预方案各项标准和预防标准服务流程。成熟一个制定一个、成熟一个应用推广一个。

云平台系统依托中华预防医学会专业影响力，为预防服务标准化奠定了基础

3. 基层医师个性化预防服务培训

加强对基层医师个性化预防服务培训，提升预防服务能力水平，保证预防服务效果。依托中华预防医学会医师资源，定期组织专家线上线下开展预防服务人才培训；对于医师在预防服务中面对的典型个体、非常见案例，提供远程技术支持，在实践中提高医师的服务能力、服务水平；对于成熟的标准方案和标准服务流程，采用培训＋考核的方式，保障标准化预防服务应用。

（二）主要成效

随着健康中国建设的不断深入，健康服务与健康产业发展迅速，这为该云平台体系的发展提供了前所未有的机遇，其建设有巨大的社会和经济效益。

1. 创新预防工作模式

通过体系化的创新，利用新技术、新平台，打通预防服务信息通道，连接专家、医师、居民、机构，将健康信息标准化、抽象化，将预防方案、预防服务规范化、标准化，充分调动激发广大基层医师的服务热情，提升医师预防服务能力和服务水平，接入智能设备，跟踪监测方案执行效果，帮助居民实时掌控健康状态，实现个性化精准预防，最终达到预防工作模式的创新。

2. 助力健康中国建设

健康是人民最基本的美好生活需要。一方面，通过社区个性化预防标准服务云平台体系的建设，广大社区居民可以根据健康云分布图，随时了解自己的健康情况，从而树立起自己的健康目标，根据专家个性化健康方案和医师预防服务，利用自己的碎片时间学习到科学、有趣的健康科普知识，塑造健康的生活与饮食习惯，帮助人们从"透支健康、治疗为主"的生活方式转向"呵护健康、预防为主、保养为本"的健康生活方式，科学预防、科学控制、科学康复，控制慢病等疾病增长速度，降低患病人群数量，从根源上实现"治未病"及整体提升生命质量的目标。

另一方面，建立社区医疗健康预防标准化云平台体系需要大量的医师做支撑。医师团队可运用"健康由我"平台相互交流与探讨，同时，将会定期邀请中华预防医学会的专家为医师团队开展相关的预防医学讲座，这会有效提升医师的服务水平和质量，对整个社会的医疗水平的提升有着重要作用。云平台体系的建设以健康中国战略为导向，以优化预防服务为核心，助力健康中国目标实现。

3. 加快健康扶贫进程

平台会与相关部门合作为贫困地区开展预防健康公益活动，使贫困人口树立正确的健康观，防止因病致贫、因病返贫，对实现到2020年让农村贫困人口摆脱贫困目标具有重要意义。该平台可有效保证贫困人口预防疾病，减少贫困人口的患病概率，有效降低因病致贫、因病返贫的比例和数量。

三、中国社区个性化预防标准服务云平台政策启示

（一）需求导向。满足人民群众日益增长的健康需求是"健康由我"平台设计的根本立足点。

（二）紧跟国家健康产业发展的大方向，以人民健康为中心，关注生命全周期、健康全过程；从"疾病医学"向"健康医学"发展，从重治疗向重预防发展，将"末端治理"变为"源头治理"。

（三）互联网技术辅助健康管理。互联网技术高速发展，其数据的高效、准确、不受物理环境影响的特性，与传统公共卫生服务由于人员不足带来的各种问题，形成互补。将健康管理服务做深、做实。

四、中国社区个性化预防标准服务云平台下一步工作思路

（一）云平台体系运营

内容制作：投入资金用于健康科普内容制作，健康教育音视频、图文采编团队筹建，健康教育音视频、图文内容采编制作，与第三方健康科普内容制作商合作，依托中华预防医学会专家组建预防方案研发团队研发常见病预防与康复健康干预方案。

平台运营：云平台体系计划通过以下三步应用运营：①街道级试点运营。街道级运营的核心目标是验证平台服务效果和服务效率，发现解决平台问题，优化平台服务流程，为后续城市级运营奠定基础。目前，运营前期准备工作已完成。②城市级试运营。城市级试运营的核心目标是找到商业平衡点和规模推广运营模式，确定各项服务定价原则，为平台可持续运营和全国运营推广找到路子。③全国主要城市快速推广复制，规模化运营阶段。

（二）医师团队培训

运营前对运营区域内基层医师进行各项资料审查与考核，严格把控医师的水平，确保其服务质量，保障医师对用户健康评估及方案的准确性。另外，邀请著名的医学专家对医师团队定期进行线上和线下专业培训，以及开展医师洽谈会等非正式学习活动，使得医师团队医疗水平不断提升，从而受到更多用户的信赖，平台得到更好的发展。

运营后，根据一定的考核标准开展相应的评比活动，对优秀的医师进行奖励，并逐步淘汰不合格的医师，以此方式充分保证平台的服务质量，并能调动医师工作的积极性。

（三）相关机构合作

大力加强与政府相关部门的沟通，及时让政府了解公司的业务情况，以及需要各机构帮助的地方，希望政府给予更多政策支持，协调推进平台的发展，共同促进健康中国的建设，共享全民健康的成果。

与相关企业进行紧密合作，树立合作共赢的发展理念，发挥合作的最大优势，通过不同方式的合作促使平台平稳运行、互惠互利、友好相处，争取同国内一流健康产业肩并肩，并向上市公司迈进。

【实践者说】

陕西维尔尼斯健康科技有限公司项目负责人高科锋表示："在国家政策的指引下，省、市及社会企业都积极开展'互联网＋健康医疗'的业务，利用互联网传输数据，联通政府及医疗部门，为卫生健康部门制定政策及医生的诊疗工作提供了极大的帮助。在此基础上，'健康由我'平台在服务范围及服务方式上进行了一定程度的扩大及创新。

第一，'健康由我'平台首次将用户端引入体系，让民众可以清晰地了解自己的健康数据，并将科学易懂的健康生活方式、健康素养教育传递给用户。

第二，赋能基层卫生工作者，是'健康由我'平台的另一个工作重点。通过技术手段，减少数据采集录入工作消耗的人力成本；利用平台，将预防医学会的专家指导，直接传达到基层卫生工作者的身边，提高工作专业水平。"

【案例点评】

国民健康不仅是民生问题，也是重大的政治、经济和社会问题。中国社区个性化预防标准服务云平台的建设不但与民生福祉紧密相连，而且有利于国家的长远发展、社会稳定和经济可持续发展，通过全方位、全周期保障人民健康，为实现"两个一百年"奋斗目标、实现中华民族伟大复兴的中国梦打下坚实的健康基础。

走进神秘阿语世界　搭建阿语学习平台

——西安新月软件有限公司助力中阿文化交流

在国内外语圈子中，常有"三分钟韩语，三小时英语，三天的法语，三个月的日语，三年的德语，三百年的阿拉伯语"这一说法。阿语作为一个古老而神秘的语种，让人在看到它的第一眼就会铭记于心。它和汉语一样具有多种形式精美的书法艺术、深厚的历史底蕴，令许多人渴望一探究竟。但那笔走龙蛇的"蝌蚪文"和拗口的发音却拦下了不少人的脚步。为了寻找打开这扇神秘大门的钥匙，在西安新月软件有限公司（以下简称"新月软件"）有这么一群人，数年来积极投身以阿语为主的软件开发，希望通过他们的付出和努力，用专业的知识信息服务为每一位阿语的学习者和应用者解决困惑、提供便利。

一、搭建阿语学习平台的背景

阿拉伯语属于闪含语系，是世界上最早出现的拼音文字，是阿拉伯民族的母语，主要通行于西亚和北非地区，现为 19 个阿拉伯国家及 4 个国际组织的官方语言。阿拉伯人的教育一开始就与伊斯兰教和清真寺联系在一起，清真寺是阿拉伯人历史上最早的学校。伊斯兰教最早兴起于阿拉伯半岛，伊斯兰教的经典著作《古兰经》以及其他诸多经典均由阿拉伯语著成。阿语也是伊斯兰教的宗教语言，是全世界将近 16 亿穆斯林履行宗教功课所使用的语言。对于穆斯林而言，阿语有着举足轻重的地位，可以说是他们的第二母语。

由于阿拉伯国家地处亚欧大陆连接处，是东西方文化交流的重要媒介，在阿拉伯国家上千年的发展历史中，其语言发展也受到东西方文化的影响，语言体系上吸收其他文化的优秀部分，形成了纷繁复杂的阿语体系。在中世纪的数百年间，阿拉伯语曾是整个文明世界学术文化所使用的语言之一。

近年来，随着中国对外交流的不断加强以及"一带一路"倡议的提出和推进，阿拉伯国家成为搜索关键词，中阿经贸、文化、政治交往持续升温，阿语势必在商品贸易、文化交流、科技合作、社会文化、交流中发挥重要作用。阿拉伯语的学习和使用也将形成一种主动、多元的交互式上升趋势。国人学习阿拉伯语的数量也在逐渐增加。

新月软件创始人史育国以其敏锐的目光和对整个大环境的了解，发现"一带一路"国家的市场是一片蓝海。于是他和他的团队迅速转变视野，进军这一充满机遇的领域，面对"一带一路"国家及市场，开发了麦阿尼阿汉词典、麦阿尼阿阿词典、一零三章、你读等一系列阿语为主的软件，为阿拉伯国家的人民以及学习阿语的中国人群提供学习和生活上的便利。

二、搭建阿语学习平台 主要做法及成效

（一）主要做法

1. 立足专业，汇聚各方力量，填补市场空白

"纷繁复杂"的语法和"冗长晦涩"的句子是阿拉伯语的一大特点。据了解，阿拉伯语由 28 个字母组成，每个字母根据不同的发音符号共可发出 13 个不同的音，同时，一个字母由于在词语中所处位置的不同，会产生四种不同的写法，这些特点和我们所使用的汉语以及接触最多的英语都大有不同，也成了每一个学习阿语的人所面临的最大难题。新月软件开发的麦阿尼阿汉和阿阿词典正是针对阿语这一特点进行探索。

阿汉及阿阿词典共发动 150 余名研究阿语的专家从各类阿语典籍中搜寻和提供资料，超过 1000 多人的整理团队负责将散落在各地的资料整理好，并制作成数据库，另外还有一支团队负责校对资料，以保证词典更好地帮助人们学习阿语。

词典中共收录了 6 万多个阿语单词，30 多万条阿语词汇，包含了日常生活、科研、医学、历史、文化、艺术、天文、地理等多个学科的专业词汇以及中国方言词汇，同时，依托分布于世界各国的线下数据整理团队，根据不同国家的习俗，专门收录整理常用词汇对照信息及专属翻译，让词语更加融入生活，增强词语的学习及理解，解决语言及学习沟通过程中的切实问题。

"阿语的词语由字母和音调组成，音调发生变化，整个词语的意思就会改变。每个阿语单词还具有众多关联性，每个关联性都会牵扯到词语的用法，整个数据的整理是十分耗费精力和人力的，在这个过程中之所以能得到这么多人的帮助，是因为这个市场缺乏这种产品，大家对此都非常期待。"史育国

说，"词典的制作与一般电子书制作不同，需要非常专业的人士对各类书籍资料进行整理，经历两年多时间最终形成了现在大家手机上所能看到的这两部词典。"

繁杂的阿语体系就像一棵大树，我们平时所看到的词汇就像树的枝叶，而词的字母根则是大树的树根。史育国告诉我们，通过一般的词典对阿语词汇进行查询的时候，首先需要确定这个词汇中的字母根，通过字母根进行查询，不然根本无从查起。而复杂多变的阿语词汇常常令专业的阿语教授也会陷入困惑。这两部词典 App 的出现为学习阿语的人们提供了诸多便利，由于词典很好体现了词汇之间的关联性，这两部词典在查询习惯上支持容易被接受的"输入法查询"及传统的"字母根查询"两种方式，极大方便了每一个学习者和应用者。

2. 关注细节、加入穆斯林日常习惯，为使用者提供便利

词典作为工具书，为学习阿语的人提供了帮助，一零三章则从生活习惯上为国外穆斯林提供了诸多便利。同为穆斯林的史育国说，每位穆斯林每天都要做 5 次礼拜，而不同地区做礼拜的时间互有差异，通过一零三章能够准确为不同地区的穆斯林设置礼拜时间提醒。此外，该软件还为穆斯林提供了生活商品售卖、礼拜方位提醒、古兰经诵读、经注学习、清真寺地理位置信息等必备的生活信息，帮助穆斯林解决了日常生活中的重要问题。

3. 优化服务、贴近生活，开拓产品出口新渠道

阿拉伯的语言体系十分复杂，而且阿拉伯国家又多以进出口贸易为主，对于 IT 方面接触很少，在电子信息方面的产品比较缺乏，但他们的年轻人对于这方面又有很强烈的需求。阿语在发展中没有经过太多改革，每一个词都是有十分具体的指向，仅仅描述骆驼就有 200 多个词。史育国告诉我们，在词典的制作过程中与埃及、沙特、科威特等国的大学的教授经常进行交流，他们表示本国学生在学习阿语过程中时而会有难以理解的词汇、新兴词汇、语句等，又无从下手。同样，在中国学习阿语也普遍存在这种情况。

开发这类具有文化背景和针对特殊语种群体的服务软件，对开发者有很高的要求。首先就需要深入了解对方的文化和习俗。据公司负责人介绍，穆斯林这一群体是一个相对封闭的群体，他们的生活和宗教息息相关，不可分割。所以，针对阿拉伯国家和地区的市场所开发的软件就要尽可能地实现本地化、生活化，产品越符合当地人的习惯，就越容易被接受。

三、搭建阿语学习平台的政策启示

陕西自贸区挂牌成立以来，高新区依托区域内的技术资源与人力资源优势，将传统文化与现代技术相结合，搭建"一带一路"文化交流的平台。随着"一带一路"倡议的不断推进，我们与沿线国家的交流不断深入，阿语国家是其中的重要组成部分，因此新月软件开发的这一系列语言翻译系统对于推进我国与阿语使用国家的交流是十分有益的。将语言系统与现代技术相结合，通过一种新的业态，不仅仅是将我们的好的一些历史文化传播出去，更能将国外的一些更先进的理念和知识带进来。

四、搭建阿语学习平台的下一步工作计划

在下一步的发展中，新月软件还将继续拓展升级面向"一带一路"国家和市场的软件，逐步将吃穿住行等更多与生活相关的方面加进应用之中，围绕当地人群的生活方面深入开发，利用先进的电子信息技术，为他们提供更加优质的生活服务。

新月软件前身是一家游戏开发公司。中国是游戏大国，在游戏开发团队资源、游戏人群数量、游戏收入等方面都有许多国家无法比拟的优势。当前中国国内游戏市场处于半饱和状态，而海外尤其是中东地区非常缺乏。公司负责人史育国也希望能通过这个平台把中国的游戏带到阿拉伯国家，实现游戏的对外出口。而且他们更了解穆斯林的生活习俗和文化，也拥有一定数量的海外用户群体，有信心和能力，拓展海外市场。

"希望最终能够通过这个方式，依托'一带一路'的机遇，开辟出一个新的出口渠道，将中国更多的产品出口到阿拉伯国家甚至其他西方国家，助力中阿在文化、经济等多方面的交流。"史育国说道。

【实践者说】

西安新月软件有限公司负责人史育国表示："由于对穆斯林的文化和习俗有着十分深入的了解，同时借助强大的线下资源，新月软件在这一方面拥有得天独厚的优势。新月软件公司研发的 App 海外拥有 200 多万的用户资源，而这些用户都是自然成长，没有经过推广。数量的增长都是依靠我们开发的应用在用户之间进行分享推荐得以实现。产品做得好，得到用户的认可，他们就会自主向身边的人进行推荐，这也是穆斯林这个群体的一种独特性。"

新月软件开发的阿语字典页面

【案例点评】

语言是沟通的桥梁，作为"一带一路"沿线多个国家的官方语言，阿拉伯语的重要性日益凸显。新月软件创始人史育国以其敏锐的目光和对整个大环境的了解，开发了麦阿尼阿汉词典、麦阿尼阿阿词典、一零三章、你读等一系列阿语为主的软件，为阿拉伯国家的人民以及学习阿语的中国人群提供学习和生活上的便利。这些便捷的工具将有力帮助中阿在文化、经济等诸多方面的交流。

设立"一带一路"产业园区发展联盟

——打造国际合作与人文交流新平台

"一带一路"产业园区发展联盟的成立,旨在带动我国"一带一路"产业园区实现优势互补、资源共享、共谋发展。发起成立"一带一路"产业园区发展联盟对于西安打造"一带一路"国际开放大通道,搭建务实高效的对外交流新平台,促进"一带一路"沿线国家的经济合作和人文交流,加强欧亚经济综合园区在"一带一路"产业园区领域的影响力,促使更多的客商关注和投资大西安,具有很强的现实意义。成功搭建的人民币跨境结算平台"通丝路",为陕西自贸试验区企业通过"一带一路"搭建一条更加便捷的"人民币网上丝绸之路"。

一、设立"一带一路"产业园区发展联盟的背景

2018 年 5 月 14 日,习近平主席在"一带一路"国际合作高峰论坛开幕式上发表了题为《携手推进"一带一路"建设》的主旨演讲,提出建设智库联盟、"一带一路"绿色发展国际联盟、新闻合作联盟、音乐教育联盟以及其他人文合作新平台。6 月 9 日,习近平主席在上海合作组织成员国元首理事会第十七次会议演讲中,再次发出"成立经济智库联盟"的倡议。为了更好地响应和落实倡议内容,发挥大西安欧亚经济综合园区的平台作用,促进"一带一路"沿线产业园区之间的交流与合作,共同推进产业园区在"一带一路"建设中更好地发挥国际合作项目承载主体和国际人文交流新平台作用,西安市发改委(西安市建设丝绸之路经济带工作办公室)和浐灞生态区在 2015 年欧亚经济综合园区发展论坛上共同倡议,在"一带一路"沿线产业园区中发起成立"一带一路产业园区发展联盟",并举行了揭牌仪式。作为聚合各种优势资源的重要平台,联盟在"一带一路"建设中引起了社会各界和新闻媒体的广泛关注。

二、设立"一带一路"产业园区发展联盟的主要做法及成效

(一) 主要做法

为实质性推动联盟建立,采取"政府引导、机构运作"的方式,依托新华社政府互动资源、资本资源、智库资源、媒体资源,全面推进筹建工作。

1. 设立发起单位

由西安市发改委(西安市建设丝绸之路经济带工作办公室)、浐灞生态区首倡,联合新华社中国财富传媒集团共建,首批创始单位为新华社中国财富集团、西安市建设丝绸之路经济带工作办公室、西安浐灞生态区、园区中国、德勤中国、中新广州知识城、波士顿-剑桥创新中心、中城创投、银杏资本、华杉资本、光大银行创新基金、南沙自贸区股权投资基金、南粤基金、溥原基金等机构。

2. 设立组织架构及专业委员会

联盟设立指导委员会主任,由创始单位提名,经理事会审议通过后产生。设立常任理事长单位,由浐灞生态区担任。同时还设立理事长、秘书长以及首届轮值主席等。联盟下设6个专业委员会,各专业委员会设主任1名、副主任1—3名。包括规划咨询委员会:负责牵头组织专家团队,对涉及产业发展的国家政策等进行解读,为联盟各单位提供专业支撑;国际交流与合作委员会:负责组织联盟内外部国际产业园区间的合作和交流事宜,对接联盟内产业园区及孵化平台,依托产业链招商项目库,组织上市公司、新三板企业和创业项目考察、对接相关产业园区等;协同创新委员会:负责联盟内成员单位有关运营模式、服务模式、管理模式创新的交流、考察、合作等活动的组织及产业园区发展模式、路径创新课题的调研;文化及品牌传播委员会:负责组织开展联盟各园区文化交流、品牌宣传工作;法律工作委员会:负责统筹协调联盟对外以及联盟成员单位在开展业务合作方面涉及的有关法务咨询工作。为了更好地推进产业联盟的日常联系,还设立了北京、西安、新疆以及"一带一路"沿线国家联盟秘书处办公室。

3. 推进举措

在2017欧亚经济综合园区发展论坛暨"一带一路"产业园区发展圆桌会议举办期间,"一带一路"产业园区发展联盟大会预备会于9月审议通过了产业园区发展联盟章程,选举产生了理事会、专委会、秘书处等机构成员。同时对外发布了《"一带一路"产业园区发展联盟浐灞宣言》,签署"一带一

路"产业园区发展引导基金合作协议，募资规模为 500 亿元。目前，投资联合体成员单位已与产业项目达成初步合作意向，引入投资，为企业拓展提供资金保障。

（二）主要成效

1. 形成首批创始单位

"一带一路"产业园区发展联盟成立以来，积极响应国家"一带一路"合作倡议，已形成由西安市发改委、浐灞生态区管委会首倡，联合新华社中国财富传媒集团共建，由新华社中国财富集团、西安市建设丝绸之路经济带领导小组办公室、浐灞生态区、光大银行、中新广州知识城、波士顿－剑桥创新中心、南沙自贸区、中城创投、中车基金、亚太中商控股、溥原基金、银杏资本、园区中国等百余家"一带一路"沿线国家的政府组织、产业园区、运营商和金融机构组成的首批创始单位。

一带一路产业园区发展联盟宣传折页

2. 助力搭建新平台

以"创新、开放、共建、共享"为原则，围绕"一带一路"园区建设开展战略研究、政策分析、项目评估、规划咨询、项目招商、投融资对接、品牌建设等工作，服务园区发展，专注提升园区产业发展活力，助力园区转型升级。为了支持陕西自贸试验区实体经济发展，推动陕西自贸试验区和"一带一路"建设，"通丝路"跨境人民币结算平台正式上线。"通丝路"平台主要功能：在线人民币结算、贸易融资服务、出口信用担保、在线报关、在线报检、跨境人民币和国际收支申报以及企业宣传推广、产品信息发布、贸易合同撮合、交易订单生成。"通丝路"平台的成功上线，为陕西自贸试验区企业走出"一带一路"搭建一条更加便捷的"人民币网上丝绸之路"，实现了不凡的成效。

（1）与精准扶贫相结合，服务陕西自贸试验区实体经济发展

"通丝路"平台认证的出口站点企业达68家，覆盖陕西60%的县域地区，其中集中连片特殊困难县（区）32个；出口产品包括苹果、红枣、小米、魔芋等陕西特色的农副产品，剪纸、服装等工艺品，以及深加工的植物提取物等100余种；帮扶农户上千家（其中建档立卡贫困户上百家），以期实现全省"百县百站百品"开花的可喜局面。

（2）运用再贷款货币政策工具，解决陕西自贸试验区小微企业"融资贵"问题

积极引导各地法人金融机构使用支农、支小、扶贫再贷款加大对带动贫困户出口特色产品的"通丝路"站点企业给予信贷额度支持及优惠利率支持。"通丝路"还将对站点企业带动贫困户发展的效果进行评估，对于发展好、带动效果明显的站点企业，引导金融机构执行比同期同档贷款利率减少10BP的优惠政策。

（3）实现跨部门信息数据共享，有效提升风险防控水平

落实风险为本的原则，建立"通丝路"跨境资金流动风险监管机制，切实防范非法资金跨境流动风险。利用大数据手段，推进各监管部门间对"通丝路"交易数据信息共享。加强跨境人民币、外汇、征信、反洗钱、支付结算与海关、税务、质检、商务等各监管部门对"通丝路"平台跨境资金流动风险监管合作，提高"穿透式"监管的执法效率。

三、设立"一带一路"产业园区发展联盟政策启示

在全球化背景下，许多国家政府对产业联盟产生了新的认识：一方面，

经济全球化弱化了政府对市场垄断的担忧。由于全球产业竞争的加剧，政府开始重新认定市场垄断中"相关市场"的范围，市场范围的扩大促使政府放松了对合作创新的垄断管制，产业联盟的发展限制条件大幅减少。另一方面，经济全球化促使政府更加关注本国产业的国际竞争力。政府从提高本国产业竞争力的角度出发重视支持产业联盟，以解决产业发展的共性问题，特别是产业创新中的共性问题。"一带一路"产业园区发展联盟的成立为探索内陆与"一带一路"沿线国家经济合作和人文交流新模式这一战略定位奠定了基础，为带动我国"一带一路"产业园区实现优势互补、资源共享、共谋发展提供了平台。"通丝路"人民币跨境结算平台则为陕西自贸试验区企业通过"一带一路"搭建一条更加便捷的"人民币网上丝绸之路"。

四、设立"一带一路"产业园区发展联盟下一步工作思路

（一）继续扩大平台效应

为国内外"一带一路"产业园区搭建信息共享、资源共享、成果共享的交流合作平台，优化合作方式，消除知识和信息壁垒，提高"一带一路"产业园区建设发展水平。

（二）积极解读相关政策

在聚合国内外产业园区资源的基础上，在联合研究取得共识的前提下，共同围绕总体倡议和具体项目开展针对性的解读工作，为"一带一路"建设营造良好的舆论氛围。

（三）为产业合作建言献策

在重大项目选址落地扩展中提供专业、中立意见，并协调推进。对产业发展布局进行战略分析并提供专家意见，为决策提供专业支撑。

（四）加大推动"一带一路"沿线国家的交流合作

对产业园区发展中的创新模式加以总结，推动交流、推广应用。对表现突出的产业园区组织国家级媒体进行宣传报道。围绕国际、省际及联盟内部的招商引资、产业转移、承接等方面推进具体工作。积极推动金融资本以引导基金、直接投资等方式对联盟内的产业园区予以支持。

（五）进一步推广"通丝路"跨境人民币结算平台

一是进一步加大宣传力度。通过媒体宣传、系统介绍、海外路演、境内外联动等，加大对"通丝路"平台的应用推广宣传。二是进一步规范完善相关业务流程。在统一规范制度政策框架下，进一步梳理跨境电商人民币结算

业务流程、操作规范等，为跨境电子商务人民币结算业务的规范发展提供实践案例。

【实践者说】

西安管委会浐灞功能区相关负责人表示："'一带一路产业园区发展联盟'的成立为成员单位的新一代信息产业、高端制造、新能源、生物医药、新型材料等新技术领域、军民融合、国企混改项目及原有产业园区传统产业的转型优化升级提供了便利条件。"

"'通丝路'平台围绕浐灞生态区始终坚持的'生态化、国际化、产业化、城市化'的发展理念，依托生态区'五区'政策叠加优势，以及陕西自贸区浐灞功能区、国际商品贸易交易区、丝路金融创新合作试验区政策优势，上线后将始终深入践行浐灞生态区创新电子商务互动发展模式，助力补齐区域金融产业短板，积极培育贸易新型业态和功能，推进浐灞生态区贸易便利化和自由化，服务自贸试验区建设。同时，加强与'一带一路'沿线外企的经贸合作，推动与沿线国家联动发展离岸贸易，协助沿线经济发展，通过经济红利共享不断提升陕西自贸区在'一带一路'中的国际市场影响力。"

【案例点评】

设立"一带一路"产业园区发展联盟，对于西安打造"一带一路"国际开放大通道，搭建务实高效的对外交流新平台，促进"一带一路"沿线国家的经济合作和人文交流，加强欧亚经济综合园区在"一带一路"产业园区领域的影响力，促使更多的客商关注和投资大西安，具有很强的现实意义。

中国农业海外投资促进服务中心

——提供海外农业投资服务支撑，引进优质农业资源

当前，我国企业"走出去"对外投资农业呈现高速发展态势，取得了较大成效。但企业"走出去"投资海外农业，需综合考量海外国家的政治因素、经济因素、社会因素、农业发展资源、农业发展模式等各方面因素，而我国目前缺乏专业为海外农业投资提供服务支撑的平台。在此背景下，陕西自贸试验区杨凌片区率先探索建设了中国农业海外投资促进服务中心，旨在为企业"走出去"进行海外农业投资提供服务支撑。同时，将海外优质农业资源"引进来"。

一、引进优质农业资源的背景

作为我国现代农业领域对外开放的重要窗口，中国杨凌农高会正在日益发挥引领国际农业合作交流的桥梁和纽带作用。桥通东西、纽连欧亚，在全面发挥中国农高会多层次平台优势的基础上，杨凌自贸片区将进一步彰显现代农业特色，鼓励支持各类市场主体在杨凌汇集，特别是"一带一路"沿线国家的优质农业资源的汇集，推进以色列节水灌溉技术、德国农业机械、荷兰牛奶鲜花、法国谷物红酒、英国渔业深加工等优势涉农商品在杨凌落地，打造国际农产品展示交易中心。

坚持将"引进来"和"走出去"作为同步发力点，杨凌自贸片区将重点在创新国际农业合作机制上实现新突破。自贸片区将为国内农业企业"西进"丝路沿线搭建服务咨询平台。今年，自贸片区将率先在哈萨克斯坦、俄罗斯和荷兰3个国家建立中国杨凌海外投资促进服务中心。

二、引进优质农业资源主要做法及成效

（一）主要做法

1. 政府引导、市场化运作

陕西自贸试验区杨凌片区通过加强政府引导，实行企业化运作，在"一带一路"沿线推动建设中国农业海外投资促进服务中心，为国内涉农企业在境外提供投资咨询、法律服务、办公、商务代理等一系列专业服务，建立帮助支持中国农业企业开展对外投资的专业服务平台，助力企业"走出去"。陕西自贸试验区杨凌片区成立以来，已在哈萨克斯坦阿拉木图、美国加利福尼亚及俄罗斯库尔斯克建成 3 家中国农业海外投资促进服务中心。

投资促进服务中心实行企业化运作，分为"走出去"和"引进来"两大板块。中国杨凌农业海外投资促进中心以海外的农业国际合作园为基础，搭建国内企业"走出去"投资海外农业的平台，组织涉农企业抱团出海，发挥产业集群优势，降低海外投资运营成本，增加企业海外投资成功概率；在"引进来"方面，吸引海外的优质资本、先进设备、先进技术、管理经验等入驻杨凌片区，拉动并支撑地区产业发展。

2. 提供融资、专业服务等服务支撑

在企业融资方面，中心将与国家政策性银行、商业银行等诸多金融保险机构建立战略合作关系，为"走出去"的中资企业提供定制化金融支持和保险服务，满足企业融资需求，帮助其提高风险防范水平。

中心将与知名律所、会计师事务所、商事法律、投资咨询顾问等专业机构，搭建综合性服务平台，为国内外企业进行双向投资提供专业化、市场化和定制化的有效服务，帮助企业避免因缺乏系统性服务而造成决策失误。此外，企业投资项目落地后，中心还将向企业提供后续所需服务，提高项目收益率。

此外，中国农业海外投资促进服务中心还将提供对外投资信息、举办投资实务、政策解读等培训、组织农业投资展览会、论坛、洽谈会等活动，组织中国涉农企业出海考察，与国外政府、农业协会对接、与当地中资企业交流、国内政府对外宣传推介、政府间合作交流等。

（二）主要成效

中国海外农业促进服务中心的建设将会为涉农企业"走出去"直接降低项目前期开发成本、运营管理成本，同时提供政策解读、金融服务、咨询服

务、宣传推介等多项专业服务。目前，中国农业海外投资促进服务中心处于运营初期阶段，已为杨凌自贸片区内数十家农业企业"走出去"提供了相应支撑服务。

三、引进优质农业资源政策启示

随着"一带一路"国家战略的深入实施，越来越多的涉农企业"走出去"发展，但不熟悉当地的投资政策及营商环境等问题，导致企业面临众多难题，尤其是我国涉农"走出去"历程较短，亟须有农业方面的专业平台提供专业的服务支撑。陕西自贸试验区杨凌片区探索的中国农业海外投资促进服务中心能够提供农业专业领域的投资服务机构，这一平台的探索建设，符合国家对陕西自贸试验区推进农业国际合作交流的定位。

四、引进优质农业资源下一步工作思路

（一）完善海外农业投资促进服务

重点加强与金融机构合作，解决涉农企业海外投资融资难题；加强与国际性咨询机构、律所、会计师事务所等专业服务机构合作，提供更为完善的专业服务；加强与当地政府、涉农组织合作，完善当地农业投资信息资源库。

（二）在海外建设有序复制可推广的海外农业投资促进服务中心

在哈萨克斯坦、美国、俄罗斯3家海外农业投资促进服务中心探索实施成功的基础上，将其经验做法复制推广到中亚、非洲、拉美等区域的国家或地区。

【实践者说】

陕西自贸试验区杨凌片区负责人表示："当前，我国涉农企业海外投资与日俱增，但企业'走出去'需要通过咨询律所、会计师事务所、金融机构等专业服务机构一家一家地进行咨询沟通，浪费了企业的精力，或者通过贸促会驻各国的贸易代表处进行相关专业服务的咨询，服务专业度有待提高。目前，全国尚缺乏专门针对涉农企业'走出去'和'引进来'的特色资源集成性平台。"

【案例点评】

随着"一带一路"国家战略的深入实施，越来越多的涉农企业"走出去"发展。中国农业海外投资促进服务中心是能够提供农业专业领域的投资

服务机构，这一平台的探索建设，符合国家对陕西自贸试验区推进农业国际合作交流的定位。

中国杨凌驻哈萨克斯坦贸易服务中心揭牌

链式农业推广服务新模式

——探索产学研一体的新型农业科技服务体系

为了发挥农业科研院校的创新成果优势，加快农业技术示范推广，杨凌片区探索形成了"高等院校＋推广平台＋区域示范基地＋乡村农技站＋新型农业经营主体"为核心的链式农业推广服务新模式，有效探索了产—学—研为一体的新型农业科技服务体系，扩大了对农服务的普惠性，取得了较为明显的示范推广效应。

一、链式农业推广服务新模式的背景

在计划经济体制下，我国农业科技推广模式主要是以政府为主导的农业科技推广模式和以科教单位为主体的农业科技推广模式。在市场经济体制下形成的主要模式是以公司（公司＋农户）为主体的农业科技推广模式、以农民专业合作组织（协会＋农民）为主导的农业科技推广模式以及以大学为依托的农业科技推广模式，这些模式在当时发挥了重要作用。随着社会主义市场经济的不断发展，这些模式已经不能完全满足农民经常性和多样化的技术"需求"，需要不断创新和完善。现代农业示范推广是杨凌示范区要承担的一项重要国家使命，根据国务院《关于支持继续办好杨凌农业高新技术产业示范区若干政策的批复》和陕西省委、省政府《关于贯彻落实国务院〈关于支持继续办好杨凌农业高新技术产业示范区若干政策的批复〉意见》的精神，杨凌示范区充分发挥科技引领作用，加快农业科技成果的转化应用，创新科技推广服务体系和模式，构建信息化社会化科技创业推广服务体系，探索全国干旱、半干旱地区农业推广的新模式。创新专家教授开展农技推广服务方式，引导专家教授大力开展农技推广服务，同时加快农业科技院校的创新科技成果转化，加强农技推广人才培育。杨凌示范区成立以来，在搞好示范区建设的同时，充分发挥杨凌农科教资源优势，积极实践，大胆探索，逐步形

成了具有杨凌特色的农业科技推广新模式。

二、链式农业推广服务新模式主要做法及成效

（一）主要做法

1. 强化农业推广服务的顶层设计

杨凌片区专题研究半干旱地区农业技术推广问题，提出构建链式农业推广服务新模式，成立了示范推广工作领导小组，邀请区内两所大学、示范基地、乡村农技站、新型农业经营主体作为推广的前端力量，出台了面向旱区的《农业科技示范推广发展规划》和《职业农民培训规划》，设立了农业科技示范推广专项资金，并与省内外 30 多个市县区建立了农业科技协作关系，形成了以协同推广为核心，横向联动、纵向贯通、多方协同的农技推广服务新格局，有效释放技术、人才、资本、信息等要素活力。

2. 搭建农业新技术多维推广模式

杨凌片区探索建立大学推广模式，定期邀请大学教授为一线农业人员无偿提供农业新技术指导和培训，并构建农业推广交流微信群，为广大农业工作者解答疑问。由各村组织参观农业现代化建设，鼓励各村积极开展农地集约化、规模化种植，并在已有农村规模化种植的乡村，设立兼职科技特派员，及时向农户讲解农业新技术，与各村委会共同举办农业科技培训课程，为广大农户系统讲述现代农业种植技术，同时借助新媒体、广播、电视、展会等及时推广宣传农业技术，构建起了链式农技服务推广新模式。

3. 构建新型现代农业科技推广平台

借助国家（杨凌）植物品种权交易中心、国家（杨凌）农业技术转移中心、农产品质量安全认证中心、农产品检验检测中心、职业农民培训中心、农业大数据中心等"六个中心"，搭建新媒体平台，坚持向农户推送农业新知识，并坚持发布《中国农业产业投资报告》《中国旱区农业技术发展报告》《现代农业发展高峰会议报告》等"三个报告"，从实践层面为广大农业人员及企业提供及时、权威的信息，有效助推了现代农业发展的提质换挡。

4. 以农业技术推广助推精准扶贫

杨凌发挥农业科技优势，通过建设农业科技示范推广基地，做给农民看，开展农业科技培训，教会农民干。特别是以创新引领特色现代农业发展，形成"示范基地＋合作社＋农户"产业化经营模式，并引入电子商务、加工体验和中央厨房等新业态，带动欠发达农村地区经济，助推贫困农民脱贫致富。

（二）主要成效

目前，杨凌示范区累计建成永久性试验示范站27个，发展产业链推广企业61家，认定个人科技特派员654名，法人科技特派员65家，并发起成立秦巴山区科技特派员扶贫创业联盟，累计开展农业科技培训40万人次，全国22个省区的13450名具有杨凌农民技术职称的农民技术员把农业科技成果巩固在生产一线。根据统计，截至2017年，累计推广新技术新品种达到2700多个，示范推广面积达7186.98万亩，示范推广效益212.22亿元。

1. 带动区域产业发展成效显著

通过杨凌建在陕西的苹果产业示范推广基地的辐射和带动，2016年，全省苹果面积达到1050多万亩，产量1100.78万吨，居全国第一位，苹果优果率从过去的30%提高到85%。通过猕猴桃优势产区示范推广基地的辐射带动，目前全省猕猴桃种植面积达到103万亩，产量130万吨，面积和产量居全国第一位，占到世界总量的近1/3。

2. 培养造就了一批农业产业发展领军人才

目前，在杨凌重点组织开展"苹果、茶叶、甜瓜、核桃、猕猴桃、蔬菜、葡萄、小麦、蚕桑"等专题技术培训班，培训基层农业干部3800余人；依托基地开展农业科技培训超过38万人次，每年面向贫困地区开展农业科技培训不少于10000人次；开展农民技术职称考试认定，12000多名群众通过考试获得了杨凌农民技术职称证书。陕西山阳县52名基层农技人员，通过参加在杨凌举办的"核桃高接换优技术"培训班后，核桃嫁接技术大大提高，嫁接成活率达90%以上，成了当地最抢手的技术员。

3. 加速了优势农作物新品种的示范推广

在黄淮小麦主产区河南、安徽、江苏等地建立20个小麦新品种示范园，在陕西、甘肃、山西等玉米主产区建立10个玉米新品种示范园，以及在陕西、安徽、江苏、甘肃等油菜主产区建立10个油菜新品种示范园，有效促进了优秀粮油作物品种和技术的推广。以小麦新品种"西农979"为例，通过建立示范园和开展推介观摩会，该品种在黄淮麦区年均种植面积从过去的不足300万亩，增加到了1500万亩以上，成为黄淮麦区四大主栽品种之一。

三、链式农业推广服务新模式政策启示

"高等院校+推广平台+区域示范基地+乡村农技站+新型农业经营主体"为核心的链式农业推广服务新模式，既可推动现代农业发展，又增强了各方合作的凝聚力及优势的发挥，充分调动了各方参与的积极性，推动了农村经济发展，达到了推广队伍多元化、推广行为社会化、推广形式多样化；有利于科研、推广、教学、服务的有机结合，实现了产、学、研、服的一体化；有利于解决农业技术推广过程中的"入户难"问题，满足广大农户多样性的发展需求；有利于促进农民专业合作经济组织发展，提高农民的组织化程度；有利于政府、大学、企事业单位等多种社会资源的优化配置，形成促进农业科技创新，推动农业科技进步，加速农业科技成果转化的合力。

四、链式农业推广服务新模式下一步工作思路

杨凌片区将继续创新农业推广模式，强化产业和市场思维的植入，将农业技术推广与延伸农业产业链融合起来，在农业新技术引入、农业资源整合、互联网＋休闲农业、农产品电子商务等方面着手，丰富推广模式的内容与内涵，助推培养农村地区经济增长新动力的形成。

【实践者说】

杨凌农业高新技术产业示范区党工委书记李婧认为："'三农'是杨凌示范区的出发点和立足点，即使是我们工业园区引进一些企业，都不敢离开'农'字。"李婧表示："作为我国农业科技资源高度密集之地，杨凌示范区全面实施创新驱动发展战略，大力推动区校融合发展，积极构建农业科技协同创新体制，建立融合发展机制，持续放大国家植物品种权交易、农业技术转移、农业大数据等'六个中心'的平台整体效应；不断完善大学、产业链、科技培训、展会等'六种推广模式'，培育发展'科技＋农户''科技＋合作社''科技＋产业链'等新型融合体，探索形成了具有杨凌特色的科技成果转化新模式，取得了显著成效。"

【案例点评】

链式农业推广服务新模式推动了农村经济发展，达到了推广队伍多元化，推广行为社会化、推广形式多样化，有利于科研、推广、教学、服务的有机结合，将多种社会资源进行优化配置，形成促进农业科技创新，推动农业科技进步，加速农业科技成果转化的合力。

积极打造"一带一路"现代农业国际合作中心

——推进农业对外输出与国际合作

中国（陕西）自由贸易试验区杨凌示范区围绕"创新现代农业交流合作机制"的改革试点任务，以农业科技创新和示范推广为重点，不断创新与"一带一路"沿线国家和地区现代农业合作机制，打造"一带一路"现代农业国际合作中心。杨凌全力推进示范区对外国际交流与合作，重点加强"一带一路"国家在农业各领域的合作与交流，特别聚焦杨凌示范区与中亚5国、俄罗斯及美国、荷兰、以色列、新西兰多个全球农业领域发达国家的项目合作与交流。通过互访交流，与各个国家建立了密切合作关系，人员往来频繁，一批合作项目先后启动。

一、打造"一带一路"现代农业国际合作中心的背景

实施"一带一路"倡议，是深化农业对外开放、构建开放型农业发展新格局的重大机遇。陕西杨凌农业高新技术产业示范区拥有丰富的自然人文资源及先进的农科技术，在"一带一路"背景下，不断加快发展现代农业的步伐。近年来，杨凌示范区积极融入"一带一路"倡议，聚力农业科技创新、示范推广、国际合作，先后与全球60多个国家建立了合作关系，30余个"一带一路"沿线国家与杨凌开展合作，20多个丝绸之路沿线国家与杨凌签订有关协议，300余项国际交流合作活动不断开展。全力推进"'一带一路'现代农业国际合作中心"及中国（陕西）自由贸易试验区杨凌片区建设，初步形成了多形式、多层次的对外开放格局，"一带一路"国际农业合作取得了一系列重要成果。

杨凌建设丝绸之路经济带现代农业国际合作中心，有着独特的区位优势、品牌优势、科技优势、体制优势以及良好的对外合作基础。驻地有西北农林科技大学、杨凌职业技术学院等一批科教单位，有60个国家和省部级研发平

台，聚集了 70 多个学科、5000 多名科教人员。杨凌示范区是目前中国唯一的国家级农业高新区，具有省级经济管理权和部分省级行政管理权，实行"省部共建"和"省内共建"的领导和管理体制。独特的共建体制优势，使杨凌加快发展的机制更加灵活。近年来，先后同 30 多个国家和地区建立了合作关系，在埃及等国建立了现代农业援外基地，建立了 9 个国际交流合作平台，实施国际科技合作项目 80 余项。作为全国四大援外培训基地之一，仅 2014 年，杨凌就成功举办 12 个农业援外培训项目及 38 项国际交流活动，多个国家农业高级官员参加培训，初步形成了全方位、多层次、宽领域的对外开放格局。

二、打造"一带一路"现代农业国际合作中心主要做法及成效

（一）主要做法

1. 搭建农业国际合作服务平台

杨凌片区在涉农领域搭建了"1 + 3"国际合作服务平台，融投资、贸易、科技及人文交流功能于一体，促进农业领域国际合作。"1"是指杨凌国际农业科技商务服务平台，汇聚相关组织、企业、项目和专家，促进各类优质涉农资源在杨凌聚集，通过线上线下提供高效便捷的咨询、信息等服务。"3"是指在俄罗斯、哈萨克斯坦等"一带一路"沿线国家及美国，建设三个农业海外投资促进服务中心，提供融资支持、法律咨询、信息交流等服务，助力农业企业走出去。

2. 推进境外农业国际合作园区建设

杨凌片区挂牌以来，以企业为主体，以市场为导向，大力推进境外农业国际合作园区建设，截至目前，已在美国、俄罗斯、澳大利亚、哈萨克斯坦、吉尔吉斯斯坦、塔吉克斯坦等国启动建设了 6 个现代农业示范园区，推动农业领域对外投资，推广中国农业技术装备，发展国际农业科技合作，促进国际人文合作交流。

3. 建立丝绸之路农业教育科技创新联盟

丝绸之路农业教育科技创新联盟由位于杨凌的西北农林科技大学牵头成立，成员包括丝绸之路沿线 12 个国家和地区的 59 所大学和科研机构。该联盟致力于打造一个丝绸之路沿线国家和地区大学、科研机构自愿加入的非政府、非营利和开放性、国际化多边合作平台，推动成员间在人才培养、科学研究、技术推广、人文交流、智库建设等方面开展全方位合作，促进沿线国

家和地区农业教育科技深度交流、共赢发展。

（二）主要成效

1. 推进了我国农业对外输出与国际合作

以杨凌片区与哈萨克斯坦国际一体化基金会合作的中国—哈萨克斯坦农业创新园（以下简称"中哈园"）为例。一是带动了国内农业新品种和农业设备的输出，截至目前，中哈园共从国内引种小麦等 6 大类 48 个品种，种植面积 417 亩，带动了大型农机、配套机具及温室大棚建设材料出口。二是推动了农业技术品种合作，研发的冬小麦 5 号具备抗锈、抗旱、高产等突出优点，亩产较当地品种增产 82.3%。三实促进了两国农业科技交流合作，通过项目实施，与哈国立农业大学、农业部植物保护与检疫研究所等农业教学科研机构建立了广泛联系。

2. 强化了国际农业教育科技交流合作

杨凌片区依托西北农林科技大学先后承办了哈萨克斯坦、蒙古等农牧专题培训班，接收了 50 余名来自丝绸之路沿线国家和地区的留学生。2017 年 5 月成功承办了农业部主办的 2017 年农业"走出去"高端智库研修班，来自 21 家农业院校、农林水科院的 40 多名专家学者参加了研修。

3. 加强了丝绸之路沿线国家和地区研究

杨凌片区成功获批中国科协"一带一路"国际科技合作平台"中俄农业科技发展政策研究"项目，开展俄罗斯科技组织（含在俄罗斯的国际科技组织）、科技体制和运行方式研究，为中俄相关科技组织合作提出可行性建议。同时，正在筹建中国南南农业合作与发展学院，推动设立非洲、哈萨克斯坦、孟加拉国等国别研究中心，致力于研究、总结、归纳、传播中国农业发展和减贫经验。

三、打造"一带一路"现代农业国际合作中心政策启示

杨凌是中国第一个农业高新技术产业示范区，也是中国目前唯一的农业自贸试验区。"三个经济"是我省未来发展的主要方向和骨架，即积极打造"一带一路"国际农业合作中心，助力陕西大力发展枢纽经济、门户经济、流动经济（三个经济），促进资本、信息、人才、技术等要素聚集，通过充分发挥区位优势，提升枢纽地位，加大开放力度，从而能够更加主动融入"一带一路"大格局。

打造国际农业合作平台，充分发挥杨凌农高会平台作用，放大丝绸之

路经济带农业合作恳谈会、丝路国家驻华使节杨凌行、新丝绸之路创新品牌行动国家农业科技园区联展等活动效应，促进杨凌与丝绸之路沿线国家的交流合作。在进一步巩固与丝路沿线国家 4 个友好城市关系基础上，推动示范区在更大范围同相关城市建立友城关系，加强交流合作，带动示范区在更大范围发挥作用。主动参与丝绸之路沿线国家展会、博览会等活动，让中国杨凌农业科技的新技术、新品种、新模式和新经验在丝绸之路沿线国家得到展示、推广，为推动沿线国家和世界农业发展注入杨凌基因，增添中国力量。

四、打造"一带一路"现代农业国际合作中心下一步工作思路

杨凌片区将立足于杨凌农业科技资源优势，一是进一步加强与国内外农业科研单位合作，与当地农业研究机构深入开展试种合作，建立品种审定和推广模式，逐步实现市场化运营。二是深入推广农业双向投资发展，在积极招引涉农国际企业来华投资的同时，以境外农业合作园区为载体，带动国内涉农企业赴境外发展。三是鼓励金融创新支持农业"走出去"，充分发挥政策性保险的作用，积极调动商业保险机构的积极性，支持开展企业对外农业投资保险业务，降低农业赴境外投资可能发生的非常规风险。

【实践者说】

杨凌示范区党工委副书记、管委会常务副主任魏建锋认为："随着'一带一路'建设的推进，杨凌国际地位日益凸显，对外影响力不断扩大，国际交流日益频繁，'一带一路'农业合作持续深入，尤其是自贸区的设立更是为杨凌走向世界插上了腾飞的翅膀。党的十九大为新时代中国现代农业发展指明了新方向，提出了新要求，带来了新机遇，希望能够与众多志同道合的人士坦诚交流、深入研讨、寻求共识，扩大合作，与杨凌一道为我国和'一带一路'沿线地区现代农业发展作出积极贡献。"

陕西省商务厅副厅长唐宇刚认为："陕西努力构建开放型经济新体制，加速从内陆省份向开放前沿转变，经济外向度不断提升，在追赶超越中奏响了'全方位对外开放'的时代强音。陕西自贸试验区'虹吸效应'初步显现，杨凌农业国际合作的大平台正在形成，越来越多的人流、物流、资金流和信息流正在这里相互聚集叠加，招商引资释放强大'陕西引力'。"

【案例点评】

杨凌片区在涉农领域搭建了"1+3"国际合作服务平台，融投资、贸易、

科技及人文交流功能于一体，极大地促进了农业领域国际合作，推动示范区在更大范围同相关城市建立友城关系，让中国杨凌农业科技的新技术、新品种、新模式和新经验在丝绸之路沿线国家得到展示、推广，为推动沿线国家和世界农业发展注入杨凌基因，增添中国力量。

创新职业农民海外培训模式

——提升新型农民创新创业能力素质

杨凌作为国家级农业高新技术示范区和陕西自贸试验区的重要组成部分，为积极学习借鉴国（境）外农业发展的先进技术和管理经验，创新性地探索出了一条新时代下新型职业农民"海外短期留学培训＋回国技术转化＋政策支持"的新模式，有效提升了新型农民创新创业的能力素质，为杨凌示范区实施振兴乡村战略形成了新的亮点。

一、创新职业农民海外培训模式的背景

党的十九大提出实施乡村振兴战略，培育数量充足、结构合理、素质优良的新型职业农民队伍，是实施乡村振兴战略的基础性、战略性举措。与此同时，当今世界农业领域人力资源竞争日趋激烈，我国农业人口年龄结构、教育状况、就业形态等持续发生深刻变化，乡村振兴战略实施、农业农村现代化建设对农民职业化提出更高要求，特别是着眼于"2020后"全面建设社会主义现代化国家新征程对"三农"工作提出的战略需求，深化我国新型职业农民培育仍然面临一系列挑战，仍要长远谋划，统筹施策。相较我国，世界农业发达国家在这些方面起步早，经验比较丰富，一些做法值得借鉴。杨凌利用自贸区政策，选派农民在国外接受培训，在国外种地。杨凌还在以色列、新西兰、美国、荷兰设立4个海外职业农民培训中心，2018年计划推动100位农民出国接受实用技术培训。

二、创新职业农民海外培训模式的主要做法及成效

（一）主要做法

为了探索新型农民海外培训的新模式，杨凌形成了一套较为完整的工作机制，确保了海外参培农民基础能力好、创新意识强、带动效应大、学习效

果优。

1. 选好培训对象

将在全省长期从事农业生产、有一定产业规模、懂技术、会经营、文化素质较高的专业大户、家庭农场主、农民合作社骨干、有志于农村创业的回乡大中专毕业生等作为海外培训对象，纳入培训库，并由各级农业部门逐级推荐选拔。在经过多轮评估后，最终确定选派对象。

2. 做好课程设计

根据培训对象培训需求，结合我省农业发展的要素禀赋，确定了海外培训的内容为国外农场主的经营理念、农场的生产经营方式、组织管理模式、农产品加工及市场营销等方面的先进经验。针对新型农民团组特点，选用最适合农民的实地参观、交流研讨为主要学习方式，聘请知名人士或专家学者，讲解国外农业的组织化程度、农场主合作组织发展历程和经验做法等相关内容，让农民既有直观感觉，又有理论学习，确保培训内容针对性强、操作性强、实用性强。

3. 双向互动学习

首批国内职业农民赴美培训团一行 8 人前往美国内布拉斯加州，开展了为期 12 天的培训研学活动。美国内布拉斯加州政府和内州林肯大学对此次培训研学活动非常重视，组织了 8 位具有丰富实践经验的教授给学员授课。其中内布拉斯加州大学捷夫博士、乔鑫博士等运用理论与实验数据相结合的方式，给学员讲解美国农业发展理念及农业科学技术研发推广情况，使学员对美国农业的发展理念和模式有了更加深入的了解。

在学习过程中，培训对象结合国内实际，充分与美方相关人员就农业机械化、农场管理、生产效率提升等展开了深入的交流与学习，并实际参观、共同开展部分田间工作，同时举办了中美农业技术交流座谈会，建立了双向沟通渠道，搭建了以即时通信为主的沟通渠道，为广大培训者建立了一个良好的平台。

4. 实现成果转化

回国后，杨凌第一时间召开了总结交流会，学员纷纷总结此次培训所见所学，特别是对现代农业的认识、先进技术的引进、实用农业技术和管理方法都有了新的认识，并就陕西做好现代农业化建设提出了许多建设性意见。同时，参培的学员回到当地，通过微信群、座谈会、田间指导等将美国所学所见分享给身边的农民朋友，使得这些农民朋友在第一时间了解到了现代农业的先进经验，有的培训对象还立刻开始了农业规模化和集中化经营模式的探索。

（二）主要成效

1. 强化了产业思维和市场思维

通过理论和实践学习，拓宽了学员的视野，增长了见识，更深层次地了解了美国农业发展现状和特点，客观地认识到中国和美国在现代农业体系建设方面存在的差距，碰撞出了新时代发展中国特色社会主义现代化农业的火花与思想，并引起了许多培训者开始展开农业集中化、规模化经营，同时也在很大程度上改变了农业经营者靠天种植的思维，强化了以产业和市场思维构建农业种植的新理念。据统计，此次参培学员已有近80%的人开始着手农业现代化方面实践改革。

2. 促进了交流合作

考察培训既是学习的过程，也是交朋友、建渠道、谈合作的过程。一方面是促进了我省农场主与国外的合作。另一方面是促进了我省农场主内部间的合作。通过出国（境）培训这个平台，相互间建立了联系，取长补短，不断加强技术信息交流，探讨合作。有的引进了良种，有的选到了合适的农资和机具，还有的开展了联合生产和市场开发合作。

3. 增强了学员创新创业的信心

出国培训使新型农民的思想认识发生了根本性改变。大部分"海外留学"归来的新型农民表示，走出去不仅开阔了视野，增加了见识，学到了先进的发展模式和经营经验，而且更新了思想观念，坚定了创新创业的信心。

三、创新职业农民海外培训模式的政策启示

借鉴国外先进的农业生产和管理经验，有效地提升职业农民和涉农企业家的专业技术水平和国际化视野，使得农业科技培训形成了"走出去"和"引进来"的双向交流体制，这些项目的实施有力地推动中外农业生产经营主体的合作与交流，进一步提高职业农民的创业兴业能力和示范带动能力，为各地农业生产、农民增收发挥了更大作用，是支持杨凌发展、支持杨凌自贸区建设的重要内容，也是扎实推进农业特色产业发展的重要举措。

经过"留学"培训的学员们充分借鉴学习培训的成果，并从五个方面加快转型：一是从人工劳作转向机械化运作，实现农业生产的规模化和集约化；二是从凭借经验转向依靠技术，以先进农业技术提升生产效益；三是从一味追求产量转向产量与质量并重，以品质的提升实现效益最大化；四是从靠天吃

饭转向可控农业，以农业信息及农业大数据推动现代农业发展；五是从普通农产品转向高附加值农产品，最大限度提升农产品市场价值。

四、创新职业农民海外培训模式下一步工作思路

（一）进一步加大培训力度

在总结首期赴美培训工作经验的基础上，结合当前我省农业发展的特点，计划在以色列农业部国际培训中心开展"设施农业技术应用与管理"培训、在中国台湾嘉南药理大学培训中心开展"精致农业与品牌营销"培训，在荷兰韦斯特兰设施农业培训中心开展"温室管理与园艺技术应用"培训，在美国内布拉斯加州林肯大学培训中心开展"现代农业种植与农场管理"培训，在新西兰林肯大学培训中心开展"猕猴桃种植管理与高效畜牧养殖"培训，培训总人数 100 人。

（二）建立职业农民认定管理制度

对获得培训合格证书的新型职业农民实行认定管理，并在已有的农民就读杨凌职业技术学院获取学历的基础上，借鉴国外的做法，建立考核评价制度，对认定的新型职业农民实行考核评价、动态管理，并形成杨凌地区新型职业农民支持政策，将农业补贴、土地流转、重大农业项目、银行贷款受信等政策与职业农民认定相挂钩，培养和固定一批新型职业农民队伍。同时改革农业补贴方式，使补贴资金逐步向职业农民集中，更大程度地释放农业补贴政策的强农惠农富农效应。

【实践者说】

陕西自贸区杨凌片区管委会副主任闵利乾说："自贸区挂牌一年来，对杨凌农业进出口的工作有了较大提升。我们围绕制度创新、政策制定积极打造国际农业合作交流的平台，为推动日后的具体业务开展打好基础。"

通过理论和实践学习，前往美国培训的"学员们"了解了美国农业发展现状和特点，客观地认识到中国和美国在现代农业体系建设方面存在的差距，学员李海平坦言："在内布拉斯加技术推广中心不仅有现代化的实验室、配肥站、机械和粮库，还有大型的畜牧场，当时真的被惊到了，这里不仅是种植，更是经营。"

学员马新世说："完整、健全的农业信息体系和管理制度，多数农场均配备有装载 GPS 与 GIS 等先进设备的农业机械以及农业技术和信息决策等系统，运营整个农场，上万亩的耕地配肥施肥、耕地播种、田间管理、收获粮储等

仅需要3—4个人完成，在美国，像这样的农场有很多，这些农场是美国农业的支撑。"

杨凌中小企业家赴日本进行农业科技培训

【案例点评】

新时代下新型职业农民"海外短期留学培训＋回国技术转化＋政策支持"的新模式，有效提升了新型农民创新创业的能力素质以及职业农民和涉农企业家的专业技术水平和国际化视野，使得农业科技培训形成了"走出去"和"引进来"的双向交流体制，进一步提高了职业农民的创业兴业能力和示范带动能力，为各地农业生产、农民增收发挥了更大作用。

"丝绸之路" 国际农业科技教育交流创新机制

——助力农业科技合作，推进企业更好地"走出去"

古丝绸之路曾是中西方农业交流的重要通道，丝绸之路经济带沿线国家农产品结构与我国互补、农业发展潜力大，双方农业交流合作具有巨大的潜力。作为我国唯一以农业发展为主要特色的自由贸易试验区，陕西自贸试验区杨凌片区成立以来，积极创新农业领域国际科技、教育交流合作，助力农业科技合作，推进企业更好地"走出去"。

一、"丝绸之路" 国际农业科技教育交流创新机制主要做法及成效

（一）主要做法

1. 建立丝绸之路农业教育科技创新联盟

由西北农林科技大学牵头，来自丝绸之路沿线 12 个国家的 59 所涉农大学和科研机构，在西北农林科技大学成立"丝绸之路农业教育科技创新联盟"，联盟为丝绸之路沿线国家和地区大学、科研机构自愿加入的非政府、非营利开放性、国际化多边合作平台，旨在推动成员间在人才培养、科学研究、技术推广、人文交流、智库建设等方面开展全方位合作，促进沿线各国农业教育科技深度交流、共赢发展。联盟的建设将为我国与丝绸之路上农业合作国家提供人才支撑、科技支撑和智力支撑。

2. 加强国际农业科技交流合作

陕西自贸试验区杨凌片区通过举办海外农业专题培训班、海外国家或地区研究院所与西北农林大学开展学生实习和派送留学生、举办智库研修班、开展国际农业科技研究项目等方式，推进杨凌自贸片区与丝绸之路经济带沿线国家农业科技、教育的交流合作。

3. 筹建国别研究中心

正在筹建中国南南农业合作与发展学院，并在此基础上设立非洲研究中

心、哈萨克斯坦研究中心、孟加拉研究中心等国别研究中心，致力于研究、总结、归纳、传播中国农业发展和减贫的国际化经验，建成我国在农业领域促进发展中国家发展的重要平台、我国现代农业对外开放和展示的重要窗口。

（二）主要成效

1. 强化了国际农业教育科技交流合作

陕西自贸试验区杨凌片区先后承办哈萨克斯坦农牧专题培训班、蒙古农业大学青年教师培训班，哈萨克斯坦农业部农产品加工研究所选派两批技术人员来西北农林科技大学开展粮油与淀粉研究加工培训学习、赛福林农业技术大学选派博士生来校进行作物遗传育种领域实习。接收了50名左右来自丝绸之路沿线国家的留学生，哈萨克斯坦国立农业大学生物技术与食品领域青年教师来西安开展为期三个月的合作交流。2017年5月成功承办了农业部主办的2017年农业"走出去"高端智库研修班，来自21家农业院校、农林水科院的40多名校级领导、部门领导及专家来校参加了研修。

2. 加强了丝绸之路沿线国家国别研究

陕西自贸试验区杨凌片区支持西北农林科技大学成功获批中国科协"一带一路"国际科技合作平台"中俄农业科技发展政策研究"项目，旨在开展俄罗斯科技组织（含在俄罗斯的国际科技组织）、科技体制和运行方式研究，为中国与俄罗斯相关科技组织合作提出可行性建议报告。

3. 支持涉农企业走出去

杨凌自贸片区通过与丝绸之路沿线国家的农业科技教育合作交流，有效地加强了杨凌与相关国家在农业交流合作的往来，为杨凌涉农企业走出去奠定了基础。

二、"丝绸之路"国际农业科技教育交流创新机制下一步工作思路

（一）推进农业科技研发合作

依托自贸区优势，加强与国外农业科研单位和国内农业科研单位合作，利用区内高校与国外农业大学及科研机构的合作条件，实现互利合作多赢局面。深入开展与当地农业研究机构试种合作，建立品种审定和推广模式，逐步实现市场化运营。

（二）推进国别研究中心建设

加快国别研究中心建设进程，进一步加强国际间的农业合作交流，并为涉农企业"走出去"提供支持。

丝绸之路农业教育科技创新联盟

【实践者说】

时任西北农林科技大学校长孙其信指出："丝绸之路是一条促进共同发展、实现共同繁荣的合作共赢之路，也是增进理解信任、加强全方位交流的和平友谊之路，汇聚着推动三大洲农业发展的巨大正能量。丝绸之路沿线许多国家和中国西北地区同属干旱半干旱地带，气候条件、生态环境、动植物适应性非常相似，农业发展有着相同的科技需求，农业合作大有可为。"

孙其信表示："作为联盟发起者和本次大会的东道主，学校将切实担当起联盟赋予的各项职责，充分发挥中国农业和农业高等教育发展的比较优势，积极向世界各国分享中国解决'三农'问题的成功经验，为提高世界现代农业发展水平贡献西农的力量、作出西农的贡献。"

【案例点评】

"丝绸之路"国际农业科技教育交流创新机制促进了沿线各国农业教育科技深度交流、共赢发展，将为我国与丝绸之路上农业合作国家提供人才支撑、科技支撑和智力支撑，助力农业科技合作，推进企业更好地"走出去"。

慈善信托创新农村金融扶贫模式

——助力国家脱贫攻坚，带动西部大发展

探索农村金融服务新模式是陕西自贸试验区杨凌片区深化金融改革的主要任务。依托杨凌示范区体制机制优势，探索建立符合农业自贸区发展实际的农业金融服务体系，创新农业金融产品，能为现代农业发展持续注入新动力，也能为精准扶贫提供有力支撑。为积极履行杨凌示范区的国家使命，杨凌自贸区通过设立慈善信托的方式创新金融扶贫模式，助力国家脱贫攻坚，带动西部大发展。

一、慈善信托创新农村金融扶贫模式的背景

慈善信托是指委托人基于慈善目的，依法将其财产委托给受托人，由受托人按照委托人意愿以受托人名义进行管理和处分，开展慈善活动的行为。慈善信托属于公益信托，在国外的发展已经相当成熟，其在解决社会贫困问题、缓解社会矛盾、推动人类文明进步的过程中起到了相当重要的作用。2016 年被誉为中国慈善信托"元年"，慈善信托被正式列为八大信托业务之一。2016 年 9 月 1 日，我国正式实施《中华人民共和国慈善法》，慈善法专设"慈善信托"一章，充分体现了国家和社会开始认识到法律制度和金融工具在慈善事业发展中的基础性作用。

扶贫慈善既是国家主张，也是社会共识。为确保低收入户持续增收，实现如期脱贫目标，陕西省杨凌示范区积极探索扶贫长效机制，充分发挥慈善信托社会功能，结合长安信托金融企业业务特色，经过两个多月的酝酿，"长安慈——杨凌精准扶贫慈善信托"于 2017 年 9 月 5 日第二届中华慈善日当天成立，旨在扶助杨凌示范区的低收入户实现精准脱贫。目前，长安信托已搭建起"基金会 + 慈善信托"双平台，致力于打造公益服务、家族信托与慈善信托一站式平台。该慈善信托还将用于精准扶贫专项救助和精准扶贫项目资

助，将有力推动杨凌早日实现精准脱贫，进入小康社会，为全国在 2020 年打赢脱贫攻坚战提供"杨凌模式"。

二、慈善信托创新农村金融扶贫模式主要做法及成效

（一）主要做法

1. 以慈善为渠道动员全社会力量

大胆尝试撬动社会资本，按照"政府引导、各界众筹、信托管理、收益扶贫"的原则，由慈善协会牵头，联合扶贫工作办公室、工商联、企业家协会，积极动员社会各界力量进行慈善扶贫捐赠活动。

2. 以信托为活水进行稳妥管理

为避免常规给钱给物的扶贫方式难以保证扶贫资金持续性的问题，从源头上解决扶贫资金的"活水"，利用信托产品较强造血功能的特点，以社会各界持续的慈善募集资金为本金，不断吸引更多资金扩大慈善资金的蓄水池。以信托机构作为受托人，发挥其专业的资产管理优势，较好地实现扶贫资金的保值增值。扶贫资金的本金部分可以长久存续，收益部分可以作为扶贫资金的来源，为精准扶贫、全面脱贫提供内生动力。

该慈善信托由杨陵区精准扶贫办公室和杨凌示范区慈善协会共同作为委托人，杨凌示范区审计局作为监察人，长安信托作为受托人，实施稳妥的风险管理策略。

3. 以贫困户为对象壮大扶贫资金规模

成立由政府、金融机构、农业主管部门、慈善协会、扶贫部门联合组成的决策委员会，负责决定扶贫慈善信托的项目实施计划、项目预算、受益人筛选标准及名单、资助标准、信托财产的管理运用方式、委托人增减等，同时监督项目运行、审议项目总结报告和财务报告等，通过慈善信托收益分配、专项救助、扶贫项目资助等方式扶持贫困户稳定脱贫。

（二）主要成效

2017 年 9 月，由杨凌农业高新技术产业示范区慈善协会和杨陵区精准扶贫办公室共同委托，长安国际信托股份有限公司受托的"长安慈——杨凌精准扶贫慈善信托"正式成立，初始规模 501 万元，是 2017 年全国 10 个扶贫济困慈善信托产品中规模最大的一单，旨在扶助杨凌示范区的低收入户实现精准脱贫，也是陕西省扶贫领域的唯一一单慈善信托产品。

1. 募集慈善信托资金初具规模

为壮大慈善扶贫信托规模，鼓励社会各界积极参与扶贫工作，杨凌示范区（杨陵区）精准扶贫联合办公室、杨凌示范区慈善协会、杨凌示范区工商联、杨凌示范区企业家协会等单位积极开展"脱贫攻坚·携手同行"捐赠活动：2017年9月第二个中华慈善日当天募捐资金40万元，2018年2月举办活动募捐资金116.52万元。

从众人不了解，到如今在杨凌落地开花，成为金融扶贫的重要力量，"长安慈——杨凌精准扶贫慈善信托"探索了由政府引导、动员社会各界力量广泛参与，进行精准扶贫的慈善信托模式。慈善信托规模逐渐扩大，杨凌示范区为实现精准扶贫、全面脱贫注入了源头活水。

2. 严把关信托财产得到持续涵养

"长安慈——杨凌精准扶贫慈善信托"年预期收益率为5.5%—6%，2017年10月至12月收益率为7%，由杨陵区政府、杨凌示范区金融办、杨凌示范区农业局、杨凌示范区慈善协会、杨陵区精准扶贫办公室5部门联合组成的杨凌精准扶贫慈善信托决策委员会负责决定杨凌精准扶贫慈善信托的项目实施计划、项目预算、受益人筛选标准及名单、资助标准、信托财产的管理运用方式、委托人增减等，同时监督项目运行、审议项目总结报告和财务报告等，通过慈善信托收益分配、专项救助、扶贫项目资助等方式扶持低收入户稳定脱贫。

在具体帮扶中，杨凌示范区严把"制度关"，制定《杨凌示范区2017年慈善信托资金使用办法》等相关规定办法，确保金融活水流到田间地头。

3. 扶贫资助精准到位

杨凌精准扶贫慈善信托决策委员会第一次全体会议决定，2017年慈善信托拿出18.66万元用于精准扶贫工作。2017年享受慈善信托收益分配的对象为人均纯收入在3015元以下的低收入户，其中，五保户中的集中供养人员，低收入户中送宝鸡荣军医院或福利院托管的个人，家庭成员均无民事行为能力，由其亲属代管的低收入户这三类人员不享受慈善信托收益分配。最终确定2017年全区共有83户144人享受该信托收益分配。

三、慈善信托创新农村金融扶贫模式政策启示

金融是精准脱贫的有力支撑。实践表明，依靠给钱给物的扶贫方式，难以保证扶贫资金的持续性，必须从源头上提供扶贫资金的"活水"，为精准扶

贫、全面脱贫提供内生动力，慈善信托为解决这一难题提供了新的思路。

2017 年以来，杨凌示范区创新工作思路，充分发挥慈善信托的社会聚集效应，强化扶贫资金的自我造血功能，确保扶贫现金流的可持续，探索出了信托扶贫的"杨凌实践"。

慈善信托的创新金融扶贫模式，为金融行业更好地服务于扶贫事业带来新的结合点，形成更广泛的社会共识和更有效的扶贫实践力量，"长安慈——杨凌精准扶贫慈善信托"的成立将为杨陵区精准脱贫工作注入更多力量。随着长安信托的不断创新，也将满足客户的多样化需求，促进慈善事业的健康可持续发展。

四、慈善信托创新农村金融扶贫模式下一步工作思路

目前扶贫慈善信托资金规模仍然较小，各种社会力量对慈善信托扶贫的认识还不足，需进一步加大宣传和推广力度，动员全社会广泛参与。下一步，适时调整信托财产使用规则，将信托财产的收益做慈善，持续地对低收入户进行帮扶。

从实践层面看，慈善信托在税收等方面的政策优惠还没有完全落到实处，具体细则还不明确，下一步将在实践经验基础上，借鉴海外慈善信托管理方式，适时出台相关操作细则，使相关制度落到实处。在全国率先实现慈善信托的税收优惠政策，将全国致力于农业扶贫的慈善资金聚集起来，助推杨凌农业科技资源更好走向全国贫困地区，为全国在 2020 年打赢脱贫攻坚战提供"杨凌力量"。

2018 年"长安慈——杨凌精准扶贫慈善信托"计划投入 76 万元用于慈善信托收益分配、精准扶贫专项救助、精准扶贫项目资助三个方面。积极探索慈善信托在专项救助和项目资助上的持续性支持方案，让贫困户实实在在感受到社会各界的温暖，有力推动杨凌早日实现精准脱贫，进入小康社会。

【实践者说】

在杨凌示范区，慈善信托这一崭新的扶贫形式，已经呈现出强大的生命力。杨凌区精准扶贫办公室主任马文斌说："慈善信托可以聚集社会力量来帮扶贫困户，资金流具有可持续性，是打好脱贫攻坚战的一个重要保障。"杨凌示范区慈善协会副会长张建斌说："慈善信托作为一种开展慈善事业的新方式，有助于推动我国的慈善事业走上更加市场化、专业化、规范化、可持续化的发展道路。"

活动参与者之一，西安万隆制药股份有限公司常务副总经理郭轩鸣说："慈善不仅是人类善心的体现，也是企业社会责任的体现。助推精准扶贫，我们也能出一份力。"从众人不了解，到如今在杨凌落地开花，成为金融扶贫的重要力量，"长安慈——杨凌精准扶贫慈善信托"探索出了由政府引导、动员社会各界力量广泛参与，进行精准扶贫的慈善信托模式。

2017年全国用于扶贫领域的慈善信托情况统计(共计以下10笔)				
地区	名　称	用　途	期　限	初始规模(万元)
江西省	中航信托中国扶贫慈善信托计划	扶贫	无期限	30
北京市	北京信托2017年大病关爱慈善信托	扶贫救济、医疗救助	1年	30
山东省	山东信托大同系列同心助学慈善信托计划	扶贫助学、爱心救者	无期限	1
陕西省	长安慈——杨凌精准扶贫慈善信托	杨凌杨陵示范区贫成入户实现精准脱贫	3年	500
北京市	金谷信托2017信达太爱1号慈善信托	以扶贫济困及促进教育发展为目的	5年	30
四川省	同信-华悦泰生慈善信托计划1号	资助企业离职职工、困难家庭	2年	190
青海省	五矿信托——三江源精准扶贫1号慈善信托	支持青海省精准扶贫事业	3年	100
青海省	五矿信托——三江源精准扶贫2号慈善信托	支持甘肃省精准扶贫事业	3年	100
浙江省	昆仑信托2017年·昆仑壹心二号时间慈善信托	帮困扶助弱势	10年	67.82
广东省	广东省扶贫开发协会导附慈善慈善信托	信托财产用于扶贫公益事业	3年	100

注:数据来源:《2017年中国慈善信托发展报告》

2017 年全国用于扶贫领域的慈善信托情况统计

【案例点评】

慈善信托的创新金融扶贫模式，为金融行业更好地服务于扶贫事业带来新的结合点，形成更广泛的社会共识和更有效的扶贫实践力量，"长安慈——杨凌精准扶贫慈善信托"的成立将为杨陵区精准脱贫工作注入更多力量。随着长安信托的不断创新，也将满足客户的多样化需求，促进慈善事业的健康可持续发展。

多元化农业保险助推现代农业发展

——化解农业风险，稳定农业生产

杨凌片区高度重视农业保险对农业生产的支撑作用，创新保险品种，增强风险保障，提升服务水平，积极扩大保险覆盖面，探索构建多元化农业保险服务体系，有效化解了农业风险，稳定了农业生产，推动了现代农业高质量发展。

一、多元化农业保险助推现代农业发展的背景

随着农业专业化、规模化水平的提高，农业产业链的延伸和高新技术的不断引入，农业风险的集中性、未知性不断增强，现有农业保险服务手段、保障水平难以满足农业产业发展的需要，急需探索新模式。杨凌示范区一直是中国农业保险改革的重要参与者和见证者。

作为我国首个设立的农业保险创新试验区，农科城杨凌见证了中国农业保险由局地试点到全面覆盖的全过程，参与着我国农险业务从单一补偿向多元服务转变的历次改革攻坚。

杨凌通过全面整合银行、保险等各类金融工具为农所用，为农户、新型农业经营主体和涉农企业提供了全面的融资支持和金融服务，实现了金融资本链条与现代农业产业链条的有机结合，让现代农业在发展中拥有了充足的动力和有力的支撑。

杨凌农业保险创新试验区从广大农民群众的根本利益出发，着眼现代农业发展的基本需求，踏实进取、努力登攀，让国家倾斜支持农业保险的好政策成为推动农村经济和产业发展的原动力。

从争取"先行先试"到揭牌成立发挥作用，杨凌农业保险创新试验区在潜移默化中，深刻改变着农民、农村对农业的认识。按照"稳步推进、逐步试点、控制风险、分步实施、创新发展"的工作思路，杨凌示范区进一步落

实财政、农业、乡镇各级管理责任和工作要求，引入市场竞争机制，鼓励农险创新。

以农险试点工作为突破口，让农民共享农村金融改革释放的"红利"，杨凌示范区不但让农民得了真实惠，也为打通金融服务"三农"的"最后一公里"提供了解题思路。有数据显示，截至 2016 年末，农业保险为杨凌 5453（家/次）的涉农企业和农户提供风险保障 15.24 亿元，赔偿支出 3355.5 万元，受益涉农企业和农户 3199（家/次）。另据统计，到 2016 年上半年，价格指数保险和涵盖价格波动风险的收入保险共为 1756 户农户和涉农企业提供风险保障 9928.46 万元，赔款支出 526.43 万元，受益农户和涉农企业 1668（家/次）。

作为陕西首创的新型政策性农业保险，"银保富"构建起一种政府、金融机构和农户之间的风险分担新机制。在省金融办、陕西保监局的鼓励支持下，杨凌在原有的设施蔬菜"银保富"的基础上，将产品范围由种植业延伸至生猪、肉牛等畜牧业。通过凝聚人保财险杨凌支公司、杨凌农村商业银行、中航安盟保险等金融机构的"长项"，补齐"短板"，杨凌示范区成为全省首个实现全域大型种养殖企业"银保富"100% 全覆盖的地区。

面对经济社会新常态和农业供给侧结构性改革的新要求，杨凌农业保险试验区建设正在向纵深推进，杨凌示范区将以改革、创新、先行先试为指引，坚持以市场为导向、以需求为基础，积极创新低成本、可复制、易推广的农村金融产品和服务方式，打造新型农村金融链条。

二、多元化农业保险助推现代农业发展主要做法及成效

（一）主要做法

1. 创新农业保险品种

一是从保农户收入出发，推出了农产品收入保险。针对农产品收入受多种不确定因素影响，导致保险机构不愿承保的实际，人保财险杨凌支公司与西北农林科技大学合作推出了果蔬收入保险，通过科学厘定保险费率，合理拟定保险条款，实现了农业保险由成本保障向收入保障转变，进一步提高了保险的保障水平。二是从发展地方特色农业产业出发，推出"银保富"系列保险品种。通过试点"银保富"大棚、水果价格指数保险、"玉米价格 + 期货"等 15 个特色险种，为杨凌发展特色农业产业提供支撑。三是从满足农业生产经营主体不同需求出发，推出个性化定制保险品种。如针对肉牛养殖企业，有针对性地开发了繁育肉牛等险种，满足了个性化需求，扩大了保险覆

盖面。

2. 构建保险网络平台

在重点乡村设立"三农"保险服务办公室和服务站，设立了村级保险服务点，组建了农村保险协调员队伍，形成"镇镇有网点，村村有人员"的保险服务网络格局，使各类农业主体足不出户就可以知晓、办理农业保险和农业保险贷业务。近年来，先后为当地8万多户农民提供了便捷周到的承保、理赔等服务，打通了保险服务的"最后一公里"。

3. 推进险资支农融资

实行"政府政策支持＋保险资金融资＋保险风险保障"运行模式，由保险公司直接向农户发放贷款，无担保，无抵押，融资额度最高可达1000万元，融资期限一般为6—12个月，最长可达3年，贷款利息比其他融资机构低3—4个百分点，有效破解了农民融资难、融资贵的问题。

4. 提升保险服务水平

通过"农业保险＋3S"（遥感技术、地理信息系统、全球定位系统），推进保险理赔承保智能化。将地理信息、遥感技术应用于种植业承保理赔，探索出了"按图承保，按图理赔"的农业保险经营新模式；应用人工智能技术，通过动物脸和耳标识别等实现远程定损理赔等，减少了理赔程序，加快了理赔速度，帮助参保农户及时恢复再生产。

（二）主要成效

杨凌片区通过建立多元化的保险服务体系，满足了农业经营主体的多元化需求，从源头保障了农业生产经营主体的基本收益，降低了生产经营风险，发挥了"兜底"功能，为现代农业高质量发展注入了新动能。自贸试验区成立以来，承担农业经营风险7.28亿元，累计赔款2988万元，通过险资支农为参加农业保险的农户和涉农企业提供保险信贷融资约1500万元，有5万余户农业生产经营主体通过保险直接受益。同时，人保杨凌支公司发挥保单增信作用，推进涉农企业用农业资产抵押贷款，每年可撬动银行资金3.45亿元，有效解决了农业生产经营主体融资难、融资贵的问题。

作为蔬菜价格指数保险"杨凌方案"的主要研发制定者，人保财险陕西分公司不仅为农民群众贡献了易推广复制的农险好产品，还建立健全了"三农"金融服务保障体系，让"靠天吃饭"的传统农业融入了现代风险意识。随着农险产品的日臻成熟和理赔工作的高效开展，多数农民都乐意投保农险，主动参保成为主流需求。

在省金融办、陕西保监局的鼓励支持下，杨凌示范区成功将"银保富"

试点品种由初期的设施蔬菜推广到涵盖种养殖业、苗木等 6 个险种，试点地区由杨凌扩大到 7 个地市的 32 个县区。在杨凌创新试验的基础上，价格指数保险试点品种由生猪和蔬菜扩展到包括水果、生猪、肉牛等在内的七大类农产品，试点范围扩大至西安、宝鸡、韩城等市的 7 个县区。

三、多元化农业保险助推现代农业发展政策启示

建立多元化的农业保险服务体系，从源头上增强对抗市场风险和盈利能力，发挥了"兜底"功能，解决了农民种地的后顾之忧，为现代农业高质量发展注入了新动能。

杨凌农业保险创新试验具有节奏紧凑、可操作性强的工作特点。在陕西乃至整个北方旱区，杨凌示范区堪称农业保险创新推广的策源地。一个关于农业保险的好创意、一份"接地气"的农险好产品，在杨凌往往会形成系统化的农险工作经验和模式。立足国家使命，杨凌持续发挥农业高新区的辐射带动作用，矢志不渝地扩展农业保险创新试验的引领示范效应。

四、多元化农业保险助推现代农业发展下一步工作思路

继续开展农业保险示范创新，试行气象指数、价格指数、农业科技研发和推广等保险产品。探索生物可变动资产抵押贷款，支持农业保险承办机构通过农产品期货、期权等优化风险管理。利用农业云平台，整合计量种植成本、产量、品质、库存、销售等农业生产数据，形成"智慧农业 + 金融保险服务"的新模式。

【实践者说】

中国人保财险农业保险事业部陕西分部总经理郝宗张说："杨凌农业保险创新试验区在全国属于首创，人保财险公司将在农业生产、科研、物流、管理等各环节向杨凌示范区提供全面的风险保障，试验出针对农业高新产业的产品，探索出一条新的现代农业保险模式，助力现代农业健康发展、农民增收、农村经济发展和社会稳定。"

杨凌农业保险创新试验工作正向防灾减灾、社会管理、扶贫开发、担保增信和辅助市场调控等方面拓展综合功能。杨凌示范区金融工作办公室主任李恒表示："将持续发挥试验区在深化农村金融服务、促进农民增收和服务农业现代化的示范功能，在缓解农业农村融资难问题上有所突破。"

公司引入移动查勘技术

【案例点评】

杨凌片区通过建立多元化的保险服务体系，满足了农业经营主体的多元化需求，从源头保障了农业生产经营主体的基本收益，降低了生产经营风险，发挥了"兜底"功能，为现代农业高质量发展注入了新动能。

构建"一带一路"跨国农业产业发展新模式

——保障国家粮食安全，实现互利共赢

独特的地理位置和强大的农业基础支撑，使陕西自贸试验区肩负"一带一路"沿线国家经济合作、现代农业国际合作交流双重任务。西安爱菊集团紧抓"一带一路"倡议带来的发展机遇，充分依托西安国际港务区的港口功能和"长安号"开放通道，积极走出去，开展产能合作，将产区和消费区对接起来，缓解了我国粮食问题，实现了互利共赢。

一、构建"一带一路"跨国农业产业发展新模式的背景

近些年，依托科技人才和工业门类齐全的优势，陕西大力推动优势企业和优势产能"走出去"，中俄丝路创新园、陕韩中小企业园、中哈苹果友谊园、中哈现代农业示范园等一批国际合作产业园竞相发展，陕西能源化工、装备制造、有色冶金、建材水泥、纺织服装、现代农业等领域的优势企业也在积极开展国际产能合作。2016 年 5 月，爱菊集团在哈萨克斯坦投资的中哈爱菊农产品加工园区开工建设，被列入"中哈产能与投资 52 个合作项目清单"，是清单中我国唯一的粮油加工型农业项目，一期年加工 30 万吨的油脂厂，已于同年 12 月建成投产，为哈萨克斯坦最大的油脂厂。

西安爱菊粮油工业集团利用哈萨克斯坦优质的产地资源和"长安号"的便利条件，对内引进粮油原料，对外输出特色产品。逐步在哈萨克斯坦建立小麦和油脂种植基地和原粮加工基地，实现国外规模种植，产地精炼加工，国内分装销售的合作模式，形成粮油产品从种植到销售的跨国产业链，合作范围逐步从粮油拓展至乳制品、肉制品及主食、豆制品等。

二、构建"一带一路"跨国农业产业发展新模式的主要做法及成效

（一）主要做法

1. 三地互应，构筑农业产业发展系统圈

西安爱菊集团响应国家"一带一路"倡议走出去，统筹布局，逐步推进，形成以哈萨克斯坦爱菊农产品物流加工园区为原料基地，阿拉山口爱菊农产品物流加工园区为加工贸易集散中心，西安爱菊农产品物流加工园区为销售终端的多点跨区域农产品物流加工合作关系，实现建立"北哈州、阿拉山口、西安"三地互为支撑、协同发展的中哈农业跨国合作体系，形成了种植、收购、加工、物流、销售一条龙的全产业链。

哈萨克斯坦爱菊农产品物流加工园区于 2016 年 5 月 31 日开建，主要规划包括油脂厂、食品厂、粮库、豆芽和豆制品厂、牛羊肉加工厂、蛋奶制品厂、电子商务、物流贸易等。一期年加工 30 万吨油脂厂已投产运行，配套建设了 1.1 万吨食用油罐和 1.5 公里铁路专用线。2018 年，爱菊集团已和哈萨克斯坦政府签订了 150 万亩的原料种植战略合作协议。

阿拉山口爱菊农产品物流加工园区位于阿拉山口综合保税区内，功能涵盖物流、面粉初加工、油粕加工、贸易等为一体，于 2017 年 12 月 31 日试投产运行。

西安爱菊农产品物流加工园区占地 400 亩，可日加工小麦 1000 吨、大米 400 吨、油脂 3000 吨、豆芽 200 吨、豆制品 200 吨、主食品 200 吨，可保证西安市面粉需求量 65%、大米和油脂需求量 100%、豆芽和豆制品需求量 70%，主食品可保证 10 万人应急供应，拥有近 1000 家爱菊网点，覆盖陕西省各个城市，配备 150 多辆专业配送车，是西北地区粮食行业规模最大的连锁网络。

2. 推行新型农业合作社，实行"订单农业""订单收购"运作新模式

爱菊公司与当地政府和农民成立农业合作社和专业公司，采取"持股不控股"和"订单农业""订单收购"的新型合作形式，实现了土地、技术、资本多种资源融合。2017 年，爱菊集团与西北农林科技大学、哈萨克斯坦国立大学、哈萨克斯坦赛福林农业技术大学、当地农场主、哈粮集团共同在哈萨克斯坦组建新型农业合作社，解决了土地流转和托管的问题，实现从选种、育种、种植、灌溉到收割、收购一条龙运营。在"订单农业、订单收购"合作模式中，爱菊集团提供种子和田间管理技术，哈国负责原粮种植、收割等，

原粮产出由爱菊集团以"出口退税价"进行收购，既帮助当地农民增收，又保障了粮食数量和质量安全，有助于国内土地休耕。

3. 依托"长安号"开放通道和西安国际港务区的港口功能，对接产区和消费区

西安爱菊集团利用"长安号"国际货运班列打通中亚与我国内陆的农产品物流通道。"长安号"可为哈萨克斯坦至西安爱菊农产品物流加工园之间的农产品国际物流提供经济化运输载体，运输时间可被压缩至7—10天，车厢货物可实现舱单归并报关；对油脂等散装液体类货物，在新疆阿拉山口口岸留样报关，即可放行，到西安国际港务区综合保税区后再进行检验。同时，西安爱菊农产品物流加工园区位于西安国际港务区，亦享受港务区在海关、检疫检验等各方面的口岸便利政策，哈萨克斯坦进口的粮食一到站，直接进入通关和检疫检验快捷程序，实现从站台直达厂区。

（二）主要成效

1. 推动西安西北粮食集散中心的形成

爱菊集团已先后进口哈萨克斯坦非转基因优质油脂8219吨、优质面粉8353吨、优质小麦3615吨、休闲小食品50吨，实现"中欧货运班列"首趟满载货物回程。2017年在哈萨克斯坦收购原料小麦50000多吨、葵花籽10000多吨。所收购部分小麦计41个车皮82个集装箱计1700多吨已抵达西安。

2. 保障国家粮食安全，促进土地休耕

我国每年进口粮食13000多万吨，进口油脂约1500万吨。爱菊集团在哈建立200万亩（长期达500万亩）粮食原料基地，有助于缓解我国粮食问题，同时可促进我国土地休耕短期200万亩、长期500万亩。

3. 建立跨区域政企交流合作互动机制

哈萨克斯坦副总理、农业部长、投资发展局驻北京代表、哈萨克斯坦驻华大使等官员先后莅临爱菊集团参观座谈，共商投资政策；爱菊集团曾对哈萨克斯坦投资部、农业部、农业银行、国立农业大学、商会等部门进行20多次走访和深入市场调研，加强了两国在农业方面的合作与交流，促进两国文化融合。

三、构建"一带一路"跨国农业产业发展新模式政策启示

爱菊集团打破了以往的跨国农业合作模式，通过协调国际国内两个市场的农业资源，成功建立了三地互应的农业跨国合作体系，同时还实现了国内

教育科技资源、先进农业生产模式在"一带一路"国家的跨国拓展应用，是一个在全国范围具有首创性的创新举措。远赴哈萨克斯坦投资，抓住国家实施"一带一路"倡议历史性机遇，是企业积极贯彻落实中央"一带一路"战略的主动作为，更是企业回应群众对安全放心的粮油产品需求的顺势而为。

西安爱菊集团作为拥有80多年历史的老字号粮食企业，积极践行"走出去"发展战略，借助"一带一路"倡议的发展机遇，在政府相关部门的帮助下，提高了"爱菊"品牌的影响力和知名度。现已形成"哈萨克斯坦北哈州、阿拉山口、西安"三位一体、三地互为支撑、协同发展的局面。未来集团将以哈萨克斯坦为保障基地、以阿拉山口为中转基地、以西安为集散基地，积极打造集种植、加工、仓储、物流、集散、销售为一体的良性循环全产业链，进而打造中亚海外粮仓，为保证我国粮食供应添力。作为陕西企业勇敢"走出去"的一个代表，爱菊集团积累了一定的经验，取得了一定的成绩，为陕西企业走向国际提供了范例支持。

四、构建"一带一路"跨国农业产业发展新模式下一步工作思路

继续推进哈萨克斯坦爱菊农产品物流加工园区食品厂等农产品深加工项目建设，完善各农产品物流加工园区电子商务、物流贸易等功能。

加强杨凌片区在农业方面的先进技术和经验的推广应用，推进境外农业国际合作园区建设，不断创新与"一带一路"沿线国家和地区现代农业的交流与合作。

【实践者说】

西安爱菊粮油工业集团党委书记、董事长贾合义表示："在哈萨克斯坦，爱菊将积极把农产品物流加工园区打造成农业产业共赢发展平台，开展粮油、蛋、奶、牛羊肉等产品进口与贸易业务，铸就产业供应链的源头保障中心。同时，我们将依托于阿拉山口爱菊中转基地和西安爱菊农产品物流园区，构建全国代理商销售网络体系，筑牢'西安—阿拉山口—北哈州'进出口通道，集聚我国优质农产品出口'一带一路'沿线国家，积极迈向种植、加工、销售等为一体的国际粮商行列。"

西安爱菊集团副总经理刘冬萌表示："西安爱菊集团紧抓'一带一路'倡议发展机遇，与哈萨克斯坦相关企业通力合作，开辟了优质的粮油生产基地，预计每年可提供10亿多斤优质粮油。此外，西安爱菊集团还充分利用西安国际港务区的港口功能和'长安号'货运通道，从2016年下半年到现在运回了

哈萨克斯坦 10000 多吨面粉和 6000 多吨油脂，以互利共赢的理念争取多方支持与帮助。"

哈萨克斯坦原产菜籽油

【案例点评】

西安爱菊集团作为拥有 80 多年历史的老字号粮食企业，借助"一带一路"倡议的发展机遇，打破了以往的跨国农业合作模式，通过协调国际国内两个市场的农业资源，成功建立了三地互应的农业跨国合作体系，同时还实现了国内教育科技资源、先进农业生产模式在"一带一路"国家的跨国拓展应用，是一个在全国范围具有首创性的创新举措。

建设职业农民创业创新园

——探索职业农民创业创新有效形式，促进农民就业增收

培育新型职业农民是新形势下加快实现农业现代化、促进农民就业增收、繁荣农村经济的重要保证。杨凌示范区坚持把培育职业农民创业创新作为深化农村改革的重要举措，为充分发挥新型农业经营主体在引领农民创业创新中的主导作用，示范区通过政策引导、资源保障、项目支持等途径，积极鼓励新型农业经营主体以股份制形式建设运营杨凌职业农民创业创新园，探索职业农民创业创新的有效形式。

一、建设职业农民创业创新园的背景

为深入贯彻落实中央 1 号文件和《国务院办公厅关于支持返乡下乡人员创业创新促进农村一二三产业融合发展的意见》（国办发〔2016〕84 号）有关精神，加快建设一批具有区域特色的农村创业创新园区（基地），更好地为广大返乡下乡创业创新人员提供场所和服务，全面助推农村创业创新，杨凌积极建设职业农民创业创新园，围绕农业供给侧结构性改革，以需求为导向，生产优质高端农产品丰富市场有效供给；以创新为引领，广泛采用农业高新技术实行标准化生产；以履行国家使命为目标，致力打造农业新技术培训基地、职业农民创业孵化基地、现代农业提质增效示范基地。

自建成运行以来，杨凌职业农民创业创新园已成为杨凌示范区进行农业供给侧改革，以创业创新促进农民增收的生动实践。农产品供给逐步向优质、高端、绿色迈进，平均价格高出同类产品的 50%，这里生产的诸如"西农大5 号"西瓜等新品种，销售价格平均高出同类产品五六倍，仍供不应求。"杨凌农科"的金字招牌，产生了强大的聚合效应，全国各地的农民朋友纷至沓来，到杨凌职业农民创业创新园"拜师学艺"。目前，园区共有来自甘肃、贵州等全国各地的 1800 多名农民通过承包温室、劳务打工、现场培训、观摩学

习等形式，在这里追逐自己的梦想。园区也被农业部授予全国新型职业农民培训示范基地。

二、建设职业农民创业创新园主要做法及成效

（一）主要做法

1. 新型农业经营主体建设运营

园区采取合作社联合社投资建设，股份制运营，建设运营管理工作完全由合作社联合社负责。政府顺应市场经济规律，不再充当建设主体角色，仅在土地流转、水电路配套、农业项目争取等方面给予支持，放手让新型经营主体自主建设和管理，改变了以往农业产业园、创新园、科技园等由政府主导建设的惯例。

2. 现代农业产业化示范推广

园区通过新品种、新技术的集成，生产优质安全的农产品，引入现代营销模式，大大提高农产品的收益，实现设施农业的高效生产示范。园区与西北农林科技大学、杨凌职业技术学院合作，建设面向全国的职业农民培训基地。以农业生产实践为主要培训方式，寓技术培训于"务工式"生产实践之中，改变了以往农民技术培训所采取的资料式学习、课堂式教学、示范性操作等模式。

3. 设施循环农业技术集成

园区聘请20多位西北农林科技大学教授组成专家团队，对大跨度双拱双膜保温大棚生产技术、袋装基质栽培技术、水肥一体化灌溉技术、病虫害综合防治技术、植物碳基营养肥料技术等多项设施农业、循环农业生产技术（以下简称"3+2"技术）进行有效的集成配套，凸显了现代农业的科技含量，提升了园区的现代化水平。得益于双拱双膜、基质袋装栽培、水肥一体化、碳基营养、无公害农药等技术的应用，棚里面的年产值一亩地可达到10万元，是农民增收致富、实现农业领域追赶超越的力量源泉。

（二）主要成效

1. 建设主体的变化，提升了园区建设经营管理水平

合作社联合社作为园区建设经营管理主体，实现了园区建设经营管理与投资主体的利益息息相关，有效提升了园区经营管理水平。

2. 培训模式的变化，激发了农民参与的热情

在培训方面，园区始终坚持生产实训第一的原则，在手把手"做给农民

看、教会农民干、帮着农民赚"的同时，一是对参训农民采取"务工式"实训，每月发给 3000 元技术实训劳动报酬；二是将参训人员的劳动报酬与所管理的责任棚收益挂钩，采取"提成奖"激励方式，参训农民的月收入达到 6000 元以上，实现了园区和农民的双赢；三是对参训农民在吃住行方面生活实行"全程化"保障。这些培训模式和措施的变化有效地激发了省内外群众的参训热情。今年以来先后有贵州、汉中等地的 80 多名群众在园参训，为其将来返乡创业打下了坚实基础。

3. 生产技术的变化，确保了农业产业化的高标准、高水平示范

合作社联合社以"3+2"组装配套技术为基础，严格落实农业生产标准化技术规程，配套推广智慧农业物联网技术，确保了农业产业化的高标准、高水平示范。

三、建设职业农民创业创新园政策启示

农村创业创新园区是支持返乡下乡人员到农村创业创新的重要载体。加快农村创业创新园区建设，有利于整合市场准入、金融服务、财政支持、用地用电、创业培训、社会保障、信息技术等政策措施；有利于聚集土地、资金、科技、人才、信息等资源要素；有利于开展见习、实习、实训、创意、演练等实际操作，形成统一的政策服务窗口、便捷的信息服务平台和创业创新孵化高地，吸引更多有一定资金技术积累、较强市场意识和丰富经营管理经验的返乡下乡人员到园区开展生产经营活动。建设好农村创业创新园区，推动形成以创新促创业、以创业促就业、以就业促增收的良性互动格局，为现代农业发展注入新要素，为增加农民收入开辟新渠道，为社会主义新农村建设注入新动能。

四、建设职业农民创业创新园下一步工作思路

（一）完善运营管理机制，提升经营管理水平

按照现代企业制度，完善联合社章程，提高园区科学决策水平。同时，实行农业职业经理人制度，让职业经理人解决好"种什么、怎么种、销给谁"等问题，发挥好园区职业农民实训基地作用，不断运用新的技术成果，推进园区建设现代化、农业生产标准化、职业农民培育规模化。

（二）健全利益分配制度，确保多方共赢发展

探索实行专家老师技术入股，调动科技人员参与产业发展的积极性；实

行园区土地折资入股，让流转土地的农民在地租收入基础上获得股权分红；将政府投入的项目资金和各项补助进行折股量化，股份收益用于精准扶贫，探索农业产业扶贫新路径。

（三）拓展园区功能，打造田园综合体

支持园区大力发展农产品精深加工、休闲采摘、观光旅游，把园区建成三产深度融合发展的范例。同时，以园区休闲观光为依托，与所在村庄建设改造相结合，大力发展链接村民的共享经济，促进农文旅融合发展，使园区成为农村产业融合发展的示范样板。

（四）创建有机农业生产基地，打造高端农产品名牌

围绕农业供给侧结构性改革，以市场需求为导向，把中高端农产品有效供给作为园区持续发展的重要保障，开展有机农业示范基地认证，把园区"一品天下"品牌打造成"杨凌农科"区域品牌的亮点。

（五）完善现代营销模式，提高农产品生产效益

加大策划宣传和推介力度，大力发展订单农业和农产品众筹，突出发展 VIP 私人定制，推进园区高端农产品与高端市场的有效衔接，实现优质优价。同时，建好用足农产品电商销售平台，减少流通环节，实现园区收益最大化。

【实践者说】

2016 年 8 月，杨凌示范区支持和引导包括马新世、王中来在内的 5 家农民合作社，以股份制形式组成杨凌柯瑞农业专业合作社联合社，投资 1.05 亿元，建设占地 518 亩的杨凌职业农民创业创新园。杨凌职业农民创业创新园负责人马新世认为："要用最新的技术、最好的设施、最优的方式生产出卖得上价钱的农产品，做给农民看、教会农民干、帮着农民赚。""500 多亩的创业创新园，是集生产种植、科技示范、技术培训、休闲观光等于一体的现代化农业园区，我们的目标是实现农业生产的高端定制和安全高效。"

西北农林科技大学教授、园区首席专家李建明说："技术的集成应用为园区绿色、生态、循环、高效产业的发展提供了支撑，也使我们科技人员的成果转化有了用武之地。"有了这些处于国内领先、国际一流的科技成果，杨凌职业农民创业创新园的影响力不断扩大，来自洛杉矶的美籍华人曹洋石之已经和园区达成合作创业协议，在 3 栋双拱双模大棚从事蔬菜种植。曹洋石之说："杨凌是世界农业技术的领导者，我相信我的产品将会使世界为它而惊叹。"

李克强总理考察陕西杨凌农业高新技术产业示范区

【案例点评】

　　农村创业创新园区是支持返乡下乡人员到农村创业创新的重要载体。建设好农村创业创新园区，推动形成以创新促创业、以创业促就业、以就业促增收的良性互动格局，为现代农业发展注入新要素，为增加农民收入开辟新渠道，为社会主义新农村建设注入新动能。

农业全产业链生产经营模式

——快速实现农副产品生产领域规模化、产业化、标准化

新型农业全产业链发展是我国农业由传统向现代转型、跨越刘易斯转折点后保障粮食安全、实现农业健康发展的关键，也是实施乡村振兴战略的重要支撑。建设农业全产业链生产经营模式是现代农业发展的主要方向，杨凌通过农业基地连锁化进行推广和复制，在农副产品生产领域快速实现了规模化、产业化和标准化。

一、农业全产业链生产经营模式的背景

20 世纪 90 年代以来，我国农业产业化经营有了长足的发展，以农业龙头企业为主导，"公司＋农户"的产业化经营模式，在帮助农民进入市场，解决农产品售卖难的问题，提升农业竞争力等方面发挥了重要作用。但从现代农业发展的要求和全球农业竞争的态势看，我国农业产业化的经营水平还远远不能适应日趋激烈的市场竞争和日趋多元的消费者需求，频繁出现的食品质量不安全事件和农产品价格大幅波动现象，很大程度上与我国的农业产业化经营体系不完善有关。因此，进一步完善我国的农业产业化经营体系，创新农业产业化经营的体制机制，具有急迫性。

杨凌自贸片区作为全国唯一的以现代农业发展为主要特色的自贸试验区，自成立以来就将自贸区建设定位为示范区"一号工程"，以农业科技创新、科技示范推广、农业国际合作作为重点，以打造"一带一路"现代农业国际合作中心、建设世界知名农业科技创新示范区为目标，全力打造资源配置能力强、体制机制活、服务效能高的改革开放新高地。现如今，重点项目建设成果颇丰，制度改革创新显现成效，对外开放格局初步形成。

杨凌发展大农业全产业链带动科技示范和产业化推广，引进陕西杨凌农食互联农业基地连锁公司，依托"杨凌农科"品牌和示范基地等独特资源，

在全国建立了 2350 个、300 余万亩的生产基地，总产值达到 50 亿元，有效带动了西部及贫困地区现代农业发展。在农业全产业链生产经营模式方面，杨凌将农业生产上游的中小型农业合作社、种植大户和农业企业按照统一的农业生产标准进行管理，实现农副产品标准化加工，由标准化食材完成的营养配餐，通过餐饮门店、商超销售等渠道进入终端消费市场，打通了"全渠道销售"通道。下一步将积极建立农业产业供应链体系，提升农业生产科学水平，推进质量安全追溯，加快供应链创新与应用，促进产业组织方式、商业模式和政府治理方式创新，培育新增长点、形成新动能，在农业全产业链生产经营模式方面探索新的可复制可推广的模式。

二、农业全产业链生产经营模式主要做法及成效

（一）主要做法

引进龙头企业，通过基地连锁带动农业标准化生产，形成"基地连锁 + 中央厨房 + 全渠道销售"的农业全产业链生产经营模式。"基地连锁"是将农业生产上游的中小型农业合作社、种植大户和农业企业按照不同产地、不同种类进行划分，并按照统一的农业生产标准进行管理，形成农业基地联合体。主要解决目前农业领域因组织模式落后造成的产业效益低、农产品标准化程度低等造成的产销信息不对称问题；以"中央厨房"为核心实现农副产品标准化加工，将下游农副产品的加工延伸到上游的农业种养殖，根据加工量采购农产品从而形成订单农业；在下游由标准化食材完成的营养配餐，通过餐饮门店、商超销售等渠道进入终端消费市场，打通"全渠道销售"通道。

项目以农业基地连锁为基础，以食品安全、大众健康为诉求，以大学农业科技服务和农业金融服务为两翼，围绕订单农业生产，完成农副产品标准化流通，通过整合"大农业""大食品""大健康"三个关键步骤，将第一产业、第二产业、第三产业进行融合，从而解决食品安全治理中各管一摊，难以统一控制的局面，充分体现了产业链条整合在现代农业健康食品产业发展中的重要作用和重要性，实现了大农业、大食物、大健康融合发展。

（二）主要成效

陕西杨凌农食互联农业基地连锁有限公司是实践"基地连锁 + 中央厨房 + 全渠道销售"的大农业全产业链模式的重要主体。通过这种模式，该公司已在全国 18 个省设立基地连锁分公司，建立农食互联标准食材加工集散中心 11 处，其中产地初加工分拣基地 6 个，城市中央厨房配送中心 5 个，日供

食材食品 1500 万人次以上，在全国布局的连锁基地 2197 家，基地规模 300 万亩，基地总产值将达到 50 亿元。该公司通过对农业连锁基地的标准化统一管理实现对农业上游生产进行高效管控，并进行诸如土壤修复、水肥一体化、农业物联网、农药化肥监控等技术服务及监督；通过基地规模化经营和实现机械化，有效降低基地生产成本；通过统一技术支持和统一标准，基地产品达到绿色无公害食品要求，保证消费者食品安全；此外，通过集中引入农业金融及保险服务，为基地生产提供高标准低成本资金支持，提高农业企业抗风险能力。总体而言，通过农业基地连锁化进行推广和复制，在农副产品生产领域快速实现了规模化、产业化和标准化。

三、农业全产业链生产经营模式政策启示

建设农业全产业链生产经营模式是现代农业发展的主要方向，杨凌在这方面进行了积极的探索。引进龙头企业，通过基地连锁带动农业标准化生产，形成"基地连锁 + 中央厨房 + 全渠道销售"的农业全产业链生产经营模式。无论从社会需求还是从企业发展规律来讲，以农业龙头企业为核心的农业产业化经营模式与机制创新对于进一步构建企业新的价值链和盈利模式、拓展农民的创业就业空间以及推进食品质量安全均具有重要意义。另外，项目通过整合"大农业""大食品""大健康"三个关键步骤，将第一产业、第二产业、第三产业进行融合，充分体现了产业链链条整合在现代农业健康食品产业发展中的重要作用，实现了大农业、大食物、大健康融合发展。

四、农业全产业链生产经营模式下一步工作思路

（一）进一步完善优化模式

农业基地连锁化作为一种新的模式，在具体运作模式和经营方法上需要进一步完善和优化。需要持续完善农业技术体系、打造农资农技及相关服务的供应链、提供农业增值服务等，实现三产融合发展。

（二）探索更好发挥杨凌农业科技优势的途径

通过政府引导，杨凌农科品牌、杨凌农业园区、杨凌农科科技服务体系已经和农食互联公司实现了融合发展。通过这个案例，我们将进一步探索通过农业基地连锁快速进行农业科技示范的新途径。

（三）形成新模式进行推广复制

尽快形成完善的大农业全产业链发展模式，快速推广复制。

【实践者说】

陕西杨凌农业高新技术产业示范区杨凌区副区长刘国栋表示："杨凌示范区产业发展基本围绕农业全产业链展开。在农业产业方面，新中国成立60多年来，全国小麦六次更新换代，其中四次都由杨凌主导；杨凌油菜杂种优势利用更是一直领先世界。在工业方面，杨凌示范区形成了农产品深加工、生物医药、农机装备制造和饲料四条产业链。在现代服务业方面，杨凌示范区最核心的领域是农业科技成果研发和转化应用。"

"民以食为天，食以安为先。"历来食品安全关系国计民生，是社会发展进程中的重中之重。本香集团作为农业产业化国家重点龙头企业，成立20年来，立足杨凌，在探索农业全产业链生产经营模式方面取得了显著成果。

杨凌本香农业产业集团有限公司创始人燕君芳说："本香集团已经形成了'饲料生产—种猪繁育—商品猪养殖—猪肉深加工'一条龙的本香生猪产业化发展模式，建成了'从源头到终端'完整的安全猪肉产业链，构建了'安全饲料生产、优良种猪繁育、无公害商品猪养殖、无公害猪肉加工、封闭式冷链配送、连锁专卖'的全产业链一体化经营模式，是西北地区生猪行业成功采用全产业链一体化经营模式的企业。该模式在控制疫病风险、保障产品品质、实现规模效益以及提升全产业链效率等方面有着明显的竞争优势。"本香农业产业集团在实现生猪产业化的同时，带动农民增收致富，提高农民的自我发展能力，给创业者提供发展的平台，为市场提供真正安全健康的猪肉产品，促进了涉农企业技术进步，产业健康持续发展。

杨凌自贸片区开展农业全产业链的生产经营模式已经被商务部作为自贸试验区的创新亮点对外发布，初步形成了可在全省乃至全国复制推广的"杨凌样本"。

杨凌安全农产品展销

【案例点评】

建设农业全产业链生产经营模式是现代农业发展的主要方向，杨凌引进龙头企业，通过基地连锁带动农业标准化生产，形成"基地连锁＋中央厨房＋全渠道销售"的农业全产业链生产经营模式，在农副产品生产领域快速实现了规模化、产业化和标准化。

现代职业农民高校教育培训新体系

——提升农民文化素质，促进农民致富

培育新型职业农民是党中央、国务院站在"四化"同步发展全局上，为解决未来"谁来种田"等问题作出的重大决策。近年来，杨凌职业技术学院充分发挥农科教一体化办学体制优势，成立职业农民培育学院，将教育办到生产一线，探索建立了校地联动、教产衔接、开放融合的新型职业农民培养模式，为提升农民文化素质、促进农民致富履行责任担当。

一、现代职业农民高校教育培训新体系的背景

2018 年，杨凌示范区深入贯彻落实乡村振兴战略，按照"统合培训资源、围绕主导产业、培训职业农民、服务现代农业"的总体思路，采用"走出去和请进来"相结合的培训方式，围绕区域农业主导产业和农民科技需求，面向陕西乃至旱区，积极开展现代农业科技培训和农民技术职称考评工作，进一步扩大示范推广效应，提升履行国家使命能力。

二、现代职业农民高校教育培训新体系主要做法及成效

（一）主要做法

1. 建立职业农民培育学院，让更多农民拥有一技之长

根据陕西自然地理特征，在关中、陕北、陕南三大区域分别选建职业农民培育学院。杨凌职业技术学院先后在关中的杨陵区、富平县、彬县、周至县、眉县和麟游县，陕南的镇坪县、太白县，陕北的洛川县等，建立了 9 个县（区）职业农民培育学院，累计培训农民 1.9 万人次，确保了三大区域的农民都能在家门口轻松学到并应用先进的农业技术。

结合县情民意，制订培训计划。本着探索职业教育合作办学模式原则，学院积极与各县（区）人民政府深入交流，按照县域产业和群众意愿，重点

围绕果树管理、电子商务、手工生产、特色养殖、乡村旅游、经营管理等方面，科学确定专题，合理设置科目，认真制订培训计划。

坚持"四个结合"，创新培训方法。培训中，学院组织专家教授结合当地农民群众的自身特点和产业需求，坚持系统培训与短期培训相结合、基地培训与现场培训相结合、集中培训与巡回培训相结合、理论教学与实际操作相结合，创新方式方法，突出培训效果，做到技能性与操作性相统一，造就了一批有文化、懂技术、会经营的新型职业农民，使他们成为带领当地农民致富奔小康的"领头羊"。

2. 实施农民学历教育，开设我国首个农民学历教育班，圆农民"大学梦"

我国是一个农业大国，只有提升农民学历层次、技术技能及文化素质，畅通农民发展上升通道，才能不断繁荣农村经济，实现农业可持续发展。杨凌职业技术学院率先实施农民学历教育，开设我国西北地区首个农民学历教育班，已经招收 18 名富平县职业农民、32 名杨陵村干部来院进行为期三年的专科阶段学习。此举标志着我国职业农民学历教育工作开始步入规范化、学历化和专业化的新阶段。为做好职业农民学历教育工作，学院采取了以下举措：

（1）制订招生计划，确定招生政策和规则

学院在与渭南市富平县和杨陵区多次沟通的基础上，签订招生合作协议，充分利用示范院校单独招生政策，发布招生计划，通过自主招生考试录取富平职业农民和杨陵村干部上大学，为富平县、杨陵区分别培养农业生物技术专业和绿色食品生产与检验专业人才。

（2）量身定做人才培养方案，提高人才培养质量

由于生源的特殊性，学院量身定制了富平职业农民学历班和杨凌村干部学历班的人才培养方案，从素质目标、知识目标、能力目标三方面对人才培养规格作出了定位，确定了公共必修课、专业基础课、专业核心课、专业拓展课、综合实践课五大培养模块。学院还组织任课教师专门编写了《农药化肥安全使用》《农产品安全保护》等 14 门课程的教材，并在教学组织、授课方式和学生管理等方面，把学历教育和实用培训紧密结合，确保每位学员有所收获、学有所得。

（3）加强教学管理，打造高效教育

学院挑选出一支责任心强、知识结构好、教学经验丰富的教师队伍给两个班授课。教学采用集中教学与分散教学相结合、线上教学与线下教学相结

合、教学与农闲季节相结合的多种教学与组织管理形式。学院的学业成绩考核实行过程性考核与结果考核相结合的方式，考核合格者，课程成绩录入学籍档案，考核不及格时，按照规定时间进行补考。在校就读期间，这50名学员和大学生一样上课、学习，完成专业所有必修课和选修课并修满136学分后，才可获得由学院颁发的国家承认的大专学历文凭。

（4）创新实行"双班主任制"学生管理制度，激发办学活力

由学院和当地分别安排辅导员和工作人员共同担当班主任，学院安排的班主任主要负责学员在校期间的安全教育、日常管理考核工作，当地政府安排的班主任主要负责学员校外期间的安全教育、日常管理工作。学员在校期间可参与学院先进班集体、三好学生、优秀学生干部和奖学金等各项评优选先活动。

3. 启动新生代职业农民塑造工程，为现代农业发展培养后备军

"融不进城，还不了乡"，这是80后、90后新生代农民普遍直面的困惑。如何帮助这些农村孩子实现自己的梦想的同时，加快实现农村现代化，成了当务之急。按照陕西省农业厅的要求，杨凌职业技术学院启动了新生代职业农民塑造工程。

（1）结合专业设置，选拔培训学员

学院在生物工程、生态环境工程、药物与化工、动物工程4个有涉农专业的分院中，采取"自愿报名、择优选取"的原则，选拔品学兼优、具备较强专业技能，且热爱农业并愿意毕业后从事农业生产、有创业意愿，并且愿意成为新型职业农民的优秀学生作为培育对象，在学院进行继续教育与"加餐"式培训。

（2）优化培养方式，提高通用能力

学院在培养方式上结合学员特点，紧紧围绕"学历、技能、创业"三个方面，制订有针对性的培训方案，合理安排培训时间和课时。培训方案分种植专业和养殖专业两类，培训内容分"创业"和"专业"两大部分。两个专业在创业培训部分的课程和学习内容一致，创业培训内容主要为企业管理、市场营销和相关政策法规、农村农业经营管理等，同时将经济与贸易分院创业班中一些模拟训练安排进培训中，以加强学生对创业的认识。专业培训部分则根据两个专业的特点分别安排综合交叉课程内容，以农业发展最新生产技术展望和实际生产技能、技术实训等为主。

（3）注重过程监督，强化培训实效

学院以参训学员所在分院为划分依据，将学员分为四个班级，每个班级

由一名所在分院的教师作为班主任来管理学生。同时，在培训过程中，对学员和培训专家进行定期检查和不定期抽查，严格按照培训规范，抓好每一个教学环节，确保培训实效。

（二）主要成效

1. 农民培育学院

目前杨凌职业技术学院已招收 18 名富平县职业农民、32 名杨凌村干部来院进行为期三年的专科阶段学习。职业农民培育学院的学员中，一些已经获得了杨凌示范区农民技术职称证书，成为活跃在田间地头的"永久牌"土专家、科技二传手。

2. 农民学历教育班

2017 年，杨凌职业技术学院录取了 30 名富平县农民、36 名杨凌村干部，并新开设了眉县职业农民学历班，招收 55 名眉县种植大户和村干部来院学习。今后，学院将不仅仅局限于陕西省，而是要让全国各地的职业农民和村干部都有机会踏入大学校门，开始他们梦寐以求的大学生活，真正使职业农民培育方式由"培训"转变为"培养"，职业农民对农业科技的需求由单一实用技术学习转变为基础理论和技术知识系统学习，职业农民的自身定位由现代化的参与者转变为主导者。

3. 新生代职业农民培训班

截至目前，杨凌职业技术学院新生代职业农民培训班已经培训了两期共300 名学员。一些学员毕业后已经投身广阔天地，为繁荣农村经济、发展现代化农业贡献自己的力量。

三、现代职业农民高校教育培训新体系政策启示

杨凌示范区将在现有的基础上进一步探索形成更有利于职业农民培训的体制机制与模式，为全国职业农民的培训提供经验支持。在继续探索完善政府主导的公益性培训机构和模式的基础上，积极引入企业、探索市场化农民培训模式，形成政府主导与企业分担、科技咨询、培训相协调的新型农业科技服务新业态。

四、现代职业农民高校教育培训新体系下一步工作思路

经过初步探索和有益尝试，杨凌职业技术学院职业农民培育工作初显成效，走出了一条新型职业农民培育的新路子，但这离学院设定的预期目标和

群众的期待还有差距。下一步，学院将继续深化"学历＋技能＋创业"型农民大学生的培养，大力开展职业农民学历教育，在办学体制机制、人才培养体系、教育教学模式上进一步创新，全面提升新型职业农民培育的"杨职"品牌。

【实践者说】

澄城县安里镇瞿家庄村的新型职业农民瞿书民认为："农业很有发展前景，参加职业农民培训最主要的收获是开阔了眼界，交了很多跟我一样想干好农业的朋友，对市场有了新的认识。我以前只想如何种菜，现在思考怎么能提高质量，眼光远了，思路就更开阔了。"

职业农民为乡村振兴提供"技术支撑"

【案例点评】

杨凌职业技术学院充分发挥农科教一体化办学体制优势，成立职业农民培育学院，将教育办到生产一线，探索建立了校地联动、教产衔接、开放融合的新型职业农民培养模式，为提升农民文化素质、促进农民致富履行了责任担当。

以标准化助推现代农业发展新模式

——推进农业标准化工作，探索农业高质量发展新路径

　　自贸试验区杨凌片区依托农业高新技术示范区，按照陕西自贸试验区创新现代农业交流合作机制的任务要求，以"农业标准化服务"为载体，构建以国内复制推广和国外援建农业合作园为两翼的农业"走出去"新模式，探索出了一条农业高质量发展的新路径。

一、以标准化助推现代农业发展新模式的背景

　　农业标准化是现代农业的重要基石。加快农业标准化进程，对确保国家粮食安全，推进农业现代化具有十分重要的意义。杨凌示范区作为我国首个国家级农业高新区，有基础、有条件、有能力为干旱半干旱地区乃至"一带一路"沿线国家农业发展提供技术标准和整体解决方案。

　　促进现代农业发展是杨凌示范区的重要任务之一，近年来，杨凌按照"现代农业看杨凌"的总体要求和"建体系、创模式、保安全、树品牌、促发展"的思路，以现代农业示范园区为载体，以特色优势产业为重点，以提高农产品质量安全水平和市场竞争为目标，积极探索农业标准化研究与示范工作，农业标准化理论体系等工作已取得显著成效，农业标准化研究走在了全国前列。

二、以标准化助推现代农业发展新模式主要做法及成效

（一）主要做法

1. 开展农业标准化示范工程建设

杨凌片区持续完善、丰富农业标准化工程内涵，重点搭建了以农业标准化推广服务平台为核心，以农业标准化研究与制定、农业标准化服务体系和农产品检验检测体系、标准化工作规范等为支撑的"1＋N"农业标准化服务

体系，出台了农业标准化示范工程顶层设计方案及系统的政策、制度体系，为农业标准化逐步推向纵深奠定了扎实基础。

遵循农业标准化发展规律、现实需要，围绕农业标准化，杨凌片区先后设立了现代农业产业标准化研究推广服务中心、食品农产品检测检验中心、食品农产品质量安全认证中心和杨凌安全农产品溯源标志管理公司，与陕西省质监局建设了全省农业标准化公共服务管理平台，与西北农林科技大学成立农业标准化专业技术委员会，重点围绕西部地区及丝绸之路沿线国家旱区农业、生产环境与投入品等7大领域展开标准化攻坚。为加速农业标准化推广，杨凌先期启动建成了3栋验证日光温室、9栋验证拱形棚、1栋验证试验控制室等示范性工程，组织实施了叶菜类新品种、西甜瓜新品种和农业设施保温性能的验证实验，切实提高农业技术标准的适应性、科学性和有效性。

2. 构建标准化闭环管理安全模式

为确保农业标准化生产后的农产品绝对安全，杨凌率先在全国建设了全域覆盖的安全农产品溯源体系，从政府监管、主体生产、包装识别、追溯赋码、市场准入、消费服务等方面，构建农产品质量安全追溯管理链条，特别是建立的区域检测中心—企业、合作社检测室—公共监测站—流动检测车快速检测网络及农产品安全认证工作平台，获得各方高度认可。同时，杨凌优化筛选并面向西部地区推荐农产品标准，增加杨凌模式的农产品区域标准的有效供给，并持续构建以随机检查、比对评估，事中、事后监管为主的闭环管理模式，实现了农业标准化与企业质量信用有机结合，从源头上提升农业标准质量和水平。

3. 打造杨凌农业标准化品牌

杨凌片区持续打造以现代农业科技推广、现代农业社会化服务、现代农业生产管理为核心要素的"杨凌农科"品牌，加速"国家旱区农业标准化服务与推广平台""国家旱区农业技术标准创新基地"建设，以"杨凌农科"品牌在全国率先推出了10项国家标准，推出《渭北旱作春玉米病虫草调查与绿色防控技术准综合体》等省级地方标准41项，示范区地方标准8项，农业团体标准8项。其中30余项标准已经被西部30多个县市采用或参考，10余项标准已经在哈萨克斯坦等国落地试点。

4. 发挥农业标准化辐射带动作用

杨凌片区探索形成了"三型五化"的农业标准化生产示范新模式（"三型"即三种推广形式：企业带动型、基地示范型、种养育大户型，"五化"即五项农业标准化工作原则：生产规范化、产品安全化、营销品牌化、管理信息化、服务专业化）和标准化、认证、检验检测、溯源、品牌创建"五位一体"的标准化服务体系，并先行在杨凌周边试点确定了 11 个标准化生产"核心示范基地"，在每个基地遴选了 3—5 个标准化示范户，加以扶持，形成了"基地带动示范户、示范户带动农户"的帮扶新模式，走出一条"点上示范，面上推广"的新路。

在此基础上开发了由环境监测预警、检测监控、产品溯源、标准查询、专家咨询等功能模块集成的"杨凌现代农业标准化公共管理服务系统"，搭建了以农业标准体系框架为核心的农业标准化全过程信息服务平台，推动农业标准化服务更好的推广。同时积极探索标准化走出去的新途径，按照杨凌复制推动的路子，在四川、甘肃、陕西等地建立了 90 多个农业标准化示范推广站、示范园区，并在哈萨克斯坦建设蔬菜、西瓜等农业标准化示范园区，按照制定的农业标准化模式、工艺、流程等实施农业标准化和规模化生产。

（二）主要成效

1. 丰富了农业标准化的内容

通过持续完善农产品国标、地方标准、区域标准，实现了绝大部分农产品标准化种植、检测及可追溯等，确保了农产品的绝对安全。自 2010 年至今，杨凌农产品先后被抽检 30000 多个批次，合格率达到了 99% 以上，未发生过一起农业安全事故。

2. 推进了农业标准化工作进程

目前，杨凌模式已经在 20 个国家级、省级农业标准化示范区（基地）、西部多个县市成功实现了杨凌模式的复制推广，提高了农户对于农业标准化的认可与支持，实现模式复制推广的县市农业标准化率已经提升到 30%。

3. 塑造了中国农业品牌形象，推出了一批优势农产品。

杨凌以农业标准化为核心，成功塑造了"杨凌农科"品牌，其品牌价值达 661.9 亿元，同时推出了一批以"农科城""秦岭山"等为代表的杨凌特色优势农产品品牌，远销国内外。

4. 推动了现代农业的快速发展

据统计，自农业标准化工作开展以来，全区农户人均收入从 2008 年 4993 元提高到了 2017 年 16344 元，农民人均纯收入增速连续 6 年位居全省第一，2017 年全区农林牧渔业总产值已突破 13 亿元，复制推广杨凌模式的部分县市农产品亩产增幅高达 30.1%，有效助推了当地农业标准化、规模化生产。

三、以标准化助推现代农业发展新模式政策启示

农业标准化是农业现代化的重要途径，杨凌示范区立足在更高层次上发挥示范引领作用，以现代农业示范园区为载体，以体系建设和模式探索为着力点，以保障农产品安全为出发点，以促进农民增收、农业增效和农村发展为落脚点，农业标准化工作取得了显著成效。随着现代农业不断发展，杨凌农业标准化生产的"朋友圈"越来越大。全国多地新型经营主体依靠"杨凌标准""杨凌认证""杨凌溯源""杨凌检测""杨凌品牌"，走上了规模化、产业化、标准化的发展道路，转变了农业发展方式，对可持续农业发展起到明显的示范引领和辐射带动作用。

四、以标准化助推现代农业发展新模式下一步工作思路

一是持续丰富农业标准化体系及平台的内容，重点从生产领域、流通领域、加工领域、检测领域、追溯领域入手，持续完善丰富标准体系内容，通过标准体系的完善，提高农业供给质量和效益，同时强化金融支持，探索农业与金融的融合发展。

二是实施走出去工程，面向国内重点推广"公司＋基地＋农户＋标准化""农民专业合作组织＋农户＋标准化"等生产组织模式，力争在西部地区推广复制率达到50％。面向国外重点推广农业标准化＋园区生产模式，力争在丝绸之路沿线建立10个左右农业标准化园区。

三是强化农产品标准化的双向互认，与"一带一路"沿线国家开展农产品的标准衔接、检测结果互认，确保境外农产品的安全入境。

四是加强标准化人才培养。充分发挥西北农林科技大学等高校资源优势，将标准化列入高校、机关干部、企业职工、职业农民、留学生的培训内容，持续培养标准化专业技术人才。

【实践者说】

杨凌当地农户表示，过去种菜都依据传统经验，有时很盲目，一遇到天灾虫害就减产，生产很不稳定。现在种菜则讲究科学化、标准化，产品不但价格高，而且有多少能卖多少。杨凌质监局总工陈峰涛介绍说："在农业标准化示范区建设过程中，杨凌以建设国家级综合农业标准化示范区为抓手，围绕园区'八大产业'的发展需求，搜集整理了2万多条相关标准，申请了《旱区农业术语与定义》《旱区农业类型分区与指标》《旱区农业标准体系规

划》《玉米抗茎腐病性鉴定规范》《马铃薯茎尖超低温疗法脱毒技术规程》
《西瓜抗旱性鉴定方法》《西瓜种子产地检疫规程》《秦川牛及其杂交品种生
产性能评定》《中国荷斯坦牛生产性能综合评定》《羊安全生产技术规范》等
10 项国家标准和《猕猴桃溃疡病防治技术规程》《农业社会化服务标准体系》
等 16 项陕西省地方标准的立项；建立了杨凌示范区《农业标准化体系总则》
及《设施蔬菜》《设施西甜瓜》等 12 个子标准体系，制修订了西甜瓜、蔬菜、
食用菌、甘薯、金银花、大棚建造等杨凌示范区地方标准 70 多项。"

深秋的关中平原，杨凌农业示范区的温室大棚中却仍旧是春意浓浓，生机盎然

【案例点评】

农业标准化是农业现代化的重要途径，杨凌示范区立足在更高层次上发
挥示范引领作用，以现代农业示范园区为载体，以体系建设和模式探索为着
力点，以保障农产品安全为出发点，以促进农民增收、农业增效和农村发展
为落脚点，农业标准化工作取得了显著成效。

职业农民创新创业新模式

——促进农民就业增收，繁荣农村经济

　　培育新型职业农民，是新形势下加快实现农业现代化、促进农民就业增收、繁荣农村经济的重要保证。陕西自贸试验区杨凌片区坚持把培育职业农民创业创新作为深化农村改革的重要举措，为充分发挥新型农业经营主体在引领农民创业创新中的主导作用，片区通过政策引导、资源保障、项目支持等途径，积极鼓励新型农业经营主体以股份制形式建设运营杨凌职业农民创业创新园，探索职业农民创新创业发展新模式。

一、职业农民创新创业新模式的背景

　　改革开放和市场经济的发展，促使我国农村发生很大的变化，大部分农民由原先依靠体力劳动的"种地为生"演变成脱离或者半脱离土地的打工群体，也有农村通过兴办企业或者合作社，走上了创业的道路，原先的农民演变为农民企业家，但还是与我国现代化进程对我国创业类型的新型农民和现代农民的需求相差甚远。经济新常态是当今社会的一个新概念，而新型职业农民创新创业培训则是经济新常态下的国家十分重视的一个方面。农业为我们的立邦之本，需要从基层做起，通过创新创业培训能够使农民掌握一些先进的知识技能，从而加快实现农业现代化、促进农民就业增收、繁荣农村经济。

二、职业农民创新创业新模式的主要做法及成效

（一）主要做法

1. 搭建农民自主经营的农民创业孵化器，推进农民创业

采取合作社联合社投资的模式建设职业农民创业创新园区，股份制运营，建设运营管理工作完全由合作社联合社负责。政府顺应市场经济规律，仅在

土地流转、水电路配套、农业项目争取等方面给予支持，放手让新型经营主体自主建设和管理。孵化园区通过新品种、新技术的集成，生产优质安全的农产品，引入现代营销模式，对园区内创业农民，提供涵盖种植选择、种植技术、田间管理、资金支持、市场销售等于一体的孵化服务，农民可实现"零投入"创业，且完全可解决农民缺资金、缺技术、无销路等难题，大大提高农产品的收益和农民收入。

2. 搭建"务工式"职业农民培养新模式，提高农民新技能

坚持生产实训第一的原则，手把手"做给农民看、教会农民干、帮着农民赚"。与西北农林科技大学、杨凌职业技术学院合作，建设面向全国的职业农民培训基地，以农业生产实践为主要培训方式，寓技术培训于"务工式"生产实践之中，改变了以往农民技术培训所采取的资料式学习、课堂式教学、示范性操作等模式。"务工式"实训，既给务工农民进行技术、市场的培训，又给予相应的劳动报酬，实现赚着钱学技术。

3. 打造农民职业教育培训，培养农民自己的土专家

杨凌职业技术学院率先实施农民学历教育，开设我国西北地区首个农民学历教育班。搭建"杨凌农科"培训平台，成立了杨凌职业农民培训管理中心，组建了一支100余人专兼职相结合的培训师资队伍，编制了22门专业的职称培训考试大纲，组建了包含100多名专家教授的培训专家师资库，建立了涵盖22个专业、660余套试卷、13420道试题的在线自主测试试题库等，对农民进行职业系统培训，并创新性地组织开展高级农技师、农技师和农技员三个等级的技术职称评定工作。全国累计已有13822名农民获得了杨凌示范区农民技术职称证书，获证农民涉及全国21个省份110个地市、255个县区。

（二）主要成效

职业农民创新创业模式运营以来，已经吸引了西部12个省份近5000位职业农民前来学习、实训，为其返乡带头致富传授经验。李克强总理去年在杨凌考察该模式时鼓励杨凌将该模式做得更加精准化，提出要通过技术输出，提高农业发展质量。

1. 农民收入的提高，激发了农民创新创业的热情

一是参与"务工式"实训的农民，每月发给3000元技术实训劳动报酬；二是将参训人员的劳动报酬与所管理的责任棚收益挂钩，采取"提成奖"激励方式，参训农民的月收入达到6000元以上，实现了园区和农民的双赢；三是对参训农民在吃住行方面生活实行"全程化"保障。这些培训模式和措施

的变化有效地激发了省内外群众的参训热情。今年以来先后有贵州、新疆和本省汉中等地的 5000 多名群众在园参训，为其将来返乡创业打下了坚实基础。

2. 生产技术的变化，确保了农业产业化的高标准、高水平示范

合作社联合社以"3 + 2"组装配套技术为基础，像经营自家的责任田一样精心选择引进了西甜瓜、火龙果、冬枣等 200 多个农作物新品种，严格落实农业生产标准化技术规程，配套推广智慧农业物联网技术，确保了农业产业化的高标准、高水平示范。园区种植的各类标准化农产品，供不应求，获得了中高端市场的大量订单。据统计，仅今年以来，园区内的标准化农产品订单已经达到了 10000 多单，远销国内外中高端市场。

3. 培养了一批出色的农民专家

经过"杨凌农科"培训平台培训的高级农技师李根庆出国前往吉尔吉斯斯坦担任技术员，走出国门从事果树栽培和果园管理，把杨凌的技术和品种输出到了国外。学员党让齐经过系列培训后，带动周边农民种蔬菜、建大棚，因技术过硬被西北农林科技大学青海乐都试验示范站聘请为技术员，在当地为试验示范站示范推广各类种植技术。学员李栓苏在系统培训后，远赴新疆农业园区担任技术员，拥有 2 项国家知识产权局颁发的发明专利证书。"杨凌女子嫁接服务队"拥有 2000 余名队员，每年受邀远赴新疆、甘肃、宁夏、青海、山西等地从事嫁接技术服务。

三、职业农民创新创业新模式政策启示

当前我国正大力培育新型职业农民，鼓励农民创业创新。早在 2015 年，国务院在 4 个月内就印发了 5 份鼓励农民创业创新的文件，支持大学生和农民工返乡创业就业。国家不断释放支持创业创新的政策，在顶层设计和国家战略层面布局"两创"，与此同时"互联网 +"新模式也为大众创新构建了广泛的创业平台，再一次将通过创业带动就业提到了新的高度。所以培育新型职业农民创业不仅迎合了这一趋势，更是解决"三农"中"农民荒"问题的重要举措。

四、职业农民创新创业新模式下一步工作思路

（一）完善运营管理机制，提升经营管理水平

按照现代企业制度，完善联合社章程，提高农民创业园区科学决策水平。

同时,实行农业职业经理人制度,让职业经理人解决好"种什么、怎么种、销给谁"等问题,发挥好园区职业农民实训基地作用,不断运用新的技术成果,推进园区建设现代化、农业生产标准化、职业农民培育规模化。同时将充分利用互联网平台,搭建综合信息管理平台,构建"空中课堂",满足学员个性化学习需求,开展评价工作。

(二)健全利益分配制度,确保多方共赢发展

探索实行专家老师技术入股,调动科技人员参与产业发展的积极性;实行创业园区土地折资入股,让流转土地的农民在地租收入基础上获得股权分红;将政府投入的项目资金和各项补助进行折股量化,股份收益用于精准扶贫,探索农业产业扶贫新路径。

(三)拓展农民创业园区功能,打造田园综合体

支持创业园区大力发展农产品精深加工、休闲采摘、观光旅游,把园区建成三产深度融合发展的范例。同时,以园区休闲观光为依托,与所在村庄建设改造相结合,大力发展链接村民的共享经济,促进农文旅融合发展,使园区成为农村产业融合发展的示范样板。

(四)创建有机安全生产基地,打造高端农产品名牌

围绕农业供给侧结构性改革,以市场需求为导向,把中高端农产品有效供给作为园区持续发展的重要保障,开展有机农业示范基地认证,把园区"一品天下"品牌打造成"杨凌农科"区域品牌的亮点。

(五)完善现代营销模式,提高农产品生产效益

加大策划宣传和推介力度,大力发展订单农业和农产品众筹,突出发展VIP私人定制,推进园区高端农产品与高端市场的有效衔接,实现优质优价。建好用足农产品电商销售平台,减少流通环节,实现农民创业园区收益最大化。

【实践者说】

杨凌职业农民刘月爱在三年前把家中土地流转给了他人,种了一辈子地的她便来到了职业农民创新园。刘月爱说道:"狠下心,跟人家耐心学做技术活。来到农民创新园里后,一切都从零开始,跟着技术人员学新技术,不会的就赶紧请教,定期接受专业技术培训,还自考了职业农民技术证。没想到我老了老了,还学了一道技术,还成了技术人员。"杨凌先后为13822名职业农民颁发了"证书",他们都凭借自己的一技之长,成为带动乡村产业发展的技术能手。

职业农民刘月爱带领白龙村姐妹们到杨凌职业农民创业创新园上班

【案例点评】

培育新型职业农民是新形势下加快实现农业现代化、促进农民就业增收、繁荣农村经济的重要保证。职业农民创新创业模式运营以来，农民收入不断提高，激发了他们创新创业的热情。伴随着生产技术的变化，农业产业化的高标准、高水平也逐渐得到保证。

后　记

　　中国（陕西）自贸试验区成立两年多来，按照更好发挥"一带一路"建设对西部大开发带动作用、加大西部地区门户城市开放力度的要求，紧紧围绕将自贸试验区建设成为全面改革开放试验田、内陆型改革开放新高地、"一带一路"经济合作和人文交流重要支点的发展使命，砥砺奋进，交出了一份精彩的"答卷"，使自贸试验区建设的"陕西经验"更加丰富，使企业和群众"很有获得感"，使各功能区间的协同发展更具活力。自贸试验区让陕西与世界深度融通，成为陕西全方位对外开放、积极融入"一带一路"、发展"三个经济"和努力追赶超越的重要引擎。

　　陕西自贸试验区在建设中以制度创新为引领，总结建设成果，形成一批生动形象的典型案例。为更好复制推广制度创新经验、持续放大改革效应，2019年3月，西安交通大学"一带一路"自由贸易试验区研究院组建了创新案例精编课题组，以协助陕西省自贸区各片区总结工作经验，梳理整合创新案例，更有利于制度体系和制度模块的复制推广。创新案例精编课题组由西安交通大学杨琳教授负责，成员包括：王蒙、王莹莹、何超、刘晓旭、程俊如和谢宜超。在西安交大副校长、自贸院院长席光、西安交大社科处处长贾毅华、自贸院院长助理梅红副教授的直接指导和参与下，课题组顺利地完成了调研和编写工作。值此《中国（陕西）自由贸易试验区创新案例精编》付梓之际，真诚感谢提供案例并参与创新案例精编工作的陕西省自贸办、西安管委会、西咸新区管委会、杨凌自贸办、浐灞功能区、高新片区、国际港务区片区、经开片区、空港新城功能区、能源金贸功能区、秦汉新城功能区、沣东新城功能区和人行西安分行有关政府部门和案例所涉及相关企业，得益于他们的全力支持，使这本案例精编得以在较短时间高效完成并呈现在大家面前。

由于案例涉及单位较多，领域广泛，加之时间所限，本书难免有疏漏之处。衷心欢迎广大读者以及案例所涉单位批评指正。

中国（陕西）自由贸易试验区创新案例精编课题组

2019 年 9 月 26 日